本书支撑项目：

教育部国际司委托项目：扩大教育开放背景下《中外合作办学条例》修订
教育部国际合作专项重点课题：义务教育阶段中国与韩国教师地位与待遇
中国教育国际交流协会委托项目：海外教育质量保障及其规制：海外教育
山东省教育国际交流协会重点项目：中外合作办学中的法律问题及对策
山东省教育国际交流协会课题：山东省高等教育国际化评价体系研究
山东建筑大学人才基金项目：民办高校政府干预权的正当性及其运行机制研究

HANGUO
JIAOYU
FALU
FAGUI

韩国教育法律法规

吴安新　张德强　王纪孔 / 译

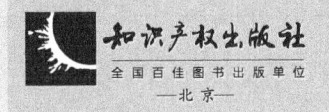

知识产权出版社
全国百佳图书出版单位
——北京——

图书在版编目（CIP）数据

韩国教育法律法规/吴安新，张德强，王纪孔译．—北京：知识产权出版社，2023.3
ISBN 978-7-5130-8554-0

Ⅰ.①韩… Ⅱ.①吴… ②张… ③王… Ⅲ.①教育法—韩国 Ⅳ.①D931.262.1

中国国家版本馆 CIP 数据核字（2023）第 000336 号

责任编辑：彭小华　　　　　　　　　责任校对：谷　洋
封面设计：张国仓　　　　　　　　　责任印制：孙婷婷

韩国教育法律法规

吴安新　张德强　王纪孔　译

出版发行：知识产权出版社有限责任公司	网　址：http://www.ipph.cn
社　址：北京市海淀区气象路 50 号院	邮　编：100081
责编电话：010-82000860 转 8115	责编邮箱：huapxh@sina.com
发行电话：010-82000860 转 8101/8102	发行传真：010-82000893/82005070/82000270
印　刷：北京九州迅驰传媒文化有限公司	经　销：新华书店、各大网上书店及相关专业书店
开　本：720mm×1000mm　1/16	印　张：39.5
版　次：2023 年 3 月第 1 版	印　次：2023 年 3 月第 1 次印刷
字　数：795 千字	定　价：200.00 元
ISBN 978-7-5130-8554-0	

出版权专有　侵权必究

如有印装质量问题，本社负责调换。

译者前言

我们深知，只有对一国的教育法律法规进行全面的了解，才能更清晰地了解该国的教育结构和体系。

全国人大常委会2021年立法工作计划中提出"研究启动环境法典、教育法典、行政基本法典等条件成熟的行政立法领域的法典编纂工作"，这标志着研究编纂教育法典列入立法机关的工作日程，学界对教育法典的关注和研究明显增多。我们团队希望通过译介一些海外国家的教育法律为我国教育法典编纂提供些许借鉴。尽管韩国教育法律尚未法典化，但可透过其教育法律的构成、规制对象及规制方略，从教育体系、结构、逻辑、规则、范畴等方面为我国提供更为清晰的研究空间。

选择韩国教育法律进行译介，还基于如下两个原因：一是韩国作为我们的邻国，一衣带水，韩国在"二战"后迅速发展，其教育的进步为经济社会发展提供了有力的智力支持和人才支撑。从韩国的教育法律来看，整体比较完备，仅法律就有74部之多，法域宽广、精细化程度较高，而且根据情势变化及时修订，做到了与时俱进。从结构和内容来看，不仅体现了教育平等和为经济社会发展服务等理念，更体现了对教育教学和科学研究的重视。对于韩国教育法律的关注与研究，在我国市面上仅有张德祥先生主持翻译的《韩国教育政策法规》。张德祥先生选取了12部韩国教育法律进行译介，尚不足以了解到韩国教育体系的全貌，但这个先行探索给了我们译介全部教育法律的动力，以弥补学界关于韩国教育法律研究的缺憾。二是韩国是我国尤其是东部相关省份的重要留学地，也是我国高校与之开展中外合作办学的重要国家。以山东为例，山东高职领域的中外合作办学项目1/3以上是和韩国高校合作。译者单位之一的鲁东大学与韩国高校联系密切，建立了全国第一个与韩国高校合作的非独立法人的中外合作办学机构，对韩国教育法律的译介不仅可以服务正在以及即将与韩合作的单位，也可服务于有志赴韩留学的众多学子，从而更好地了解韩国。

值得说明的是，除了74部法律之外，我们还专门翻译了该国的一部教育行政法规，即韩国在2021年12月修订的《国外高校运营国内高校教育课程准则》。该法规是对该国《高等教育法施行令》第13条第2项的一个完善，是对该国高校与他国高校如何合作并授予学位的相关规制，这个法令可为我国高校与韩国高校开展合作办学提供一个相对清晰的指南，基于服务中外合作办学的考量，我们把它选译进来。

本书的译介从提出动议，到译介完成，历时近两年。在这近两年的时间里，我们不仅要面对文牍的枯燥，毕竟译文70余万字已然不是一个小数目；还要随时关注韩国教育法律的频繁修订带来的翻译反复。虽然译介告一段落，但是随后的研究仍在路上……

参与《韩国教育法律法规》的译者还有鲁东大学的朱会敏、陈佳莉、杨艳丽、丛龙、翟帅帅、康维娜、张宝云、李俊建、全香兰、金丽妍、任晓礼、张兴利、刘璟、刘晓东、林丽、王为玲、李向华、刘姝明、唐坤、袁云霞、李晓娜、王智勇、高洁、徐阳等老师，他们基本都是在韩国留学多年且大多取得了博士学位的专家学者和教授。在翻译过程中，译者们受到韩国群山大学中文系教授朴炳仙博士、韩国圆光大学教育系教授安宽洙博士的指导。在此一并致谢。

我们还要感谢中外合作办学研究会秘书长林金辉先生给予的支持，感谢重庆市教委原副主任牟延林教授给予的指导，感谢山东建筑大学、鲁东大学、山东省教育国际交流协会给予的支持，感谢知识产权出版社彭小华先生悉心的编辑工作。正是在朋友们的支持与帮助下，我们奋力前行着！

由于译者水平有限，译文的内容可能仍有不足之处，敬请各位读者批评指正。此外，本书翻译的所有韩国教育法律法规的韩语原文可以在我国"山东省与韩国交流合作研究中心"网站（http：//www.sis.ldu.edu.cn/sdsyhghzjlzx.htm）查看。

译者
2023.1.28

目录 Contents

教育基本法 …………………………………………………………… 1
幼儿教育法 …………………………………………………………… 7
中小学教育法 ………………………………………………………… 22
高等教育法 …………………………………………………………… 45
私立学校法 …………………………………………………………… 67
终身教育法 …………………………………………………………… 103
以数字为基础的远程教育促进基本法 ……………………………… 122
基础学力保障法 ……………………………………………………… 129
职业教育培训促进法 ………………………………………………… 132
岛屿·偏远地区教育振兴法 ………………………………………… 141
对残疾人等的特殊教育法 …………………………………………… 144
关于旅外国民教育援助等的法律 …………………………………… 157
前程教育法 …………………………………………………………… 167
资格基本法 …………………………………………………………… 172
英才教育振兴法 ……………………………………………………… 184
人性教育振兴法 ……………………………………………………… 190
关于振兴产业教育、推动产学研合作的法律 ……………………… 196
学术振兴法 …………………………………………………………… 213
关于人文科学与人文精神文化振兴的法律 ………………………… 220
学校体育振兴法 ……………………………………………………… 224
关于小语种教育振兴的法律 ………………………………………… 230

科学、数学和信息教育振兴法	235
人力资源开发基本法	239
关于自学取得学位的法律	245
关于学分认定等的法律	247
关于教育相关机构信息公开的特例法	252
关于教育环境保护的法律	257
促进公办教育正常化与限制超前教育特别法	266
关于校园暴力预防及对策的法律	272
关于学校安全事故预防及补偿的法律	285
就业后助学金偿还特别法	305
学校设施事业促进法	320
关于学校复合设施的设置及运营和管理的法律	326
关于确保学校用地等的特例法	329
学校供餐法	336
学校保健法	343
关于教育设施等的安全及维护管理等的法律	352
促进废校资产活用特别法	367
学校图书馆振兴法	371
大学图书馆振兴法	375
韩国学中央研究院培育法	379
韩国学术院法	381
韩国教育学术情报院法	384
韩国研究财团法	388
关于设立与运营东北亚历史财团的法律	393
关于史料收集与编纂和韩国史普及等的法律	397
韩国古典文献翻译院法	401
韩国私学振兴财团法	405
关于设立韩国奖学财团的法律	411

地方教育财政拨款法	429
幼儿教育支援特别会计法	434
关于地方大学和地区均衡人才培育的法律	436
关于地方教育自治的法律	445
韩国大学教育协议会法	456
韩国专科大学教育协议会法	459
国立大学附属医院设置法	462
首尔大学附属医院设置法	467
首尔大学口腔病医院设置法	471
关于韩国放送通信大学设立和运营的法律	475
关于设立和运营国立大学法人首尔大学的法律	478
关于设立和运营国立大学法人仁川大学的法律	488
关于国立大学会计设置和财政运营的法律	497
国立大学口腔病医院设置法	504
关于法学专门研究生院设置和运营的法律	509
教育公务员法	519
韩国教职工共济会法	545
私立学校教职员工年金法	550
关于提高教师地位和保护教学活动的特别法	570
期间任用制大学教师落选者救济特别法	579
退休教师终身教育活动支援法	582
培训机构的创办和运营及课外教学相关的法律	585
关于教育国际化特区指定、运营及培育的特别法	596
经济自由区及济州国际自由城市外国教育机构设立与运营相关特别法	602
关于联合国教科文组织活动的法律	608
《高等教育法施行令》第 13 条第 2 项国外高校运营国内高校教育课程准则修订	614

教育基本法

[第 18456 号法律，2021 年 9 月 24 日修订]

第一章 总 则

第一条（目的）
本法旨在规定国民教育的相关权利、义务以及国家、地方政府的责任，并规定有关教育制度及其运营相关的基本事项。

第二条（教育理念）
教育是在普惠众生的理念下，陶冶全体国民的人格，使其具备自主生活能力和身为民主社会市民所需的素养，为实现国民安居乐业、民主国家健全发展以及全人类共同繁荣的理想贡献力量。

第三条（学习权）
全体国民都享有终身学习并根据能力和适应性接受教育的权利。

第四条（教育机会均等）
1. 全体国民不因性别、宗教、信仰、种族、社会身份、经济地位或身体条件等原因，在教育上受到歧视。
2. 国家和地方政府应当制定并实施旨在缩小地区间教师供求等教育条件差距的政策，以使受教育者能够平等地接受教育。
3. 为改善教育条件，国家应当确定每个班级适当的学生员额，并与地方政府一起制定并实施相关政策以保证实现这一目标。

第五条（教育的自主性等）
1. 国家和地方政府应当保障教育的自主性和专业性，国家应当尊重地方政府的教育自主权。
2. 国家和地方政府应当制定并实施相关政策，保障所辖学校与所管事务开展符合地区实际的教育。
3. 国家和地方政府应当尊重学校运营的自主性，并保障教职员工、学生、家长及地区居民等根据法令的规定参与学校的运营。

第六条（教育的中立性）

1. 教育应当根据教育的本来目的发挥其功能，不得用作传播政治、党派或个人偏见的手段。
2. 国家和地方政府设立的学校不得为特定宗教进行宗教教育。

第七条（教育财政）

1. 国家和地方政府应当制定并实施必要的措施，以确保教育财政的稳定。
2. 为确保教育财政稳定，地方教育财政拨款等相关必要事项，由他法另行规定。

第八条（义务教育）

1. 义务教育为六年初等教育（小学）和三年中等教育（初中）。
2. 全体国民都有权接受本条第一款规定的义务教育。

第九条（学校教育）

1. 设立学校以开展幼儿教育、初等教育、中等教育和高等教育。
2. 学校具有公共性，除学生教育外，还应当为学术及文化传统的维持、发展和居民的终身教育而努力。
3. 学校教育应当重视并践行包括启迪学生的创造力以及涵养人性在内的全方面教育。
4. 学校的种类以及学校的设立、运营等学校教育相关的基本事项，由他法另行规定。

第十条（终身教育）

1. 应当鼓励以全体国民为对象的一切形式的终身教育。
2. 终身教育的学习（履修），根据法令的规定，可以认定为完成相应的学校教育。
3. 终身教育设施的种类以及设立、经营等终身教育相关基本事项，由他法另行规定。

第十一条（学校等的设立）

1. 国家和地方政府设立、经营学校和终身教育设施。
2. 法人或者个人可以依据法律的规定，设立、经营学校和终身教育设施。

第二章 教育当事人

第十二条（受教育者）

1. 在学校教育或终身教育过程中，包括学生在内的受教育者，其基本人权受到尊重和保护。
2. 教育内容、教育方法、教材及教育设施的编制设置应当尊重受教育者的人格、重视个性并最大限度地发挥受教育者的能力。

3. 学生应当确立作为受教育者的伦理意识，遵守学校规则，不得妨碍教师的教学研究活动或者扰乱校内秩序。

第十三条（监护人）

1. 父母等监护人有权利和责任教育被监护的子女或者儿童以正确的人性健康成长。

2. 父母等监护人可以就被监护的子女或者儿童的教育向学校提出意见，学校应当尊重其意见。

第十四条（教师）

1. 在学校教育中，教师的专业性应得到尊重，教师的经济、社会地位应得到优待，其身份应得到保障。

2. 教师应当努力提高身为教育工作者应当具备的品德和资质。

3. 教师应当树立作为教育工作者应有的伦理意识，并在此基础上指导学生学习伦理、知识，努力启发每个学生的适应能力。

4. 教师不得指导或煽动学生支持或者反对特定政党或政治派系。

5. 教师可以依据法律的规定担任其他公职。

6. 教师的聘用、工作、报酬及年金等相关必要事项，由他法另行规定。

第十五条（教师团体）

1. 教师相互合作，为振兴教育和繁荣文化而努力；为提高教师的经济地位和社会地位，中央和各地方政府可以成立教师团体组织。

2. 本条第一款规定的教师团体的组织相关必要事项，由总统令规定。

第十六条（学校等的设立者与经营者）

1. 学校和终身教育设施的设立者、经营者依照法令的规定，获得并使用、管理教育相关设施、设备、资金和教师等。

2. 学校的校长及终身教育设施的设立者、经营者依照法令的规定，甄选受教育者进行教育，并对受教育者的学习成果等教育过程进行记录和管理。

3. 学校和终身教育设施的教育内容应当提前向学生公开。

第十七条（国家及地方政府）

国家和地方政府对学校和终身教育设施进行指导和监督。

第三章 教育的振兴

第十七条之二（两性平等意识的增进）

1. 为了更加积极地增进两性平等意识，保护学生的性别尊严，培养学生良好的性别观念，国家和地方政府应当制定并实施包括以下各项事项在内的措施：

（1）提倡两性平等意识和实践力量的教育方案；（2）尊重学生个人尊严与人格的教育方案；（3）能够重点培育体育、科学技术等女性活动薄弱领域的教育方案；（4）摆脱性别固有观念的就业选择和对其进行重点支持的教育方案；（5）考虑到性别特征的教育、便利设施及教育环境的营造方案。

2. 国家及地方政府和本法第十六条规定的学校及终身教育设施的设立者、经营者在进行教育时，在没有合理理由的情况下，不得有基于性别限制或排除特定性别参与或享受优待等歧视。

3. 为增进两性平等意识，学校的校长应当根据教育部部长制定的指南，系统地实施包括性教育、性认知教育、性暴力预防教育等在内的两性平等教育。

4. 设立两性平等教育审议会，就总统令规定的学校教育中为增进两性平等所设教育课程的标准和内容等事项，向教育部部长提供咨询。

5. 本条第四款规定的两性平等教育审议会委员的资格、组成、运营等相关必要事项，由总统令规定。

第十七条之三 （学习伦理的确立）

国家和地方政府应当制定并实施必要的措施，让全体国民在学业、研究、考试等教育的全过程中树立所需的伦理意识。

第十七条之四　删除

第十七条之五 （预防安全事故）

国家和地方政府应当制定并实施必要的措施，保障学生和教职员工的安全，预防事故发生。

第十七条之六 （和睦一致的目标）

国家及地方政府应当制定并实施必要的措施，使学生和教师确立自由民主的基本秩序，接受和睦一致的教育或研修。

第十八条 （特殊教育）

国家和地方政府应当为因身体、精神、智力残障等需要特殊教育关爱的人设立并经营学校，制定并实施必要的措施支援残障群体接受教育。

第十九条 （英才教育）

国家和地方政府应当制定并实施必要的措施，为在学问、艺术和体育等领域有突出才能的人提供英才教育。

第二十条 （幼儿教育）

国家和地方政府应当制定并实施必要的措施，以振兴幼儿教育。

第二十一条 （职业教育）

国家和地方政府应当制定并实施必要的政策，使全体国民都能通过学校教育和终身教育接受教育，提高职业素养和能力。

第二十二条 （科学技术教育）

国家和地方政府应当制定和实施必要的措施，以振兴科学技术教育。

第二十二条之二 （气候变化环境教育）
国家和地方政府应当制定并实施必要的措施，使全体国民都能接受生态文明教育，以应对气候变化等。

第二十二条之三 （学校体育）
国家和地方政府应当制定并实施必要的措施，以增强学生体力和鼓励体育锻炼。

第二十三条 （教育的信息化）
1. 国家和地方政府应当制定并实施教育信息化所必需的措施，支持信息化教育和利用信息通信媒体进行的教育，培育教育信息产业等。
2. 本条第一款规定的信息化教育中，应当包括防止利用信息通信媒体对他人名誉、生命、身体及财产造成危害的法律、伦理标准相关的教育。

第二十三条之二 （学校及教育行政机关业务的电子化）
国家和地方政府应当制定必要的措施，以电子化方式处理学校及教育行政机关的业务。

第二十三条之三 （学生信息的保护原则）
1. 学校学生档案等学生信息，应当以教育为目的进行收集、处理、使用和管理。
2. 父母等监护人有权获得本条第一款规定的子女等被监护人的相关学生信息。
3. 本条第一款规定的学生信息，除法律规定的情况外，未经相关学生（学生未成年时，为学生及学生的父母等监护人）同意，不得提供给第三方。

第二十四条 （学术文化的振兴）
国家和地方政府应当制定并实施设立学术文化设施及支援研究经费等政策，以研究、振兴学术文化。

第二十五条 （私立学校的培育）
国家和地方政府应当对私立学校进行支援和培育，并尊重私立学校多样、有特色的设立目的。

第二十六条 （评价及认证制度）
（1）国家可以建立并实施学历评价和能力认证相关制度，使国民的学习成果等得到公正的评价，并在社会上得到认可和广泛运用；（2）本条第一款规定的评价及认证制度应当与学校的教学课程等教育制度相互联系。

第二十六条之二 （教育相关信息的公开）
1. 为了保障国民的知情权和受教育权，国家和地方政府应当公开其拥有和管理的教育相关信息。
2. 本条第一款规定的教育相关信息公开的基本事项，由他法另行规定。

第二十六条之三（教育相关统计调查）

为有效地制定、实施和评价教育制度，国家和地方政府应当制定教育相关统计调查所必需的措施。

第二十七条（增进保健与福利）

1. 国家和地方政府应当制定并实施必要的措施，以增进学生和教职员工的健康和福利。

2. 为保障学生安全的居住环境，国家和地方政府应当制定并实施建设学生福利住房的相关必要措施。

第二十八条（奖学制度等）

1. 国家和地方政府应当建立并实施奖学和助学等制度，保障有经济困难的国民接受教育的权利。

2. 国家可以对下列人员补助全部或部分学费或者其他必要经费：

（1）接受教师培养教育的人；（2）在国内外专门从事国家特需领域研究的人。

3. 本条第一款及第二款规定的奖学金及学费补助金的发放方法及程序、领取者的资格及义务等相关必要事项，由总统令规定。

第二十九条（国际教育）

1. 国家应当努力开展国际化教育，以培养国民身为国际社会一员所应当具备的素养和能力。

2. 国家应当制定必要的措施，以面向海外侨胞开展必要的学校教育或者继续教育。

3. 为了促进学术研究，国家应当制定海外留学相关政策，支持在国外开展旨在对我国及我国文化形成正确理解和认同感的教育研究活动。

4. 国家应当制定与外国政府和国际组织等进行教育合作的必要措施。

附　　则

第一条（施行日期）

本法自公布后六个月起施行。但是，本法第五条、第二十二条之二、第二十二条之三的修订规定自公布之日起施行。

第二条（有关社会教育设施的过渡办法）

本法施行时，依照之前的规定设立的"社会教育设施"，视为本法规定的"终身教育设施"。

第三条（关于男女平等教育审议会的过渡办法）

本法施行时，依照之前的规定设立的"男女平等教育审议会"，视为依据本法设立的"两性平等教育审议会"。

幼儿教育法

［第18193号法律，2021年6月8日修订］

第一章　总　　则

第一条（目的）
本法旨在根据《教育基本法》第九条规定幼儿教育相关事项。

第二条（定义）
本法中使用的术语，其定义如下：
（1）"幼儿"是指年满3周岁至小学入学前的儿童；（2）"幼儿园"是指为从事幼儿教育而根据本法创办、运营的学校；（3）"保护人"是指亲权人、监护人及其他事实上保护幼儿的人员；（4）删除（5）删除（6）"课后课程"是指依据第十三条第一款的教育课程之外开展的其他教育活动和照顾活动。

第三条（责任）
国家及地方政府与保护人一同对幼儿的健康教育负责。

第三条之二（幼儿教育发展基本规划）
1. 为幼儿教育的发展，教育部应当制定幼儿教育相关的中长期政策目标及方向，并制定幼儿教育发展基本规划（以下称基本规划），加以推进。

2. 教育部应当经第五条第一款规定的中央幼儿教育委员会的审议，每5年制定一次基本规划。

3. 基本规划的内容等相关事项，由总统令规定。

4. 为制定基本规划，教育部应当每5年实施一次幼儿教育相关的全面的实况调查，并公布其结果。

5. 为进行第四款规定的实况调查，教育部可以请求相关中央行政机构负责人、地方政府负责人、《公共机构运营相关法律》规定的公共机构负责人、其他相关法人及团体提交所需资料或陈述意见。在这种情况下，收到请求者如无正当原因，应予以协助。

6. 第四款规定的实况调查的方法等必要事项，由总统令规定。

7. 特别市、广域市、特别自治市、道及特别自治道（以下称市、道）的教育监（以下称教育监），应当根据基本规划制定各年度实施计划，加以推进。

8. 教育部根据第一款制定的基本规划实施的年度推进业绩，应当每年接受第五条第一款规定的中央幼儿教育委员会的审议；并且市、道教育监应当综合第7项规定的下一年度实施计划及上一年度推进业绩，于每年接受第五条第一款规定的市、道幼儿教育委员会的审议。

第四条（幼儿教育、保育委员会）

1. 为审议幼儿教育及《婴幼儿保育法》第二条规定的保育相关的下列各项事项，设立国务总理下属幼儿教育保育委员会。

（1）幼儿教育及保育相关基本规划；（2）幼儿园和托儿所之间的联系运营；（3）幼儿教育及保育相关部门之间的协助事项；（4）其他委员长在会议上提出的事项。

2. 第一款规定的委员会由以委员长为首的11名委员组成，委员长为国务调整室室长，委员为下列各项相应人员。

（1）企划财政部副部长、教育部副部长、保健福祉部副部长及女性家庭部副部长；（2）第一款的委员推荐，委员长委任的代表幼儿教育界、保育界及女性界的人员各2名。

3. 第一款规定的委员会的组成及运营必要事项，由总统令规定。

第五条（幼儿教育委员会）

1. 为审议幼儿教育相关政策、事业的企划、调查等相关事项，在教育部设立中央幼儿教育委员会，在市、道教育厅设立市、道幼儿教育委员会。

2. 中央幼儿教育委员会和市、道幼儿教育委员会由幼儿教育专家、幼儿园代表、幼儿园教师（包括首席教师）代表、学生家长代表及公务员等组成。

3. 中央幼儿教育委员会和市、道幼儿教育委员会的组织、运营等必要事项，由总统令规定。

第六条（幼儿教育振兴院）

1. 国家及地方政府可以设置负责幼儿教育相关的研究和信息提供、方案及教材开发、幼儿园教员进修及评估、幼儿体验教育等的幼儿教育振兴院，或者委托教育相关研究机构等进行相关业务。

2. 第一款规定的幼儿教育振兴院的设置、运营及委托等必要事项，由总统令规定。

第六条之二（教育统计调查等）

1. 为收集幼儿教育政策的有效推进和幼儿教育研究所需的学生、教员、职员、幼儿园、教育行政机构等相关基础资料，教育部应当每年实施教育统计调查，并公开其结果。

2. 为幼儿教育政策的有效制定、实施和评估，教育部应当利用通过第一款规定的教育统计调查（以下称教育统计调查）收集的资料和根据《统计法》第三条的统计及行政资料等，编制教育相关指标及学生人数估算等预测统计并公开。

3. 为教育统计调查和第二款规定的教育相关指标及预测统计的编制，教育部可以请求中央行政机构负责人、地方政府负责人、教育监及《公共机构运营相关法律》规定的公共机构负责人等相关机构的负责人提供资料。在这种情况下，收到资料提供请求的机构负责人，如无特殊原因，应当遵照请求提供资料。

4. 为提交第三款规定的资料，教育监可以请求管辖幼儿园及教育行政机构负责人等提交资料。在这种情况下，收到资料提交请求的管辖幼儿园及教育行政机构的负责人等，如无特殊原因，应当遵照请求提供资料。但是，教育监应当尽最大努力减少管辖幼儿园及教育行政机构等的负担。

5. 为了提升教育统计调查和教育相关指标及预测统计制作的准确性及减少各方的业务负担，教育部可以请求持有关联资料的中央行政机构负责人、地方政府负责人、教育监及《公共机构的运营相关法律》规定的公共机构负责人等相关机构负责人进行资料互联互通。在这种情况下，收到资料互联互通请求的机构的负责人，如没有特殊原因，应当遵照请求进行联系。

6. 在教育统计调查时，教育部可以收集属于下列各种人员的个人信息（包括身份证号），并且根据第五条收到联系请求的机构可以出于统计调查及分析、验证等的目的提供或获得提供。

（1）调查对象幼儿园及教育行政机构的教员、职员；（2）调查对象幼儿园的幼儿及毕业生。

7. 教育部可以将通过教育统计调查收集的资料，提供给拟使用人员。在这种情况下，除根据《教育关联机构的信息提供相关特别法》公开的条目之外，以无法识别特定的个人或法人或团体的形式提供资料。

8. 为教育统计调查等的业务，教育部可以根据总统令规定，指定国家教育统计中心委托其业务。在这种情况下，教育部可以为指定或委托业务提供所需的经费支援。

9. 除从事第一款至第八款规定的事项外，教育统计调查和教育关联指标及预测统计制作的对象、程序及结果公开等必要事项，由总统令规定。

第二章　幼儿园的创办等

第七条（幼儿园的区分）

幼儿园按下列各项进行区分。

（1）国立幼儿园：国家创办、经营的幼儿园。（2）公立幼儿园：地方政府创办、经营的幼儿园（根据创办主体，可以区分为市立幼儿园和道立幼儿园）。

（3）私立幼儿园：法人或私人创办、经营的幼儿园。

第八条（幼儿园的创办等）

1. 拟创办幼儿园的人员，应当具备设施、设备等总统令规定的创办标准。

2. 拟创办私立幼儿园的人员，应当获得教育监的许可。

3. 教育监在受理第二款规定的许可申请时，除符合下列各项之一的情形外，应当许可创办幼儿园。

（1）不具备第一款规定的设施、设备等创办标准的情况；（2）不符合教育监根据总统令规定制定的幼儿安置计划的情况；（3）属于收到第三十二条第一款或第三款规定的停止经营命令后，未满3年的幼儿园创办人、经营者的情况；（4）其他违反本法或其他法令规定的限制的情况。

4. 创办、经营私立幼儿园的人员，拟关闭幼儿园时或拟变更总统令规定的重要事项时，应当获得教育监的许可。

第八条之二（不适合理由）

属于下列情况之一的人员，不得创办、运营幼儿园。

（1）未成年人、被监护人或被限定监护人；（2）《精神健康增进及精神疾病患者福利服务援助相关法律》第三条第一项规定的精神疾病患者；（3）《毒品管理相关法律》第二条第一项规定的毒品类吸食成瘾的人员；（4）被宣告破产且未恢复权利的人员；（5）被判处监禁以上徒刑，且自执行结束（包括视为执行结束的情况）或执行豁免之日起未满5年（犯有《儿童福利法》第三条第七项之二规定的虐待儿童相关罪行的情况为20年）的人员；（6）被判处监禁以上徒刑缓期执行，且在缓刑期的人员。但因《儿童福利法》第三条第七项之二规定的虐待儿童相关罪行，被判处监禁以上徒刑缓期执行的情况，是指自确定缓期执行之日起未满20年的人员；（7）根据第三十二条收到幼儿园关闭命令且未满5年的人员；（8）根据第三十四条，自确定判处300万韩元以上罚金之日起未满2年的人员，或者自因《儿童福利法》第三条第七项之二规定的虐待儿童相关罪行而确定判处罚金之日起未满10年的人员；（9）不履行第八条之三规定的教育命令的人员。

第八条之三（教育令）

1. 若被认定为不属于第八条之二第五项至第八项的无资格人员，如因触犯《儿童福利法》第三条第七项之二中所述与虐待儿童罪相关法条而被判刑或处以治疗监护措施的人员拟创办、经营幼儿园时，教育部应当命令其预先接受防止虐待儿童的相关教育。在这种情况下，教育实施中投入的费用由接受教育的人员承担。

2. 与第一款规定的教育命令的措施和关联程序、教育机构、教育方法、内容等有关的必要事项，由教育部令规定。

第九条（幼儿园的附设）

幼儿园可以根据《中小学教育法》第二条在小学、中学及高中附设。

第九条之二（幼儿园的创办义务）

1. 为下列各项所述地区时，教育监应考虑第八条第三款第二项规定的幼儿安置计划，根据《中小学教育法》第二条在小学附设幼儿园或单独创办幼儿园。

（1）《城市开发法》第三条规定的城市开发区域；（2）《城市及居住环境整治法》第八条规定的整治区域；（3）《住宅用地开发促进法》第三条规定的住宅用地开发地区；（4）《公共住宅特别法》第六条规定的公共住宅地区；（5）除第四项规定的公共住宅地区之外，包括面向低收入阶层的租赁住宅在内的超过总统令规定比例的住宅区。

2. 根据第九条附设的幼儿园需要增设年级时，教育监应当积极实施。

第十条（幼儿园规章）

1. 幼儿园负责人（创办幼儿园时，是指拟创办相应幼儿园的人员。以下称园长）可以在法令范围内制定或修订幼儿园规章。

2. 与幼儿园规章的记载事项及制定程序等相关必要事项，由总统令规定。

第十一条（入学）

1. 可以入学幼儿园的人员为幼儿。

2. 园长应当在符合教育目的的范围内，根据幼儿园规章的规定，以公正透明的方法招收、选拔入学幼儿园的幼儿。但涉及第三款规定的，以其为准。

3. 为保障幼儿享有平等的受教育机会需要时，地方政府（限市、道）可以通过制定《条例》就幼儿的招收、选拔时间、程序及方法等相关事宜作出规定。

第十二条（学习年度等）

1. 幼儿园的学习年度是指自3月1日起至次年2月末。

2. 幼儿园可以根据保护人的要求及地区实际情况运营课后课程。

3. 幼儿园的学期、教学日数、年级编制、休息日及班级编制、运营等必要事项，由总统令规定。

第十三条（教育课程等）

1. 幼儿园应运营教育课程，并且可以在运营教育课程之后运营课后课程。

2. 国家教育委员会可以规定与第一款规定的教育课程的标准和内容相关的基本事项，并且教育监可以在国家教育委员会规定的教育课程的范围内规定符合本地区实际情况的标准和内容。

3. 教育部可以规定与第一款规定的课后课程的标准和内容相关的基本事项，并且教育监可以在教育部规定的课后课程的范围内规定符合地区实际情况的标准和内容。

4. 教育部可以为运营幼儿园的教育课程及课后课程开发方案及教材，并加以普及。

第十四条（幼儿园生活记录）

园长应当对幼儿的发育等进行综合观察并作出评估，并根据教育部规定的标准制作、管理生活记录簿，以便于更好地进行幼儿生活指导和幼升小后的连贯指导。

第十五条（特殊学校等）

1. 特殊学校旨在对因身体、精神、智力障碍等需要特殊教育的幼儿，进行相当于幼儿园的教育和实际生活所需的知识、技能及社会适应教育。

2. 需要特殊教育的幼儿拟在幼儿园接受教育时，国家及地方政府应当制定单独安排入学程序、教育课程等实施与幼儿园的联合教育所需的政策。

第十六条（外国人幼儿园）

1. "外国人幼儿园"是指为让在韩国滞留的外国人的子女接受教育而创办的幼儿园，并且对于外国人幼儿园，不适用第十一条第一款、第二款但书、第三款、第十二条至第十四条、第十七条、第十八条第二款、第十九条、第十九条之二至第十九条之八、第二十二条、第二十四条至第二十六条及第二十七条。

2. 外国人幼儿园的创办标准、教育课程、教学年限、学历认证和其他创办、运营必要事项，由总统令规定。

第十七条（健康检查及供餐）

1. 园长应当对正在接受教育的幼儿实施健康检查，并把幼儿的健康检查结果记录到第十四条规定的生活记录簿上加以管理。但在保护人根据《国民健康保险法》第五十二条及《医疗补助法》第十四条实施健康检查，并提交健康检查结果通知单，或者园长经保护人同意，通过《电子政府法》第三十六条第一款规定行政信息的共同利用，确认健康检查结果通知单时，可以替代相应健康检查。

2. 对于第一款规定的健康检查结果中需要治疗的幼儿，园长应当与相应幼儿的保护人协商，采取需要的措施。

3. 园长可以向正在接受教育的相关幼儿园的幼儿提供适当的膳食。

4. 第一款及第二款规定的健康检查的实施时间及其结果处理相关事项，和第三款规定的供餐设施、设备标准等相关必要事项，由教育部令规定。

第十七条之二（提供幼儿相关资料的限制）

1. 园长未经相关幼儿保护人的同意，不得向第三方提供第十四条规定的幼儿园生活记录及第十七条规定的健康检查相关资料。但在符合下列各项之一的情形下例外：

（1）对幼儿园具有监督、检查权限的行政机构处理业务时需要的情况；（2）出于制作统计资料及学习研究等目的的情况中，以无法识别特定个人的形式提供的情况；（3）犯罪调查和诉讼提起及维持时需要的情况；（4）执行法院的判决业务时需要的情况；（5）其他根据相关法律提供的情况。

2. 园长根据第一款但书向第三方提供资料时，可以要求获得提供相关资料的人员，对使用目的、使用方法、其他必要事项作出限制，或制定所需措施以确保相关资料的安全性。

3. 根据第一款获得资料提供的人员，不得将其用于原本目的之外的用途。

第十七条之三（应急措施）

在受保护的幼儿因疾病、事故或灾害等发生紧急状况时，园长（包括根据第二十一条第二款代理园长职务的人员）应当立即根据《应急医疗相关法律》将相关幼儿移送应急医疗机构。

第十八条（指导和监督）

1. 国立幼儿园接受教育部的指导、监督，并且国立、私立幼儿园接受教育监的指导、监督。

2. 为充实幼儿教育，教育监可以对幼儿园教育课程运营进行奖学指导。

第十九条（评估）

1. 为有效进行幼儿教育，必要时，教育监可以对幼儿园运营实况等进行评估。

2. 必要时，教育部可以对各市、道教育厅的幼儿教育的整体情况进行评估。

3. 实施第一款和第二款规定的评估时，教育部及教育监应当公开评估结果。

4. 第一款和第二款规定的评估对象、标准及程序和第三款规定的评估结果的公开等必要事项，由总统令规定。

第十九条之二（幼儿教育信息系统的构建和运营等）

1. 教育部及教育监应当构建、运营幼儿教育信息系统（以下称信息系统），以便能够以电子形式对幼儿园及教育行政机构的业务（包括会计管理）进行处理。

2. 教育部及教育监为运营及支持信息系统，可以设置、运营信息系统运营中心；或者为信息系统的有效运营，认为有需要时，可以把信息系统的运营及支持业务委托给支持教育信息化的法人或机构。在这种情况下，为委托业务的顺利开展，教育部及教育监可以在预算范围内提供补助金及捐款。

3. 第一款规定的信息系统的构建、运营、访问方法及第二款规定的信息系统运营中心的设置、运营等必要事项，由教育部令规定。

4. 信息系统，可以与《中小学教育法》第三十条之四第一款规定的教育信息系统，或《社会福利事业法》第六条之二第二款规定的信息系统关联使用。

5. 幼儿园应当使用信息系统进行会计管理业务。

第十九条之三 （幼儿园运营委员会的设立等）

1. 为提高幼儿园运营的自律性并创造性地实施符合地区实际情况和特性的多种教育，应当在幼儿园设置幼儿园运营委员会。但总统令规定规模以下的私立幼儿园可以不设置幼儿园运营委员会。

2. 在幼儿园设置的幼儿园运营委员会，由相应幼儿园的教员代表及学生家长代表组成。

3. 属于《国家公务员法》第三十三条各项之一的人员，不得担任幼儿园运营委员会的委员。

4. 幼儿园运营委员会的委员，属于《国家公务员法》第三十三条各项之一时，应当卸任。

5. 在幼儿园设置的幼儿园运营委员会的委员名额，在 5 名以上 11 名以内的范围内，考虑幼儿园的规模等，由总统令规定。

6. 根据第九条附设的幼儿园，必要时，可以把幼儿园运营委员会与附设相应幼儿园的学校的学校运营委员会联合运营。在这种情况下，学校运营委员会中应包含幼儿园教员代表及学生家长代表各 1 名以上。

7. 第一款规定的幼儿园运营委员会，应当根据总统令规定制作会议记录，并加以公开。

第十九条之四 （幼儿园运营委员会的职能）

1. 在国立、公立幼儿园设置的幼儿园运营委员会，审议下列各项事项。
（1）幼儿园规章的修订相关事项；（2）幼儿园预算及决算相关事项；（3）幼儿园教育课程的运营方法相关事项；（3）之二．儿童虐待预防相关事项；（4）学生家长承担的费用相关事项；（5）幼儿园供餐相关事项；（6）课后课程运营相关事项；（7）幼儿园运行提案及建议相关事项；（8）《教育公务员法》第二十九条之三第八款规定的，公开招聘园长的公开招聘方法、任用、评价等相关事项；（9）《教育公务员法》第三十一条第二款规定的，聘请教师的推荐相关事项；（10）总统令及市、道条例规定的其他事项。

2. 对于第一款的各项事项（第八项及第九项除外），私立幼儿园的负责人应当向幼儿园运营委员会咨询。

第十九条之五 （幼儿园运营委员会的组成、运营）

1. 第十九条之三规定的幼儿园运营委员会中，在国立幼儿园设置的幼儿园运营委员会的组成、运营必要事项，由总统令规定；在公立幼儿园设置的幼儿园运营委员会的组成、运营必要事项，在总统令规定的范围内，由市、道条例规定。

2. 在私立幼儿园设置的幼儿园运营委员会的委员组成相关事项，由总统令规定；其他运营必要事项，由章程或幼儿园规章规定。

第十九条之六（幼儿园运营委员会委员的培训等）

1. 为提高幼儿园运营委员会委员的资质和职务履行能力，教育监可以实施培训。
2. 教育监可以委托培训机构或民间机构，实施第一款规定的培训。
3. 教育监可以根据第二款，向受培训委托的机构提供行政、财政援助。
4. 除第一款至第三款规定的事项之外的委员培训必要事项，由总统令规定。

第十九条之七（幼儿园会计的设置）

1. 在国立、公立幼儿园设置幼儿园会计。
2. 幼儿园会计把下列各项的收入记入年度收入。

（1）来自国家一般财政预算或地方政府教育费专项拨款的转入金；（2）第二十五条规定的学费等教育费用和其他应付款；（3）国家或地方政府的补助金及援助金；（4）使用费及手续费；（5）结转金；（6）物品出售货款；（7）其他收入。

3. 幼儿园会计应把幼儿园的运营及设施设置等所需的所有经费记入年度支出。
4. 为保障无法预测的预算外支出或超出预算的支出，幼儿园会计可以把相当金额记入年度支出预算作为预备款。
5. 根据第九条附设的幼儿园的情况，必要时，可以把幼儿园会计与附设相应幼儿园的学校的学校会计联合运营。
6. 幼儿园会计的设置必要事项，国立幼儿园的情况，由教育部令规定；公立幼儿园的情况，由市、道的教育规章规定。

第十九条之八（幼儿园核算管理）

1. 幼儿园会计的会计年度从每年的3月1日开始，于下一年度的2月末结束。
2. 园长应当在每个会计年度制作幼儿园会计年度收入年度支出预算，在会计年度开始30天之前，提交给第十九条之三规定的幼儿园运营委员会。
3. 幼儿园运营委员会应当在会计年度开始5天之前，对幼儿园会计年度收入年度支出预算进行审议。
4. 第三款规定的预算在新的会计年度开始时仍未确定时，园长可以按照上一年度预算执行下列各项的经费。在这种情况下，按照上一年度预算执行的预算，当该年度预算确定时，视为按照确定的预算执行。

（1）教职员工等的人工费；（2）教育中直接使用的教育费；（3）幼儿园设施的维护管理费；（4）法令上存在支付义务的费用；（5）已经通过预算确定的费用。

5. 园长应当在每个会计年度制作决算书，在会计年度结束后2个月之内提交给幼儿园运营委员会。

6. 幼儿园会计的运营必要事项，国立幼儿园的情况，由教育部令规定；公立幼儿园的情况，由市、道教育规章规定。

第三章 教职员工

第二十条（教职员工的区分）

1. 幼儿园的教员设有园长、园监、首席教师及教师，总统令规定的一定规模以下的幼儿园可以不设园监。

2. 幼儿园除教员之外还可以设合同医生、营养师、护士或助理护士、行政职员等。

3. 幼儿园设置的教员和职员（以下称教职员工）的名额、配置标准等相关的必要事项，由总统令规定。

第二十一条（教职员工的职责）

1. 园长总揽幼儿园业务，并指导、监督所属教职员工，教育相应幼儿园的幼儿。

2. 园监辅佐园长，管理幼儿园业务，教育相应幼儿园的幼儿，并在园长因不得已的原因无法履行职务时代理其职务。但未设园监的幼儿园由园长预先提名的教师（包括首席教师）代理其职务。

3. 首席教师援助教师的教学、研究活动，并教育幼儿。

4. 教师根据法令规定教育相应幼儿园的幼儿。

5. 行政职员等职员，根据法令规定，负责幼儿园的行政事务和其他事务。

第二十一条之二（幼儿的人权保障）

1. 幼儿园的创办人、经营者和园长，应当保障宪法和国际人权条约中明确规定的幼儿的人权。

2. 教职员工，根据第二十一条教育幼儿或负责事务时，不得利用道具、身体等对幼儿的身体施加伤害，或者通过大喊大叫、恶言恶语等对幼儿施加精神伤害。

第二十二条（教员的资格）

1. 园长及园监，应当为符合附表1的资格标准的人员中，根据总统令规定，获得教育部评定、颁发资格证的人员。

2. 教师分为正式教师（1级、2级）、准教师，应当为符合附表2的资格标准的人员中，根据总统令规定，获得教育部评定、颁发资格证的人员。

3. 首席教师，应当为持有第二款所述资格证的人员中，拥有15年以上的教育经验（包括担任《教育公务员法》第二条第一款第二项及第三项规定的专业教育职员的工作经历）并在教学、研究方面具有优秀的资质和能力的人员中，根据总统令规定，由教育部按规定的进修培训成绩评定、授予资格证的人员。

4. 删除

5. 删除

第二十二条之二（不具备老师资格的理由）

属于下列情况之一的人员，不能取得第二十二条第二款规定的教师资格。

（1）毒品、精神药品吸食成瘾者。（2）因对未成年子女作出属于下列各项之一的行为而被判处刑罚或治疗监护，确定执行其刑罚或治疗监护的人员（包括被判处缓刑后其缓刑期已过的人员）：①《性暴力犯罪的处罚等相关特别法》第二条规定的性暴力犯罪；②《儿童、青少年的性保护相关法律》第二条第二项规定的侵害儿童、青少年的性犯罪。（3）因对成人的《性暴力犯罪的处罚等相关特别法》第二条规定的性暴力犯罪行为，被判处100万韩元以上的罚金或其以上刑罚或治疗监护，确定执行其刑罚或治疗监护的人员（包括被判处缓刑后其缓刑期已过的人员）。

第二十二条之三（罚金的分开判处）

尽管有《刑法》第三十八条的规定，但对属于第二十二条之二第三项规定的罪行或其他罪行的竞合犯判处罚金的情况，应分开判处。

第二十二条之四（禁止出借或介绍教师资格证）

根据第二十二条取得的资格证，不得向他人出借或借用，并且也不得为他人出借或借用做中介。

第二十二条之五（资格取消等）

1. 符合下列各项之一时，教育部应当取消根据第二十二条取得资格证的人员的资格。

（1）以虚假或其他不正当方法取得资格证的情况；（2）违反第二十二条之四的规定，把资格证出借给他人的情况。

2. 根据第一款取消资格后不到2年的人员，不得接受第二十二条规定的评定。

第二十三条（讲师等）

1. 教育课程运营中需要时，幼儿园可以在第二十条第一款规定的教员之外，设置讲师、期间制教师或名誉教师等，负责或辅助幼儿教育。在这种情况下，国立、公立幼儿园适用《教育公务员法》第十条之三第一款及第十条之四，私立幼儿园适用《私立学校法》第五十四条之三第四款及第五款。

2. 根据第一款在幼儿园设置的讲师等的种类、资格标准及任用等必要事项，由总统令规定。

第四章 费　　用

第二十四条（免费教育）

1. 小学入学前 3 年的幼儿教育免费实施，免费的内容及范围，由总统令规定。

2. 根据第一款免费实施的幼儿教育所需的费用，以由国家及地方政府承担，向幼儿保护人提供援助为原则。

3. 根据第二款由国家及地方政府承担的费用，以第四款规定的标准幼儿教育费为准，由教育部在预算范围内与相关行政机构负责人协商后，作出公告。

4. 教育部经第五条第一款规定的中央幼儿教育委员会的审议，确定标准幼儿教育费。

5. 第二款规定的援助方法、第三款规定的费用公告及第四款规定的标准幼儿教育费计算等相关必要事项，由教育部令规定。

第二十五条（幼儿园园费）

1. 幼儿园的创办人、经营者，可以根据教育部令规定收取学费等教育费用和其他应付款（以下称幼儿园园费）。在这种情况下，可以根据下列各项标准，单独确定幼儿园园费。

（1）第十二条第二款规定的幼儿园的利用形态；（2）教育对象幼儿是否为《公民基本生活保障法》规定的领取人的子女；（3）相应地区是否为低收入阶层密集地区或农渔村地区等社会弱势地区。

2. 第一款第三项规定的社会弱势地区的决定标准，由总统令规定。

3. 各幼儿园不得使幼儿园园费的上涨率，超过之前 3 个年度的平均消费者物价上升率。

4. 虽然有第三款规定，但考虑下列各项事项，符合教育部规定标准的国立幼儿园和符合教育监规定标准的公、私立幼儿园，可以分别经第五条第一款规定的中央幼儿教育委员会和同款规定的市道幼儿教育委员会的审议，超过之前 3 个年度的平均消费者物价上升率，收取幼儿园园费。

（1）根据第二十四条第二款，由国家及地方政府承担的费用；（2）第二十四条第四款规定的标准幼儿教育费。

5. 其他幼儿园园费计算及征收方法等必要事项，由教育部令规定。

第二十六条（费用的承担等）

1. 删除

2. 删除

3. 国家及地方政府，根据总统令规定，为市立幼儿园的创办及幼儿园教师的人工费等运营所需的费用，提供全部或部分补助。

第二十六条之二　删除

第二十六条之三　删除

第二十六条之四　删除

第二十六条之五　删除

第二十七条 （课后课程运营等相关支援）

对于运营课后课程，或者根据第十二条第三款，教学天数超过总统令规定的幼儿园，国家及地方政府可以根据总统令规定，为其提供运营所需经费补助。

第二十八条 （补助金等的返还）

1. 符合下列各项之一时，国家及地方政府可以命令返还已经支付的补助金、援助金的全部或部分。

（1）在幼儿园用途之外使用补助金、援助金的情况；（2）以虚假或其他不正当方法领取补助金、援助金的情况；（3）任用不具备第二十二条规定的教员资格标准的人员担任教员的情况；（4）幼儿园园费上涨率超过之前3个年度的平均消费者物价上升率的情况。

2. 幼儿的保护人，以虚假或其他不正当方法，获得第二十四条第二款规定的费用援助时，国家及地方政府可以命令返还该费用的全部或部分。

3. 根据第一款及第二款回收补助金等时，应返还者未如期返还时，按照国税滞纳处分或地方税滞纳处分例征收。

第五章　补充性规则及罚则

第二十八条之二 （幼儿园名称的禁用）

若非本法规定的幼儿园，不得使用幼儿园或与之类似的名称。

第二十九条 （权限等的委任及委托）

1. 本法规定的教育部的权限，可以根据总统令规定，部分委任给教育监。

2. 本法规定的教育部及教育监的职务，可以根据总统令规定，部分委托给保健福祉部部长或地方政府负责人。

第三十条 （整改或变更命令）

1. 幼儿园在设施、设备、教育课程运营、幼儿园园费上涨率及其他事项方面，违反教育相关法令、《道路交通法》第五十三条、第五十三条之三或根据其规定的命令或幼儿园规章时，幼儿园的指导、监督机构（国立幼儿园的情况，是指教育部；公立、私立幼儿园的情况，是指教育监。以下称主管机构）可以命令其创办人、经营者在指定期限内进行整改及变更。

2. 收到第一款规定之整改及变更命令的人员，无正当原因未在指定期限执行命令时，主管机构可以根据总统令规定，采取缩减相应幼儿园的名额、缩减班级或停止幼儿招生，或者取消对相应幼儿园的分级财政支援或财政支援等措施。

第三十条之二（违规事实的公布）

1. 主管机构采取第二十八条第一款、第三十条及第三十二条规定的措施时，应在网站主页上公开违规行为、处分内容、相应幼儿园的名称，及其他依据总统令能与其他幼儿园区分开的事项。但第二十八条第一款规定的处分，仅限在教育部令规定金额以上时才能公开发布。

2. 主管机构进行第一款规定的公开发布前，应将其事实通知所公布的对象，并为其提供提交辩明资料或当面陈述意见的机会。

3. 第一款规定之公布程序、方法、其他必要事项，由总统令规定。

第三十一条（停课及闭园命令）

1. 因灾害等紧急原因，认定教育无法正常进行时，主管机构可以命令园长停课。

2. 收到第一款规定的命令的园长，应当立即停课。

3. 尽管有第一款规定的命令，但园长不停课，或者存在特别紧急的原因时，主管机构可以给予闭园处分。

4. 根据第一款和第二款被停课的幼儿园，在停课期间，应让在该幼儿园接受教育的幼儿停止入园和接受教育；根据第三款被闭园的幼儿园，在闭园期间，停止除简单的管理业务之外的幼儿园的所有功能。

第三十二条（幼儿园的关闭等）

1. 发生符合下列各项之一的情形时，若幼儿园无法运营正常的教育课程，主管机构可以命令幼儿园1年之内停止运营或关闭。

（1）园长或创办人、经营者，故意或因重大过失，违反本法或本法规定的命令或其他教育相关法令的情况；（2）园长或创办人、经营者，违反本法或其他教育相关法令规定的主管机构的命令3次以上的情况；（2）之二．园长或创办人、经营者，作出《儿童福利法》第三条第七项规定的虐待儿童行为的情况；（2）之三．在园长或创办人、经营者的管理和监督下的教职员工等，作出《儿童福利法》第三条第七项规定的虐待儿童行为的情况。但园长或创办人、经营者，为防止教职员工等的虐待儿童行为，从未放松管理和监督责任的除外；（3）除停课期间外，连续3个月以上未运营教育课程的情况。

2. 对于未取得第八条第二款规定的幼儿园创办许可，而使用幼儿园或与此类似的名称或运营幼儿园的人员，主管机构可以命令关闭其设施。

3. 在幼儿园违反《道路交通法》第五十三条第三款，儿童校车未同时搭载保护人的情况下，因儿童校车行驶过程中发生的交通事故，导致搭乘该儿童校车的幼儿死亡，或身体上受到教育部令规定的重大伤害时，主管机构可以命令相应幼儿园关闭或1年之内停止运营。

第三十三条（听证）

1. 教育部，拟根据第二十二条之五第一款取消资格时，应当进行听证。

2. 主管机构，拟根据第三十二条命令幼儿园或设施关闭或停止运营时，应当进行听证。

第三十四条（罚则）

1. 删除

2. 对于属于下列各项之一的人员，处以 3 年以下有期徒刑或 3000 万韩元以下罚金。

（1）未取得第八条第二款规定的幼儿园创办许可，而运营幼儿园的人员；（2）违反第八条第四款，未取得关闭许可或变更许可的人员；（3）以虚假或其他不正当方法，取得第八条第二款或第四款规定的幼儿园创办许可、关闭许可或变更许可的人员；（4）违反第十七条之二第一款或第三款，未经保护人的同意，向第三方提供幼儿相关信息，或将获得提供的资料用于原本目的之外的用途的人员。

3. 对于属于下列情况之一的人员，处以 1 年以下有期徒刑或 1000 万韩元以下罚金。

（1）违反第二十二条之四，向他人出借或借用资格证的人员，或为此进行中介的人员；（2）以虚假或其他不正当方法，获得第二十四条第二款规定的费用援助，或使他人获得援助的人员；（3）违反第三十条第一款规定的命令的人员；（4）违反第三十二条第一款规定的命令的人员。

第三十五条（罚款）

1. 对于违反第二十八条之二，使用幼儿园或与此类似的名称的人员，处以 500 万韩元以下罚款。

2. 对于未实施第十七条第一款规定的健康检查或未履行第十七条之三规定的应急措施义务的人员，处以 300 万韩元以下罚款。

3. 第一款和第二款规定的罚款，根据总统令规定，由主管机构征收。

附　　则

本法自公布之日起 3 个月后生效。

中小学教育法

[第17958号法律，2021年3月23日修订]

第一章 总 则

第一条（目的）
本法旨在根据《教育基本法》第九条，规定中小学教育相关事项。

第二条（学校的种类）
为实施中小学教育，设置下列各项学校。
（1）小学；（2）初中、高级公民学校；（3）高中、高级技术学校；（4）特殊学校；（5）其他类型学校。

第三条（国立、公立、私立学校的区分）
第二条各项学校（以下称学校），根据设置主体，如下列各项进行区分。
（1）国立学校：国家创办、经营的学校或国立大学法人附设经营的学校；（2）公立学校：地方政府创办、经营的学校（根据设立主体，可以区分为市立学校、道立学校）；（3）私立学校：法人或个人创办与经营的学校（国立大学法人附设经营的学校除外）。

第四条（学校的设立等）
1. 拟设立学校的人员，应当具备设施、设备等总统令规定的设立标准。
2. 拟设立私立学校的人员，应当获得特别市、广域市、特别自治市、道、特别自治道教育监（以下称教育监）的许可。
3. 创办、经营私立学校的人员，拟关闭学校或变更总统令规定的重要事项时，应当获得教育监的许可。

第五条（学校的附设）
小学、初中及高中可以根据地区实际情况相互附设。

第六条（指导与监督）
国立学校接受教育部的指导、监督，公立、私立学校接收教育监的指导、监督。

第七条（奖学金指导）

教育监可以面向管辖区域的学校，对教育课程运营和教授、学习方法等进行奖学金指导。

第八条（学校规章）

1. 学校负责人（设立学校的情况，是指拟设立该学校的人员）可以在法令范围内制定或修订学校规章。

2. 校规的记载事项和制定、修订程序等相关的必要事项，由总统令规定。

第九条（学生、机构、学校评估）

1. 教育部可以以学校在读学生为对象进行测试学业成绩的评估。

2. 为有效执行教育行政，教育部可以对特别市、广域市、特别自治市、道、特别自治道教育厅和其管辖学校进行评估。

3. 为教育行政的有效执行及学校教育能力的提升，教育监可以对其管辖的教育行政机构和学校进行评估。

4. 第二款及第三款规定的评估的对象、标准、程序及评估结果的公开等必要事项，由总统令规定。

5. 评估对象机构的负责人，如无特殊原因，应当根据第一款至第三款的规定接受评估。

6. 教育监拟在其管辖区域实施第三款规定的评估时，教育部可以提供需要的援助。

第十条（学费等）

1. 学校的创办人、经营者可以收取学费和其他应付款。

2. 收取第一款规定的学费和其他应付款的方法等必要事项，国立学校的情况，由教育部令规定；公立、私立学校的情况，由特别市、广域市、特别自治市、道、特别自治道（以下称市、道）的条例规定。在这种情况下，不得规定本质上侵犯国民接受教育的权利之内容。

第十条之二（高中等的免费教育）

1. 第二条第三项中规定的高中、高级技术学校及与其相当的其他类型学校的教育所需的下列各项费用为免费。

（1）入学费；（2）学费；（3）学校运营援助费；（4）教学科目用图书采购费。

2. 第一款各项费用由国家及地方政府承担，学校的创办人、经营者不得向学生和保护人收取。

3. 尽管有第一款及第二款规定，但总统令规定的私立学校的创办人、经营者可以向学生和保护人收取第一款各项费用。

第十一条 （学校设施等的利用）

所有国民可以在不影响学校教育的范围内，根据该学校负责人的决定，利用国立学校的设施等；并且可以根据市、道教育规章的规定，利用公立、私立学校的设施等。

第十一条之二 （教育统计调查等）

1. 为中小学教育政策的有效推进和中小学教育研究所需的学生、教员、职员、学校、教育行政机构等相关的基础资料的收集，教育部应当每年实施教育统计调查并公开其结果。

2. 为中小学教育政策的有效制定、实施和评估，教育部应当利用通过第一款规定的教育统计调查（以下称教育统计调查）收集的资料和《统计法》第三条中规定的统计及行政资料等，制作教育相关指标及学生数量预测等数据并予以公开。

3. 为教育统计调查和第二款规定的教育相关指标及预测统计的制作，教育部可以请求中央行政机构负责人、地方政府负责人、教育监及《公共机构的运营相关法律》中规定的公共机构负责人等相关机构的负责人提交资料。在这种情况下，收到资料提供请求的机构的负责人，如无特殊原因，应当遵照请求提供资料。

4. 为提交第三款规定的资料，教育监可以请求管辖学校及教育行政机负责人等提交资料。在这种情况下，收到资料提交请求的管辖学校及教育行政机构的负责人等，如无特殊原因，应当遵照请求提供资料，但教育监应当最大限度地减少管辖学校及教育行政机构等的负担。

5. 为提升教育统计调查和教育相关指标及预测统计制作的准确性及减轻各部门的业务负担，教育部可以请求持有相关资料的中央行政机构负责人、地方政府负责人、教育监及《公共机构的运营相关法律》中规定的公共机构负责人等进行资料间互联互通。在这种情况下，收到进行资料间互联互通请求的机构的负责人，如无特殊原因，应当遵照请求执行。

6. 在进行教育统计调查时，教育部可以收集下列各人员的个人信息（包括身份证号），并且根据第五条收到联系请求的机构，可以出于统计调查及分析、验证等的目的提供或获得提供。

（1）调查对象学校及教育行政机构的教职员；（2）调查对象学校的学生及毕业生。

7. 教育部可以将通过教育统计调查收集的资料，提供给拟使用人员。在这种情况下，除根据《教育相关机构的信息公开相关特别法》公开的项目外，以无法识别特定的个人或团体的形式提供资料。

8. 为教育统计调查等的业务，教育部可以根据总统令规定，指定国家教育统计中心委托其业务。在这种情况下，教育部可以援助指定或业务委托所需的经费。

9. 除从第一款至第八款规定的事项外，教育统计资料和教育关联指标及预测统计制作的对象、程序及结果公开等必要事项，由总统令规定。

第二章　义务教育

第十二条（义务教育）

1. 国家应当实施《教育基本法》第八条第一款规定的义务教育，并且应当采取确保所需设施等所需措施。

2. 地方政府应当创办、经营让其管辖区域的义务教育对象全部入学所需的小学、初中及教授小学、初中课程的特殊学校。

3. 地方政府，在难以让其管辖区域的义务教育对象全部入学地方政府设立的小学、初中及特殊学校时，可以与邻近地方政府协商，联合创办、经营小学、初中或特殊学校，或委托邻近地方政府设立的小学、初中或特殊学校或者国立或私立的小学、初中或特殊学校对部分义务教育对象进行教育。

4. 国立、公立学校的创办人、经营者和根据第三款受委托开展义务教育的私立学校的创办人、经营者，不得向接受义务教育的人员收取第十条之二第一款各项费用。

第十三条（入学义务）

1. 所有国民，应当在其监护的子女或儿童满6岁之日所属年份的次年3月1日，让其子女或儿童在小学入学，并就读至小学毕业。

2. 所有国民，可以不受第一款规定之约束，在其监护的子女或儿童满5岁之日所属年份的次年或者满7岁之日所属年份的次年，让其子女或儿童在小学入学。在这种情况下，其子女或儿童也应当自在小学入学之年的3月1日起在小学就读直至毕业。

3. 所有国民，应当在其监护的子女或儿童小学毕业学年的下一学年初，让其子女或儿童在初中入学，并就读至初中毕业。

4. 基于第一款至第三款之规定的入学义务的履行和履行激励等必要事项，由总统令规定。

第十四条（入学义务的豁免等）

1. 对于因疾病、发育状态等不得已的原因，无法入学的义务教育对象，可以根据总统令规定，豁免或推迟履行第十三条中规定的入学义务。

2. 根据第一款，被豁免或推迟履行入学义务的人员，拟重新入学时，可以根据总统令规定，对学习能力进行评估后，确定年级入学。

第十五条（雇主的义务）

雇用义务教育对象的人员不得妨害受雇对象接受义务教育。

第十六条（对亲权人等的补贴）

国家和地方政府，在义务教育对象的亲权人或监护人因经济原因难以让义务教育对象入学时，可以提供教育费补贴。

第三章 学生和教职员

第一节 学 生

第十七条（学生自治活动）

学生的自治活动受到鼓励、保护，并且其组织和运营相关的基本事项，由校规规定。

第十八条（学生的惩戒）

1. 学校负责人，在教育需要的情况下，可以根据法令和校规规定惩戒或者通过其他方法指导学生。但不得让正在接受义务教育的学生退学。

2. 学校负责人，拟惩戒学生时，应当经过为该学生或保护人提供机会进行意见陈述等适当程序。

第十八条之二（不服裁判）

1. 对第十八条第一款规定的惩戒处分等退学措施有异议的学生或其保护人，可以自被采取退学措施之日起在15天之内或者得知存在该措施之日起10天之内，请求第十八条之三中规定的市、道学生惩戒调整委员会重审。

2. 第十八条之三中规定的市、道学生惩戒调整委员会，收到第一款规定的重审请求时，应当在30天之内进行重审，并将重审结果向请求人通报。

3. 对第二款的审查决定有异议的请求人，可以自收到通报之日起，在60天之内提出行政审判。

4. 第一款规定的重审请求、第二款规定的审查程序和决定通报等必要事项，由总统令规定。

第十八条之三（市、道学生惩戒调整委员会的设置）

1. 为审查、决定第十八条之二第一款规定的重审请求，设置教育监下属市、道学生惩戒调整委员会（以下称惩戒调整委员会）。

2. 惩戒调整委员会的组织、运营等必要事项，由总统令规定。

第十八条之四（学生的人权保障）

学校的创办人、经营者和学校负责人，应当保障《宪法》和国际人权条约中明确规定的学生的人权。

第二节　教职员

第十九条（教职员的区分）

1. 在学校设置下列各项教员。

（1）在小学、初中、高中、高级公民学校、高级技术学校及特殊学校，设置校长、校监、首席教师及教师。但学生数量不满100名的学校或班级数量不满5个班级的学校，总统令规定的规模以下的学校，可以不设校监。（2）其他类型学校按照第一项设置需要的教员。

2. 在学校设置除教员之外的学校运营所需的行政职员等职员。

3. 为学校的顺利运营，学校可以在教师中设置分担教务的辅职教师。

4. 学校设置的教员和职员（以下称教职员）的名额必要事项，由总统令规定，各学校级别的具体配置标准由第六条中规定的指导、监督机构确定，并且教育部应当每年向国会报告教员名额的相关事项。

第十九条之二（专业咨询教师的配置等）

1. 在学校设置专业咨询教师，或者在市、道教育行政机构，根据《教育公务员法》第二十二条之二，设置专业咨询巡回教师。

2. 第一款的专业咨询巡回教师的名额、配置标准等必要事项，由总统令规定。

第二十条（教职员的职务）

1. 校长总揽教务，并指导、监督下属教职员，并教育学生。

2. 校监辅佐校长管理教务，教育学生，并在校长因不得已的原因无法履行职务时，代理校长的职务。但未设校监的学校，由校长预先提名的教师（包括首席教师）代理其职务。

3. 首席教师帮助教师的教学、研究活动并教育学生。

4. 教师根据法令规定教育学生。

5. 行政职员等职员，根据法令规定，负责学校的行政事务和其他事务。

第二十一条（教师的资格）

1. 校长和校监，应当为符合附表1（略）的资格标准的人员中，根据总统令规定获得教育部评定、授予资格证的人员。

2. 教师，分为正式教师（1级、2级）、准教师、专业咨询教师（1级、2级）、图书馆教师（1级、2级）、技术教师、保健教师（1级、2级）及营养教师（1级、2级），应当为符合附表2的资格标准的人员中，根据总统令规定获得教育部评定、授予资格证的人员。

3. 首席教师，应当为持有第二款之资格证的人员中，拥有15年以上的教育经验（包括担任《教育公务员法》第二条第一款第二项及第三项中规定的专业教育职员的工作经历）并在教学、研究方面具有优秀的资质和能力的人员中，根据总统令规定，由教育部按规定的进修培训成绩评定、授予资格证的人员。

第二十一条之二（不具备教师资格的理由）

属于下列情况之一的人员，不能取得第二十一条第二款规定的教师资格。

（1）毒品、大麻、精神药品吸食成瘾者。（2）因对未成年子女作出相当于下列各项之一的行为而被判处刑罚或治疗监护，确定执行其刑罚或治疗监护的人员（包括被判处缓刑后其缓刑期已过的人员）：①《性暴力犯罪的处罚等相关特别法》第二条中规定的性暴力犯罪；②《儿童、青少年的性保护相关法律》第二条第二项中规定的以儿童、青少年为对象的性犯罪。（3）因对成人的《性暴力犯罪的处罚等相关特别法》第二条中规定的性暴力犯罪行为，被判处100万韩元以上罚金或其以上刑罚或治疗监护，确定执行其刑罚或治疗监护的人员（包括被判处缓刑后其缓刑期已过的人员）。

第二十一条之三（罚金的分开判处）

虽然有《刑法》第三十八条的规定，但对相当于第二十一条之二第三项规定的罪行或其他罪行的竞合犯判处罚金时，应当分开判处。

第二十一条之四（禁止出借或借用教师资格证为出借或借用教师资格证做中介）

根据第二十一条取得的资格证，不得向他人出借或借用，并且也不得为他人出借或借用做中介。

第二十一条之五（资格取消等）

1. 符合下列各项情形之一时，教育部应当取消根据第二十一条取得资格证的人员的资格。

（1）以虚假或其他不正当方法取得资格证的情况；（2）违反第二十一条之四的规定，把资格证出借给他人的情况。

2. 根据第一款取消资格后不到2年的人员，不得接受第二十一条中规定的评定。

第二十二条（产学兼任教师等）

1. 运营教育课程需要时，学校可以在第十九条第一款规定的教员之外设置产学兼任教师、名誉教师或讲师等，负责学生的教育。在这种情况下，国立、公立学校适用《教育公务员法》第十条之三第一款及第十条之四，私立学校适用《私立学校法》第五十四条之三第四款及第五款。

2. 根据第一款在学校设置的产学兼任教师等的种类、资格标准及任用等必要事项，由总统令规定。

第四章 学 校

第一节 通 则

第二十三条（教育课程等）

1. 学校应当运营教育课程。

2. 国家教育委员会可以规定第一款之教育课程的标准和内容相关基本事项，并且教育监可以在国家教育委员会规定之教育课程的范围内，规定符合地区实际情况的标准和内容。

3. 教育部负责根据总统令之规定制定、实施连续的支持计划，以便第一款规定之教育课程能稳定运营。

4. 学校的教学科目，由总统令规定。

第二十四条（教学等）

1. 学校的学年度，从3月1日开始至下一年2月末为止。

2. 教学以昼间、全日制为原则。但根据法令或校规规定可以进行夜间教学、假期教学、课时制教学等。

3. 学校负责人在教育需要时，可以进行符合下列形式的教学。在这种情况下，教学运营相关事项在教育部规定的范围内，由教育监规定。

（1）利用广播或信息通信媒介等的远程教学；（2）运营现场实习等在校外开展的活动。

4. 学校的学期、教学日数、年级编制、休息日及班级编制、运营以及其他教学必要事项，由总统令规定。

第二十五条（学生生活记录）

1. 学校负责人应综合观察、评估学生的学业成绩和品性等，根据教育部令规定，制作、管理可以用于学生指导及上级学校（包括《高等教育法》第二条各项中规定的学校。下同）学生选拔所需的下列各项资料。

（1）个人信息；（2）学籍事项；（3）出缺勤状况；（4）资格证及认证获得状况；（5）教学科目学习发展状况；（6）行为特性及综合意见；（7）其他教育目的上需要的范围内，教育部令规定的事项。

2. 学校负责人，应当利用第三十条之四中规定的教育信息系统，制作、管理第一款规定之资料。

3. 学校负责人，在所属学校的学生转学时，应当将第一款规定之资料移交给该学生转入学校的负责人。

第二十六条（学年制）

1. 学生的升学或毕业按学年制确定。

2. 学校负责人可以不受第一款之约束，经主管机构批准，采用学年制之外的制度。

第二十七条（提前升学或提前毕业）

1. 小学、初中、高中及与其相当的其他类型学校的负责人，可以不受第二十三条、第二十四条、第二十六条、第三十九条、第四十二条及第四十六条之约束，缩短学习年限，让才能优秀的学生提前升学或提前毕业，或者给予其上级学校提前入学资格。

2. 根据第一款获得上级学校提前入学资格，入学上级学校时，视为提前毕业。

3. 第一款及第二款规定之才能优秀学生的选定和提前升学、提前毕业及上级学校提前入学资格等必要事项，由总统令规定。

第二十七条之二（学历认证考试）

1. 未完成第二条中规定之学校教育课程的人员，通过总统令规定的考试后，可以认定学历与小学、初中或高中毕业生同等。

2. 国家或地方政府，承担第一款规定的中小学和初中毕业生同等学力认证考试实施所需的费用。

3. 小学、初中及高中毕业生同等学力认证考试中必要事项，由教育部令规定。

4. 为上级学校学生选拔需要时，教育监经本人的同意，可以通过第三十条之四中规定的教育信息系统，向第三方提供通过高中毕业生同等学力认证考试的人员的合格证明和成绩证明资料。

5. 关于第四款规定的资料提供的限制，适用第三十条之六。在这种情况下，"学校负责人"视为"教育监"。

第二十八条（对学习落后学生等的教育）

1. 为下列各项区分中规定的学生，国家和地方政府，应当根据总统令规定，制定弹性运营教学天数和教育课程等教育上需要的政策。

（1）因性格障碍或智力技能下降等，学习上受限的学生中，未被选定为《残疾人等相关的特殊教育法》第十五条中规定的存在学习障碍的特殊教育对象的学生；（2）辍学学生。

2. 为系统实行对第一款规定的学习落后学生等的教育，国家及地方政府，应当进行实际情况调查。

3. 国家和地方政府，可以为第一款规定的学习落后学生等相关政策所需的预算提供援助。

4. 教育部及教育监，应当为第一款规定的学习落后学生等开发、普及所需的教材和方案。

5. 教员应当根据总统令规定，为提高第一款规定的学习落后学生等的学习能力，进行相关进修，并且教育监应当对其进行指导、监督。

6. 学校负责人，应当给出现辍学征兆或表明辍学意向的学生就辍学事宜进行充分思考的机会。在这种情况下，学校负责人可以将该期间认定为出勤。

7. 对第六款规定的学生的判断标准及充分思考的时间和该期间的出勤天数认定范围等必要事项，由教育监确定。

第二十九条（教学科目用图书的使用）

1. 学校应当使用国家拥有著作权，或者教育部检定或认可的教学科目用图书。

2. 教学科目用图书的范围、著作、审定、认可、发行、供应、选定及价格核定等必要事项，由总统令规定。

第三十条（学校的整合与运营）

1. 为学校的有效运营需要时，学校的创办人、运营者可以根据地区实际情况，将小学、初中、初中、高中或小学、初中、高中的设施、设备及教员等整合运营。在这种情况下，应当征求相应学校的学生及学生家长的意见。

2. 学生及学生家长有要求时，主管机构可以实施学校的整合、运营条件相关的实际情况调查，并将其结果在网站主页上公开。

3. 根据第一款整合、运营的学校的设施、设备标准、教员配置标准、意见征求程序，及第二款规定的实际情况调查实施标准、结果公开等必要事项，由总统令规定。

第三十条之二（学校会计的设置）

1. 在国立、公立的小学、初中、高中及特殊学校按各学校设置学校会计。

2. 学校会计以下列各项收入为年度收入：

（1）来自国家的一般会计或地方政府的教育费特别会计的转入金；（2）根据第三十二条第一款，经学校运营委员会审议，由学生家长承担的经费；（3）来自第三十三条的学校发展基金的转入金；（4）国家或地方政府的补助金及援助金；（5）使用费及手续费；（6）结转金；（7）物品出售货款；（8）其他收入。

3. 学校会计以学校运营和学校设施的设置等所需的所有经费为年度支出。

4. 为保障无法预测的预算外支出或超出预算的支出，学校会计可以把适当金额记入年度支出预算作为预备款。

5. 学校会计设置的必要事项，国立学校的情况，由教育部令规定；公立学校的情况，由市、道教育规章规定。

第三十条之三（学校核算的管理）

1. 学校会计的会计年度，自每年3月1日起开始，至次年2月末结束。

2. 学校负责人，应当在每个会计年度，编制学校会计年度收入年度支出预算，在会计年度开始之前至少30天，提交给第三十一条中规定的学校运营委员会。

3. 学校运营委员会，应当在会计年度开始之前至少5天，对学校的收支预算案进行审议。

4. 第三款规定的预算，在新的会计年度开始时仍未确定时，学校负责人可以按照上一年度预算执行下列各项经费。在这种情况下，按照上一年度预算执行的预算，当该年度的预算确定时，视为按该确定的预算执行。

（1）教职员的人工费；（2）学校教育中直接使用的教育费；（3）学校设施的维护管理费；（4）法令上存在支付义务的费用；（5）已经通过预算确定的费用。

5. 学校负责人，应当在每个会计年度制作决算书，在会计年度结束后2个月之内，提交给学校运营委员会。

6. 学校会计的运营必要事项，国立学校的情况，由教育部令规定；公立学校的情况，由市、道教育规章规定。

第三十条之四（教育信息系统的构建与运营等）

1. 教育部和教育监，可以构建、运营教育信息系统（以下称信息系统），以便能够以电子形式对学校和教育行政机构的业务进行处理。

2. 教育部和教育监，为信息系统的运营及援助，可以设置并运营信息系统运营中心，或者为了信息系统的有效运营，把信息系统的运营及援助业务委托给从事教育信息化的法人或机构。

3. 信息系统的构建、运营、访问方法和第二款规定的信息系统运营中心的设置、运营等必要事项，由教育部令规定。

第三十条之五（利用信息系统的业务处理）

1. 教育部和教育监，应当利用信息系统处理全部或部分管辖业务。

2. 学校负责人，应当利用信息系统处理第二十五条中规定的学校生活记录和《学校保健法》第七条之三中规定的健康检查记录，并且应当利用信息系统处理其他全部或部分管辖业务。

第三十条之六（学生相关资料提供的限制）

1. 学校负责人，未经相应学生（学生为未成年人时，学生和学生的父母等保护人）的同意，不得向第三方提供第二十五条中规定的学校生活记录和《学校保健法》第七条之三中规定的健康检查记录。但在符合下列各项之一的情况下除外。

（1）对学校具有监督、检查权限的行政机构为处理其业务而需要的情况；（2）为用于上级学校的学生选拔而提供第二十五条中规定的学校生活记录的情况；(3) 出于制作统计资料及学术研究等目的，以无法知晓资料当事人身份的形式提供的情况；(4) 犯罪调查和诉讼提起及维持上需要的情况；(5) 为执行法院的判决事务而需要的情况；(6) 其他根据相关法律提供的情况。

2. 学校负责人，根据第一款但书向第三方提供资料时，可以要求获得提供该资料的人员，对使用目的、使用方法、其他必要事项作出限制或采取必要措施，以确保该资料的安全性。

3. 根据第一款但书，获得资料提供的人员，不得将资料用于获取资料的原本目的之外的用途。

第三十条之七（对利用信息系统的业务处理等的指导和监督）

教育部和教育监认定需要时，可以对第三十条之五中规定的业务处理及第二十七条之二、第三十条之六中规定的资料提供或利用相关事项，进行指导、监督。

第三十条之八（学生的安全对策等）

1. 为防止设置、变更学校设施（包括学校围墙）时外部人员擅自出入，或者学校暴力或犯罪的预防，国立学校的学校负责人、公立及私立学校的教育监应当根据市、道教育规章规定，制定实施学生安全对策。

2. 为学生的安全，学校负责人应当实施下列各项事项。

(1) 学校内出入人员的身份确认程序等详细标准制定相关事项；(2) 图像信息处理设备设置相关事项；(3) 对学校周边巡逻、监视活动计划相关事项。

3. 第一款及第二款规定之学生的安全对策等必要事项，由总统令规定。

第三十条之九（设施、设备、教具的检查等）

1. 学校负责人应当定期检查学校的设施、设备、教具是否得到妥善管理。

2. 第一款规定之检查结果发现设施、设备、教具老化或损坏时，学校负责人应当及时采取维修或更换等必要措施。

3. 国家及地方政府可以为第二款规定之措施所需的费用提供援助。

4. 第一款规定的检查对象、时间等必要事项，由教育部令规定。

第二节 学校运营委员会

第三十一条（学校运营委员会的设置）

1. 为提高学校运营的自律性并创造性地实施符合地区实际情况和特性的多样而又富有创意的教育，应当在小学、初中、高中及特殊学校构建、运营学校运营委员会。

2. 国立、公立学校设置的学校运营委员会，由该学校的教员代表、学生家长代表及地区社会人士组成。

3. 学校运营委员会的委员数，在 5 名以上 15 名以下的范围内，考虑学校的规模等，由总统令规定。

第三十一条之二（不合格理由）

1. 属于《国家公务员法》第三十三条情况之一的人员，不得被选为学校运营委员会的委员。

2. 学校运营委员会的委员，符合《国家公务员法》第三十三条情况之一时，应当卸任。

第三十二条（职能）

1. 学校设置的学校运营委员会审议下列各项事项。但私立学校的学校运营委员会，第七项及第八项之事项除外，并对第一项之事项进行咨询。

（1）学校章程和校规的制定或修订；（2）学校的预算和决算；（3）学校教育课程的运营方法；（4）教学科目用图书和教育资料的选定；（5）校服、体育服、毕业相册等学生家长经费承担事项；（6）正规学习时间结束后或放假期间的教育活动及训练活动；（7）《教育公务员法》第二十九条之三第八款规定的公开招聘校长的公开招聘方法、任用、评价等；（8）《教育公务员法》第三十一条第二款规定的聘请教师的推荐；（9）学校运营援助费的筹集、运用及使用；（10）学校供餐；（11）大学入学特别择优录取中的校长推荐；（12）学校体育部的组成、运营；（13）学校运营相关的提案及建议事项；（14）其他总统令或市、道条例规定的事项。

2. 对于第一款各项事项（第七项及第八项的事项除外），私立学校负责人应当向学校教育委员会咨询。但对于第一项之事项，仅在学校法人要求的情况下进行咨询。

3. 学校运营委员会审议、决议第三十三条中规定的学校发展基金的筹集、运用及使用相关事项。

第三十三条（学校发展基金）

1. 第三十一条中规定的学校运营委员会可以筹集学校发展基金。

2. 第一款规定的学校发展基金的筹集和运用方法等必要事项，由总统令规定。

第三十四条（学校运营委员会的构建和运营）

1. 第三十一条中规定的学校运营委员会中，国立学校设置的学校运营委员会的构建和运营必要事项，由总统令规定；公立学校设置的学校运营委员会的构建和运营必要事项，在总统令规定的范围内，由市、道条例规定。

2. 私立学校设置的学校运营委员会的委员组成相关的事项，由总统令规定，其他运营必要事项，由相应学校法人的章程规定。

第三十四条之二（学校运营委员会委员的培训等）

1. 为提高学校运营委员会委员的资质和职务履行能力，教育监可以实施培训。

2. 教育监可以委托培训机构或民间机构实施第一款规定之培训。

3. 教育监可以根据第二款向受培训委托机构提供行政、财政援助。

4. 其他必要事项，由总统令规定。

第三节　删　　除

第三十五条　删除

第三十六条　删除

第三十七条　删除

第四节　小　　学

第三十八条（目的）

小学旨在进行国民生活所需的基础性的小学教育。

第三十九条（学习年限）

小学的学习年限为6年。

第四十条　删除

第五节　初中、高级公民学校

第四十一条（目的）

初中旨在在小学接受教育的基础上进行中等教育。

第四十二条（学习年限）

初中的学习年限为3年。

第四十三条（入学资格等）

1. 可以入学初中的人员，为小学毕业生、根据第二十七条之二第一款通过小学毕业同等学力认证考试的人员、其他根据法令认证具有相同水平以上学历的人员。

2. 其他初中的入学方法和程序等必要事项，由总统令规定。

第四十三条之二（广播通信中学）

1. 在初中或高中可以附设广播通信中学。

2. 广播通信中学的设置、教育方法、学习年限以及其他运营必要事项，由总统令规定。

第四十四条（高级公民学校）

1. 高级公民学校旨在对未能接受初中课程教育，并超过第十三条第三款规定的入学年龄的人员或普通成人，进行国民生活所需的中等教育和职业教育。

2. 高级公民学校的学习年限为1年以上3年以下。

3. 可以入学高级公民学校的人员，为小学毕业生、根据第二十七条之二第一款通过小学毕业同等学力认证考试的人员、其他根据法令认证具有相同水平以上学历的人员。

第六节　高中、高级技术学校

第四十五条（目的）

高中旨在在初中接受教育的基础上，进行中等教育及基础性专业教育。

第四十六条（学习年限）

高中的学习年限为 3 年，但第四十九条中规定的课时制及通信制课程的学习年限为 4 年。

第四十七条（入学资格等）

1. 可以入学高中的人员，为初中毕业生、根据第二十七条之二第一款通过初中毕业同等学力认证考试的人员、其他根据法令认证具有相同水平以上学历的人员。

2. 其他高中的入学方法和程序等必要事项，由总统令规定。

第四十八条（专业及学分制等）

1. 高中可以设置专业。

2. 高中的专业和教育课程的设置，应当能让学生根据个人的需要、适应性及能力选择就业出路。

3. 为进修高中（包括根据第五十五条实施相当于高中的教育的特殊学校）的教育课程，可以运营学分制（以下称高中学分制）。

4. 就读高中学分制学校的学生获得学分数等达到一定水平时，高中毕业。

5. 高中学分制的运营及毕业等必要事项，由总统令规定。

第四十八条之二（高中学分制援助等）

1. 为高中学分制的运营和援助，教育部和教育监可以设置、运营高中学分制援助中心。

2. 为高中学分制援助中心的有效运营，教育部和教育监认定需要时，可以将其业务委托给研究和建言教育政策的法人或机构。

3. 为高中学分制的运营，国家和地方政府应当提供需要的行政、财政援助。

4. 第一款至第三款规定的高中学分制援助中心的设置、运营、委托及行政、财政援助等必要事项，由总统令规定。

第四十九条（课程）

1. 高中经主管机构批准，可以在全日制课程之外设置课时制或通信制课程。

2. 高中课程的设置必要事项，由总统令规定。

第五十条（分校）

在特别必要的情况下，高中的创办人、经营者可以经主管机构的批准设置分校。

第五十一条（广播通信高中）

1. 高中可以附设广播通信高中。

2. 广播通信高中的设置、教育方法、学习年限及其他运营必要事项，由总统令规定。

第五十二条（为劳动青少年设置的特别班级等）

1. 为让在生产单位工作的青少年能够接受初中、高中课程的教育，生产单位邻近的初中、高中可以设置以夜间教学为主的特别班级。

2. 在一个生产单位工作的青少年中希望入学初中或高中的人员，预计每年可以组编2个班级以上时，为让希望入学的青少年接受教育，该生产单位可以创办、经营初中或高中（以下称生产单位附设初中、高中）。

3. 在两个以上生产单位工作的青少年中希望入学的人员，预计每年可以组编2个班级以上时，可以不适用第二款，由该两个以上的生产单位共同创办、经营一个生产单位附设的初中、高中。

4. 基于第一款至第三款之规定的特别班级及生产单位附设初中、高中的设立标准和入学方法等必要事项，由市、道条例规定。

5. 雇佣在基于第一款至第三款之规定的特别班级及生产单位附设初中、高中上学的青少年的生产单位的经营者，应当根据市、道条例规定承担部分教育费。

6. 地方政府可以根据市、道条例规定，承担在基于第一款至第三款之规定的特别班级或生产单位附设初中、高中上学的学生的部分教育费。

第五十三条（入学义务及妨碍行为的禁止）

1. 生产单位的经营者，当在其生产单位工作的青少年希望入学第五十二条中规定的特别班级或生产单位附设初中、高中时，应当让该青少年入学。

2. 生产单位的经营者，在其雇佣的青少年在第五十二条中规定的特别班级或生产单位附设初中、高中入学时，不得作出妨碍该学生上学和上课的行为。

第五十四条（高级技术学校）

1. 高级技术学校旨在进行国民生活中直接需要的职业技术教育。

2. 高级技术学校的学习年限为1年以上3年以下。

3. 可以入学高级技术学校的人员，为初中毕业生或高级公民学校（3年制）毕业生、根据第二十七条之二第一款通过初中毕业同等学力认证考试的人员、其他根据法令认证具有相同水平以上学历的人员。

4. 高级技术学校，为对高中毕业生或根据法令认证具有相同水平以上学历的人员进行特殊的专业技术教育，可以设置学习年限为1年以上的专业课。

5. 设置、经营工厂或营业机构的人员可以创办、经营高级技术学校。

第七节 特殊学校等

第五十五条（特殊学校）

特殊学校旨在对因身体、精神、智力障碍等需要特殊教育的人员，进行相当于小学、初中或高中的教育和实际生活中需要的知识、技能及社会适应教育。

第五十六条（特殊班级）

高中以下的各级学校，可以为需要特殊教育的学生设置特殊班级。

第五十七条 删除

第五十八条（学历的认证）

在特殊学校或特殊班级完成小学、初中或高中课程对应的教育课程的人员，视为具有与其对应学校的毕业生相同水平的学历。

第五十九条（整合教育）

需要特殊教育的人员，想在小学、初中及高中和与其相当的其他类型学校接受教育时，国家和地方政府，应当制定单独制定入学程序、教育课程等进行整合教育所需的政策。

第八节 其他类型学校

第六十条（其他类型学校）

1. "其他类型学校"是指与第二条第一项至第四项的学校类似的教育机构。

2. 其他类型学校的学校名称不得使用与第二条第一项至第四项之学校类似的名称。但根据相关法令认证学历的其他类型学校（包括第六十条之二中规定的外国人学校和第六十条之三中规定的替代性学校）例外。

3. 其他类型学校的学习年限、入学资格、学历认证以及其他运营必要事项，由教育部令规定。

第六十条之二（外国人学校）

1. 对于为教育在外国居住一定时间后回国的本国人中总统令规定的人员、根据《国籍法》第四条获得国籍的人员的子女中相应学校的负责人根据总统令规定的标准和程序判断认为难以继续学业的人员、外国人的子女而设立的学校中，属于其他类型学校（以下称外国人学校），不适用第七条、第九条、第十一条、第十一条之二、第十二条至第十六条、第二十一条、第二十三条至第二十六条、第二十八条、第二十九条、第三十条之二、第三十条之三、第三十一条、第三十一条之二、第三十二条至第三十四条及第三十四条之二。

2. 外国人学校可以整合运营幼儿园、小学、初中、高中的课程。

3. 外国人学校的设立标准、教育课程、学习年限、学历认证及其他设立、运营必要事项，由总统令规定。

第六十条之三 （替代性学校）

1. 对于以辍学或想接受符合个人特性的教育的学生为对象，进行现场实习等体验为主的教育、品性为主的教育或个人的素质、适应性开发为主的教育等多种多样的教育的学校中，属于其他类型学校（以下称替代性学校），不适用第二十一条第一款、第二十三条第二款、第三款、第二十四条至第二十六条、第二十九条及第三十条之四至第三十条之七。

2. 替代性学校可以整合运营小学、初中、高中的课程。

3. 替代性学校的设立标准、教育课程、学习年限、学历认证以及其他设立、运营必要事项，由总统令规定。

第四章之二　教育费援助等

第六十条之四 （教育费援助）

1. 国家及地方政府可以在预算范围内，向属于下列各项之一的学生，提供入学费、学费、伙食费等总统令规定的费用（以下称教育费）的全部或部分援助。
（1）本人或其保护者是《国民基本生活保障法》第十二条第三款及第十二条之二中规定的领取人的学生；（2）为《单亲家庭援助法》第五条中规定的保护对象的学生；（3）其他考虑家庭收入等认定需要教育费援助的学生中，总统令规定的学生。

2. 根据收入水平和居住地区等，第一款规定之教育费援助的援助内容和范围可能不同。

3. 根据《国民基础生活保障法》《单亲家庭援助法》等其他法令，获得与第一款相同内容的援助时，不提供在其范围内的第一款规定的教育费援助。

第六十条之五 （教育费援助的申请）

1. 拟获取第六十条之四第一款规定的援助时，相应学生或法律上、事实上保护该学生的人员，应当向教育部或教育监申请教育费援助。

2. 进行第一款规定的申请时，应当提交下列各项资料或信息的提供相关的援助对象学生及其家庭成员（是指与相应学生一起生活居住的人员中总统令规定的人员。下同）的书面同意。
（1）《金融实名交易及保密相关法律》第二条第二项规定的金融资产及第三项规定的金融教育的内容相关的资料或信息中，存款的平均余额和其他总统令规定的资料或信息（以下称金融信息）；
（2）《信用信息的利用及保护相关法律》第二条第一项规定的信用信息中的债务额和其他总统令规定的资料或信息（以下称信用信息）；
（3）加入《保险业法》第四条第一款各项规定的保险缴纳的保险费和其他

总统令规定的保险相关资料或信息。

3. 第一款规定的教育费援助的申请方法、程序及第二款规定的同意的方法、程序等必要事项，由总统令规定。

第六十条之六　（金融信息等的提供）

1. 教育部部长和教育监为了依据本法第六十条之四提供教育费援助，而对受援学生及其家庭成员的财产进行评估时，可以不受《金融实名交易及保密法》第四条第一款和《信用信息的利用及保护法》第三十二条第二款的约束。在向金融公司（是指《金融实名交易及保密相关法律》第二条第一项规定的金融公司等和《信用信息的利用及保护相关法律》第二条第6号规定的信用信息集中机构。下同）的负责人出示依据本法第六十条之五第二款所述的学生及其家庭成员的书面同意文件的电子版的前提下，要求其提供金融信息、信用信息或保险信息（以下称金融信息等）。

2. 根据第一款之规定被要求提供金融信息等的金融公司负责人，无论《金融实名交易及保密法》第四条第一款和《信用信息的利用及保护法》第三十二条第一款及第三款作何规定，都必须提供指定人员的金融信息等。

3. 根据第二款提供金融信息等的金融公司等的负责人，应当将金融信息等的提供事实通报名义人。但在经名义人同意的情况下，可以不适用《金融实名交易及保密相关法律》第四条之二第一款和《信用信息的利用及保护相关法律》第三十二条第7项，不进行通报。

4. 第一款和第二款规定的金融信息等的提供请求及提供，应当利用《信息通信网利用促进及信息保护等相关法律》第二条第一款第一项规定的信息通信网进行。但在信息通信网损坏等不可避免的情况下例外。

5. 从事或曾从事过第一款及第二款规定的业务的人员和根据第六十二条获得或曾获得过权限等的委任或委托的人员，不得将执行业务过程中获得的金融信息等用于本法规定的目的之外的其他用途，或者提供或泄露给其他人或机构。

6. 第一款、第二款及第四款规定的金融信息等的提供请求及提供等必要事项，由总统令规定。

第六十条之七　（调查、质询）

1. 教育部及教育监，可以要求根据第六十条之五申请教育费援助之人（以下称教育费申请人）或确定援助之人，提交进行教育费援助对象资格确认所需的文件或其他收入及财产等相关资料，并且难以获取进行援助对象资格确认所需的资料，或者判断认为提交的资料为存在虚假等的资料时，可以让下属公务员对相关人员进行必要的质询，或者经教育费申请人及确定援助之人的同意，出入其居住或其他必要场所调查文件等。

2. 教育部及教育监，可以要求相关机构负责人，提供执行第一款规定的业务所需的国税、地方税、土地、建筑或健康保险、国民年金、雇用保险、工伤保险、家庭关系证明等相关资料。在这种情况下，相关机构负责人，如无特殊原因，应当遵照请求提供资料。

3. 根据第一款的规定进出相应场所进行调查或质询的人员，应当持有表示其权限的证明并向相关人员出示。

4. 教育部及教育监，在教育费申请人或确定援助之人拒绝提交第一款规定的文件或资料，或者拒绝、妨碍或回避调查或质询时，可以驳回第六十条之五第一款规定的教育费援助申请，或者取消、中止或变更援助决定。

第六十条之八（教育费援助业务的电子化）

1. 教育部及教育监，可以构建、运营用于对第六十条之四中规定的教育费援助业务进行电子处理的信息系统（以下称教育费援助信息系统）。

2. 教育部及教育监，构建、运营教育费援助信息系统时，可以利用第三十条之四第一款规定的教育信息系统。

3. 教育费援助信息系统，可以与《社会福利事业法》第六条之二第二款规定的信息系统联系利用。

第六十条之九（用于教育费援助的资料的收集等）

教育部及教育监，可以收集、管理、持有、利用第六十条之四中规定的教育费援助所需的资料或信息中属于下列各项之一的资料或信息。

（1）根据《电子政府法》第三十六条第一款，通过行政信息的共同利用获得提供的资料或信息；（2）其他执行本法中规定的业务时所需的资料或信息中，教育部令规定的信息或资料。

第六十条之十（费用的征收）

1. 通过欺骗或其他不正当方法，获得第六十条之四第一款规定的教育费援助或者让学生获得援助时，教育部或教育监，可以向获得教育费援助之人或使其获得援助之人，征收该教育费的全部或部分。

2. 根据第一款征收的金额，通知获得教育费援助之人或使其获得援助之人进行征收，而获得教育费援助之人或使其获得援助之人不服从时，按照国税或地方税滞纳处分案例进行征收。

第六十条之十一（走读援助）

1. 为让学生能够安全方便的走读，教育监可以提供需要的援助。

2. 第一款规定的走读援助必要事项，由相应市、道条例规定。

第五章　补充性规则及罚则

第六十一条（学校及教育课程运营的特别条例）

1. 为改善和发展包括学校教育制度在内的教育制度，在认定特别需要的情况下，可以根据总统令规定，允许学校或教育课程在运营时不受第二十一条第一款、第二十四条第一款、第二十六条第一款、第二十九条第一款、第三十一条、第三十九条、第四十二条及第四十六条所规定的时限约束。

2. 参与根据第一款运营的学校及教育课程的教员和学生等，不会因此受到损害。

第六十二条（权限的委任）

1. 本法中规定的教育部之权限，可以根据总统令规定，委任给教育监或委托给国立大学法人首尔大学及国立大学法人仁川大学。

2. 本法中规定的教育部的权限中，国立学校的设立、运营相关的权限，可以根据总统令规定，委任给相关中央行政机构的负责人。

3. 本法律中规定的教育部及教育监的业务中，第六十条之五至第六十条之七中规定的教育援助业务，可以根据总统令规定，部分委任给保健福祉部长官或地方政府负责人。

第六十三条（整改及变更命令等）

1. 学校违反与设施、设备、教学、学校事务及其他事项相关的，教育相关法令或根据其规定的命令或校规时，主管机构可以命令学校的创办人、经营者或学校负责人，在指定期限内进行整改或变更。

2. 因学校的违规行为严重并明显而认定存在犯罪嫌疑时，主管机构应当举报学校的创办人、经营者或学校负责人。

3. 收到第一款规定的整改命令或变更命令的人员，无正当原因，却未在指定期限内执行命令时，主管机构可以根据总统令规定，采取取消或停止其违规行为、缩减相应学校的学生名额、缩减、废除班级或专业或者停止招生等措施。

4. 违规行为已经结束等违规行为的性质上已明确无法整改、变更时，主管机构可以不下达第一款规定的整改或变更命令，直接采取第三款规定的措施。

5. 外国人学校，通过虚假、欺骗等不正当方法，违反第六十条之二第一款，让本法中规定之人以外的人员入学时，主管机构可以不适用第一款至第三款，根据其违规次数，下达第一款规定的整改、变更命令或责令停止招收本国学生。在这种情况下，基于违规次数的行政处分的标准，由总统令规定。

第六十四条（歇业命令及停课处分）

1. 因灾害等紧急原因，认定无法正常教学时，主管机构可以命令学校负责人歇业。

2. 收到第一款规定的命令的学校负责人，应当立即歇业。

3. 学校负责人不适用第一款规定的命令，不歇业，或者存在特别紧急原因时，主管机构可以给予停课处分。

4. 根据第二款歇业的学校，在歇业期间停止授课并让学生停止上学，根据

第三款停课的学校,在停课期间停止除简单的管理业务之外的学校的所有功能。

第六十五条（学校等的关闭）

1. 发生符合下列各项之一的情况,学校无法正常运营时,主管机构可以命令关闭学校。

（1）学校负责人或创办人、经营者,故意或因重大过失,违反本法或本法中规定的命令的情况;（2）学校负责人或创办人、运营者,多次违反本法或其他教育相关法令中规定的主管机构的命令的情况;（3）除歇业及停课期间外,连续3个月以上未教学的情况。

2. 主管机构,可以命令未取得第四条第二款规定的学校设立许可或者第五十条规定的分校设置许可,而以学校的名义招生,并在事实上以学校形式运营设施的人员关闭其设置、运营的设施。

第六十六条（听证）

1. 教育部,拟根据第二十一条之五第一款取消资格时,应当进行听证。

2. 主管机构,拟根据第六十五条命令学校或设施关闭时,应当进行听证。

第六十七条（罚则）

1. 对于违反第六十条之六第五款,将金融信息等用于本法中规定的目的之外的其他用途,或者提供或泄露给其他人或机构的人员,处以5年以下的有期徒刑或5000万韩元以下的罚金。

2. 对于属于下列情况之一的人员,处以3年以下的有期徒刑或3000万韩元以下的罚金。

（1）未取得第四条第二款规定的学校设立许可或者第五十条规定的分校设置许可,而使用学校的名称或招生,在事实上以学校形式运营设施的人员;（2）违反第四条第三款,未取得闭校许可或变更许可的人员;（3）以虚假或其他不正当方法,取得第四条第二款或第四条第三款规定的学校的设立许可、闭校许可或变更许可或者第五十条规定的分校设置许可的人员;（4）违反第三十条之六第一款或第三款,未经同意权人的同意,向第三方提供学生相关资料,或者将获得提供的资料用于其原本目的之外的用途的人员。

3. 对于属于下列各项之一的人员,处以1年以下的有期徒刑或1000万韩元以下的罚金。

（1）违反第二十一条之四,向他人出借或借用资格证的人员或者为此进行中介的人员;（2）违反第六十三条第一款规定的整改或变更命令的人员;（3）违反第六十五条第一款规定的关闭命令的人员。

4. 对于以欺骗或其他不正当方法,获得或让学生获得第六十条之四第一款规定的教育费援助的人员,处以1年以下的有期徒刑、1000万韩元以下的罚金、拘留或罚款。

第六十八条（罚款）

1. 对于属于下列各项之一的人员，处以 100 万韩元以下的罚款。

（1）被督促履行第十三条第四款规定的入学义务，但仍不履行入学义务的人员；（2）违反第十五条，妨碍义务教育对象的义务教育的人员；（3）违反第五十三条，作出不让学生入学或影响学生上学和上课的行为的人员。

2. 第一款规定的罚款，根据总统令规定，由相应教育监征收。

附　　则

本法自公布之日起六个月后施行。

高等教育法

[第 17951 号法律，2021 年 3 月 23 日修订]

第一章 总　　则

第一条（目的）

本法旨在依据《教育基本法》第九条规定，制定与高等教育有关的事项。

第二条（学校的种类）

为实施高等教育，设立下列学校。

（1）大学；（2）产业（行业）大学；（3）教育大学；（4）专门（专科）大学；（5）广播大学、通信大学、广播通信大学及网络大学（以下称远程大学）；（6）技术大学；（7）其他类型学校。

第三条（国立、公立、私立学校的区分）

第二条各项的学校（以下称学校），分为由国家设立经营或者国家设立为国立大学法人的国立学校，由地方政府设立、经营的公立学校（根据设立主体可分为市立学校、道立学校），以及由学校法人设立、经营的私立学校。

第四条（学校的设立等）

1. 有意设立学校者，应当符合总统令规定的设施设备等设置标准。

2. 国家以外的人欲设立学校时，应当得到教育部的批准。

3. 公立或私立学校的创办者或管理者欲撤销学校或改变总统令规定的重要事项时，应当获得教育部部长的授权批准。

第五条（指导与监督）

1. 学校接受教育部的指导与监督。

2. 教育部为了指导与监督学校，必要时可以按照总统令之规定要求学校的校长提交相关资料。

第六条（学校规章）

1. 学校校长（指设立学校时拟设立学校的人）可以在其法律法规的范围内制定或修改学校规章（以下称校规）。

2. 有关校规的记载事项、制定与修订程序等必要事项由总统令规定。

第七条（教育财政）

1. 国家和地方政府可以支持或补贴学校实现其目标，或在发生灾难等教育环境急剧变化情况下，管理教育质量所需的财政资源。

2. 学校应当按照教育部令的规定公开预算和决算。

3. 删除

4. 删除

5. 删除

6. 删除

第七条之二（关于财政支援计划和协商与调整）

1. 为扩大对高等教育的支持，战略性地投入财政资源，教育部部长应当每五年与有关中央行政机关和地方政府负责人进行协商，制定高等教育财政支援基本计划，并据此制定包含财政支援方向和标准的年度支援计划，向国务会议报告后提交国会。

2. 财政支援基本计划应当包括下列事项：

（1）高等教育财政支援的中长期投资目标及方向；（2）高等教育环境的变化与高校财政条件展望；（3）基于学校的职责和特点的财政支援分配方向；（4）主要推进课题及推进方法；（5）高等教育财政支援工作成果分析及绩效管理计划；（6）有利于国家均衡发展的财政支援分配方向。

3. 中央行政机关负责人对学校新增、变更资助或补助财源的事项，应当就是否符合第一项基本计划及资助计划、中长期高等教育政策方向及对学校的影响等与教育部部长进行协商。

4. 教育部部长可以要求有关机关提交资料并进行现状调查，以便对学校支援或补助资金的工作及其成果进行调查和分析，并将分析结果通报中央行政机关负责人，建议其反映到有关政策的推进中。

5. 教育部部长为了审议和调整第一款规定的基本计划和支援计划以及第三款规定的高等教育财政支援事项的协议和调整事项，可以设立一个由相关机关、专家等参与的委员会。

6. 第一款的基本计划及支援计划的建立及第三款高等教育财政支援事业的协商与调整，第四款的财政支援事业及其成果的调查和分析，第五款的委员会的组成和运营，必要事项由总统令规定。

第八条（实验实习等费用的支付）

国家为振兴学术和教育研究，应当采取支付实验实习费、培训费、研究补助费或奖学金等必要措施。

第九条（学校间相互协助支援）

国家和地方政府应当为活跃学校相互之间的师资交流和研究合作提供支援。

第十条（学校协议体）

1. 大学、产业大学、教育大学、专门大学及远程大学等为高等教育的发展，可运营由各学校代表组成的协议体。

2. 根据第一款组成的协议体的组织与运营的法律，另行制定。

第十一条（学费与学费管理委员会）

1. 学校的设立者、经营者可以接收现金或《信贷专业金融业法》第二条规定的信用卡、借记卡、预付卡缴纳学费及其他应缴费用（以下称学费）。学生可以按照校规分 2 次以上分批缴纳相应学期的学费。

2. 但学校（第三十条的研究生院大学除外）的设立者、经营者不能向相关学校的入学学生或转学学生（根据第二十九条设在研究生院的学位课程、研究课程及第二十九条之三合并的学位课程的入学学生或转学学生除外）收取学费。

3. 各学校为了确定学费，应当设立和运营由教职员（私立大学包括学校法人推荐的财团人士）、学生、相关专家等组成的学费审议委员会。在所有委员成员中，学生委员应当占到十分之三以上，各组成单位的委员不能超过十分之五，专家委员则按照校规，由学校的代表方和学生的代表方协商选出。

4. 因发生《灾难及安全管理基本法》第三条第一款的灾难，导致学校设施的使用、实验与实习受到限制或课时减少等未能正常开展学校事务的情况时，学校可以减免学费。

5. 若无特殊情况，学校应尽量反映学费审议委员会的审议结果。

6. 第三项的学费审议委员会应当依据《教育相关机关的信息公开相关特例法》第六条第一款第八项之二的学费及每名学生的教育费计算，应依据城市劳动者平均家庭收入、第七条之二第一款的年度支援计划、学费依存率（指学费在大学教育费中所占的比例）等因素，合理计算年度学费。

7. 第四款规定的学费减免规模应当由学费审议委员会讨论决定。

8. 学费审议委员会在计算学费时，如有必要，可依据总统令的规定要求校长提供相关资料。若无正当理由，校长应当在接到请求后 7 天内提供相关资料。

9. 学费审议委员会应当对会议进行记录并保存会议记录，包括会议时间、地点、发言要点及决定事项等内容，并按照总统令公开会议纪要。但对于总统令中规定的或明显侵犯到个人私生活的事项等，经委员会三分之二以上人员决议通过，会议纪要的全部或部分内容可不予公开。

10. 各学校的学费上调率不得超过前三个年度的居民平均消费价格上涨率的 1.5 倍。

11. 若各学校的学费上调率超出前三年的居民平均消费价格上涨率的 1.5

倍，教育部部长可以向相关学校施加行政与财政等方面的制裁措施。

12. 第一项的学费的征收、第三项的学费审议委员会的设立和运营、第十项的学费上调率的计算方法及第十一项的行政与财政制裁等相关的事项由教育部令规定。

第十一条之二（评估等）

1. 学校应当按照教育部令的规定，自行对相关机关的教育和研究、组织和运营、设施和设备等进行检查和评估并公布其结果。

2. 获得教育部部长认证的机关（以下本条中称认证机关）可以按照学校的申请对学校的整体运营和教育课程（包括学部、学科、专业）的运营进行评估或认证。但开办医学、牙医学、韩医学或护理学教育课程的学校则应当按照总统令规定的程序，接受认证机关的评估和认证。

3. 教育部部长可以将专业评估机关、第十条的学校协议体、学术振兴相关机关或团体指定为认证机关。

4. 政府拟向大学提供行政或财政方面的支援时，可使用第二款的评估或认证结果。

5. 第二款的评估或认证、第三款的认证机关的指定和第四款的评估或认证结果的使用等相关的事项由总统令规定。

第十一条之三（教育统计调查等）

1. 为了有效推进高等教育政策和收集高等教育研究所需的学生、教员、职员、学校和教育行政等机关的基础资料，教育部部长应当每年进行教育统计调查并公布其结果。

2. 为了第一款规定的教育统计调查，教育部部长可以要求高等教育机构负责人提供资料。若无特殊情况，高等教育机关负责人应当按照要求提交资料。

3. 为了提高教育统计调查的准确性，减轻调查工作，教育部部长可以向拥有相关资料的中央行政机关负责人、教育监及《公共机关运营相关法律》所指的公共机关等关联机关的负责人联系资料。若无特殊情况，机关负责人应当提供资料。

4. 教育部部长在进行教育统计调查时，可以收集包括下列人员身份证号在内的个人信息，并根据第三款，以统计调查及分析、验证等为目的，将其提供给相关机关或接收相关信息。

（1）调查对象的学校及教育行政机关的教职员；（2）调查对象的学校的学生及毕业生。

5. 教育部部长可以将教育统计调查所收集到的资料提供给需要的人。这种情形下，除《教育相关机关的信息公开相关特例法》规定的公开项目之外，将以无法识别特定个人或法人、团体的形式提供资料。

6. 为了有效地制定、实施和评估高等教育政策，教育部部长可用通过教育统计调查收集到的资料计算教育相关的指标及预测统计数据等。

7. 为了教育统计调查等业务，教育部部长可以按照总统令指定国家教育统计中心，并委托其业务。这种情形下，教育部部长可以支援用于指定或委托业务所需要的经费。

8. 除第一款至第七款规定的事项外，教育统计调查对象、流程及结果公示等必要的事项由总统令规定。

第二章 学生与教职员

第一节 学　　生

第十二条（学生自主活动）
鼓励和保护学生的自治活动，其组织和运作的基本事项由校规规定。

第十三条（对学生的惩戒）
1. 学校校长在教育需要时，可以依照法令和校规规定对学生进行惩戒。
2. 学校校长拟惩戒学生时，应当给学生陈述意见的机会等适当的程序进行。

第二节 教　职　员

第十四条（教职员的划分）
1. 学校（不包括其他类型学校，本条下同），校长或院长为学校校长。
2. 除第一款规定的校长或院长外，学校的教师分为教授、副教授、助理教授及讲师。
3. 学校设有运营学校所需的行政职员等员工与助教。
4. 其他类型学校按照第一款至第三款规定配备必要的教员、职员及助教（以下称教职员）。

第十四条之二（讲师）
1. 第十四条第二款所指的讲师应当按照总统令规定的任用标准和流程、教课时间，以总统令规定的任用期限、薪资等工作条件签订书面合同，任用期限应当在1年以上。但符合下列情况之一时，任用期可以在1年以下。

（1）远程大学（网络大学除外）的讲师，教育课程或授课需要时；（2）因学期内发生的6个月以内的教员病假、产假、休职、派遣、惩戒、研究假（6个月以下）或因教员解除职位、退休、免职，学期中剩余的时间急需替代讲师的情况。

2. 讲师若适用《教育公务员法》《私立学校法》《私立学校教职员年金法》，则不能视其为教员。但对于国立、公立及私立学校讲师的任用、身份保障等，适用下列规定。

（1）国立、公立学校的讲师，适用下列各项的规定：①《教育公务员法》第五条第一款、第十条、第十条之三第一款各款之外的部分、第十一条之四第七款、第二十三条、第二十三条之二、第二十五条第二款、第二十六条、第四十三条、第四十七条第一款但书及第四十八条。这种情形下，《教育公务员法》第十条之三第一款各项之外的部分正文中的"罢免、解任"视为"免职"，该法第二十五条第二款"邀请任用第一项的教育公务员时"视同为"按照第二十六条任用讲师时"，该法第二十六条第一款"助教"视同为"讲师"，该法第四十三条第二款的"惩戒处分"视为"任用合同中规定的事由"。②《国家公务员法》第三十三条及第六十九条第一项。（2）对于私立学校的讲师，适用下列各项规定：①《私立学校法》第二十三条第二款及第三款、第五十三条之二第一款及第二款和第九款、第五十三条之四第一款、第五十四条、第五十四条之三第六款原文、第五十六条及第六十条。这种情形下，《私立学校法》第五十四条之三第六款的"罢免、解任"视为"免职"，该法第五十六条第一款原文中的"惩戒处分"视为"任用合同中规定的事由"。②《国家公务员法》第三十三条及第六十九条第一项。

3. 除了第一款及第二款规定的事项之外，讲师的任用、再任用流程（包括新的任用，保证3年的再任用流程，之后按新任用或再任用等流程）及其他必要事项按照总统令规定的标准，纳入校规或学校法人的章程中。

4. 讲师在放假期间也支付薪资。在这种情形下，在任用合同中规定薪资标准等具体事项。

5. 对于讲师，适用《教员的地位提升及教育活动保护特别法》。

第十五条（教职员的任务）

1. 校长或院长负责统筹校务，监督所属教职员，指导学生。

2. 教员可以指导教育学生和开展学术研究，也可以根据校规或章程，专门负责教育指导、学术研究或《关于振兴产业教育、推动产学研合作的法律》第二条第六项的产学研合作。

3. 行政职员等工作人员负责学校的行政事务和其他事务。

4. 助教负责协助处理教育、研究和教务方面的事务。

第十六条（教员与助教的资格标准等）

可以成为教员或助教的人之资格标准和资格认定事项，由总统令规定。

第十七条（兼任教员等）

1. 除第十四条第二款的教员之外，学校可以按照总统令聘请名誉教授、兼任教员及客座教员等负责教育或研究。

2. 兼任教员及客座教员等（以下称兼任教员等）适用第十四条之二第一款及第二款（《教育公务员法》第十一条之四第七款及《私立学校法》第五十三条

之二第九款除外）。在这种情形下，"讲师"视同为"兼任教员等"。

3. 但符合下列情形之一时，可以忽略第二款，以一年以内的任期任用兼职教员等。

（1）因学校以外的机关开展的一年以内的研究或为参与产学合作而任用兼任教员等的情形。（2）为了教育课程或授课的有效运营，把在国家或地方政府（第三条所指的国立学校及公立学校除外）及《公共机关的运营相关法律》第四条所指的公共机关中工作的正规员工任用为兼任教员等的情形。

第三章　学　　校

第一节　通　　则

第十八条（学校的名称）

1. 国立学校由总统令规定，公立学校由相关地方政府的条例规定，私立学校由相关学校法人的章程规定。

2. 在依照第一款确定名称时，可以根据第二条所列学校的不同种类，使用大学或者大学的名称。

第十九条（学校的组织）

1. 学校为了达成设立的目的，应当在总统令规定的范围内成立必要的组织。

2. 有关学校组织的基本事项，国立学校由总统令和校规规定，公立学校由相关地方政府的条例和校规规定，私立学校由相关学校的法人的章程与校规规定。

第十九条之二（大学评议员会的设立等）

1. 为了审议下列事项，学校应当设立和运营由教职员和学生等组成的大学评议员会（以下称大学评议员会）。但是第二项及第三项则属于咨询事项。
（1）关于大学发展计划有关的事项；（2）关于教育课程的运营有关的事项；（3）关于制定或修改大学章程的事项；（4）关于校规的制定或修订有关的事项；（5）其他法律规定的学校法人高管或开放理事推荐委员会的委员推荐的相关事项（限私立学校）；（6）其他有关教育的通过校规或章程规定的重要事项。

2. 大学评议员会应当由11名以上的评议员组成，且由教员、职员、助教及学生中可代表各自组成单位的人员组成，可以包含校友及对学校发展有帮助的人。在这种情形下，某一组成单位的评议员人数不得超过全体既定人数的二分之一。

3. 大学评议员会设主席和副主席各一人，从评议员中选举产生。这种情形下，主席应从非学生评议员中选举产生。

4. 评议员的任期为2年，但学生评议员的任期是1年。

5. 为进行第一款各项的审议，必要时，大学评议员会可按照总统令的规定申请学校校长提供相关资料。学校校长接到申请后，若无特殊情况不得推脱。

6. 大学评议员会应记录、保存和公开记录有会议时间、地点、发言要点及决定事项等内容的会议纪要。但对于总统令规定的或明显侵犯到个人私生活的事项等，经大学评议员会决议，可以不公开会议纪要的全部或部分内容。

7. 大学评议员会的组建、运营等所需的其他事项按照总统令通过学校法人的章程及校规进行规定。

第十九条之三（人权中心）

1. 为了保护教职员、学生等学校人员的人权并提升权益，防止和应对性骚扰和性暴力的危害，学校应当设立和运营人权中心。

2. 第一款规定的人权中心负责下列工作：（1）有关人权侵犯行为的咨询、真相调查及与之有关的纠正建议或表明意见；（2）学校人员的人权相关教育及宣传；（3）性骚扰和性暴力危害的预防及应对；（4）学校人员的人权保护所需的其他事项。

3. 国家及地方政府可以支援或补助运营第一款规定的人权中心所需要的资金。

4. 第一款规定人权中心的设立、运营等所需的事项按照总统令规定的标准，通过校规或学校法人的章程进行规定。

第二十条（学年等）

1. 学校的学年度为3月1日至下一年度的2月底止。但是，为了学校运营，必要时可以通过校规另行规定。

2. 有关学期、授课天数及休息日等必要事项在总统令规定的范围内，由校规规定。

第二十一条（教育课程的运作）

1. 学校应当按照校规规定运作课程。但与国内外大学合办的教育课程，由总统令规定。

2. 国内大学按照总统令的规定，可以让外国大学开办国内大学教育课程，并向修完该课程的学生授予国内大学的学位。

3. 科目的完成（履修）以成绩和学分制等为依据，每学分所需要的进修时间由总统令规定。

第二十二条（授课等）

1. 学校授课按照校规的规定，可以采用白天上课、夜间上课、季节性上课、广播、信息通信媒体等的远程授课与现场实习授课等方式实施。

2. 学校根据《灾难和安全管理基本法》第三条第一款的规定，发生灾难等无法正常上课的情况下,可以根据校规的规定,用远程授课代替白天授课、夜间授课及季节性授课。

3. 根据第一款和第二款,拟通过校规规定远程教学和校外授课的方法、出勤、评价等事项时,应当按照总统令的规定执行。

4. 学校为了提高学生的现场适应能力,必要时可以根据校规,实行实习学期制。

第二十三条（学分认定等）

1. 符合下列情形之一（包括入学前的情况）时,学校可以在总统令规定的范围内,按照校规认定学生在相关学校取得的学分。

（1）在国内外的其他学校获得学分的;（2）在《终身教育法》第三十一条第四款、第三十二条或第三十三条第三款所指的专业大学或其学历、学位与大学毕业生相等的终身教育设施取得学分的;（3）在国内外的高等学校和国内的第二条各项之学校（包括按照其他法律成立的高等教育机关）修完相当于大学教育课程的科目的;（4）根据《兵役法》第七十三条第二款入伍或服务的人在休学时间通过远程授课获得学分的;（5）根据《学分认定等相关法律》第七条第一款或第二款,学分获得教育部认定的;（6）在国内外的其他学校、研究机关或产业体等进行学习、研究、实习的事实获得认定或在产业体工作的事实获得认定的。

2. 学分认定标准和流程等第一款第六项的认定学分时的必要事项按照总统令规定,通过校规来规定。

第二十三条之二（转学录取）

符合下列情形之一学分超出校规标准的人,学校可以按照校规以插班生进行接收。

（1）在国内外学校取得的学分;（2）按照《学分认定等相关法律》取得的学分;（3）按照《终身教育法》取得的学分。

第二十三条之三（对于学业和家庭兼顾的支援）

1. 国家和地方政府应当支持学生和学校为学习和家庭的兼顾所做的努力。

2. 校长应努力改善妨碍学业和家庭兼顾的学校惯例和制度,努力营造可以兼顾学业和家庭的教育环境。

第二十三条之四（休学）

学生因符合下列情形之一的原因希望休学时,校长可以按照校规准予休学。但符合第一项之情形的应当令其休学：

（1）按照《兵役法》第七十三条第一款入伍或服役的;（2）因身体、精神上的障碍长期疗养的情形;（3）抚养8周岁以下（就学中指小学2年级以下）

的子女或女学生怀孕或生产的情形；（4）校规规定的其他事由。

第二十三条之五（学士学位的延期取得）

1. 在学校（第二条第五项至第七项的学校除外，本条下同）完成校规规定获得学士学位（包括专门硕士学位，本条下同）所需所有课程的人，可以按照校规申请延期取得学士学位。

2. 对于按照第一款延期取得学士学位的学生，学校不得让学生义务性地接受学分修习等课程。

3. 根据《教育相关机关的信息公开相关特例法》，在公示各种大学信息时，按照第一款延期取得学士学位的学生不再视为在校生。

4. 除第一款至第三款规定的事项之外，学士学位的延期取得相关的必要事项由总统令规定。

第二十四条（分校）

学校的设立者、经营者按照总统令的规定，经教育部批准，可以在国内外设立分校。

第二十五条（研究设施等）

学校可以附设研究所等机构，以实现其设立的目的。

第二十六条（公开讲座）

学校按照校规规定，可以设立面向学生以外人员进行的公开讲座。

第二十七条（外国博士学位的申报等）

1. 在国外取得博士学位的，按照总统令的规定，应当向教育部申报。

2. 教育部应当建立有关外国学校学位课程的信息系统，包括外国学校的博士学位课程设置现状及学位课程是否得到相关国家的认证等。

第二十七条之二（安全管理计划的制定和实施）

1. 为在学校内发生灾难、安全事故、传染病的扩散、犯罪等危险时保护学生、教职员等学校人员的安全，校长应当制定和实施安全管理计划。

2. 第一款规定的安全管理计划包括下列事项：

（1）学校安全管理的目标和基本方向；（2）针对各种危险的预防活动及管理；（3）学校安全管理组织的组建及运营；（4）提高安全意识及推广安全文化的安全教育；（5）发生各种危险后的后续措施及预防纠错方案的制定；（6）为预防各种危险，构建校内与校外协作体系；（7）安全事故受害人的补偿及支援；（8）安全管理所需的其他事项。

3. 学校安全管理计划的制定和实施所需的其他事项由总统令规定。

第二节　大学与产业大学

第一部分　大学

第二十八条（目的）

大学的目的在于陶冶人格，教授和研究国家和人类社会发展所需的深奥学术理论及其应用方法，为国家和人类社会做出贡献。

第二十九条（研究生院）

1. 可以在大学（包括产业大学、教育大学及远程大学，下同）设立研究生院。但是，网络大学仅限在教育条件和教育过程运营相关评估等充分符合总统令标准的情况下设立。

2. 研究生院可在学位课程之外，根据需要设置不授予学位的研究课程。

3. 大学研究生院的学位课程、研究课程及其运作所需事项，由总统令规定。

第二十九条之二（研究生院的种类）

1. 根据主要的教育目的，研究生院分类如下：

（1）普通研究生院：以基础理论和前沿学术研究为主要教育目的的研究生院；（2）专门研究生院：以专门职业领域的人才培养所需的实践性理论的应用和研发为主要教育目的的研究生院；（3）特殊研究生院：以职业人或普通成人的持续教育为主要教育目的的研究生院。

2. 大学（第三十条的研究生院大学除外）中可以设立普通研究生院、专门研究生院或特殊研究生院，产业大学及教育大学中可以设立专门研究生院或特殊研究生院，远程大学中可以设立特殊研究生院，第三十条规定的研究生院大学可以从专门研究生院或特殊研究生院中择一设立。

3. 第一部分的专门研究生院中法学专门研究生院的设立和运营通过法律另行规定。

第二十九条之三（学位课程的合并）

1. 设有研究生院的大学可以设立学士学位及硕士学位连读课程。

2. 设有博士学位课程的研究生院可设立硕士学位及博士学位连读课程。

第三十条（研究生院大学）

为了培养特定领域的专门人才而有必要时，可以忽略第二十九条第一部分之规定，设立只设研究生院的大学（以下称研究生院大学）。

第三十一条（授课年期）

大学和研究生院的学习年限如下：

（1）学士学位课程：4年以上6年以下，授课年限为6年的由总统令规定。（2）学士学位课程与硕士学位连读课程：6年以上，指学士学位课程与硕士学位课程合计授课年限超过此年限。（3）硕士学位与博士学位课程：各为2年以上。

(4)硕士学位课程与博士学位连读课程：4年以上，指硕士学位课程与博士学位课程合计授课年限超过此年限。(5)对于获得超过校规规定的学位所需学分的人，可以忽略第一款规定，根据总统令的规定缩短第一款规定的学习时间。

第三十二条 （学生名额）

大学（包括产业大学、教育大学、专门大学、远程大学、技术大学及其他类型学校）的学生名额相关事项，在总统令规定的范围内，由校规规定。

第三十三条 （入学资格）

1. 可以进入大学（包括产业大学、教育大学、专门大学、远程大学，研究生院除外）的人，是指高中毕业或依据法律被认为至少具有同等学力的人。

2. 具有第一款规定资格或正在就读相关大学且符合校规规定标准的人，可以报读学士及硕士学位课程综合课程。

3. 可以进入研究生院硕士学位课程，以及硕士学位课程与博士学位课程合并课程的人，为具有学士学位或依照法令被认定具有同等水平以上学力的人。

4. 可以进入研究生院攻读博士学位的，为具有硕士学位或依照法令认定具有同等水平以上学力的人。

第三十四条 （学生的选拔方法等）

1. 大学（包括产业大学、教育大学、专门大学、远程大学，研究生院除外）的校长，从第三十三条第一款规定的有资格者中，通过普通招生或单独招生（以下称入学选拔）选拔准许入学的学生。

2. 入学方法、学生选拔计划及运作所需事项由总统令规定。

3. 为了用作入学选拔资料，教育部可以实施总统令规定的考试。

4. 在第三款的考试中，对于《残疾人福祉法》第二条第一款及第二款的残疾人应试者和属于此情形的其他应试者，教育部部长认为有必要时，应当制定和实施包括允许携带残疾人辅助器材、延长考试时间、提供放大试卷及放大的答题纸、安排单独的考试室等在内的便利提供方案。

5. 对于在第三款规定的考试时作出不当行为的人，其考试作废的同时，停止下一年度的应试资格。但对于携带违反考试的公正管理所禁止的物品或未遵守监督官的指示事项等教育部部长规定的轻微的不当行为，则不停止应试资格。

6. 根据第五款停止应试资格的人在停止期内不能参加第三款的考试。

7. 根据第五款停止应试资格的人在停止期结束后若要参加第三款的考试，应当按照教育部部长的规定，完成20小时以内的人性教育学习。

8. 为应对第三项规定的考试，市、道教育局长可以委托其考试出题机关实施类似形态的模拟考试。

9. 任何人在公开第三款及第八款规定的考试试题之前，不得泄露或发布其全部或部分试题。

第三十四条之二（招生办人员等）

1. 第三十四条第一款规定的大学校长在选拔相应学校的学生入学时，除根据同条第三款由教育部部长主持实施的考试的成绩之外，可以把《中小学教育法》第二十五条的学校生活记录、人品、能力、素质、领导力及可发展性和逆境克服经验等学生的多样化特点和经验作为入学选拔资料，可以设立专门负责选拔学生工作的教员或职员（以下称招生办人员）。

2. 为确保第一项规定的大学生选拔朝着有利于中小学教育的正常开展和学生全面成长的方向进行，教育部可以建议大学校长及《私立学校法》第二条的学校法人或私立学校经营者聘用及管理招生办人员，国家可以支援部分经费用于聘用及管理招生办人员。

3. 大学校长按照第一款进行学生选拔时，若招生办人员本人或其配偶与参加入学选拔的应试生是四代以内的亲属（指《民法》第七百七十七条的亲属），为了选拔的公正性，在学生选拔工作中该招生办人员应当回避。

4. 如招生办人员本人或其配偶或曾是配偶的人为入学选拔应试生提供《学院的成立、运营及课外教习相关法律》所指的辅导或课外辅导的情况等，与应试学生存在总统令规定的特殊关系的情形，应当向大学校长告知其事实。大学校长若认为从社会观念上难以公正地执行工作，就应该将相应的招生办人员排除在选拔相关学生的相关业务之外。

第三十四条之三（招生办人员的就业等限制）

招生办人员在退休后3年内不得成立《学院的成立、运营及课外教习相关法律》第二条第一项规定的辅导机构或在其中就业，且不得以任何名目成立专门进行入学考试咨询的公司或在其中就业。但获得《教育公务员法》第五条的人事委员会或《私立学校法》第五十三条之三规定的教员人事委员会批准的情况除外。

第三十四条之四（入学选拔费）

1. 第三十四条第一款规定的大学的校长（以下称大学校长）可以向参加该项入学选拔考试的人收取入学选拔费。

2. 大学校长参考上一年度入学选拔相关的收入、支出明细及招收人员和报名人员的比例等来规定入学选拔费。这种情形下，作为入学选拔费确定标准的入学选拔相关收入、支出项目及计算方法由教育部令规定。

3. 对于参加入学选拔考试的人员中的对国家有功者、国民低保领取者等总统令规定的人员，大学校长可以减免其入学选拔费。

4. 发生入学选拔应试人员错误缴纳入学选拔费或因不得已的原因而无法参加入学选拔考试的情形等总统令规定的事由时，大学校长应当根据总统令的规定，退还全额或部分入学选拔费。

5. 入学选拔结束后，大学校长应当按照总统令的规定将入学选拔相关收入、支出后的余额退还给入学选拔应试人员。

第三十四条之五（大学入学选拔计划的公布）

1. 制定或变更下列各项情形之一时，教育部部长应当在相应入学年度的4年前的学年开始之日前，公布其内容。但不包括因制定、修订、废除相关法律或发生《灾难及安全管理基本法》第三条第一项的灾难的情况。

（1）教育部按照第三十四条第三款实施的考试基本方向及科目、评估方法、出题形式；（2）在相应的入学年度，学生可以报考大学的总次数；（3）与大学入学有关的其他情形，教育部认为有必要的事项。

2. 教育部拟决定或变更属于第一款各项之一的事项时，应当通过听证会或信息通信网充分听取国民和相关专家的意见。

3. 第十条的学校协议体应当按照第一款规定的教育部公布的事项，制定和公布入学选拔有关的基本事项（以下称大学入学选拔基本事项），时间为每个入学年度的前两年的学年开始之日前6个月。

4. 第三十四条第一项的大学校长为了公平实施入学选拔，为应试生提供入学相关信息，应当制定和公布大学入学选拔实施计划（包括各入学选拔资料的反映百分比），时间为每个入学年度的上一学年开始之日的前10个月。这种情况下，大学校长应遵守大学入学选拔基本事项。

5. 总统令所指的学校协议体和大学可以按照总统令的规定，忽略第三款及第四款之规定，另行规定大学入学选拔基本事项和大学入学选拔实施计划的公布时间。

6. 按照第三款及第五款公布了大学入学选拔基本事项的学校协议体和按照第四款及第五款公布了大学入学选拔实施计划后，大学校长不得变更已公布的大学入学选拔基本事项和大学入学选拔实施计划。但是如果发生制定和修订相关法律等总统令规定的事由时，可以按照总统令变更大学入学选拔基本事项或大学入学选拔实施计划。

第三十四条之六（入学许可的取消）

当发生允许入学的学生作出伪造或变造入学选拔，提供虚假资料或让别人代考等总统令规定的不当行为时，第三十四条第一款所规定的大学的校长应当取消其学生的入学许可。

第三十四条之七（外国学生的选拔等）

1. 大学校长可以将语言能力作为在外国民、外国人为对象的入学选拔资料。

2. 在第一款的语言能力中，为了评估韩国语能力，教育部部长可以进行韩国语能力考试。

3. 第二款的韩国语能力考试的时间、方法、有关不当行为的措施及其他必要事项由总统令规定。

第三十四条之八（社会融合选拔的运营）

1. 依据第三十四条第一款规定的大学校长（专科大学及远程大学除外，下同。）为提供无差别的高等教育机会，应以需要差别教育补偿的学生为对象实行入学择优录取，录取比例占大学全体新招学生的15%。同时应考虑大学的设立目的等，将达到总统令规定比例（以下本条中简称"机会均衡选拔比例"）以上的内容纳入第三十四条之五第四款的大学入学择优录取实施计划中，并予以公布。

2. 教育部部长拟决定或变更机会均衡选拔比例时，应当通过听证会及信息通信网充分听取大学和相关专家的意见。

3. 第三十四条第一款规定的大学中，位于《首都圈整备计划法》第二条第一项规定的首都圈内的大学，校长应当致力于在大学入学选拔实施计划的所有招生人数中，以地方的均衡发展为目的的入学选拔招生人数达到一定比例以上。

4. 第一款的选拔对象及第三款的招生比例、选拔方式、其他必要事项由总统令规定。

第三十五条（学位的授予）

1. 在大学（包括产业学院和教育大学，研究生院大学除外）完成学校规定课程的学生，授予学士学位。

2. 在研究生阶段完成规定课程的学生，将获得该课程的硕士学位或博士学位。

3. 在硕士学位与博士学位课程连读过程中，或修完同一课程或中途退学的学生中，未取得博士学位并符合校规规定的硕士学位授予标准的，可以授予硕士学位。

4. 在学士学位与硕士学位连读过程中，或修完同一课程或中途退学的学生中，未取得硕士学位并符合校规规定的学士学位授予标准的，可以授予学士学位。

5. 设有博士研究生院的学校可授予荣誉博士学位。

6. 授予学位的种类和必要事项由总统令规定。

第三十六条（时间制注册）

1. 大学（包括产业大学、专门大学与远程大学）可以允许具有第三十一条第一款入学资格的人以学分银行的方式注册后接受该大学的授课。

2. 依据第一款接受教育者选拔方法与注册等必要事项由总统令规定。

第二部分　产业大学

第三十七条（目的）

产业大学设立的目的在于，为希望继续接受教育以研究和完善产业社会所需的学术或专业知识或技术的人提供高等教育的机会，培养为国家和社会发展做贡献的产业人才。

第三十八条（学习年限等）

产业大学的教学年限和在校年限不限。

第三十九条　删除

第四十条（企业的委托教育）

1. 产业大学（包括专门大学和远程大学，下同）可以接受企业（包括以企业为成员的团体，下同）的委托进行教育或委托企业进行教育。

2. 产业大学依照第一款之规定实施委托教育或委托其他机构实施教育时所需遵循的事项，由总统令规定。

第四十条之二（废止产业大学后设立普通大学的特例）

该法实施当时，设立和经营产业大学的国家或学校法人废止其经营的产业大学后重新设立普通大学时，其设施、设备等成立标准应当具备总统令规定的特例条件。

第三节　教育大学等

第四十一条（目的）

1. 教育大学的宗旨是培养小学教员。

2. 大学的师范学院（以下称师范大学）旨在培养中学教员。

3. 如果大学有特殊需要，根据总统令的规定，可以设立以培养教员为目的的教育系（以下称教育系）。

第四十二条（教育学院的设立及授课年限）

1. 教育学院由国家或地方政府设立。

2. 教育学院的教学年限为四年。

第四十三条（综合教员培训大学）

1. 国家和地方政府有特殊需要的，可以按照总统令的规定，设立可以同时履行教育大学和师范大学目的的大学（以下称综合教员培训大学）。

2. 综合教员培训大学，除法令有特别规定外，适用本法中有关教育大学的规定。

第四十四条（目标）

教育大学，师范大学，综合教员培训大学与教育系的教育，为实现其设立目的，应当使在校生达到下列目标：

（1）作为教育者，确立坚定的价值观和健全的教职伦理；（2）领悟教育的理念及其具体的实践方法；（3）为终身教育者的资格和能力的自我发展奠定基础。

第四十五条（附属学校）

1. 教育大学，师范大学和综合教员培训学院按照下列区分附设在校生实地研究和实习的学校：

（1）教育大学：小学；（2）师范大学：中学和高中；（3）综合教员培训学院：小学、初中和高中。

2. 在特殊情况下，可以忽略第一款之规定，将国立、公立或私立小学、中学、高中或特殊学校当作附属学校。

3. 教育大学、师范大学及综合教员培训学院如有必要，除第一项规定的附属学校外，还可以设立幼儿园、小学或特殊学校。

4. 在教育大学、国立与公立的师范大学和综合教员培训学院附设的幼儿园、小学、中学和高中，为需要特殊教育的学生设立特殊班级。

5. 第四款规定的特殊班级的设立标准，依照《残疾人等特殊教育法》第二十七条规定。

第四十六条（临时教员培训机构等）

1. 教育部在教员的需求和供给上，如果短期内需要培养教员，可以根据总统令规定，设置临时教员培训机构和临时教员研修机构，也可以批准不同的设置。

2. 教育部对教育大学、师范大学、综合教员培训学院具备下列各项条件申请的，应当批准按照第一款设立临时教员培训机构。

（1）该机构的设施、人员、课程等符合第四条第一款的设立标准。（2）考虑到资格、科目和地区教育需求，需要在短时间内培训教员时，适合设立临时教师培训机构。

第四节 专门大学

第四十七条（目的）

专门大学设立的宗旨是通过研究和传授社会各领域的专业知识和理论，培养国家社会发展所必需的专门人才。

第四十八条（授课年限）

1. 专门学校的授课年限如下：

（1）专门学士学位课程：2年以上3年以下，授课年限为3年的，由总统令规定。（2）专门技术硕士学位课程：2年以上。

2. 对于取得校规规定的学分以上者，可以忽略第一款，根据总统令的规定缩短授课年限。

第四十九条（专攻深化课程）

为专门大学毕业人员的继续教育，根据总统令的规定，可以在专门大学设立和运营专攻深化课程（主修深造课程）。

第四十九条之二（专门技术硕士课程）

为培养高熟练技术专家，根据总统令的规定，可以在专门大学设置和运营专门技术硕士课程。

第五十条（学位的授予）

1. 完成专门大学规定课程的，授予专门学士学位。
2. 专门学士学位的种类及授予所需事项，由总统令规定。

第五十条之二（专攻深化课程的学位授予）

1. 就读第四十九条的专攻深化课程并修完校规规定课程的，可以向其授予学士学位。
2. 拟根据第一款设立、运营授予学士学位专攻深化课程的，应当获得教育部的许可。
3. 拟就读第一款专攻深化课程的，应当毕业于该系统专门大学，并具有相关领域的工作经历。
4. 就总统令规定的专攻深化课程而言，即使没有相关领域的工作经历，但若具备总统令规定的条件，可以忽略第三款，就读专攻深化课程。
5. 若要运营第四款的专攻深化课程，应当具备总统令规定的教育条件，并获得教育部的指定。
6. 教育部可委托有关机关或有关团体对第五项的指定进行评估。
7. 第一款至第三款规定的学士学位种类和学位授予所必要的事项、许可标准及入学资格相关的具体事项由总统令规定。

第五十条之三（医务人员培育课程的授课年限及学位相关的特例）

1. 为培养《医疗法》第二条第一款规定的医务人员，可以忽略第四十八条第一款，在专门大学设立授课年限为4年的学科。
2. 拟按照第一款运营授课年限为4年的课程时，应当具备总统令规定的教育条件，并获得教育部的指定。
3. 教育部可委托相关机关和团体，为第二款的指定实施评估。
4. 尽管有第五十条第一款的规定，但修完第一款学科中学校规定的4年课程的人员，将授予学士学位。
5. 第四款的学位种类及学位授予所需事项由总统令规定。

第五十条之四（专门技术硕士课程的学位授予）

1. 就读第四十九条之二的专门技术硕士课程并修完校规规定课程的，可以授予专门技术硕士学位。
2. 拟根据第一款设立、运营授予专门技术硕士学位的专门技术硕士课程的，应当根据总统令规定获得教育部的许可。

3. 拟就读第一款规定的专门技术硕士课程的，应当具有学士学位或法律承认的同等以上学历，且有相关领域工作经历。

4. 教育部可以按照总统令的规定将第二款的许可事项委托给相关机关或团体。

5. 拥有第一款规定的专门技术硕士学位的，视为认定拥有学士学位同等学力。

6. 第一款至第三款规定的专门技术硕士学位的种类和学位授予所需的事项、许可标准及入学资格相关的具体事项由总统令规定。

第五十一条（转学录取）

专门大学毕业生或者依法被认定具有同等以上学历的人员，可以编入（插班、转入）大学、产业大学或者远程大学。

第五十一条之二（附设幼儿园）

专门大学（限为培养幼儿园教师而开设的专门大学）根据《幼儿教育法》第二十二条第二款，为培养教师进行现场研究和实习，必要时可以附设幼儿园。

第五节 远程大学

第五十二条（目的）

远程大学的目的在于，为国民提供通过信息、通信媒介接受远程高等教育的机会，培养国家和社会所需的人才，同时通过构建开放型的学习社会为终身教育的发展做出贡献。

第五十三条（远程大学的课程及授课年限）

1. 远程大学可以根据总统令的规定，设置专门学士学位课程和学士学位课程。

2. 远程大学专门学士学位课程的授课年限为2年，学士学位课程的授课年限为4年。

3. 对于根据校规规定取得学位所需学分以上的人，远程大学可以根据总统令的规定，缩短第二款规定的授课年限。

第五十四条（学位的授予）

1. 对完成在远程大学的学士学位课程中校规规定课程的人，授予学士学位。

2. 对完成在远程大学的专门学士学位课程中校规规定课程的人，授予专门学士学位。

3. 第一款和第二款规定的学位种类和授予所需的事项，由总统令规定。

第六节 技术大学

第五十五条（目的）

技术大学旨在让产业界劳动者在产业现场既可继续研究和探讨产业领域的专

业知识和技能，培养具有理论和实践技能的专门人才。

第五十六条（技术大学的课程及授课年限）

1. 技术大学设有专门学士学位课程和学士学位课程。

2. 第一款规定的各课程，其授课年限各为2年。

第五十七条（入学资格等）

1. 能够进入技术大学专门学士学位课程的人，是高中毕业者或依据法令被认定具有上述水平以上学历的人，并符合总统令规定期限以上在产业界的工作者。

2. 能够进入技术大学学士学位课程的人，是专门大学毕业的人或根据法令被认定具有同等以上水平学历的人，在总统令规定的期限以上的产业界工作者。

3. 技术大学应当从符合第一款和第二款规定的学生中选拔学生，选拔办法根据总统令规定，由学校规章规定。

第五十八条（学位的授予）

1. 对进入技术大学专门学士学位课程并完成校规规定课程的人，授予专门学士学位。

2. 对进入技术大学学士学位课程并完成校规规定课程的人，授予学士学位。

3. 依据第一款和第二款的学位种类和授予所需的事项，由总统令规定。

第七节　各类学校

第五十九条（其他类型学校）

1. 其他类型学校是指类似第二条第一款至第六款学校的教育机构。

2. 其他类型学校不得使用与第二条第一款至第六款类似的名称。

3. 教育部可以根据总统令规定，将有关国立其他类型学校的设立和运营权委托给相关的中央行政机关的长官。

4. 在大学与专门大学所属其他类型学校中，凡经教育部指定并被上级学位课程认定为入学学历的其他类型学校的学位授予，准用第三十五条第一款、第六款和第五十条的规定。

5. 关于其他类型学校，其他必要事项由教育部令规定。

第四章　附则与罚则

第六十条（改正或变更命令等）

1. 如果学校违反有关设施、设备、教学、学校事务以及其他事项的教育相关法令或相关命令、校规，教育部可以确定期限，责令学校的创立者、经营者或学校校长改正或变更。

2. 接到第一款规定的改正或变更命令者，若无正当理由而未在指定期间内履行时，教育部可以按照总统令的规定，取消或停止其违反行为，或者采取裁减学校的学生名额、废除学科或停止招收学生等措施。

3. 教育部在明确违反行为已经终止等违反行为性质上无法改正、变更时，可以跳过第一款规定的改正或变更命令，直接采取第二款规定的措施。

第六十一条（停课与暂停授课命令）

1. 教育部因灾害等紧急原因，认定不能正常授课时，可以责令学校校长停课。

2. 接到第一款规定命令的学校校长应当立即停课。

3. 学校校长不适用第一款规定的命令，继续授课或有特别紧急事由时，教育部可以采取关闭学校的处置措施。

4. 根据第一款和第二款，停课的学校将在停课期间停止授课和让学生返校，根据第三款停课的学校在停课期间，除单纯的管理业务外，学校的所有活动都停止。

第六十二条（学校等的关闭）

1. 教育部在学校符合下列情形之一而无法正常运营学校的情况下，可以责令该学校的学校法人关闭学校。

（1）学校的校长、设立者、经营者因故意或重大过失违反本法或本法命令的；（2）学校的校长、设立者、经营者以同样的理由，违反教育部根据本法或其他教育相关法令的命令三次以上的；（3）除休假期间外，连续三个月以上未上课的。

2. 未经核准依据第四条第二款规定设立学校或者依据第二十四条规定设置分校，使用学校名称或者招收学生，而且事实上以学校的形式经营设施的，教育部可以责令关闭该设施。

第六十三条（听证）

教育部按照第六十二条规定关闭学校或设施时，应实施听证会。

第六十四条（罚则）

1. 违反第三十四条第九款规定，在考试题目公开前泄露或散布其全部或部分考试题目的，处五年以下有期徒刑或者五千万元以下的罚款。

2. 符合下列情形之一的，处三年以下有期徒刑或者三千万元以下的罚款。

（1）未经第四条第二款规定的办学许可或者第二十四条规定的分校设置许可，使用学校名称或者招收学生，以学校的形式经营设施的；（2）违反第四条第三款规定，未经核准废止或者变更许可的；（3）以虚假或者其他不正当的方法，按照第四条第二款规定的学校的设立或者根据第四条第三款规定的废除或者变更许可，或者按照第二十四条规定获得分校设置许可的。

3. 符合下列各项之一者，处一年以下有期徒刑或一千万元以下的罚款。

（1）准许不属于第三十三条和第五十七条的人入学的；（2）违反第三十五

条第一款（包括依据第五十九条第四款规定的情况）至第四款，第五十条第一款（包括依据第五十九条第四款规定的情况），第五十四条第一款，第二款或者第五十八条第一款、第二款，授予学位的；（3）违反第六十条第一款规定的改正命令或变更命令的；（4）违反第六十二条第一款规定的关闭学校命令的。

第六十四条之二（适用罚则时的公务员议题）

招生办人员及其监督人员，适用《刑法》第一百二十九条至第一百三十二条的规定，视为公务员。

附　　则

第一条（施行日期）

本法自 2022 年 3 月 1 日起施行。

第二条（关于入学选拔的适用例）

第三十四条之八修订的规定，自本法生效后公布的大学招生实施计划中开始适用。

私立学校法

[第18460号法律，2021年9月24日修改]

第一章 总 则

第一条（目的）

本法主要针对私立学校的特殊性，以确保其自主性，提高其公共性，进而达到促进私立学校健康发展的目的。

第二条（术语的定义）

本法中使用的术语，其定义如下：

(1)"私立学校"，指的是学校法人、公共团体以外的法人或者其余私人设立的《幼儿教育法》第二条第二款、《初中等教育法》第二条和《高等教育法》第二条规定的学校；(2)"学校法人"，指的是依据本法仅以设立、经营私立学校为目的所设立学校的法人；(3)"私立学校经营者"，指的是依据《幼儿教育法》、《初中等教育法》、《高等教育法》以及本法设立、经营私立学校的公共团体以外的法人（学校法人除外）或者私人；(4)"任用"，指的是新聘用、晋升、调职、兼职、派遣、降职任用、休职、解除职位、停职、降级、复职、免职、解除任用及罢免。

第三条（非学校法人不能设立的私立学校等）

非学校法人不得设立、经营下列私立学校；但是，根据《初中等教育法》第五十二条第二款，企业为其雇佣的青少年职工的教育而设立、经营初中或者高中的情况除外。

(1)小学、初中、高中、特殊学校、大学；(2)产业大学、网络大学、专科大学、技术大学；(3)大学、产业大学、专科大学或相当于技术大学的各类学校。

第四条（管辖厅）

1. 有下列情形之一的，接受管辖其住所地的特别市、广域市、特别自治市、道及特别自治道（以下称市、道）教育监的指导和监督。

（1）私立的小学、初中、高中、高等技术学校、高等公民学校、特殊学校、幼儿园以及相当于上述学校的各类学校；（2）设立、经营上述第一项规定的私立学校的学校法人或者私立学校经营者。

2. 删除

3. 有下列情形之一的，接受教育部部长的指导、监督：

（1）私立的大学、产业大学、网络大学、专科大学、技术大学以及相当于上述学校的各类学校（以下称大学教育机构）；（2）设立并经营上述第一项规定的私立学校的学校法人；（3）同时设立并经营上述第一项规定的私立学校和其他私立学校的学校法人。

第二章　学校法人

第一节　通　则

第五条（资产）

（1）学校法人应当具备其设立、经营的私立学校所必需的设施、设备和经营该学校所必需的财产。（2）本条第一款规定的私立学校所需的设施、设备和财产相关标准，由总统令规定。

第六条（事业）

1. 学校法人可以在不影响其所设私立学校教育的范围内，开展以收益为目的的事业（以下称收益事业），并将其收益用于所设私立学校的运营。

2. 删除

3. 学校法人开展收益事业时，应当及时公告下列各项事项：

（1）事业的名称及事务所所在地；（2）事业的种类；（3）事业经营相关资本金；（4）经营该事业代表人的姓名、住址；（5）事业的始期（开始时间，下同）及持续时间；（6）此外，其他相关必要事项。

4. 收益事业的会计应当与相应学校法人设立、经营的私立学校的经营会计区别开来，另行进行会计管理。

第七条（地址）

学校法人的地址为其主要事务所所在地。

第八条（设立登记）

1. 学校法人取得设立许可时，应当在3周内登记下列各项事项：

（1）设立目的；（2）名称；（3）事务所；（4）获准设立的日期；（5）规定存续期限或者解散事由的，该期限或者事由；（6）资产总额；（7）确定出资办法的，该出资办法；（8）理事的姓名、地址。

2. 依据本条第一款应当登记的事项，非登记后不得对抗第三人。

3. 法院应当及时公告相关登记事项。

第八条之二（财产转移的报告）

依照本法第八条登记的学校法人，应当立即附上可以证明其捐赠财产的登记事项证明书及金融机构出具的证明等总统令规定的文件，向管辖厅报告财产捐赠结果。

第九条（学校法人的权利能力等）

学校法人的权利能力和违法行为能力，适用《民法》第三十四条和第三十五条。

第二节 设 立

第十条（设立许可）

1. 想要设立学校法人的人员，应当捐出一定的财产，制定包括下列事项的章程，并根据总统令的规定，报请教育部部长许可；在这种情况下，企业想要设立学校法人以便设立、经营技术大学时，应当根据总统令的规定，事先捐出一定的财产。

（1）设立目的；（2）名称；（3）想要设立、经营的私立学校的种类和名称；（4）事务所所在地；（5）资产及会计相关事项；（6）管理人员（高层管理人员，下同）的定员及其任免相关事项；（7）理事会相关事项；（8）想要经营收益事业的，其事业的种类以及该事业相关其他事项；（9）章程变更相关事项；（10）解散相关事项；（11）需公告的相关事项及其方法；（12）此外，依据本法应当写入章程的其他事项。

2. 学校法人设立时的管理人员应当由章程规定。

3. 在确定本条第一款第六项的事项时，设立、经营技术大学的学校法人，应当根据总统令的规定将在企业任职的人员纳入管理人员范围。

第十条之二（捐助人的章程记录）

1. 为了保护捐出一定财产的人员的捐赠意愿，褒扬其名誉，除本法第十条第一项各事项外，学校法人可以在章程中记录下列事项：

（1）捐助人的姓名及出生日期；（2）捐赠财产的明细、评估标准和金额；（3）捐助人的捐助意愿。

2. 除第一款规定的捐助人外，对在学校法人成立后捐献或捐赠一定金额以上财产的人员，也可以根据当事人的意愿，将本条第一款的事项记录在章程上。

第十一条（章程的补充）

1. 想要设立学校法人的人员，在本法第十条第一款的各事项中，只规定其目的和资产相关事项而死亡的，教育部部长可以根据利害关系人的请求，确定其他事项。

2. 在本条第一款情况下，没有利害关系人或没有请求时，教育部部长可以利用其职权确定本条第一款的事项。

第十二条（设立时机）

学校法人在其主要事务所所在地办理设立登记后成立。

第十三条（《民法》的适用）

有关学校法人的设立，适用《民法》第四十七条、第四十八条、第五十条至第五十二条、第五十二条之二、第五十三条、第五十四条和第五十五条第一款。

第三节 机　　构

第十四条（管理人员）

1. 学校法人应当设有 7 名以上理事和 2 名以上监事。但是，在只设立、经营幼儿园的学校法人中，作为管理人员可以设有 5 名以上的理事和 1 名以上的监事。

2. 理事中有 1 人依据章程的规定担任理事长。

3. 学校法人应在本条第四款规定的开放理事推荐委员会推荐的 2 倍理事人选中，选任相当于本条第一款规定的理事定员数四分之一（小数点以下进位）的理事（以下称开放理事）。

4. 开放理事推荐委员会（以下称推荐委员会）设在本法第二十六条之二规定的大学评议员会（以下称大学评议员会）或《初中等教育法》第三十一条规定的学校运营委员会（以下称学校运营委员会），推荐委员会的组织架构和运营及组成由章程规定，委员定员为 5 人以上单数，推荐委员会委员的二分之一由大学评议员会或学校运营委员会推荐。但是，设立、经营总统令规定的只以培养宗教领导人为目的的大学及研究生院的学校法人，委员的二分之一由相关宗教团体推荐。

5. 推荐委员会依据本条第三款推荐开放理事时，应当在 30 日内完成推荐，30 天内未推荐的，由管辖厅推荐。

6. 本条第三款至第五款规定的开放理事的推荐、选任方法及资格条件和标准相关具体事项，根据总统令的规定，由章程规定。

第十五条（理事会）

1. 在学校法人设立理事会。

2. 理事会由理事组成。

3. 理事长召集理事会，并担任议长。

4. 监事可以出席理事会并发言。

第十六条 （理事会的职能）

1. 理事会审议和决议下列各事项：

（1）学校法人的预算、决算、借款及财产的取得、处分和管理相关事项；（2）章程变更相关事项；（3）学校法人的合并或解散相关事项；（4）管理人员的任免相关事项；（5）学校法人设立的私立学校的校长及教师的聘用相关事项；（6）学校法人设立的私立学校的经营相关重要事项；（7）收益事业相关事项；（8）此外，依照法令或章程属于其权限的事项。

2. 理事长或理事与学校法人的利害关系相反时，该理事长或理事不得参与有关事项的决议。

第十七条 （召开理事会）

1. 理事长认为有必要时，可以召开理事会。

2. 有下列召开要求之一时，理事长应当自要求召开之日起20日内召开理事会：

（1）半数以上在册理事提出会议目的并要求召开时；（2）监事依照本法第十九条第四款第四项要求召开时。

3. 召开理事会时，最晚应当在会议7天前公布会议目的，并通知各理事。但是，全体理事聚在一起或者全体理事要求召开理事会的情况除外。

4. 需要召开理事会时，其召集人空缺或者回避召开导致7日以上不能召开理事会的，可以经半数以上在册理事同意而召开理事会。但是，召集人回避召开理事会的，应当征得管辖厅的批准。

5. 理事长根据本条第一款及第二款召开理事会时，应当根据总统令的规定，在学校法人运营的学校网站上公告召开日期、场所等。

第十八条 （法定议事人数和法定决议人数等）

1. 在章程没有特别规定的情况下，理事会由半数以上在册理事出席会议开始议事，并经章程规定的理事定员的过半数赞成通过决议。

2. 理事会会议可以采取远程视频会议的方式，理事在其他具备音视频同时收发装置的场所出席。在这种情况下，视为该理事出席了理事会。

第十八条之二 （会议纪要的编制及公开等）

1. 理事会应当编制记录下列事项的会议纪要；但是，如果在理事会召开当天难以编制会议纪要，可以按照提案类别编制记录审议或决议结果的会议纪要。

（1）开会、中途休会、散会的日期、时间；（2）提案；（3）所议事项；（4）出席会议的管理人员和职员姓名；（5）决议赞成和反对票数；（6）此外，理事长认为必要的其他事项。

2. 全体出席管理人员应当在会议纪要和会议记录亲笔签名，签名要清晰能够明辨其姓名，会议纪要或者会议记录为两页以上的，应当在各页之间签名。但是，理事会可以选出 3 名出席管理人员作为代表，在会议纪要和会议记录的各页之间签名或加盖骑缝章。

3. 依据本条第一款各项以外的部分但书条款编制会议记录的，应当尽快编制会议纪要。但是，如果有紧急需要，可以向管辖厅提交会议记录代替会议纪要。

4. 会议纪要应当公开。但是，对总统令规定的事项，经理事会决议，可以不公开。

5. 会议纪要的公开时间、程序以及其他相关必要事项，由总统令规定。

第十九条（管理人员的职务）

1. 理事长代表学校法人，履行本法和章程规定的职务，总揽学校法人的内部事务。

2. 理事长空缺或因不得已的事由不能履行职务时，遵照章程规定执行，如果章程没有规定，由理事会互选的其他理事代行理事长职务。

3. 理事出席理事会，审议、决议学校法人的业务相关事项，处理理事会或理事长委任的事项。

4. 监事履行下列职能：

（1）审计学校法人的财产状况和会计；（2）监查理事会的运营及其业务相关事项；（3）若对学校法人财产和账目状况，或理事会运作和其业务进行审核后，发现有违法现象或缺陷，应向理事会和主管机关报告；（4）为进行上述第三项的报告，在必要时要求召开理事会；（5）就学校法人的财产状况或理事会的运营及其业务相关事项，向理事长或理事陈述意见。

第二十条（管理人员的选任和任期）

1. 管理人员由理事会按照章程的规定选任。

2. 管理人员经管辖厅批准就职。在这种情况下，应当根据教育部部长的规定，公开管理人员的个人信息。

3. 理事长、理事及监事的任期由章程规定，理事不得超过 5 年，可以连任；监事不得超过 3 年，只能连任一次。

第二十条之二（撤销管理人员的任职许可）

1. 管理人员有下列行为之一的，管辖厅可以撤销其任职许可：

（1）违反本法、《初中等教育法》或《高等教育法》，或者不履行与之相关的命令的；（2）由于管理人员之间的纠纷、会计欺诈或明显的不当行为等，对该学校的运营造成重大障碍的；（3）侵害相关学校的校长对学校行政的权限的；（4）拒不执行管辖厅对学校校长、教职工的惩戒要求的。

2. 本条第一款规定的撤销任职许可命令，只有在管辖厅向相关学校法人列明原因要求整改之日起 15 天后仍未整改的，方可下达。但是，即便要求整改也明显无法整改，或者会计欺诈、贪污、受贿等腐败情节重大的，可以不经责令整改程序直接撤销管理人员的任职许可，其详细标准由总统令规定。

第二十条之三（停止管理人员履职）

1. 有下列情形之一的，管辖厅可以在60天的范围内停止该管理人员的职务；有不得已的事由时，可以将该期限在60天的范围内延长。

（1）在本法第二十条之二第一款所述的任职许可撤销的调查或审计进行过程中。（2）该管理人员在本法第二十条之二第二款规定的责令整改期间继续履行职能，可能对法人或学校的运营造成重大损失时。

2. 本条第一款规定的终止管理人员履职的事由消灭时，管辖厅应当立即解除对其的停止履职处分。

第二十一条（管理人员选任的限制）

1. 理事人数的一半以上必须是韩国公民。但是，大学教育机构中设立并经营总统令所规定的学校法人中，非韩国公民捐助的财产占到该学校法人基本财产总额二分之一以上的，理事人数的三分之二以下可以为非韩国公民。

2. 在组成理事会时，互为《民法》第七百七十七条规定的亲属关系的理事不得超过理事人数的四分之一。

3. 理事中至少有三分之一以上应当具有下列教育经验之一或者合计教育经验3年以上的人；

（1）在《幼儿教育法》第二条第二项规定的幼儿园担任教师的经验；（2）在《初中等教育法》第二条规定的学校担任教师的经验；（3）在《高等教育法》第二条规定的学校担任教师或该法第十七条第一款规定的名誉教授、兼职教师及特邀教师等的工作经验；（4）相当于本条第一款至第三款的工作经验中，由总统令规定的教育经验。

4. 监事与监事，或者监事与理事之间，不得互为《民法》第七百七十七条规定的亲属。

5. 在学校法人设立的监事中，有1人经推荐委员会推荐产生。

6. 在总统令规定的标准以上的学校法人设立的监事中，有1人应当是具有注册会计师资格的人。

7. 有下列情形之一的人，要求批准其担任管理人员时，必须征得三分之二以上在册理事的赞成：

（1）自依据本法第二十条之二被取消任职许可之日起超过10年的人；
（2）自依据本法第五十四条之二被免除学校的校长职务之日起超过6年的人；
（3）自依据本法第六十一条被罢免之日起超过10年的人。

第二十二条 （管理人员的取消资格原因）

有下列情形之一的人员不得成为学校法人的管理人员：

（1）有《国家公务员法》第三十三条各情形之一的人；（2）依据本法第二十条之二被撤销任职许可后未满10年的人；（3）根据本法第五十四条之二规定的免职要求，被免职后未满6年的人；（4）依据本法第六十一条被罢免不到10年的人；（5）在职或退休后未满2年的4级以上教育行政公务员或者4级以上教育公务员。

第二十二条之二 （管理人员的理当退任理由）

学校法人的管理人员符合本法第二十二条各项情形之一的，理当退任。但是，《国家公务员法》第三十三条第五款只适用于触犯《刑法》第一百二十九条至第一百三十二条以及与职务相关触犯同一法律第三百五十五条及第三百五十六条规定的犯罪的人中，被缓期宣判监禁以上刑罚的情形；适用《国家公务员法》第三十三条第六款之二时，"公务员"视为"管理人员"。

第二十三条 （禁止管理人员兼职）

1. 理事长不得兼任该学校法人设立、经营的私立学校的校长。

2. 理事不得兼任监事或者相关学校法人设立、经营的私立学校的教师或其他职员。但是，学校的校长例外。

3. 监事不得兼任理事长、理事或者学校法人的职员（包括该学校法人设立、经营的私立学校的教师或其他职员）。

第二十四条 （管理人员的补充）

理事或监事中出现空缺时，应当在2个月内补充。

第二十四条之二 （私学纠纷调解委员会的设立及职能）

1. 设立隶属教育部的私学纠纷调解委员会（以下称调解委员会），审议本法第二十五条规定的临时理事的选任，本法第二十五条之二规定的临时理事的免职，以及本法第二十五条之三规定的临时理事选任完毕的学校法人的正常化等重要事项。

2. 调解委员会审议下列事项：

（1）临时理事的选任相关事项；（2）临时理事的免职相关事项；（3）促进临时理事选任完毕的学校法人正常化的相关事项；（4）此外，管辖厅提请调解委员会审议的事项。

3. 对本条第二款各事项的审议结果，调解委员会应当及时通报管辖厅。

4. 管辖厅应当执行本条第三款规定的审议结果。但是，对审议结果有异议的，可以向调解委员会申请复审，并应当接受该复审结果。

第二十四条之三 （调解委员会的组成等）

1. 调解委员会由总统委任的下列委员组成，委员长在大法院（相当于国内的最高法院）院长推荐的人员中互选产生。

（1）总统推荐的3个人；（2）国会议长推荐的3人；（3）大法院院长推荐的5人。

2. 委员任期2年，只能连任1次。

3. 调解委员会的组成及运营等相关必要事项，由总统令规定。

第二十四条之四（调解委员会委员的资格标准）

1. 委员应当是符合下列情形之一的人员：

（1）作为法官、检察官、军法官或律师在职15年以上的人；（2）有大学总长（综合大学的校长）、学长（专科院校的校长）或中小学校长任职经历的人员中，有15年以上教育经验的人；（3）担任大学副教授以上职务，有15年以上教育经验的人；（4）作为注册会计师，有15年以上会计业务经历的人；（5）有教育行政机关高层公务员经历，公务员经历15年以上的人。

2. 有本法第二十二条各情形之一的，不得担任委员。

第二十五条（临时理事的选任）

1. 有下列情形之一的，管辖厅应当根据利害关系人的请求或管辖厅的职权，经调解委员会审议，选任临时理事：

（1）学校法人不补充空缺理事，导致学校法人的正常运营难以维系时；（2）依据本法第二十条之二学校法人的管理人员被撤销任职许可的。但是，仅限撤销管理人员任职许可后无法满足本法第十八条第一款规定的理事会法定决议人数的情况；（3）依照本法第二十五条之二解除临时理事职务的。

2. 临时理事应当尽快努力解除本条第一款规定的事由。

3. 临时理事任职至本条第一款规定的事由解除为止，其任期自选任之日起不得超过3年。

4. 临时理事不能被选任为本法第二十条规定的管理人员。

5. 管辖厅可以要求选任临时理事的法人召开理事会。

6. 选任临时理事的学校法人中财务状况恶劣的，国家或地方政府可以向其支援最低限度的理事会运营经费、办公职员的人工费及学校法人的正常化所需的总统令规定的诉讼费用。

第二十五条之二（临时理事的免职）

临时理事有下列情形之一的，经调解委员会审议，管辖厅可以罢免全部或部分临时理事：

（1）有《国家公务员法》第三十三条各情形之一的；（2）明显玩忽职守的；（3）有本法第二十条之二第一款各情形之一的。

第二十五条之三 （临时理事选任完毕的学校法人的正常化）

1. 尽管有本法第二十条，管辖厅认为依据本法第二十五条选任的临时理事的选任事由消除时，经调解委员会审议，管辖厅应当及时免去临时理事，选任正式理事。

2. 临时理事选任完毕的学校法人每年应当向调解委员会报告其工作正常化进展情况不少于1次。

3. 调解委员会对本条第二款的推进实效进行评价，并将相关学校法人的临时理事是否解聘及是否恢复正常化相关事项通报管辖厅。

第二十六条 （管理人员的报酬限制）

1. 学校法人的管理人员中，除章程规定的常勤管理人员外，不支付报酬。但是，偿还实际发生费用的除外。

2. 捐献或捐赠相当于该学校法人基本资产额三分之一以上的财产作为该法人的基本财产的人中，有生活困难的，学校法人可以在该学校法人的收益范围内支付其生活费、医疗费、丧葬费。但是，根据本条第一款领取报酬的人除外。

3. 捐献或捐赠本条第二款财产的人中，生活困难人员的标准和生活费、医疗费、丧葬费的范围，由总统令规定。

第二十六条之二 （大学评议员会）

1. 在大学教育机构设立大学评议员会，审议下列事项：但是，下列第三项和第四项为咨询事项。

（1）大学的发展规划相关事项；（2）制定或修改校规相关事项；（3）大学宪章的制定或修订相关事项；（4）大学教育课程的运营相关事项；（5）推荐委员会委员的推荐相关事项；（6）由章程规定的有关教育的其他重要事项。

2. 大学评议员会的组成及运营等相关必要事项，根据总统令的规定，由章程规定。

第二十七条 （《民法》的适用）

有关学校法人的理事长和理事，适用《民法》第五十九条第二款、第六十一条、第六十二条、第六十四条及第六十五条。在这种情况下，《民法》第六十二条中的"他人"视为"其他理事"。

第四节　财产和会计

第二十八条 （财产的管理及保护）

1. 对其基本财产，学校法人想要出售、赠与、交换、变更用途、提供担保、承担义务、放弃权利的，应当取得管辖厅的许可。但是，总统令规定的小微事项应当向管辖厅申报。

2. 直接用于学校教育的学校法人的财产中，由总统令规定的财产，不得出售或提供担保。

3. 收取《初中等教育法》第十条及《高等教育法》第十一条规定的学费和其他缴纳金（指的是入学金或学校运营支援费，下同）的权力，和根据本法第二十九条第二款对单独账户管理的收入的储蓄债权，不得被扣押。

4. 管辖厅接到本条第一款但书规定的申报，应当研究其内容，符合本法的，受理该申报。

5. 在有关基本财产的诉讼程序开始时和结束时，学校法人应当根据总统令的规定，向管辖厅申报相关事实。

第二十九条（会计的区分等）

1. 学校法人的会计分为其所设立和经营学校的会计，以及法人业务的会计。

2. 属于本条第一款规定的学校会计可以分为校费会计和附属医院会计（仅限有附属医院的），校费会计分为注册费会计和非注册费会计，各会计的年度收入、年度支出相关事项由总统令规定，学校收到的捐款和学费、其余的缴纳金记入校费会计的收入，应当单独账户管理。

3. 属于本条第一款法人业务的会计，可以分为一般业务会计和本法第六条规定的收益事业会计。

4. 属于本条第二款规定的学校的会计，其预算由该校校长编制，依照下列分类规定的程序确定和执行。

（1）大学教育机构：向大学评议员会咨询并经《高等教育法》第十一条第三款规定的注册费审议委员会（以下称注册费审议委员会）审查、决议后，由理事会审查、决议确定，由学校的校长执行；（2）《初中等教育法》第二条规定的学校：经学校运营委员会审议后，经理事会审查、决议确定，由学校的校长执行；（3）幼儿园：向《幼儿教育法》第十九条之三规定的幼儿园运营委员会咨询后，由学校的校长执行；但是，不设立幼儿园运营委员会的，由学校的校长执行。

5. 删除

6. 属于本条第二款规定的校费会计的收入或财产，不得转出、出借或者不正当使用于其他会计。但是，有下列情形之一的除外：

（1）偿还借款本息时；（2）以公共或教育、研究为目的，将教育用基本财产无偿划归国家、地方政府或研究机构所有。但是，仅限于满足总统令规定标准的情况。

7. 删除

第三十条（会计年度）

学校法人的会计年度按照其所设立和经营的私立学校的学年执行。

第三十一条（预算及决算的提出）

1. 学校法人应当根据总统令的规定，在每一会计年度开始前向管辖厅报告并公示预算，在每一会计年度结束后向管辖厅报告并公示决算。

2. 管辖厅认定本条第一款的预算编制违反会计相关法令等的，可以指导整改。

3. 属于学校的会计，其决算应当在每一会计年度结束后，并按照下列分类规定的程序进行；但是，幼儿园除外。

（1）大学教育机构：应当向大学评议员会咨询并经注册费审议委员会审查、决议；（2）《初中等教育法》第二条规定的学校：应当经过学校运营委员会的审议。

4. 学校法人按照本条第一款提交决算书时，应当附有该学校法人全体监事签名、盖章的审计报告。在这种情况下，设立、经营大学教育机构的学校法人（本条第五款规定的学校法人除外）应当随附直接选任的学校法人和独立的外部审计人员（指的是《株式会社等的外部审计相关法律》第二条第七款的审计人员，本条内下同）的审计报告（以下称外部审计报告）及附属文件（本法第四条第一款第一项规定的学校的校费会计决算除外）。

5. 根据总统令规定的程序和标准，设立、经营教育部部长选定的大学教育机构的学校法人，按照本条第一款提出决算书时，应当随附下列各项规定的外部审计人员的外部审计报告及附属文件（本法第四条第一款第一项规定的学校的校费会计决算除外）。

（1）连续4个会计年度：设立、经营大学教育机构的学校法人直接选任的学校法人和独立的外部审计人员；（2）上述第一项规定的会计年度后连续2个会计年度：根据总统令的规定，由教育部部长指定的外部审计人员。在这种情况下，指定同一名外部审计人员。

6. 本条第五款规定的学校法人不得将该条款第二项规定的会计年度的外部审计人员，选任为该会计年度后首个会计年度的外部审计人员。

7. 教育部部长可以将本条第五款第二项规定的外部审计人员的指定业务，委托给总统令规定的法人或团体。

8. 本条第一款规定的公示相关必要事项，由总统令规定。

第三十一条之二（对外部会计审计的监理）

1. 必要时，教育部部长可以监理本法第三十一条第四款后半段规定的审计证明及附属文件。

2. 教育部部长可以根据总统令的规定，将本条第一款规定的全部或部分监理业务，委托给具备外部会计审计及监理专业性的法人或团体负责。

3. 除本条第一款和第二款规定的事项外，监理等相关必要事项由总统令规定。

第三十一条之三（对外部会计审计的监理）

1. 必要时，教育部部长可以监理本法第三十一条第四款后半段规定的外部审计报告及附属文件。

2. 教育部部长可以根据总统令的规定，将本条第一款规定的全部或部分监理业务，委托给具备外部会计审计及监理专业性的法人或团体负责。

3. 除本条第一款和第二款规定的事项外，监理等相关必要事项由总统令规定。

第三十二条（财产目录等的存档）

1. 学校法人应当在每一会计年度结束后两个月以内，编制每一会计年度末的财产目录、财务状况表、收支账目表以及其他必要的账簿和文件，并随时存放在事务所中。

2. 依据本条第一款应当存档的账簿或文件的种类和格式，由教育部令规定。

第三十二条之二（公积金）

1. 大学教育机构的负责人及设立、经营大学教育机构的学校法人的理事长，可以储备用于教育设施的新建、扩建及改建、维修、发放学生奖学金及支援教职员的研究活动等所需的公积金（以下称公积金）。但是，只有在以新建、增建及改建、维修教育设施为目的且金额不超过当年建筑物的折旧费时，才能从注册费会计中积累。

2. 公积金分为本金保存公积金和任意公积金，根据性质由研究公积金、建筑公积金、奖学公积金、退休公积金以及其他确定具体目的积累的特定目的公积金构成。

3. 公积金存入基金进行管理，只用于其积累目的。但是，除了从注册费会计转到非注册费会计的公积金相当额之外，公积金可以通过下列方法之一向法人投资：

（1）在公积金的二分之一限度以内，依据《资本市场和金融投资业相关法律》第四条第二款各项购买证券；（2）在公积金的十分之一限度以内，对相关大学教育机构的教师或学生以所开发新技术或专利等创办的《风险企业培育特别措施法》规定的风险企业进行投资。

4. 当发生《灾难及安全管理基本法》第三条第一款规定的灾难，有必要对学生进行支援时，大学教育机构的负责人及设立、经营大学教育机构的学校法人的理事长可以不适用本条第三款的正文，经过理事会决议，以支援学生为目的变更使用现有公积金。

5. 本条第三款的但书规定的公积金投资对象为与相关大学教育机构有总统令规定的特殊关系的法人的，大学教育机构的负责人及设立、经营大学教育机构的学校法人的理事长应当向教育部部长报告其投资结果。

6. 教育部部长可以考虑相关大学教育机构和设立、经营大学教育机构的学校法人的财政状况等,采取是否积累公积金、积累规模、积累时间及投资等相关必要措施。

7. 本条第一款但书的折旧费计算方法和第五款投资结果的报告时间及方法等,由教育部令规定。

第三十二条之三 (基金使用审议会等的设立等)

1. 大学教育机构的负责人及设立、经营大学教育机构的学校法人的理事长可以设立基金使用审议会,审议本法第三十二条之二第三款规定的基金管理和使用相关事项。

2. 基金使用审议会由包括1名委员长在内的15名以内的委员组成,委员由下列人员组成。在这种情况下,下列第一项规定的教师、职工和在校生应当各有2人以上,下列第二项规定的外部专家应当有1人以上。

(1) 在相关大学任职的教师、职工及在校生;(2) 会计或财务相关外部专家;(3) 此外,校友及对学校发展有帮助的人。

3. 基金使用审议会的委员履行职务时,不受外部的任何指示和干涉。

4. 除本条第一款至第三款规定的事项外,基金使用审议会的组成及运营等相关必要事项,由总统令规定。

第三十二条之四 (结转金)

1. 大学教育机构的负责人及设立、经营大学教育机构的学校法人的理事长在编制和执行本会计年度校费会计预算时,应当努力使结转金最小化。

2. 大学教育机构的结转资金与其财务规模相比过多时,教育部部长可以采取要求整改等必要措施,以减少结转金。

第三十三条 (会计规则等)

学校法人的会计规则、预算或会计相关其他必要事项,由教育部部长规定。

第五节 解散与合并

第三十四条 (解散事由)

1. 学校法人因下列事由之一可解散:

(1) 发生章程规定的解散事由;(2) 不能达到设立目的;(3) 与其他学校法人合并;(4) 破产;(5) 本法第四十七条规定的教育部部长的解散命令。

2. 因本条第一款第二项事由解散,须经理事会所有成员的三分之二以上同意,并报经教育部部长批准。

第三十五条 (剩余财产的归属)

1. 学校法人想要在章程中规定解散后剩余财产的归属者的,其归属者应当从学校法人或者其他教育事业经营者中选定。

2. 除合并及破产的情形外，已解散的学校法人的剩余财产，向教育部部长申报清算终结时，归根据本条第一款由章程指定的人员所有。

3. 尽管有本条第一款和第二款，学校法人的管理人员或者设立相关学校法人的私立学校经营者等违反本法或者教育相关法令，该学校法人接到管辖厅有关追缴等弥补财政损失的整改要求，但拒不履行的，该学校法人被解散时，章程指定的人员有下列情形之一的，视为无该指定。

（1）学校法人解散的，其设立者或管理人员或与他们有《民法》第七百七十七条规定的亲属关系的人，自该学校法人解散之日起10年内，章程指定的人员或者在章程指定人员开设的私立学校的担任或担任过下列各项职务之一的：①法定代表；②管理人员；③大学（指的是《高等教育法》第二条规定的学校）的总长或者副总长；④小学、初中、高中（指的是《初中等教育法》第二条规定的学校）的校长或者校监；⑤《幼儿教育法》第二条第二款规定的幼儿园园长或园监。（2）章程指定人员的管理人员或者章程指定的人员设立的私立学校的经营者等违反本法或者教育相关法令，接到管辖厅有关追缴等弥补财政损失的整改要求，但拒不执行的。

4. 根据本条第二款和第三款的不予处分的财产中，设立、经营大学教育机构的学校法人的财产划归《韩国私学振兴财团法》第十七条第二款规定的私学振兴基金的清算支援账户（以下称清算支援账户），设立、经营本法第四条第一款所列学校的学校法人，其财产划归相关地方政府。

5. 为支援私立学校的教育事业，地方政府将根据本条第四款划归地方政府的财产以让与、无息贷款或补助金的形式提供给其他学校法人，或用于其他教育事业。

6. 根据本条第四款划归清算支援账户的财产由《韩国私学振兴财团法》规定的韩国私学振兴财团管理，划归地方政府的财产由相关市、道教育监管理，进行本条第五款规定的处分时，市、道教育监应当事先征得教育部部长的同意。

第三十五条之二（解散及剩余财产的归属相关特例）

1. 设立、经营高中以下各级学校的学校法人，因学生人数大幅减少而难以实现设立目的的，可以不适用本法第三十四条第一款，在征得市、道教育监许可后解散。

2. 根据本条第一款想要取得市、道教育监许可的学校法人，应当在向市、道教育监提交解散许可申请书时随附剩余财产处置计划。

3. 本条第一款规定的解散和本条第二款规定的剩余财产处置计划，应当征得理事会应有成员的三分之二以上同意。

4. 为了使根据本条第一款解散的学校法人顺利完成解散程序，国家或地方政府可以提供下列支援之一：

（1）在学校法人申请解散许可当时所持有的基本财产评估额30%以内的范围内，发放解散奖励金；（2）从学校法人申请解散许可当时所持有的基本财产中购买可直接用于学校教育的财产。

5. 设立隶属市、道教育监的私学整顿审查委员会，审查本条第一款规定的学校法人的解散、本条第二款规定的剩余财产的处置以及本条第四款规定的财政支援相关事项。

6. 本条第五款规定的私学整顿审查委员会的组成及运营等相关事项，由总统令规定。

7. 尽管有本法第三十五条第一款，依照本条第一款至第五款规定解散的学校法人可以将其全部或者部分剩余财产划归本条第二款规定的剩余资产处置计划中规定的人员，或者捐助用作设立《关于设立、运营公益法人的法律》第二条规定的公益法人的财产。

第三十六条（合并程序）

1. 与其他学校法人合并，应当征得理事会应有成员的三分之二以上同意。

2. 本条第一款规定的合并，应当报经教育部部长许可。

3. 取得本条第二款规定的许可，还应当在许可申请书上随附合并后存续的学校法人或通过合并设立的学校法人的章程及总统令规定的其他文件。

第三十七条（合并程序）

1. 学校法人取得本法第三十六条第二款规定许可的，应当自收到许可通知之日起15日内编制财产目录和财务状况表。

2. 学校法人应当在本条第一款的期限内发布公告，通知其债权人如有异议应当在一定期限内提出异议，并分别催告已知的债权人。在这种情况下，提出异议的期限应当设定在2个月以上。

第三十八条（合并程序）

1. 债权人在本法第三十七条第二款的期限内未对合并提出异议的，视为同意接手合并后存续或者合并设立的学校法人的债务。

2. 债权人在本法第三十七条第二款的期限内提出异议的，学校法人应当清偿债务或者提供与之相应的担保。

第三十九条（合并程序）

通过合并设立学校法人的，章程及学校法人的设立相关其他事务，应当由各学校法人选任的人员共同办理。

第四十条（合并的影响效果）

合并后存续的学校法人或者通过合并设立的学校法人，享有因合并而消失的学校法人的权利和义务（包括该学校法人以教育部部长的许可或其他决定对其所经营事业拥有的权利和义务）。

第四十一条（合并的始期）

在合并后存续的学校法人或者合并设立的学校法人的主要事务所所在地完成登记后，学校法人的合并正式生效。

第四十二条（《民法》等的适用）

1. 有关学校法人的解散和清算，适用《民法》第七十九条及第八十一条至第九十五条的规定。在这种情况下，《民法》第七十九条中的"理事"视为"理事长"。

2. 有关学校法人的清算人，适用本法第十八条，《民法》第五十九条第二款、第六十一条、第六十二条、第六十四条及第六十五条。

第六节　支援和监督

第四十三条（支援）

1. 国家或地方政府认为振兴教育有必要时，可以根据总统令或相关地方政府的条例，向申请补助的学校法人或私立学校支援团体提供补助金或其他支援，以支援私立学校的教育事业。

2. 对依照本条第一款或本法第三十五条第五款得到支援的学校法人或者私立学校支援团体，管辖厅拥有下列权限：

（1）为提供支援有必要的，有权听取相关学校法人或私立学校支援团体有关业务或会计情况的报告；（2）认为相关学校法人或私立学校支援团体的预算与支援目的相比不适当的，有权劝告其对预算采取必要的变更措施。

3. 国家或地方政府依照本条第一款或本法第三十五条第五款支援学校法人或者私立学校支援团体的，如果认为支援成效低、继续支援不适当的，或者学校法人或私学支援团体拒不服从本条第二款规定的管辖厅劝告时，可以停止后续支援。

第四十四条（对失业教育的优先支援）

国家或者地方政府依照本法第三十五条第五款或者第四十三条第一款支援学校法人的，应当给予设立、经营失业学校的学校法人优先权。

第四十五条（章程变更等）

1. 变更学校法人章程，应当征得所有理事的三分之二以上同意，并经过理事会的决议。

2. 学校法人依照本条第一款变更章程的，应当备齐教育部部长规定并公告的文件，在14日内向教育部部长报告。

3. 教育部部长接到本条第二款规定的报告,如果认为相关变更事项违反法令,可以在 30 天内责令相关学校法人整改或变更。

4. 接到本条第三款整改或变更命令的学校法人应当立即整改或变更,并将相关事实上报教育部部长。

第四十六条 (收益事业的停止命令)

管辖厅认为依照第六条第一款开展收益性事业的学校法人有下列情形之一的,可以责令该学校法人停止其事业:

(1) 相关学校法人将收益事业的收益用于经营其所设立的私立学校以外的其他目的;(2) 继续开展相关事业会妨碍该学校法人设立、经营的私立学校的教育。

第四十七条 (解散命令)

1. 教育部部长认为学校法人有下列情形之一的,可以责令该学校法人解散:(1) 违反设立许可的条件时;(2) 无法实现设立目的时。

2. 本条第一款规定的学校法人的解散命令,只有在以其他方法无法实现监督目的或管辖厅下达整改命令 6 个月后仍未执行时方可下达。

第四十七条之二 (听证)

教育部部长依照本法第四十七条责令学校法人解散时,应当举行听证。

第四十八条 (提交报告等)

为开展监督所必要时,管辖厅可以责令学校法人或私学支援团体提交报告,或者检查其账簿、文件等,并可以责令采取与之相关的必要措施。

第四十八条之二 (对解散的学校法人等的档案管理)

1. 为了对解散的学校法人和废止、封闭的学校的记录进行有效管理,保护其所属管理人员、教职员及学生的权益,下列各单位应当向教育部部长提交学籍簿、组织、会计、预算相关资料等总统令规定的保管中的记录:

(1) 依照本法第三十四条第二款或第四十七条解散的学校法人;(2) 依照《高等教育法》第四条第三款被批准废止的学校;(3) 依照《高等教育法》第六十二条奉命关闭的学校。

2. 为了有效管理根据本条第一款提交的记录,教育部部长可以将《韩国私学振兴财团法》规定的韩国私学振兴财团指定为专职机构。

3. 此外,解散的学校法人等的记录移交及管理的方法、程序等相关必要事项,由总统令规定。

第四十九条 删除

第三章　私立学校经营者

第五十条（变更为学校法人）

私立学校经营者中，《民法》规定的财团法人可以将其组织变更为学校法人。

第五十一条（适用规定）

有关私立学校经营者，适用本法第五条、第二十八条第二款、第二十九条、第三十一条、第三十一条之二、第三十二条、第三十二条之二至第三十二条之四、第三十三条、第四十三条、第四十四条及第四十八条。但是，本法第三十一条、第三十一条之二、第三十二条、第三十二条之二至第三十二条之四及第三十三条仅限适用与其所设立、经营的私立学校相关的部分。

第四章　私立学校教师

第一节　资格、任用、服务

第五十二条（资格）

私立学校教师的资格，执行国立、公立学校教师资格相关规定。

第五十三条（学校校长的聘任）

1. 各级学校的校长由设立、经营该学校的学校法人或者私立学校经营者聘任。

2. 根据本条第一款，学校法人在任期内想要罢免大学教育机构的负责人的，应当征得理事会应有成员的三分之二以上同意，并经理事会决议通过。

3. 关于各级学校校长的任期，学校法人以及以法人名义经营的私立学校由章程规定；以个人名义经营的私立学校由校规确定。任期不得超过4年，但可以连任。但是，小学、初中及特殊学校的校长只能连任一次。

第五十三条之二（聘用学校校长以外的教师）

1. 各级学校的教师应当由相关学校法人或者私立学校经营者按照下列分类规定的程序聘用：

（1）学校法人及是法人的私立学校经营者设立、经营的私立学校的教师，经相关学校负责人提请，经理事会决议聘用；（2）是私人的私立学校经营者设立、经营的私立学校的教师：经相关学校负责人提请任用。

2. 大学教育机构的教师任用权和高中以下各级学校教师的休职及复职相关事项，可以根据相关学校法人的章程，委托给学校的校长。

3. 大学教育机构的教师可以按照章程规定聘用，规定工作时间、工资、工作条件、业绩和成果约定等协议条件。在这种情况下，工作时间适用国立、公立大学教师的相关规定。

4. 依照本条第三款被任用的教师的任用权人应当在该教师聘期届满 4 个月前，通知其聘用期限届满并可以申请续聘审议（指的是书面通知，本条内下同）。

5. 依照本条第四款收到聘期届满通知的教师想要续聘的，应当自收到通知之日起 15 日内，向任用权人申请续聘审议。

6. 任用权人接到本条第五款规定的续聘审议申请，应当经本法第五十三条之四所规定的教师人事委员会的续聘审议，决定是否续聘该教师，并在聘期届满前 2 个月通知该教师。在这种情况下，决定不再任用该教师的，应当具体表明不再任用的意思和拒绝任用的理由，并予以通知。

7. 教师人事委员会根据本条第六款审议是否续聘该教师时，应当根据对下列事项的评价等校规规定的客观事由进行审议。在这种情况下，审议过程中应当规定 15 天以上的时间，给该教师在指定日期出席教师人事委员会陈述意见或者书面提出意见的机会。

（1）学生教育相关事项；（2）学问研究相关事项；（3）学生指导相关事项；（4）《关于振兴产业教育及促进产学研合作的法律》第二条第六款规定的产学研合作相关事项。

8. 教师人事委员会审议教师的续聘时，应当根据《高等教育法》第十五条规定的教师任务，采取必要的措施，使该教师的评价等本条第七款各事项的实绩和成果能够适当地反映出来。

9. 被拒绝续聘的教师如果对拒绝续聘决定不服，可以在知晓不予续聘决定之日起 30 日内，向《提高教师地位及保护教育活动特别法》第七条规定的教师诉求审查委员会提出审查请求。

10. 高中以下各级学校新招录教师时实行公开招考，所担任职务所需资格条件和实施公开招考相关必要事项，由总统令规定。

11. 《初中等教育法》第十九条规定的教师任用权人在实施本条第十款规定的公开招考时，招录过程应当包括笔试，相关笔试应当委托市、道教育监实施。但是，根据总统令规定，如果得到市、道教育监的批准，招录过程可以不包括笔试或不委托市、道教育监。

第五十三条之三（对不当行为人的措施）

本法第五十三条第二款第十项规定的各级学校新招录教师的公开招考中，有不正当行为的，适用《教育公务员法》第十一条第二款。

第五十三条之四（教师人事委员会）

1. 为审议各级学校（高等技术学校、高等公民学校、幼儿园和相当于上述学校的各级学校除外）的教师（学校的校长除外）聘用等人事相关重要事项，在相关学校设立教师人事委员会。

2. 教师人事委员会的组成、功能和运营相关必要事项，私立学校经营者如为学校法人或法人，由章程规定；如以个人身份经营则通过制度来明确。

第五十三条之五（新招录校长外的大学教育机构教师等）

学校校长外的大学教育机构教师的任用，适用《教育公务员法》第十一条之三。

第五十四条（任用相关报告及解聘等的要求）

1. 各级学校的教师任用权人聘任教师（各级学校的校长因任期届满被免职的除外）时，应当自聘任之日起7日内向管辖厅报告。

2. 删除

3. 私立学校的教师有本法规定的免职及惩戒事由时，管辖厅可以要求该教师的任用权人予以免职或惩戒。在这种情况下，如无特殊原因，接到免职或惩戒要求的任用权人应当遵照执行。

第五十四条之二（要求免职）

1. 各级学校的校长有下列情形之一的，管辖厅可以向其任用权人要求解聘该学校的校长；在这种情况下，如无特殊原因，接到免职要求的任用权人应当遵照执行。

（1）有本法第五十八条第一款各项情形之一时；（2）包括学生入学（包括插班入学）、授课及毕业等，属于该学校校长权限范围内的有关事项，违反教育相关法令或法令相关命令时；（3）违反本法、本法的命令或者其他教育相关法令的；（4）在执行属于学校的会计时，有不法行为或者明显不正当行为时。

2. 本条第一款规定的免职要求，只有在管辖厅向相关学校法人或私立学校经营者说明事由并要求整改之日起超过15天仍拒不执行的情况下才会下达。

第五十四条之三（任命的限制）

1. 有下列情形之一的人员不得被任命为学校的校长：

（1）根据本法第二十条之二被取消任职许可后不到5年的人；（2）因本法第五十四条之二规定的罢免要求，被罢免不满3年的人；（3）根据本法第六十一条被罢免不满5年的人；（4）有《教育公务员法》第十条之四各项情形之一的人。

2. 符合本条第一款第一项至第三项的人，在其任职限制期限届满后想要就任学校的校长的，应当征得三分之二以上在册理事同意。

3. 与学校法人的理事长有下列各亲属关系的人，不得被任命为该学校法人所设立、经营的学校的校长；但是，三分之二以上理事表示赞成并征得管辖厅批准的人除外。

（1）配偶；（2）直系长辈及直系晚辈和其配偶。

4. 因学校法人的理事长发生变更或者亲属关系出现变动等，被任命为学校的校长的人员与学校法人的理事长产生本条第三款所列亲属关系之一的，应当自其事由发生之日起3个月内征得三分之二以上理事同意并征得管辖厅的批准。

5. 有本条第一款第四项情形的，不得任命为教师。

6. 担任本法规定的教师（包括本法第五十四条之四规定的临时教师），国立、公立学校的教师（包括《教育公务员法》第三十二条规定的临时教师），《幼儿教育法》第二十三条规定的讲师等，或者《初中等教育法》第二十二条规定的产学兼职教师等期间，因下列情形之一的行为被罢免、被解雇或被判监禁以上刑罚的人（包括被判缓刑后，缓刑期满的人员）不能被任命为高中以下各级学校的教师。但是，考虑该教师的反省程度等，并经本法第六十二条规定的教师惩戒委员决议认定其可以履行教师职务的情况除外。

（1）受贿行为；（2）泄露考题及伪造成绩等与学生成绩相关的不正当行为；（3）对学生人身的暴力行为。

7. 本条第六款各项以外的但书部分规定的教师惩戒委员会的决议，应当有三分之二以上在册委员出席，并有半数以上出席委员赞成。

第五十四条之四（期间制教师）

1. 有下列情形之一的，各级学校教师的任用权人可以从取得教师资格证的人员中，任用规定聘用期限的教师（以下称期间制教师）。在这种情况下，任用权人可以根据学校法人的章程等规定，将其权限委任给学校的校长。

（1）教师因本法第五十九条第一款各情形之一的事由休职，不可避免地要补充继任者时；（2）教师因被派遣、研修、停职、解除职位或休假等原因，1个月以上不能履行职务，需要补充继任者时；（3）受到罢免、解除任命或免职处分的教师，根据《提高教师地位及保护教育活动特别法》第九条第一款，向教师诉求审查委员会请求诉求审查，不能对继任者发布补充任命时；（4）需要临时教师负责特定课程时。

2. 对期间制教师，本法第五十六条、第五十八条第二款、第五十八条之二、第五十九条、第六十一条、第六十一条之二、第六十二条、第六十二条之二、第六十三条、第六十四条、第六十四之二、第六十五条、第六十六条、第六十六条之二、第六十六条之三第二款和第三款、第六十六条之四不适用，聘用期限届满，理当退任。

3. 期间制教师的聘用期限为1年以内，必要时可以在3年的范围内延长。

4. 期间制教师的聘用，适用本法第五十四条之三第五款及第六款。

第五十四条之五　删除

第五十五条（服务）

1. 私立学校教师的服务，适用国立、公立学校教师相关规定。

2. 尽管有根据本条第一款适用的《国家公务员法》第六十四条，开设医学、韩医学或者牙医学相关学科的大学，为了学生的临床教育，必要时其所属教师可以征得大学的校长同意，在满足总统令规定标准的医院兼职。

3. 本条第二款规定的兼职许可的标准和程序、兼职教师的职务和报酬等相关必要事项，由总统令规定。

第五十五条之二 （研修的机会均等）

应当均等的赋予私立学校的教师在《教育公务员法》第三十九条第一款规定的研修机构接受再教育或者研修的机会。

第五十五条之三 （研修机构及工作场所以外的研修）

经所属学校的校长批准，在不影响教学的范围内，私立学校的教师可以在研修机构或者工作场所以外的设施或场所研修。

第五十五条之四 （研修实绩）

学校的校长可以定期或者随时将所属私立学校教师的再教育和研修实绩反映到人事管理中。

第二节　身份保障和社会保障

第五十六条 （禁止违背本人意愿的休职、免职等）

1. 私立学校的教师，除被判处刑罚、给予处分或依照本法规定的事由外，不得违背本人意愿受到休职、免职等不利处分。但是，因班级或学科的改编或废除而失去职责或超过定员的情况不适用。

2. 私立学校教师不得被劝告辞职。

第五十七条 （理当退职的事由）

私立学校教师有《教育公务员法》第十条之四各情形之一的，理当退职。但是，《国家公务员法》第三十三条第五款只适用于触犯《刑法》第一百二十九条至第一百三十二条以及与职务相关触犯同一法律第三百五十五条及第三百五十六条规定的犯罪的人中，被缓期宣判监禁以上刑罚的情形，适用《国家公务员法》第三十三条第六款之二时，"公务员"视为"教师"。

第五十八条 （免职事由）

1. 私立学校教师有下列情形之一的，该教师的任用权人可以将其免职：

（1）休职期满或休职事由消灭后仍未返岗，或者无法胜任职务时；（2）工作成绩很差时；（3）加入或帮助以破坏政府为目的的团体时；（4）开展政治运动或集体拒绝授课或者指导、煽动学生支持或反对某一政党时；（5）在人事档案上进行不正当的评分、记录，进行虚假证明或陈述时；（6）以虚假或者其他不正当手段获得任用时。

2. 依照本条第一款第二项至第六项的规定免职的，应当报经本法第六十二条规定的教师惩戒委员会同意。

第五十八条之二 （解除职务）

1. 私立学校教师有下列情形之一的，该教师的任用权人可以不授予其职位：
（1）履职能力不足，工作成绩很差，教师工作态度很不诚实的；（2）正在要求惩戒决议的；（3）因刑事案件被起诉（被提请简易命令的除外）的；（4）因财物违法、性犯罪等总统令规定的违法行为，接受监察院及检察机关、警察机关等调查机关调查或在侦察阶段，违法情节严重，明显难以期待其正常履职的。

2. 未依照本条第一款授予职位的，待不予任用事由消灭后，任用权人应当及时授予其职位。

3. 对依照本条第一款第一项被解除职位的人，任用权人责令其在3个月以内的期间待命。

4. 对依照本条第三款接到待命命令的人，任用权人应当采取必要的措施，如进行恢复能力、改善态度的研修或者课以特别研究课题等。

5. 私立学校教师同时有本条第一款第一项和该款第二项、第三项或第四项的解除职务事由的，应当以第二项、第三项或者第四项为理由作出解除职位处分。

第五十九条 （休职的事由）

1. 私立学校教师因下列情形之一要求休职的，该教师的任用权人可以责令其休职。但是，有下列第一项到第四项以及第十一项的，该教师的任用权人应当不适用本人意愿，责令其休职；有下列第七项和第七项之二情形的，如果本人愿意，应当责令其休职。

（1）因身体或精神上的障碍需要长期疗养时（包括因不孕不育需要长期治疗的）；（2）为履行《兵役法》规定的兵役义务而被征集或者召集的；（3）因天灾地变、战争、事变或者其他事由，生死不明或去向不明的；（4）此外，为履行法律义务而脱离职务的；（5）以取得学位为目的到海外留学或在外国进行1年以上研究或研修的；（6）临时受雇于国际组织、外国机构、国内外的大学、研究机构、国家机关、驻外教育机构（指的是《关于旅外国民教育支援等的法律》第二条第二款规定的驻外教育机构）或章程规定的民间团体的；（7）抚养8周岁以下或小学2年级以下子女有必要的或者女性教育公务员怀孕或生育的；（7）之二：领养未满19周岁的儿童（第七项规定的成为育儿休职对象的儿童除外）的；（8）在教育部部长指定的国内研究机构或教育机构研修的；（9）为护理因事故或疾病等需要长期疗养的父母、配偶、子女或配偶的父母所必需的；（10）配偶到国外工作或者有上述第五项情形的；（11）根据《教师劳动组合设立及运营等的相关法律》第五条专职从事劳动组合（相当于国内的工会）工作的；（12）根据《私立学校教职员年金法》第三十一条，在职10年以上的教师为了自我开发而进行学习、研究等的；（13）此外，有章程规定的其他事由的。

2. 本条第一款第七项事由的休职时间为1名子女3年以内，可以分期休职；第七项之二事由的休职时间为1名被收养子女6个月以内。

3. 任用权人不得以本条第一款第七项及第七项之二为由，给予休职教师人事上的不利待遇，该条款的休假时间包括在工作年限内。此外，该条款所列休职人员的身份和待遇等相关必要事项，由总统令规定。

4. 除本条第一款至第三款规定的事项外，休职时间、休职人员的身份及待遇等由章程（是私立学校经营者的，指的是其规定的关于教师身份保障及惩戒的规则。本节内下同）规定。

第六十条　（教师不在校园内被逮捕特权）

除现行罪犯外，未经学校校长的同意，不得在校园内逮捕私立学校的教师。

第六十条之二　（社会保障）

1. 私立学校教师及办公职员患病、受伤、伤残、受灾、退休或死亡的，按照法律规定向其本人或遗属支付适当的工资。

2. 本条第一款的法律中应当规定下列事项：

（1）工作相当一段时间后退休或死亡时，向其本人或遗属支付年金或一次性抚慰金的事项；（2）因工负伤或因病死亡或退休时，向其本人或遗属支付年金或补偿金的事项；（3）因工负伤或因病疗养期间，收入能力受影响时本人所获得的损失赔偿相关事项；（4）非因公死亡、伤残、负伤、疾病、生育以及对其他事故的工资发放相关事项。

第六十条之三　（名誉退休）

1. 私立学校教师工作20年以上的，在退休前主动退休的，可以在预算范围内支付名誉退休津贴。

2. 本条第一款名誉退休津贴的支付对象范围、支付金额、支付程序以及其他相关必要事项，由章程规定。

第三节　惩　　戒

第六十一条　（惩戒的事由及种类）

1. 私立学校教师有下列情形之一的，该教师的任用权人应当要求进行惩戒决议，并根据惩戒决议的结果给予处分：

（1）违反本法和其他教育相关法令，有违背教师本分行为的；（2）违反职务义务或者玩忽职守的；（3）不论职务高低，做出有损教师品格的行为的。

2. 惩戒为罢免、解除任命、降级、停职、降薪、谴责。

3. 降级是在同一职务内任命下级职位，保留身份但 3 个月不得行使职务，期间的报酬全额扣减。但是，相当于《高等教育法》第十四条的教师和助教，不适用降级。

4. 停职期限为 1 个月以上 3 个月以下，受到停职处分的人在停职期间保留教师身份，但不能从事职务，并扣减全部报酬。

5. 减薪期限为 1 个月以上 3 个月以下，扣减报酬的三分之一。

6. 谴责为对其前科进行训诫，以使其幡然悔悟。

第六十一条之二（确认对申请依愿免职教师的惩戒事由等）

1. 教师申请依愿免职（依本人意愿免职）的，各级学校教师的任用权人应当就下列事项向监察院和检察机关、警察机关、其他调查机关确认：

（1）是否有本法第六十一条第一项规定的惩戒事由；（2）是否是本条第四款规定的限制依愿免职对象。

2. 本条第一款第一项规定的确认结果，发现有符合《国家公务员法》第七十九条规定的罢免、解除任命、降级、停职程度的惩戒（以下称重惩戒）的惩戒事由的，有关教师的任用权人应当立即向本法第六十二条规定的教师惩戒委员会要求作出惩戒决议。在这种情况下，任用权人可以依照本法第五十八条之二第一款第二项，不授予该教师职位。

3. 本法第六十二条规定的教师惩戒委员会被要求根据本条第二款作出惩戒决议的，应当优先于其他惩戒案件进行惩戒决议。

4. 申请依愿免职的教师有下列情形之一的，各级学校教师的任用权人不得允许其免职；但是，有下列第一项、第三项和第四项情形，仅限其违法程度相当于重惩戒的情形。

（1）因违法正在接受刑事案件起诉的；（2）正在要求本法第六十二条规定的教师惩戒委员会作出重惩戒决议的；（3）因违法行为接受或正在接受监察院、检察机关、警察机关及其他调查机构的调查的；（4）管辖厅的监查部门等正在对违法行为进行监查或者调查的。

5. 本条第四款规定的限制依愿免职及限制对象的确认相关必要事项，由总统令规定。

第六十二条（教师惩戒委员会的设立及组成等）

1. 根据私立学校教师惩戒案件及本法第五十四条之三第六款各项规定以外的部分但书，为审议、决议教师任命相关事项，根据任用权人的分类在学校法人、私立学校经营者及相关学校设立教师惩戒委员会。但是，私立幼儿园教师的惩戒案件由依据《教育公务员法》第五十条设立的教育公务员惩戒委员会审议、决议。

2. 本条第一款规定的教师惩戒委员会,考虑到学校的规模等,在包括1名委员长在内的5名以上11名以下的范围内,由总统令规定数量的委员组成。

3. 教师惩戒委员会的委员由相关学校法人、私立学校经营者或者学校的校长(仅限依据本法第五十三条第二款教师的任用权被委任给学校校长的情形)从下列人员中任命或者委任。

(1)相关学校的教师或学校法人的理事。(2)具备下列各项资格之一的人:①有5年以上法官、检察官或律师从业经历的人;②在大学担任法学、行政学或教育学助理教授以上职务的在职人员;③任职年限20年以上并退休的公务员;④学校运营委员会中的家长委员(仅限在《初中等教育法》第二条规定的学校设立教师惩戒委员会的情形);⑤此外,被认为具备丰富教育或教育行政专业知识和经验的人。

4. 教师惩戒委员会依照下列各项规定的标准组成:

(1)至少包括两名以上依据本条第三款第二项委任的委员(本条及第六十二条之二中称为外部委员);(2)外部委员不隶属于该学校法人或私立学校经营者设立、经营的学校;(3)在学校法人设立教师惩戒委员会的,该学校法人的理事担任的委员人数不超过委员总数的二分之一;(4)《初中等教育法》第二条规定的学校,外部委员应当至少包括一名依据本条第三款第二项第三小项委任的委员;(5)特定性别的委员不得超过包括委员长在内的委员总数的十分之六。

5. 教师惩戒委员会的组成、权限及审议程序等相关必要事项,由总统令规定。

第六十二条之二(外部委员的任期等)

1. 外部委员的任期为三年,只能连任一次。

2. 外部委员有下列情形之一的,学校法人或私立学校经营者或学校的校长(仅限依据本法第五十三条第二款教师的任用权被委任给学校的校长的情形)可以解除对相关委员的委任。

(1)因身心障碍无法履行职务的;(2)有与职务相关的违法事实的;(3)因玩忽职守、品行受损或其他原因被认为不适合担任委员的;(4)委员主动表示难以履行职务的意愿的;(5)违反本法第六十六条之五规定的禁止泄密义务的。

第六十二条之三(惩戒审议委员会的设立及组成等)

1. 为了开展本法第六十六条之二及第七十条之六的复审,在市、道教育厅设立惩戒审议委员会。

2. 本条第一款规定的惩戒审议委员会由5名以上9名以下的委员组成,其中包括1名委员长。

3. 惩戒审议委员会的委员由市、道教育监从下列人员中委任:

（1）有 5 年以上法官、检察官或律师从业经历的人；（2）在大学担任法学或行政学副教授以上职务的在职人员；（3）任职年限 20 年以上并退休的公务员；（4）此外，被认为具备丰富教育或教育行政专业知识和经验的人。

4. 本条第三款规定的委员任期为 3 年，只能连任一次。

5. 惩戒审议委员会的组成、权限及审议程序等相关必要事项，由总统令规定。

第六十三条（回避事由）

教师惩戒委员会委员不得参与对本人或其亲属的惩戒案件的审议。

第六十四条（惩戒决议的要求）

所属教师中如有符合本法第六十一条第一款规定的惩戒事由的，私立学校教师的任用权人应当首先进行充分调查，然后向管辖该惩戒案件的教师惩戒委员会要求作出惩戒决议。

第六十四条之二（惩戒决议要求事由的通知）

惩戒决议要求权人*依据本法第六十四条要求作出惩戒决议时，应当在要求惩戒决议的同时，向被惩戒对象发送写明惩戒理由的说明书。

第六十五条（真相调查及意见陈述）

1. 教师惩戒委员会在审议惩戒案件时，应当调查真相，并在作出惩戒决议前听取本人的陈述。但是，书面传唤两次以上不回应的除外。

2. 教师惩戒委员会认为必要时，可以请有关人员或者有关专家出席听取意见。

第六十六条（惩戒决议）

1. 教师惩戒委员会应当考虑到符合本法第六十一条第一款各项规定之一的行为类型、严重程度以及被要求进行惩戒决议的当事教师的工作态度等，根据总统令规定的惩戒标准及减轻惩戒标准等作出惩戒决议。

2. 教师惩戒委员会对惩戒案件进行审议并作出惩戒决议时，起草惩戒议决书时应当写明决议结论和理由，并分别送交任用权人及管辖厅。

3. 本条第一款的惩戒决议，应当有三分之二以上在册委员出席，并有半数以上在册委员赞成。

4. 任用权人收到本条第二款的惩戒决定书时，除根据本法第六十六条之二第二款被要求复审的以外，应当在收到惩戒决定书之日起 15 日内，依据其议决内容作出惩戒处分。在这种情况下，任用权人应当将写明处分原因的决定书交给相关教师。

---

* 译者注：惩戒决议要求权人为有权提请惩戒决议要求的人。

5. 任用权人以符合《性暴力犯罪的处罚等相关特例法》第二条规定的性暴力犯罪及《两性平等基本法》第三条第二款规定的性猥亵的事由，依据本条第四款交给写明惩戒处分事由的决定书时，事件的受害人有要求的，应当将该惩戒处分结果一并通报受害人。

第六十六条之二（惩戒决议的复审）

1. 对依据本法第五十四条第三款被要求惩戒的事项，私立学校教师的任用权人接到本法第六十六条第二款规定的惩戒决议书时，应当在依据该条第四款给予惩戒处分前，将惩戒内容通报管辖厅。

2. 管辖厅接到依据本条第一款通报的惩戒决议内容，认为与惩戒事由相比处理过轻时，在相关教师的任用权人作出惩戒处分前，本法第四条第一款规定的管辖厅可以要求本法第六十二条之三规定的惩戒审议委员会进行复审，本法第四条第三款规定的管辖厅可以要求本法第六十二条规定的教师惩戒委员会进行复审。

3. 任用权人依照本条第二款被管辖厅要求复审的，应当及时向有关惩戒审议委员会或者教师惩戒委员会提出复审要求。

4. 依据本条第三款被要求复审的惩戒审议委员会或教师惩戒委员会对惩戒案件进行复审的结果，对惩戒作出决议时，应当起草写明决议结论和理由的惩戒决议书，分别通报管辖厅和任用权人。

5. 任用权人依照本条第四款收到惩戒决议书的，应当自收到惩戒决定书之日起15日内，按照议决内容作出惩戒处分。在这种情况下，任用权人应当将写明处分原因的决定书交给相关教师。

6. 本条第四款规定的惩戒案件的审理和决议，适用或者准用本法第六十三条、第六十五条及第六十六条第一款和第三款。在这种情况下，"教师惩戒委员会"视为"惩戒审议委员会"。

第六十六条之三（与监察院调查的关系等）

1. 监察院，检察机关、警察机关以及其他调查机关开始或结束对私立学校教师调查或搜查时，应当在10日内将相关事实通报相关教师的任用权人。

2. 对于监察院正在调查的案件，自接到本条第一款规定的调查开始通报之日起，不得要求作出惩戒决议或进入其他惩戒程序。

3. 对于检察机关、警察机关以及其他调查机关正在调查的案件，自收到本条第一款规定的调查开始通报之日起，可以不要求作出惩戒决议或者进入其他惩戒程序。

第六十六条之四 （惩戒事由的时效）

1. 自惩戒事由发生之日起超过3年的，私立学校教师的任用权人不得要求本法第六十四条规定的惩戒。但是，惩戒事由有《国家公务员法》第七十八条之二第一款各项情形之一的，自惩戒事由发生之日起5年内可以要求惩戒；有《教育公务员法》第五十二条各项情形之一的，自惩戒事由发生之日起10年内可以要求惩戒。

2. 依据本法第六十六条之三第二款或第三款不进入惩戒程序，导致超出本条第一款的期限或者剩余期限不足1个月的，本条第一款的期限视作自接到结束本法第六十六条之三第一款规定的调查或搜查通报之日起一个月后结束。

3. 《提高教师地位及保护教育活动特别法》规定的教师诉求委员会或者法院以惩戒委员会的组成、惩戒决议、其余程序上的瑕疵或者惩戒定性过重为由作出惩戒处分无效或撤销的决定或判决时，超出本条第一款的期限或者其剩余期限不足1个月的，自该决定或判决确定之日起3个月内可以再次要求进行惩戒决议。

第六十六条之五 （禁止泄露秘密）

参加教师惩戒委员会的人不得泄露在职务上知悉的秘密。

第六十六条之六 （补职等管理的原则）

1. 高中以下各级学校的校长对教师作出惩戒处分的事由如果符合《教育公务员法》第五十二条第一款各项情形之一等总统令规定的事由，对相关教师给予惩戒处分后，在5年以上10年以下的总统令规定的期间内，不得安排其担任班级担当教师（以下称班级担当教师）。

2. 高中以下各级学校的校长应当在本条第一款规定的期间内，向管辖厅报告是否安排该教师担任班级担当教师等本法第二条第四款规定的聘用相关事项。

第六十七条 （对外国人学校的特例）

《初中等教育法》第六十条之二规定的外国人学校，不适用本法第五十二条、第五十三条、第五十三条之二至第五十三条之五、第五十四条、第五十四条之二至第五十四条之四、第五十五条、第五十五条之二至第五十五条之四、第五十六条至第五十八条、第五十八条之二、第五十九条、第六十条、第六十条之二、第六十条之三、第六十一条、第六十一条之二、第六十二条、第六十二条之二、第六十二条之三、第六十三条、第六十四条、第六十四条之二、第六十五条、第六十六条、第六十六条之二、第六十六条之三第二款和第三款、第六十六条之四、第七十条之三至第七十条之七以及第七十二条之三至第七十二条之五。

第六十七条之二　删除

第六十七条之三　删除

第六十八条　删除

第六十九条　删除

第五章　补充规则

第七十条（报告、调查等）

针对私立学校的教育，管辖厅可以开展相关统计或调查或者要求上报其他必要事项，指派所辖公务员检查账簿或其他文件等，或者调查教育的实施情况。

第七十条之二（办事机构及职员）

1. 学校法人或者私立学校经营者设立必要的办事机构，处理其事务和其设立、经营的学校的事务，办事机构的设立、运营和办公职员的定员、聘用、报酬、服务及身份保障，学校法人或是法人的私立学校经营者由章程规定，是私人的私立学校经营者由规则规定。

2. 各级学校所辖办公职员，经学校的校长提请，由学校法人或者私立学校经营者聘任。

第七十条之三（办公职员的聘用）

1. 尽管有本法第七十条之二第一款，《初中等教育法》第二条规定的学校新聘用所属办公职员时，应通过公开招录的方式进行，公开招录的实施相关必要事项，由总统令规定。

2. 本条第一款规定的新招聘办公职员的公开招考中，有不正当行为的，适用《地方公务员法》第四十三条之二的规定。

3. 有《地方公务员法》第三十一条各项情形之一的人员，不得被任用为《初中等教育法》第二条规定的学校所属办公职员。

第七十条之四（办公职员的理当退职）

尽管有本法第七十条之二第一款规定，依照该条被聘用的办公职员的理当退职适用《地方公务员法》第六十一条第一款。在这种情况下，"公务员"视为"办公职员"。

第七十条之五（对办公职员的惩戒决议要求）

1. 依据本法第七十条之二被聘用的办公职员符合章程或规则规定的惩戒事由时，该办公职员的任用权人应当先进行充分调查，然后要求管辖该惩戒案件的惩戒委员会作出惩戒决议。但是对于没有惩戒委员会管辖的私立幼儿园办公职员的惩戒案件，相关办公职员的任用权人应当要求依据《地方公务员法》第七条设立的管辖厅的人事委员会作出惩戒决议。

2. 办公职员的任用权人应当依据本条第一款规定的惩戒委员会作出的惩戒决议结果作出惩戒处分。在这种情况下，任用权人应当将写明处分事由的决定书交给相关办公职员。

3. 尽管有本法第七十条之二第一款规定，管辖厅开展本法第四十八条或第七十条规定的检查、调查，发现办公职员履职过程中违反本法或教育相关法令或相关章程或规则时，管辖厅可以责令任用权人要求本条第一款规定的管辖惩戒委员会对相关办公职员作出惩戒决议。在这种情况下，被要求的任用权人，如无特殊原因，应当予以执行。

第七十条之六（要求复审对办公职员的惩戒决议）

1. 对依据本法第七十条之五第三款被要求的事项，办公职员的任用权人在作出相关惩戒处分前，应当将惩戒内容通报管辖厅。

2. 管辖厅接到依据本条第一款通报的惩戒决议内容，认为与惩戒事由相比处理过轻时，本法第四条第一款规定的管辖厅可以责令相关办公职员的任用权人向本法第六十二条之三规定的惩戒审议委员会要求复审，本法第四条第三款规定的管辖厅可以责令相关办公职员的任用权人向本法第七十条之五第一款规定的惩戒委员会要求复审。

3. 办公职员的任用权人接到管辖厅依据本条第二款的复审要求的，应当及时向相关惩戒审议委员会或者惩戒委员会提出复审要求。

4. 办公职员的任用权人应当将本条第三款规定的惩戒审议委员会或者惩戒委员会的复审结果通报管辖厅。

5. 本条第三款规定的惩戒审议委员会的审理和决议，适用本法第六十三条、第六十五条、第六十六条第三款和第六十六条之二第四款和第五款。在这种情况下，"教师"视为"办公职员"。

第七十条之七（要求解聘办公职员）

1. 尽管有本法第七十条之二第一款规定，依照该条被聘用的办公职员有下列情形之一的，管辖厅可以要求任用权人解雇该办公职员。在这种情况下，接到解雇相关办公职员要求的任用权人，如无特殊原因，应当予以执行。

（1）履职过程中有不法行为或者明显不正当行为的；（2）积极参与依据本法第二十条之二第一款被取消任职许可管理人员的行为的；（3）积极参与依据本法第五十四条之二第一款被解聘的学校校长的行为的；（4）违反本法、本法相关命令或者其他教育相关法令，违法情节严重的；（5）被确认有符合本法第七十条之四规定的理当退职事由的违反法令行为的。

2. 本条第一款规定的免职要求，只有在自管辖厅向相关学校法人或私立学校经营者说明事由并要求整改之日起超过15日仍未整改的情况下才会提出。

第七十一条（权限的委任）

本法规定的教育部部长的权限，可以根据总统令的规定，部分委任给市、道教育监。

第七十二条 删除

第七十二条之二（适用罚则时的公务员议题）

调解委员会委员中的非公务员委员，适用《刑法》第一百二十九条至第一百三十二条的规定时，视为公务员。

第七十二条之三（公开管理人员亲属的教职员身份）

学校法人应当按照教育部部长的规定，公开与学校法人的管理人员有《民法》第七百七十七条规定的亲属关系的教职员。

第七十二条之四（廉洁义务）

私立学校经营者、学校法人的管理人员和职员以及私立学校的校长和教职员（以下称私学机构从业人员）应当遵守法令，不得有任何腐败行为和有损教师形象的行为。

第七十二条之五（私学机构行动纲领）

1. 旨在遵守本法第七十二条之四规定的廉洁义务的行动纲领（以下称私学机构行动纲领），学校法人与以法人名义经营的私立学校由其章程规定，以个人名义经营的私立学校由校规规定。

2. 私学机构行动纲领应当包括下列事项。

（1）下列有关禁止、限制从职务关系人处接受款待、财物等行为的事项：①与学校法人、私立学校经营者或学校的校长签订或想要签订协议的个人、法人或团体；②因学校法人或私立学校经营者的政策、事业等的决定或执行而直接获利或利益受损的个人、法人或团体。（2）有关禁止和限制利用职位的人事干预、利权介入、斡旋、请托行为的事项。（3）有关个人利害关系的申报事项。在这种情况下，申报对象的范围由总统令规定。（4）对违反私学机构行动纲领行为的惩戒等制裁措施相关事项。（5）此外，私学机构从业人员为了遵守廉洁义务所必需的事项。

3. 私学机构从业人员违反私学机构行动纲领的，任用权人应当采取惩戒等制裁措施。

4. 学校法人或者私立学校经营者有下列情形之一的，管辖厅可以责令限期整改。

（1）学校法人或私立学校经营者在章程或者规则规定的私学机构行动纲领中，遗漏本条第二款各项事项或内容有明显不足的；（2）学校法人或隶属私立学校的私学机构从业人员违反私学机构行动纲领，未采取本条第三款规定的惩戒等制裁措施的。

第六章 罚 则

第七十三条（罚则）

学校法人的理事长或者私立学校经营者（是法人的，为其代表人或者理事）

或者大学教育机构的负责人违反本法第二十九条第六款（包括依据本法第五十一条适用的情形）的，处三年以下有期徒刑或者三千万韩元以下罚款。

第七十三条之二（罚则）

学校法人的理事长或者私立学校经营者（是法人的，为其代表人或者理事）有下列情形之一的，处二年以下有期徒刑或者二千万韩元以下罚款：

（1）违反本法第二十八条第一款至第四款（包括依据本法第五十一条适用的情形）的；（2）违反本法第四十六条规定的管辖厅的命令，继续相关事业的；（3）违反本法第四十八条（包括依据本法第五十一条适用的情形）规定的管辖厅的命令的。

第七十四条（罚款）

1. 私立学校教师，或依据本法第七十条之二被聘用的办公职员的任用权人有下列情形之一的，处一千万韩元以下罚款：

（1）违反本法第五十四条第三款后半部分，无特殊原因，不执行管辖厅的免职或者惩戒要求的；（2）违反本法第五十四条之二第一款后半段，无特殊原因，不执行管辖厅的免职要求的；（3）违反本法第六十六条之二第三款，未要求复审的；（4）违反本法第六十六条之二第五款前半段（包括本法第七十条之六第五款适用的情形），未按照决议内容给予惩戒处分的；（5）违反本法第七十条之五第三款后半段，无特殊原因，不执行管辖厅的惩戒决议的；（6）违反本法第七十条之六第三款，未要求复审的；（7）违反本法第七十条之七第一款各项外的部分后半段，无特殊原因，不执行管辖厅的免职要求的；（8）无特殊原因，拒不服从本法第七十二条之五第四款第二项规定的管辖厅的整改命令的。

2. 学校法人的理事长、监事或者清算人，私立学校经营者（是法人的，为其代表人或者理事）有下列情形之一的，处五百万韩元以下罚款：

（1）不进行本法规定的登记的；（2）不进行本法第六条第三款规定的公告或者虚假公告或者遗漏应当公告事项的；（3）未备齐依据本法第十三条适用的《民法》第五十五条第一款规定的财产清单，或者依据本法第三十二条（包括依据本法第五十一条适用的情形）及第三十七条第一款规定的财产清单及其他文件，虚假记录或漏记前述文件事项的；（4）未提报本法第十九条第四款第三项或者本法第四十八条（包括依据本法第五十一条适用的情况）规定的报告，或者虚报、漏报应当报告的事项的；（4）之二．未进行本法第二十八条第五款规定申报的；（5）违反本法第三十一条（包括依据本法第五十一条适用的情形）、第三十七条第二款或者第三十八条第二款的；（6）未进行依据本法第四十二条适用的《民法》第七十九条或者第九十三条第一款规定的破产申报的；（7）未进行依据本法第四十二条适用的《民法》第八十八条第一款或者第九十三条第一款规定的公告，或者虚假公告或遗漏拟公告事项的；（8）疏于或者不据实申报依据本法第四十二条适用的《民法》第八十六条或第九十四条所规定的申报；（9）违反依据本法第四十二条规定适用的《民法》第九十条的；（10）未进行本法第七十二条之三规定的公开或者虚假公开的。

3. 大学教育机构的负责人以及设立、经营大学教育机构的学校法人的理事长未提报本法第三十二条之二第五款规定的报告或者虚报、漏报应报告事项的，处五百万韩元以下罚款。

4. 私立学校教师的任用权人未提报本法第五十四条第一款规定的报告，或者虚假报告的，处五百万韩元以下罚款。

5. 本条第一款至第四款规定的罚款，根据总统令的规定，由管辖厅开具并征缴。

附　则

第一条（施行日期）

本法自公布后6个月起施行。但是，本法第二十条之二第一款第四项、第二十一条第七款、第二十二条及第二十二条之二的修订规定自公布后3个月起施行；《私立学校法》部分修订法律（第18372号法律）第七十条之三第三款、第七十条之四、第七十三条及第七十三条之二的修订规定自2022年2月11日起施行，本法第二十九条第四款及第三十一条第三款的修订规定自2022年3月1日起施行。

第二条（管理人员失格事由等相关适用例）

本法第二十一条第七款及第二十二条的修订规定，自同一修订规定施行后选任管理人员时起适用。

第三条（惩戒决议书送达及要求复审惩戒决议的适用例）

本法第六十六条第二款及第六十六条之二的修订规定，自本法施行后，教师惩戒委员会依据本法第六十六条第一款进行惩戒决议时起适用。

第四条（公开招考中委托笔试考试的适用例及过渡期措施）

1. 本法第五十三条之二第十一款的修订规定，自本法施行后，依据该条第十款为新聘用教师实施公开招考时起适用。

2. 本法施行过程中，依据原规定被公告的新聘教师，不适用本法第五十三条之二第十一款的修订规定，而是执行以前的规定。

第五条（管理人员的理当退任相关经过措施）

本法第二十二条之二的修订规定施行过程中，对于正在担任管理人员的人，不管现在的修订规则如何规定，在其任期结束前仍然按以前的规定执行。

第六条（关于基金使用审议会组成的过渡安排）

1. 本法施行后委任基金使用审议会委员时，无法满足本法第三十二条之三第二款的修订规定的，应当委任教师、职员、在校生委员直至满足同一修订规定的要件为止。

2. 依据本条第一款，基金使用审议会委员的组成，在满足本法第三十二条之三第二款的修订规定之前，按照以前的规定进行。

第七条（关于教师惩戒委员会委员组成的过渡安排）

本法施行后任命或委任委员时，无法满足本法第六十二条第四款的修订规定的（连任的情形除外），应当委任特定性别的委员或者外部委员直至满足同一修订规定的要件为止。

终身教育法

[第 18195 号法律，2021 年 6 月 8 日修改]

第一章 总 则

第一条（目的）
本法规定了国家及地方政府在《宪法》和《教育基本法》中规定的振兴终身教育的责任，以及对终身教育制度及其运营相关的基本事项，以保障全体国民终身学习和受教育的权利，为提高全体国民的生活质量和追求幸福贡献力量。

第二条（术语的定义）
本法中使用的术语，其定义如下：
1. "终身教育"，指的是除学校正规教育课程外，包括学历补充教育、成人认知理解教育、职业能力提高教育、人文教养教育、文化艺术教育、市民参与教育等所有形态的有组织的教育活动。
2. "终身教育机构"，指的是符合下列情形之一的设施、法人或者团体：
（1）依照本法获得许可、登记、申报的设施、法人或者团体；（2）《关于设立、运营学院及课外辅导的法律》规定的学院中，除教授学校科目的学院（相当于国内的课外班）外，实施终身职业教育的学院；（3）此外，根据其他法律，以终身教育为主要目的的设施、法人或者团体。
3. "文字理解教育（以下称文解教育）"，指的是旨在培养学生包括日常生活所需的文字理解能力在内的社会领域和文化领域的基础生活能力等的有组织的教育项目。
4. "终身教育事业"，指的是为了开展对国民和居民的终身教育，国家及地方政府用预算或基金直接或间接支援有组织的教育活动事业。
5. "终身教育使用券"，指的是为参与终身教育项目，记载有金额（包括电子或电磁方式的记录）的凭证。

第三条（与其他法律的关系）
关于终身教育，除其他法律有特别规定的外，适用本法。

第四条（终身教育的理念）

1. 全体国民的终身教育机会都得到均等的保障。
2. 终身教育应当以受教育者的自由参与和自发性学习为基础。
3. 终身教育不能被用作宣传政治和个人偏见的工具。
4. 对修完一定终身教育课程的人员，应当给予相应的资格、学历认定等社会待遇。

第五条（国家和地方政府的任务）

1. 国家和地方政府应当制定并推进终身教育振兴政策和终身教育事业，使全体国民都能获得终身教育机会。
2. 国家和地方政府应当制定和实施残障人员终身教育政策，使残障人员获得终身教育的机会。
3. 国家和地方政府应当建立有机的合作机制，系统地、持续地实施残障人员的终身教育。
4. 国家和地方政府应当积极鼓励其管辖的团体、设施、场所等的设立者实施终身教育。
5. 国家及地方政府应当提供相关信息、开展商谈等支援活动，使全体国民都能选择并参与符合自身条件和需要的终身教育。

第六条（教育课程等）

终身教育的教育课程、方法、时间等，除本法和其他法令有特别规定外，由终身教育的实施者规定，并尊重受教育者的需求和实用性。

第七条（公共设施的使用）

1. 为了开展终身教育，终身教育的实施者可以在不影响公共设施原有用途的范围内，依照相关法令的规定使用公共设施。
2. 本条第一款情形下，公共设施的管理人如无特殊原因，应当允许使用。

第八条（学习休假及学习费用支援）

为了扩大所属职员的终身学习机会，国家、地方政府和公共机构的负责人或各种事业的经营者可以实施带薪或无薪的学习休假制度，或者支援图书费、教育费、研究费等学习费用。

第二章　终身教育振兴基本规划等

第九条（终身教育振兴基本规划的制定）

1. 教育部部长应当每五年制定终身教育振兴基本规划（以下称基本规划）。
2. 基本规划应当包括以下内容：

（1）振兴终身教育的中长期政策目标及基本方向相关事项；（2）终身教育的基础建设及活性化相关事项；（3）为振兴终身教育的投资扩大及所需资金相

关事项；(4) 终身教育振兴政策的分析及评价相关事项；(5) 振兴残障人员终身教育相关事项；(6) 残障人员终身教育振兴政策评价及制度改善相关事项；(7) 此外，振兴终身教育相关其他必要事项。

3. 教育部部长应当将基本规划通报有关中央行政机关的负责人，特别市市长，广域市市长，特别自治市市长，道知事，特别自治道知事（以下称市、道知事），市、道教育监以及市长、郡守、自治区的区厅长。

第九条之二（对终身教育事业的调查和分析等）

1. 教育部部长应当每年对国家及地方政府推进的终身教育事业进行调查和分析（以下称分析等）。

2. 为开展终身教育事业的分析等，教育部部长可以要求有关中央行政机关，地方政府，相关教育、培训机构以及参与终身教育事业的法人或团体提交必要的资料。在这种情况下，被要求提交资料的机关、法人或团体，如无特殊原因，应当予以协助。

3. 教育部部长应当将本条第一款的分析等的结果通报给有关中央行政机关和地方政府的负责人，并提交给本法第十条规定的终身教育振兴委员会。

第十条（终身教育振兴委员会的设立）

1. 为审议终身教育振兴政策的主要事项，设立隶属教育部部长的终身教育振兴委员会（以下称振兴委员会）。

2. 振兴委员会审议下列事项：
(1) 基本规划相关事项；(2) 终身教育振兴政策的评估及制度改善相关事项；(3) 终身教育支援业务的合作与协调相关事项；(4) 此外，为振兴终身教育政策，总统令规定的其他事项。

3. 振兴委员会由包括委员长在内的20人以内的委员组成。

4. 振兴委员会的委员长由教育部部长担任，委员由终身教育相关部门的次官、终身教育和残障人员教育相关专家等终身教育相关专业知识及经验丰富的人士担任。

5. 振兴委员会的组成和运营相关必要事项，由总统令规定。

第十一条（各年度终身教育振兴实施计划的建立和实施）

市、道知事应当根据基本规划，制定各年度终身教育振兴实施计划（以下称实施计划）。在这种情况下，市、道知事应当与市、道教育监进行协商。

第十二条（市、道终身教育协议会）

1. 设立隶属市、道的市、道终身教育协议会（以下称市、道协议会），负责审议制定和实施振兴计划所需的事项。

2. 市、道协议会由包括议长、副议长在内的20人以内的委员组成。

3. 市、道协议会的议长由市、道知事担任，副议长由市、道的副教育监担任。

4. 市、道协议会委员由议长与相关市、道的教育监协商后，从有关公务员、终身教育相关专家、残障人员终身教育专家、终身教育相关机构经营者等终身教育相关专业知识及经验丰富的人员中委任。

5. 市、道协议会的组成、运营相关必要事项，由相关地方政府的条例规定。

第十三条（有关行政机关负责人等的协助）

1. 教育部部长认为制定基本规划有必要时，可以向有关行政机关或其他机构、团体的负责人要求提供相关资料。

2. 市、道知事认为制定实施计划有必要时，可以向有关行政机关或其他机构、团体的负责人要求提供相关资料。

3. 根据本条第一款和第二款被要求提供资料的机构或团体的负责人，如无特殊原因，应当予以协助。

第十四条（市、郡、自治区终身教育协议会）

1. 为了协调与地区居民终身教育的实施相关事业，增进有关机构间的合作，在市、郡及自治区设立市、郡、自治区终身教育协议会（以下称市、郡、自治区协议会）。

2. 市、郡、区协议会由包括1名议长和1名副议长在内的12人以内的委员组成。

3. 市、郡、区协议会议长由市长、郡守或者自治区区厅长担任，委员由议长从市、郡、自治区及地区教育厅的有关公务员、终身教育专家、残障人员终身教育关系人、管辖区域内终身教育有关机构的运营者中委任。

4. 市、郡、区协议会的组成、运营等相关必要事项，由地方政府的条例规定。

第十五条（终身学习城市）

1. 为促进地区社会的终身教育，国家可以指定特别自治市、市（《为设置济州特别自治道及建立国际自由城市的特别法》第十条第二款规定的行政市。本条及本法第十五条之二下同）、郡和自治区为终身学习城市，并提供相关支援。

2. 为增进本条第一款规定的终身学习城市之间的联系、合作及信息交流，可以设立全国终身学习城市协议会。

3. 本条第二款规定的全国终身学习城市协议会的组成和运营相关必要事项，由总统令规定。

4. 本条第一款规定的终身学习城市的指定及支援相关必要事项，由教育部部长规定。

第十五条之二（残障人员终身学习城市）

1. 为搞好残障人员终身教育，国家可以面向特别自治市、市、郡和自治区指定残障人员终身学习城市，并提供相关支援。

2. 为增进本条第一款规定的残障人员终身学习城市之间的联系、合作及信息交流，可以设立全国残障人员终身学习城市协议会。

3. 本条第二款规定的全国残障人员终身学习城市协议会的组成和运营相关必要事项，由总统令规定。

4. 本条第一款规定的残障人员终身学习城市的指定及支援相关必要事项，由教育部部长规定。

5. 为推动残障人员终身学习城市建设，国家可以组成并运营由有关中央行政机关及有关机构等参与的协议体，协议体的组成及运营相关必要事项，由总统令规定。

第十六条（经费补助及支援）

1. 根据本法和其他法令的规定，国家和地方政府可以实施或援助符合下列条件之一的终身教育振兴事业：

（1）设立和运营终身教育机构；（2）培养和配备本法第二十四条所述的终身教育教师；（3）开发终身教育项目；（4）发放本法第十六条第二款规定的终身教育利用券等对国民参加终身教育的费用进行支援；（5）此外，旨在推动国民参与终身教育而开展的其他工作等。

2. 地方政府的负责人可以根据相关地方政府的条例，可推行或援助终身教育振兴事业。在这种情况下，地方政府的负责人应当与教育监或地区教育长进行协商。

第十六条之二（终身教育使用券的发放等）

1. 为向全体国民提供终身教育机会，国家及地方政府可以受理申请并发放终身教育使用券。

2. 教育部部长可以通过总统令确定申请者的条件，优先向终身教育弱势群体发放终身教育使用券。

3. 为了选定终身教育使用券的领取人及确认领取资格等相关事项，国家及地方政府可以经当事人同意，要求有关中央行政机关或者地方政府的负责人提供家庭关系证明、国税及地税等总统令规定的相关资料。在这种情况下，被请求人如无特殊原因，应当予以协助。

4. 为了核实本条第三款规定的资料，国家及地方政府可以连接使用《社会保障基本法》第三十七条规定的社会保障信息系统。

5. 为有效开展发放终身教育使用券、建立和运营信息系统等终身教育使用券相关业务，地方政府可以根据总统令指定专职机构。此外，终身教育使用券发放相关必要事项，由总统令规定。

第十六条之三（终身教育使用券的使用等）

1. 获得终身教育使用券的人（以下本条内称使用者）可以向终身教育服务提供人出示终身教育使用券，接受相关终身教育。

2. 根据本条第一款收到终身教育使用券的人，在无正当理由的情况下，不得拒绝提供终身教育服务。

3. 任何人不得销售，出借或者以不正当方法使用终身教育使用券。

4. 使用者销售、出借或者以不正当方法使用终身教育使用券的，国家和地方政府可以收回该终身教育使用券或者收回相当于该终身教育使用券票面金额的全部或部分价款。

5. 其他关于终身教育使用券的使用、回收及撤回等必要事项，由总统令规定。

第十七条（指导及支援）

1. 终身教育机构有要求时，国家及地方政府可以指导或支援该机构的终身教育活动。

2. 终身教育机构有要求时，国家及地方政府为提高在该机构终身教育活动从业人员能力，可以对其提供所必需的研修。

第十八条（终身教育统计调查等）

1. 教育部部长及市、道知事应当调查终身教育的实施及支援相关现状等基础资料，并公开与之相关的统计结果。

2. 终身教育相关业务负责人及终身教育机构经营者等，应当协助本条第一款的调查。

3. 为提高终身教育统计调查的准确性及减轻调查压力，教育部部长可以向持有相关资料的中央行政机关负责人、地方政府负责人、《关于公共机构运营的法律》规定的公共机构的负责人等相关机构的负责人（以下称有关行政机关等的负责人）请求资料关联共享。在这种情况下，接到资料关联共享请求的有关行政机关等负责人，如无特殊原因，应当予以协助。

4. 教育部部长可以向申请使用终身教育统计调查所收集资料的人提供该资料。在这种情况下，提供的资料应当进行相关处理，确保特定个人、法人或者团体的隐私信息无法被识别。

5. 为了开展终身教育统计调查等工作，教育部部长可以根据总统令的规定指定国家终身教育统计中心，委托其工作。在这种情况下，教育部部长可以支援其开展受托业务所需的经费。

第十八条之二（终身教育综合信息系统的构建和运营等）

1. 为系统、有效地管理终身教育相关信息，提高国民的终身教育参与度，教育部部长可以构建和运营终身教育综合信息系统。

2. 为构建和运营终身教育综合信息系统，必要时教育部部长可以要求有关行政机关等的负责人提供必要的资料。在这种情况下，被要求提供资料的有关行政机关等的负责人，如无特殊原因，应当予以协助。

3. 本条第一款和第二款规定的信息范围和内容、终身教育综合信息系统的构建和运营相关必要事项，由总统令规定。

第三章 国家终身教育振兴院等

第十九条（国家终身教育振兴院）

1. 国家设立国家终身教育振兴院（以下称振兴院），支持振兴终身教育的相关工作。

2. 振兴院是法人单位。

3. 振兴院在主要事务所所在地办理设立登记后成立。

4. 振兴院开展下列业务：

（1）旨在振兴终身教育的支援及调查相关业务；（2）对振兴委员会审议的基本规划的制定给予支持；（3）终身教育项目开发相关支援；（4）本法第二十四条规定的包括终身教育者在内的终身教育从业人员的培养、研修；（5）构建终身教育机构间的联系机制；（6）根据本法第二十条对市、道终身教育振兴院的支援；（7）删除（8）《学分认证等相关法律》及《自学取得学位相关法律》的学分或学历认定相关事项；（9）本法第二十三条规定的学习账户的统一管理和运营；（9）之2：文解教育的管理与运营相关事项；（9）之3：依照本法或其他法令的受托业务；（10）此外，为实现振兴院的设立目的其他相关必要工作。

5. 振兴院的章程应当明确下列事项：

（1）设立的目的；（2）名称；（3）主要事务所的所在地；（4）业务相关事项；（5）有关负责人员及职员的主要事项；（6）理事会相关事项；（7）财产及会计相关事项；（8）章程变更相关事项。

6. 想要变更本条第五款规定的章程内容，应当报经教育部部长批准。

7. 国家可以在预算范围内拨付振兴院设立、运营所需的经费。

8. 振兴院除本法规定外，适用《民法》中关于财团法人的相关规定。

第十九条之二（国家残障人员终身教育振兴中心）

1. 为支援残障人员终身教育振兴相关业务，国家设立国家残障人员终身教育振兴中心（以下称残障人员终身教育振兴中心）。

2. 残障人员终身教育振兴中心开展下列业务：

（1）旨在振兴残障人员终身教育的支援及调查业务；（2）振兴委员会审议的基本规划相关事项中振兴残障人员终身教育相关事项；（3）支援按残疾类型

开发终身教育项目；（4）残障人员终身教育从业者的培养、教育及研修，以及对公务员的残障人员沟通教育；（5）构建残障人员终身教育机构间的联动体系；（6）开发针对发育性残障人员的终身教育课程；（7）发育性残障人员的沟通工具的开发和普及；（8）为培养开展残障人员终身教育项目的各级学校和终身教育机构提供援助；（9）开发和普及不同残疾类型的终身教育教材和教具；（10）此外，为实现残障人员终身教育振兴中心的设立目的的其他相关必要事项。

3. 残障人员终身教育振兴中心的设立和运营相关必要事项，由总统令规定。

第十九条之三（对残障人员终身教育从业者的人权教育）

1. 残障人员终身教育从业者应当接受残障人员人权教育。

2. 本条第一款规定的残障人员人权教育，由教育部令规定的开展人权教育的机构、设施、法人和团体组织实施。

3. 此外，残障人员人权教育内容、方法等相关必要事项，由总统令规定。

第二十条（市、道终身教育振兴院的运营）

1. 市、道知事可以根据总统令的规定，设立或者指定、运营市、道终身教育振兴院。

2. 市、道终身教育振兴院开展下列工作：

（1）提供相关地区的终身教育机会及信息；（2）提供终身教育相关咨询；（3）运营终身教育项目；（3）之二：开展针对残障人员的终身教育计划；（4）构建相关地区终身教育机构间的联系体制；（5）国家及市、郡、区之间的合作与联系；（6）此外，为振兴终身教育，市、道知事认为必要的其他相关事项。

第二十条之二（残障人员终身教育设施等的设立）

1. 为运营管辖区域内的残障人员终身教育项目以及提供终身教育机会，国家、地方政府及市、道教育监可以设立或指定、运营残障人员终身教育设施。

2. 国家、地方政府及市、道教育监以外的人想要设立本条第一款规定的残障人员终身教育设施时，应当具备总统令规定的设施和设备，并向教育监申请设立登记。

3. 国家及地方政府可以在预算范围内，支援残障人员终身教育设施运营所需的经费。

第二十一条（市、郡、区终身学习馆等的设立与运营等）

1. 为了向辖区居民提供终身教育机会、开展终身教育项目，市、道教育监应当设立或者指定、运营终身学习馆。

2. 市长、郡守、自治区的区长可以实施设立终身学习馆或提供财政支援等振兴该地方政府终身教育所需的事业。

3. 终身学习馆开展下列工作：

（1）开发与运营终身教育项目；（1）之二．开发和运营以残障人员为对象的终身教育项目；（2）提供终身教育相关咨询；（3）对终身教育从业者开展教育、培训；（4）收集和提供终身教育相关信息；（5）支援和管理本法第二十一条第三项规定的镇、乡、居民小区终身学习中心的运营；（6）此外，旨在振兴终身教育的其他相关必要事业。

4. 本条第一款和第二款规定的终身学习馆的设立、运营等相关必要事项，由相关地方政府的条例规定。

第二十一条之二 （残障人员终身教育课程）

1. 《幼儿教育法》第二条第二款规定的幼儿园、小学及《教育法》第二条规定的学校的负责人可以考虑相关学校的教育环境，开设、运营《残障人员福利法》第二条规定的残障人员终身教育课程，为残障人员提供继续教育。

2. 为扩大残障人员的终身教育机会，终身教育机构可以另行开设并运营残障人员终身教育课程。

3. 振兴院应当制定旨在扩大残障人员终身教育机会的方案，开发残障人员终身教育项目。

4. 本法第二十条规定的市、道终身教育振兴院应当支持终身教育机构设立和运营残障人员终身教育课程。

第二十一条之三 （邑、面、洞终身学习中心的运营）

1. 市长、郡守、自治区的区厅长可以设立或者指定、运营终身学习中心，开设面向镇、乡、居民小区居民的终身教育项目，并提供相关咨询。

2. 本条第一款规定的镇、乡、居民小区终身学习中心的设立或指定及运营相关必要事项，由相关地方政府的条例规定。

第二十二条 （信息化相关的终身教育振兴）

1. 国家及地方政府应当与各级学校、民间团体、企业等联系，努力促进教育信息化和开发与之相关的终身教育课程。

2. 为使各级学校、终身教育机构等能够充分利用必要的人力资源，国家及地方政府可以根据总统令的规定实施收集、提供讲师相关信息的制度。

第二十三条 （学习账户）

1. 为促进国民终身教育和人力资源的开发、管理，教育部部长应当努力引进并运营学习账户（指的是综合集中管理国民个人学习经验的制度）。

2. 教育部部长可以根据总统令规定，对本条第一款的学习账户中拟管理的学习课程进行评价和认定。

3. 根据本条第二款规定，设置并运营获得评价认定的学习课程的终身教育机构，有下列情形之一的，教育部部长可以撤销对其的评价认定；但是，有下列第（1）项情形的，应当撤销其评价认定。

（1）以虚假或其他不正当手段获得许可的；（2）违反本条第二款规定的获

得评估认定的内容，开设学习课程的；（3）未达到本条第二款规定的评价认定标准的。

4. 教育部部长想要根据本条第三款第二项和第三项撤销相关评价认定，应根据总统令规定的时间和程序，责令终身教育机构的负责人改正。

5. 教育部部长根据本条第四款下达改正命令时，可以责令终身教育机构的负责人公布接到改正命令的事实。

6. 教育部部长及地方政府的负责人可以根据本法第十六条第二款，通过学习账户管理使用终身教育使用券听课的教育履历。

7. 为运营学习账户，必要时教育部部长可以向有关行政机关等的负责人要求提供必要的资料。在这种情况下，被要求提供资料的有关行政机关等的负责人，如无特殊原因，应当予以协助。

第四章　终身教育师

第二十四条（终身教育师）

1. 为了培养终身教育专业人才，教育部部长应当为符合下列条件之一的人授予终身教育师资格，并向获授资格的人员颁发资格证。

（1）在《高等教育法》第二条规定的学校（以下称大学）或者被认定具备同样水平以上的学力的教育机构修完教育部令规定的一定学分以上终身教育相关课程，并取得学位的人员；（2）在根据《关于学分认证等的法律》第三条第一款开设并运营获得评价认证学习课程的教育培训机构（以下称学分银行机构）修完教育部令规定一定学分以上终身教育相关课程，并取得学位的人员；（3）大学毕业或被认定为具有同等学力以上水平的人中，在被认定为具备大学或同等以上学力水平的机构、本法第二十五条规定的终身教育师培养机构、终身教育学分银行机构修完教育部令规定的一定以上终身教育相关课程学分的人员；（4）此外，其他具备总统令规定的资格条件的人员。

2. 终身教育师负责终身教育的策划、执行、分析、评价及教学相关工作。

3. 有下列情形之一的人，不能担任终身教育师：

（1）依照本法第二十四条之二被取消资格后，自取消资格之日起不满三年的人员（因本法第二十八条第二款第一项被取消资格的除外）；（2）有本法第二十八条第二款第一项至第五项情形之一的人员。

4. 终身教育师的等级、职务范围、所学课程、研修及资格证的发放程序等相关必要事项，由总统令规定。

5. 依照本条第一款取得的资格证，不得转借他人，也不得介绍转借给他人。

6. 对本条第一款规定的想要获得终身教育师资格证或者重新获得资格证的人员，教育部部长可以根据教育部令的规定收取手续费。

第二十四条之二（终身教育师的资格取消）

终身教育师有下列情形之一的，教育部部长应当取消其资格：

（1）以虚假或其他不正当手段取得终身教育师资格的；（2）让他人使用终身教育师名义的；（3）有本法第二十四条第三款第二项规定的丧失资格情形的；（4）违反本法第二十四条第五款转借资格证的。

第二十五条（终身教育师培训机构）

考虑到对终身教育师培养和研修所需的设施、教育课程、教员等，教育部部长可以根据总统令的规定，将终身教育机构指定为终身教育师培养机构。

第二十六条（终身教育师的配备与聘用）

1. 终身教育机构应当配备本法第二十四条第一款规定的终身教育师。

2. 《幼儿教育法》《初中等教育法》和《高等教育法》规定的幼儿园及学校的负责人在运营终身教育项目有必要时，可以聘用终身教育师。

3. 本法第二十条规定的市、道终身教育振兴院，本法第二十条之二规定的残障人终身教育设施，以及本法第二十一条规定的市、郡、区终身学习馆应当配备终身教育师。

4. 本法第一款至第三款规定的终身教育师的配备对象机构及分配标准，由总统令规定。

第二十七条（对聘用终身教育师的经费补助）

国家和地方政府可以补助本法第二十六条第二款规定的用于运营终身教育项目及聘用终身教育师的经费等。

第五章 终身教育机构

第二十八条（终身教育机构的设立者）

1. 终身教育机构的设立者应当实施多种终身教育项目，为社区居民的终身教育做出贡献。

2. 有下列情形之一的人员，不得成为终身教育机构的设立者：

（1）无民事行为能力者或者民事行为能力受限者；（2）被判处监禁以上的实刑，刑罚执行完毕（包括被认定为执行完毕的）或者自执行完毕之日起未超过三年的；（3）被判处监禁以上刑罚，处于缓刑期的人员；（4）因法院判决或其他法律而被终止或者丧失资格的人员；（5）依照本法第四十二条被撤销许可或注册，或者终身教育课程被关停后不满三年的；（6）负责人员中符合本条第一项至第五项情形之一人员的法人。

3. 本法第二条第二款第一项所规定的教育机构的设立者应当根据特别市、直辖市、特别自治市、道、特别自治道（以下称市、道）的条例制定与该终身教育设施运营相关的必要安全措施，如参加保险或互助共济事业等，以赔偿该设施的使用者发生的生命、人身损害。

4. 有下列情形之一的,为保护终身教育受教育者的利益,终身教育机构的设立者、经营者应当根据总统令的规定采取返还学费等措施:
(1) 依照本法第四十二条,终身教育机构的设立许可被撤销或登记被注销,终身教育课程被取消或者终止运营的;(2) 终身教育机构的设立者、经营者无法开展教学活动的;(3) 终身教育受教育者因本人意愿而放弃学习的;(4) 此外,总统令规定的旨在保护受教育者利益的其他情形。

5. 本法第三十一条第二款规定的学历认定终身教育设施的设立主体为《私立学校法》规定的学校法人或者《关于设立、运营公益法人的法律》规定的财团法人。

第二十九条(学校的终身教育)

1. 《初中等教育法》和《高等教育法》规定的各级学校的校长组织实施终身教育的,应当奉行终身教育的理念,从需求者的角度开发、实施终身教育的教学课程和方法,以学校为中心,努力发展地方和区域文化。

2. 考虑到相关学校的教育条件,各级学校的校长可以直接实施符合学生、家长和地区居民要求的终身教育,也可以委托地方政府或民间机构实施。但是,以营利为目的的法人及团体除外。

3. 实施本条第二款规定的学校终身教育,应当灵活运用各级学校的教室、图书馆、体育馆及其他设施。

4. 根据本条第二款和第三款,学校的负责人开放学校时,开放时间内有关设施的管理和运营相关必要事项,由有关地方政府的条例规定。

第二十九条之二(学分制银行机构的终身教育)

1. 学分银行机构的负责人可以通过运营经教育部部长评价认可的学习课程来实施终身教育。

2. 学分银行机构的负责人在运营本条第一款规定的学习课程时,应当努力保持或改进学习课程的质量。

第三十条(学校附属终身教育设施)

1. 各级学校的校长可以面向学生、家长和地区居民设立并运营旨在增进教养或开展职业教育的终身教育设施。设立终身教育设施的,各级学校的校长应当向管辖的教育厅报告。

2. 大学校长可以以大学生或大学生以外的人为对象,运营为取得资格的职业教育课程等多种终身教育课程。

3. 各级学校的设施应当具有实施多种终身教育的便利形态结构和设备。

第三十一条（学校形式的终身教育设施）

1. 计划设立和运营学校形式的终身教育设施的人应当具备总统令规定的设施、设备，并向教育监申请进行设立登记。

2. 教育监可以在本条第一款规定的学校形态的终身教育设施中，指定具备一定标准以上条件的终身教育设施为认定高中毕业以下学历的设施。但是，如果在目的之外使用、不正当使用地方政府依照本条第六款提供的补助金，可以取消该指定。

3. 本条第二款规定的学历认定终身教育设施，可以配备《初中等教育法》第十九条第一款规定的教师。在这种情况下，有关教师的服务、国内研修和再教育，适用国立、公立学校关于教师的相关规定。

4. 根据《初中等教育法》第五十四条第四款，开设并运营专业课的高等技术学校，经教育部部长认可，可以转换为运营认定与专科大学毕业生同等学历、学位的终身教育设施。在这种情况下，可以使用专业大学的名称。

5. 本条第二款规定的认定学历的终身教育设施的指定及撤销指定的标准和程序、入学资格、教师资格等，和本条第四款规定的终身教育设施的许可标准和程序、教学事务管理等运营方法等相关必要事项，由总统令规定。

6. 地方政府根据相关地方政府的条例，在预算范围内，可以对《初中等教育法》第二条规定的学校、本条第二款规定的认定学历的终身教育设施发放必要的补助金或提供其他支援。

7. 获得本条第二款规定的认定学历的终身教育设施指定的人员，想要关闭该设施时，要有在校生处理方案等总统令规定的事项，并获得该辖区教育监的批准。

8. 本条第二款规定的认定学历的终身教育设施的资产管理、财务和教师等的聘用相关事项分别适用《私立学校法》第二十八条、第二十九条及第五十三条之二第九款，奖学指导及学生的学校生活记录管理分别适用《初中等教育法》第七条和第二十五条第一款。但是，属于校费会计的预算、决算和会计业务应当以教育部令规定的方式处理。

第三十二条（公司内部大学形式的终身教育设施）

1. 总统令规定的规模以上企业（包括共同参与的企业）的经营者，经教育部批准，可以设立和运营专科院校或者与大学学历、学位同等学力的终身教育机构。

2. 本条第一款规定的公司内部大学形式的终身教育设施，面向符合下列情形之一的人员：

（1）该企业雇用的员工；（2）在该企业工作的其他公司的员工；（3）与该企业有分包关系或者通过供应零部件、材料等与该单位有合作关系的企业的员工。

3. 本条第一款规定的公司内部大学形式的终身教育设施开展教育所需的费用，原则上由雇用本条第二款各种人员的雇主承担。

4. 本条第一款规定的公司内部大学形态的终身教育设施，其设立标准、学分制等运营相关必要事项，由总统令规定。

5. 关闭本条第一款规定的公司内部大学形式的终身教育设施时，应当向教育部部长申报。

第三十三条（远程大学形式的终身教育设施）

1. 任何人都可以利用信息通信媒体对特定或不特定的多数人实施远程教育或提供各种信息等终身教育。

2. 根据本条第一款面向不特定多数人实施不收学费的教育的（相当于《关于学院的成立、运营及课外辅导的法律》第二条第一款第一项规定的教授学校课程的学院除外），应当根据总统令的规定向教育监申报。要停止该教育服务的，应当向教育监通报。

3. 根据本条第一款，想要设立认定专科院校或者大学毕业和同等学力、学位的远程大学形式的终身教育设施，应当根据总统令的规定征得教育部部长许可。要关闭该设施的，应当向教育部部长申报。

4. 教育部部长应当对依照本条第三款获得许可的远程大学形式的终身教育设施进行评估，并公开评估结果。

5. 本条第三款规定的远程大学形式的终身教育设施的设立标准、教学事务管理等运营方法和本条第四款规定的评价相关必要事项，由总统令规定。

6. 有本法第二十八条第二款情形之一的人员，不得成为远程大学形式的终身教育设施的设立者。

第三十四条（适用规定）

对本法第三十三条第三款规定的远程大学形式的终身教育设施及其设立者、运营者，适用《私立学校法》第二十八条、第二十九条、第三十一条和第七十条。

第三十五条（企业附属的终身教育设施）

1. 总统令规定的规模以上企业的经营者可以设立并运营以该企业的顾客等为对象的终身教育设施。

2. 想要设立本条第一款规定的企业附属终身教育设施的人员，应当根据总统令的规定向教育监申报。要关闭该设施的，应当向教育监通报。

第三十六条（市民社会团体附设终身教育设施）

1. 市民社会团体应当努力构建有机的相互合作机制，利用公共设施及民间设施等闲置设施，开设符合市民社会团体目的的终身教育课程。

2. 总统令规定的市民社会团体可以设立并运营面向普通市民的终身教育设施。

3. 想要设立本条第二款规定的市民社会团体附属终身教育设施的人员，应当根据总统令的规定，向教育监申报。要关闭该设施的，应当向教育监通报。

第三十七条（宣传机构附属终身教育设施）

1. 报纸、广播等宣传机构的经营者应当通过相关舆论媒体刊载、播放多种终身教育节目等，为振兴国民终身教育做出贡献。

2. 总统令规定的宣传机构的经营者可以面向普通国民设立并运营旨在增进教养和提高能力的终身教育设施。

3. 想要设立本条第二款规定的宣传机构附属终身教育设施的人员，应当根据总统令的规定，向教育监申报。要关闭该设施的，应当向教育监通报。

第三十八条（知识、人力开发相关终身教育设施）

1. 国家及地方政府应当振兴和培育通过提供知识信息和教育培训开发人力为主要内容的知识、人力开发事业。

2. 本条第一款规定的知识、人力开发事业的经营者中，由总统令规定的人员可以设立和运营终身教育设施。

3. 想要设立本条第二款规定的知识、人力开发事业相关终身教育设施的人员，应当根据总统令的规定向教育监申报。要关闭该设施的，应当向教育监通报。

第三十八条之二（终身教育设施的变更许可、变更登记等）

1. 根据本法第三十一条至第三十三条、第三十五条至第三十八条的规定取得终身教育设施设立许可或者进行设立登记、设立申报的人员，想要变更登记、申报事项时，应当根据总统令的规定取得变更许可或者进行变更登记、变更申报。

2. 本条第一款规定的变更许可及变更登记、变更申报的方法、程序等相关必要事项，由教育部令规定。

第三十八条之三（申报等的处理程序）

1. 教育部部长应当自接到本法第三十二条第五款，第三十三条第三款后半段规定的申报之日起20日内，通知申报人是否受理申报。

2. 教育监应当自接到本法第三十三条第二款前半段、第三十五条第二款前半段、第三十六条第三款前半段、第三十七条第三款前半段或者第三十八条第三款前半段的申报之日起10日内，通知申报人是否受理申报。根据本法第三十八条之二第一款，接到本法第三十三条第二款前半段、第三十五条第二款前半段、第三十六条第三款前半段、第三十七条第三款前半段或者第三十八条第三款前半段规定的申报事项相关变更申报的，也当如此。

3. 教育部部长或教育监未在本条第一款或第二款规定的期限内通知申报人是否受理申报或者是否依照社情民意处理相关法令规定延长处理期限的，自本条第一款或第二款规定的期限（根据社情民意处理相关法令延长或再次延长处理期限的，指的是该处理期限）期满的次日起视作受理该申报。

第六章 阅读理解教育

第三十九条（阅读理解教育的实施等）

1. 国家及地方政府应当努力提高成年人社会生活所必需的阅读理解能力等基本能力。

2. 根据总统令的规定，教育监可以在管辖区域内的小学、初中为成年人开设并运营阅读理解教育项目，或者指定由地方政府、法人等运营的阅读理解教育项目。

3. 为了推进阅读理解教育项目，国家及地方政府可以根据总统令的规定，优先进行财政支援。

第三十九条之二（阅读理解教育中心的设立等）

1. 为了搞活阅读理解教育，国家在振兴院设立国家阅读理解教育中心。

2. 市、道教育监及市、道知事可以设立或指定运营市、道阅读理解教育中心。

3. 国家阅读理解教育中心及市、道阅读理解教育中心的组成、功能及运营以及其他相关必要事项，由总统令规定。

第四十条（阅读理解教育项目的教育课程等）

修完根据本法第三十九条开设或指定的阅读理解教育课程的人员，认定其具备与之相应的学历，但教育课程编制及学历认定程序等相关必要事项，由总统令规定。

第四十条之二（阅读理解教育综合信息系统的构建和运营等）

1. 为有效支援阅读理解教育，教育部部长可以构建和运营阅读理解教育综合信息系统。

2. 教育部部长可以将阅读理解教育综合信息系统的运营业务委托给国家阅读理解教育中心。

3. 本条第一款规定的阅读理解教育信息系统的构建和运营，本条第二款规定的阅读理解教育信息系统运营业务的委托等相关必要事项，由总统令规定。

第七章 终身学习结果的管理与认定

第四十一条（学分、学历等的认定）

1. 除根据本法认定学历的终身教育课程外，进修本法或其他法令规定的终身教育课程的人员，根据《学分认定等相关法律》的规定，可以获得学分或学历认定。

2. 有下列情形之一的人员，可以根据《学分认定等相关法律》的规定，获得与之相应的学分或学力认定：

（1）在各级学校或终身教育设施进修各种教养课程或取得资格所需课程的人员；（2）在企业等接受一定教育后取得公司内部认证资格的人员；（3）通过国家、地方政府、各级学校、企业或民间团体等实施的能力测试获得资格认定的人员；（4）根据《非物质文化遗产保护与振兴相关法律》，被认定为国家非物质文化遗产的所有人和接受其传承教育的传承人；（5）通过总统令规定的考试的人员。

3. 各级学校及终身教育设施的负责人可以相互认定受教育者根据本法第三十一条自国内外各级学校、终身教育设施及终身教育机构取得的学分、学历和学位。

第八章　附　则

第四十二条（行政处分）

1. 终身教育设施的设立者有下列情形之一的，教育部部长或者教育监可以撤销对该设施的设立许可或登记，抑或关停其终身教育课程，并可以限定1年以内的期限，责令其终止运营部分或全部终身教育课程。但是，有下列第一项及第四项情形的，应当撤销其设立许可或登记：

（1）以虚假或其他不正当手段取得许可、登记或申报的；（2）未达到许可或登记时的标准的；（3）以不正当手段管理、运营终身教育设施的；（4）有本法第二十八条第二款各失格事由之一的；（5）违反违法第三十八条之二，未取得变更许可或者未经变更登记、变更申报而变更运营终身教育设施的。

2. 教育部部长或者教育监可以根据本条第一款，在责令终止运营部分或全部终身教育课程之前，限定1个月以上的时间，责令改正或改善违反事项。

第四十二条之二（指导、监督）

1. 教育部部长或教育监可以根据本法对批准设立、指定设立或者接到设立登记或者申报的终身教育设施的财务管理及运营情况等进行指导和监督。

2. 为实施本条第一款规定的指导、监督，必要时教育部部长或教育监可以根据总统令的规定，要求相关终身教育设施的负责人提交资料或下达其他必要的指示。

3. 有下列情形之一的，教育部部长及地方政府的负责人可以让所属公务员向终身教育项目的提供者或有关人员调取、查阅账簿等文件：

（1）为确认终身教育使用券的发放及使用是否适当，有必要时；（2）此外，总统令规定的旨在开展终身教育使用券相关事业，有必要时。

4. 依照本条第三款开展调查的人员，应当持有证明其权限的信函以及写明调查时间、调查范围、调查负责人、有关法令等教育部令规定的事项的文件，并向有关人员出示。

第四十三条（听证）

有下列情形之一的，教育部部长或者教育监应当举行听证：

（1）撤销本法第二十四条之二规定的终身教育师资格；（2）撤销本法第四十二条第一款规定的许可或登记。

第四十四条（权限的委任及委托）

1. 教育部部长可以根据总统令的规定，将本法规定的权限部分委任给教育监。

2. 教育部部长可以根据总统令的规定，将下列全部或部分业务委托给振兴院处理：

（1）本法第二十四条规定的终身教育师培养及终身教育师资格证的发放及再发放；（2）本法第二十五条规定的终身教育师培训机构的指定；（3）本法第十六条之二和第十六条之三规定的终身教育使用券的发放及使用管理；（4）本法第十八条之二规定的终身教育综合信息系统的构建和运营。

3. 教育监可以根据总统令的规定，将本法规定的部分权限委任给分管教育长。

第四十五条（禁止使用类似名称）

非本法规定的振兴委员会、振兴院、终身教育协议会、终身学习馆、终身学习中心、国家阅读理解教育中心以及市、道阅读理解教育中心，不得使用与之类似的名称。

第四十五条之二（罚则）

本法第三十一条第二款规定的学历认定终身教育设施的设立者和运营者，有下列情形之一的，处两年以下有期徒刑或者两千万韩元以下罚款：

（1）违反根据本法第三十一条第八款适用的《私立学校法》第二十八条的；（2）违反根据本法第三十一条第八款适用的《私立学校法》第二十九条第六款的。

第四十五条之三（罚则）

有下列情形之一的，处一年以下有期徒刑或者一千万韩元以下罚款：

（1）以虚假或者其他不正当手段谋取终身教育使用券或者为他人谋取终身教育使用券的；（2）违反本法第十六条之三第三款，销售、出借或者以不正当方法使用终身教育使用券的；（3）违反本法第二十四条第五款，出借或借得资格证的人或为资格证出借牵线搭桥的。

第四十六条 （罚款）

1. 有下列情形之一的，处五百万韩元以下罚款：

（1）违反本法第十六条之三第二款，无正当理由拒绝提供终身教育项目的；（2）违反本法第十八条第二款，拒不提交材料或者提交虚假材料的；（3）违反本法第二十八条第四款，未采取返还学习费用等措施的；（4）没有及时进行本法第三十二条第五款、第三十三条第二款和第三款、第三十五条第二款、第三十六条第三款、第三十七条第三款、第三十八条第三款规定申报的；（5）违反本法第四十二条第二款所述命令的终身教育机构或者其设立者；（6）违反本法第四十五条，使用类似名称的。

2. 本条第一款规定的罚款，根据总统令的规定，由管辖厅开具并征缴。

3. 删除

4. 删除

5. 删除

附　　则

第一条 （施行日期）

本法自公布后六个月起施行。

第二条 （关于残障人员终身学习城市认定的过渡措施）

本法施行过程中，根据原第十五条获得认定的终身学习城市中的残障人员终身学习城市与根据本法第十五条之二的修订规定获得认定的残障人员终身学习城市地位等同。

以数字为基础的远程教育促进基本法

［第 18459 号法律，2021 年 9 月 24 日制定］

第一章 总 则

第一条 （目的）

本法规定了远程教育相关基本事项和远程教育时教育机构的责任以及国家等对远程教育的支援相关事项，以便引导教育机构提供优质的远程教育，旨在支持利用远程教育进行基于数字的教育创新，为未来教育的变革做出贡献。

第二条 （术语的定义）

本法中使用的术语，其定义如下：

1. "教育机构"，指的是符合下列各项之一的学校等：

（1）《幼儿教育法》第二条第二款规定的幼儿园；（2）《初中等教育法》第二条规定的学校；（3）《高等教育法》第二条规定的学校；（4）《终身教育法》第三十一条第二款及第四款规定的认定学历、学位的终身教育设施；（5）依据韩国其他法令设立的各级学校。

2. "信息通信媒体"，指的是通过有线、无线、光纤或者其他方式进行信息的检索、收集、存储、加工、处理、发送、接收及提供服务的手段中，指的是《电气通信事业法》第二条第二款规定的电气通信设备、《广播通信发展基本法》第二条第三款规定的广播通信设备、计算机或者邮件等。

3. "远程教育"，指的是教育机构利用智能信息技术（指的是《智能信息化基本法》第二条第四款规定的智能信息技术）和信息通信媒体不受时间、空间制约，而实施的一切教育活动（多家教育机构共同运营的教育活动也包含在内）。

4. "远程教育内容"，指的是为开展远程教育所使用的符号、文字、图形、色彩、声音、音频、图像、影像及其复合体相关的资料或者信息。

第三条 （基本原则）

1. 出于教育目的，必要时教育机构的负责人可以实施远程教育。

2. 远程教育可以单独开展或者与线下教学并行，教育机构的负责人应当努力实现对学生的优质教育。

3. 教育机构的负责人在开展远程教育时，应当努力实现以下事项：

（1）确保学生不因身心残疾、生活水平或国籍等受到歧视；（2）确保学生或者父母等监护人可以就远程教育的运营提出意见；（3）尊重教师在远程教育运营方面的专业性。

第四条 （国家和地方政府的职责）

1. 国家和地方政府［指的是特别市、广域市、特别自治市、道、特别自治道、市、郡、区（指的是韩国的自治区，下同）以及特别市、广域市、特别自治市、道、特别自治道的教育厅，下同］应当制定并实施远程教育相关政策，为推进提高远程教育教学质量的政策，应当采取必要的预算措施。

2. 国家和地方政府应当为《对残疾人等的特殊教育法》规定的残疾学生，《国民基础生活保障法》规定的基础生活保障金领取者的子女等总统令规定的远程教育弱势群体学生参与远程教育提供必要的支援。

3. 为应对未来的变化，国家和地方政府应当努力提高国民对以数字为基础的远程教育的效果和必要性的认识，为开发不同生命周期的数字力量而不断努力。

第五条 （与其他法律的关系）

制定或者修改远程教育相关其他法律，应当符合本法。

第二章　学校等的远程教育

第六条 （学校等的远程教育运营标准）

1. 符合下列情形之一的教育机构（以下称学校等）的负责人在运营远程教育时，应当在教育部部长规定的范围内，遵照教育监制定的运营标准进行：

（1）本法第二条第一款第一项及第二项规定的教育机构；（2）本法第二条第一款第三项规定的教育机构中，《终身教育法》第三十一条第二款规定的终身教育设施；（3）本法第二条第一款第四项规定的教育机构中，《幼儿教育法》以及《初中等教育法》规定的为开展学校教育而设立的教育机构。

2. 发生《灾难及安全管理基本法》第三条第一款的灾难或者其他总统令规定的事由时，教育部部长或者教育监可以命令学校等的负责人实施远程教育。

3. 接到本条第二款所规定命令的学校等场所，如无特殊原因，应当实施远程教育。

第七条 （学校等的远程教育基础设施）

1. 为构建学校等远程教育基础设施，教育部部长及教育监可以根据总统令的规定，提供以下各项支援：

（1）构建和运营利用数字信息通信媒体的远程教育系统；（2）开发和普及

远程教育内容；（3）置办教育用信息通信设备等远程教育所需的教具、装备及信息通信网等设施（包括维护管理费用）；（4）为远程教育顺利开展部署支援人力；（5）此外，学校等的远程教育所需其他必要事项。

2. 为支援本条第一款所规定的构建学校等远程教育基础设施所必需的预算或教具、装备及设施等，教育部部长及教育监可以与有关中央行政机关负责人或者特别市长、广域市长、特别自治市长、道知事、特别自治道知事、市长、郡守、区厅长（指的是自治区的区厅长）进行协商。

3. 为开展学校等远程教育，必要时教育部部长可以与有关中央行政机关的负责人协商，制定并公布本条第一款第三项规定的教育用信息通信设备的建议标准。

第八条（与学校等的教育之间的联系）

1. 学校等的负责人可以利用远程教育基础设施，在学校等的内部运营以数字为基础的多种教育课程。

2. 教育部部长及教育监为搞活本条第一款所述的教育课程可以制定并实施必要的相关政策。

第九条（替代学习等支援）

1. 学校等的负责人应当努力使学生参与远程教育，如果学生不可避免地不能参与远程教育，应当支持学生开展替代学习。

2. 与远程教育运营相关，出于教育目的有必要的情况下，学校等的负责人可以向学生提供补充学习等另外的教育支援。

第十条（数字媒体文字理解教育等）

1. 为使学生自主参与远程教育，学校负责人应当开展包括下列内容在内的数字媒体文字理解教育等：

（1）提高接触及运用数字媒体的能力；（2）提高对数字媒体的理解及批判能力；（3）通过数字媒体提高社会参与能力；（4）通过数字媒体提高民主沟通能力。

2. 根据《智能信息化基本法》第五十四条，国家和地方政府可以实施预防教育，使学生在身体上和精神上不过分依赖信息通信媒体或信息通信设备。

第十一条（课程及特长和禀赋远程教育课程）

学校等（本法第二条第一款第一项的教育机构除外）的负责人可以远程运营除正规教育课程以外的课程和特长培养项目等。

第三章　大学等的远程教育

第十二条（大学等的远程教育运营标准）

符合下列情形之一的教育机构（以下称大学等）的远程教育运营标准在教

育部部长规定的范围内，由校规规定：

（1）本法第二条第一款第三项规定的教育机构；（2）本法第二条第一款第四项及第五项规定的教育机构中，授予学位的教育机构。

第十三条（大学等的远程教育合作义务）

1. 大学等的负责人与其他国内外大学等的负责人应当为远程教育相关信息交换、共同开发远程教育内容、学分交流及共享本法第十五条第一款规定的基础设施等而努力。

2. 大学等的负责人可以通过公开讲座的方式开展多种远程教育课程，以搞活终身教育，为社会做出贡献。

第十四条（大学等的远程教育管理委员会）

1. 大学等的负责人应当设立由教师、学生、专家等组成的远程教育管理委员会，以灵活运营和管理远程教育。

2. 本条第一款规定的远程教育管理委员会的组成和运营相关必要事项，由总统令规定。

第十五条（大学等的远程教育基础设施）

1. 为提高远程教育的质量，大学等的负责人应当根据总统令的规定采取必要措施，构建并运营教具、装备及设施等远程教育基础设施。

2. 为开展大学等的远程教育，国家及地方政府可以提供以下支援：

（1）开发远程教育内容及相关技术；（2）构建远程教育内容开发所需的设施；（3）此外，总统令规定的其他事项。

3. 国家及地方政府可以在预算范围内，捐赠本条第二款规定的大学等的远程教育所需经费。

第十六条（支援大学等的远程研究）

教育部部长可以为大学等所属教师（包括研究人员）远程研究学问提供必要的支援。

第四章　营造促进远程教育的条件

第十七条（远程教育内容质量管理）

1. 教育机构的负责人应当努力使本机构运营的远程教育内容有稳定的质量控制，并保持适当的质量水平。

2. 为做好远程教育内容的质量管理，教育部部长可以制定并推进质量诊断、评价、改善支援等相关必要政策。

第十八条（远程教育调查统计等）

1. 为有效推进远程教育政策和收集远程教育研究的基础资料，教育部部长应当每年实施远程教育调查统计,并公开其结果。

2. 本条第一款规定的远程教育调查统计,适用《幼儿教育法》第六条之二第二款至第八款,《初中等教育法》第十一条之二第二款至第八款,以及《高等教育法》第十一条之三第二款至第七款。

3. 本条第一款规定的远程教育调查统计的对象、程序以及结果公开等相关必要事项,由总统令规定。

第十九条 (远程教育数据的处理)

1. 出于以下目的,必要时教育部部长及教育监可以根据总统令的规定处理本法第七条第一款第一项规定的远程教育系统、《幼儿教育法》第十九条之二规定的幼儿教育信息系统以及《初中等教育法》第三十条之四规定的教育信息系统等收集、生产和再加工的数据。

(1) 支援为帮助学生获得更大成就的针对性学习;(2) 为提高教育机构的远程教育质量,开发教育课程并改善教学、学习方法;(3) 此外,为了制定、改善教育政策,有效实施并管理教育行政,有必要时,由总统令规定的情形。

2. 可以依照本条第一款处理的远程教育数据如下:

(1) 远程教育过程中学生的学习量、学习时间、学习进度;(2) 远程教育过程中学生完成的作业以及该作业的批改结果;(3) 此外,总统令规定的学生远程教育过程中学生学习相关的其他事项。

3. 依照本条第二款处理的数据,只有在可以匿名化处理的情况下进行匿名化处理,或者通过匿名化处理无法达到目的的情况下进行《个人信息保护法》第二条第一款之二规定的假名处理后,方可不经信息主体同意进行使用。

4. 本条第一款至第三款规定的远程教育数据的收集程序、管理主体、使用范围等相关必要事项,由总统令规定。

第二十条 (个人信息等的保护)

1. 国家和地方政府、《关于公共机构运营的法律》第四条规定的公共机构、法人、团体及个人在远程教育过程中调查到或者获得提供的个人或者法人、团体的信息,除本法及其相关法律规定外不得使用。

2. 教育部部长及教育监应当制定必要的措施,以便在远程教育运营过程中保护教师及学生个人信息。

第二十一条 (为教师专心进行远程教育营造环境)

教育部部长、教育监及大学校长可以为教育机构的教师专心进行高质量的远程教育提供必要的支援。

第二十二条（远程教育专职机构的指定和运营）

1. 为有效开展本法规定的业务，教育部部长可以根据总统令的规定指定远程教育专职机构（以下本条内称专职机构），并委托其开展远程教育相关业务。

2. 专职机构全部或者部分开展下列各项规定的业务：

（1）本法第四条第二款规定的远程教育弱势群体的支援相关事项；（2）教育机构的远程教育基础设施支援相关事项；（3）远程教育内容的质量控制相关事项；（4）远程教育调查统计相关事项；（5）远程教育数据的处理及分析相关事项；（6）教师及学生的个人信息保护等相关事项；（7）此外，教育部部长指定或者要求的其他事务。

3. 教育部部长可以依照本条第一款向专职机构提供开展受托业务所需的经费。

4. 专职机构存在下列情形之一的，教育部部长可以取消其指定；但是，有下列第一项情形的，应当取消指定。

（1）以虚假或其他不正当方式获得指定的；（2）不符合本条第六款规定的指定标准的。

5. 教育部部长想要依照本条第四款撤销指定的，应当举行听证。

6. 本条第一款规定的专职机构的指定标准、指定程序及其他相关必要事项，由总统令规定。

第二十三条（民间及国际合作）

1. 教育部部长可以通过与民间及其他国家（包括国际组织）在远程教育方面开展合作，推进下列各项业务等：

（1）支持远程教育技术信息与人力交流（包括教育培训）；（2）远程教育专业技术的调查与研究；（3）支持开发、应用及运营构建远程教育产业生态系统的相关技术；（4）推进远程教育相关共同事业以及构筑合作体系；（5）此外，促进远程教育活性化所需的其他民间及国际合作事项。

2. 教育部部长可以在预算范围内支援推进本条第一款规定的合作业务所需的全部或者部分费用。

第五章　补充规则

第二十四条（要求有关行政机关等给予协助）

1. 为施行本法，必要时教育部部长可以向有关行政机关的负责人或其他相关机构、团体的负责人请求提供资料以及提出意见等协助。

2. 接到本条第一款协助请求的人员，如无特殊原因，应当予以协助。

第二十五条（权限的委任及委托）

1. 本法规定的教育部部长的权限可以根据总统令的规定，部分委任给教育监或者委托给有关中央行政机关的负责人。

2. 本法规定的教育部部长或者教育监的业务可以根据总统令的规定，部分委托给相关机构、法人或者团体。

附　　则

本法自公布后六个月起施行。

基础学力保障法

[第18458号法律，2021年9月24日制定]

第一条（目的）
本法旨在通过为学习方面的受援对象提供必要的支援，保障全体学生的基础学力，构筑根据能力接受教育的基础。

第二条（术语的定义）
本法中使用的术语，其定义如下：
(1)"基础学力"是指《初中等教育法》第二条规定的学校（以下称学校）的学生，根据总统令规定，通过学校教育课程应当具备的满足最低达到标准的学力；(2)"学习支援对象学生"是指学校的校长认为不具备基础学力，依照本法第八条第一款选定的学生，但是，依照《对残疾人等的特殊教育法》第十五条，被选定为有学习障碍的特殊教育对象的学生除外；(3)"学习支援教育"是指针对学习支援对象学生，以符合其个人情况和特点的内容和方法实施的针对性教育。

第三条（国家等的责任）
1. 国家和地方政府应当制定保障基础学力的措施。
2. 为保障基础学力，国家和地方政府应当努力使学校每个班级的学生人数保持在合适水平。
3. 国家和地方政府要努力确保推进基础学力保障相关政策所需的财源。
4. 学校的校长在实施教育相关各种措施时，应当努力保障基础学力。

第四条（与其他法律的关系）
关于基础学力保障，本法优先于其他法律。

第五条（基础学力保障综合规划的制定等）
1. 教育部部长与有关中央行政机关的负责人以及特别市、广域市、特别自治市、道、特别自治道的教育监（以下称教育监）协商后，经本法第六条规定的基础学力保障委员会审议，每五年制定一次基础学力保障综合规划（以下称综合规划）。综合规划中总统令规定的重要事项变更时也应当履行上述程序。
2. 教育监应当考虑综合规划的内容和所在地区的条件，每年制定并实施所在市、道的基础学力保障实施计划（以下称实施计划）。

3. 根据总统令的规定，教育监应当每年向教育部部长上报上一年度实施计划的推进绩效和下一年度的实施计划。

4. 此外，综合规划和实施计划的制定及实施等其他相关必要事项，由总统令规定。

第六条（基础学力保障委员会的设立等）

1. 为审议有关基础学力保障的下列事项，设立隶属教育部部长的基础学力保障委员会（以下称委员会）：

（1）制定综合规划；（2）评价实施计划的推进实绩；（3）改善基础学力保障相关制度；（4）开展与基础学力保障相关的各种调查、研究以及政策的分析、评价；（5）此外，由委员长提交会议审议的保障基础学力所必需的其他事项。

2. 审议有必要时，委员会可以向有关机构的负责人要求其所属公务员出席会议或者提交相关材料。在这种情况下，接到请求的机构负责人，如无正当理由，应当予以协助。

3. 委员会的组成、运营等其他相关必要事项，由总统令规定。

第七条（基础学力辨析调查）

1. 学校校长为了及早发现和有效地支援学习支援对象学生，可以实施旨在辨析每个学生基础学力水平是否达标的调查（以下称基础学力辨析调查），辨析调查结果可以通知学生的监护人。

2. 此外，基础学力辨析检查的内容及实施等其他相关必要事项，由总统令规定。

第八条（学习支援对象学生的选定及学习支援教育）

1. 根据基础学力诊断检查结果和班主任以及相关课程任课教员的推荐、与学生家长等监护人的商谈结果等情况认为有必要进行学习支援教育的学生，学校的校长可以将其选定为学习支援对象学生。

2. 学校的校长在实施学习支援教育时，应当考虑到学习支援对象学生的学力水平和基础学力未达标的原因等。

3. 必要时，学校的校长可以对监护人进行指导、商谈，或者与校外专门机构联合开展学习支援教育。

4. 为了有效进行学习支援教育，学校的校长可以与本法第九条规定的学习支援教师、《学校保健法》第十五条规定的保健教师、《初中等教育法》第十九条之二规定的专门咨询教师等一起，共同实施学习支援教育。

5. 为了保障学生的基础学力，学校的校长可以在需要特别学习支援的课程中配置辅助人力。

6. 此外，学习支援对象学生的选定、学习支援教育及辅助人力的配置等其他相关必要事项，由总统令规定。

第九条（学习支援负责教师）

1. 为有效实施学习支援教育，学校的校长可以从《初中等教育法》第十九条规定的教师中指定承担学习支援教育的教师（以下称学习支援负责教师）。

2. 教育部部长及教育监应当为学习支援负责教师提供专业性的培训。

3. 此外，学习支援负责教师的指定、研修等其他相关必要事项，由总统令规定。

第十条（基础学力支援中心）

1. 为了改善、研究基础学力保障制度，支援并开展学习支援对象学生现况调查、管理基础学力保障相关事业的成果等，教育部部长及教育监可以指定并运营基础学力支援中心。

2. 根据本条第一款指定的基础学力支援中心有下列情形之一的，教育部部长及教育监可以撤销其指定；但是，有下列第一款情形的，应当取消其指定：

（1）以虚假或者其他不正当手段获得指定的；（2）不符合本条第四款规定的指定标准的。

3. 教育部部长及教育监根据本条第二款撤销对基础学力支援中心的指定时，应当举行听证。

4. 此外，基础学力支援中心的指定以及撤销指定的标准、程序、运营等其他相关必要事项，由总统令规定。

第十一条（权限的委任与委托）

1. 本法所赋予的教育部部长或者教育监的权限可以根据总统令的规定部分委任给教育监或者教育长（指的是《地方教育自治相关法律》第三十四条第三款规定的教育长）。

2. 根据本法，教育部部长或者教育监的业务根据总统令的规定，可以部分委托给相关机构、法人或者团体。

附　　则

本法自公布后六个月起施行。

职业教育培训促进法

［第18425号法律，2021年8月17日根据其他法律修订］

第一章　总　　则

第一条（目的）

本法规定了促进职业教育培训所需的事项，通过向全体国民提供适合其素质和禀赋的多种职业教育培训机会，提高职业教育培训的效率和质量，最终为提高国民生活水平和发展国家经济贡献力量。

第二条（术语的定义）

本法中使用的术语，其定义如下：

（1）"职业教育培训"，指的是为了提升学生和劳动者等就业或者履行职务所需的知识、技术及职业素养，根据《关于振兴产业教育及促进产学合作的法律》，以及《国民终身职业能力开发法》和其他法令而实施的职业教育和职业培训。（2）"职业教育培训机构"，指的是实施职业教育培训的机构或者设施。（3）"职业教育培训生"，指的是正在接受或者想要接受职业教育培训的人员。（4）"职业教育培训教师"，指的是在职业教育培训机构指导职业教育培训生的人员。（5）"产学合作"，指的是为了培养产业人力和开发产业技术，职业教育培训机构和企业（包括企业团体和研究机构，下同）在下列各项事项上相互合作的活动：①人力、设施、设备和职业教育培训信息的共同利用及合作研究；②根据特殊约定设立的学科或者职业教育培训课程；③职业教育培训的委托实施。（6）"远程职业教育培训"，指的是在相互分开的场所，利用信息通信媒体实施的职业教育培训。（7）"现场实习"，指的是为帮助职业教育培训生获取未来就业和履职所需的知识、技术和素养，而在工作现场开展的教育培训课程。

第三条（国家等的责任）

国家及地方政府应当就下列事项制定行政和财政上的支援政策：

（1）职业教育培训机构扩充设施、设备及实施实验实习；（2）对经济与时间不充裕的人员实施职业教育培训；（3）职业教育培训教师的培养及旨在提高教师素质的研修；（4）转换为法人的职业教育培训机构；（5）企业实施的现场实习；（6）产学协同的实施；（7）远程职业教育培训体制的构建；（8）职业教育培训生听课费等职业教育培训费用的承担。

第二章 职业教育培训的推动

第四条（职业教育培训基本规划的制定和实施）

1. 为了有效推进职业教育培训，国家应当制定和实施职业教育培训基本规划（以下称基本规划）。

2. 基本规划应当包括以下各项内容：

（1）职业教育培训机构的设立、运营及其设施、设备的确保和改善；（2）职业教育培训教师的培养及研修；（3）职业教育培训生的前途指导；（3）之二职业教育培训生的人权保护及安全保障；（4）职业教育培训机构的联合运营；（5）对职业教育培训机构的评估；（6）职业教育培训课程及职业教育培训资料的开发和普及；（7）对女性的职业教育培训；（8）职业教育培训相关国际合作；（9）此外，职业教育培训相关主要事项。

3. 为制定基本规划，教育部部长及雇佣劳动部长官可以实施职业教育培训相关的状况调查。

4. 为了制定基本规划和开展本条第三款规定的状况调查，教育部部长及雇佣劳动部长官可以要求有关中央行政机关的负责人和地方政府的负责人等相关机构、团体的负责人提供所需要的资料；接到资料提供请求的有关机构、团体的负责人，如无特殊原因，应当予以配合。

5. 有关中央行政机关及地方政府应当根据基本规划，制定并实施年度详细实施计划，并向教育部部长及雇佣劳动部长官提报下一年度的实施计划和上一年度的推进绩效。在这种情况下，教育部部长和雇佣劳动部长官应当对有关中央行政机关和地方政府的实施计划及其推进绩效进行检查和评价，并在制定下期基本规划时反映其结果。

6. 此外，基本规划、本条第三款规定的状况调查的方法和内容、本条第五款规定的具体实施计划的制定程序及推进绩效评价的方法和内容等相关必要事项，由总统令规定。

第五条（职业教育培训机构的联系运营）

1. 职业教育培训机构可以将职业教育培训课程相互联营，或者共同使用人员、设施、设备和职业教育培训信息。

2. 职业教育培训生根据本条第一款进修联合运营的其他职业教育培训机构的职业教育课程时，职业教育培训机构负责人可以视为其全部或者部分进修该职业教育培训机构的职业教育培训课程。

3. 在联合运营的其他职业教育培训机构进修职业教育培训课程的人员，想要报考该职业教育培训机构或者插班的，职业教育培训机构负责人可以优先予以选拔。

第六条（职业教育培训的委托）

1. 为了提高职业教育培训的效率，国家及地方政府或者有意开展职业教育培训的人员可以委托职业教育培训机构或者有能力实施职业教育培训的人员实施职业教育培训。

2. 职业教育培训机构负责人可以将其职业教育培训的一部分，委托给其他职业教育培训机构或者企业实施。

第七条（现场实习）

1. 职业教育培训生在进修职业教育培训课程时，应当到企业接受现场实习。但是，《初中等教育法》第二条规定的学校在校职业教育培训生以及从事与相关职业教育培训课程相同或者类似领域工作的人员和总统令规定的其他人员除外。

2. 为健全现场实习的运营，国家和地方政府应当每年对现场实习的运营情况进行调查，并公开其结果。

3. 有关中央行政机关和地方政府应当根据本条第二款现场实习的运营情况调查结果，对现场实习进行指导和监督。

4. 此外，本条第二款规定的状况调查范围和方法以及本条第三款规定的指导、监督等相关必要事项，由总统令规定。

第七条之二（现场实习运营标准）

1. 为充实《中小学教育法》第二条规定的学校的在校职业教育培训生（以下称在校职业教育培训生）参与的现场实习内容，国家及地方政府应当制定现场实习相关运营标准。

2. 本条第一款规定的运营标准应当包括下列各项内容：

（1）现场实习企业的选定相关事项；（2）现场实习项目相关事项；（3）现场实习的指导、监督相关事项；（4）此外，充实现场实习所需其他必要事项。

第七条之三（就业支援中心的设立和运营）

1. 教育部部长及市、道教育监可以设立并运营就业支援中心，以搞活《中小学教育法》第二条规定的支持学校现场实习，强化就业能力等职业教育培训活动。

2. 教育部部长可以委托专门机构运营本条第一款规定的就业支援中心。

3. 市、道教育监可以设立本法第二条第二款规定的职业教育培训机构或者在市、道教育厅设立就业支援中心。

4. 市、道教育监设立的就业支援中心的运营等相关必要事项，由市、道的条例规定。

第七条之四　（就业专职教师的任命和运营）

1. 市、道教育监可以设立专门负责就业的教师岗位，以搞活《中小学教育法》第二条规定的支持学校现场实习，强化就业能力等职业教育培训活动。

2. 就业专职教师在上课时间可以开展就业支援活动，在这种情况下，就业支援活动时间视为上课时间。

3. 就业专职教师的配备标准、就业支援活动的授课时间认定标准及范围等就业专职教师运营相关必要事项，由市、道的条例规定。

第七条之五　（就业支援人力的配置和运营）

1. 市、道教育监可以聘用和安排就业支援人力，以搞活《中小学教育法》第二条规定的支持学校现场实习、强化就业能力，发掘实习和就业岗位等就业活动。

2. 就业支援人力的聘用、配置标准等就业支援人力运营相关必要事项，由市、道的条例规定。

第八条　（现场实习企业的选定等）

1. 本法第七条规定的实施现场实习的企业（以下称现场实习企业），由职业教育培训生或者职业教育培训机构负责人与企业负责人协商选定。

2. 根据本条第一款选定现场实习企业时，应当考虑职业教育培训生的专业领域、现场实习项目的适当性、现场实习设施、设备的适合性以及福利待遇条件等。

3. 为了根据本条第二款选定现场实习企业，必要时职业教育培训机构的负责人可以向本法第十八条规定的相关地区职业教育培训协议会要求提供相关信息等协助。

4. 职业教育培训协议会如果收到依据本条第三款的协助请求，可以要求相关地区企业负责人提供职业教育培训相关信息。

第九条　（实地实习合同等）

1. 接受现场实习的职业教育培训生和现场实习企业的负责人应当事先签订现场实习合同。但是，未成年人或者在校职业教育培训生，则应当按照教育部部长与雇用劳动部部长、产业通商资源部部长及中小风险投资企业部部长协商后公布的标准协议书，签订现场实习协议。

2. 为了保护职业教育培训生或者充实现场实习内容，必要时职业教育培训机构负责人可以参与现场实习协议的签署。

3. 现场实习企业的负责人应当遵守依照本条第一款签订的现场实习协议相关事项。

4. 本条第一款规定的现场实习协议应当包括现场实习企业的负责人及职业教育培训生的权利和义务，现场实习的内容、方法、时间及期间，现场实习结果的评价，职业教育培训生的福利待遇相关事项以及总统令规定的其他事项。

第九条之二 （现场实习时间）

1. 未成年人或者在校职业教育培训生的现场实习时间每天不得超过 7 小时，每周不得超过 35 小时；但是，与当事人协商一致后，可以 1 天延长 1 小时，1 周最多延长 5 小时。

2. 对未成年人或者在校职业教育培训生，现场实习企业的负责人不得安排其在晚上 10 点至早上 6 点的时间段以及节假日进行现场实习。

第九条之三 （职业教育培训教师的企业实地指导）

职业教育培训机构负责人应当与现场实习企业的负责人协商，让职业教育培训教师对在企业现场实习的职业教育培训生进行必要的现场指导。

第九条之四 （现场实习企业的责任）

1. 现场实习企业的负责人应当改善现场实习条件，营造适宜的现场实习环境，保护职业教育培训生的人权及生命和身体，积极配合国家及地方政府的现场实习措施。

2. 实施现场实习时，现场实习企业的负责人负有忠实履行下列各事项的责任：

（1）确保现场实习所需的设施及设备；（2）产业灾害（工伤）的预防及补偿；（3）协助职业教育培训教师进行现场指导；（4）提供现场实习企业的安全、保健相关信息；（5）此外，安全有效地开展现场实习所需其他必要事项。

3. 现场实习企业的负责人因不得已的原因中断现场实习时，应当事先向职业教育培训生所属的职业教育培训机构负责人通报相关事实。

第九条之五 （现场实习安全教育等）

1. 职业教育培训机构负责人应当对接受现场实习的职业教育培训生开展现场实习安全教育。

2. 职业教育培训机构负责人可以将本条第一款规定的安全教育委托给具备相应人力、设施和装备等的专门机构进行。

第十条 （优先职业教育培训对象）

职业教育培训机构负责人应当根据总统令的规定，优先使残疾人、生活保障对象以及为解决人力供求被认为有必要的其他人员接受职业教育培训。

第十一条 （职业教育培训生的选拔）

1. 职业教育培训机构负责人在选拔职业教育培训生时，应当优待下列人员：

（1）拥有与该职业教育培训课程相关天赋的人员；（2）完成与该职业教育课程相同或者类似领域职业教育培训课程的人员；（3）企业劳动者或者有关资格的法律规定的资格持有者。

2. 职业教育培训机构负责人应当优选职业教育培训生，以创建能够实现随时随地接受职业教育培训的社会。

第十二条（职业教育培训课程的编制）

编制职业教育培训课程的人员应当通过使职业教育培训课程适应职业教育培训生的多种需求、吸引相关领域企业从业人员参与等方法，努力使职业教育培训课程适应企业的需求。

第十三条（职业教育培训教师的培训及研修等）

1. 为了培养优秀的职业教育培训教师，提高职业教育培训教师的能力水平，国家及地方政府应当努力提供企业现场研修等多种研修机会。

2. 职业教育培训机构的设立者、经营者应当积极录用从事职业教育培训的人员担任培训教师，在录用职业教育培训教师时，应当优待从事产业培训的人员。

3. 职业教育培训教师接受与职务相关的研修时，职业教育培训机构的设立者、运营者可以提供全部或者部分研修费用，或者在工资或人事待遇上给予照顾。

第十四条（职业教育培训机构的特性化等）

1. 为了提高职业教育培训的水平，国家和地方政府应当制定相关政策，设立和运营特性化的职业教育培训机构。

2. 为了扩大职业教育培训机构的自主性，提高职业教育培训的质量，国家应当制定相关措施，推动国立、公立职业教育培训机构法人化。

第十五条（远程职业教育培训体制的构筑）

1. 职业教育培训机构的设立者、运营者应当努力构建灵活运用尖端信息通信媒体的高效远程职业教育培训体制。

2. 职业教育培训机构的设立者、运营者应当努力开发和运用多媒体学习资料等各种教育培训媒体。

第三章　职业教育培训协议会等

第十六条　删除

第十七条　删除

第十八条（职业教育培训协议会的设立）

1. 为了审议地方政府的职业教育培训相关事项，在特别市、广域市、道及特别自治道设立职业教育培训协议会（以下称协议会），市、郡、自治区可以设立协议会。

2. 协议会审议下列各项事项：

（1）制定职业教育培训机构的设施、设备投资计划；（2）职业教育培训机构的联合运营；（3）职业教育培训机构与企业间的产学协同；（4）对职业教培训机构的评价；(5) 此外，相关地区的职业教育培训相关其他事项。

第十九条 （协议会的组成）

1. 协议会由包括委员长在内的 15 名以内的委员组成。

2. 协议会的委员长由相关地方政府的负责人担任，委员由相关地区的《工商业联合会法》规定的工商业联合会的会长、地方教育行政机关的负责人、地方雇佣劳动机关的负责人以及地方中小风险企业机关的负责人和相关地方政府的负责人委任的能够代表职业教育培训界、产业界、劳动界的人员担任。

3. 委员每届任期两年，可以连任。但是，岗位职委员（因为所任职务被选聘为委员的人员）的任期为其在任期间。

4. 协议会的组成及运营相关必要事项，由相关地方政府的条例规定。

第二十条 （运营委员会）

为有效制定、实施职业教育培训计划，推动产学协同，职业教育培训机构可以设立、运营由企业界及职业教育培训界代表、家长、职业教育培训教师、社区代表等组成的运营委员会。

第四章　教育培训机关评价及信息的公开

第二十一条 （对职业教育培训机构的评估）

1. 国家和地方政府应当对职业教育培训机构评估下列各事项：

(1) 国家及地方政府支援的支援金的使用状况；(2) 职业教育培训机构的设施及设备现状；(3) 职业教育培训教师及员工现状；(4) 职业教育培训课程的运营状况；(5) 此外，总统令规定的其他事项。

2. 国家及地方政府可以将本条第一款规定的评价业务委托给《关于设立、运营及培育政府出资研究机构等的法律》规定的韩国职业能力研究院。

3. 本条第一款规定的评价对象——职业教育培训机构的范围及评价方法等相关必要事项，由总统令规定。

第二十二条 （评估结果的公开等）

1. 国家及地方政府依照本法第二十一条对职业教育培训机构进行评估时，应当公开评估结果。

2. 国家及地方政府应当将本条第一款规定的评价结果，与向该职业教育培训机构提供的行政、财政支援挂钩。

3. 本条第一款规定的评价结果的公开范围和公开方法等相关必要事项，由总统令规定。

第二十三条 （职业教育培训信息的公开）

1. 国家、地方政府、韩国职业能力研究院及职业教育培训机构应当公开职业教育培训相关信息。

2. 根据本条第一款应当公开的信息的种类及公开方法以及信息公开相关其他必要事项，由总统令规定。

第二十四条 （《劳动基准法》的适用等）

1. 对适用本法的现场实习，适用《劳动基准法》第五十四条、第六十五条、第七十二条及第七十三条。在这种情况下，"使用者"视为"现场实习企业的负责人"，"劳动"视为"现场实习"，"劳动者"视为"职业教育培训生"。

2. 违反依照本条第一款适用的《劳动基准法》第五十四条、第六十五条、第七十二条及第七十三条的罚则，分别适用该法第一百零九条第一项，第一百一十条第一款和第一百一十四条第一款。

第二十五条 （指导与检查等）

1. 教育部部长、雇佣劳动部长官及市、道教育监可以对职业教育培训机构及现场实习企业实施责令提交现场实习合同的订立、现场实习时间的遵守、现场实习的运营等相关报告或者资料，抑或派遣相关公务员实施现场调查等指导和检查。

2. 教育部部长、雇佣劳动部长官及市、道教育监实施本条第一款规定的现场调查时，应当事先向接受现场调查的人员告知调查时间、内容等必要事项。但是，如果事态紧急或者认为提前通知不能达到检查目的时，可不必事先通知。

3. 根据本条第一款及第二款实施现场调查的所属职员，应当持有证明其权限的信物，并向有关人员出示。

第二十六条 （罚则）

违反本法第九条第二款规定，超出现场实习时间或者夜间、节假日开展现场实习的，处二年以下有期徒刑或者二千万韩元以下罚款。

第二十七条 （罚金）

1. 有下列情形之一的，可以处五百万韩元以下的罚金：

（1）违反本法第九条第一款，不签订现场实习合同或者在签订现场实习合同时不使用标准协议书的现场实习企业的负责人；（2）违反本法第九条第三款，未遵守现场实习合同中以下各项标准协议书事项的现场实习企业的负责人：①现场实习的期间；②现场实习的方法；③现场负责人的配备；④现场实习的津贴；⑤安全和保健措施；⑥现场实习内容的变更程序。

2. 根据总统令的规定，本条第一款规定的罚金，由教育部部长或者雇佣劳动部长官开具并征缴。

第二十八条 （权限的委任）

本法规定的教育部部长或者雇佣劳动部长官的权限，根据总统令的规定，教育部部长可以部分委任给市、道教育监，雇佣劳动部长官可以部分委任给地方雇佣劳动机关的负责人。

附　则

第一条（施行日期）
本法自公布六个月后施行。
第二条（其他法律的修订）
①至㉟省略
将㊱《职业教育培训促进法》部分修订为：
第二条第一款的《劳动者职业能力开发法》改为《国民终身职业能力开发法》。
㊲至㊸省略
第三条　省略

岛屿·偏远地区教育振兴法

[法律第11690号，2013年3月23日修订]

第一条（目的）
本法律制定的目的振兴岛屿和偏远地区的义务教育。

第二条（定义）
本法律中"岛屿、偏远地区"是指地理层面、经济层面、文化层面、社会层面无法得到福利的，相应教育部令指定的区域：
（1）山区；（2）孤岛；（3）收复地区；（4）接敌地区；（5）矿山地区。

第三条（国家使命）
国家为了振兴岛屿和偏远地区的义务教育，优先实行以下内容且一切所需经费优先于其他项目：
（1）确保学校用地、教室、保健室等教育所需设施完善；（2）维护整备教材教具；（3）无偿供给教科书；（4）保障学生到校的交通设施；（5）为教师提供住宅；（6）为教师提供适当的配套设施。

第四条（地方政府的使命）
地方政府为了振兴岛屿和偏远地区的义务教育需遵守以下内容：
（1）维护整备岛屿和偏远地区教育的特殊事项所需的教育指导资料；（2）优先提供教师的研修机会并支付研修经费。

第五条（岛屿、偏远地区补贴）
根据国家对于岛屿和偏远地区工作的教师颁布的总统令，支付岛屿和偏远地区级别的补贴。

第六条　删除

附　　则

本法律附则自1967年1月1日起实施。

附　　则

1.（施行日）本法律自公布之日起施行。

2.（临时措施）根据第二条中规定的岛屿和偏远地区的规定在文教部法令施行前为止，第二条规定的岛屿和偏远地区以总统令的规定为准。

附　　则

第一条（施行日）　本法律自公布之日起实施。<部分内容省略>

第二条　省略

第三条（其它法律更正）　①至⑫省略

⑬岛屿、偏远地区教育振兴法中以下内容更正。

第二条中“教育部令”改为“教育人力资源部令”。

⑭至(79)省略

第四条　省略

附　　则

第一条（施行日）　本法律自公布之日起实施。<部分内容省略>

第二条和第三条　省略

第四条（根据文教部的名称变更而产生的法律更正）　①至㉔省略

㉕岛屿、偏远地区教育振兴法中以下内容更正。

第二条中“文教部令”改为“教育部令”。

㉖至㊿省略

第五条至第十条　省略

附　　则

本法律自公布之日起实施。

附　　则

第一条（施行日）　本法律自公布之日起实施。但是，……省略……，根据附则第六条更正的法律中，对本法施行前已公布但施行日期尚未到来的法律进行修改的部分，分别自该法律施行之日起施行。

第二条至第五条　省略

第六条（其他法律更正）　①至(76)省略

(77)岛屿、偏远地区教育振兴法中以下内容更正。

第二条中“教育人力资源部令”改为“教育科学技术部令”。

(78)至(760)省略

附　　则

第一条（施行日）　①本法律自公布之日起实施。

②省略

第二条至第五条　省略

第六条（其他法律更正）　①至㊵省略

㊶岛屿、偏远地区教育振兴法中以下内容更正。

第二条中"教育教育科学技术部令"改为"教育部令"。

㊷至㉛省略

第七条　省略

对残疾人等的特殊教育法

[第 18637 号法律，2021 年 12 月 28 日修改]

第一章 总　则

第一条（目的）

本法旨在通过国家及地方政府根据《教育基本法》第十八条向残疾人及有特殊教育需求的人员提供统一的教育环境，并根据其生命周期，针对残疾类型、残疾程度等特性开展教育，旨在帮助其实现自我价值，为促进社会融合贡献力量。

第二条（术语的定义）

本法中使用的术语，其定义如下：

（1）"特殊教育"，指的是为满足特殊教育对象的教育需求，通过提供符合特性的教育课程及本条第二款规定特殊教育相关服务而进行的教育；（2）"特殊教育相关服务"，指的是为有效开展针对特殊教育对象的教育而提供所需人力、物力资源的服务，包括咨询支援、家庭支援、治疗支援、配备支援人力、辅助工学装备支援、学习辅助设备支援、上下学支援、信息访问支援等；（3）"特殊教育对象"，指的是根据本法第十五条被选定为需要接受特殊教育的人；（4）"特殊教育教师"，指的是具有《中小学教育法》第二条第四款规定的特殊学校教师资格证，承担特殊教育对象教育的教师；（5）"监护人"，指的是亲权人、监护人以及其他人中，对特殊教育对象起到实际监护作用的人；（6）"统合教育"，指的是特殊教育对象在普通学校不因残疾类型、残疾程度遭受歧视，与同龄人一起接受适合个人教育需求的教育；（7）"个别化教育"，指的是为了开发特殊教育对象的个人能力，各级学校的校长制定并实施的包括适合残疾类型及残疾特性的教育目标、教育方法、教育内容、特殊教育相关服务等在内的计划；（8）"巡回教育"，指的是特殊教育教师及特殊教育相关服务人员到各级学校、医疗机构、家庭或福利设施（残疾人福利设施、儿童福利设施等）等直接走访特殊教育对象并实施的教育；（9）"前途及职业教育"，指的是为了使特殊教育对象完成从学校顺利向社会等转移，通过与相关机构合作，实施职业康复训练、自立生活训练等；(10)"特殊教育机构"，指的是向特殊教育对象教授幼儿园、小学、初中或者高中（包括专业课，下同）的特殊学校及特殊班级；(11)"特殊班级"，指的是为实施针对特殊教育对象的统合教育而设置在普通学校的班级；(12)"各级学校"，指的是《幼儿教育法》第二条第二款规定的幼儿园以及《中小学教育法》第二条规定的学校。

第三条（义务教育等）

1. 对特殊教育对象，虽有《教育基本法》第八条的规定，幼儿园、小学、初中和高中课程的教育义务教育，本法第二十四条规定的专业课教育和未满3周岁的残疾儿童教育为免费教育。

2. 3周岁至17周岁的特殊教育对象有权接受本条第一款规定的义务教育。但是，因出勤天数不足等原因，导致不能升学或者毕业，抑或根据本法第十九条第三款获准推迟或者免除入学义务的人员，在重新入学时，如果未获得免除或延缓学习义务，且未修满义务学习年限，则仍享有超龄接受义务教育的权利，直至完成义务教育年限。

3. 本条第一款规定的义务教育及无偿教育所需的费用，根据总统令的规定，由国家或地方政府承担。

第四条（禁止歧视）

1. 特殊教育对象想要进入该学校时，各级学校的校长或者大学（《高等教育法》第二条规定的学校，下同）负责人，不得在教育机会的赋予上歧视特殊教育对象，不得以其身有残疾为由拒绝其入学或拒绝入学录取合格人员入学等。

2. 在下列事项中，除明显以实施针对残疾人特性的教育为目的外，国家、地方政府、各级学校的校长或者大学的校长不得歧视特殊教育对象及其监护人：(1) 向其提供本法第二十八条规定的特殊教育相关服务过程中的歧视；(2) 对其参与授课、学生自治活动及其他校内外活动的排挤；(3) 对监护人参与个别化教育支援组等的差别对待；(4) 在大学的入学录取流程中，除为了调查、确认因残疾而需要额外提供的考试方便内容外，还要求另外进行面试或体检等在入学录取过程中的差别对待；(5) 在入学、转学及入住宿舍过程中，向特殊教育对象提出未要求健全学生提交的保证人或承诺书的要求；(6) 在学生生活指导中实施《关于禁止歧视残疾人及权利救济等的法律》第四条规定的歧视。

第二章 国家和地方政府的任务

第五条（国家和地方政府的任务）

1. 为向特殊教育对象提供适当的教育，国家和地方政府应当履行下列职责：(1) 制定针对残疾人的特殊教育综合规划；(2) 特殊教育对象的早期发现；(3) 特殊教育对象的入学指导；(4) 研究、改善特殊教育的内容、方法及支援体制；（5）特殊教育教师的培养及研修；（6）制定特殊教育机构布局计划；（7）特殊教育机构的设置、运营及设施、设备的扩充与维修；（8）研究、开发和普及特殊教育所需的教材和教具；（9）研究针对特殊教育对象的前途及职业教育方案；（10）研究针对残疾人的高等教育方案；（11）研究向特殊教育对象提供特殊教育相关服务的支援方案；（12）此外，被认为发展特殊教育所必需的其他事项。

2. 国家和地方政府应当在预算范围内，优先拨付开展本条第一款所列工作的经费。

3. 对被认定为本条第一款业务推进不到位或者本条第二款预算措施不足的地方政府，国家应当劝告其采取扩充预算等必要措施。

4. 为有效开展本条第一款所列的业务，教育部部长应当在文化体育观光部长官、保健福利部长官、雇佣劳动部长官、女性家庭部长官等有关中央行政机关之间构建合作制度。

第六条（特殊教育机构的设立及委托教育）

1. 国家及地方政府应当考虑特殊教育对象的入学便利，按地区和障碍领域均衡设置和运营特殊教育机构。

2. 国立或者公立的特殊教育机构数量不足或者针对特殊教育对象的义务教育抑或无偿教育有需要时，国家及地方政府可以委托私立的特殊教育机构进行教育。

3. 依照本条第二款委托进行特殊教育的，应当对该特殊教育机构提供支持，确保其教学条件不低于国立或公立特殊教育机构的水平。

4. 本条第二款规定的委托教育、本条第三款规定的支持或费用等相关必要事项，由总统令规定。

第七条（委托教育机构的变更申请）

1. 根据本法第六条第二款，当在接受特殊教育委托的私立特殊教育机构就读的特殊教育对象或者其监护人，认为该机构教育活动质量不佳或者不符合特殊教育对象的特性，对特殊教育对象的教育有显著影响时，可以向教育长或者教育监说明具体原因，申请变更教育机构，到现就读教育机构之外的教育机构就学。

2. 教育长或教育监收到本条第一款规定的变更申请，应当自受理申请之日起30日内召开本法第十条第一款规定的市、郡、区特殊教育运营委员会或者市、道特殊教育运营委员会，充分听取申请人、相关学校的校长等利害关系人的意见后，决定并通报是否变更。

第八条（提高教师素质）

1. 国家和地方政府应当定期开展旨在提高特殊教育教师素质的教育和研修。

2. 为支援特殊教育对象的综合教育，国家和地方政府应当定期对普通学校的教师开展与特殊教育相关的教育和研修。

3. 本条第一款和第二款规定的教育及研修课程，应当包括尊重特殊教育对象人权的内容。

4. 本条第一款和第二款规定的教育及研修相关必要事项，由总统令规定。

第九条（对特殊教育对象权利和义务的告知义务）

国家和地方政府获知罹患本法第十五条第一款规定的各种残疾的人，或者依照本法第十五条选定特殊教育对象的，应当在两周内向其监护人通报相关事实，并向其告知有接受义务教育或者无偿教育的权利，以及身为监护人的权利、责任等。

第十条（特殊教育运营委员会）

1. 为审议本法第五条规定的国家及地方政府开展业务相关的主要事项，分别设立隶属教育部部长的中央特殊教育运营委员会，隶属教育监的市、道特殊教育运营委员会以及隶属教育长的市、郡、区特殊教育运营委员会。

2. 本条第一款规定的中央特殊教育运营委员会的组成、运营等相关必要事项，由总统令规定；市、道特殊教育运营委员会及市、郡、区特殊教育运营委员会的组成、运营等，分别由特别市、广域市、特别自治市、道及特别自治道（以下称市、道）的教育规则规定。

第十一条（特殊教育支援中心的设置和运营）

1. 教育监应当在市、道教育厅及所有下级教育行政机关设立并运营特殊教育支援中心，承担特殊教育对象的早期鉴别、特殊教育对象的诊断和评估、信息管理、特殊教育研修、教学和学习活动的支援、特殊教育相关服务的支援及巡回教育等工作。

2. 本条第一款规定的特殊教育支援中心应当开设在市、道教育厅、下级教育行政机关或者特殊学校、开设有特殊班级的普通小学、初中、高中或者管辖地区的政府机关（包括残疾人福祉馆）等便于包括特殊教育对象在内的社区居民接近的地点。

3. 特殊教育支援中心的设立、运营等相关必要事项，由总统令规定。

第十二条（特殊教育相关年度报告）

1. 教育部部长应当在每年定期国会开会之前，向国会提交有关特殊教育现状和政策的报告。

2. 本条第一款规定的报告书中，应当包括本法第十三条第三款规定的特殊教育对象人权侵害状况调查的结果。

第十三条（特殊教育状况调查）

1. 为了制定特殊教育对象安置计划、特殊教育教师的供求计划等特殊教育政策，教育部部长应当每三年组织开展一次状况调查，并公布其结果。

2. 为了改善大学在校残疾学生的教育条件，教育部部长认为有必要时，应当每三年对残疾学生进行一次教育福利状况调查，并公布其结果。

3. 为了保护特殊教育对象的人权，教育监应当根据总统令的规定，每年开展人权侵害状况相关调查，并将调查结果上报教育部部长。

4. 为了开展本条第一款至第三款规定的状况调查，必要时教育部部长及教育监可以要求有关中央行政机关的负责人、地方政府的负责人以及《关于公共机关运营的法律》规定的公共机构的负责人、大学的校长、其他相关法人或团体的负责人提交资料或者陈述意见。在这种情况下，接到请求的人员，如无正当理由，应当予以协助。

5. 本条第一款至第三款规定的调查内容和方法以及其他调查相关必要事项，由总统令规定。

第十三条之二（侵害人权事件举报系统的建立与运营等）

1. 目击针对特殊教育对象的人权侵害现场或者知晓相关事实的人员，应当立即向学校等有关机关举报相关事实。

2. 教育监应当建立并运营举报系统，以便迅速举报和发现对特殊教育对象的人权侵害事件。

3. 通过第二款规定的举报系统受理人权侵害事件时，教育监可以派遣所属公务员调查该人权侵害事件。在这种情况下，调查的方法、程序等，由总统令规定。

4. 教育监应将本条第三款规定的人权侵害事件调查结果上报教育部部长。

第三章　特殊教育对象的选定及学校安置等

第十四条（残障的早期发现等）

1. 为了早期发现婴幼儿的残疾及残疾可能性，教育长或教育监应当向地区居民和有关机关开展相关宣传，并在相关地区内的保健所、诊所或医院免费开展残疾筛查。

2. 为了有效实施本条第一款规定的筛选筛查，教育长或教育监应当在地方政府及保健所、诊所、医院之间构建紧密的合作体系。

3. 监护人或者各级学校的校长发现本法第十五条第一项规定的身有残疾或者怀疑有残疾的婴幼儿和学生时，应当委托教育长或教育监进行诊断、评价。但是，各级学校的校长委托进行诊断、评价时，必须事先征得监护人的同意。

4. 教育长或教育监接到本条第三款规定的诊断、评价委托时，应当立即将其提交给特殊教育支援中心进行诊断、评价，并将诊断、评价的结果通报给相关婴幼儿及学生的监护人。

5. 本条第一款规定的筛查的程序和内容及其他检查相关的必要事项，本条第三款的事前同意程序，本条第四款规定的通报程序相关必要事项，由总统令规定。

第十五条（特殊教育对象的选定）

1. 教育长或教育监将下列人员中被诊断、评价为需要接受特殊教育的人选定为特殊教育对象。

（1）视力残疾；（2）听力残疾；（3）智力残疾；（4）肢体残疾；（5）情绪和行为障碍；（6）自闭性残障（包括与此相关的残障）；（7）沟通障碍；（8）学习障碍；（9）健康障碍；（10）发育迟缓；（11）此外，同时罹患两种以上残疾等总统令规定的其他残疾。

2. 教育长或教育监根据本条第一款指定特殊教育对象时，应当以本法第十六条第一款规定的诊断、评价结果为基础，高中教育阶段由教育监报请市、道特殊教育运营委员会审议后决定，初中教育阶段以下的各级学校由教育长报请市、郡、区特殊教育运营委员会审议后决定。

第十六条（特殊教育对象的选定程序及教育支援内容的决定）

1. 特殊教育支援中心应当在诊断、评价提交后30天内进行相关诊断或评价。

2. 通过本条第一款规定的诊断、评价，特殊教育支援中心应当就是否选定为特殊教育对象及必要的教育支援内容形成最终意见，并向教育长或教育监报告。

3. 教育长或教育监应当在接到特殊教育支援中心的最终意见通知之日起2周内，决定是否选定为特殊教育对象及提供教育支援的内容，并书面通知父母等监护人。教育支援的内容应当包括特殊教育、前途及职业教育、特殊教育相关服务等具体内容。

4. 依据本条第一款规定开展诊断、评价的过程中，应当充分保障父母等监护人陈述意见的权利。

第十七条（特殊教育对象的安置及教育）

1. 根据本法第十五条被选定为特殊教育对象的人，经有关特殊教育运营委员会审查，教育长或教育监应当将其安排到下列场所之一进行教育：

（1）普通学校的普通班级；（2）普通学校的特殊班级；（3）特殊学校。

2. 教育长或者教育监依照本条第一款安排特殊教育对象时，应当综合判断特殊教育对象的残疾程度、能力、监护人的意见等，安排在离其居住地最近的地方。

3. 教育监想要将在管辖区域内居住的特殊教育对象安排到其他市、道的各级学校时，应当与相关市、道教育监（拟安排到国立学校时，指的是相关学校的校长）进行协商。

4. 根据本条第三款，接到安排特殊教育对象请求的教育监或国立学校的校长，如果没有总统令规定的特别原因，应当予以协助。

5. 本条第一款至第四款规定的特殊教育对象的安置等相关必要事项，由总统令规定。

第四章　婴幼儿和小学与中等教育

第十八条（残疾婴幼儿的教育支援）

1. 未满 3 周岁残疾婴幼儿需要早期教育的，其监护人可以向教育长请求提供教育。

2. 教育长接到本条第一款所述的请求后，可以根据特殊教育支援中心的诊断、评价结果，将未满 3 周岁的残疾婴幼儿安排到特殊学校的幼教班、婴幼儿班级或特殊教育支援中心接受教育。

3. 根据本条第二款被安置的残疾婴幼儿，身在医疗机构、福利机构或者家庭等处的，可以安排特殊教育教师及特殊教育相关服务人员等提供巡回教育。

4. 国家和地方政府应当努力改善残疾婴幼儿的教育条件并及时维护相关设备。

5. 此外，残疾婴幼儿教育支援相关必要事项，由总统令规定。

第十九条（监护人的义务等）

1. 特殊教育对象的监护人应当保护并尊重其监护子女接受本法第三条第一款规定的义务教育的机会。

2. 对因不得已的原因不能入学的义务教育对象，根据总统令的规定，可以免除或推迟本条第一款规定的就学义务。但是，3 周岁到 5 周岁的特殊教育对象在根据《婴幼儿保育法》设立的幼儿园中具备总统令规定的一定教育条件的幼儿园就读时，可以视为接受本条第一款规定的幼儿园义务教育。

3. 根据第二款获准免除或推迟入学义务的人想重新入学的，可以根据总统令的规定让其入学。

第二十条（教育课程的运营等）

1. 特殊教育机构的幼儿园、小学、初中、高中课程的教育课程，针对残疾类型和程度由国家教育委员会规定；婴幼儿教育课程和专业课教育课程，经教育监批准后由学校校长规定。

2. 特殊教育机构的负责人及安置特殊教育对象的普通学校的校长，可以在本条第一款规定的教育课程范围内，考虑特殊教育对象个人的残疾类型和程度、年龄、当前及未来的教育需求等，对教育课程的内容作出调整并运营。

3. 特殊学校的校长在得到教育监的批准后，可以将幼儿园、小学、初中、高中课程合并运营。

第二十一条（综合教育）

1. 各级学校的校长在实施教育相关各种政策时，应努力践行综合教育的理念。

2. 根据本法第十七条接收特殊教育对象的普通学校的校长，应当制定并实施包括教育课程调整、支援人员的安排、支援学习辅助设备、教师研修等在内的综合教育计划。

3. 普通学校的校长根据本条第二款开展综合教育时，应当按照本法第二十七条的标准设置并运营特殊班级，并备齐备足总统令规定的设施、设备及教材、教具。

第二十二条（个性化教育）

1. 为了向特殊教育对象提供满足其教育需求的教育，各级学校的校长牵头组建由监护人、特殊教育教师、普通教师、就业及职业教育担当教师、特殊教育相关服务担当人员等组成的个性化教育支援组。

2. 个性化教育支援组应当每学期制定针对特殊教育对象的个别化教育计划。

3. 特殊教育对象转学到其他学校或升入上级学校时，迁出学校应当在14日内向迁入学校发送个性化教育计划。

4. 为了开展本条第一款至第三款规定的工作，特殊教育教师对各项工作进行支援和协调。

5. 本条第一款规定个别化教育支援组的组成，本条第二款规定个别化教育计划的制定和实施等相关必要事项，由教育部令规定。

第二十三条（就业及职业教育的支援）

1. 为了实施适应特殊教育对象的特性和需求的就业及职业教育，初中教育以上的各级学校的校长应当组织开展职业评价、职业教育、就业援助、事后管理等职业康复训练及日常生活适应训练、社会适应训练等生活自立训练，应当设置具备总统令规定资格的就业及职业教育的专业人员。

2. 初中课程以上的各级学校的校长应当按照总统令规定的标准，为实施就业及职业教育准备必要的设施、设备。

3. 为了向特殊教育对象提供有效的就业及职业教育，特殊教育支援中心应当根据总统令的规定，与相关机构组建协议体。

第二十四条（专业课的开设和运营）

1. 为了向高中毕业的特殊教育对象提供就业和职业教育，特殊教育机构可以开设和运营授课年限一年以上的专业课程。

2. 教育部部长及教育监可以分地区或残疾类型指定开设专业课的教育机构。

3. 开设专业课的各级学校可以根据《学分认定等相关法律》第七条获得学分认定。

4. 本条第一款及第二款规定的专业课的设施、设备标准，专业课的运营及担当人员的配置标准等相关必要事项，由总统令规定。

第二十五条（巡回教育等）

1. 为支援在普通学校接受统合教育的特殊教育对象，教育长或教育监应当在普通学校及特殊教育支援中心安排特殊教育教师及特殊教育相关服务人员实施巡回教育。

2. 为了对无法避免长期、短期缺席的特殊教育对象进行教育，必要时，教育部部长或者教育监应当组织实施巡回教育或者远程教育。

3. 为了向因移动或运动功能严重残疾难以或无法在学校接受教育的，或居住在福利机构、医疗机构或者家庭等的特殊教育对象提供教育，必要时，教育部部长或者教育监应当实施巡回教育。

4. 为实施本条第三款规定的巡回教育，教育长或者教育监应当在医疗机构及福利机构等配备负责教师等采取必要措施，为学生提供心理、情绪上的支持，帮助学生顺利回归学校。

5. 国家或地方政府应当根据总统令的规定提供必要的行政和财政支援，以使根据本条第四款规定开设和运营文化课程的医疗机构及福利机构等所提供的教育达到国立或公立特殊教育机构水平。

6. 本条第一款至第四款规定的巡回教育授课天数等巡回教育的运营和本条第二款规定的远程授课运营相关必要事项，由总统令规定。

第二十六条（运营课后课程的幼儿园课程教育机构）

1. 运营《幼儿教育法》第二条第六款规定的课后课程的幼儿园课程教育机构接收特殊教育对象的，相关各级学校的校长可以每个班级追加1名以上担当对特殊教育对象运营课后课程的人员。

2. 本条第一款规定的课后课程担当人的资格标准、运营方法等相关必要事项，由总统令规定。

第二十七条（特殊学校班级及各级学校特殊班级的设置标准）

1. 特殊学校和各级学校的校长应当按照以下标准开设班级及特殊班级：

（1）幼儿园课程。特殊教育对象为1人以上4人以下的开设1个班级，超过4人的开设2个以上班级。（2）小学、初中课程。特殊教育对象1人以上6人以下的开设1个班级，超过6人的开设2个以上班级。（3）高中课程。特殊教育对象1人以上7人以下的开设1个班级，超过7人的开设2个以上班级。

2. 安排有罹患两种以上残疾且残疾程度严重的特殊教育对象的班级，尽管有本条第一款的规定，教育监可以在1/2的范围内下调班级开设标准；巡回教育的情况下，教育监可以根据特殊教育对象的残疾程度和类型，适当下调班级开设标准。

3. 特殊学校和特殊班级的特殊教育教师配备标准，由总统令规定。

第二十八条（特殊教育相关服务）

1. 教育监应当向特殊教育对象及其家属提供家庭商谈、父母教育等家庭援助。

2. 特殊教育对象有需要时，教育监应当提供物理治疗、作业治疗等治疗支持。在这种情况下，应当考虑特殊教育对象的残疾类型和残疾程度，提供针对性治疗支援。

3. 教育监应当支持各级学校的校长为特殊教育对象提供必要的支援人力。

4. 各级学校的校长应当为特殊教育对象提供各种教育所需的残疾人用教具、学习辅助设备、残障辅助器具等设备。

5. 为了方便特殊教育对象就学，各级学校的校长应当制定车辆、费用、辅助人员等方面的上下学援助对策。

6. 为了指导和保护特殊教育对象的生活，各级学校的校长可以设置和运营宿舍。为了指导和保护特殊教育对象的生活，设置和运营宿舍的特殊学校除配备教育部令规定的有资格的生活指导员外，还应当配备护士或助理护士。

7. 本条第六款规定的生活指导员和护士或助理护士的配备标准，国立学校由教育部令规定，公立和私立学校由市、道教育规则规定。

8. 各级学校的校长应当以适合特殊教育对象残疾类型的方式，将各级学校提供的各种信息（包括教育机构运营的网站）提供给特殊教育对象。

9. 提供本条第一款至第八款所述的特殊教育相关服务时所须遵循的事项，由相关总统令另行规定。

第五章　高等教育

第二十九条（特别支援委员会）

1. 大学的校长应当设立并运营特别支援委员会，审议和决定下列事项：
（1）大学支援残疾学生的计划；（2）对提请审查的议案进行审查并作出决定；（3）此外，为了支援残疾学生，总统令规定的其他事项。

2. 特别支援委员会的设立、运营等相关必要事项，由总统令规定。

第三十条（残疾学生援助中心）

1. 大学的校长应当设立并运营残疾学生援助中心，总揽、承担对残疾学生教育及生活的支援。但是，没有残疾学生在读，或者根据总统令的规定残疾学生人数在一定人数以下的小规模大学，可以设立残疾学生支援部门或专责职员，代替残疾学生援助中心。

2. 残疾学生援助中心（根据本条第一款由残疾学生支援部门或专责职员替代的，指的是残疾学生支援部门或专责职员）承担下列工作：

（1）残疾学生相关各种支援事项；（2）本法第三十一条规定的提供便利相关事项；（3）针对教职员、支援人力等的教育相关事项；（4）残疾学生教育福利状况调查相关事项；（5）此外，大学的校长提交会议审议的事项。

3. 残疾学生援助中心的设置、运营相关必要事项，由总统令规定。

第三十一条（提供便利等）

1. 为了方便在相关学校就读的残疾学生的教育活动，大学的校长应当积极采取下列手段：

（1）提供各种学习辅助机器及辅助工程机器等的物质支持；（2）配备教育支援人力等人力支持；（3）入学便利支援；（4）信息访问支援；（5）设置《关于增进、保障残疾人、老年人、孕妇等的便利的法律》第二条第二款规定的便利设施等支援。

2. 在相关学校的入学录取程序中，为了方便残疾考生的考试，大学的校长应当在《关于禁止歧视残疾人及权利救济等的法律》第十四条第一款的举措中，积极寻求和提供方便残疾考生考试所必需的措施。

3. 国家和地方政府应当在预算范围内，支援根据本条第一款和第二款发生的必要经费。

4. 为了提供本条第一款第四项规定的信息获取支持，大学的校长应当在授课中使用影像时，为残疾学生提供画面解说、关闭字幕或手语翻译等总统令规定的便利。

第三十二条（校规等的制定）

为了提供本法规定的对残疾学生的支援等，大学的校长应当在校规中明确下列内容：

（1）残疾学生的学习支援相关事项；（2）包括残疾学生入学考试在内的入学录取管理相关事项；（3）授课中使用影像时为残疾学生提供便利相关事项；（4）此外，旨在方便残疾学生的教育活动相关必要事项。

第三十三条　删除

第三十四条　删除

第六章　补充规则及罚则

第三十五条（大学的请求审查等）

1. 残疾学生及其监护人可以书面向大学申请提供本法规定的各种支援措施。

2. 对本条第一款规定的申请，大学的校长应当在2周内书面通知申请人是否支援及其理由。

3. 就大学对本条第一款申请作出的决定（包括不作为及拒绝）和大学的校长或教职员违反本法的行为，残疾学生及其监护人可以向特别支援委员会提出审查请求。

4. 对本条第三款的审查请求，特别支援委员会应当在 2 周内作出决定。

5. 本条第三款规定的审查中，应当给予申请人陈述意见的机会。

6. 大学的校长、教职员工和其他有关人员，应当服从本条第四款规定的决定。

7. 此外，对特别支援委员会的审查请求相关必要事项，由总统令规定。

第三十六条（高中课程以下的请求审查）

1. 特殊教育对象或者其监护人对教育长、教育监或者各级学校的校长下列情形之一的措施有异议的，可以向市、郡、区特殊教育运营委员会或市、道特殊教育运营委员会提出审查请求：

（1）本法第十五条第一款规定的特殊教育对象的选定；（2）本法第十六条第三款规定的教育支援内容的决定事项；（3）本法第十七条第一款规定的学校配置；（4）违反本法第四条的不正当歧视。

2. 根据本法第十七条第一款被指令接收特殊教育对象的各级学校的校长有特殊原因无法接收的，或者被安排的特殊教育对象 3 个月以上无法适应学校生活的，可以向有关市、郡、区特殊教育运营委员会或者市、道特殊教育运营委员会提出审查请求。

3. 市、郡、区特殊教育运营委员会或者市、道特殊教育运营委员会收到本条第一款和第二款的审查请求时，应当组织审查并将相关决定在三十日内通知申请人。

4. 本条第三款规定的审查中，应当给予申请人陈述意见的机会。

5. 教育长、教育监、各级学校的校长、其他有关人员应当服从本条第三款规定的审查决定。

6. 特殊教育对象或者其监护人对第三款规定的审查决定有异议的，可以在接到通知之日起 90 日内提请行政审判。

7. 本条第一款至第四款规定的审查请求的程序等相关必要事项，由总统令规定。

第三十七条（权限的委任和委托）

1. 本法规定的教育部部长的权限，可以根据总统令的规定，部分委任给教育监。

2. 本法规定的教育监的权限，可以根据总统令的规定，部分委任给教育长。

第三十八条（罚则）

有下列情形之一的，处一年以下有期徒刑或者1000万韩元以下罚款：

（1）违反本法第四条第一款，以残疾为由，作出拒绝特殊教育对象入学或者拒绝录取合格者入学等不当处分决定的教育机构负责人；（2）违反本法第四条第二款第四项，在大学入学录取程序中，要求另外进行与确认考试便利内容无关的面试或体检的。

第三十八条之二（罚则）

有下列情形之一的，处三百万韩元以下罚款：

（1）删除（2）违反本法第四条第二款第一项至第三项规定，在为特殊教育对象提供特殊教育相关服务、授课、学生自治活动、参与其他校内外活动过程中，以及监护人参与个别化教育支援组过程中有歧视行为的；（3）删除（4）违反本法第四条第二款第五项，在入学、转学及入住宿舍过程中，向特殊教育对象提出未要求健全学生提交的保证人或承诺书相关要求的；（5）违反本法第四条第二款第六项，在学生生活指导上实施《关于禁止歧视残疾人及权利救济等的法律》第四条规定的歧视者。

附　则

第一条（施行日期）

本法自公布后六个月起施行。但是，本法第十二条的修订规定自公布之日起施行。

第二条（辅助人力名称变更的过渡措施）

本法施行前的"辅助人力"，视为修订规定的"支援人力"。

关于旅外国民教育援助等的法律

[第17495号法律，2020年10月20日修订]

第一章 总 则

第一条（目的）

本法规定了在外国设立的旨在支持旅外国民的学校教育和继续教育的韩国学校等境外教育机构和教育团体的设立和运营及支援等的相关必要事项。

第二条（定义）

本法使用的术语，其含义如下：

(1)"旅外国民"指的是居住在外国的韩国国民；(2)"境外教育机构"指的是为对旅外国民实施学校教育及继续教育等而在外国设立的韩国学校、韩语学堂、韩国教育院等教育机构；(3)"韩国学校"指的是为对旅外国民实施《中小学教育法》规定的学校教育，经教育部部长批准在外国设立的教育机构；(4)"韩语学堂"指的是为向旅外国民进行韩国语、韩国历史和韩国文化等教育，由旅外国民团体等自行设立，并向管辖该地区的驻外公馆负责人备案的非正规学校；(5)"境外教育团体"指的是除境外教育机构外，为研究旅外国民的教育和传播民族文化而在外国设立的团体。

第三条（国家责任）

1. 为实施面向旅外国民的教育，使旅外国民能够满怀身为韩国国民的自豪感生活，国家应当提供必要的支援。

2. 国家应当根据本条第一款稳定筹措支持旅外国民教育所需预算。

第四条（与其他法律的关系）

旅外国民的教育及援助，除其他法律有特别规定的外，依照本法的规定办理。

第二章 韩国学校和学校法人

第一节 韩国学校和学校法人的许可等

第五条（韩国学校的设立等）

1. 要设立和运营韩国学校的人员属于下列法人或团体之一的，应当根据本条第二款和第三款的规定取得教育部部长的许可（以下称设立许可）：

（1）根据韩国学校所在地国家（以下称所在地国家）的法令，可以设立《中小学教育法》第二条规定的相当于学校的学校法人或团体；（2）韩国法律规定的法人或团体。

2. 想要获得本条第一款规定的设立许可的法人或团体，应当起草记载下列事项的章程（设立团体时，指的是其运营规定，下同），制定设立韩国学校所需的财产目录和韩国学校设立计划书后，通过所在国韩国驻外公馆（派驻他国的大使馆、领事馆、代办处等）负责人（以下称驻外公馆长），向教育部部长申请设立许可。

（1）设立目的；（2）名称；（3）主要事务所所在地；（4）拟设立、运营的韩国学校名称及所在地；（5）资产及会计相关事项；（6）管理层的人数及其任免相关事项；（7）理事会相关事项；（8）章程变更相关事项；（9）解散相关事项；（10）办事机构和员工相关事项；（11）韩国学校教师及员工的报酬和服务、身份保障及惩戒等相关事项；（12）法人或团体和韩国学校运营相关其他必要事项。

3. 接到根据本条第二款提交的设立许可，教育部部长应当综合考虑韩国学校设立的必要性、根据本条第二款制定的章程、财产清单及韩国学校设立计划书的可行性等进行审核，决定是否批准后，通过驻外公馆负责人通知申请设立许可的法人或团体。

4. 根据本条第三项的规定获得设立许可的法人或团体（以下称学校法人）想要运营韩国学校时，必须得到教育部部长的批准（以下称运营批准）。想要在已经设立、运营的韩国学校新开设上级或下级学校教育课程的情况也应当履行相同程序。

5. 根据本条第四款的规定想要取得运营许可的学校法人，应当备齐韩国学校运营所需的设施、校规、运营计划书及资金筹措计划书等经驻外公馆长向经教育部部长申请经营许可，教育部部长接到经营许可申请，决定是否批准后，应当通过驻外公馆长通知申请运营许可的学校法人。

6. 本条第二款至第五款规定的设立许可、运营许可的申请和批准程序，设立和运营韩国学校所需的设施标准等相关必要事项，由教育部令规定。

第六条（设立许可的撤销）

1. 学校法人有下列第一项或第二项情形且自接到教育部整改命令之日起超过六个月拒不整改的，教育部部长可以撤销设立许可，若有第三项或第四项所述的情形，则必须撤销其设立许可。在这种情况下，应当事先听取驻外公馆负责人的意见。

（1）无法实现设立目的；（2）违反设立许可条件；（3）被兼并或者破产；

（4）理事会决议解散学校法人时。

2. 教育部部长根据本条第一款的规定撤销设立许可时，应当提前给学校法人申辩的机会。

第七条（运营许可的撤销）

1. 韩国学校或者学校法人有下列第一项至第三项情形之一的，教育部部长应当取消韩国学校的经营许可，韩国学校有下列第四项情形时，应当事先听取驻外公馆长的意见，自责令整改之日起一年后仍不具备适当的设施时，可以撤销经营许可。

（1）学校法人解散或者依照本法或者学校法人所在国家（以下称所在国）的法令撤销其设立、备案等；（2）学校法人破产；（3）因韩国学校长期关闭等原因，无法达到其设立目的；（4）违反本法第五条第六款规定的设施标准。

2. 教育部部长依照本条第一款的规定撤销运营许可时，应当事先给学校法人申辩的机会。

第二节　韩国学校的运营

第八条（教育课程）

1. 韩国学校的教育课程，应当根据《中小学教育法》第二十三条的规定，按照国家教育委员会编制的教育课程编制。

2. 尽管有本条第一款，韩国学校根据教育部令的规定，考虑到所在国的特殊性，可以变更教育课程或课程内容。

第八条之二（教学等）

1. 韩国学校的教学运营等，适用《中小学教育法》第二十四条。

2. 尽管有本条第一款，考虑到所在国的特殊性，韩国学校可以另行规定《中小学教育法》第二十四条第一款的学年设置，同条第三款规定的课程运营相关事项，在教育部部长规定的范围内，由学校校长规定。

第九条（学历的认定）

学习韩国学校教育课程的人员，视为依照《中小学教育法》的规定，与在韩国国内的中小学校学习该教育课程的人员有同等学力。

第十条（授课费等）

1. 韩国学校可以向学生收取授课费、学费及学校运营支援费（以下称学费等）。

2. 本条第一款规定的学费等的金额和缴纳相关必要事项，经设立和运营韩国学校的学校法人理事会审议、表决后，由韩国学校的负责人（以下称校长）规定。

第十一条（学校运营委员会）

1. 为了提高韩国学校运营的自主性，实施符合所在国情况和特性的教育，韩国学校应当设立和运营学校运营委员会。

2. 学校运营委员会审议下列事项。但对下列第一款所列事项，只有当学校法人提请时方可进行审议。

（1）学校宪章和校规的制定和修改相关事项；（2）学校的预决算相关事项；（3）学校教育课程运作方法相关事项；（4）教科书和教学资料的选定相关事项；（5）放学后教育活动、假期教育、培训活动相关事项；（6）授课费、学费的测算及学校运营支援费的筹集、运用及使用相关事项；（7）学校供餐相关事项；（8）对学校运营的提案和建议事项；（9）总统令规定的学校运营相关其他事项。

3. 学校运营委员会由韩国学校的教师代表、家长代表及地区居民等组成，其组成方法和委员人数等学校运营委员会的组成和运营相关必要事项，由教育部令规定。

4. 为提高学校运营委员会委员的素质和履职能力，学校校长组织开展必要的培训。

5. 本条第一款规定的学校运营委员会可以筹集学校发展基金，并审议表决学校发展基金的筹集、运用和使用相关事项。

6. 本条第五款规定的学校发展基金的筹集及运用方法等相关必要事项，由总统令规定。

第十二条（幼儿园的同时设立）

通过驻外公馆长取得教育部部长许可的，设立并运营韩国学校的学校法人可以根据《幼儿教育法》的规定，在韩国学校同时设立和运营幼儿园。

第三节　学校法人的运营

第十三条（章程变更）

学校法人变更章程时，应当征得理事会三分之二以上在册理事的同意，并通过驻外公馆长征得教育部部长的批准。

第十四条（管理层及管理层选任的限制等）

1. 学校法人的管理层中应当设有七人以上的理事和监事，其中包括一名理事长、一名校长和一名驻外公馆长指定的人员。

2. 学校法人理事定员中二分之一以上应当是韩国国民。

3. 有下列情形之一的人员不得出任学校法人的管理层：

（1）符合《国家公务员法》第三十三条第一款各条款所列情形之一；
（2）依照本法第十五条第三款的规定，管理层任职许可被取消后未超过二年；
（3）依照本法第二十六条规定自被罢免或者解聘之日起未超过二年。

第十五条（管理层的许可等）：

1. 学校法人的管理层，应当通过驻外公馆长取得教育部部长的核准。管理层变更时也应当履行相同流程。

2. 学校法人的管理层的任期为理事五年，监事在不超过二年的范围内由章程规定，但可以连任。但校长的任期为其任职期间。

3. 学校法人的管理层有下列情形之一的，教育部部长应当经过驻外公馆长，限期三十日以内责令整改。期限内未能纠正的，可以接受驻外公馆长的意见，撤销相关管理层的任职许可。但是，即使要求整改也明显无法整改的，或者会计舞弊、贪污、受贿等不正之风情节严重的，教育部部长可以不责令整改，直接取消相关管理层的任职许可，具体标准由总统令规定。

（1）管理层在设立、运营韩国学校过程中有不当行为，给学校法人及韩国学校造成损失；（2）校长以外的管理层在运营韩国学校教育课程等教务行政事务中侵犯校长权限；（3）违反本法规定或者拒不履行命令。

4. 依照本条第三款撤销对管理层的任职许可时，教育部部长应当事先给相关管理层申辩的机会。

5. 学校法人因理事空缺无法正常运营时，教育部部长可以根据利害关系人的申请或职权选任理事。

6. 除本法规定外，学校法人选任管理层相关必要事项，由学校法人的章程规定。

第十五条之二（管理层的停职）

1. 有下列情况之一，教育部部长可以在六十天范围内停止该管理层的职务；在不得已的情况下，可以在六十天范围内延长其期限：

（1）正在就本法第十五条第三款规定的取消管理层任职许可接受调查或监查；（2）本法第十五条第三款规定的责令整改期间，如果有关人员继续履行职务，被认为可能在法人或者学校运营上造成重大损害。

2. 本条第一款规定的管理层停职理由终止时，教育部部长应当立即撤销停职命令。

第十六条（理事会的职能）

学校法人的理事会审议和表决下列各事项：

（1）学校法人及韩国学校的预决算、借款及财产的取得、处分等相关事项；（2）学校法人章程变更和管理层任免相关事项；（3）校长和教师的任免相关事项。但教育部部长依照《国家公务员法》第三十二条第四款派遣的作为教育公务员的教师的任免事项除外；（4）学校法人及韩国学校经营的重要事项及法令、章程等属于理事会权限范围内的其他事项。

第十七条 （办公机构及员工）

为开展韩国学校的设立、运营相关事务，学校法人可以根据章程规定设立必要的办公机构及办公员工。

第十八条 （财产管理）

1. 学校法人想要将韩国学校的设立、运营相关财产出售、赠与、置换或变更用途或提供担保时，应当征得理事会三分之二以上在册理事的同意。在这种情况下，学校法人应当事先通过驻外公馆长向教育部部长报告。

2. 尽管有本条第一款的规定，直接用于韩国学校教育的财产中总统令有规定的，不得将其出售、赠与、置换或变更用途或提供担保。

第十九条 （会计管理标准）

学校法人和韩国学校的会计管理标准及程序等会计管理相关必要事项，由教育部部长规定。

第二十条 （适用规定）

有关学校法人的管理层、理事会以及财产目录等的配备适用《私立学校法》第十五条、第十六条第二款、第十七条、第十八条、第十八条之二、第十九条、第二十三条、第二十六条第一款、第三十条、第三十一条第一款和第二款、第三十二条的规定。在这种情况下，"私立学校"视作"韩国学校"，"管辖厅"视作"教育部部长"。

第四节　韩国学校的教师和员工

第二十一条 （教员和员工的任免）

1. 韩国学校由教师和员工组成，其中校长一名。校长由学校法人理事会从不符合本法第十四条第三款各情形之一的人员中选任，除校长以外的教师由校长提请、经理事会表决、由理事长任免，员工由校长提请、由理事长任免。但教育部部长根据《国家公务员法》第三十二条第四款派遣的公务员身份教师及员工不适用本程序。

2. 尽管有本条第一款规定，理事长也可以根据学校法人的章程规定，将除校长以外的教师的任免权授权给校长。

3. 学校法人根据本条第一款正文和第二款的规定任免韩国学校教师的，应当自任免之日起七日内向驻外公馆长报告。

第二十二条 （校长的职能）

校长总揽韩国学校的教育课程和教育活动相关事项，管理和监督与韩国学校教育活动有关的韩国学校的教师和员工。

第二十三条 （教师的资格）

1. 韩国学校的教师资格适用《中小学教育法》第二十一条规定。在这种情况下，该法中的"校长"视为"韩国学校校长"。

2. 尽管有本条第一款的规定，根据本法第八条第二款的规定，考虑到所在国的特殊性，韩国学校特别开设的课程或外语课程的任课教师，可以任用根据所在国的教师资格相关法令具备教师资格的人。

第二十四条（合同制、期间制教师和员工）

韩国学校可以聘用约定工作时间、工资、工作条件、业绩和成果等合同条件的教师和员工。*

第二十五条（教师等的研修）

为提高韩国学校教师和员工（包括外籍教师和员工）的素质和专业性，若教育部部长认为有必要，则可以安排他们在国内研修机构等进行研修。

第二十六条（惩戒）

1. 教师有《私立学校法》第六十一条第一款各条所列情形之一的，教师的任免权人应当根据本条第二款的规定，要求教师惩戒委员会就是否惩戒涉事教师进行表决，并根据教师惩戒委员会的惩戒表决结果进行惩戒。在这种情况下，对教师的惩戒种类、内容及时效，适用《私立学校法》第六十一条第二款至第五款以及第六十六条之四第一款。

2. 根据学校法人的章程规定，在学校法人中设立教师惩戒委员会，审议和表决对韩国学校教员的惩戒案件。

3. 韩国学校的教师有《私立学校法》第六十一条第一款各项所列情形之一的，教育部部长可以通过驻外公馆长要求其任免权人惩戒该教师。

4. 对教师的惩戒相关其他必要事项，由学校法人的章程规定。

第二十七条（教师及员工的报酬、服务等）

除本法规定外，韩国学校的教师及员工的报酬、服务、身份保障等问题由学校法人的章程规定。

第三章　韩国教育院

第二十八条（韩国教育院的设立等）

1. 为了对旅外国民开展继续教育及其他教育活动，教育部部长认为有必要时，可与外交部长官协商，在外国设立韩国教育院（以下称教育院）。

2. 教育院设院长一人，必要时可以设教师和工作人员。

3. 本条第一款和第二款规定的教育院的设置标准、运营以及院长、教师、员工的资格、任用等相关必要事项，由总统令规定。

---

* 译者注：期间制教师指的是兼职教师。

第二十九条 （教育院的职能）

教育院开展下列工作：

（1）韩国语等的普及；（2）支援韩语学堂的教育活动；（3）韩国留学生的咨询及指导；（4）支援外国留学生招募活动；（5）海外教育信息的收集及报告；（6）海外教育活动支援相关其他事项。

第四章 对境外教育机构等的支持

第三十条 （境外教育机构等的登记）

1. 想要根据本法接受支援的境外教育机构（韩国学校及教育院除外，以下本条内均如此）及境外教育团体，应备齐记载下列事项的文件，向驻外公馆长备案：

（1）设置目的；（2）设置地点；（3）代表人；（4）工作成绩与工作计划；（5）是法人或者团体的，提交其章程。

2. 驻外公馆负责人应将境外教育机构及境外教育团体的注册和注销等信息，通过外交部部长通报给教育部部长。

第三十一条 （国库支援）

根据总统令的规定，国家可以在预算范围内，对境外教育机构、境外教育团体和学校法人支援下列经费：

（1）设立韩国学校所需的全部或部分经费；（2）境外教育机构及境外教育团体的运营和事业所需全部或部分经费。

第三十一条之二 （授课费及学费的支援）

学校负责人综合考虑家庭收入认为必要的，国家可以在预算的范围内，依照总统令规定的条件与程序，向韩国学校支援学生的全部或部分授课费及学费。

第三十二条 （报告、调查等）

1. 对依照本法第三十一条的规定获得国库支援的韩国学校、学校法人及教育院，教育部部长经过驻外公馆长，要求其报告业务或会计，派遣有关公务员调查教育的开展情况等，检查、审计其文件、账簿等。在这种情况下，对学校法人的报告要求或调查、检查、审计仅限韩国学校的设立及运营等相关部分。

2. 本条第一款规定的报告、调查、检查或者审计结果显示，韩国学校、学校法人及教育院的业务处理或援助资金的使用等不正当的时候，教育部部长可以采取经驻外公馆长责令整改或返还援助资金等必要措施。

第三十三条 （国库支援的中止）

根据第三十一条规定，接受支援的韩国学校和学校法人有下列情形之一的，教育部部长可以中止国库支援：

（1）拒绝或者妨碍本法第三十二条第一款规定的报告、调查、检查或者审计；（2）拒不执行本法第三十二条第二款规定的整改命令或者资金返还命令等。

第三十四条（对外国教育机构等的支援）

1. 外国教育机构及教育团体开设韩国语、韩国史、韩国文化等教育课程的，教育部部长可以在预算范围内支援教育课程运营所需全部或部分经费。

2. 开设与《中小学教育法》第二条规定的学校相当的中小学课程的外国学校，如果其与根据该国法律规定的教育课程一道同时开设韩国语、韩国史、韩国文化等教育课程，且该学校一半以上在校生为旅外国民或其子女的，教育部部长可以在预算范围内支援其教育所需部分经费。

第三十五条（教科书等的制作和供应）

1. 教育部部长可以编纂、发行或制作旅外国民教育所需的教科书和教育资料。

2. 教育部部长可以无偿向境外教育机构及境外教育团体提供本法第一款规定的教科书、教育资料以及《中小学教育法》第二十九条规定的教科书等。在这种情况下，关于教科书等的援助对象和范围等必要事项由教育部部长决定。

第五章 补充规则

第三十六条（旅外国民的国内教育）

1. 教育部部长可以在国内设立并开设针对旅外国民教育的必要教育课程。

2. 本条第一款规定的教育课程开设相关必要事项，由教育部部长规定。

第三十七条（奖学金的发放）

1. 教育部部长可以在预算范围内，考虑学业成绩和经济条件，向本法第三十六条第一款规定的教育机构或在国内教育机构就读的旅外国民发放奖学金。

2. 本条第一款规定的奖学金的发放标准及发放方法等相关必要事项，由教育部部长规定。

第三十八条（关于旅外国民教育援助的特例）

教育部部长认为有必要的，可以将取得外国国籍的韩民族同胞纳入本法规定的旅外国民教育援助对象范围。但该国不允许的，则不对其进行援助。

第三十九条（指导监督）

韩国学校、学校法人和教育院接受教育部部长和驻外公馆长的指导和监督，其他境外教育机构和境外教育团体接受驻外公馆长的指导和监督。

第四十条（与所在国法令的关系）

尽管有本法规定，境外教育机构和境外教育团体所在国的法令规定与本法不同的，在不与该外国法令相冲突的范围内，适用本法。

第四十一条（权限的委任）

教育部部长可以根据总统令的规定，将本法规定的权限部分委任给驻外公馆长。

第六章 罚　　则

第四十二条（罚则）

学校法人理事长或者理事有下列情形之一的，处二年以下有期徒刑或者2000万韩元以下罚款：

（1）违反本法第十八条的规定，出售、赠与、置换或者变更用途、提供担保的；（2）无正当理由拒绝或者妨碍依照本法第三十二条第一款规定报告、调查、检查或者审计的。

附　　则

本法自公布之日起施行。（省略但书）

前程教育法

[第 17954 号法律，2021 年 3 月 23 日根据其他法修订]

第一章 总 则

第一条（目的）

本法之宗旨是为学生提供多元化的前程指导教育机会，使其适应多变的职业社会，充分发挥个人的特长及能力，为国民的幸福生活和社会经济发展做出应有的贡献。

第二条（定义）

本法用词含义如下：

（1）"前程教育"，是指国家和地方政府等通过与学校和社区的通力合作为学生提供的前程课程、前程心理检查、前程咨询、前程信息、前程体验、前程支援等活动。通过此类活动学生可以了解职业世界，并根据自身的素质和能力进一步探索和设计自己的未来；（2）"前程咨询"，是指面向学生提供前程信息，为学生的前程提出建议并进行指导的活动（包括线上活动）；（3）"前程体验"，是指学生访问职业现场通过，与职业人的对话、见学、体验等方式进行的职业体验，以及参加前程集训、前程讲座等校内外前程教育项目的活动；（4）"前程信息"，是指学生选择前程时所需的信息，如个人信息、职业信息以及劳动力市场等社会环境信息；（5）"课堂教学"，是指《中小学教育法》第24条所规定之含义。

第三条（与其他法律之间的关系）

关于前程教育皆依本法实行，其他法律有特殊规定除外。

第四条（前程教育的基本方向）

1. 前程教育以培养学生的前途开发能力为目标，帮助学生拥有开拓未来、可持续发展的能力，以便适应多变的职业社会及终身学习型社会。

2. 所有学生有权利参加符合自身发展阶段、适合个人素质和能力的前程教育。

3. 前程教育的进行应以学生的参与及职业体验为基础。

4. 前程教育要在国家及社区的协同参与之下，充分利用广泛的社会基础。

第五条（国家及地方政府等的职责）

1. 国家及地方政府必须根据学生的发展阶段和素质能力提供必要的前程教育方案。

2. 国家及地方政府应为残障人、脱离朝鲜的居民、低收入家庭的学生以及校外青少年等，需要照顾的社会群体提供相应的前程教育方案。

3. 中央行政机关、地方政府、《公共机关管理相关法律》规定的公共机关（以下称公共机关）以及《地方国营企业法》规定的地方国营企业应根据教育部部长所制定的规定提供前程体验机会。

第六条（前程教育现状调查）

1. 教育部部长在制定政策之前应事先调查前程教育相关人力、设施以及前程项目的运行等状况，并将其结果公布于众。

2. 第一项所提的前程教育现状调查及其具体内容、步骤及结果的公布将遵照总统令相关规定。

第七条（禁止泄露因职务之便获得的内容）

负责或曾经负责前程教育的相关工作人员不得擅自泄露相关内容及信息。

第二章　中小学前程教育

第八条（前程教育的目标及成就标准）

1. 教育部部长根据《中小学教育法》第二条所规定的学校（以下称中小学）在校学生的发展阶段、学校的种类，制定相应的前程教育目标及成就标准。教育监（首尔、各广域市、各道教育委员会的负责人）则在教育部部长所规定的范围内，根据实情制定所属地区的前程教育目标及成就标准。

2. 教育部部长和教育监必须把第一项所规定的前程教育的目标及成就标准反映到教育课程当中。

3. 第一项、第二项所规定的前程教育目标、成就标准及其建立和实施将遵照总统令。

第九条（前程教育专职教师）

1. 教育部部长和教育监要在中小学安排专门负责前程教育的教师（以下称前程教育专职教师）。

2. 教育部部长和教育监可以在中小学安排助力前程教育专职教师工作的专职人员。

3. 前程教育专职教师可以与相关负责教师进行协商，并通过课堂教学提供前程教育，此时的前程教育咨询课认定为课堂教学。

4. 前程教育专职教师的配备标准，第二项所提专职人员的资格及工作所需事项将遵照总统令相关规定。

第十条（前程心理检查）

1. 中小学负责人可以提供关于前程的心理检查（以下称前程心理检查），方便学生了解自身的素质和能力所在，提前为后续的前程咨询做好准备。

2. 教育部部长可以制定针对不同阶段学生的前程心理检查工作标准。

第十一条（前程咨询）

1. 中小学负责人应为学生提供前程咨询，为学生对前程的探索与选择提供帮助。

2. 中小学负责人就前程问题可以听取学生监护人的意见。

第十二条（前程体验教育课程的制定及实施等）

1. 教育部部长和教育监制定并实施教育课程，为学生提供多样的前程体验机会。

2. 认定学校教育课程安排的前程体验课为正规课堂教学。

3. 前程体验教育课程的制定和实施以及教学课时认定等事项将遵照总统令相关规定。

第十三条（前程教育集中授课年级及学期制）

1. 教育监可以忽略《中小学教育法》第24条规定，可以指定特定年级或特定学期集中进行前程体验教育。

2. 第一项所提集中安排前程教育的特定年级及特定学期的制定及管理将遵照总统令相关规定。

第三章 大学前程教育

第十四条（大学前程教育）

1. 《高等教育法》第二条所指的大学、产业大学、专门大学（以下称大学）的负责人可以实施前程教育。

2. 教育部部长可以为大学的前程教育提供必要的支援。

第四章 前程教育支援

第十五条（国家前程教育中心）

1. 教育部部长可以指定专职机构负责管理前程教育中心（以下称国家前程教育中心），并为其业务提供所需经费。

2. 国家前程教育中心将承担以下业务：

（1）前程教育目标及成就标准的开发；（2）前程信息网的建设和管理；（3）前程心理检查的开发；（4）前程咨询资助；（5）前程体验项目的开发；

(6)前程教育产品的开发；(7)前程专职教师培训；(8)前程教育的现状调查及评价；(9)前程教育相关国际交流与合作；(10)其他教育部部长所提的前程教育相关事项。

3. 国家前程教育中心的指定、管理以及支援相关的事项将遵照教育部令。

第十六条（地区前程教育中心）

1. 教育监可以联系国家前程教育中心设置并运行地区前程教育中心，也可以指定专门机构管理此事。地区前程教育中心主要负责提供符合当地的升学和就业信息、前程心理检查和前程咨询，前程教育内容的开发和普及，前程体验活动的运营和支持。

2. 第一项所提地区前程教育中心的组织管理、专职机关的指定等事项将遵照相关条例。

第十七条（地区前程教育协会）

1. 为了有效支援地方前程教育，教育监可以组织和管理地区前程教育协会（包括地方政府、公共机关、大学、地方社会团体等），以便向其寻求相关咨询。

2. 地区前程教育协会的组织管理所需事项将遵照市、道相关条例的规定。

第十八条（前程体验支援）

1. 国家和地方政府应为帮助学生尝试多种前程体验，在行政和财政上对提供前程体验的法人、机关、团体等（以下称前程体验机构）给予相应的支持。

2. 国家和地方政府应开发前程体验机构，建设相关信息平台。

3. 第一项所提支援、第二项所提信息平台的建设及管理将遵照总统令相关规定。

第十九条（教育捐助前程体验机构的认证）

1. 关于面向学生无偿提供前程体验机会的前程体验机构，教育部部长可以认其为教育捐助前程体验机构。

2. 教育部部长可以把第一项所提认证权限委任于教育监。

3. 第一项所提认证标准及步骤等所需事项将遵照总统令相关规定。

第二十条（协助体系的构建等）

1. 教育监应与大学及地方政府的负责人共同构建协助体系，积极开展前程体验活动。

2. 地方政府的负责人与教育监可以管理和资助前程教育相关的前程体验设施、项目等。

第二十一条（监护人等的参与）

1. 教育部部长和教育监应提供必要的措施，促使学生的监护人、地方人士以及毕业生等有效地参与到前程教育工作中。

2. 教育部部长和教育监可以根据第一项的规定，为参加前程教育的监护人等提供前程教育说明会、前程教育研修等。

第二十二条（前程教育项目）

1. 教育部部长和教育监应开发和普及前程教育所需的多种项目。

2. 教育部部长应支援特别市、广域市、特别自治市、道、特别自治道（以下称市、道）的教育厅、教育相关研究所等，有效地开发和普及前程教育项目。

第二十三条（市、道教育厅前程教育评价）

1. 为了支持市和道的前程教育发展、缓解地方之间的差距，教育部部长可以对市、道教育厅的前程教育进行评价，并根据其结果在行政方面和财政方面给予相应的支持。

2. 教育监为做到第一项目标可以安排自主评价。

3. 第一项所提评价事项将遵照总统令相关规定。

附　　则

该法自公布经六个月后起实施。

附　　则

该法自公布即日起施行。（省略但书）

资格基本法

[第17954号法律，2021年3月23日生效]

第一章　总　　则

第一条（目的）

本法旨在通过规定资格相关的基本事项，将资格制度的管理和运营体系化，促进终身职业能力开发，提高国民的社会经济地位，并为实现以能力为导向的社会做出贡献。

第二条（定义）

本法中使用的术语，其定义如下：

(1)"资格"是指职务执行所需的知识、技术、素质等的掌握程度，根据一定的标准和程序进行评估或认定；(2)"国家职务能力标准"是指国家按各产业部门、各水平将产业现场，为执行职务而要求的知识、技术、素质等的内容系统化；(3)"资格体制"是指以国家职务能力标准为基础，让学校教育、职业培训（以下称教育培训）及资格能够相互联系的资格水平体系；(4)"国家资格"是指根据法令由国家新增，管理和运营的资格；(5)"民间资格"是指由国家之外的人员新增，管理和运营的资格；(5)之二．"注册资格"是指根据第十七条第二项，向相应主管部门部长注册的民间资格中，除公认资格之外的资格；(5)之三．"公认资格"是指根据第十九条第一款，由主管部门部长公认的民间资格；(6)"国家资格管理者"是指管理和运营相应国家资格的中央行政机构的负责人；(7)"民间资格管理者"是指管理和运营相应民间资格的人员；(8)"主管部门部长"是指对管辖民间资格进行注册受理或公认，并对其进行指导与监督的中央行政机构的负责人；(9)"资格鉴定"是指为授予资格，对所需的职务执行能力进行评估的过程；(10)"公认"是指由国家按照本法中规定的程序，对资格的管理和运营水平与国家资格相同或相似的民间资格进行认定的行为。

第三条（资格制度管理和运营的基本方向）

国家及民间资格管理者管理与运营资格制度时，应努力反映下列各项事项：

（1）在国家职务能力标准上的符合；（2）在资格体制上的符合；（3）与教育培训课程的联系；（4）在产业界需求上的顺应；（5）为终身学习和建立以能力为导向的社会做出贡献；（6）确保资格间兼容性和国际通用性。

第四条（国家的责任）

1. 国家应当制定国家职务能力标准，并努力为资格管理和运营制定、实施所需的政策。
2. 国家应当努力为构建资格体制制定实施所需的政策。
3. 国家应当积极探索将教育培训、资格和产业现场需求结合起来的政策。
4. 国家在资格管理及运营过程中应当尊重产业界的意见并保障其参与。
5. 国家应当积极探索搞活民间资格并提高其公信力的政策。
6. 国家应当制定、实施确保资格间的兼容性及国际通用性所需的政策。

第二章 资格管理及运营体制

第五条（国家职务能力标准）

1. 政府应当考虑国际标准及产业技术的变化等，开发、改进国家职务能力标准。
2. 国家职务能力标准中应当包含下列各项事项。
（1）职务的范围、内容和水平；（2）执行职务所需的知识、技术、素质及评估的标准和方法；（3）其他执行职务必要事项。
3. 政府应当努力根据国家职务能力标准，筹备政府规定的教育培训课程、国家资格的鉴定及出题标准、民间资格的公认标准等。
4. 国家职务能力标准的开发、改进及应用相关的详细事项，由总统令规定。

第六条（资格体制）

1. 政府以国家职务能力标准为基础，构建资格体制并加以应用。
2. 构建资格体制的必要事项，由总统令规定。

第七条（资格管理运营的基本方案）

1. 政府应当经第八条中规定的资格政策审议会的审议，为有效推进资格政策而制定资格管理运营的基本方案（以下称基本方案），并向相关中央行政机构负责人通报。拟变更基本计划时亦然。
2. 基本方案中应当包含下列各项事项。
（1）国家职务能力标准的开发、改进及应用相关事项；（2）资格体制的构建相关事项；（3）教育培训、资格及产业现场的联系相关事项；（4）资格间兼容性的确保及国际通用的促进相关事项；（5）资格信息系统的构建等相关事项；（6）资格制度的运营成果及评估相关事项；（7）其他资格制度发展的必要事项。

3. 教育部部长，为制定基本方案，可以实施资格政策相关的实况调查。

4. 教育部部长，为制定基本方案和进行第三款规定的实况调查，可以请求包括相关中央行政机构负责人及地方政府负责人在内的相关机构、团体的负责人，提交所需的资料，并且收到请求的相关机构、团体的负责人，如无特殊原因，应当遵照请求予以提交。

5. 相关中央行政机构负责人，应当根据基本方案，制定推进管辖业务相关的各年度实施计划，并向教育部提交下一年度实施计划和上一年度推进业绩。在这种情况下，教育部部长应当对相关中央行政机构的实施计划及其推进业绩进行检查、评估，并在下次制定基本计划时，对其结果加以反映。

6. 基本方案及实施计划的制定、推进相关的详细事项，和第三款规定的实况调查及第五款后段中规定的推进业绩评估的方法及内容等必要事项，由总统令规定。

第八条（资格政策审议会设立等）

1. 为审议资格相关的下列各项事项，在教育部设立资格政策审议会。（以下称审议会）。

（1）资格政策的基本方向及调整相关事项；（2）基本计划的制定及推进相关事项；（3）第十一条第三款规定的国家资格的新增、变更或废止相关事项；（4）根据第十七条第一款不适合以民间资格运营的领域相关事项；（5）民间资格的公认相关事项；（6）其他关于资格相关的主要政策，委员长认定需要，提交审议的事项。

2. 审议会，由包括委员长及副委员长在内的20名以内的委员组成，并且委员长为教育部部长，副委员长为雇佣劳动部次官（副部长），委员由下列人员担任。

（1）总统令规定的相关中央行政机构的次官（副部长）级公务员；（2）代表教育培训界、产业界或劳动界的人员中，根据相关中央行政机构负责人的推荐，由委员长委任的人员。

3. 委员长认定需要时，可以让相关行政机构负责人出席与管辖事务相关的审议会并发言。

4. 委员的任期为2年，可以连任。但委员长、副委员长及第二项第一款委员的任期为其在职期间。

5. 为给审议会的审议提供有效援助，在审议会设置实务委员会。

6. 审议会及实务委员会的组成及运营等相关的必要事项，由总统令规定。

第九条（教育培训和资格之间的联系）

1. 国家资格管理者，可以将国家资格授予，进修《产业教育振兴及产学研合作促进相关法律》第二条第二项中规定的产业教育机构的教育课程，或《国民终身职业能力开发法》第二条第一项中规定的职业能力开发培训的课程中，根据国家职务能力标准运营的教育培训课程的人员中，具备对相应国家资格作出规定的法令（以下称国家资格相关法令）中规定的一定条件的人员。

2.《产业教育振兴及产学研合作促进相关法律》第二条第二项中规定的产业教育机构负责人，可以把入学申请人获得的资格，根据其项目及水平，用作选拔资料或认定为学分。

第十条（资格信息系统的构建等）

1. 政府可以构建、运营资格获得者及资格相关信息的收集、管理等，资格制度的运营所需的资格信息系统。

2. 政府为构建、运营资格信息系统，可以请求管理、运营资格的人员提交所需的资料。

3. 政府认定需要时，可以根据总统令规定，将资格信息系统的构建、运营相关业务的全部或部分，委托给相关专业机构。

4. 其他资格信息系统的构建、运营必要事项，由总统令规定。

第三章　国家资格

第十一条（国家资格的新增等）

1. 中央行政机构负责人，可以通过国家资格相关法令，新增属于下列各个领域的国家资格。

（1）与国民的生命、健康及安全直接相关的领域；（2）国防、公安、教育、国家重点行业等与公共利益直接相关的领域；（3）资格获取需求少，民间资格运营困难的领域；（4）其他国家认定需要的领域。

2. 中央行政机构负责人，不得新增与根据第十九条第一款被公认的民间资格名称相同的国家资格。

3. 中央行政机构负责人新增、变更或废止（以下称新增等）国家资格时，认定需要时，可以根据总统令规定请求审议会进行审议。但在相关部门间意见不同时，应当请求审议会进行审议。

4. 审议会认定国家资格的新增等需要时，可以建议与该资格相关的中央行政机构负责人进行国家资格的新增等。

5. 根据第四款建议国家新增资格时，审议会可以要求相应中央行政机构负责人提交必要的资料。

第十二条（国家资格的获取）

1. 拟获取国家资格的人员，应当根据国家资格相关法令规定，获取国家资格。

2. 国家资格管理者,应当根据国家资格相关法令规定,给具备国家资格获取条件的人员,颁发证明获得国家资格的证书(以下称国家资格证)。

3. 国家资格证的颁发、记载事项、其他必要事项,以国家资格相关法令为根据。

第十三条(国家资格鉴定的豁免)

属于下列各项之一的人员,拟获取国家资格时,国家资格管理者,可以根据国家资格相关法令规定,豁免资格鉴定的全部或部分:

(1)获得相关国家资格或公认资格的人员;(2)进修国家资格管理者规定的教育培训课程的人员;(3)在外国获得相关资格的人员;(4)在军事分界线以北地区获得相关资格的人员;(5)其他经认定具备与国家资格同等的能力的人员中,国家资格管理法令规定的人员。

第十四条(相同名称的使用禁止)

1. 民间资格管理者不得使用与国家资格名称相同的名称。

2. 无论何人,如未获得国家资格,则不得使用与国家资格名称相同的名称。

第十五条(国家资格的调整)

当存在不适合继续作为国家资格的资格或重复的资格时,国家资格管理者应当对其进行整合、整理。

第十六条(国家资格管理、运营的委任、委托)

国家资格管理者,可以根据国家资格相关法令规定,委任、委托国家资格的管理、运营等相关的全部或部分权限。

第四章 民间资格

第十七条(民间资格的新增及注册等)

1. 国家之外的法人、团体或个人,均可在属于下列各项的领域之外,新增民间资格进行管理、运营。

(1)其他法令中禁止的行为相关的领域;(2)与国民的生命、健康、安全及国防直接相关的领域;(3)违背善良风俗或扰乱社会秩序的行为相关的领域;(4)其他不适合以民间资格运营的,经审议会审议,由总统令规定的领域。

2. 拟根据第一款新增民间资格进行管理、运营的人员,应当根据总统令规定,向主管部门部长注册相应民间资格。

3. 第一款规定的民间资格的管理、运营必要事项,由总统令规定。

第十七条之二(注册事项的变更)

根据第十七条第二款注册民间资格的民间资格管理者,在拟变更其注册事项中资格的项目等教育部令规定的事项时，应当根据总统令规定，向主管部门部长进行变更注册。

第十八条（取消资格的理由）

属于下列情况之一的人员，不得成为民间资格管理者：

（1）未成年人、禁治产人或准禁治产人（根据教育部令规定，认证具有民间资格的管理、运营相关的行为能力的准禁治产人除外）；（2）被宣告破产且未恢复权利的人员；（3）违反本法、《国家技术资格法》或国家资格相关法令，被判处监禁以上徒刑，且自执行结束（包括视为执行结束的情况）或执行豁免之日起未满3年的人员；（4）违反本法、《国家技术资格法》或国家资格相关法令，被宣告缓期执行监禁以上徒刑，且正处于缓刑期的人员；（5）属于第一项至第四项规定的人员担任管理人员的法人或团体［自相应事由发生日起3个月之内更换其管理人员的情况除外］；（6）根据第十八条之三第一款，注册资格的注册被取消（属于该条第1项至第4项的规定而被取消的情况除外）后未满3年的人员。

第十八条之二（整改命令）

管理、运营注册资格的人员，因注册资格的管理、运营相关而违反本法时，主管部门部长，可以根据总统令规定，命令注册资格管理者对违反事项进行整改。

第十八条之三（注册的取消或资格鉴定等的停止等）

1. 注册资格管理者发生符合下列各项之一的情况时，主管部门部长，可以取消相应注册资格的注册，或者在1年范围内停止运营资格鉴定或教育培训课程（以下称资格鉴定等）。但符合第一项或第二项的情况，应当取消注册。

（1）以虚假或其他不正当方法，进行第十七条第二款的注册的情况；（2）相当于第十八条各项中任意一项的情况；（3）不服从第十八条之二中主管部门部长的整改命令的情况。

2. 注册资格管理者拟废止注册资格时，应当向主管部门部长申报。

3. 第一项中规定的注册取消及资格鉴定等的停止标准和第二款规定的注册资格的废止等必要事项，由总统令规定。

第十八条之四（注册取消等的公告）

发生第十八条之三中规定的注册取消、资格鉴定等停止及注册资格废止时，主管部门部长，应当在20天之内对此进行公告。

第十八条之五（指导和监督）

主管部门部长，在需要时，可以要求注册资格管理者进行业务报告或提交资料等，以便对所管辖的注册资格相关业务进行指导和监督。

第十九条（民间资格的公认）

1. 为确保对民间资格的信任并提高社会通用性，主管部门部长，可以经审议会的审议，对法人管理的民间资格进行公认。

2. 属于下列各项之一的民间资格，不能获得第一款规定的民间资格的公认。

（1）正在进行解散程序的法人运营的资格；（2）未根据第十七条第二款进行注册的资格；（3）根据第二十六条第一款公认被取消（属于第十八条第一项或第二项而被取消的情况除外）后未满3年的资格。

3. 民间资格的公认标准、程序等相关的必要事项，由总统令规定。

第二十条（公认资格的公认期限等）

1. 公认资格的公认期限，在5年的范围内，由主管部门部长确定后进行公告。

2. 主管部门部长，根据总统令规定，仅可以在5年范围内，将第一款规定的公认期限延长一次。在这种情况下，省略审议会的审议。

3. 管理、运营公认资格的人员（以下称公认资格管理者），可以在第一款及第二款规定的公认期限到期前，接受重新公认。

4. 关于公认资格的重新公认，适用民间资格的公认相关规定。

第二十一条（公认资格的效力）

1. 公认期限内获得的公认资格，无论公认期限是否到期，都具有公认资格的效力。但公认资格的有效期限到期时例外。

2. 在获得第十九条中规定的民间资格的公认前获得的民间资格，没有公认资格的效力。但在公认资格管理者，根据总统令规定，经主管部门部长批准而实施的资格鉴定中的合格人员，或根据总统令规定，完成教育培训的人员的情况例外。

第二十二条（公认证书的颁发等）

1. 主管部门部长，根据第十九条进行公认，或者根据第二十条延长公认期限或进行重新公认时，应当给公认资格管理者颁发证明相应民间资格的公认的文件（以下称公认证书）。

2. 获得第十九条中规定的民间资格的公认的民间资格管理者，不得颁发记载获得公认的资格证。

3. 公认证书的颁发及记载事项等相关的必要事项，由教育部令规定。

第二十三条（公认资格的获取等）

1. 拟获取公认资格的人员，应当通过公认资格管理者实施的资格鉴定，或者根据总统令规定，完成经主管部门部长批准的教育培训课程。

2. 公认资格管理者，应当为根据第一款获得公认资格的人员，颁发证明公认资格的获得的证书（以下称公认资格证）。

3. 获得公认资格的人员，与根据其他法令规定，获得与其相当的国家资格的人员享受同等的待遇。

4. 无论何人，若未获得公认资格，则不得使用与公认资格名称相同的名称。

5. 公认资格证的记载事项等相关的必要事项，由教育部令规定。

第二十四条（公认事项的变更）

1. 公认资格管理者，在公认期限内，不得变更公认资格的名称。

2. 拟变更根据第十九条获得公认的事项中资格的鉴定标准（以下称鉴定标准）等，总统令规定的重要事项时，应当获得主管部门部长的批准。

第二十五条（整改命令）

公认资格管理者因公认资格的管理、运营相关而违反本法时，主管部门部长，可以命令公认资格管理者限期整改。

第二十六条（公认的取消或资格鉴定等的停止等）

1. 公认资格管理者，发生符合下列各项之一的情况时，主管部门部长，可以取消相应公认资格的公认，或在1年范围内停止运营资格鉴定。但符合第一项至第三项时，应当取消。

（1）符合第十八条各项之一的情况；（2）以虚假或其他不正当方法获得公认的情况；（3）违反第二十四条第一款，变更公认资格的名称的情况；（4）不服从第二十五条中规定的主管部门部长的整改命令的情况。

2. 公认资格管理者，在因法人的解散、其他不得已原因，拟废止公认资格的情况下，应当向主管部门部长申报并交还公认证书。

3. 根据第二款收到申报的主管部门部长，认定需要让相应公认资格继续保留时，可以将相应公认资格的管理、运营权，转让给其他公认资格管理者或民间资格管理者。

4. 第一款规定的资格鉴定等的停止及公认取消的标准和第二款规定的公认资格的废止等相关的必要事项，由总统令规定。

第二十七条（公认资格管理者的职责）

1. 公认资格管理者，应当让相应公认资格的管理、运营的水平，与相关国家资格的情况保持相同或相似。

2. 公认资格管理者，不得向他人租借或转让或者借用或受让获得颁发的公认证书。

3. 公认资格管理者，不得以不正当方法，管理、运营公认资格。

4. 公认资格管理者，应当根据获得公认的内容，管理、运营公认资格。

第二十八条（公认的公告）

主管部门部长，在发生符合下列情况之一的事由时，应当在20日之内对其进行公告：

（1）第十九条中规定的民间资格的公认；（2）第二十条中规定的公认期限及公认期限的延长和重新公认；（3）主管部门部长对第二十四条第二款规定的公认事项的变更批准；（4）第二十六条中规定的公认的取消、资格鉴定等的停止及公认资格的废止；（5）其他影响公认资格获得者的利害关系的事项。

第二十九条（主管部门部长的指导与监督）

1. 为提高公认资格的公信力，主管部门部长应当每年1次对下属公认资格管理者进行指导、监督。

2. 除第一款规定的定期指导、监督之外，主管部门部长，在下属公认资格管理者运营内容与获得公认的内容不同时，也可以进行指导、监督。

3. 主管部门部长认定需要时，可以对下属公认资格管理者下达所需的报告、资料提交要求、其他所需的指示。

第五章　附　　则

第三十条（对资格获得者的优待）

1. 在进行国家资格及公认资格的职务领域相关的营业许可、公认、注册或执照审批，或者利益赋予时，国家及地方政府，可以在不违背其他法令的范围内，优待获得其职务领域的国家资格或公认资格的人员。

2. 经营者，可以在实施劳动者的聘用、晋升、转任及其他人事上的措施时，优待获得相应职务领域的国家资格或公认资格的人员。

第三十一条（资格获得者的诚信义务等）

1. 获得资格的人员，应当诚实履行其资格相关的职务，并且不得有损品德。

2. 无论何人，均不得将自己获得的资格，向他人出借或者借用他人获得的资格。

第三十二条（资格获得的取消、停止等）

对于以虚假或不正当方法获得国家资格的人员、向他人出借或借用国家资格的人员，国家资格管理者，可以根据国家资格相关法令规定，采取取消或停止资格、限制参加国家资格考试等措施。

第三十三条（标示义务等）

1. 进行资格相关的公布时，应当标示下列各事项。

（1）资格的种类；（2）注册或公认编号；（3）管理、运营相应资格的人员；（4）其他为保护消费者由总统令规定的事项。

2. 无论何人，均不得将未获得公认的民间资格，公布为获得公认，或者广告为具有基于公认的效力等，进行虚假或夸张广告。

3. 第二款的虚假或夸张公布的类型及标准等相关的必要事项，由总统令规定。

第三十四条（资格获得者的信息管理）

1. 为有效运营资格制度和保护资格获得者的权益等，国家资格管理者及公认资格管理者，应当系统管理与获得相应国家资格及公认资格的人员相关的资格信息。

2. 公认资格管理者，应当定期向主管部门部长提交根据第一款进行管理的信息。

3. 根据第一款管理或管理过资格信息的人员，不得将其业务上得知的个人的资格信息泄露或提供给他人利用等，将资格信息用于不正当目的。

4. 根据第一款应当管理的信息的内容及利用等详细事项，由总统令规定。

第三十五条（进修教育）

为保持、发展获得相应国家资格及公认资格的人员的职务能力而需要时，国家资格管理者及公认资格管理者，可以实施进修教育。

第三十六条（听证）

主管部门部长，在拟作出属于下列各项之一的处分时，应当实施听证。

（1）第十八条之三第一款规定的注册资格的注册取消及资格鉴定等的停止；
（2）第二十六条第一款规定的公认的取消及资格鉴定等的停止。

第三十七条（手续费）

属于下列各项之一的人员，应当根据总统令或国家资格相关法令，规定缴纳手续费：

（1）拟获得国家资格鉴定的人员；（2）获得颁发或重新颁发国家资格证的人员；（3）获得民间资格公认及重新公认的人员；（4）其他获得签发资格相关的各种证明的人员。

第三十八条（权限的委任和委托）

1. 教育部部长，可以根据总统令规定，将为第四条中规定的政策的制定、实施所需的调查、研究业务，委托给相关专业机构。

2. 主管部门部长，可以根据总统令规定，将民间资格的注册相关权限，委任给下属机构负责人，或者委托给教育部部长、其他行政机构负责人或相关专业机构。

3. 根据第二款，受到主管部门部长权限委任或委托的下属机构负责人、教育部部长及其他行政机构负责人，可以再将其权限的部分，委托给相关专业机构。

4. 主管部门部长，可以根据总统令规定，将民间资格的公认相关权限的部分，委任给下属机构负责人，或者委任或委托给其他行政机构负责人或相关专业机构。

5. 教育部部长及主管部门部长，根据第一款至第四款之规定，进行权限委任、委托时，可以提供受任、受托机构执行相关业务所需的财政支援。

第三十九条（罚则）

对于属于下列各项之一的人员，处以 3 年以下的有期徒刑或 3000 万韩元以下的罚金。但第一项的情况，在国家资格相关法令中有处罚规定时，遵照其规定：

（1）新增或管理、运营第十七条第一款禁止的民间资格的人员；（1）之二．以虚假或其他不正当方法，进行第 17 条第 2 项中规定的注册的人员；（1）之三．违反第十七条第二款，未注册民间资格而新增，进行管理、运营的人员；（2）违反第二十二条第二款，颁发记载为获得公认的资格证的人员；（3）第二十六条第一款第二项中规定的，以虚假或其他不正当方法，获得公认的人员；（4）违反第三十三条第二款，将未获得公认的民间资格，广告为获得公认，或者广告为具有基于公认的效力的人员；（5）违反第三十四条第三款，将资格信息泄露或提供给他人利用等，将资格信息用于不正当目的的人员。

第四十条（罚则）

对于属于下列各项之一的人员，处以 1 年以下的有期徒刑或 1000 万韩元以下的罚金。但国家资格相关法令中有处罚规定时，遵照其规定：

（1）违反第十四条，使用与国家资格名称相同的名称的人员；（2）违反第二十三条第四款，未获得公认资格而使用与公认资格名称相同的名称的人员；（3）违反第二十五条，无正当原因，却不服从主管部门部长的整改命令的人员；（4）违反第二十七条第二款，向他人出借或转让公认证书的人员，或者借用或接受转让的人员；（5）违反第三十一条第二款，向他人出借或借用获得资格的人员。

第四十一条（罚则）

对于违反第三十三条第一款，未标示资格相关标示事项，或者违反同条第二项进行虚假或夸张广告的人员，处以 3000 万韩元以下的罚金。但其他法令中有处罚规定时，遵照其规定。

第四十二条（双罚制）

法人或团体的代表或者法人、团体或个人的代理人、使用人、其他从业人员，因其法人、团体或个人的业务相关，作出第三十九条、第四十条（第五项除外）或第四十一条中的任何一个违反行为时，除处罚该行为人之外，对本法人、团体或个人也会处以相应条文的罚金。但为防止发生该违反行为，法人、团体或个人一直未放松对相关业务进行密切关注和监督的，不予并罚。

附　　则

本法自公布之日起施行。（省略但书）

英才教育振兴法

[第 15231 号法律，2017 年 12 月 19 日修订]

第一条（目的） 该法旨在根据《教育基本法》第 12 条、第 19 条的规定，通过卓越人才的早期发现，开展符合其能力及素质的教育，实现开发其潜力、谋求其自我价值实现，为国家和社会发展作出贡献的目的。

第二条（定义） 此法所用词语定义解释如下：
（1）所谓"英才"是指具有卓越的才能，为开发其潜力，需要特殊教育的人才；（2）所谓"英才教育"是指以英才为对象实施的符合其能力和素质的内容及方法的教育；（3）所谓"英才教育机构"是指英才学校、英才班及英才教育院；（4）所谓"英才学校"是指为实施英才教育，根据此法指定或设立的高中阶段以下的学校；（5）所谓"英才班"是指在根据《中小学教育法》设立、运营的高中阶段以下的各级学校，实施英才教育的班级；（6）所谓"英才教育院"是指为实施英才教育，根据《高等教育法》第 2 条的规定在学校（此处的学校包含根据其他法律设置的学校，以下称"学院"）等设立、运营英才教育的附属机构；（7）所谓"英才教育研究院"是指为有效地实施英才教育，而指定或设立运营的各种研究开发及执行业务支援的机构；（8）所谓"英才教育特殊人才"（以下称"特殊人才"）是指根据此法确定的接受英才教育对象中，在某一个或某几个领域具有卓越的才能和非凡的潜力，需要特殊教育支援的人才。

第三条（国家及地方政府的义务）
1. 为振兴英才教育，国家应制定以下各项政策：
（1）制定有关英才教育的各种综合计划；（2）开展英才教育相关研究、开发及普及；（3）英才教育机构的指定、设立、设置及运营；（4）英才教育研究院的指定、设置及运营；（5）制定及实施确保小学、初中、高中各阶段英才教育连续性方案；（6）英才教育负责教师的聘用及培训；（7）英才教育经费的支援；（8）制定其他有关英才教育振兴的政策。

2. 为振兴英才教育，地方政府应制定以下各项政策：
（1）根据第一款规定的国家政策中为振兴地方英才教育，制定地区英才教育有关的详细实施计划。（2）制定其他有关地区英才教育振兴的政策。

3. 对于根据第二款规定的英才教育政策实施上不积极或预算不足的地方政府，国家可劝告其扩大预算或采取其他措施。

第四条（中央英才教育振兴委员会的设置及其作用） 为审议有关英才教育的重要条款，在教育部设立中央英才教育振兴委员会（以下称中央委员会）。

（1）英才教育基本政策的有关事项；（2）英才教育综合计划建立的有关事项；（3）英才教育制度改善的有关事项；（4）根据第6条规定，英才学校指定、设立的有关事项；（5）根据第7条规定，在国立学校设立英才班的有关事项；（6）根据第8条规定，获得相关中央行政机构长官的许可而设立的英才教育院的设立许可有关事项；（7）英才教育所需预算及经费支援有关事项；（8）其他为振兴英才教育所需事项。

第四条之二（中央委员会的构成）

1. 中央委员会由包含1名委员长、1名副委员长等的15名以内的委员组成，委员长将成为教育部副部长。

2. 委员需符合下列其中一项，并接受教育部长任命或委托。

（1）任命教育部、科学技术信息通信部及教育部部长认为有利于促进英才教育的中央行政机构中的3级以上及相同层次的公务员作为相关机构负责人；（2）学院或公认研究机构的讲师以上或相当于讲师以上的具有英才教育专业知识的专门人才；（3）根据《非营利民间团体支援法》第2条规定的非营利民间团体的负责人；（4）英才的监护人；（5）具有5年及以上英才教育经历的教师及助教；（6）其他有关英才教育改革及经验丰富的人才。

3. 委员的任期为3年，可连任。但第二款第1项委员的任期需在其相关职位的任期内。

4. 教育部长可从教育部直属公务员中任命1名干事，负责委员会事务。

5. 除第一款到第四款规定的事项外，中央委员会的组织及运营的有关事项依据总统令决定。

第四条之三（市、道英才教育振兴委员会的设置及其作用）

为审议有关地区英才教育的重要条款，在特别市、广域市、道及特别自治道（以下称市、道）教育厅设立英才教育振兴委员会（以下称"市、道委员会"）；

（1）相关市、道英才教育基本政策的有关事项；（2）根据第7条规定，在公立、私立学校设立英才班的有关事项；（3）根据第8条规定，教育监设立运营的英才教育院设立的有关事项；（4）根据第8条规定，获得教育监许可而设立的英才教育院的设立许可有关事项；（5）根据第17条规定再审的有关事项；（6）相关市、道英才教育预算及经费支援有关事项；（7）其他为相关市、道英才教育振兴所需事项。

第四条之四（市、道委员会的构成）

1. 市、道委员会由包含1名委员长、1名副委员长等的15名委员组成，委员长将成为副教育监。

2. 委员需符合下列其中一项，并接受教育监任命或委托。

（1）相关市、道教育厅负责英才教育的公务员；（2）英才教育机构负责人（英才班的情况是指设立英才班的学校的长官，下同）；（3）律师等具有法律有关专业知识的人才；（4）具有3年及以上英才教育经历的教师及助教；（5）英才的监护人；（6）其他有关英才教育改革及经验丰富的人才。

3. 委员的任期为3年，可连任。但第②条第1项及第2项委员的任期需在其相关职位的任期内。

4. 除第一款到第三款规定的事项外，市、道委员会的组织及运营的有关事项依据总统令决定。

第五条（英才教育对象的选拔）

1. 具有下列规定之一的卓越才能和优秀潜力的人才，经过英才教育长官认定可被选拔为英才教育对象。

（1）普通技能；（2）特殊的学问技能；（3）创作性思维能力；（4）艺术才能；（5）身体才能；（6）其他特殊才能。

2. 英才教育机构负责人根据第1条选拔英才教育对象时，对于低收入阶层子女、经济基础薄弱地区居民等未能充分发掘其潜力的英才，可另行制定选拔举措。

3. 根据第一款和第二款规定的英才教育对象的选拔标准及选拔程序等必要事项依据总统令决定。

第六条（英才学校的指定、设立及运营）

1. 为实施英才教育，在现有高中阶段以下的各级学校中，指定部分学校作为英才学校或重新设立运营英才学校。

2. 根据第一款规定的英才学校的指定、设立及运营方法等必要事项依据总统令决定。

第七条（英才班的设立及运营）

1. 为实施英才教育，国家及地方自治团体可在高中阶段以下的各级学校的教学领域的全部或部分设立运营英才班。

2. 根据第一款规定的英才班的设立标准及运营方法等必要事项依据总统令决定。

第八条（英才教育院的设立运营）

1. 为实施英才教育，市、道教育厅、大学、公立研究所、政府出资机构及科学、技术、艺术、体育等有关机构的公益法人可设立运营英才教育院。

2. 根据第一款规定的英才教育院的设立标准及运营方法等必要事项依据总统令决定。

第九条（修业认证及委托教育）

1. 英才教育对象在英才教育机关所修的全部或部分英才教育课程应承认为其修完与此相当的正规课程。

2. 英才教育长官认为有必要时，可将英才教育对象的部分教育课程委托其他英才教育机构或学院进行。

3. 根据第二款规定，接受部分教育课程委托的学院的长官在修完此课程的学生入学时要根据学校规则（以下称校规）认定其学分。

4. 根据第一款规定的修业认证及根据第三款规定的学分认定等必要事项依据总统令决定。

第九条之二（确保英才教育的连续性）

1. 在英才教育机构修完英才教育课程的学生，国家和地方政府应该为其构建相同系列的上级教育机构的连续性的教育体系。

2. 根据第一款规定的有关确保英才教育的连续性的必要事项依据总统令决定。

第九条之三（英才教育的教务管理）

1. 英才学校根据学校管理规定决定学生的升级及毕业等有关事项，可实施学年制以外的制度。

2. 英才学校的学期、授课天数、班级编排、休息日及其他教务管理事项原则上依从《中小学教育法》第二十四条第三款的规定，最终由总统令决定。

第九条之四（学校生活记录）

1. 英才教育机构负责人原则上依据《中小学教育法》第二十五条规定，但根据该教育机构的目的，对学生的教育和完成度等资料进行单独编制管理。

2. 教育部长就第一款规定的资料的编制管理认定有必要的，可规定最低限度的必要记载事项进行公告。

第十条（教师的聘用及报酬）

1. 英才教育教师原则上应具备《中小学教育法》第21条规定的资格标准，但为发展英才教育，人事聘用负责人在认定有必要的情况下，可聘用具有英才教育能力且被总统令认定为有资格的人为英才教育机构的教师。

2. 聘用英才教育教师的聘用标准、报酬、补贴、工作条件、配备标准等必要事项依据总统令决定。

第十条之二（教师的外派）

1. 为开展英才教育有关的研究及能力开发，英才教育人事聘用负责人在认定为有必要的情况下，可将英才教育教师派遣到英才教育机构、英才教育研究院、教育行政机构、国内外教育研修研究机构及其他相关机构工作一段时间。

2. 根据第一款派遣教员的人事聘用负责人，在派遣事由消失或无法达到派遣目的的情况下，应立即将派遣的教师派回原所属机构。

3. 外派教师的外出工作时间、外派程序及相关服务事项等必要事项依据总统令决定。

第十条之三（教师的教育及进修）

1. 国家和地方自治团体应定期实施教育及研修，提高英才教育负责教师的素质。

2. 根据第一款开展的教育及研修所需事项依据总统令决定。

第十一条（教育课程及教材）

1. 英才教育机构的负责人原则上依据《中小学教育法》第二十三条第二款，但应该确定符合该教育机构教育领域及目的教育课程。

2. 英才教育机构的负责人原则上依据《中小学教育法》第二十九条，但根据总统令的规定，可制作并使用该教育机构规定的单独的教学用书，或使用其他教材及资料。

第十二条（财政支援）

国家和地方自治团体可向英才教育机构支援设施费、运营费、实验实习费、英才教育对象负担的学费、报名费及英才教育活动所需的全部或部分经费。

第十三条（英才教育研究院）

1. 国家为完成有关英才教育的研究开发及支援业务可设立或指定英才教育研究院。

2. 英才教育研究院执行下列事项：

（1）有关英才教育理论的基础研究；（2）英才教育政策研究；（3）英才判定的研究与开发；（4）英才教育方法及资料的研究与开发；（5）英才教育支援系统的研究与开发；（6）教师研修资料的研究开发及执行；（7）有关英才教育的综合数据的构建与管理；（8）特殊人才的判定及适当教育课程的有关审查；（9）为特殊人才量身定制的与专家及相关机构等的系列就业指导；（10）其他有关英才教育的业务。

3. 国家可根据第一款规定，将英才教育研究院指定为英才教育负责教师的研修机构。

4. 国家可在预算范围内捐助英才教育研究院事业和运营所需的全部或部分经费。

5. 英才教育研究院的组织、运营及根据第二款第七项构建、管理综合数据库、根据第三款指定研修机构的条件等必要事项依据总统令决定。

第十四条 （特殊英才的选定）

1. 有意入选特殊英才的人才及其监护人需向居住地的教育监提交特殊英才申请。

2. 根据第一款规定提出申请的教育监应委托本法规定的英才教育研究院进行判别和审查，根据英才教育研究院的审查结果，选定特殊英才，并将其通报给当事人。

3. 对于被选拔为特殊英才的人才，为充分发挥其才能和潜力，可突破《中小学教育法》第十三条、第二十四条到第二十七条、第三十九条、第四十二条、第四十三条、第四十六条及第四十七条规定的条款限制。

4. 被选为特殊英才提前进入上级学校的人才，可认为其已具备入学所需的资格。

5. 根据第一款至第四款规定，对特殊英才进行判定、审查的标准及程序和通报、提前入学资格等必要事项由总统令决定。

第十五条 （关于特殊英才选拔的再审）

1. 为被选定为特殊英才，向居住地的教育监提交申请的人及其监护人对第十六条第二款规定的教育监措施有异议时，可在收到决定书之日起30天内向该市、道委员会申请再审。

2. 市、道委员会接到第一款再审请求时，应在30日内对其进行审查、决定，并通知申请人。

第十六条 （特殊英才的转学、安置）

1. 特殊英才及其监护人或负责特殊英才教育的负责人，如果认定该机构的教育课程不适合特殊英才，可向居住地的教育监申请将其转学或安置到其他教育机构。

2. 关于第一款规定的转学、安置等事项，应听取相关学生和监护人的意见。

3. 根据第一款规定的转学、安置及第二款规定的听取意见等必要事项依据总统令决定。

第十六条之二 （相关行政机关等的协助请求）

1. 国家和地方政府为制定第3条规定的政策，如有必要，可向相关行政机关负责人或相关机关、团体负责人等提出协助请求。

2. 被要求根据第一款进行协助的，如无特殊情况，应予以配合。

附　　则

该法自公布之日起施行。

人性教育振兴法

[第 17472 号法律，2020 年 8 月 11 日]

第一条（目的）

本法旨在通过保障《韩国宪法》规定的人的尊严与价值，以《教育基本法》中倡导的教育理念为基础，通过培养具有健全和正直人性的公民，为推动国家社会向善发展贡献力量。

第二条（术语的定义）

本法中使用的术语，其定义如下：

（1）"人性教育"是指以健全、端正自身的内心世界，培养与他人、共同体、自然和谐共处所需人性品质和力量为目标的教育。（2）"核心价值和品德"是指人性教育的目标，亦即尊礼、重孝、正直、责任、尊重、关怀、沟通、合作等思想或者与人相关的核心价值观和品德。（3）"核心力量"是指积极主动地践行核心价值、品德所必需的知识，以及思想沟通能力和纠纷化解能力等综合能力。（4）"学校"是指符合下列情形的机构：①《幼儿教育法》第二条第二款规定的幼儿园；②《中小学教育法》第二条规定的学校；③《关于旅外国民教育援助等的法律》第二条第三款规定的韩国学校。

第三条（与其他法律的关系）

人性教育相关事项，除其他法律有特别规定的情形外，执行本规定。

第四条（国家等的责任）

1. 为了培养有人性的国民，国家和地方政府应当制定并实施长期的、系统性的人性教育政策。

2. 国家和地方政府应当制定符合学生发育阶段和单位学校情况和条件的人性教育振兴相关措施。

3. 国家和地方政府应当以学校为中心开展人性教育活动，并为营造亲和的人性教育环境努力构建家庭和社区的有机联系网。

4. 国家和地方政府为振兴学校人性教育应当大力宣传全民参与的必要性。

5. 国民应当积极配合国家和地方政府推进人性教育的相关政策。

第五条 （人性教育的基本方向）

1. 应当鼓励在家庭、学校和社会开展人性教育。

2. 人性教育应当考虑到个人的全面发展，要从长远角度规划并实施。

3. 人性教育应当在学校、家庭和社区的参与和互动下，充分利用各种社会基础资源在全国范围内实施。

第六条 （人性教育综合规划的制定等）

1. 为有效推进人性教育，教育部部长应当与总统令规定的各相关中央行政机关负责人协商，经本法第九条规定的人性教育振兴委员会审议通过后，每五年制定一次人性教育综合规划（以下称综合规划）。

2. 综合规划应当包含以下内容：

（1）人性教育的推进目标和推进计划；（2）人性教育的宣传；（3）人性教育的资金筹集和资金管理方案；（4）人性教育核心价值、品德及核心力量选定的相关事项；（5）总统令规定的人性教育相关其他事项。

3. 教育部部长在变更综合规划中的重要内容时，应当根据本条第一款规定与各相关中央行政机关负责人协商，并报经本法第九条规定的人性教育振兴委员会审议。但如法令的修订或者各相关中央行政机关工作计划的变更等轻微事项，无须照此办理。

4. 教育部部长根据本条第一款或者第三款制定或者变更综合规划时，应当及时通知各相关中央行政机关。

5. 为制定综合规划，教育部部长可以每五年组织实施一次有关人性教育的摸底调查。

6. 为组织实施本条第五款规定的摸底调查，教育部部长可以要求各相关中央行政机关负责人、地方政府负责人等相关机关、团体负责人提交必要的资料。在这种情况下，如无特殊理由，被请求人应予以协助。

7. 特别市、广域市、特别自治市、道以及特别自治道教育监（以下称教育监）应当根据综合规划制定并实施相应地方政府的年度人性教育实施计划（以下称实施计划）。

8. 教育监制定或者变更本条第七款规定的实施计划时，应当及时通知教育部部长。

9. 综合规划及实施计划的制定、实施以及摸底调查的方法等必要事项由总统令规定。

第七条 （规划制定等的协助）

1. 教育部部长和教育监为制定、实施、评估综合规划或者实施方案，必要时可以要求有关中央行政机关负责人、地方政府负责人和教育监提供协助。

2. 接到本条第一款规定的协助请求的人员，如无特殊原因，应予以协助。

第八条 （听证会等的实施）

1. 教育部部长和教育监制定综合规划或者实施计划时，应当采用听证会、说明会、研讨会、问卷调查等多种形式（以下称听证会等）听取国民和有关专家的意见，教育部部长和教育监认定听证会等所提意见恰当时，应当在所制定的综合规划和实施方案中予以反映。

2. 实施听证会等相关必要事项由总统令规定。

第九条 （人性教育振兴委员会）

1. 成立由教育部部长主管的人性教育振兴委员会（以下称委员会），审议下列人性教育的相关事项：
（1）人性教育政策的目标和推进方向相关事项；（2）综合规划制定相关事项；（3）人性教育推进业绩的检查与考核相关事项；（4）人性教育支持的合作与协调相关事项；（5）总统令规定的人性教育其他相关事项。

2. 委员会由包括委员长在内的二十人以内的委员组成。

3. 委员会的委员长由委员互选产生，由非公务员担任。

4. 委员会的委员由教育部部长根据总统令规定从符合下列情形的人员中任命或者委任。在这种情形下，委员中的过半数应当由非公务员的人员担任。
（1）教育部次官、文化体育观光部次官（文化体育观光部长官提名的次官）、保健福祉部次官（保健福祉部长官提名的次官）以及女性家庭部次官；（2）国会议长推荐的三名人员；（3）拥有丰富人性教育学识和经验的人员中由总统令规定的人员。

5. 为落实审议事项，委员会人性教育振兴相关的组织架构、人员、业务等相关必要事项由教育部令规定。

6. 委员会的组建、运营相关其他必要事项，由总统令规定。

第十条 （学校人性教育的标准和运营）

1. 教育部部长根据总统令规定确定学校开展人性教育的目标和成就标准。

2. 学校负责人应当根据总统令规定，综合考虑本条第一款规定的人性教育目标和成就标准以及教育对象的年龄等因素，制定年度人性教育计划，并组织开展实施。

3. 学校负责人应当以人性教育的核心价值和品德为中心，编制并运营旨在培养学生人性核心能力的学校教育课程。

4. 为振兴人性教育，学校负责人应当出台促进学校、家庭、社区三方联动的方案。

第十一条 （人性教育支持等）

1. 为支持在家庭、学校和社区开展人性教育活动，国家和地方政府应当开发并推广旨在支持家庭、学校和社区开展人性教育的教育教学项目（以下称人性教育项目）。

2. 国家和地方政府可以将人性教育项目的组织和运营委托给专业机构或者专家。

3. 教育部部长和教育监应当把人性教育项目的内容和运营计划通过在相关学校网站首页发布等方式告知学生家长。

4. 学生父母应当配合国家、地方政府及学校的人性教育振兴政策，并可就人性教育的必要事项向有关机关负责人提出建议。

5. 家庭、学校和社区推动人性教育振兴所需其他必要事项，由总统令规定。

第十二条 （人性教育项目的认证）

1. 为推动人性教育振兴，教育部部长可以对人性教育项目的开发和普及者，人性教育课程的开设和运营者（以下称人性教育课程开发者等）开展人性教育项目和人性教育课程认证（以下称认证）。

2. 需要认证人性教育项目的开发者等应当向教育部部长提出申请。

3. 根据本条第二款申请认证的人性教育项目或者人性教育课程，其教学内容、教学课时、教学科目、教学设施等符合教育部令规定的标准时，教育部部长应予以认证。

4. 取得本条第三款所列认证的人性教育项目或者人性教育课程，可以根据教育部令规定，在对外宣传中标贴认证标志。

5. 未取得本条第三款所列认证的人性教育项目或者人性教育课程，不得在对外宣传中标注本条第四款的认证标志或者与之类似的标志。

6. 本条第一款至第三款所列认证的程序和方法等相关必要事项，由教育部令规定。

7. 教育部部长可以根据教育部令规定，将本条第一款至第三款规定的认证业务委托给专业机构或者团体。

第十三条 （认证的有效期）

1. 本法第十二条第三款规定的认证有效期为自取得认证之日起三年。

2. 本条第一款规定的的有效期仅限延长一次，且延长期限不得超过二年。

3. 本条第二款规定的认证延长申请及其他相关必要事项，由教育部令规定。

第十四条 （认证的撤销）

根据本法第十二条第三款取得认证的人性教育项目或者人性教育课程符合下列情形之一的，教育部部长可以撤销对其的认证。但符合下列第一款的必须撤销对其的认证：

（1）通过虚假或者其他不正当手段取得认证的；（2）不符合本法第十二条第三款规定的认证标准的。

第十五条（人性教育预算支持）

国家和地方政府应当在预算范围内，对支持人性教育、开发与普及推广人性教育项目等人性教育振兴事业所需费用提供支持。

第十六条（人性教育推进成果和活动的评价）

1. 根据综合规划和实施计划开展的人性教育，教育部部长和教育监应当每年对其推进成果与活动进行一次评价。

2. 教育部部长和教育监可以将本条第一款规定的考核评估结果在综合规划和实施计划中体现。

3. 人性教育推进成果和活动考核评估相关其他必要事项由总统令规定。

第十七条（教师的研修等）

1. 教育部部长和教育监应当采取措施，确保学校的教师（以下称教师）根据总统令的有关规定，每年完成一定课时以上的人性教育相关研修。

2. 《高等教育法》第四十一条规定的教育学院、师范学院（含教育系和教职课程）等教育部令规定的教师培养机构，应当开设并运营旨在强化预备教师人性教育指导能力相关的必修科目。

第十八条（学校鼓励参与人性教育）

学校负责人应当鼓励和指导学生在本法第十一条第一款规定的社区等地参与人性教育。

第十八条之二（媒体对人性教育的支持）

为广泛宣传人性教育的重要性推动全民参与，必要时，国家和地方政府应当利用媒体（含《关于媒体仲裁与损害救济等的法律》第二条规定的广播、报纸、杂志等定期刊物以及新闻通讯和网络报刊等）开展人性教育全民参与活动。

第十九条（专业人才的培养）

1. 为扩大人性教育，国家和地方政府应当培养必要领域的专业人才。

2. 为培养本条第一款规定的专业人才，教育部部长及教育监可以将教育相关机构或者团体等指定为人性教育专业人才培养机构，并可以为相关专业人才培养机构提供全部或者部分必要经费。

3. 本条第2款规定的专业人才培养机构的指定标准，由总统令规定。

第二十条（权限的委任）

教育部部长可以将本法规定的权限，根据总统令的规定，部分委任给教育监。

第二十一条（罚金）

1. 对有下列情形之一的人员，处以五百万韩元以下罚款：

（1）通过虚假或者其他不正当手段取得本法第十二条规定的认证的；

（2）违反本法第十二条第五款，违规标注认证标识的。

2. 本条第一款规定的罚金,根据总统令的规定,由教育部部长征收。

附　　则（《政府组织法》）

第二十二条 （施行日期）

本法自公布一个月过后开始施行。但,……,在本法正式施行前,本法"附则"第四条中已经公布但未到施行日期的诸部法律中,其修订部分自相关诸部法律各自的施行日期起施行。

第二十三条　省略

第二十四条　省略

第二十五条 （**本法的其他修订**）

《人性教育振兴法》进行以下局部修订：

第九条第四款第一项中"保健福祉部次官"改为"保健福祉部次官（保健福祉部长官提名的次官）"。

省略第二项至第三十三项。

第二十六条　省略

关于振兴产业教育、推动产学研合作的法律

[第17660号法律，2020年12月22日修订]

第一章 总 则

第一条（目的）

本法旨在振兴产业教育，促进产学研合作，培养适应以教育和研究联动为基础的产业社会所需创造型产业人才，构建高效研究开发体制，推动产业发展所需新知识、新技术的开发、推广、扩散和产业化，进而更好地为当地社区和国家发展贡献力量。

第二条（术语的定义）

本法中使用的术语，其定义如下：

（1）"产业教育"，是指本条第二款的产业教育机构为使学生掌握从事产业或者创业所必需的知识和技术等，培养企业家精神而进行的教育。①删除②删除③删除（2）"产业教育机构"，指的是开展产业教育的下列学校：①以培养适应产业需求的教育或者特定领域人才为目的的学校中，由总统令规定的高等学校、高等技术学校；②开设职业或者前途以及职业教育课程的特殊学校；③大学（《高等教育法》第二条各款规定的学校；根据《经济自由区及济州国际自由城市外国教育机构设立与运营相关特别法》第五条以及适用同条规定的个别法律获得设立许可的外国教育机构中的高等教育机构；此外，依照其他法律设立的高等教育机构中，由总统令规定的机构。下同）。(3)"产业教师"，是指在教育机构从事教学活动的《中小学教育法》第十九条和《高等教育法》第十四条规定的教师，以及根据《经济自由区及济州国际自由城市外国教育机构设立与运营相关特别法》第五条第一款由总统令规定的教师。（4）"产业咨询"，是指产业教师就企业经营或者产业技术的改良、开发等，接受企事业团体及职能团体（以下称企业等）的咨询。（5）"研究机构"，是指下列研究机构：①适用《特定研究机构培育法》的研究机构；②国立、公立研究机构；③根据《关于设立、运营及培育政府出资研究机构等的法律》而设立的研究机构；④根据《关于设立、运营及培育科学技术领域政府出资研究机构等法律》而设立的研究机构；

⑤《产业技术革新促进法》第四十二条规定的专业生产技术研究所；⑥此外，在根据《民法》或者其他法律设立的法人研究机构中，符合总统令规定标准的研究机构。(6)"产学研合作"，是指产业教育机构与国家、地方政府、研究机构及企业等相互合作，开展以下各项的活动：①培养适应企业需求和未来产业发展的人才；②旨在创造和促进新知识、新技术的研究、开发与产业化；③对企业进行技术转让或者提供产业咨询；④共同使用人力、设施、设备、研发信息等所拥有的有形或无形资源。(7)"学研教授"，指的是根据大学和研究机构的协议，被认定在两个机关均可以从事教育及研究活动的人员。(8)"产学研合作技术控股公司"（以下称技术控股公司），指的是本法第二十五条规定的产学协力团或者研究机构以将其所拥有的总统令规定的技术进行产业化为目的，通过持有其他公司的股票（包括股份，下同）的方式支配该公司而成立的公司。(9)"子公司"，是指以大学或者研究机构的技术为基础成立的，由技术控股公司支配其业务的公司。

第三条（学生的就业指导）

1. 国家和地方政府应当制定并实施学生就业指导相关政策，使学生能够接受符合个人素质和能力的产业教育。

2. 本条第一款规定的学生就业指导相关政策中应当包含的内容和该政策的制定、实施相关必要事项，由总统令规定。

第四条（国家和地方政府的任务）

国家和地方政府应当制定方案，以制定并实施旨在振兴产业教育、促进产学研合作的政策等，培养创造型产业人才，构建高效的研究开发体制，开发、推广、普及产业发展所需要的知识和技术。

第二章　产业教育振兴等

第五条（基本规划的编制等）

1. 教育部部长应当与有关中央行政机关的负责人协商，汇总振兴产业教育、促进产学研合作的相关规划、措施等，每五年制定一次产业教育及产学研合作基本规划（以下称基本规划），并报经本法第十四条规定的国家产学研合作委员会审议确定。

2. 基本规划应当包括下列各项内容：

（1）产业教育与产学研合作的发展目标及政策的基本方向；（2）振兴产业教育、促进产学研合作相关人力政策及技术政策等的推进方向；（3）振兴产业教育、促进产学研合作的调查与研究；（4）产业教育的多样化与质量提升；（5）产业人才的培养与充分利用；（6）为促进产学研合作，扩充、管理信息资源及构建流通体制；（7）完善振兴产业教育、促进产学研合作相关制度或规定；（8）此外，振兴产业教育、促进产学研合作相关其他必要事项。

3. 有关中央行政机关和地方政府的负责人应当根据基本规划，制定并实施包括下列各项内容在内的年度实施计划：

（1）产业教育机构的设立与运营；（2）产业教育所需设施、设备的扩充及整备；（3）产业教育所需的现场实习计划；（4）产业教师进修计划；（5）产业教育机构毕业生的就业介绍和提高毕业生技术水平的教育相关计划；（6）产业教育机构学生创业支援教育相关计划；（7）对为产业教育机构创造知识产权做出贡献的发明人的奖励和补助进行管理和监督；（8）促进产、学、研间的人才流动；（9）推动产、学、研间的合作研究活跃化；（10）促进产、学、研间的技术转让及产业化；（11）支持产、学、研间的研究设施、设备的共同使用及研究开发信息的交流等；（12）振兴产业教育、促进产学研合作相关其他必要事项。

4. 教育部部长应当每年对本条第三款规定的当年实施计划和上年推进绩效进行综合检查，并报本法第十四条规定的国家产学研合作委员会审议。与之相关的详细规定，由总统令规定。

5. 为制定基本规划，必要时教育部部长可以要求相关中央行政机关、地方政府、产业教育机构、产学研合作相关机构、团体的负责人等提交相关资料。在这种情况下，接到资料提交要求的有关中央行政机关的负责人等，如无特殊原因，应当予以配合。

第六条（短期产业教育设施的设立和运营）

1. 为对在企业等工作或者想要工作的人进行教育，国家和地方政府可以设立和运营短期产业教育设施。

2. 短期产业教育设施应当具备运营教育课程所需的教师和设备、设施。

3. 高中毕业生或者被认定为具备高中毕业学力以上的人员中，依据《高等教育法》第二条第四款之规定，在相当于专科院校的校园、设备和设施，且经教育部部长认定为短期产业教育设施中完成相当于专科院校的教育课程的人员，根据教育部令的规定认定其具备专科院校毕业生同等学力水平。

4. 本条第二款规定的短期产业教育设施的教师和设备、设施的标准以及短期产业教育设施的设立、运营相关其他必要事项，由总统令规定。

第七条（特别课程的开设与运营）

1. 为应对产业技术的发展和产业的高度化，产业教育机构的负责人认为有必要对特定产业领域开展专门的产业教育时，可以在该产业教育机构开设、运营特别课程。

2. 国家和地方政府可以支持产业教育机构开设和运营旨在培养复合型人才及青年创业者的特别课程。

第八条（依据协议的职业教育培训课程等的开设与运营）

1. 有下列情形之一的，产业教育机构可以根据与国家、地方政府或者企业等的协议，按区域，在产业教育机构之间或者各产业教育机构开设并运营职业教育培训课程或者学科。在这种情况下，需要开设新的学科、院系时，应当优先利用此前已经开设的学科、院系或者类似的学科、院系。

（1）国家、地方政府或者企业等以聘用为条件签订学费支援协议，并要求运营特别教育课程时；（2）为了对所属职工进行再教育或者提高工作能力、转岗教育，国家、地方政府或者企业等承担全部或者部分经费委托开展教育时；（3）为了培养符合产业社会要求的人才，国家、地方政府或者企业等要求通过共同制定学生选拔标准、共同开发教育课程和教材以及参与企业等人事教育等方式运营教育课程时。

2. 产业教育机构的负责人根据本条第一款开设并运营依据协议的学科及院系（以下称协议学科等）时，应当根据总统令的规定，向教育部部长申报开设和运营计划。

3. 产业教育机构的负责人在关停协议学科等时，应当根据总统令的规定，向教育部部长申报关停计划。

4. 产业教育机构、企业等应当遵守本条第一款各项协议学科等的设置标准。

5. 国家和地方政府可以支援本条第一款规定的开设、运营职业教育培训课程等所需的部分或者全部费用。

6. 本条第一款规定的职业教育培训课程的开设、运营以及学生选拔方法、名额、所交款项、本条第五款规定的费用支援等相关必要事项，由总统令规定。

第八条之二（协议学科等的开设限制）

1. 产业教育机构违反本法第八条，开设、运营或者关停协议学科等时，教育部部长可以在总统令规定的期限内限制相关产业教育机构新开设协议学科等。

2. 企业等违反本法第八条第四款，不遵守协议学科等的开设标准时，教育部部长可以在总统令规定的期限内限制相关企业等新开设协议学科等。

3. 本条第一款及第二款规定的协议学科等的开设限制等相关必要事项，由总统令规定。

第八条之三（报告、检查等）

1. 教育部部长认为有必要时，可以责令产业教育机构的负责人报告根据本法第八条开设、运营的协议学科等相关事项或者提交各种统计资料。在这种情况下，如无特殊原因，产业教育机构应当予以配合。

2. 教育部部长认为有必要时，可以采取派遣所属公务员检查产业教育机构账簿、文件等必要措施。

3. 依照本条第二款进行检查等的人员，应当持有证明其权限的信函，并向关系人出示。

第九条（产业咨询等）

1. 产业教师可以与所在专业或者与所在专业相关领域的企业等负责人协商，以提供产业咨询。

2. 需要产业咨询的企业等负责人可以向产业教育机构的负责人或者产业教师请求提供产业咨询。在这种情况下，接到产业咨询提供请求的产业教育机构的负责人和产业教师，如无特殊原因，应当提供相关咨询。

3. 为了改良、开发产业技术等，需要使用产业教育机构或者企业等研究设备时，产业教师和企业等负责人可以通过相互协商后使用。

4. 产业咨询和研究设备的使用相关必要事项，由总统令规定。

第十条（实验、实习设施的确保）

1. 产业教育机构的设立者、经营者应当在其设立、经营的产业教育机构中备足备齐开展产业教育实验、实习所必需的设施、设备，并维护保养该设施、设备。

2. 根据本条第一款应当具备的设施、设备的标准，由总统令规定。

第十一条（实验、实习费用相关特别照顾）

在为其开设、运营的产业教育机构编制和安排实验、实习预算时，国家和地方政府应当重点考虑产业教育的有效振兴。

第十一条之二（产业技术人才的培养）

1. 为培养产业技术人才，教育部部长可以制定并实施下列各项措施：

（1）建立符合企业需求的技术人才培养体制；（2）通过产学研合作活性化培养优秀人才；（3）推动旨在促进产学研合作的教育改革，支持青年创业者及融合人才培养；（4）培养产业技术相关未来潜力领域的技术人才；（5）培养能引领地区发展的技术人才；（6）对技术人才实施再教育；（7）简化中小企业技术人才供应；（8）培养女性技术人才，推动其进军产业技术领域；（9）此外，总统令规定的旨在培养产业技术人才的其他相关事项。

2. 为推进本条第一款各项措施，国家和地方政府可以全部或者部分捐助或者补助研究机构、大学以及其他总统令规定的机构、团体等开展业务时所需的费用。

第十一条之三（现场实习运营）

1. 为培养适应企业需求和未来产业发展所需的人才，教育部部长应当制定产业教育机构（指的是本法第二条第二款的产业教育机构中，相当于该款第三项的大学。本条内下同。）实施的现场实习（指的是《高等教育法》第二十二条规定的现场实习课程。本条内下同）相关规范的运营标准，产业教育机构据此组织开展现场实习。

2. 本条第一款规定的运营标准应当包括下列各项内容：
（1）现场实习企业（以下称实习机构）的选定程序及方法；（2）参加现场实习的学生的选拔、岗位实习时间、岗位相关教育时间及实习内容相关事项；（3）现场实习支援费（指的是与现场实习相关，由实习机构支付给参与现场实习的学生的费用）相关事项；（4）此外，开展现场实习相关其他必要事项。

3. 实习机构应当考虑到岗位实习时间、岗位相关教育时间和《最低工资法》第五条第一款规定的小时工资最低工资标准等，按照总统令规定的标准，向参加实习的学生支付本条第二款第三项规定的现场实习支援费。

4. 有关中央行政机关和地方政府的负责人，应当遵守本条第一款规定的运营标准，并制定本法第五条第三款第三项规定的现场实习计划。

5. 此外，现场实习相关其他必要事项，由总统令规定。

第十二条（产业教师的资格、定员和待遇）

有关产业教师的资格、定员和待遇，国家和地方政府应当根据产业教育的特殊性和重要性采取特别措施。

第十二条之二（产学研合作绩效等的评价和反映）

产业教育机构的负责人应当采取必要的措施，使产业教师参与产学研合作的绩效和成果在产业教师的评价、晋升、报酬等方面得到适当的评价和反映。

第十三条（新增备等的供应）

1. 技术的开发或者创新需要应用新原理或者技术的组合等时，或者性能显著提升的新增备和新技术（包括新开发的软件，本条内下同）被开发生产成功时，国家和地方政府应当优先提供给产业教育机构，并制定和实施推进教育、学习相关的方案。

2. 本条第一款规定的开发、生产新技术的企业等应当努力将新增备和新技术优先提供给产业教育机构。

3. 本条第一款和第二款规定的优先向产业教育机构提供新增备和新技术等相关必要事项，由总统令规定。

第十三条之二（产业教育中心的设立等）

1. 为搞活产业教育，必要时教育部部长可以设立产业教育中心或者指定有能力实施产业教育的机构或者团体为产业教育中心。

2. 产业教育中心开展下列各项工作：

（1）开发、推广产业教育相关教材和教育项目；（2）针对产业教师的教育及研修；（3）构建与运营产业教育机构间协作网络；（4）此外，产业教育活性化相关其他必要事项。

3. 根据本条第一款获得指定的产业教育中心，有下列情形之一的，教育部部长可以撤销其指定；但是，有下列第一项情形的，应当撤销其指定。

（1）以虚假或者其他不正当手段获得指定的；（2）不具备指定标准的；（3）被认定为工作能力明显不足的。

4. 教育部部长依照本条第三款撤销对产业教育中心的指定时，应当举行听证。

5. 产业教育中心的指定标准、程序等相关必要事项，由总统令规定。

第三章 国家产学研合作委员会

第十四条（国家产学研合作委员会的设立及审议事项）

1. 为协调产业教育振兴及产学研合作主要政策及计划，审议推动相关工作高效运营等事项，设立隶属国务总理的国家产学研合作委员会（以下称委员会）。

2. 委员会审议下列各事项：

（1）旨在振兴产业教育、促进产学研合作的主要政策及计划的制定及协调相关事项；（2）基本规划的制定相关事项；（3）本法第五条第四款规定的下一年度实施计划和上年度推进绩效相关事项；（4）振兴产业教育、促进产学研合作相关事业的调查、分析、评价相关事项；（5）为推进产学研合作及产业人力培养政策，建立支援体制相关事项；（6）本法或者其他法令规定为委员会审议事项的事项；（7）此外，委员长提交会议审议的委员会业务及运营相关其他事项。

3. 本条第二款规定的委员会审议相关详细事项，由总统令规定。

第十五条（委员会的组成和运营）

1. 委员会由25名以内的委员组成，其中包括2名委员长。

2. 在国务总理和符合本条第二款规定的人员中，由总统指定的人员出任共同委员长，委员由下列人员担任：

（1）总统令规定的中央行政机关的负责人及政务职公务员[1]；（2）总统从具备丰富产业教育及产学研合作相关专业知识和经验的人员中委任的人。

---

〔1〕 政务职公务员是指一种经选举或国会批准方能任命的高位公务员。

3. 委员长对外代表委员会，国务总理作为委员长之一，负责召集委员会会议，并担任议长。

4. 国务总理因故不能履行委员长职务时，根据本条第二款，由总统指定的委员长代行其职务。

5. 委员出现空缺，应当及时依照本条第二款指定或者委任新委员。

6. 为有效运营及支援委员会，设一名干事委员，干事委员为教育部部长。

7. 此外，委员会的组成及运营等相关其他必要事项，由总统令规定。

第十六条　删除

第十七条　删除

第四章　国家和地方政府的负担

第十八条（设立实验、实习设施费用的承担等）

1. 国家和地方政府在预算范围内承担在其设立、经营的产业教育机构中开展产业教育相关实验、实习所必需的设施、设备的购置和维护所需的经费。

2. 国家根据总统令的规定，对地方政府根据本条第一款负担的全部或者部分经费给予补助。

第十九条（实验、实习设施运营费用的承担等）

1. 国家和地方政府在预算范围内承担在其设立、经营的产业教育机构实验、实习设施的运营费用和实验、实习所需经费。

2. 国家根据总统令的规定，对地方政府根据本条第一款负担的全部或者部分经费给予补助。

3. 对地方政府实施的产业教师的在职教育所需全部或者部分经费，国家可以在预算范围内给予补助。

第二十条（对私立学校的设施费等的补助）

1. 国家和地方政府可以补助私立产业教育机构为产业教育设置实验、实习设施及设备所必需的费用和实验、实习所需的部分经费。

2. 本条第一款规定的补助金的支付标准等相关必要事项，如果是国家补助，由总统令规定，如果是地方政府补助，则由该地方政府的条例规定。

第二十一条　删除

第二十二条（教育课程的开发及教科书的发行等）

1. 有关产业教育课程的开发和教科书的编纂、修订、认定及发行，国家应当根据总统令的规定，采取振兴产业教育的特别措施。

2. 国家可以在预算范围内对本条第一款规定的产业教育课程开发和教科书发行所需部分经费给予补助。

3. 本条第二款规定的补助金的支付标准等相关必要事项，由总统令规定。

第二十二条之二（教育课程评价、认证的支援）

对产业教育机构运营的产业教育课程进行评价与认证的学会或者团体等，国家和地方政府可以对其提供财政支援。

第二十三条（奖学金的发放）

1. 国家和地方政府可以向产业教育机构在校生发放奖学金。

2. 本条第一款规定的奖学金发放标准等相关必要事项，由总统令规定。

第五章　促进产学研合作

第二十四条（产学研合作协议）

1. 产业教育机构的负责人可以与国家、地方政府、研究机构及企业等签订产学研合作相关协议（以下称产学研合作协议）。

2. 根据本法第二十五条的规定设立产学协力团的，可以不适用本条第一款的规定，由产业协力团团长出面签订产学研合作协议。在这种情况下，产学协力团团长视为获得产业教育机构的负责人就签署产学研合作协议相关权限的委任。

3. 产学研合作协议基于互惠原则和协议当事人之间的自主协商而签订。

4. 产学研合作协议内应当包括下列各项内容：

（1）产学研合作协议的履约费用（包括设施、装备、人力、知识产权等的使用费）的承担或者填补相关事项；（2）产学研合作协议履约成果的归属和分配相关事项。

5. 产学协力团成立之前，由大学的校长或者大学的设立者、经营者签订的产学研合作协议，视为产学协力团团长签订的协议。

第二十五条（产学协力团的设立和运营）

1. 根据校规的规定，大学可以在校内设立掌管产学研合作相关业务的组织（以下称产学协力团）。

2. 产学协力团为法人。

3. 根据总统令的规定，产学协力团在主要事务所所在地进行设立登记而成立。

4. 产学协力团的名称应当标明相关学校的名称。

5. 产学协力团解散时，剩余财产转归相关学校的设立者、经营者所有。在这种情况下，转归学校法人的剩余财产纳入《私立学校法》第二十九条第二款规定的校费会计。但是，本法第二条第二款第三项规定的外国教育机构，应当纳入《私立学校法》第二十九条第二款规定的校费会计中的相应账目中。

6. 产学协力团的能力、地址、登记、财产清单、理事、解散和清算，适用《民法》第三十四条至第三十六条、第五十条至第五十二条、第五十三条、第五十四条、第五十五条第一款、第五十九条第二款、第六十一条、第六十五条和第八十一条至第九十五条的相关规定；有关产学协力团的清算人，适用《民法》第五十九条第二款、第六十一条及第六十五条的相关规定。

第二十六条（章程）

大学的校长想要设立产学协力团的，应当制定包含下列各项内容的章程：

（1）设立目的；（2）名称；（3）主要事务所的所在地；（4）业务及其开展相关事项；（5）财产与会计相关事项；（6）设立下级组织相关事项；（7）团长、研究员及职员的任免相关事项；（8）团长职务代行相关事项；（9）章程变更相关事项；（10）解散相关事项；（11）公告方法相关事项；（12）产学协力团继承教职员工的职务发明权利以及外国教育机构（仅限本法第二条第二款第三项规定的外国教育机构）使用该权利所产生的收益等相关事项。

第二十七条（产学协力团的业务）

1. 产学协力团开展以下各项业务：

（1）产学研合作协议的签署及履约；（2）产学研合作事业相关会计的管理；（3）知识产权的取得及管理相关业务；（4）对大学的设施及运营的支持；（5）推动技术转让和产业化相关业务；（6）对提供与职务发明相关技术的人员以及进行与之相关研究的人员进行补偿；（7）产业教育机构的师生创业支援及促进培养企业家精神等相关业务；（8）此外，产学研合作相关事项中，由总统令规定的事项。

2. 国立、公立大学可以不适用《关于推进技术转让及产业化的法律》第十一条第一款和第二款的规定，而根据本法第二十九条规定，可以将专门负责本条第一款第五项业务的组织设立为产学协力团的下级组织。在这种情况下，适用《发明振兴法》第十条第二款但书条款时，将该产学协力团视为《关于推进技术转让及产业化的法律》第十一条规定的专门组织。

3. 大学可以根据本法第二十九条，将专门负责本条第一款第七项业务的组织设立为产学协力团的下级组织。

第二十八条（产学协力团的团长）

1. 产学协力团设团长一名。

2. 产学协力团的团长为产学协力团理事。

3. 产学协力团的团长代表产学协力团，接受相关大学校长的指导和监督，总揽其所管业务。

4. 产学协力团的团长由大学的校长任免。在这种情况下，任免相关必要事项，由校规规定。

5. 产学协力团团长因不得已的事由不能履行职务时，按照产学协力团章程中规定的成员顺位先后依次代行其职务。

第二十九条（产学协力团的组织）

产学协力团可以根据章程规定，设立开展业务所需的下级组织。

第三十条（业务年度）

产学协力团的业务年度依据该大学的会计年度。

第三十一条（收入）

1. 产学协力团以下列财源为收入：

（1）国家或者地方政府的捐资及补助金；（2）本法第二十四条第一款规定的产学研合作协议产生的收益、有价证券、其他有财产价值的物品；（3）产学研合作成果带来的收益、有价证券、其他有财产价值的物品；（4）收到的有关产学研合作的捐助款物；（5）根据本法第三十六条，来自国立、公立大学或者产学协力团设立的校办企业的经营收入；（6）技术控股公司的分红及其他收益；（7）此外，利息收入等总统令规定的收益。

2. 在产学协力团成立当时，大学的设立者、经营者如果有本条第一项的收入，可以向产学协力团捐资。在这种情况下，私立学校不适用《私立学校法》第二十九条第六款的规定。

第三十二条（支出）

1. 产学协力团可以进行下列支出：

（1）产学协力团的管理及运营费用；（2）履行产学研合作协议所需的经费；（3）大学的设施、运营支援费用；（4）本法第三十一条第一款第二项至第七项对财源收入做出贡献的教职员工和学生的补偿金；（5）根据本法第三十六条，由国立、公立大学或者产学协力团设立的校办企业运营费用；（6）对技术控股公司的出资；（7）本法第三十八条规定的协议会等业务费及运营支援费；（8）此外，由总统令规定的与产学研合作有关的必要费用。

2. 本条第一款第四项规定的补偿金的支付标准、程序和其他相关必要事项，由总统令规定。

第三十二条之二（为他人担保债务等的限制）

产学协力团不得为他人担保债务或者提供担保。

第三十三条（核算原则等）

1. 产学协力团的核算，应当明晰其收入、支出、财产增减及变动状态。
2. 产学协力团的核算运营相关必要事项，由总统令规定。

第三十四条（聘用研究员等）

1. 产学协力团可以设置由产学协力团的经费支付报酬的研究员和职员岗位。
2. 聘用本条第一款规定的研究员和职员时，应当规定工作时间、工资、工作条件等协议条件。
3. 大学的校长与产学协力团团长协商一致后，可以让本条第一款规定的研究员和职员承担该大学的教育、研究和其他事务。

4. 产学协力团团长提出请求时，大学校长可以让所属教职员工承担产学协力团的事务。

第三十五条（知识产权的取得和管理）

1. 产学协力团可以根据产学研合作协议取得、使用和管理知识产权。

2. 国家和地方政府可以支援根据本条第一款取得和管理相关知识产权所需的部分费用。

3. 为了推动技术的产业化及产学研合作，产学协力团在签订产学研合作协议时，应当努力确保取得和管理产学研合作协议履行所产生成果的知识产权所需费用。

4. 产学协力团应当制定并实施有关知识产权的取得、管理以及技术转让、产业化等相关的规定。

5. 本条第四款规定的有关知识产权的取得、管理以及技术转让、产业化等相关的规定，应当包括下列各项内容：

（1）知识产权的申报、登记、保护、转让和使用相关事项；（2）伴随技术产业化的知识产权的使用范围、基本条件等相关事项；（3）技术转让、产业化信息的登记及管理相关事项；（4）对研究人员（发明人）或者技术转让做出贡献的人的补偿相关事项；（5）此外，为促进技术转让和产业化，产学协力团长认为必要的事项。

第三十六条（校办企业）

1. 为了用于师生现场实习教育和研究的平台，将产业教育机构开发的技术转移至民间部门，并促进其产业化，产业教育机构或者产学协力团可以设立与特定学科或者教育课程相联系，直接进行物品的制造、加工、维修、销售、劳务提供等部门（以下称校办企业）。在这种情况下，校办企业的业务活动不得妨碍教学活动，不得强制师生使用校办企业。

2. 校办企业的收入按下列分类记作会计收入，但各校办企业应当独立进行会计处理：

（1）产业教育机构设立校办企业的：产业教育机构会计（国立、公立大学设立校办企业的，指的是产学协力团会计）；（2）产学协力团设立校办企业的：产学协力团会计。

3. 校办企业可以运营的业务项目和校办企业的设立、运营相关其他必要事项，由总统令规定。

第三十六条之二（技术控股公司的成立、运营）

1. 产学协力团和符合本法第二条第二款第三项的产业教育机构中，由总统令规定的产业教育机构（以下称产学协力团等）可以单独或者与符合下列情形之一的机构共同设立技术控股公司。

(1) 其他大学的产学协力团；(2) 学校法人（只有在该校未成立产学协力团时方适用）；(3) 研究机构。

2. 技术控股公司应当具备下列各项条件，并取得教育部部长的设立许可；设立许可所需程序由教育部令规定。

(1) 应为股份公司；(2) 公司任员（高层管理人员）无《国家公务员法》第三十三条第一款规定的不适格事由；(3) 产学协力团等（与第一款各项机关共同设立技术控股公司的，包括第一款各项机关。下同）以技术作为实物出资超过资本金的30%，持有发行股票总数的50%以上；(4) 此外，应当具备总统令规定的标准。

3. 产学协力团等以技术形式向技术控股公司进行实物出资的，由根据《关于促进技术转让及产业化的法律》第三十五条第一款指定的技术评估机构评估其价值，并向法院报告的，评估报告可以替代《商法》第二百九十九条、第二百九十九条之二和第三百一十条规定的调查、报告或者鉴定。

4. 技术控股公司可以开展总统令规定的业务，如设立并经营管理子公司以及与之相关的业务、技术控股公司的经营相关业务等。

5. 国家或者地方政府可以在预算范围内支援设立、运营技术控股公司等所需的全部或者部分费用。

第三十六条之三（子公司的设立方式）

1. 技术控股公司可以利用产学协力团等或者研究机构所持有的技术设立子公司。

2. 技术控股公司可以直接设立子公司或者通过收购总统令所规定公司的股票或者股份，使其成为子公司。

3. 子公司为股份公司或者有限公司。

4. 删除

5. 删除

6. 删除

7. 删除

第三十六条之四（子公司的出资等）

1. 技术控股公司向子公司实物出资的技术，适用本法第三十六条之二第三款的规定。

2. 向技术控股公司出资的技术应当是本法第二条第六款规定的技术，并在章程获得批准之日起一年内，经过《关于促进技术转让及产业化的法律》第二十三条规定的技术评价机关进行了技术评价。

3. 向技术控股公司实物出资的技术，自实物出资之日起六个月内向子公司完成实物出资的，技术控股公司实物出资的评估额可以作为子公司的实物出资额。

4. 技术控股公司（相当于《关于限制垄断及公平交易的法律》第八条之二第一款第二项规定的风险控股公司的技术控股公司除外）应当持有子公司 10% 以上有表决权的股票。但是，如果存在股份转让等总统令规定事由的，则排除在外。

5. 技术控股公司不得为子公司作担保。

6. 子公司不得取得或持有占有其股份的技术控股公司及其他子公司的股票。但是，有下列情形之一的除外：
（1）公司合并或者转让全部业务；（2）履行担保权或者接收代偿物。

7. 根据本条第六款但书条款出资的公司，应当自取得或者持有该股票之日起六个月内加以处置。但如果取得或者持有本公司股票的公司已经处置了该股份，则排除在外。

第三十六条之五（技术控股公司的名称）

1. 技术控股公司的公司名称中应当标明大学（与本法第三十六条之二第一款各机构共同设立技术控股公司的，应包含本法第三十六条之二第一款的各机构）的名称以及公司为技术控股公司。

2. 非技术控股公司不得在公司名称中使用技术控股公司或者类似名称，违者适用《商法》第二十八条。

第三十六条之六（分红的使用限制）

1. 产学协力团等从技术控股公司获得的分红或者其他收益应当用于本法第二十七条第一款规定的业务和大学的研究活动。但是，本法第二十七条第一款第四项的情况时，只能用于相关总统令中规定的与大学研究活动直接相关的业务中。

2. 研究机构从技术控股公司获得的分红或者其他收益，应当用于研究开发活动或者对技术控股公司的再出资等总统令规定的用途。

第三十六条之七（教职员工、研究员的兼职及休职）

1. 经所属机构的负责人批准，大学教职员工及研究机构职员可以兼任技术控股公司及其子公司的代表或者重要成员，或者因担任其代表或者重要成员而休职。与此相关的具体事项，由总统令规定。

2. 根据本条第一款获得兼职或者休职许可的人员，其身份不因兼职或休职受到损害。

第三十六条之八（撤销技术控股公司的许可等）

1. 有下列情形之一的，教育部部长可以限期责令技术控股公司改正：
（1）不具备本法第三十六条之二第二款规定的设立许可条件的；（2）从事

本法第三十六条之二第四款规定的业务以外的其他业务；（3）违反本法第三十条之六规定的利益分配使用限制的。

2. 有下列情形之一的，教育部部长可以撤销本法第三十六条之二第二款规定的许可：

（1）以虚假或者其他不正当手段获得许可的；（2）不服从本条第一款限期改正命令的。

第三十六条之九（听证）

教育部部长根据本法第三十六条之八第二款撤销技术控股公司的许可时，应当举行听证。

第三十六条之十（《商法》的适用）

技术控股公司及其子公司，除本法另有规定外，适用《商法》。

第三十七条（合作研究所）

1. 为了在大学的学校用地内设立国家、地方政府、研究机构及企业等运营的研究所（以下称合作研究所），大学的设立者、经营者可以根据总统令的规定，不适用《国有财产法》第十八条及第二十七条，《公有财产及物品管理法》第十三条及第十九条，《高等教育法》第四条及《私立学校法》第五条的规定，向国家、地方政府、研究机构及企业等出租该大学的部分学校用地或者设定地上权，用于建造建筑物或者其他永久性设施。

2. 大学的设立者、经营者依照本条第一款使用大学学校用地的，应当以共同使用该大学与合作研究所的设施、器材和人力等为条件。

3. 本条第一款规定的学校用地的租赁或者设定地上权的协议（协议续约包括在内）终止后，国家、地方政府、研究机构及企业等应当将相关建筑物或者其他永久性设施捐赠给大学的设立者、经营者，或者将学校用地原样恢复后进行返还。

第三十七条之二（人力的共同使用）

1. 大学和研究机构（仅限本法第二条第五款第一项的研究机构中，由总统令规定的研究机构；以及同一款第三项、第四项的研究机构，本条内下同）的负责人可以相互协商，确定人力的共同使用相关事项。

2. 经原所属机构的负责人和研究机构的负责人批准后，大学教师可以保留原有隶属关系和职位，担任相关研究机构的学研教授。与之相关的程序及其他详细事项，由总统令规定。

3. 经原所属机构的负责人和大学的校长批准后，研究机构所属研究员可以保留原有隶属关系和职位，担任相应大学的学研教授。与之相关的程序及其他详细事项，由总统令规定。

第三十七条之三（派遣）

1. 根据《国家公务员法》第三十二条之四以及《地方公务员法》第三十条之四，大学的校长可以批准以研究开发为目的派遣所属国立、公立大学教师到研究机构任职。

2. 进行本条第一款规定的派遣时，派遣人员的工资原则上由接受派遣的机关支付，两个机关可以相互协商调整。

3. 根据本条第一款派遣的人员，不因派遣而在身份上、人事上受到不利影响。

第三十七条之四（研究设施、装备的共同使用等）

1. 国家可以制定并推进效率化活用研究设施、装备、培养装备使用专业人才等促进研究设施、装备的共同使用及研究开发信息交流的计划。

2. 自国家、地方政府或者《关于公共机构运营的法律》规定的公共机构处获得运营所需费用的产业教育机构，接到其他产业教育机构、研究机构、企业等使用本机构拥有的研究设施、设备要求的，在不影响本机构业务开展的范围内，应当积极予以协助。

第三十八条（产学研合作相关协议会等）

产学协力团等、参与产学研合作的研究机构、团体及企业等可以为开展下列活动组成并运营协议会等：

（1）共同开展产学研合作事业；（2）开展产学研合作相关信息交流；（3）产学研合作业务负责人之间的交流及能力开发；（4）促进产学研合作及宣传产学研合作成果等。

第三十九条（支持促进产学研合作等）

1. 为促进产学研合作，国家和地方政府可以对产学协力团等，以及其他产学研合作项目或者促进、支援产学研合作的团体及其事业等进行财政支援。

2. 国家和地方政府与产业教育机构共同推进产学研合作时，要求该产业教育机构承担一定费用的，应当考虑该产学研合作的性质和目的，将费用承担比例保持在必要的最低限度。

第三十九条之二（产学研合作统计的编制）

1. 为促进产学研合作的政策的有效制定和实施，国家和地方政府可以编制并管理产学研合作相关统计。

2. 为进行本条第一款规定的统计，国家和地方政府可以要求产业教育机构、研究机构、企业等起草、维护、管理基础资料。

3. 本条第一款规定的统计制作对象的范围及调查对象等，由总统令规定。

第四十条（学费融资协议的支援）

产业教育机构可以就企业等向学生提供学费贷款，然后学生提供劳动进行偿还为条件的学费融资协议进行宣传、提供信息、介绍以及其他必要的支持。

第六章　补充规定

第四十一条　（国际合作）

国家和地方政府应当就下列事项制定并实施与外国政府、国际机构或者外国产业教育机构、培训机构、产业研究机构、企业等的国际合作计划：

（1）产业教育相关信息交流；（2）产业教师的交流与研修；（3）参加与产业教育相关的各种活动；（4）此外，增进产业教育振兴所需相关国际合作。

第四十二条　（对学院受教育者的补助等）

1. 对根据《关于设立、运营学院及课外辅导的法律》设立的技术系列学院的受教育者，国家和地方政府可以根据总统令的规定部分补助其学费等。

2. 为了培育本条第一款规定的学院，必要时国家和地方政府可以提供行政、财政上的支援。

第四十三条　（业务的委托）

1. 教育部部长可以将产业教育及产学研合作相关的部分事务，委托给总统令规定的法人或者团体。

2. 权限委托的程序等，执行《关于行政权限的委任和委托的规定》。

第四十四条　（适用罚则时的公务员议题）

接受本法规定的部分权限委托的法人或者团体的任员和职员，适用《刑法》第一百二十九条至第一百三十二条的规定时，视为公务员。

第四十五条　（保密）

接受本法规定的部分权限委托的法人或者团体的工作人员，不得泄露在执业活动中知悉的秘密。

第四十六条　（罚则）

违反本法第四十五条，泄露在开展受托业务过程中知悉秘密的，处三年以下有期徒刑或者三千万韩元以下罚款。

附　　则

本法自公布后六个月起施行。

学术振兴法

【第17954号法律，2021年3月23日修正】

第一条（目的）
本法以确定学术振兴所必需的事项，支持和规范与学术相关的各类活动，强化学术根基，引导学问均衡发展，推动新知识创造为目的。

第二条（定义）
本法中出现的用语含义如下：

(1)"学术"是指通过探究学问的理论和方法，创造和发展知识，并将所创造和发展的知识予以公开和传播的所有学问领域和过程。(2)"大学"是指符合下列各条目中任意一项的机构。①《高等教育法》第2条各号所指称的学校，依据其他法令设置的不低于这一标准的学校及其附属研究所。②依据《终身教育法》第31条第4项之规定，培养的学生可认定为专门大学毕业生或同等学力、学位的终身教育设施。③依据其他法律设置的大学医院法人或大学牙科医院法人及其附属研究所。(3)"研究机构"是指符合下列各条目中任意一项的机构。①国立和公立研究机构。②依据《关于政府出资研究机构等的设立、运营和培育的法律》或者《关于科学技术领域政府出资研究机构等的设立、运营和培育的法律》设立的研究机构。③符合《特定研究机构培育法》第2条之规定的研究机构，或者依据其他特别法设立的研究机构。④其他拥有的研究人力、设施等符合总统令确定标准的研究机构。(4)"学术团体"是指符合下列各条目中任意一项的法人或团体。①依据《关于公益法人设立、运营的法律》或《民法》之规定设立的法人中以学术活动为目的的法人。②依据《非盈利民间团体支援法》登记的团体中以学术活动为目的的团体。③其他以学术活动为目的的非营利团体中被指定为教育部部长依据本法推进的事业之支援对象的团体。(5)"研究者"是指符合下列各条目中任意一项的个人。①《高等教育法》第14条第2项所指称的教员，以及同法第17条所指称的兼任教员。②符合《终身教育法》第31条之规定以学校形式存在的终身教育设施的教员，符合同法第32条之规定以企业附属大学形式存在的终身教育设施的教员，以及符合同法第33条之规定以远程大学形式存在的终身教育设施的教员。③属于第2号(1)和(2)中的附属研究所和第 3 号中研究机构的研究员。④符合《韩国学术院法》第 13 条和《韩国艺术院法》第 12 条之规定获得学术活动或艺术创作活动资助的科学家和艺术家。⑤隶属于国内外大学、研究机构且在研修中的博士学位持有者。⑥与大学、研究机构对应的外国大学、研究机构中的教员和研究员。⑦其他被指定为教育部部长依据本法推进的事业之支援对象的特定个人。

第三条（政府的责任与义务）

政府应当为了提升学术水平、营造健康的学术风气、推动学术活动的成果尽快得以转化应用提供多种多样的支持政策。

第四条（学术振兴政策的制定等）

教育部部长为了学术振兴就下列各条目所列事项制定政府政策，并履行、调整和管理相应的业务：

（1）学术振兴政策的基本方向；（2）学术振兴的投资及财源保障；（3）学术振兴的研究者支援；（4）学术振兴中的学术活动支援；（5）促进学术振兴中的学术交流与协作；（6）学术振兴基础的构建和管理；（7）改善学术振兴的制度和法令；（8）其他方面的学术振兴氛围的营造。

第五条（学术支援事业的推进等）

1. 为了便于教育部部长履行第四条所述的政策和业务，开发并推进学术振兴事业。

2. 教育部部长为了有效推进第 1 项所述的事业，可向下列各条目所列机构或团体委托这些事业的全部或一部分业务，并以捐资的形式向其支付必要的费用：

（1）第二条第 2 号到第 4 号中所规定的机构或团体；（2）依据《韩国学术院法》之规定设置的韩国学术院；（3）依据《韩国古典翻译院法》之规定设置的韩国古典翻译院；（4）依据《韩国教育学术情报院法》之规定设置的韩国教育学术情报院；（5）依据《韩国研究财团法》之规定设置的韩国研究财团；（6）《韩国学中央研究院培育法》中所指的韩国学中央研究院；（7）依据《韩国大学教育协议会法》之规定设置的韩国大学教育协议会；（8）依据《韩国专门大学教育协议会法》之规定设置的韩国专门大学教育协议会。

3. 有关第 1 项中所指的学术支援事业的推进和第 2 项中所指的捐资支付的必要事项由总统令来确定。

第六条（学术支援对象的遴选等）

1. 为了推进第五条第 1 项所述的学术支援事业，教育部部长可在大学、研究机构、学术团体（以下称大学等）或研究者中遴选学术支援对象，开展学术活动。

2. 教育部部长可向第 1 项所述的学术支援对象支付开展学术活动所需的学

术支援事业费（以下称事业费），并在必要时签订协议。

3. 依据第1项之规定作为学术支援对象入选的研究者或者大学等必须诚实地开展学术活动，并将其结果报告教育部部长。教育部部长对研究者或者大学等提交的报告结果进行评价，并可将评价结果作为后续学术支援对象遴选的参考依据。

4. 有关第1项中学术支援对象的遴选，第2项中事业费的支援、协议的签订以及第3项中结果的报告和评价的必要事项由总统令来确定。

第七条 （学术后继人的培育）

教育部部长应当为大学生、研究生、相关技术和知识的拥有者，或者产业界的劳动者等人积极参与和利用学术活动作出努力，采取必要措施支援他们成长为优秀的研究者。

第八条 （学术交流与协作活动）

1. 教育部部长应当促进和奖励国内外研究者、大学和国际机构等相互开展多种多样的学术交流和协作活动。

2. 教育部部长在制定第1项所述的学术交流与协作活动计划或政策时，就与外国政府、外国大学和国际机构等开展学术交流与协作活动中的必要事项，与相关中央行政机关的负责人进行协商。

3. 促进第1项所述的学术交流与协作活动时的必要事项由总统令来确定。

第九条 （学术团体活动的培育）

1. 教育部部长应当通过对学术会议举办和学术期刊发行给予支援，通过对学术期刊评价等发掘、培育优秀学术期刊等，促进和奖励学术团体活动。

2. 教育部部长为了促进和奖励第1项所述的学术团体活动，可以对学术团体的活动及其相关信息进行收集和管理。

第十条 （研究器材等的扩充）

1. 教育部部长可对扩充大学等机构举办学术活动中必要的各种研究器材和研究设施等给予支援，并应当为加强此类研究器材和研究设施的活用而积极努力。

2. 大学等机构应当积极协助研究者或大学等灵活使用研究器材和研究设施。

第十一条 （学术资源管理机构的培育）

1. 教育部部长可以为了培育大学等机构设置和运营的资料室和图书馆等学术资源管理机构，对学术资料的积累、活用和服务改善等进行支援，并应当为加强此类学术资源管理机构的活用而积极努力。

2. 大学等机构应当积极协助其他大学等机构的研究者和大学生、研究生等对学术资源管理机构资料的活用。

第十二条 （学术标准分类体系的确立）

1. 为有效管理与学术相关的人力、信息、事业等，教育部部长可以与相关中央行政机关的机关长协商后制定学术标准分类体系，发布学术标准分类表。

2. 政府应当为第 1 项所述的学术标准分类表的广泛使用而努力。

3. 教育部部长可以指定不同学问领域的专门负责机构对学术标准分类表不断发展和完善，并对其运营所需的经费给予支援。

4. 关于第 1 项所述学术标准分类表的制作、第 3 项所述专门负责机构的指定和取消的必要事项由总统令来确定。

第十三条 （学术实态调查）

1. 为了制定和推进学术振兴政策，教育部部长应当每五年组织一次对各领域学术水平和动向、研究人员现状、学术期刊现状、大学等机构的研究成果和事业费的使用成果、事业费管理现状等学术活动的实态调查及分析（以下称学术实态调查），并公布其结果。

2. 在必要时教育部部长可以就第 1 项所述的学术实态调查要求有关中央行政机关、地方政府和公共机构、其他相关法人或团体提交所需资料。这种情况下，被要求者无正当理由必须予以协助。

3. 教育部部长将学术实态调查的结果分发给有关行政机关、地方政府、公共团体和大学等机构，以便在学术活动或从事相关业务时活用。

4. 关于第 1 项所述的学术实态调查的方法等的必要事项由教育部令来确定。

第十四条 （学术信息的积累等）

1. 为了有效管理与学术相关的资料，教育部部长可以收集和管理研究人员的信息和业绩、研究成果及评价、学术实态调查资料等学术信息。

2. 为了便于共享依据第 1 项之规定收集的学术信息，并使研究人员和大学等机构在学术活动及有关业务中对其活用，教育部部长可以构建并运营相应的信息系统。

3. 为了系统收集和管理，以及有效流通和活用第 1 项所述的学术信息，教育部部长可以指定专门管理机构和协作机构负责，并在预算范围内对其运营所需经费给予支援。

4. 为了促进学术信息的活用，教育部部长可以要求有关行政机关、地方政府和大学等机构提交必要的资料。

5. 有关第 3 项所述的专门管理机构和协作机构的指定和取消的必要事项由总统令来确定。

第十五条 （研究伦理的保障）

1. 为了维护正确的研究伦理，研究人员和大学等机构不得出现下列研究不端行为（以下称研究不端行为）。

（1）伪造、变造、剽窃研究资料或者研究结果，以及不当标注作者的行为；
（2）总统令确定的其他危害研究活动健全性的行为。

2. 为了防止出现研究人员妨害学术振兴的研究不端行为，营造健全的学术研究氛围，教育部部长必须制定并推进能够确保研究伦理的研究伦理保障指针（以下称研究伦理指针）等政策。

3. 为了有效推进第2项中的研究伦理保障政策，教育部部长可以对大学等机构的活动所需部分或全部经费给予支援。

4. 为了防止和认定研究伦理指针中所规定的研究不端行为，大学等机构必须制定并落实本单位的研究伦理规定等必要措施。

5. 关于第2项所述的研究伦理指针制定、第3项所述的政府支援，以及第4项所述大学等机构的措施的必要事项由总统令来确定。

第十六条（学术成果的活用）

为了有效活用伴随研究结果而取得的知识产权等学术成果，教育部部长应当给予管理和支援。

第十七条（事业费的使用和管理）

1. 研究人员和大学等机构的负责人应当按照获得的事业费的支援目标和用途正确使用，大学等机构的负责人应当为事业费单独设立账户来管理。

2. 大学等机构的负责人应当为所有获取的事业费指定或设置专门的部门来管理，并为其运营制定必要的措施。

3. 关于第2项所述事业费管理的必要事项由总统令确定。

第十八条（对事业费的调查）

1. 当有合理理由怀疑获取事业费支援的研究人员和大学等机构违反了法令时，教育部部长可以采取要求他们就业务处理情况做报告或提交材料等必要的调查手段。这种情况下，可以委托《公认会计师法》中所述的公认会计师或会计法人对相关材料进行审查。

2. 实施第1项所述调查时，应当将包含调查日期、理由和内容等的调查计划告知调查对象。但是，如果认定事前通知有毁灭证据从而导致调查目的失败风险的除外。

第十九条（事业费的支付终止等）

1. 获得事业费的研究人员和大学等机构有下列情形之一的，教育部部长应当终止事业费拨付，并勒令返还已拨付的事业费：

（1）通过作假或其他不当方法，获选第六条第1项所述的学术支援对象资格或者履行项目的情形；（2）无正当理由放弃开展研究的情形；（3）有研究不端行为的情形。

2. 获得事业费的研究人员和大学等机构有下列情形之一的，教育部部长可以终止事业费拨付，或者勒令返还全部或部分已经拨付的事业费。

（1）指定用途外使用事业费的情形；（2）违反第六条第 2 项所述协议的情形；（3）不提交第六条第 3 项所述的结果报告的情形。

3. 依据第 1 项和第 2 项之规定返还事业费时应遵照国税征收程序纳税。

4. 关于第 1 项和第 2 项所述的事业费返还的具体标准、尺度等的必要事项由总统令来确定。

第二十条（学术支援遴选对象排除）

1. 研究人员或大学等机构如果有依据第十九条第 1 项各条款或第 2 项各条款之一受到终止事业费拨付或者返还全部或部分已拨付的事业费等处罚时，教育部部长应当依照总统令之规定在 1 年以上、10 年以下的范围内将其排除在第六条第 1 项所述的学术支援遴选对象之外。

2. 依据第 1 项之规定从学术支援遴选对象中排除时，教育部部长应当在排除之日起 15 日内将排除的事实和理由向研究人员和研究人员所属的大学等机构的负责人及有关中央行政机关的机关长通报。

第二十条之二（处罚金的罚则与征收）

1. 研究人员或大学等机构如有第十九条第 2 项第 1 款所述的行为，教育部部长处以其指定用途外使用事业费金额 5 倍以下的罚金。但是如有下列各类情形之一的可以不处罚金：

（1）总统令规定的无法避免地在指定用途外使用了事业费，但又立即将指定用途外使用的事业费补偿到位的情形；（2）总统令规定的其他被认定为对违反行为处以罚金并没有大的实际利益的情形。

2. 当认定为有必要处以第 1 项所述的处罚金时，教育部部长可以要求研究人员或大学等机构出面、陈述和提交材料等，或者进行现场实况调查。被要求的研究人员或者大学等机构无正当事由必须遵从。

3. 如果受到第 1 项所述的罚金处罚者在缴纳期限结束前没有完成缴纳，教育部部长依据总统令对其征收滞纳金。

4. 如果受到第 1 项所述的缴纳处罚金处罚者在缴纳期限结束前没有完成缴纳，教育部部长督促其在指定期限内缴纳；如果在指定期限内不缴纳处罚金和第 3 项所述的追加费，教育部部长参照国税滞纳处分对其征收滞纳金。

5. 其他应受处罚金处罚行为的种类、程度及其相应的处罚金金额等必要事项由总统令来确定。

第二十一条（异议申请）

1. 对依据本法作出的处分有异议者可在受到处分之日起 30 日内依照总统令之规定向教育部部长提出异议申请。

2. 教育部部长应当在收到第 1 项所述的异议申请之日起 30 日内向申请人通

报异议申请的处理结果。

第二十二条（奖赏）

政府可以对学术活动业绩杰出或者明显有功于学术振兴者进行奖赏。

第二十三条（罚款）

1. 有下列情形之一者，处1000万韩元以下的罚款：

（1）拒绝或者回避进行第十八条第1项所规定的报告，或者进行虚假报告的情形；（2）拒绝或者回避提交第十八条第1项所规定的资料，或者提交虚假资料的情形；（3）拒绝、妨害或者回避第十八条第1项所规定的调查的情形；（4）不按照要求进行第二十条之二第2项所规定的出面、陈述、提交资料，或者进行虚假陈述或提交虚假资料的情形；（5）拒绝、妨害或者回避第二十条之2第2项所规定的现场实况调查的情形。

2. 第1项所规定的罚款由教育部部长来决定和征收。

关于人文科学与人文精神文化振兴的法律

［第 15957 号法律，2018 年 12 月 18 日修订］

第一条（目的）
本法旨在振兴并向社会推广人文科学及人文精神文化，培养创造性人才，丰富国民的情感和智慧，为改善国民的生活质量做出贡献。

第二条（基本理念）
本法的基本理念是：将人文科学及人文精神文化的振兴与以人类尊严为基础的社会和文化价值有机融合，成为经济社会发展的原动力，国民的自主性和创造性得到尊重，人文科学与自然科学、社会科学得到均衡发展。

第三条（术语的定义）
本法中使用的术语，其定义如下：
（1）"人文"是指人与人的根本问题以及人类的思想和文化；（2）"人文科学"是指研究人文的学科，是指包括语言学、文学、历史学、哲学、宗教学等学科和观察、体验、表达、理解、解析等人文学方法论在内的基础学科以及在此基础上形成的融复合学科等相关学科领域；（3）"人文精神文化"是指在人文基础上开展的具有精神价值导向的活动及其物质和非物质的文化产品。

第四条（国家和地方政府的职责）
国家和地方政府（含教育厅，下同）应当为振兴并全社会推广人文科学及人文精神文化，制定并实施必要的政策。

第五条（与其他法律的关系）
有关人文科学及人文精神文化，先于其他法律适用本法。

第六条（人文科学及人文精神文化振兴审议会的设立及其审议事项）
1. 设立隶属教育部部长和文化体育观光部长官的人文科学及人文精神文化振兴审议会（以下称审议会），审议人文科学及人文精神文化相关主要事项。
2. 审议会审议下列事项：
（1）本法第九条规定的人文科学及人文精神文化振兴相关中长期政策目标和基本规划的制定；（2）本法第十条中实施计划的制定与推进成绩；（3）本法第十八条规定的专责机构的指定；（4）为振兴人文科学及人文精神文化的制度

改善相关事项；（5）委员长提请会议审议的审议会业务及运营相关其他事项。

3. 本条第二款规定的审议会的审议相关具体事项，由总统令规定。

第七条（审议会的组成与运营）

1. 审议会由二十名以内的委员组成，其中包括一名委员长。

2. 委员长由教育部部长和文化体育观光部长官从下列第三项人员中共同提名的人员出任，委员由符合下列情形之一的人员担任：

（1）教育部次官，文化体育观光部次官（文化体育观光部长官提名的次官），总统令规定的有关中央行政机关的其他副部级公务员；（2）根据本法第十八条指定为专责机构的负责人以及总统令规定的人文科学与人文精神文化振兴相关机构的负责人；（3）教育部部长和文化体育观光部长官从具备丰富人文科学与人文精神文化相关专业知识和经验的人员中委任的人员。

3. 委员长代表审议会，召集审议会会议并担任议长。

4. 审议会的组成与运营等相关其他必要事项，由总统令规定。

第八条（审议会审议结果的活用）

1. 教育部部长和文化体育观光部长官应当将审议会的审议结果通报有关中央行政机关和地方政府负责人。

2. 有关中央行政机关和地方政府负责人制定并实施人文科学及人文精神文化振兴措施时，应当反映审议会的审议结果。

第九条（基本规划的制定等）

1. 教育部部长和文化体育观光部长官应当设定人文科学及人文精神文化振兴相关中长期政策目标和方向，并经审议会审议后确定。

2. 教育部部长和文化体育观光部长官应当制定人文科学及人文精神文化振兴五年基本规划（以下称基本规划），并经审议会审议后确定。基本规划中应当贯彻本条第一款规定的人文科学与人文精神文化振兴相关中长期政策目标和方向，汇总有关中央行政机关人文科学及人文精神文化振兴相关计划和措施。在此情形下，教育部部长负责制定并推动人文科学振兴基本规划，文化体育观光部长官与教育部部长协商制定并推动人文精神文化振兴基本规划。

3. 基本规划应当包括以下内容：

（1）人文科学及人文精神文化振兴的基本目标及方向；（2）人文科学及人文精神文化研究的多样化、深层化、相互融合以及研究结果的全社会普及推广；（3）人文教育的多样化、深层化以及与其他学科的融合；（4）支持人文精神文化享受活动，在文化设施等方面营造人文精神文化的社会推广和享受环境；（5）培养及活用人文科学及人文精神文化相关专业人才；（6）发掘、研究、保存人文科学及人文精神文化相关物质和非物质资产；（7）开发、支持、管理人文内容与节目等；（8）人文科学及人文精神文化相关国内外交流合作；（9）在有关中央行政机关、地方政府以及机构、团体间构建并运营旨在振兴人文科学及人文精神文化的合作机制；（10）其他振兴人文科学及人文精神文化相关必要事项。

4. 为设定振兴人文科学及人文精神文化相关中长期政策与方向或制定基本规划，教育部部长和文化体育观光部长官可以开展状况调查，状况调查的方法和内容等相关必要事项，由总统令规定。

第十条（实施计划的制定、实施等）

1. 教育部部长、文化体育观光部长官等有关中央行政机关负责人以及地方政府负责人应当根据基本规划制定每年的具体实施计划（以下称实施计划），报经审议会审议后加以实施。

2. 有关中央行政机关负责人以及地方政府负责人应当向审议会提报上年实施计划执行情况和下年实施计划。

3. 实施计划的制定及实施等相关必要事项，由总统令规定。

第十一条（要求提供资料）

教育部部长和文化体育观光部长官为制定、实施基本规划或实施计划以及开展状况调查，必要时可以要求有关中央行政机关负责人、地方政府负责人、有关机构或团体负责人提供必要资料等协助。在此情形下，被请求人如无特殊原因，应当予以协助。

第十二条（支持研究活动等）

1. 旨在搞活人文科学与人文精神文化研究的多样化及深层化、相互融合等研究活动，国家和地方政府可以向其提供必要的支持。

2. 国家和地方政府应当努力使人文科学及人文精神文化研究活动的成果得到积极运用。

第十三条（人文教育的推行）

国家和地方政府应当努力使人文教育在以下机构中得到系统、连续的推行。在这种情况下，应当积极利用本法第十五条规定的专业人才：

（1）《中小学教育法》第二条规定的学校；（2）《高等教育法》第二条规定的学校；（3）《终身教育法》第二条第二款规定的终身教育机构；（4）总统令规定的其他机构。

第十四条（支持并营造人文精神文化享受活动和环境）

1. 旨在推动国民享受人文精神文化生活的项目以及自发性参与活动，国家和地方政府可以向其提供必要的支持。

2. 国家和地方政府应当努力推动将《文化艺术振兴法》第二条第一款第三项规定的文化设施、《地方文化振兴法》第二条第五款规定的生活文化设施等用作人文精神生活享受空间。在这种情况下，应当积极利用本法第十五条规定的专业人才。

第十五条（专业人才培养与使用等）

1. 为振兴人文科学及人文精神文化生活，国家和地方政府应当致力于将拥有丰富人文素养和经验的人员培养成人文科学及人文精神文化生活研究与教育、社会化推广等所需专业人才，并积极使用。

2. 国家和地方政府应当为发掘、培养及使用本条第一款规定的专业人才出台并推动必要的措施，必要时可以对其进行支持。

第十六条（人文科学与人文精神文化的普及推广）

1. 国家和地方政府应当发掘、收集、保存人文科学及人文精神文化振兴相关的资产和资料，并通过翻译、出版及电子化等手段进行加工以方便国民使用。

2. 国家和地方政府可以向人文科学及人文精神文化内容和节目的开发与管理提供必要的支持。

第十七条（国内外交流合作）

为振兴人文科学及人文精神文化，国家和地方政府应当鼓励并促进国内外相关机构或国际组织等合作开展共同研究、学术和文化交流等合作互动，可以为其提供必要的支持。

第十八条（专责机构指定等）

1. 为有效推动振兴人文科学及人文精神文化相关业务，必要时教育部部长和文化体育观光部长官可以经过审议会审议通过后指定承担振兴人文科学及人文精神文化相关业务的专责机构（以下称专责机构）。

2. 教育部部长和文化体育观光部长官可以向专责机构的运营提供必要的经费支持。

3. 教育部部长和文化体育观光部长官可以要求专责机构汇报业务、会计和资产等相关情况，并指派本部门公务员对其实施检查。

4. 专责机构通过虚假手段或其他不正当手段获得指定时，教育部部长和文化体育观光部长官应当撤销该指定；认定专责机构无法切实开展该业务时，可以撤销该指定。

5. 专责机构的指定、运营、取消指定等相关必要事项，由总统令规定。

第十九条（权限的授权和委托）

1. 本法规定的教育部部长和文化体育观光部长官的权限，根据总统令的规定，可以部分授权给相关中央行政机关负责人或地方政府负责人。

2. 本法规定的教育部部长和文化体育观光部长官的部分业务，根据总统令的规定，可以委托给专责机构以及以振兴人文科学和人文精神文化为目的成立的法人或团体。

学校体育振兴法

[第17960号法律，2021年3月23日修订]

第一条（目的）

本法旨在通过制定加强学生体育活动和培育学校体育部等活跃学校体育相关的必要事项，为帮助学生拥有健康和均衡的身心做出贡献。

第二条（术语的定义）

本法使用的术语，其含义如下：

(1)"学校体育"是指学校面向学生进行的体育活动；(2)"学校"是指《幼儿教育法》第二条第二项规定的幼儿园和《中小学教育法》第二条规定的学校；(3)"学校体育部"是指由学生运动员组成的校内体育部；(4)"学生运动员"是指隶属于学校体育部进行运动的学生或在《国民体育振兴法》第三十三条和第三十四条规定的体育团体注册的学生运动员；(5)"学校体育俱乐部"是指学校运营的由爱好体育活动的本校学生组成的体育俱乐部；(6)"学校体育部负责人员"是指隶属于学校，对学校体育部进行指导和监督的人；(7)"体育教师"是指在《中小学教育法》第二条第二项规定的小学协助正规体育教学并指导学校体育俱乐部的专业体育教师；(8)"学校体育振兴院"是指实施学校体育振兴相关研究、政策开发、研修等的组织。

第三条（学校体育振兴政策与鼓励）

国家和地方政府（含教育监）应当制定学校体育振兴相关政策，鼓励、保护和培养学生的自发性体育活动。

第四条（基本政策的制定等）

1. 教育部部长应当与文化体育观光部长官协商，每五年出台一次学校体育振兴相关基本政策，并加以实施。

2. 特别市、广域市、特别自治市、道和特别自治道教育监（以下称教育监）应当根据本条第一款的基本政策，制定并实施相关地方政府的学校体育振兴计划。

第五条（协助）

教育部部长和文化体育观光部长官为制定并实施本法第四条规定的政策，必要时可以向地方政府负责人、教育监及相关机构或团体负责人请求协助。在这种情况下，地方政府负责人、教育监及相关机构或团体负责人如无特别原因应予以协助。

第六条（振兴学校体育的措施等）

1. 学校负责人应当采取下列措施，以增强学生体能，活跃体育活动：

（1）充实体育教学课程，提高体育教学质量；（2）开展本法第八条规定的学生健康体能评价及制定根据第九条被判定为肥胖的学生相关对策；（3）本法第十条规定的学校体育俱乐部和第十一条规定的学校体育部的运营；（4）学生运动员的学习权保障和人权保护；（5）丰富活跃女生体育活动；（6）丰富活跃幼儿及残疾学生体育活动；（7）定期组织召开全校大型体育活动；（8）开展校际体育比赛等体育交流活动；（9）鼓励和强化教师体育相关岗位培训；（10）其他为搞活学校体育所需的事项。

2. 学校负责人应当在学校预算范围内确保本条第一款规定的措施实施所需经费。

3. 教育部部长和教育监应当根据总统令的规定，定期监督本条第一款所列措施是否得到妥善实施。

第七条（学校体育设施的设置等）

1. 国家和地方政府应当扩充运动场、体育馆等学生体育活动所需基础设施。

2. 学校负责人应当根据教育部部长的规定，购置振兴学生体育活动所需的体育教材、器材和用品。

3. 根据总统令的规定，学校负责人可以在可能对学生实施暴力、性暴力等侵犯人权的学校体育设施相关主要地点，安装并管理《个人信息保护法》第二条第七款规定的影像信息处理设备。

4. 除本法规定的事项外，影像信息处理设备的安装、管理等事项依照《个人信息保护法》执行。

5. 本条第一款规定的体育活动基础设施扩建和第二款规定的体育教材及器材、用品的购置相关必要事项，由教育部令规定。

第八条（制定并实施学生健康体能评估计划）

1. 为测定学生健康体能状况，国家应当在每年3月31日之前制定学生健康体能评估实施计划，学校负责人应当按照实施计划实施学生健康体能评估。

2. 学校负责人根据本条第一款实施学生健康体能评估的，应当将评估结果录入教育信息系统，并告知相关学生和家长。

3. 本条第一款规定的学生健康体能评价可以委托《高等教育法》规定的大学或专业机构、团体等进行。

4. 根据本条第一款至第三款规定实施学生健康体能评估的，视同在《学校保健法》第七条规定的健康体检中进行身体能力检查。

5. 本条第一款至第三款规定的学生健康体能评价的时间、方法、评价项目、评价结果录入以及可以受托开展学生健康体能评价的大学、专业机构、团体等的资格条件等相关必要事项，由教育部令规定。

第九条（健康体能教室等的运营）

1. 为增强本法第八条规定的学生健康体能评估中被判定为体能低下或肥胖的学生的健康体能，学校负责人应当组织开展正规或非正规项目（以下称健康体能教室）。

2. 健康体能教室等的设置及运营等相关必要事项，由教育部令规定。

第十条（学校体育俱乐部的运营）

1. 学校负责人应当运营学校体育俱乐部，鼓励学生参与身体活动项目，增加学生参与体育活动的机会。

2. 学校负责人根据本条第一款运营学校体育俱乐部时，应当指定学校体育俱乐部专职教师。

3. 对本条第二款规定的学校体育俱乐部专职教师，在学校预算范围内发放规定的指导津贴。

4. 学校负责人应当将学校体育俱乐部的活动内容记录在学校生活记录簿中，作为上一层级学校升学资料使用。

5. 学校负责人应根据教育部令的规定，将一定比例以上的学校体育俱乐部作为该校女生喜好项目的学校体育俱乐部运营。

第十一条（学校体育部运营等）

1. 学生运动员未达到一定水平的学力标准（以下称最低学力），学校负责人不得允许其参加教育部令规定的体育比赛。但《中小学教育法》第二条第三款规定的高中或相当于这一标准的学校的学生运动员完成本条第二项规定的基础学力保障课程后，可以允许其参加。

2. 学校负责人应当为未达到最低学力的学生运动员提供额外的基础学力保障课程。

3. 最低学力的标准、实施时间和基础学力保障计划的实施等相关必要事项，由教育部令规定。

4. 为保障学生运动员的学习权，促进学生运动员的身心发展，学校负责人应当尽量避免学期中安排长时间封闭集训。但为参加体育比赛等不可避免地进行封闭集训时，应当采取必要的措施保护学生运动员的安全和人权。

5. 学校负责人可以为远距离走读的学生运动员开办宿舍，在这种情况下，相关必要事项由教育部令规定。

6. 学校负责人应将学校体育部相关赞助资金纳入根据《中小学教育法》第

三十条第二款设立的学校会计中运营。

7. 国家和地方政府可以在预算范围内资助学校体育部运营相关经费。

第十二条（学校体育部负责人员）

1. 为指导学生运动员的训练，学校负责人可以在学校体育部委任负责人（以下称学校体育部负责人员）。

2. 国家应当制定并实施研修教育计划，强化学校体育部负责人员的业务素养和专业能力。在这种情况下，研修教育可以委托有关团体进行。

3. 国家和地方政府应当努力支援学校体育部负责人员的工资所需经费，学校负责人应当在根据《中小学教育法》第三十条之二设立的学校会计中列支因聘用学校体育部负责人而产生的必要经费。

4. 学校体育部负责人员剥夺学生运动员学习权，或者有暴力、收受财物、接受吃请等不当行为的，经学校运营委员会审议，学校负责人可以解除有关协议。

5. 为指导学校体育部负责人员等，教育监设立学校体育部负责人员管理委员会。

6. 除本条第四款所列原因外，学校负责人不当解除学校体育部负责人员合同的，经学校体育部负责人员管理委员会审议，教育监可以撤销有关合同。

7. 学校体育部负责人员的资格标准、任用、薪金、身份、职务等其他必要事项，由总统令规定。

第十二条之二（反兴奋剂教育）

1. 为禁绝兴奋剂使用（指的是《国民体育振兴法》第二条第十款的兴奋剂。下同），国家和地方政府应当对学生运动员和学校体育部负责人员进行反兴奋剂教育。

2. 本条第一款规定的反兴奋剂教育的方法及程序等相关必要事项，由总统令规定。

第十二条之三（体育领域人权教育等）

1. 为了保护学生运动员的人权，国家和地方政府对学生运动员和学校体育部负责人员进行体育领域人权教育。

2. 发生针对学生运动员的暴力、性暴力等人权侵害时，国家和地方政府应当对学生运动员和学校体育部负责人员开展心理疏导，并制定安全措施。

3. 本条第一款和第二款规定的体育领域人权教育，心理疏导和安全措施相关必要事项，由总统令规定。

第十三条（体育教师的配备）

1. 为了提高学生对体育课的兴趣，丰富活跃体育活动，国家和地方政府可以根据《中小学教育法》第二条第二款在小学配备体育教师。

2. 本条第一款规定的体育教师的资格标准、任用相关必要事项，由总统令规定。

第十三条之二 （支持促进女学生的体育活动）

1. 教育部部长应当制定推动支持促进女学生体育活动的基本指导方针，并向教育监及学校负责人通报；学校负责人根据基本指导方针制定并实施每年度促进女生体育活动计划。

2. 教育部部长可以对本条第一款规定的计划的制定和实施进行评价；根据总统令的规定并结合评价结果，为学校提供《地方教育财政拨款法》规定的拨款进行特别扶持。

3. 国家及地方政府应当确保支持促进女学生体育活动的相关必要设施。

4. 为丰富活跃女生体育活动，教育部部长应当另行制定体育教材、器材、用品等购置标准。

5. 本条第二款的评估方法、评估项目以及其他必要事项，由教育部令规定。

第十四条 （幼儿及残疾学生体育活动支援）

1. 根据《幼儿教育法》第八条设立的幼儿园在园幼儿及根据《残疾人等特殊教育法》第十七条安排在普通学校或特殊学校就读的特殊教育对象，国家及地方政府应当为其筹设适当的体育活动项目。

2. 幼儿园及学校负责人可以将本条第一款规定的体育活动项目的运营委托给总统令规定的相关团体以及《高等教育法》第二条第一款规定的大学的体育系列学科等。

第十五条 （经费支持和补助）

国家和地方政府可以在预算范围内资助学校体育振兴所需的经费。

第十六条 （学校体育振兴委员会等）

1. 设立并运营隶属教育部部长和文化体育观光部长官的学校体育振兴中央委员会，隶属市、道及市、道教育厅和市、郡、区及教育支援厅的学校体育振兴地区委员会，审议学校体育振兴相关重要事项。

2. 学校体育振兴中央委员会及学校体育振兴地区委员会为开展工作，必要时可以听取相关公务员或具备专业知识和经验的相关专家的意见，或向相关机构、团体等提出提供资料或提出意见等协助请求。

3. 学校体育振兴中央委员会和学校体育振兴地区委员会委员妇女应占一定比例以上。

4. 学校体育振兴中央委员会的组成和运营等相关必要事项由总统令规定，学校体育振兴地区委员会的组成和运营等相关必要事项由相应的市、道条例规定。

第十七条（学校体育振兴院）

1. 可以设立隶属教育部部长的学校体育振兴院，开展下列旨在振兴学校体育的工作和活动：

（1）学校体育振兴相关政策研究；（2）体育活动项目的开发与推广；（3）系统收集和分析学生体质统计数据；（4）本法第八条规定的学生健康体能评价的项目、评价标准及系统的开发与运营；（5）支持丰富活跃女生体育活动；（6）学校体育振兴相关其他必要事项。

2. 本条第一款规定的学校体育振兴院的组成、运营等相关必要事项，由总统令规定。

第十八条（与地区社会的合作）

为促进学校体育活动，必要时学校负责人可以向地区有关机构或者有关团体负责人请求合作。

第十九条（权限的委任）

教育部部长根据本法的权限可以根据总统令的规定部分委任给教育监。

附　则

第一条（施行日期）

本法自公布之日起三年后施行。但本法第十一条第四款的修改规定自公布之日起三个月后施行。

第二条（限制学生运动员参加体育比赛的适用例）

本法第十一条第一款和第二款的修改规定，自本法施行后学生运动员想要参加教育部令规定的体育比赛时起适用。

关于小语种教育振兴的法律

[第 15963 号法律，2018 年 12 月 18 日修订]

第一条（目的）

本法规定了小语种教育振兴所需事项，旨在为构建创新型的小语种教育奠定根基，为有意向学习小语种的国民提供多样化、专业化的受教育机会，培养具备小语种运用能力的人才，增强国家竞争力。

第二条（定义）

本法律中使用的用语定义如下：

（1）"小语种"是指作为实现国家发展战略所需的外语而被相关总统令指定的语言；（2）"小语种教育"是指使用小语种，开展为理解和掌握当地文化和地区情况所需的语言知识的教育；（3）"小语种专业人才"是指具备小语种专业知识和运用能力、精通该语言的人；（4）"小语种专门教育机构"是指《高等教育法》第 2 条规定的学校（以下称学校）中为培养小语种专业人才而设立的第 8 条第 1 项指定的学校；（5）"小语种教师"是指《高等教育法》第 14 条第 2 项规定的教师，即在学校负责小语种教育的人。

第三条（国家的职责）

1. 国家制定并实施为振兴小语种教育所需的各类政策；
2. 国家努力为国民提供充分的受小语种教育的机会；
3. 国家全面培养小语种专业人才；
4. 为有效地达成该法的立法目的，国家努力建立与外国政府及教育类国际机构、外国小语种教育及训练机构、国内外民间机构及团体的合作体系。

第四条（与其他法律的关系）

关于小语种教育振兴，除其他法律有特别规定外，依照本法规定实施。

第五条（小语种教育振兴基本计划）

1. 为振兴小语种教育，教育部部长应与中央机关有关部门的部长协商，每 5 年制定并实施小语种教育振兴基本计划（以下称基本计划）。
2. 基本计划应包括以下内容：

（1）关于振兴小语种教育的中长期政策方向及主要政策的制定和调整；

(2) 为振兴小语种教育的财政经费筹措及使用；(3) 为振兴小语种教育的基础建设及制度改善；(4) 关于小语种专业人才的培养及支援相关事项；(5) 关于小语种教育资料的开发及推广相关事项；(6) 地方政府和民间部门的小语种教育支援方案；(7) 除上述内容以外的、为振兴小语种教育所需的其他事项。

3. 除上述条例，制定、实施基本计划所需的其他事项，依照总统令决定执行。

第六条（小语种教育振兴施行计划）

1. 确定基本计划确立时，教育部部长应以此为基础制定并实施小语种教育振兴施行计划（以下称施行计划）。

2. 教育部部长对每年施行计划的推进业绩进行检查、评估，并将其结果反映到下一个基本计划的制定中。

3. 制定、实施施行计划所需的其他事项，依照总统令决定执行。

第七条（实况调查等）

1. 为有效制定和实施基本计划及施行计划，必要时，教育部部长可制定、管理针对国内外小语种教育情况而开展的实况调查或统计。

2. 第1项中所提到的实况调查及统计的制定、管理所需事项，依照总统令决定执行。

第八条（专门教育机构的指定等）

1. 教育部部长将具备专业性和教育能力的学校指定为小语种专门教育机构（以下称专门教育机构），每三年对其进行评估，根据评估结果，可重新指定或取消指定。

2. 专门教育机构存在下列中的任意一项时，教育部部长可取消指定。但如若存在的情况属于以下第1项时，指定应立即被取消：

(1) 通过虚假方式或其他不正当渠道取得指定资格的；(2) 不符合指定标准的；(3) 根据运营评估，结果未达到要求的。

3. 专门教育机构的指定标准、程序及指定取消程序等，所需事项依照总统令决定执行。

第九条（专门教育机构的工作）

1. 专门教育机构为振兴小语种教育，执行以下各项工作：

(1) 根据施行计划制定和实施业务推进计划；(2) 培育小语种专业人才；(3) 运营、提供小语种教育课程；(4) 支援小语种教师的研发工作；(5) 除上述事项以外的、为振兴小语种教育所需的其他工作。

2. 国家根据总统令规定，可根据第一项的规定，对专门教育机构开展工作时所需的经费予以财政支援。

第十条（国际合作）

专门教育机构可针对小语种专业人员间的交流、研修、小语种相关教材的开发等内容与国际机构及海外教育研究机构进行合作。

第十一条（提供资料请求）

为执行小语种教育振兴事务，教育部部长可要求有关行政机关、教育研究机关及团体相关负责人提供必要的资料或信息。被要求提供资料的机关、团体负责人如无特殊事由，需如实提供。

第十二条（国会报告）

教育部部长针对基本计划的制定、施行计划的推进业绩，每两年向国会报告一次。

第十三条（听证会）

教育部部长根据第 8 条第 2 项取消指定时，须召开听证会。

第十四条（权限的委任、委托）

1. 根据总统令规定的内容，教育部部长可将该法的部分权限委任给所属机关负责人。

2. 根据总统令规定的内容，教育部部长可将该法规的部分事务委托给有关机构或团体。

附 则

本法自公布之日起六个月后开始执行。

附录 小语种教育振兴法施行令（节选）
（第二条所指的）小语种的范围

地区	语言
1. 中东·非洲	(1) 阿拉伯语 (2) 土耳其语 (3) 阿塞拜疆语 (4) 伊朗语 (5) 普什图语 (6) 达利语 (7) 希伯来语 (8) 豪萨语 (9) 斯瓦希里语 (10) 祖鲁语 (11) 卢旺达语 (12) 阿姆哈拉语
2. 欧亚大陆	(1) 哈萨克语 (2) 乌兹别克语 (3) 吉尔吉斯语 (4) 乌克兰语 (5) 土库曼语 (6) 塔吉克斯坦语 (7) 蒙古语
3. 印度·东盟	(1) 印地语 (2) 乌尔都语 (3) 梵语 (4) 尼泊尔语 (5) 孟加拉语 (6) 新哈里斯语 (7) 越南语 (8) 马来西亚语 (9) 印尼语 (10) 泰语 (11) 缅甸语 (12) 高棉语 (13) 老挝语 (14) 他加禄语

续表

地区	语言
4. 欧洲	(1) 波兰语 (2) 罗马尼亚语 (3) 匈牙利语 (4) 捷克语 (5) 斯洛伐克语 (6) 塞尔维亚语 (7) 克罗地亚语 (8) 拉脱维亚语 (9) 白俄罗斯语 (10) 格鲁吉亚语 (11) 希腊语 (12) 保加利亚语 (13) 意大利语 (14) 荷兰语 (15) 挪威语 (16) 丹麦语 (17) 瑞典语 (18) 芬兰语
5. 中南美洲	(1) 巴西语 (2) 葡萄牙语

科学、数学和信息教育振兴法

[第14903号法律，2017年10月24日修订]

第一条（目的）

本法规定了振兴科学、数学、信息教育等应对产业环境变化的核心课程所必需的事项，旨在通过培养引领未来社会的融合型人才，为提高国家竞争力、推动国家及社会发展做出贡献。

第二条（术语的定义）

本法中使用的术语，其定义如下：

（1）"科学、数学、信息教育"，指的是教育机构实施的科学、数学、信息相关的教育。（2）"教育机构"，指的是下列学校或者机构之一：①《中小学教育法》第二条规定的学校；②《高等教育法》第二条规定的学校中，培养高中以下各级学校教师的学校；③依据教育相关法令或条例设立的教育研修机构、学生进修机构及教育研究机构等。（3）"科学、数学、信息教师"，指的是在教育机构中负责科学、数学、信息教育的教师以及《教育公务员法》第二条第二款规定的教育专门职员。

第三条（与其他法律的关系）

有关振兴科学、数学、信息教育，除其他法律有特别规定外，依照本法的规定执行。

第四条（科学、数学、信息教育的基本方向）

1. 科学教育应当注重营造培养科学素养、科学知识、探究能力及科学创造力的教育环境。

2. 数学教育应当注重营造培养数学素养、数学知识、解决问题能力及数学创造力的教育环境。

3. 信息教育应当注重营造培养信息文化素养、信息知识、解决问题能力及计算机思维能力的教育环境。

4. 在注重科学、数学、信息单科教育的同时，应当注重营造通过两个以上的学科融合，培养创新性人才的教育环境。

第五条 （国家和地方政府的任务）

1. 为了振兴科学、数学、信息教育，国家和地方政府应当依据本法或者其他有关法令的规定，制定以下各项措施：

（1）制定有关科学、数学、信息教育的综合规划；（2）科学、数学、信息教师的培养、选拔、待遇及专业性强化；（3）科学、数学、信息教育相关教材和教学资料（包括软件，下同）的开发、普及以及实验和实习设施的扩充；（4）科学、数学、信息的教育、教学课程的开发；（5）构建科学、数学和信息远程教育的基础；（6）科学馆、数学馆等与科学、数学、信息教育相关的展示、体验设施的设立与运营；（7）实验实习费、研究经费及奖学金的发放；（8）资助科学、数学和信息教育研究团体；（9）举办及支援各类青少年活动，以振兴科学、数学、信息教育；（10）此外，振兴科学、数学和信息教育所需其他事项。

2. 对振兴科学、数学、信息教育相关政策推进不到位或预算措施不足的地方政府，国家可以建议其采取增加预算等必要措施。

第六条 （研究设施的使用）

1. 为开展科学、数学、信息教育相关研究、实验及学习，需要使用相关设施的，必要时教育机构可以向国家，地方政府，国有和公有制企业[1]以及接受国家或地方政府捐赠或补贴的机构或团体要求使用其相关设施。

2. 依据本条第一款接到设施使用要求的机构或者团体的负责人，如无特殊原因，应当积极予以协助。

第七条 （科学、数学、信息教育融合委员会的设立、运营等）

1. 设立隶属教育部部长的科学、数学、信息教育融合委员会（以下称融合委员会），审议以下有关振兴科学、数学、信息教育的事项：

（1）有关振兴科学、数学、信息教育的基本政策相关事项；（2）振兴科学、数学、信息教育综合计划的制定及调整、融合相关事项；（3）检查及评价上述第一项和第二项规定的基本政策和综合计划执行情况的相关事项；（4）此外，振兴科学、数学和信息教育所需其他相关事项。

2. 融合委员会的组成及运营相关其他事项，由总统令规定。

第八条 （科学、数学、信息教育研究机构的指定）

教育部部长可以指定科学、数学、信息教育相关研究机构或者团体为科学、数学、信息教育研究机构，以开展以下各项业务：

---

[1] 韩国的公有企业也同中国分央企和地方国企一样，分为国有和公有两类。

（1）科学、数学、信息教育的内容、方法及评价相关研究；（2）创造性的融合教育的内容、方法及评价相关研究；（3）开发科学、数学、信息教育的教材和教育资料；（4）科学、数学、信息远程教学项目的开发与运营；（5）组织旨在强化科学、数学、信息师资力量的研修；（6）旨在增进科学、数学、信息教育相关的国际合作；（7）此外，振兴科学、数学、信息教育相关其他业务。

第九条（财政支援等）

1. 国家和地方政府可以在预算范围内对科学、数学、信息教育机构及教育研究机构提供开展科学、数学、信息教育所需的财政支援。

2. 为支持学生和教师的科学、数学、信息教育的探究活动和研究活动，国家和地方政府可以在预算范围内对相关法人或团体补助必要的经费。

第十条（振兴科学、数学、信息教育所需教材、教育资料、专用教室的落实等）

1. 为振兴科学、数学、信息教育，国家和地方政府应当采取必要措施，帮助教育机构获得相关教材和教育教学资料。

2. 为振兴科学、数学、信息教育，国家和地方政府应当努力使教育机构拥有教学所需的专用教室。

3. 本条第一款规定的教材、教育资料以及第二款规定的专用教室的种类及标准，由特别市、广域市、特别自治市、道及特别自治道教育监规定。

第十一条（国际合作）

国家和地方政府可以制定并实施同外国政府、国际组织或者他国科学、数学、信息教育相关机构、培训机构、研究机构、企事业单位等之间涉及以下各项事务的国际合作计划：

（1）科学、数学、信息教育相关信息交流；（2）科学、数学、信息教师及相关专家的交流及进修；（3）参加与科学、数学、信息教育相关的各种活动；（4）促进振兴科学、数学、信息教育所需的其他相关国际合作。

第十二条（要求相关行政机关等的协助）

1. 为制定本法第五条第一款规定的政策，必要时国家和地方政府可以要求相关行政机关的负责人或相关机构、团体的负责人提供资料等协助。

2. 接到本条第一款规定的协助请求的人，如无特殊原因，应当予以协助。

附　　则

第一条（施行日期）

本法自公布后六个月起施行。

第二条（与其他法令的关系）

本法施行时，在其他法令中引用之前的《科学教育振兴法》或者该法相关条文的，如果本法中有相应的规定，视为替代该法规定而引用本法或者本法相关条文。

人力资源开发基本法

[第17954号法律，2021年3月23日修订]

第一条（目的）
本法旨在通过明确人力资源开发政策的制定、统筹、调整和评价等相关必要事项，有效推动人力资源开发，为提高国民生活质量和增强国家竞争力做出贡献。

第二条（术语的定义）
本法中使用的术语，其定义如下：
(1)"人力资源"是指国民个人、社会和国家发展所需要的知识、技术、态度等人类拥有的能力和品德；(2)"人力资源开发"是指国家、社会自治团体、教育机构、研究机构、企业等为培育、分配、使用人力资源，形成与之相关的社会规范和网络而开展的各项活动；(3)"人力资源开发项目"是指中央行政机关和地方政府以预算或者基金为支持人力资源开发的项目。

第三条（与其他法律的关系）
有关人力资源开发，先于其他法律适用本法。

第四条（国家等的职责）
1. 国家应当制定推动人力资源开发的综合措施，并为实施该措施制定必要的行政和财政支持方案等。

2. 地方政府应当考虑国家的措施和本地区特点，制定人力资源开发所需的措施。

3. 国家及地方政府制定并实施人力资源开发相关措施时，应当考虑人力资源开发领域的迫切性和阶层间的均衡等问题。

4. 国家及地方政府应当向教育机构、研究机构、企业等单位中从事人力资源开发工作的人员积极宣传本条第一款和第二款的措施，并提供必要支持。

5. 国家及地方政府应当积极宣传劳动力供求预测等人力开发相关信息，以便国民个人在自我开发中使用这些信息。

第五条（人力资源开发基本规划的制定）
1. 为有效实现本法的立法宗旨，政府应当设定人力资源开发中长期政策目标及方向，并据此制定并实施人力资源开发基本规划（以下称基本规划）。

2. 教育部部长应当综合相关中央行政机关的人力资源开发相关规划和措施，每五年起草一次基本规划草案，提交本法第七条规定的国家人力资源委员会。

3. 政府应当将经过本法第七条规定的国家人力资源委员会和国务会议审议的本条第二款规定的基本规划草案确定为正式的基本规划，教育部部长应当向国民公布确定后的基本规划。

4. 因人力资源开发相关重大事项变更等所导致的基本规划变更，适用本条第二款和第三款。

5. 基本规划应当包含下列内容：

（1）人力资源开发的中长期政策目标和方向；（2）相关行政机关的人力资源开发主要政策；（3）对地方人力资源开发的支持；（4）支持民间领域开发主要人力资源的政策；（5）国家和地方政府等公共领域有效的人力管理和运营；（6）通过产学合作提高人力资源开发质量；（7）人力资源开发相关的人力资源信息管理和中长期劳动力供求预测及相关基础建设；（8）扩大对人力资源开发的投资；（9）促进人力资源开发国际化；（10）促进人力资源开发相关朝韩交流合作；（11）总统令规定的人力资源开发相关其他事项。

6. 相关中央行政机关负责人应当根据基本规划制定并实施分管业务领域的年度实施计划（以下称实施计划）。

7. 教育部部长应当每年汇总相关中央行政机关负责人根据实施计划推进的上年工作业绩和来年实施计划，并上报本法第七条中规定的国家人力资源委员会。

8. 相关中央行政机关负责人和地方政府负责人在实施计划以外制定人力资源开发相关计划时，应当符合本条第一款规定的中长期政策目标和方向。

9. 基本规划和实施计划的制定程序等相关必要事项，由总统令规定。

第五条之二（对国会的报告）

每年基本规划的主要内容、当年度实施计划、上一年度根据实施计划推进的业绩、本法第八条和第九条规定的评价报告定稿后，政府应当及时向国会报告。

第六条（请求公共机关协助）

1. 相关中央行政机关负责人为制定并推进基本规划及实施计划，必要时可以请求其他中央行政机关、地方政府以及公共团体负责人协助。

2. 地方政府负责人为推进立足本地区特性的人力资源开发政策，必要时可以请求相关中央行政机关、其他地方政府以及公共团体负责人协助。

3. 接到本条第一款和第二款协助请求的人员，如无特殊原因，应当予以协助。

第七条（国家人力资源开发委员会）

1. 政府设立国家人力资源开发委员会（以下称委员会），协调人力资源开发主要政策，审议人力资源开发相关预算的高效使用等相关事项。

2. 委员会审议下列事项。但科学技术领域人力资源开发相关事项应当依照总统令规定，与依据《国家科学技术咨询会议法》成立的国家科学技术咨询会协商后，决定是否进行审议。

（1）资本规划的制定与变更相关事项。（2）下列各领域人力资源开发计划与政策的企划、协调与考核评估相关事项；①尖端领域的人力资源开发；②法律、医疗、经营等专业消费领域的人力资源开发；③女性人力资源开发；④职业教育与职业培训政策；⑤产学合作活性化；⑥部队人力资源开发；⑦国家与地方政府等公共领域的人力使用；⑧残疾人、高龄人口和准高龄人口等弱势群体的人力资源开发；⑨地方人力资源开发；⑩总统令规定的其他事项。（3）人力资源开发预算等扩大投资方案相关事项。（4）每年政府推进的人力资源开发事业的调整、评估以及相关预算高效利用相关事项。（5）本法第五条第七款规定的推进业绩和实施计划相关事项。（6）本法第十二条第一款规定的人力资源开发评价中心的指定相关事项。（7）劳动力供求预测体系建设和信息提供与运用相关事项。（8）相关中央行政机关负责人提请审议的人力资源开发相关事项以及委员长提议的事项。（9）其他法令规定的应当由委员会审议的事项。

3. 本条第二款规定的审议事项中与地方政府有关的事项，其在审议时应当根据总统令的规定，听取有关地方政府负责人的意见。

4. 委员会由三十人以内的委员组成，其中包括委员长和副委员长各一名。

5. 委员会的委员长由总统担任，副委员长由教育部部长担任，委员由下列人员担任：

（1）总统指定的相关中央行政机关负责人和与之相当的机关的负责人；（2）委员长从拥有丰富人力资源开发学识和经验的人员中委任的人员；（3）委员长从《国家技术咨询会议法》规定的国家科学技术咨询会议的委员中委任的人员。

6. 委员长召集并主持委员会会议。

7. 必要时，委员长可以授权副委员长代行其职权。

8. 为支持委员会事务、承担人力资源开发事务，在教育部设立人力资源开发政策推进本部，其本部长担任委员会干事。推进本部的组建和运营相关必要事项，由总统令规定。

9. 为提前研究拟提交委员会议案、审议委员会运营相关事项，在委员会设立运营委员会；为审议委员会授权审议的议案，在委员会设立特别委员会。在此情形下，为专门研究委员会的审议事项，可以在运营委员会设立各领域专门委员会。

10. 委员会、运营委员会、特别委员会以及专门委员会的组成和运营相关必要事项，由总统令规定。

第七条之二 （委员会审议结果的落实）

1. 委员会应当将审议结果通报相关中央行政机关负责人和地方政府负责人。

2. 相关中央行政机关负责人和地方政府负责人制定人力资源开发措施、编制和执行人力资源开发相关预算时应当体现委员会的审议结果。

3. 企划财政部长官编制国家人力资源开发事业相关预算时，应当体现本法第七条第二款第三项至第五项规定的委员会审议结果。

第七条之三 （地方人力资源开发的推进）

1. 为审议本法第四条第二款规定的制定、实施地方人力资源开发措施所需事项，地方政府负责人可以组建地方人力资源开发协议会（以下称协议会）。

2. 协议会审议下列事项：

（1）地方人力资源开发基本规划的制定、实施相关事项；（2）居民终身教育、职业教育与培训政策的抓总、调整相关事项；（3）协议会议长提请审议的其他事项。

3. 协议会的组建及运营相关必要事项，由地方政府的条例确定。

4. 地方政府负责人制定并实施本地区人力资源开发措施时，应当听取相关中央行政机关和《国家均衡发展特别法》规定的地方创新协议会以及教育监的意见。

5. 为有效推进本地区人力资源开发，地方政府负责人可以向委员会提交议题。

第八条 （对人力资源开发工作的自评等）

1. 中央行政机关负责人和地方政府负责人应当根据《政府业务评价基本法》第十四条的规定，对各自分管的人力资源开发事业等开展自评，并将评价结果上报委员会。但委员会根据本法第九条第一款进行专项评价的人力资源开发事业，可以省略自评。

2. 中央行政机关负责人和地方政府负责人推进各自分管人力资源开发事业时，应当反映本条第一款规定的自评结果和第九条第一款规定的委员会专项评价结果，努力实现人力资源开发投资的效率最大化。

3. 本条第一款规定的自评范围、程序等相关必要事项，由总统令规定。

第九条 （委员会的专项评价等）

1. 委员会可以从以下人力资源开发项目中筛选需要深度评价的项目，对其实施专项评价。但根据《科学技术基本法》第十二条规定由科学技术信息通信部长官实施评价等的国家研究开发事业，应当根据总统令的规定与科学技术信通信部长官协商，决定是否实施专项评价：

（1）基本规划中的主要项目；（2）需要部门间联系、协调的项目；（3）需要长时间、大规模预算投入的项目；（4）多个中央行政机关共同推进的项目；（5）其他总统令规定的主要人力资源开发项目。

2. 委员会应当事先与《政府业务评价基本法》第九条规定的政府业务评价委员会就本条第一款规定的专项评价计划进行协商后进行审议与表决，并将结果通报相关中央行政机关负责人。

3. 中央行政机关负责人根据本法第八条第一款提交的自评结果，委员会可以对其评价程序及方法的客观性、公正性等进行核实、检查。

4. 委员会可以对本法第七条第二款第二项中的各领域计划和政策实施评价。

5. 委员会应当每年开展人力资源开发项目调查分析。但根据《科学技术基本法》第十二条的规定由科学技术信息通信部长官实施调查分析的国家研究开发项目，应当根据总统令的规定与科学技术信息通信部长官协商，决定是否实施调查分析。

6. 为实施人力资源开发项目专项评价，委员会可以要求相关中央行政机关、地方政府、教育和研究机构，以及其他参与人力资源开发项目的法人团体提供人力资源开发项目的推进程序、费用和项目业绩等总统令规定的材料，接到材料提供请求的机关、法人或者团体，如无特殊原因，应予以配合。

7. 本条第一款、第四款及第五款规定的专项评价等的范围、方法及程序等相关必要事项，以及本条第六款规定的资料提供的请求与提供程序等相关必要事项，由总统令规定。

第十条（人力资源开发政策责任官的指定）

1. 相关中央行政机关和地方政府负责人可以从所属公务员中指定总揽该机关人力资源开发政策的人力资源开发政策责任官（以下称责任官）。

2. 责任官的指定与作用相关必要事项，由总统令规定。

第十一条（人力资源开发相关信息等的生产、流通与使用）

1. 政府应当开发人力资源开发相关指标，并根据所开发指标编制相关统计等信息（以下称信息等），同时还应促进信息等的流通与使用。

2. 为促进信息等的生产、流通与使用，政府应当制定并推进下列措施：

（1）信息等的收集、分析、加工与数据库建设；（2）人力资源开发相关信息网的开发与运营；（3）培育信息等的生产与流通机构等。

第十二条（人力资源开发评价中心的指定）

1. 为开展以下业务，教育部部长可以根据总统令规定，经委员会审议后，将人力资源相关研究机构指定为人力资源开发评价中心：

（1）支持委员会根据本法第七条第二款第二项开展的人力资源开发规划和

政策的策划、调整以及评价；（2）支持委员会根据本法第七条第二款第四项开展的人力资源开发项目的调整、评价，以及人力资源开发项目相关预算的高效运用相关事项；（3）支持委员会根据本法第九条开展的专项评价等；（4）其他委员会认为必要的业务。

2. 政府可以在预算范围内对承担本条第一款各项业务的人力资源开发评价中心提供必要的经费支持。

第十三条　（政府资助研究机构等合作网络的构建）

1. 为保障人力资源开发政策的高效推进与信息等的顺畅流通，教育部部长可以构建联系本法第十二条规定的人力资源开发评价中心与相关政府赞助研究机构、教育机构以及其他研究机构和团体的合作网络。

2. 为构建本条第一款规定的合作网络，教育部部长可以根据总统令的规定制定主管机构，并向其提供必要的经费支持。

第十四条　（人力资源开发优秀单位等的认证）

1. 为促进公共领域和民间领域的人力资源开发，政府可以开展人力资源开发优秀单位认证工作，并提供必要的支持。

2. 根据总统令规定，本条第一款的认证实施相关业务可以委托给人力资源开发相关的公共机构或者民间团体。

3. 取得本条第一款规定的认证的人员有下列情形之一的，可以撤销对其的认证。但符合下列第一项的，必须撤销对其的认证。

（1）通过虚假或者其他不正当手段取得认证的；（2）发生不符合本条第四项规定的认证标准等其他总统令规定的原因的。

4. 认证的对象、标准、程序等人力资源开发优秀单位等的认定相关必要事项，由总统令规定。

附　　则

本法自公布之日起施行。（省略但书）

关于自学取得学位的法律

［第13223号法律，2015年3月27日修订］

第一条（目的）
本法旨在通过为自学人员提供取得学士学位的机会，践行终身教育理念，为个人的自我实现和国家与社会的发展做出贡献。

第二条（国家的职责）
国家应当为自学人员取得学士学位（以下称学位）提供必要的便利。

第三条（考试实施机构等）
1. 教育部部长组织对自学人员进行学位取得考试（以下称考试）。
2. 考试的实施相关必要事项，由总统令规定。

第四条（应试资格）
1. 高中毕业或者被认定具备同等以上学力水平的人员方可报名参加考试。
2. 本法第五条第一款规定的各课程认定考试相关应试资格，由总统令规定。

第五条（考试的课程和科目）
1. 考试应当包含下列各课程的考试。报考下列第四项"学位取得综合考试"的人员应当通过下列第一项至第三项各课程的全部考试。但根据总统令的规定被认定具备一定学历和资格的人员，可以部分或者全部免试下列第一项至第三项各课程认证考试或者考试科目。

（1）教养课程认证考试；（2）专业基础课程认证考试；（3）专业深化课程认证考试；（4）学位取得综合考试。

2. 本条第一款规定的各课程考试科目，由教育部部长规定。
3. 参加本条第一款所列考试的人员，应当缴纳教育部令规定的考试手续费。

第五条之二（对不正当行为人的处置）
1. 对考试舞弊人员或者在考试志愿上虚报有关考试资格事项的人员，教育部部长可以叫停其该考试或者考试科目的作答或者对其成绩做无效处理，并自处理决定作出之日起三年内停止其报考该考试或者考试科目的应试资格。
2. 删除
3. 本条第一款规定的对不当行为人等的处置相关必要的具体标准、程序等，由总统令规定。

第六条（授予学位等）

1. 尽管有《高等教育法》第三十五条第一款，教育部部长可以对本法第五条第一款第四项所列"学位取得综合考试"的合格人员授予学位。

2. 本条第一款规定的"学位取得综合考试"的合格证明、学位证明以及其他必要的证明文件由《终身教育法》第十九条规定的国家终身教育振兴院院长签发。各种证明文件的签发（含签发手续费）相关必要事项，由教育部令确定。

3. 本条第一款规定的学位授予和其他教务管理相关必要事项，由总统令规定。

第七条（权限的委任）

教育部部长可以根据总统令的规定，将考试实施、教务管理及其他自学取得学位相关业务委任给其所属机关负责人或者国立大学（专科院校和高中以下的各级学校除外）负责人。

附 则

第一条（施行日期）

本法自公布之日起施行。但本法第五条第三款、第五条之二及第六条第二款的修改规定，自公布六个月过后之日起施行。

第二条（对作弊者等的适用例）

本法第五条第三款的修订规定，自该修订规定施行后的首场考试中有作弊行为或者在考试志愿上虚报有关考试资格事项的人员开始适用。

关于学分认定等的法律

[第13229号法律，2015年3月27日修订]

第一条（目的）

本法旨在通过学分认定，对完成经评估认定的学习课程的人员，给予学历认定和取得学位的机会，以体现继续教育的理念，为个人自我实现和国家社会发展贡献力量。

第二条（术语的定义）

本法中使用的术语，其定义如下：

（1）"评估认定"指的是教育部部长对本法第三条第一项规定的学习课程，评估其是否具备同条第五款规定的标准，并认定为学分认定学习课程的行为。（2）"学位"指的是与《高等教育法》第三十五条第一款规定的学士学位或具备该法第五十条第一款规定的专业学士学位同等水平的学位。（3）"大学"指的是《高等教育法》第二条第一款至第六款规定的下列大学：

①大学；②产业大学；③教育大学*；④专门大学**；⑤放送大学***、通信大学****、放送通信大学***** 及网络大学；⑥技术大学****** 。

第三条（学习课程的评估认定）

1. 对总统令规定的继续教育设施、职业教育培训机构以及部队的教育培训设施（以下称教育培训机构）开设、运营的学习课程，教育部可以根据总统令的规定对其实施评估认定。

2. 想要取得本条第一款规定的评估认定的教育培训机构，应当根据总统令的规定向教育部部长申请评估认定。

3. 开设、运营根据本条第一款取得评估认定的学习课程的教育培训机构，

---

* 译者注：韩国专门培养小学教师的教育学院，以前是两年制，现为四年制。

** 译者注：专科院校。

*** 译者注：广播大学。

**** 译者注：电视大学。

***** 译者注：广播电视大学。

****** 译者注：相当于国内的职业技术学院。

根据本条第五款的评估认定标准变更评估认定事项时，应当根据本条第一项及第二项取得对该变更事项的认定。但变更总统令规定的轻微事项时，应当根据教育部令的规定提前向教育部部长申报。

4. 教育培训机构停止或暂时中断根据本条第一款取得评估认定的学习课程时，应当根据教育部令的规定提前向教育部部长申报。

5. 本条第一款规定的评估认定所需教授或讲师的资格、学习设施、学习设备、学习课程的内容等评估认定标准相关内容，由总统令规定。

第四条（评估认定书的发放）

1. 教育部部长根据本法第三条第一款实施评估认定时，应当向该教育培训机构负责人发放评估认定的证明文件（以下称评估认定书）。

2. 本条第一项规定的评估认定书的记录事项等相关必要事项，由总统令规定。

第四条之二（评估认定学习课程的运营等）

1. 教育培训机构负责人应当遵守总统令规定的评估认定学习课程运营相关事项。

2. 为做好经评估认定学习课程运营的事后管理，教育部部长应当根据总统令规定制定复审计划并加以实施。

3. 教育部部长可以根据总统令的规定对教育培训机构运营评估认定学习课程相关事项实施调查或检查。

4. 对违反本条第一项规定的学习课程运营相关规定，学习课程运营存在改善必要的教育培训机构负责人，教育部部长可以对其采取建议改善、责令改善等必要措施。

第五条（评估认定的撤销等）

1. 教育培训机构开设、运营根据本法第三条第一款取得评估认定的学士课程，有下列情形之一时，教育部部长可以根据总统令的规定对其采取撤销评估许可、停止学习课程运营、限制评估认定申请等措施。但符合下列第一项情形的，必须撤销评估认定。

（1）通过虚假或其他不正当手段取得评价认定的；（2）不履行本法第三条第三项规定的评估认定事项变更流程，变更同条第五项的评估认定标准规定的评估认定事项时；（3）未达到本法第三条第五项规定的评估认定标准办学的；（4）不遵守本法第四条之二第一款规定的学习课程运营规定的；（5）不执行本法第六条之二第三款规定的整改或变更命令的。

2. 教育部部长根据本条第一款第二项至第四项撤销评估认定时，应当限定一定期限责令教育培训机构负责人整改。但因违反行为已经结束等明显无法整改的，可以不经责令整改而直接撤销。

3. 本条第一项规定的停止学习课程运营和限制评估认定申请的期限，分别在三年以内的范围内由总统令规定。

第六条（评估认定等的公告）

1. 教育部部长根据本法第三条第一款、第三款以及第五条第一款对学习课程进行评估认定，或采取撤销评估认定、停止学习课程运营、限制评估认定申请等措施时，应当公告。

2. 本条第一款规定的公告方法或公告相关其他必要事项，由总统令规定。

第六条之二（教育培训机构公示情况信息等）

1. 运营评估认定学习课程的教育培训机构负责人应当每年至少公示一次该机构持有、管理的下列信息。在这种情况下，该机构负责人应当将公告信息上报教育部部长。

（1）机构的运营规则、设施等基本情况；（2）取得评估认定的学习课程现况及其运营情况；（3）学生数量等在学人员现况；（4）教授或讲师现况；（5）学费及会计相关事项；（6）根据本法第五条评估认定被撤销等相关事项；（7）该教育培训机构的发展规划和特性化计划；（8）教学条件及教育培训机构运行现况等相关其他事项。

2. 为确认本条第一款规定的公示信息，教育部可以要求该教育培训机构负责人提交相关材料。在这种情况下，接到材料出具要求的教育培训机构负责人如无特殊理由，应予以配合。

3. 教育部部长可以责令不公示或虚假公示的教育培训机构负责人限期整改或限期变更。

4. 信息公示的具体范围、公示次数、公示时间以及相关材料的提报等相关必要事项，由总统令规定。

第七条（学分认定）

1. 对根据本法第三条第一款完成获得评估认定学习课程的人员，教育部部长认定相应的学分。

2. 教育部部长可以认定符合下列情形之一的人员相应的学分：

（1）在总统令规定的学校或继续教育设施中，根据《高等教育法》、《继续教育法》或校规完成教育课程的人员；（2）在国外或军事分界线以北地区完成相当于大学教育的教育课程的人员；（3）根据《高等教育法》第三十六条第一款、《继续教育法》第三十二条或第三十三条，报名计时制课程并听课的人员；（4）取得总统令规定的资格或完成取得该资格所需教育课程的人员；（5）总统令规定的考试合格或完成免考教育课程的人员；（6）被总统令认定为根据《关于保护与振兴非物质文化遗产的法律》第十七条被认定为国家非物质文化遗产所有人和其技艺传承人的人员。

3. 删除

4. 以虚假或其他不正当手段获取本条第一款或第二款规定的学分认定的，教育部部长可以撤销该学分认定。

5. 本条第一款和第二款规定的学分认定，其标准、程序以及其他相关必要事项，由总统令规定。

第八条（学历认定）

1. 根据本法第七条获取一定学分认定的人员，认定其具有与《高等教育法》第二条第二款规定的大学或该法第二条第四款规定的专门大学*毕业生相同水平以上的学力。

2. 本条第一款规定的学历认定相关标准，由总统令规定。

第九条（学位授予）

1. 根据本法第七条获取一定学分认定并满足总统令规定的要件的高中毕业生或被认定具备高中以上学力水平的人员，对其授予学位。

2. 符合下列情形之一的人员，可以向根据本法第七条获取一定学分认定并满足总统令规定的要件的高中毕业生或被认定具备高中以上学力水平的人员授予学位：

（1）大学负责人；（2）被教育部部长指定为根据《高等教育法》第五十九条第四款认定具备高一级学位课程入学学力的各类学校的负责人；（3）《继续教育法》第三十二条规定的公司内大学形式的继续教育设施负责人；（4）《继续教育法》第三十三条规定的远程大学形式的继续教育设施负责人。

3. 以虚假或其他不正当手段获取本条第一款或第二款规定的学位的，教育部部长可以撤销该授予学位。

4. 本条第一款和第二款规定的学位，其标准、学位授予程序以及其他必要事项，由总统令规定。

第十条（国家和地方政府的职责）

国家和地方政府应当出台必要的措施，支持想要根据本法取得学分认定的人员的学习。

第十一条（权限的委任和委托）

本法规定的教育部部长的权限，可以根据总统令的规定，部分委任或委托给下列人员：

（1）教育监；（2）教育培训机构负责人；（3）总统令规定的相关机构负责人。

---

* 译者注：相当于国内的专业院校。

第十二条 （责令整改等）

1. 根据本法第十一条获得授权或接受委托的教育监、教育培训机构负责人或有关机构负责人开展业务过程中违反本法或依据本法发布的命令时，教育部部长有权根据总统令的规定，对相关教育监、教育培训机构负责人或有关机构负责人采取责令限期整改等必要措施。

2. 接到本条第一项规定的整改命令的教育监、教育培训机构负责人或有关机构负责人如无正当理由，应当在限期内执行该整改命令。

第十二条之二 （听证）

教育部部长根据本法第五条撤销学习课程评估认定时，应当举行听证。

第十二条之三 （手续费）

1. 符合下列情形之一的人员，应当根据教育部令的规定缴纳手续费：
（1）申请本法第三条第二款规定的评估认定的人员；（2）想要获得本法第七条第一款或第二款的学分认定的人员；（3）想要获得本法第八条第一款规定的学力认定的人员； （4）想要获颁本法第八条第一款规定的学位的人员；（5）申请签发上述第一项至第四项规定的评估认定、学分认定、学力认定或学位颁发相关证明材料的人员。

2. 《国民基础生活保障法》第二条第一项规定的最低生活保障金领取权人，根据其申请，可以不受本条第一款约束，免除其本条第一款第二项至第四项的手续费。

第十三条 （罚金）

1. 对违反本法第三条第四款的人员，处以五百万韩元以下罚金。

2. 根据总统令的规定，本条第一款规定的罚金由教育部部长征收。

附　　　则

第一条 （施行日期）

本法自公布之日起一年后施行。

第二条至第五条　省略

第六条 （本法的其他修订）

（1）~（7）省略

（8）《关于学分认定等的法律》进行以下局部修订：

第七条第二款第六项内容修订如下：

⑥被总统令认定为《关于保护与振兴非物质文化遗产的法律》第十七条认定的国家非物质文化遗产所有人和其技艺传承人的人员。

第七条　省略

关于教育相关机构信息公开的特例法

[第17007号法律，2020年2月18日根据其他法律修订]

第一条（目的）

本法旨在规定教育相关机构所持有和管理信息的信息披露义务和信息披露相关基本事项，以保障国民知情权，振兴学术及政策研究；同时对《关于公共机构信息公开的法律》的特例进行了规定，以提高学校教育的参与度和教育行政的效率性及透明度。

第二条（术语的定义）

本法使用的术语，其定义如下：

（1）"信息"是指教育相关机构在学校教育过程中，通过职务之便制作或取得并管理中的文件（包括电子文件）、图纸、照片、胶片、磁带、幻灯片以及与之相当的其他媒介体等记录的事项；（2）"公开"是指让教育相关机构依照本法开放查阅信息，发放其复印件、复制品，或者通过《电子政府法》第二条第十款规定的信息通信网（以下称信息通信网）公示或提供信息等；（3）"公示"是指不论国民是否对信息公开的查阅、发放及请求，教育相关机构将其持有、管理中的信息事先通过信息通信网等其他法令规定的方法积极告知或提供的一种公开方法；（4）"教育相关机构"是指学校、教育行政机关及教育研究机构；（5）"学校"是指根据《幼儿教育法》第八条设立的幼儿园，根据《中小学教育法》第四条、《高等教育法》第四条设立的各级学校，除此之外，依照其他法律设置的各级学校（总统令规定的因国防、治安等原因难以信息公开的学校除外）；（6）"教育行政机关"是指《教育公务员法》第二条第四款规定的机关；（7）"教育研究机构"是指《教育公务员法》第二条第五款规定的机构，以及依照其他法律设立的专门从事教育相关调查研究的机构。

第三条（信息公开的原则）

1. 教育相关机构对其持有、管理的信息应当依照本法规定予以公开。
2. 依照本法公示或者提供的信息不得包括学生和教师的个人信息。

第四条（与其他法律的关系）

信息公开等相关本法未及规定事宜，适用《关于公共机构信息公开的法律》。

第五条（小学、初中的公示对象信息等）

1. 实施中小学教育的学校的负责人应当每年公示一次以上其所在机构持有、管理中的下列信息。在这种情况下，该学校的负责人应向教育监提交被公示的信息（以下称公示信息），教育部或国家教育委员会认为有必要时可以要求提交公示信息相关资料。

（1）校规等学校运营相关规定；（2）教学课程的编制及运营等相关事项；（3）每个年级、班级的学生人数及转入、转出、学业中断等学生变动情况；（4）学校各年级、各科目学习相关事项；（5）学校用地、校舍等学校设施相关事项；（6）职位和身份别的教师现状相关事项；（7）预决算明细等学校及法人的会计相关事项；（8）学校运营委员会相关事项；（9）学校供餐相关事项；（10）学校的卫生健康管理、环境卫生及安全管理相关事项；（11）校园暴力的发生现况及处理相关事项；（12）国家或市、道水准的学业成就度评价学术研究的基础资料相关事项；（13）学生的入学情况及毕业生的前途相关事项；（14）《中小学教育法》第六十三条至第六十五条所列责令整改等相关事项；（15）此外，教育条件及学校运营状况等相关事项。

2. 教育监及教育部公开本条第一项第四款及第十二款的资料时，不得提供个别学校的名称，所在地相关信息的公开范围由总统令规定。

3. 本条第一款规定的公示信息的具体范围、公示次数及其时间等相关必要事项，由总统令规定。

第五条之二（幼儿园的公示对象信息等）

1. 幼儿园的负责人应当每年公告一次以上其所在机构持有、管理中的下列信息。在这种情况下，幼儿园园长应该向教育监提交公示信息，教育部或国家教育委员会认为有必要时可以要求提交公示信息相关资料。

（1）幼儿园规则、设施等基本现状；（2）幼儿和幼儿园教师相关事项；（3）幼儿园教学课程及课后课程的编制和运营相关事项；（4）幼儿园园费及预决算等会计相关事项；（5）幼儿园供餐、卫生健康管理、环境卫生及安全管理相关事项；（6）《幼儿教育法》第三十条至第三十二条所列责令整改等相关事项；（7）此外，教育条件及幼儿园运营状态等其他相关事项。

2. 本条第一款公示信息的具体范围、公示次数及时间等相关必要事项，由总统令规定。

第六条（高等教育机构的公示对象信息等）

1. 开展高等教育的学校的负责人应当每年公示一次以上其所在机构持有、管理中的下列信息。在这种情况下，该学校的负责人应当向教育部提交公示信息。

（1）校规等学校运营相关规定；（2）教学课程的编制和运营等相关事项；（3）学生的选拔方法及日程安排相关事项；（4）招生率、在校生人数等学生现状相关事项；（5）毕业后升学及就业现状等学生前途相关事项；（6）专职教师现状相关事项；（7）专职教师的研究成果相关事项；（8）预决算明细等学校和法人的会计相关事项；（8）之二，学费及学生人均教育费的计算根据相关事项；（9）《高等教育法》第六十条至第六十二条所列责令整改等相关事项；（10）学校发展规划及特性化计划；（11）教师研究、学生教学及产学合作现况；（12）图书馆及研究资助现况；（13）此外，教育条件和办学状况等其他相关事项。

2. 为了方便国民，教育部可以根据本条第一款，将学校负责人公布的信息按学校类型、地区等分类公开。

3. 本条第一款规定的公示信息的具体范围、公示次数及其时间，本条第二款规定的公示信息的公开方法等相关必要事项，由总统令规定。

第七条 （公示的劝告等）

1. 教育部应当根据本法第五条、第五条之二和第六条制定并普及公示所需样式，收集和管理公示信息。

2. 教育部可以指定综合管理机关和各项目管理机关收集、管理本条第一项规定的公示信息。

3. 教育监应当收集并管理本法第五条及第五条之二规定的公示信息。

4. 对于不依照本法规定公开或公告信息的教育相关机构负责人，教育部或教育监应根据下列分类劝告其整改：

（1）根据《幼儿教育法》《中小学教育法》《关于地方教育自治的法律》及其他法令，由教育监管辖或指导监督的教育相关机构：教育监；（2）本条第一款以外的教育相关机构：教育部。

第八条 （学术研究的振兴等）

1. 为振兴学术研究和开发教育政策，教育相关机构的负责人可以根据总统令规定，向研究人员等提供该机关持有、管理的资料。

2. 依照本条第一款获取资料的人员不得在原目的以外不正当使用或者泄露。

第八条之二 （教育相关机构持有和管理中的信息的收集、联系、加工及提供等）

1. 为了制定教育政策、振兴学术研究、编制统计资料等使用用途，教育部及教育监可以收集、关联、加工教育相关机构负责人持有和管理中的信息。但教育监的情形，仅限于教育相关机构中管辖的市、道的学校及教育行政机关。

2. 教育部及教育监可以根据总统令的规定，向研究人员等提供依照本条第一款收集、关联、加工的信息。

3. 本条第一款及第二款的情况下，应当以个人、法人或者团体等无法识别的形式收集或者提供信息。

4. 依照本条第二款获得资料的人员，不得在原目的以外不正当使用或者泄露。

5. 本条第一款规定的信息收集和第二款规定的信息提供等相关事项，由总统令规定。

第九条（权限的委任）

本法规定的教育部的权限，可以根据总统令的规定，部分委任给教育监等人。

第十条（责令整改或变更）

1. 教育部或教育监应当责令未公开或者虚假公开本法规定的信息的教育相关机构负责人按照本法第七条各条款规定的分类（以下称管辖区分）进行整改或变更。

2. 学校负责人接到本条第一款规定的整改或者变更命令或本法第七条第四款规定的劝告，无正当理由未在规定期限内执行相关命令或劝告的，教育部或者教育监可以依照管辖区分采取《幼儿教育法》第三十条第二款、《中小学教育法》第六十三条第二款或者《高等教育法》第六十条第二款规定的削减招生数量等措施。

第十条之二（对公开、公告信息使用的整改或变更命令）

1. 学校负责人在宣传学校或者依照《关于标示、广告公正化的法律》标示或者刊登广告过程中，不得宣传与根据本法公开或公示信息不一致的信息。

2. 需要确认是否违反第一项规定时，教育部或教育监可以根据管辖区分要求学校负责人提交相关资料。

3. 根据本条第二款被要求提交相关资料的学校负责人，如无特殊原因，应当向教育部或教育监提交相关资料。

4. 教育部或者教育监应当命令违反本条第一款的学校的校长依照管辖区分进行整改或者变更。

5. 学校负责人拒绝提交本条第三款规定的相关资料，或者接到本条第四款规定的整改或变更命令，无正当理由未在规定期限内履行的，教育部或者教育监可以按照管辖区分采取《幼儿教育法》第三十条第二款、《中小学教育法》第六十三条第二款或者《高等教育法》第六十条第二款规定的削减招生数量等措施。

6. 有下列情形之一的，教育部或教育监应当及时在专门公布学校信息的信息通信网首页公布该事实：

（1）依照本条第四款责令整改或者变更的；（2）采取本条第五款规定的措施的；（3）总统令规定的其他类似事项。

7. 本条第二款规定的资料提交要求及第三款规定的资料提交，第四款规定的整改或变更命令，第五款规定的措施及第六款规定的公告等相关必要事项，由总统令规定。

第十一条（罚则）

依照本法第八条第一款或者第八条第二款提供资料的人员，违反本法第八条第二款或者第八条之二第四款的，处一年以下有期徒刑或者 1000 万韩元以下罚款。

第十二条（与《关于公共机构信息公开的法律》的关系）

《关于公共机构信息公开的法律》适用于《关于教育相关机构信息公开的特例法》时，依照下列情形执行：

（1）《关于公共机构信息公开的法律》第六条至第九条、第十一条、第十三条、第十五条、第十八条至第二十一条和第二十五条中的"公共机关"分别视作"教育相关机构"。（2）《关于公共机构信息公开的法律》第二十五条中的"行政安全部长官"视为"教育部或教育监"。

附　　则

第一条（施行日期）

本法自 2021 年 1 月 1 日起施行。（省略但书）

第二条（事务下放的前置措施）

1. 为支持本法规定的中央行政权限及事务一揽子下放地方所需的人力及财政所需事项，有关中央行政机关的负责人应当制定必要的措施，在本法规定的施行之日 3 个月前，向国会主管常任委员会提交报告。

2. 《关于地方自治分权及地方行政体制改编的特别法》第四十四条规定的自治分权委员会可以事先对本条第一款规定的人力和财政需求事项进行专门调查和评价。

第三条（行政处分等相关一般性经过措施）

本法施行当时行政机关依照以前的规定作出的处分或者其他行为视作行政机关依照本法作出的处分或者其他行为，依照以前的规定向行政机关作出的申请、申报及其他行为视作依照本法作出的申请、申报及其他行为。

第四条　省略

关于教育环境保护的法律

[第17075号法律，2020年3月24日修订]

第一条（目的）
本法旨在规定保护学校教育环境的必要事项，使学生能够在健康和舒适的环境中接受教育。

第二条（术语含义）
本法使用的术语，其含义如下：

(1)"教育环境"是指保障学生保健、卫生、安全、学习等不受影响的学校及学校周边的一切因素。(2)"学校"是指《幼儿教育法》第二条第二款规定的幼儿园、《中小学教育法》第二条及《高等教育法》第二条规定的学校、除此之外依照其他法律设置的学校（总统令规定的因国防、治安等原因导致无法信息公开的学校除外）。(3)"建校预留地"是指下列用地之一：①根据《国土规划与利用法》第三十条被以"城市、部队管理规划"确定并公示的学校用地；②《幼儿教育法》第二条第二款规定的幼儿园拟设立者筹措到的幼儿园用地[设立私立幼儿园的，指取得特别市、直辖市、特别自治市、道或者特别自治道教育监（以下称教育监）设立许可的用地]；③《中小学教育法》第二条第四款规定的特殊学校拟设立者筹措到的特殊学校用地（设立私立特殊学校的，指取得教育监设立许可的用地）；④《中小学教育法》第六十条第三款规定的替代学校拟设立者筹措到的替代学校用地（设立私立替代学校的，指取得教育监设立许可的用地）。(4)"学校边界"是指《关于空间信息的建立与管理等的法律》第二条第十九款规定的在"地籍公簿"上登记的学校用地界线。(5)"学校设立预定地边界"是指根据本条第三款第一项至第四项公示或划定的学校用的边界。

第三条（国家和地方政府等的责任）
1. 国家和地方政府应当制定必要的措施，保护教育环境。
2. 国家、地方政府、学校负责人及项目执行人应当认识到保护教育环境的重要性，并努力使本法规定的程序适当而灵活地得到推进。

第四条（制定教育环境保护基本规划等）
1. 为保护学校的教育环境，教育部部长每五年制定包括下列事项的教育环境保护基本规划（以下称基本规划）：

（1）教育环境保护政策的基本方向相关事项；（2）教育环境保护的教育与宣传相关事项；（3）其他保护教育环境的必要事项。

2. 教育监根据基本规划，经本法第五条第一款规定的市、道教育环境保护委员会审议，制定并实施年度实施计划（以下称实施计划），并将其结果提交教育部部长。

3. 为制定基本规划或实施计划，必要时教育部部长及教育监可以要求有关行政机关负责人或相关机构、团体负责人提供资料等协助。在这种情况下，被请求协助的有关行政机关负责人或相关机构、团体负责人如无特殊原因，应当予以协助。

4. 本条第一款和第二款规定的基本规划和实施计划的制定时间、内容以及实施计划的提交时间、方法等其他必要事项，由总统令规定。

第五条（市、道教育环境保护委员会等）

1. 为保护教育环境，设立隶属教育监的市、道教育环境保护委员会（以下称市、道委员会），审议下设事项：

（1）教育监关于教育环境保护的政策；（2）实施计划；（3）本法第六条第一款规定的教育环境评估书；（4）此外，辖区教育环境保护委员长提请会议审议的相关事项。

2. 市、道委员会由十五名以内的委员组成，其中包括一名委员长，委员长由教育监任命或委任。

3. 市、道委员会委员由教育监从下列人员中任命或者委任：

（1）特别市、直辖市、特别自治市、道、特别自治道（以下称市、道）教育厅的四级以上或者相当于四级以上的公务员中，教育监或特别市长、广域市长、特别自治市长、道知事、特别自治道知事（以下称市、道知事）提名的人员；（2）具备学校教育环境保护方面的专业知识，在大学或公认的研究机构中担任助理教授以上或相当职务的人员；（3）《非营利性民间团体支援法》第二条规定的非营利性民间团体推荐的人员；（4）拥有五年以上从教经验的教师及讲师；（5）此外，各地区学校具备丰富教育环境保护知识和经验的人员。

4. 市、道委员会委员每届任期三年，只能连任一次。但是，本条第三款第一项规定的市、道委员会委员的任期为其任职期间。

5. 符合《国家公务员法》第三十三条所列情形之一的，不得担任市、道委员会委员，市、道委员会委员符合该条所列情形之一的，理当罢免或解聘。

6. 本条第一款规定的教育监的权限，根据总统令的规定，可以委托给教育长。

7. 关于审议事项，市、道委员会可以要求有关行政机关负责人、公务员或者有关专家提交资料、陈述意见以及其他必要事项。在这种情况下，被请求人如无特殊原因，应当接受请求。

8. 为了审议本法第九条规定的教育环境保护区域内禁止行为及设施对教育环境的影响，应当在《地方教育自治的法律》第三十四条规定的教育支援厅设立地区教育环境保护委员会（以下称地区委员会）。未设教育支援厅的，接受市、道委员会的审议。

9. 市、道委员会和地区委员会的组织、功能及运营等相关事项，由总统令规定。

第六条（教育环境评价书的批准等）

1. 下列人员应当根据总统令的规定将有关教育环境影响的评价书（以下称教育环境评价书）提交给管辖教育监，并得到其批准：
（1）拟设立学校的人员；（2）《国土规划与利用法律》第二十四条规定的城市、部队管理规划的立案权人；（3）《学校用地确保法》第三条第一款规定的开发项目执行人；（4）学校（《高等教育法》第二条所列学校除外）或者根据本法第八条第一款设定、公布的教育环境保护区域被指定或公告为《城市及居住环境整顿法》第二条第一款规定的整顿区域，拟在相关区域开展整顿工作的人员；（5）在依照第八条第一款设立并公告的教育环境保护区域内进行《建筑法》第十一条第一款但书条款规定的规模性建设。

2. 本条第一款规定的学校教育环境评价对象，包括学校用地预定地或者整备事业预定地等的位置、大小、外形、地形、土壤环境、大气环境、周边有害环境、公共设施。

3. 教育监拟批准教育环境评价书，必须经过市、道委员会的审议，并同时提供根据第十三条规定的保护教育环境的专门机关或总统令指定机构的审议意见。

4. 虽有本条第三款规定，但有下列情形之一的，经地区委员会审议，可批准教育环境评价书。在这种情况下，可以省略本法第十三条规定的教育环境保护专门机关或总统令指定机构的审核意见。
（1）只设立《幼儿教育法》第二条第二项规定的幼儿园或者变更其位置而选定的用地；（2）只设立《中小学教育法》第六十条之三规定的替代学校或者变更其位置而选定的用地；（3）《高等教育法》第二条第一款至第四款规定的学校（包括与之相当的学校，研究生院除外），根据总统令的规定，将相关学校的一部分从原主要位置变更到产业园区内运营而选定的用地。

5. 教育监审核教育环境评价书后，应当就教育环境保护相关必要事项，向本法第七条第一款规定的项目执行人提出建议。在这种情况下，项目执行人如无特殊原因，应当按照建议执行，并将措施结果通报教育监。

6. 本条第一款规定的教育监的权限，根据总统令的规定，可以部分委托给教育长。

7. 除根据其他法令限制公开的情况外，教育部部长可以根据总统令公开教育环境评价书。

8. 制定教育环境评价书的类目、程序、标准和各项目的制定方法等其他必要事项由总统令规定。

第七条 （制定事后教育环境评估书）

1. 提交教育环境评估书并获得批准的人员（以下称项目执行人），应当履行其在教育环境评估书中反映的内容和本法第六条第五款所列措施结果。

2. 为防止对教育环境造成危害，教育监应当确认教育环境评价书确认内容的履行事项。在这种情况下，工作时可以让参与者提交有关履行教育环境评价书确认内容的资料，或者让所属公务员出入工作场所进行调查。

3. 开展本条第二款规定的调查时，应在调查七天前将调查理由及调查内容等调查计划告知项目执行人，进行出入调查的公务员应向有关人士表明其所属和身份，并出示可以确认其身份的凭证。

4. 根据本条第二款对获得批准教育环境评估书的内容执行情况开展的调查结果，根据总统令的规定，显示其可能对教育环境造成负面影响时，教育监应当责令项目执行人撰写并提交对教育环境造成影响的重新评估书（以下称事后教育环境评价书）。

5. 事后教育环境评价书的制定项目、程序、标准和各项目的制定方法等其他必要事项，由总统令规定。

第八条 （教育环境保护区域的设定等）

1. 教育监应当将距离学校边界或学校设立预定地边界（以下称学校边界等）直线距离200米范围内的区域按照下列类别设定并公示为教育环境保护区：

（1）绝对保护区域。距离学校出入口50米的直线距离区域（为学校设立预定地的，距离学校边界50米的直线距离区域）。（2）相对保护区域。从学校边界等直线距离200米的区域中除去绝对保护区域的区域。

2. 决定、公告学校设立预定地或批准设立学校的人，在确定学校设立预定地后，应当立即向管辖的教育监通报该事实。

3. 教育监根据本条第二款规定，自接到学校设立预定地通报之日起三十日内，根据本条第一款设立并公告教育环境保护区域。

4. 依照本条第一款设立、公告的教育环境保护区域，有下列情形之一的，其效力丧失：

（1）学校被关闭或者搬迁（总统令规定的学校设立计划等除外）；（2）市（郡）管理计划中决定学校设立的预定地效力丧失时；（3）设立幼儿园、特殊学校或者替代学校的计划被取消或者设立许可被取消。

5. 本条第一款规定的教育监的权限，可以根据总统令的规定委任给教育长。

第八条之二（地籍测量资料的利用等）

1. 有可能发生就本法第九条所列情形之一的行为或设施是否属于该条规定的教育环境保护区域中的禁止行为等的纠纷时，教育监可以参阅《关于空间信息的建立及管理等的法律》第二十二条规定的一般测量资料和该法第二十三条及第二十四条规定的地籍测量资料。

2. 本条第一款规定的一般测绘资料和地籍测绘资料的使用程序及方法，由总统令规定。

第九条（教育环境保护区域内的禁止行为等）

为了保护学生的保健、卫生、安全、学习和教育环境，任何人不得在教育环境保护区域内实施下列行为和设施。但在相对保护区域内，下列第十四项至第二十七项及第二十九项规定的行为和设施中，教育监或者教育监授权人员经地区委员会审议认为对学习和教育环境没有不良影响的行为和设施除外。

（1）超过《大气环境保护法》第十六条第一款规定的排放标准排放大气污染物的设施；（2）《水环境保护法》第三十二条第一款规定的超标准排放水污染物的设施和第四十八条规定的废水终处理设施；（3）《关于家畜粪便管理与利用的法律》第十一条规定的排放设施，第十二条规定的处理设施和第二十四条规定的公共处理设施；（4）《下水道法》第二条十一项规定的粪便处理设施；（5）超过《恶臭防治法》第七条规定的排放标准散发恶臭的设施；（6）超过《噪音震动管理法》第七条和第二十一条的排放标准排放噪音、震动的设施；（7）《废弃物管理法》第二条第八款规定的废弃物处理设施（考虑到规模、用途、期限以及对学习和学校卫生的影响等，总统令规定的设施除外）；（8）《家畜传染病预防法》第十一条第一款、第二十条第一款规定的家畜尸体，第二十三条第一款规定的污染物品以及第三十三条第一款规定的禁止进口物品的销毁和填埋场；（9）《关于丧葬事务等的法律》第二条第八款规定的火葬设施、第九款规定的供奉设施和第十三款规定的自然葬场地（该法第十六条第一款第一项规定的个人、家庭自然葬场地和第二款规定的宗族自然葬场地除外）；（10）《畜产品卫生管理法》第二十一条第一款第（一）项规定的屠宰设施；（11）《畜产法》第三十四条第一款规定的家畜市场；（12）《关于振兴电影和录像的法律》第二条第十一款规定的限制性放映厅；（13）符合《青少年保护法》第二条第五款第一项第七小项规定的营业场所和从事符合女性家庭部长官根据该条第一款第八项、第一款第九项及第二款第七项公告的经营内容的场所；（14）《高压气体安全管理法》第二条规定的高压气体、《城市燃气事业法》第二条第一项规定的城市燃气，或者《液化石油气安全管理及事业法》第二条第一项规定的液化石油气的生产、充装及储存设施（即使有关法令规定批准或者申报的设施，同一建筑物内设置的各个设施的装机总容量超出获得批准或者申报规模以上的设施包括在内，综合考虑规模、用途以及学习和学校保健卫生的影响等，总统令规定的全部或部分设施除外）；（15）《废弃物管理法》第二条第一款规定的废弃物的收集、保管、处置场所（考虑到规模、用途、时间以及对学习和学校保健卫生的影响等，总统令规定的场所除外）；（16）《关于枪支、管制刀具、火药类等安全管理的法律》第二条规定的枪支或火药类的制造及贮藏场所；（17）《关于传染病预防和管理的法律》第三十七条第一款第二项规定的隔离点、疗养中心或者诊疗中心；（18）根据《烟草事业法》的指定零售商及其他香烟销售人员设置的烟草自动售货机（《幼儿教育法》第二条第二款规定的幼儿园及《高等教育法》第二条第二款规定的学校的教育环境保护区域除外）；（19）《关于游戏产业振兴的法律》第二条第六款、第七款或第八款规定的游戏提供业*、网络计算机游戏设施提供业**及复合流通游戏提供业（《幼儿教育法》第二条第二款规定的幼儿园及《高等教育法》第二条第二款规定的学校的教育环境保护区域除外）；（20）根据《关于游戏产业振兴的法律》第二条第六款第三项规定提供的游戏设施（《高等教育法》第二条各条款所规定的学校教育环境保护区域除外）；（21）《关于体育设施的设置和利用的法律》第三条规定的体育设施中的舞蹈学院及舞蹈场（《幼儿教育法》第二条第二款规定的幼儿园，《中小学教育法》第二条第一款规定的小学，《中小学教育法》第六十条之三规定的只运营小学课程的代案学校以及《高等教育法》第二条各款规定的学校的教育环境保护区域除外）；（22）《马事会法》第四条规定的赛马场及第六条第二款规定的场外销售场所，《赛车、赛艇法》第五条规定的赛车（艇）场和第九条第二项规定的场外销售场所；（23）经营《博彩行为等管控与处罚特例法》第二条第一款第二项规定的博彩活动；（24）《音乐产业振兴法》第二条第十三款规定的练歌房业（《幼儿教育法》第二条第二款规定的幼儿园及《高等教育法》第二条各款规定的学校的教育环境保护区域除外）；（25）符合《关于振兴电影及音像产业的法律》第二条第十六款第一项及第四项的录像带观览业及复合影像物提供业的设施（《幼儿教育法》第二条第二款规定的幼儿园及《高等教育法》第二条各款规定的学校的教育环境保护区域除外）；（26）《食品卫生法》第三十六条第一款第三项规定的餐饮服务业中的音乐酒吧和有偿陪侍营业；（27）《公共卫生管理法》第二条第二款规定的住宿业及《旅游振兴法》第三条第一款第二项规定的旅游住宿业（《国际会议产业培育法》第二条第三项规定的国际会议设施附属住宿设施及

---

* 译者注：游戏厅等。

** 译者注：网吧等。

考虑到规模、用途、时间以及对学习和学校保健卫生的影响等总统令规定的场所除外）；（28）删除（29）在《化学物质管理法》第三十九条规定的危险物质处置设施中处置超过总统令规定数量的设施。

第十条（对禁止行为等采取的措施）

1. 为了预防本法第九条的各项行为和设施（依照本法第九条但需经过审议的行为和设施除外），市、道知事及市长、郡守、区厅长（是指自治区的区长，下同）或者有关行政机关负责人（以下称有关行政机关等的负责人）应当采取责令停工或限制施工、停止营业以及拒绝或取消许可、认可、登记、申报等措施（以下称处分），如果认为为了教育环境不可避免地需拆除的，可以责令项目执行人拆除相关设施。

2. 项目执行人拒不履行本条第一款规定的拆迁命令的，有关行政机关等负责人可以依照《行政代执行法》的规定强制执行。

3. 为保护教育环境，教育监可以要求有关行政机关等负责人对教育环境保护区域内本法第九条规定的行为及设施进行处分以及责令拆除设施。

4. 接到本条第三款请求的有关行政机关等负责人，如无特殊原因，应当根据要求采取措施，并在教育监提出请求之日起一个月内通知其结果。

5. 本条第三款和第四款规定的教育监的权限，根据总统令的规定，可以部分委任给教育长。

第十一条（关于城市、部队管理规划制定等相关协商等）

1. 制定城市、部队管理规划、指定或者变更用途区域、用途地区时，教育监可以与《关于国土规划与利用的法律》第二十四条和第二十九条规定的城市、部队管理规划的立案权人或者决定权人进行协商。

2. 城市、部队管理规划的立案权人或者决定权人，无特别事由的，应当按照本条第一款的请求办理。

第十二条（教育环境信息系统的建立、运营等）

1. 为了确保教育环境保护区域相关信息的收集、利用和教育环境保护的国民参与，教育部部长及教育监应当建立并运营教育环境信息系统（以下称信息系统）。

2. 为了提高教育环境保护的专业性、客观性和可预测性，教育部部长及教育监应当公开教育环境保护区内禁止行为及禁止设施等的审议结果等教育环境保护区域相关信息等。

3. 教育部部长及教育监可以将信息系统的建立、运营委托给本法第十三条规定的保护教育环境的专门机关或总统令指定的机构。

4. 信息系统的建立、运营等相关必要事项和本条第二款规定的教育环境保护区域的信息等公开事项，由教育部令规定。

第十三条（教育环境保护专门机构的设立等）

1. 为了开展教育环境保护和相关业务，教育部部长可以与教育监协商设立教育环境保护专门机构（以下称教育环境保护院），或者指定总统令规定的机构（以下称教育环境保护指定机构）。

2. 教育环境保护院或者教育环境保护指定机构负责下列工作：

（1）制定教育环境保护政策相关资料开发及政策分析；（2）支持制定基本规划；（3）教育环境相关调查、研究与开发相关项目；（4）教育环境相关统计的编制和推广；（5）教育环境保护工作的实施、管理、技术支持和评估；（6）教育环境保护的研修、教育、宣传及其资料的开发；（7）信息系统的建立、运行和管理；（8）教育环境评价书的审议；（9）此外，教育环境保护等教育部部长认为必要的工作。

3. 教育环境保护院为法人，在主要事务所所在地办理设立登记而成立。

4. 教育环境保护院应当制定章程，载明下列事项，并经教育部部长批准：

（1）设立目的；（2）名称；（3）主要事务所所在地；（4）业务及其执行相关事项；（5）管理层和员工相关主要事项；（6）理事会相关事项；（7）财产和会计相关事项；（8）章程变更相关事项。

5. 本条第四款规定的章程的内容变更，应当经教育部部长同意。

6. 设立和运营教育环境保护院所需的经费，国家或地方政府可以在预算范围内予以资助。

7. 关于教育环境保护院，除本法规定外，适用《民法》中关于财团法人的规定。

第十四条（权限的委任及委托）

1. 教育部部长可以根据总统令的规定，将本法规定的部分权限委任给教育监。

2. 教育部部长可以根据总统令的规定，将本法规定的部分业务委托给教育环境保护院及教育环境保护指定机构。

3. 依照本条第二款执行受托业务的教育环境保护院和教育环境保护指定机构的工作人员，适用《刑法》第一百二十九条至第一百三十二条规定的，视为公务员。

第十五条（保密义务）

参与教育环境评估书研究过程的有关专家或者有关专门机构的工作人员或者曾经担任工作人员的人员，不得将有关的教育环境评价等职务上知悉的秘密泄露给他人，或用于职务目的以外的其他用途。

第十六条（罚则）

1. 违反第九条，在教育环境保护区域内实施禁止行为或者开设禁止设施的，处二年以下有期徒刑或者二千万韩元以下罚款。

2. 有下列情形之一的，处一年以下有期徒刑或者一千万韩元以下罚款：

（1）违反本法第六条第一款，未经教育环境评估书承认，选定学校用地等；（2）违反本法第七条第二款，无正当理由拒绝提交材料或者妨碍或者回避批准内容的调查的；（3）违反本法第七条第四款，未撰写事后教育环境评估书的；（4）违反本法第十五条泄露因职务知悉的秘密，或者在职务目的以外使用的。

第十七条（罚款）

1. 违反本法第七条第四款，未提交事后教育环境评价书的，处一千万韩元以下罚款。

2. 本条第一款规定的罚款，根据总统令的规定，由教育监征收。

附　　则

本法自公布之日起六个月后施行。

促进公办教育正常化与限制超前教育特别法

[第17496号法律，2020年10月20日根据其他法律修订]

第一条（目的）

本法旨在推动《中小学教育法》规定的承担公立教育的小学、初中、高中的教学课程正常运营，限制诱发教育相关机构超前教育和超前学习的行为，从而实现《基本教育法》中规定的教育目的，促进学生身心健康发展。

第二条（术语的含义）

本法中使用的术语，其含义如下：

（1）"教育相关机构"指的是《中小学教育法》第二条规定的学校中小学、初中、高中、其他类型学校（以下称学校）和《高等教育法》第二条规定的学校以及其他法律规定的其他高等教育机构（以下称大学等）。（2）"超前教育"指的是教育相关机构先于下列教育课程编制或者提供的一般教育：①国家教育课程：根据《中小学教育法》第二十三条第二款，由教育部规定的中小学教育课程；②市、道教育课程：根据《中小学教育法》第二十三条第二款，由特别市、广域市、特别自治市、道和特别自治道（以下称市、道）教育监（以下称教育监）规定的中小学教育课程；③学校教育课程：根据《中小学教育法》第二十三条第一款编制、运营的特定学校的教育课程。(3) "超前学习"指的是学生先于国家教育课程、市、道教育课程和学校教育课程进行的学习。

第三条（与其他法律的关系）

与其他法律相比，超前教育或者超前学习相关事项优先适用本法。

第三条之二（解释、适用的注意义务）

解释、适用本法时，应当避免损害学校和教师正常教学行为的自主性。

第四条（国家和地方政府的职责）

1. 国家和地方政府应当指导、监督学校编制、运营符合国家规定的教学目标和内容的教学课程，并对其内容进行公正的学生评价。

2. 为预防、纠正超前教育带来的副作用，国家和地方政府应当制定调查、研究、分析、教育以及制定改善对策等必要的法律、制度措施。

3. 为履行本条第一款和第二款规定的职责，国家和地方政府应当提供必要的行政和财政支持，并采取适当的措施。

第五条（学校负责人的职责）

1. 学校负责人应当确保学生能够熟练掌握与编制的教学课程配套的教科书内容。

2. 学校负责人应当指导并监督所在学校，不得开展超前教育。

3. 学校负责人应当定期对学生家长、学生、教师进行预防超前教育和超前学习的教育。

4. 学校负责人应当制定并实施包括本条第三款内容在内的预防超前教育和超前学习的计划。

第五条之二（教师的职责）

为保护学生的学习权，教师不得以学生超前学习为前提进行授课。

第六条（学生父母的职责）

学生父母应当支持学生积极参加学校教育课程规定的课堂学习和各种活动，并协助学校的政策。

第七条（教师的咨询活动）

教师教导的学生因校外辅导的超前学习而对课堂学习产生影响或者出现身体上、精神上痛苦时，教师可以向学生父母等提供必要的教育性建议或者咨询。

第八条（禁止诱发超前教育和超前学习的行为等）

1. 学校应当根据国家教育课程和市、道教育课程编制学校教育课程，不得运营先于所编制学校教育课程的教育课程。"放学后学校"* 的课程也应当执行本规定。

2. "放学后学校"的课程符合下列情形之一的，可以无视本条第一款后半段的规定，运营先于学校教育课程的教育课程：

（1）《中小学教育法》第二十四条第四款规定的学校休校期间，《中小学教育法》第二条规定的高中编制、运营的教育课程；（2）《中小学教育法》第二条规定的初中和高中内，农村、山区和渔村的学校，以及由总统令确定的程序和方法而指定的城市低收入群体集中的学校等运营的教育课程。

3. 学校不得有以下行为：

（1）在笔试、学习能力测试等学校考试中，超出学生所学的学校教育课程范围和水平出题并考查的行为；（2）在各种校内比赛中超出学生所学的学校教育课程范围和水平出题并考查的行为；（3）其他与之相当的，由总统令规定的行为。

---

* 译者注：相当于近年国内的课后教室、课后学堂。

4.《学院的设立、运营及课外辅导相关法律》第二条规定的学院、培训班或者个人课外辅导人员不得发布诱发超前学习的广告或者宣传。

第九条 （学校的招生录取等）

1. 在按学校实行招生录取的学校中，总统令规定的学校招生录取的内容和方法不得超出该学校入学前一阶段教育课程的范围和水平。

2. 学校负责人实施本条第一款的招生录取时，应当考查学生生活记录簿中的记录是否符合该学校设立目的和特点。

3. 学校负责人实施本条第一款的招生录取时，不得考查以下内容：
（1）校外比赛竞赛成绩；（2）各种认证考试成绩；（3）各种资格证；（4）其他与之相当的，由总统令规定的事项。

4. 学校负责人实施本条第一款的招生录取时，应当就该招生录取行为是否诱发超前学习的影响评价，并将评价结果反映在下年招生录取中。

5. 学校负责人应当向管辖教育监提交本条第四款的影响评价结果和能将其反映在下年招生录取中的计划。

6. 教育监可以根据市、道教育规章制度的规定将收到的根据本条第五款提交的影响评价结果和能将其反映在下年招生录取中的计划公之于众。

第十条 （大学等的招生录取等）

1. 大学等的负责人根据《高等教育法》等相关法律在招生录取中实施大学自主招生考试的，其考试评价的内容不得超出高中教育课程的范围和水平。

2. 大学等的负责人实施本条第一款的实施大学自主招生考试的，应当经过本法第十条之二规定的招生录取影响评价委员会审议，实施对自主招生行为是否诱发超前学习的影响评价，并将评价结果反映在下年招生录取中。

3. 大学等的负责人应当将本条第二款的影响评价结果和能将其反映在下年招生录取中的计划在该大学等的网络主页上登载公开。

第十条之二 （大学等招生录取影响评价委员会）

1. 为审议本法第十条第二款规定的影响评价实施方法、程序及内容等相关事项，大学等的负责人应当设立、运营招生录取影响评价委员会。

2. 本条第一款的招生录取影响评价委员会的组成及运营相关必要事项由该大学等的校规确定。但委员中应当有一人以上现任高中教师。

第十一条 （教育课程正常化审议委员会）

1. 为审议、表决国立学校及大学等预防超前教育相关主要事项，可以设立由教育部部长主管的教育课程正常化审议委员会（以下称教育课程委员会）。

2. 教育课程委员会审议、表决以下事项：
（1）国家教育课程运营相关事项；（2）预防超前教育对策相关事项；
（3）国立学校及大学等的超前教育影响评价相关事项；（4）超前教育或者超前

学习诱发行为与否相关事项；（5）教育部部长向教育课程委员会请求的其他事项。

3. 教育课程委员会应当及时向教育部部长通报对本条第二条各项的审议结果。

4. 教育部部长应当遵守本条第三款的审议结果。教育部部长对审议结果有异议的，可以要求教育课程委员会复审，但应当接受教育课程委员会的复审结果。

5. 教育课程委员会由十五名以内的委员组成，其中包括一名委员长和一名副委员长。

6. 委员由教育部部长从符合下列情形之一的人员中任命或者委任：

（1）教育部或者市、道教育厅所属的有关公务员；（2）具备教育课程、学习理论及大学招生录取等相关专业知识的人员；（3）学生家长、家委会成员、其他学识和经验丰富的人员。

7. 委员每届任期二年，任期届满仅限连任一次。但委员为公务员的，其任期为任命当时岗位职务的在职期间。

8. 教育课程委员会的组成、运营相关其他必要事项，由总统令规定。

第十二条（市、道教育课程正常化审议委员会）

1. 为审议、表决学校预防超前教育相关主要事项，可以设立教育监主管的市、道教育课程正常化审议委员会（以下称市、道教育课程委员会）。在此情形下，教育监可以考虑本地实际、学校和学员数量等，在《地方教育自治相关法律》第三十四条第一款规定的教育支援厅分别设立教育课程正常化审议委员会。

2. 市、道教育课程委员会审议、表决以下事项：

（1）市、道教育课程与学校教育课程相关事项；（2）学校预防超前教育对策相关事项；（3）学校的超前教育影响评价相关事项；（4）超前教育或者超前学习诱发行为与否相关事项；（5）教育监向市、道教育课程委员会请求的其他事项。

3. 市、道教育课程委员会应当及时向教育监通报对本条第二条各项的审议结果。

4. 教育监应当遵守本条第三款的审议结果。但教育监对审议结果有异议的，可以要求市、道教育课程委员会复审，但应当接受市、道教育课程委员会的复审结果。

5. 市、道教育课程委员会由十五名以内的委员组成，其中包括一名委员长和一名副委员长。

6. 市、道教育课程委员会的组成、运营相关必要事项，由总统令规定。

第十三条 （教育部部长或者教育监的指导、监督等）

1. 为进行本法第四条第一款的指导和监督，教育部部长或者教育监可以根据总统令的规定，调查教育相关机构是否违反了本法第八条至第十条的规定等。

2. 教育部部长或者教育监根据本条第一款开展调查时，教育相关机构应当诚实回应教育部部长或者教育监的资料提报要求。

第十四条 （整改或者变更命令）

1. 教育相关机构违反本法第八条至第十条以及第十条之二规定的，教育部部长或者教育监可以根据本法第十一条规定的教育课程委员会或者本法第十二条规定的市、道教育课程委员会的审议结果，要求教育相关机构限期整改或者变更。

2. 接到本条第一款的整改命令或者变更命令的教育相关机构，无正当原因未按期执行的，教育部部长或者教育监可以根据总统令规定，要求《教育公务员法》第五十条或者《私立学校法》第六十二条规定的惩戒委员会进行惩戒表决。

3. 接到本条第一款的整改或者变更命令的教育相关机构，无正当原因未按期执行且案件重大的，教育部部长或者教育监可以根据总统令有关规定，采取中断或者削减对该教育相关机构的财政支持、削减学生定员、削减或者废除年级或者院系、责令停止招生等措施。

第十五条 （异议申请）

教育相关机构对本法第十四条第一款规定的纠正命令、变更命令或者本法同条第三款规定的措施等有异议的，可以根据总统令的规定向教育部部长或者教育监提出异议申请。

第十六条 （适用的例外）

符合下列情形之一的，不适用本法。

（1）《英才教育振兴法》规定的英才教育机构开展的英才教育。（2）《中小学教育法》第二十七条第一款规定的跳级或者提前毕业对象。（3）国家教育课程、市、道教育课程以及学校教育课程中艺术和体育科目（群）、技术和家庭科目（群）、实用·第二外语·汉文·素养科目（群）以及专门科目。（4）小学一、二年级"放学后学校"英语课程。（5）总统令规定的其他情形。

第十七条 （权限的委任）

根据总统令的规定，本法规定的教育监的权限可以部分授权给教育长。

附　　则

第一条（施行日期）
本法自公布之日起施行。
第二条（本法的其他修订）
《促进公办教育正常化与限制超前教育特别法》进行以下局部修订：
第八条第二款第一项中的"第二十四条第三款"改为"第二十四条第四款"。

关于校园暴力预防及对策的法律

［第17668号法律，2020年12月22日修订］

第一条（目的）

本法旨在通过规定校园暴力预防和对策的必要事项，保护受害学生，引导、教育加害学生及调解受害学生和加害学生之间的纠纷，从而保护学生的人权，并将学生培养成健全的社会成员。

第二条（定义）

本法中使用的术语，其定义如下：

(1)"校园暴力"是指在校内外以学生为对象发生的伤害、暴行、囚禁、胁迫、劫持、拐骗、名誉毁损、侮辱、恐吓、强迫、强制性使唤及性暴力、排挤、网络排挤、利用信息通信网散布淫秽、暴力信息等导致身体、精神或财产损害的行为；(1)之二．"排挤"是指在校内外2名以上的学生，以特定人或特定群体的学生为对象，持续或反复施加身体或心理攻击，让对方感到痛苦的所有行为；(1)之三．"网络排挤"是指学生们，利用互联网、手机等信息通信设备，以特定学生为对象，持续、反复施加心理攻击，或者散布与特定学生相关的个人信息或谣言，让对方感到痛苦的所有行为；(2)"学校"是指《中小学教育法》第二条规定的小学、初中、高中、特殊学校及其他类型学校和根据同法第六十一条运营的学校；(3)"加害学生"是指加害者中实施校园暴力或参与其行为的学生；(4)"受害学生"是指因校园暴力遭受伤害的学生；(5)"残障学生"是指因身体、精神、智力残障等，需要《残疾人等相关特殊教育法》第十五条规定的特殊教育学生。

第三条（解释与应用的注意义务）

解释与应用本法时，应当注意不要侵害国民的权利。

第四条（国家及地方政府的责任）

1. 国家及地方政府，应当为预防并杜绝校园暴力，制定调查、研究、教育、开导等必要的法律、制度举措。

2. 国家及地方政府，应当鼓励青少年相关团体等民间的自主校园暴力预防活动和受害学生的保护及加害学生的引导、教育活动。

3. 国家及地方政府，应当努力将第二款规定的青少年相关团体等民间建议的事项，反映到相关政策中。

4. 国家及地方政府，应当为尽到第一款至第三款规定的责任，提供必要的行政、财政支援。

第五条（与其他法律的关系）

1. 关于校园暴力的管制、受害学生的保护及对加害学生采取的措施，除其他法律中有特别规定的情况之外，适用本法。

2. 第二条第一项中的性暴力，在其他法律中有规定时，不适用本法。

第六条（基本计划的制定等）

1. 为有效达成本法之目的，教育部部长，应当设定校园暴力预防和对策相关政策目标、方向，并经第七条规定的校园暴力对策委员会的审议，制定、实施基于政策目标、方向的校园暴力预防和对策相关基本计划（以下称基本计划）。

2. 基本计划，应当包含下列事项，每五年制定一次。在这种情况下，教育部部长，应当听取相关中央行政机构等意见：

（1）为杜绝校园暴力，开展调查、研究、教育及开导；（2）为受害学生相关的治疗、康复等提供支援；（3）校园暴力相关行政机构及教育机构间相互协助、支援；（4）安排第十四条第一款规定的专业咨询教师及提供行政、财政支援；（5）对执行校园暴力的预防和受害学生及加害学生的治疗、教育的青少年相关团体（以下称专业团体）或专家，提供行政、财政支援；（6）其他校园暴力预防及对策的必要事项。

3. 教育部部长应当根据总统令规定，对特别市、广域市、特别自治市、道及特别自治道（以下称市、道）教育厅的校园暴力预防及对策和其相关成果进行评估，并公开发布。

第七条（校园暴力对策委员会的设置和职能）

为审议校园暴力预防及对策相关的下列事项，设置国务院总理下属的校园暴力对策委员会（以下称对策委员会）：

（1）对校园暴力预防及对策相关基本计划的制定及实施进行评估；（2）与校园暴力相关，相关中央行政机构及地方政府负责人要求的事项；（3）与校园暴力相关，教育厅、第九条规定的校园暴力对策地区委员会、第十条之二规定的校园暴力对策地区协议会、第十二条规定的校园暴力对策审议委员会、专业团体及专家要求的事项。

第八条（对策委员会的组成）

1. 对策委员会，由包括2名委员长在内的20名以内的委员组成。

2. 委员长由国务总理和校园暴力对策相关的专业知识和经验丰富的专家中总统委任的人员共同担任，两名委员长均因不得已的原因无法履行职务时，由国务总理指名的委员代理其职务。

3. 委员为下列人员中总统委任的人员。但属于第一项时，为直接上任的委员。

（1）企划财政部长官、教育部部长、科学技术信息通信部长官、法务部长官、行政安全部长官、文化体育观光部长官、保健福祉部长官、女性家庭部长官、广播通信委员会委员长、警察厅厅长；（2）校园暴力对策相关专业知识和经验丰富的专家中，第一项的委员分别推荐1名的人员；（3）相关中央行政机构下属的3级公务员或高层公务员中，负责青少年或医疗相关业务的人员；（4）在大学或公认的研究机构，正在担任或担任过助理教授以上职位或与其相当的职位的人员，且具有校园暴力问题及其咨询或心理相关专业知识的人员；（5）法官、检察官、律师；（6）在专业团体专门负责青少年保护活动满5年以上的人员；（7）具有医师资格的人员；（8）学校运营委员会活动及青少年保护活动经验丰富的学生家长。

4. 包括委员长在内的委员的任期为2年，仅可连任一次。

5. 为委员会的有效运营及支援，设置1名秘书长，秘书长为教育部部长。

6. 为提前研讨提交委员会的案件等提供案件审议支援，并审议委员会委托的案件，在对策委员会设置校园暴力对策实务委员会（以下称实务委员会）。

7. 其他对策委员会运营和实务委员会组成、运营的必要事项，由总统令规定。

第九条（校园暴力对策地区委员会的设置）

1. 为解决地区的校园暴力问题，在市、道设置校园暴力对策地区委员会（以下称地区委员会）。

2. 关于地区委员会的运营及活动，特别市市长、广域市市长、特别自治市市长、道知事及特别自治道知事应当与市、道的教育监（以下称教育监）协商，并且为其有效运营，可以设置实务委员会。

3. 地区委员会，由包括1名委员长在内的11名以内的委员组成。

4. 地区委员会及第二款规定的实务委员会组成、运营的必要事项，由总统令规定。

第十条（校园暴力对策地区委员会的职能等）

1. 地区委员会每年根据基本计划，制定地区校园暴力预防对策。

2. 地区委员会可以请求教育监及市、道警察厅厅长，提供相应地区发生的校园暴力相关资料。

3. 教育监应当听取地区委员会的意见，指定第十六条第一款第一项至第三项或第十七条第一款第五项规定的负责咨询、治疗及教育的咨询、治疗、教育机构。

4. 教育监指定第三款规定的咨询、治疗、教育机构时，应当在网站主页上公示相应机构的名称、所在地、业务，并努力通过其他各种方法，让学生家长知道。

第十条之二　（校园暴力对策地区协议会的设置和运行）

1. 为制定校园暴力预防对策，并协商各机构推进计划及相互合作、支援方案等，在市、郡、区设置校园暴力对策地区协议会。

2. 地区协议会，由包括1名委员长在内的20名以内的委员组成。

3. 其他地区协议会组成、运营的必要事项，由总统令规定。

第十一条　（教育监的任务）

1. 教育监应当在市、道教育厅，设置、运营负责校园暴力预防和对策的专职部门。

2. 管辖区域内发生校园暴力时，教育监可以要求相应学校负责人及相关学校负责人，提供其经过及结果的报告。

3. 管辖区域内的校园暴力与管辖区域外的校园暴力有关联时，教育监应当与其管辖教育监协商，采取适当的措施。

4. 教育监应当让学校负责人制定、实施校园暴力预防及对策相关的执行计划。

5. 教育监不得将第十二条规定的审议委员会处理的学校的校园暴力频率，用作对学校负责人进行业务执行评估的反面资料。

6. 教育监应当为实现第十七条第一款第八项规定的转学，采取所需的措施，并且在作出第十七条第一款第九项规定的退学处分时，应当为相应学生的健全发展，寻求重新入学其他学校等适当的对策。

7. 教育监应当在对策委员会及地区委员会上，报告管辖区域内的校园暴力的实际情况及对策相关事项，并公开发布。管辖区域外的校园暴力相关事项与管辖区域内的学校有关联时，亦是如此。

8. 为掌握校园暴力的实际情况，并对校园暴力制定有效的预防对策，教育监应当每年实施2次以上的校园暴力实际情况调查，并公开发布其结果。

9. 教育监可以为运营校园暴力等相关的调查、咨询、治愈项目等设置、运营专业机构。

10. 管辖区域发生校园暴力时，如相应学校的负责人或下属教员，在报告其经过及结果时试图谎报及隐瞒的情况下，教育监应当要求《教育公务员法》第五十条及《私立学校法》第六十二条规定的惩戒委员会进行惩戒决议。

11. 教育监可以给在管辖区域对校园暴力预防及对策制定做出重大贡献的学校和下属教员褒奖授勋，或者在下属教员的工作成绩评定中加分。

12. 根据第一款设置的专职部门的组成和根据第八款实施的校园暴力实际情

况调查及第九款规定的专业机构设置的必要事项，由总统令规定。

第十一条之二（校园暴力调查与咨询等）

1. 教育监可以为校园暴力预防和事后措施等执行下列调查、咨询等。

（1）校园暴力受害学生咨询及加害学生调查；（2）必要时加害学生家长调查；（3）指导校园暴力预防及对策相关计划的落实；（4）管束管辖区域校园暴力团体；（5）为预防校园暴力，出入、检查民间机构及营业场所；（6）其他校园暴力等相关的必要事项。

2. 教育监可以将第一款的调查、咨询等的业务，委托给总统令规定的机构或团体。

3. 在第一款规定的调查、咨询等业务的执行上需要时，教育监及第二款规定的委托机构或团体的负责人可以请求相关机构负责人协助。

4. 根据第一款进行调查、咨询等的相关职员，应当持有表示其权限的证明并向相关人员出示。

5. 第一款第一项及第四项的调查等的结果，应当向学校负责人及监护人通报。

第十一条之三（与相关机构的协调等）

1. 教育部部长、教育监、地区教育长、学校负责人，可以请求警察厅厅长、市道警察厅厅长、管辖警察局局长及相关机构负责人，提供校园暴力相关的个人信息等。

2. 根据第一款收到信息提供请求的警察厅厅长、市道警察厅厅长、管辖警察局局长及相关机构负责人，如无特殊情况，应当遵照其请求提供资料。

3. 与第一款及第二款规定的相关机构的协调事项及程序等必要事项，由总统令规定。

第十二条（校园暴力对策审议委员会的设置和职能）

1. 为审议校园暴力的预防及对策相关事项，在《关于地方教育自治的法律》第三十四条及《济州特别自治道设置及国际自由城市建设特别法》第八十条规定的教育支援厅（没有教育支援厅时，为相应市、道条例规定的机构。下同）设置校园暴力对策审议委员会（以下称审议委员会）。但在审议委员会上的组成存在总统令规定的事由时，可以经教育监报告，由两个以上的教育支援厅共同组成审议委员会。

2. 审议委员会为校园暴力预防及对策等审议下列事项。

（1）校园暴力的预防及对策；（2）受害学生的保护；（3）对加害学生的教育、引导及惩戒；（4）受害学生和加害学生间的纠纷调解；（5）其他总统令规定的事项。

3. 审议委员会可以对在相应地区发生的校园暴力进行调查，并请求校长及管辖警察局局长提供相关资料。

4. 审议委员会的设置、功能等必要事项,考虑地区及教育支援厅的规模等,由总统令规定。

第十三条（审议委员会的组成和运行）

1. 审议委员会,应当由10名以上50名以下的委员组成,并且全体委员的三分之一以上,应当由相应教育支援厅管辖区域内的学校（包括高中）所属学生的学生家长委任。

2. 审议委员会的委员长,在符合下列情形之一时,应当召开会议。

（1）审议委员会在职委员四分之一以上要求的情况；（2）学校负责人要求的情况；（3）受害学生或其监护人要求的情况；（4）收到校园暴力发生事实举报或报告的情况；（5）收到加害学生胁迫或报复事实举报或报告的情况；（6）其他委员长认定需要的情况。

3. 审议委员会应当制作、保存记录会议时间、地点、出席委员、讨论内容及决议事项等的会议记录。

4. 审议委员会在审议过程中,可以让儿童青少年科医生、精神健康医学科医生、心理学者、其他儿童心理相关的专家出席,或者以书面等方法听取意见,并且受害学生接受咨询、治疗等时,可以听取相应专家或专科医生的意见。但审议委员会确认受害学生或其监护人的意向,受害学生或其监护人有要求时,必须听取意见。

5. 其他审议委员会组成、运营的必要事项,由总统令规定。

第十三条之二（学校负责人自行解决）

1. 虽然有第十三条第二款第四项及第五项之规定,但属于以下轻微校园暴力情况受害学生及其监护人不愿召开审议委员会的,学校负责人可以自行解决校园暴力事件。在这种情况下,学校负责人应当及时将其向审议委员会报告。

（1）未开具需要2周以上身体、精神治疗的诊断书的情况；（2）没有财产上的损害或立即修复的情况；（3）校园暴力未持续的情况；（4）未对校园暴力的举报、陈述、资料提供等作出报复行为的情况。

2. 学校负责人拟根据第一款解决事件时,应完全履行下列程序。

（1）受害学生和其监护人要求召开审议委员会意向的书面确认；（2）第十四条第三款规定的专职机构对校园暴力轻重的书面确认及审议。

3. 其他学校负责人自行解决校园暴力时的必要事项,由总统令规定。

第十四条（专业咨询教师的安排及专职机构的组成）

1. 学校负责人根据总统令规定在学校设置咨询室,并根据《中小学教育法》第十九条之二设置专业咨询教师。

2. 在学校负责人及审议委员会有要求时,专业咨询教师应当报告校园暴力相关的受害学生及加害学生的咨询结果。

3. 学校负责人组织校监、专业咨询教师、保健教师及责任教师（是指负责校园暴力问题的教师）、学生家长等组成负责校园暴力问题的专职机构（以下称专职机构）。在这种情况下，学生家长应当占专职机构组成成员的三分之一以上。

4. 学校负责人了解到校园暴力事态时，及时让专职机构或下属教员确认有无加害及受害事实，并让专职机构审议第十三条之二规定的学校负责人是否提议自行解决。

5. 专职机构应当组建、实施对校园暴力的实际情况调查（以下称实际情况调查）和校园暴力预防项目，并在学校负责人及审议委员会有要求时，报告校园暴力相关的调查结果等活动结果。

6. 受害学生或受害学生的监护人为确认受害事实，可以要求专职机构进行实际情况调查。

7. 国家及地方政府应当为实际情况调查相关的预算提供支援，相关行政机构应当协助实际情况调查，并且学校负责人可以为专职机构提供行政、财政支援。

8. 为保证对性暴力等特殊校园暴力事件的实际情况调查的专业性需要时，专职机构可以委托专业机构进行该实际情况调查。在这种情况下，该委托应当经审议委员会委员长的审议，以学校负责人的名义进行。

9. 其他专职机构运营等必要事项，由总统令规定。

第十五条（校园暴力预防教育等）

1. 为学生身体、精神上的保护和校园暴力的预防，学校负责人应当在各学期对学生实施1次以上的教育（应当包含校园暴力的概念、实际情况及对策方案等）。

2. 为校园暴力预防及对策等，学校负责人应当在各学期对教职员及学生家长实施1次以上的教育。

3. 学校负责人可以与专职机构协商，将第一款规定的校园暴力预防教育项目的组建及其运用等，委托给专业团体或专家。

4. 教育长应当在网站主页上公示基于第一款至第三款之规定的校园暴力预防教育项目的组建和运用计划，以便学生家长容易确认，并且应当努力通过其他各种方法告知学生家长。

5. 其他校园暴力预防教育的实施相关事项，由总统令规定。

第十六条（受害学生的保护）

1. 审议委员会为保护受害学生，认定需要时，可以要求教育长（没有教育长时，为根据第十二条第一款，由条例规定的机构负责人。下同）对受害学生采取属于下列各项之一的措施（包括同时实施多个措施时）。但学校负责人了解校园暴力事件时，如无受害学生反对等总统令规定的特殊情况，应当及时将加害者（包括教师）和受害学生分开，并且在受害学生要求紧急保护时，可以采取第一项、第二项及第六项的措施。在这种情况下，学校负责人应当立即向审议委员会报告。

（1）校内外专家提供的心理咨询及建议；（2）临时保护；（3）治疗及旨在治疗的疗养；（4）更换班级；（5）删除；（6）其他保护受害学生所需的措施。

2. 审议委员会在要求采取第一款规定的措施之前，应当经过赋予受害学生及其监护人陈述意见的机会等适当程序。

3. 有第一款规定的要求时，教育长应当经受害学生监护人的同意，在 7 天之内采取相应措施。

4. 对于需要采取第一款规定的措施等保护的学生，经学校负责人确认后，可以将采取措施所需的缺勤天数计入出勤天数。

5. 学校负责人对成绩等进行评定时，应当努力不让学生因第三款规定的措施受到损害。

6. 受害学生在接受专业团体或专家提供的基于第一款第一项至第三项规定的咨询时所产生的费用，应当由加害学生的监护人承担。但为使受害学生得到迅速治疗，学校负责人或受害学生的监护人愿意时，可以由《学校安全事故预防及补偿相关法律》第十五条规定的学校安全互助会或市、道教育厅先行负担，此后可对此行使偿还请求权。

（1）删除　（2）删除

7. 学校负责人或受害学生的监护人需要时，可以直接请求学校安全共济会提供《学校安全事故预防及补偿相关法律》第三十四条的共济给付金。

8. 受害学生的保护及第六款规定的援助范围、偿还请求范围、支付程序等必要事项，由总统令规定。

第十六条之二（残障学生的关爱）

1. 任何人均不得以残障等为由，对残障学生施加校园暴力。

2. 受害学生或加害学生为残障学生时，审议委员会可以让《残疾人等相关特殊教育法》第二条第四项规定的特殊教育教员等特殊教育专家或残疾人专家出席审议过程，或以书面等方法听取意见。

3. 为保护因校园暴力遭受伤害的残障学生，审议委员会可以要求学校负责人采取提供残疾人专业咨询室咨询或残疾人专业治疗机构疗养的措施。

4. 有第三款规定的要求时，学校负责人应当采取相应措施。在这种情况下，适用第十六条第六款。

第十七条（对加害学生的处理）

1. 为保护受害学生和引导、教育加害学生，审议委员会应当要求教育长，对加害学生采取属于下列各款之一的处理措施（包括同时实施多个措施时），并且各措施的适用标准由总统令规定。但退学处分对正在学习义务教育课程的加害学生不适用。

（1）对受害学生的书面道歉；（2）禁止对受害学生及举报、告发学生的接触、胁迫及报复行为；（3）学校志愿服务；（4）社会志愿服务；（5）校内外专家提供的特殊教育进修或心理治疗；（6）停止出勤；（7）更换班级；（8）转学；（9）退学处分。

2. 根据第一款，审议委员会要求教育长对加害学生采取措施时，若其原因是对受害学生或举报、告发学生的胁迫或报复行为的，审议委员会根据第一款要求教育长对加害学生采取措施时，若其原因是对受害学生或举报、告发学生的胁迫或报复行为的，可以同时实施同款各项的措施或者加重措施内容。

3. 受到第一款第二项至第四项及第六项至第八项处分的加害学生，应当在教育监规定的机构进修特殊教育或接受心理治疗，并且其时间由审议委员会确定。

4. 学校负责人认为对加害学生的引导非常紧急时，可以优先采取第一款第一项至第三项、第五项及第六项的措施，并且第五项和第六项的措施可以同时实施。在这种情况下，应当立即向审议委员会报告，接受追认。

5. 审议委员会在要求采取第一款或第二款规定的措施之前，应当经过赋予加害学生及监护人陈述意见的机会等适当程序。

6. 有第一款规定的要求时，教育长应当在14天之内采取相应措施。

7. 学校负责人采取第四款规定的措施时，应当通知加害学生和其监护人，并且加害学生拒绝或回避时，学校负责人应当根据《中小学教育法》第十八条进行惩戒。

8. 加害学生被采取基于第一款第三项至第五项之规定的措施时，学校负责人认定时，可以将与此相关的缺勤计入出勤天数。

9. 在加害学生进修特殊教育时，审议委员会应当让相应学生的监护人同时接受教育。

10. 加害学生转学到其他学校以后，应当不能再转学到转学前受害学生所属学校。

11. 受到第一款第二项至第九项处分的学生，拒绝或回避相应措施时，审议委员会可以不适用第七款的规定，根据总统令规定，要求教育长额外采取其他措施。

12. 对加害学生的措施及第十一条第六款规定的再入学等相关的必要事项，由总统令规定。

第十七条之二（行政判决）

1. 对教育长根据第十六条第一款及第十七条第一款采取的措施有异议的受害学生或其监护人，可以请求《行政审判法》规定的行政审判。

2. 对教育长根据第十七条第一款采取的措施有异议的加害学生或其监护人，可以请求《行政审判法》规定的行政审判。

3. 第一款及第二款规定的行政审判请求必要事项，适用《行政审判法》。

4. 删除

5. 删除

6. 删除

第十八条（纠纷的调解）

1. 存在与校园暴力相关的纠纷时，审议委员会可以对该纠纷进行调解。

2. 第一款规定的纠纷的调解期限不能超过1个月。

3. 校园暴力相关的纠纷调解中包含下列事项。

（1）受害学生和加害学生间或其监护人间的损害赔偿相关的协商调解；
（2）其他审议委员会认定需要的事项。

4. 审议委员会认定为纠纷调解而需要时，可以获得相关机构的协助，调查校园暴力相关事项。

5. 审议委员会拟进行纠纷调解时，应当通报受害学生、加害学生及其监护人。

6. 市、道教育厅管辖区域内的下属教育支援厅不同的学生间存在纠纷时，由教育监直接调解纠纷。在这种情况下，适用第二款至第五款的规定。

7. 管辖区域不同的市、道教育厅下属学校的学生间存在纠纷时，监督受害学生的教育监经与监督加害学生的教育监协商，直接调解纠纷。在这种情况下，适用第二款至第五款的规定。

第十九条（学校负责人的义务）

1. 学校负责人应当协助落实第十六条、第十六条之二、第十七条规定的措施。

2. 学校负责人不得谎报或瞒报校园暴力。

3. 学校负责人应当向教育监报告校园暴力发生的事实、根据第十三条之二通过学校负责人的自行解决处理的事件和第十六条、第十六条之二、第十七条及第十八条规定的措施及其结果，并与相关机构合作，努力预防组建及解散校内校园暴力团体。

第二十条（校园暴力的举报义务）

1. 目睹校园暴力现场或知道其事实的人员，应当立即向学校等相关机构举报。

2. 根据第一款，收到举报的机构，应当将其向加害学生及受害学生的监护人和下属学校负责人通报。

3. 根据第二款收到通报的下属学校的负责人，应当及时将其通报审议委员会。

4. 任何知道校园暴力预谋等的人员，都可以向学校负责人或审议委员会告发。但教员知道时，应当向学校负责人报告并告知相应学生家长。

5. 任何人均不得因根据第一款至第四款举报校园暴力的人员的举报行为，对其施加损害。

第二十条之二 （紧急电话的设置等）

1. 国家及地方政府，应当设置紧急电话，以便能随时收到校园暴力举报并回应对其的咨询。

2. 国家和地方政府，可以委托总统令规定的机构或团体进行第一款规定的紧急电话的设置、运营。

3. 第一款和第二款规定的紧急电话的设置、运营、委托的必要事项，由总统令规定。

第二十条之三 （利用信息通信网的校园暴力等）

第二条第一款规定的利用信息通信网的淫秽、暴力信息等导致的身体、精神损害相关的必要事项，另行通过法律作出规定。

第二十条之四 （信息通信网的利用等）

1. 国家、地方政府或教育监为有效执行校园暴力预防业务等需要时，可以利用信息通信网。

2. 根据第一款，学校或学生（包括学生家长）利用信息通信网进行校园暴力预防业务等时，国家、地方政府或教育监可以提供属于下列各项的全部或部分费用援助。

（1）学校或学生（包括学生家长）购买或利用电子通信设备时所需的费用；
（2）向学校或学生（包括学生家长）征收的电子通信服务费用。

3. 其他信息通信网的利用等相关的必要事项，由总统令规定。

第二十条之五 （学生保护人员的配置等）

1. 为预防校园暴力，国家、地方政府或学校负责人，可以在学校内安排使用学生安保人员。

2. 属于下列各项之人员不能成为学校保护人员：

（1）属于《国家公务员法》第三十三条各项之人员；（2）以《关于儿童青少年性保护的法律》规定的儿童、青少年为对象触犯性犯罪，或者触犯《关于性暴力犯罪的处罚等的特例法》规定的性暴力犯罪，被判处罚金且自该刑罚确定之日起未满10年，或者被判处监禁以上刑罚或治疗监护且自其执行结束或执行缓期、豁免之日起未满 10 年的人员；(3)《青少年保护法》第二条第五款 a 项的 3) 及同项 7) 至 9) 禁止青少年出入、雇佣的营业场所的营业主或工作人员。

3. 国家、地方政府或学校负责人，可以将第一款规定的学生保护人员的安排及使用业务，委托给相关专业机构或团体。

4. 根据第三款受委托行使安排使用学生安保人员业务的专业机构或团体，执行其业务时，应当与学校负责人充分协商。

5. 国家、地方政府或学校负责人，经拟安排为学生保护人员的人同意，可以向警察厅厅长查询其犯罪经历。

6. 根据第三款受学生保护人员安排及使用业务委托的专业机构或团体，可以向委托相应业务的国家、地方政府或学校负责人，申请查询拟安排为学生保护人员的犯罪经历。

7. 拟成为学生保护人员的人员，应当向国家、地方自治团或学校负责人，提交不属于第二款任意一项的确认书。

第二十条之六（学校专职警察）

1. 为预防及杜绝校园暴力，国家可以设置专门负责校园暴力工作的警察。

2. 第一款规定的学校专职警察运营的必要事项，由总统令规定。

第二十条之七（影像信息处理设备的整合管控）

1. 国家及地方政府，为有效执行校园暴力预防工作，可以与教育监协商，整合校内外设置的影像信息处理设备（是指《个人信息保护法》第 2 款第 7 项规定的影响信息处理设备。下同此条）进行管制。在这种情况下，国家及地方政府，应当在实现整合管制目的需要的范围内，使用最少限度的个人信息，并且不得将其用于其他用途。

2. 根据第一款，拟对影像信息处理设备进行整合管制的国家及地方政府，应当经听证会、说明会的举办等总统令规定的程序，听取相关专家及利害关系人的意见。

3. 根据第一款，整合管制学校内外设置的影像信息处理设备时，相应学校的影像信息处理设备运营者，应当通过《个人信息保护法》第二十五条第四款规定的措施，告知信息主体其事实。

4. 关于整合管制，除本法之规定外，适用《个人信息保护法》。

5. 其他影像信息处理设备整合管制的必要事项，由总统令规定。

第二十一条（严禁泄密等）

1. 根据本法，执行或执行过校园暴力的预防及对策相关工作的人员，不得泄露通过其职务得知的秘密，或加害学生、受害学生及第二十条规定的举报者、告发者的相关资料。

2. 第一款规定的秘密的具体范围，由总统令规定。

3. 第十六条、第十六条之二、第十七条、第十七条之二、第十八条规定的审议委员会会议不公开举办。但受害学生、加害学生或其保护人申请阅览、复印会议记录等公开会议记录时，除学生及其家人的姓名、身份证号码及地址、委员姓名等个人信息相关事项外，应当公开。

第二十一条之二（《关于地方教育自治的法律》相关特别条例）

教育长可以不适用《关于地方教育自治的法律》第三十五条之规定，受托执行本法规定的高中的校园暴力受害学生保护、加害学生引导、教育及受害学生和加害学生的纠纷调解等相关事务。

第二十二条（罚则）

对违反第二十一条第一款的人员，处以1年以下的有期徒刑或一千万韩元以下的罚金。

第二十三条（罚款）

1. 对违反第十七条第九款，不服从审议委员会采取的教育进修措施的保护人，处以300万韩元以下的罚款。

2. 第一款规定的罚款，根据总统令规定，由教育监征收。

附　则

本法自公布之日起施行。（省略但书）

关于学校安全事故预防及补偿的法律

[第17883号法律，2021年1月5日根据其他法律修订]

第一章 总 则

第一条（目的）

本法规定了学校安全事故补偿共济事业的实施相关必要事项，以预防学校安全事故，迅速恰当地补偿学生、教职员工和教育活动参与者因学校安全事故遭受的损失。

第二条（术语的定义）

本法中使用的术语，其含义如下：

(1)"学校"指的是有下列情形之一的机关或者设施：①《幼儿教育法》第二条第二项规定的幼儿园（以下称幼儿园）；②《中小学教育法》第二条规定的学校（以下称中小学）；③《继续教育法》第二十条第二款规定的认定高中毕业以下学历的继续教育设施（以下称继续教育设施）；④《旅外国民教育援助法》第二条第三款规定的韩国学校。(2)"学生"指的是进入学校学习的人。(3)"教职员工"指的是不论雇佣形式及名称，在学校担任或者辅助学生教育或者学校行政的教师及工作人员等。(4)"教育活动"指的是下列活动之一：①学校的教育课程或者学校负责人（以下称学校校长）按照既定教育计划和教育方针，在学校内外进行的学校校长管理和监督下的授课、特别活动、裁量活动*、课外活动、修炼活动、研学旅行等现场体验活动或者运动会等活动；②学生上下学以及参加学校校长认定的各种活动或者比赛等；③总统令规定的时间内与上述第一项及第二项相关的其他活动。(5)"教育活动参与者"指的是学生或者教职员工之外，符合下列情形之一的人员：①根据学校校长的许可或者请求，辅助教职员工的教育活动或者与学生或者教职员工一道进行教育活动的人员；②依照《非营利民间团体支援法》第四条第一款登记的非营利民间团体提前书面通知学校校长或者根据学校校长的许可或请求参与学生上学、放学时的交通指导活动，作为

---

* 译者注：裁量活动指对学生表现需有一定评价的活动课程。

该团体成员参与学生上学、放学时交通指导活动的人员。（6）"学校安全事故"指的是教育活动中发生的事故，指的是总统令规定的造成学生、教职员工或者教育活动参与者的生命或者身体伤害的所有事故，以及因为学校供餐等属于学校校长管理和监督的业务为直接原因，导致学生、教职员工或者教育活动参与者发生的疾病。

第三条 （国家或者地方政府的支援等）

国家或者地方政府可以在预算范围内支援学校安全事故预防工作以及依照本法运营学校安全事故补偿共济事业所需的经费。

第二章 学校安全事故预防

第四条 （学校安全事故预防规划的建立和实施）

1. 教育部部长应当每三年制定学校安全事故预防相关基本规划（以下称基本规划），并组织实施。

2. 基本规划应当包括下列事项：

（1）校园安全事故预防政策的基本方向及目标；（2）旨在预防学校安全事故的校内外教育活动运营的基本方针相关事项；（3）预防学校安全事故及防灾培训等相关事项；（4）删除；（5）学校安全文化传播相关事项；（6）此外，学校安全事故预防相关其他事项。

3. 教育部部长根据本条第一款制定的基本规划，应当经本法第四条第二款规定的学校安全事故预防委员会审议后公布。想要变更基本规划时，也应当履行相同程序。

4. 教育部部长为制定基本规划，必要时可以要求有关中央行政机关负责人提交相关资料。在这种情况下，被请求的有关中央行政机关负责人如无特殊原因，应当予以协助。

5. 教育监应当根据每年的基本规划，制定并实施学校安全事故预防相关的地区计划（以下称地区计划）。

6. 学校校长应当每年以基本规划和地区计划为基础，根据学校教育课程或者学校校长制定的教育计划，经学校运营委员会的审议，制定并实施旨在预防学校安全事故的学校计划（以下称学校计划）。

7. 教育监应当每年根据总统令的规定，评价该年度的学校计划以及上年度学校计划的推进业绩，并将评价结果提交教育部部长。

8. 规划（或计划）的制定、实施及评价等相关必要事项，由总统令规定。

第四条之二 （组建学校安全事故预防委员会）

1. 为审议下列事项，教育部部长设立由其所属的学校安全事故预防委员会（以下称预防委员会）：

(1）对基本规划的制定及实施的评价；（2）学校安全教育项目及教材的开发；（3）推进学校安全事故预防相关工作；（4）委员长提请会议审议的学校安全事故预防相关事项。

2. 预防委员会由21名以内的委员组成，其中包括委员长。

3. 预防委员会的委员长从委员中互选产生，委员由教育部部长从学校安全事故预防相关专业知识和经验丰富的人员中任命或委任，但其中应当包含符合下列情形之一的人员各不少于一人：

(1）学生家长代表；（2）《教育基本法》第十五条第一款规定的教师团体推荐的人员；（3）《非营利民间团体支援法》第二条规定的非营利民间团体推荐的人员；（4）总统令规定的有关中央行政机关所属公务员。

4. 为了有效地开展预防委员会的工作，预防委员会可以分领域设立分科委员会。

5. 预防委员会及分科委员会的运作等相关必要事项，由总统令规定。

第四条之三（状况调查）

1. 为了有效地制定和实施基本规划及其施行计划，教育部部长及教育监可以组织实施针对学校安全事故预防的状况调查。

2. 为了实施针对学校安全事故预防的状况调查，必要时教育部部长及教育监可以要求学校校长及相关机构或者团体的负责人提供相关资料。

3. 教育部部长及教育监可以委托外部专业机构开展本条第一款规定的状况调查。

4. 本条第一款规定的状况调查的方法等相关必要事项，由总统令规定。

第五条（学校安全事故的预防责任）

1. 教育部部长，特别市、广域市、特别自治市、道及特别自治道（以下称市、道）的教育监、学校校长及依照《私立学校法》的规定设立、经营私立学校（以下称学校等）的人员应当为预防学校安全事故和安全管理、维护学校设施而努力。

2. 为预防学校安全事故，教育部部长和教育监应当采取设置必要的设施、优先支援有发生学校安全事故危险的设施的维修、管理所需预算等学校安全事故预防相关必要措施。

第六条　删除

第七条　删除

第八条（学校安全教育的实施）

1. 为预防学校安全事故，学校校长应当按照教育部令的规定，对学生、教职员工及教育活动参与者进行下列学校安全事故预防等相关教育（以下称安全教育），并将安全教育实施结果按学期报告给教育监。

（1）《儿童福祉法》第三十一条规定的交通安全教育、预防传染病及药物的误用滥用等保健卫生管理教育和防灾安全教育；（2）《关于预防和应对校园暴力的法律》第十五条规定的校园暴力预防教育；（3）《关于防止性暴力和保护受害者等的法律》第五条规定的性暴力预防教育；（4）《关于防止性买卖和保护受害者等的法律》第五条规定的性买卖预防教育；（5）《中小学教育法》第二十三条规定的教育课程以"体验式"教育活动方式运营的，与之相关的安全事故预防教育；（6）其他安全事故相关法律法规规定的安全教育。

2. 删除

3. 教育部部长和教育监应当开发和普及包括下列事项的安全教育所需的教材和课程，学校校长有要求时为其介绍教育部令规定的安全教育讲师等，为安全教育提供必要的支援。

（1）安全事故预防及对策相关事项；（2）灾害应对演练及安全相关事项；（3）其他教育部部长认为必要的事项。

4. 学校校长可以根据需要将安全教育以"理论教育和实践教育并行"的方式进行，但为了有效开展安全教育，学校校长可以指派教师或教育活动参与者负责安全教育，或者根据教育部令的规定委托专业教育机构、团体或专家进行安全教育。

第八条之二（学校校长对教育活动安全对策的检查和确认义务）

1. 为预防学校安全事故的发生，学校校长亲自组织实施教育活动时，应当采取检查、确认安全对策等必要的措施。

2. 为预防学校安全事故的发生，学校校长将教育活动委托给有关机构或者团体等组织实施时，应当检查、确认下列事项：

（1）拟委托机构或者团体等是否取得设立认可、许可等；（2）是否为承担教育活动中发生事故造成的损害赔偿责任而投保等；（3）《青少年活动振兴法》第十条第一款规定的青少年活动设施，实施的是否是根据该法第三十六条规定取得认证的青少年修炼活动项目；（4）《青少年活动振兴法》第十条第一款规定的青少年活动设施，是否根据该法第十八条、第十八条之二、第十八条之三、第十九条和第十九条之二实施安全检查及安全教育，综合评价的结果以及是否履行综合评价结果规定的改善措施等；（5）此外，是否对根据有关法令实施的教育活动项目进行安全检查、采取安全措施等。

3. 机构或者团体负责人、地方政府负责人等接到本条第二款规定的学校校长的检查、确认要求，应予执行。

4. 本条第一款至第三款规定的学校校长检查、确认教育活动安全对策的程序、方法、范围以及其他必要事项，由总统令规定。

第八条之三 （学校安全事故预防和对策专责部门）

教育监应当在市、道教育厅设立并运营负责学校安全事故预防及对策的专责部门。

第九条 （委任名誉学校安全员）

学校校长可以委任学生家长或者地区居民等为名誉学校安全员，开展巡查与交通指导等活动，预防学校安全事故的发生。

第十条 （安全措施与安全事故管理指南等）

1. 删除

2. 删除

3. 为了有效应对校内校外教育活动中发生的事故和紧急情况，教育部部长应当制定教育活动相关"安全事故管理指南"，并向市、道教育厅及学校普及推广。

4. 对教育活动中发生的事故及紧急情况，学校校长及带队老师应当按照"安全事故管理指南"的要求立即采取安全措施，并立即向教育部部长或者教育监报告；教育部部长或者教育监应当迅速制定并实施相关支援对策。

第十条之二 （对学校安全事故预防活动团体的支援）

1. 对依照《非营利民间团体支援法》第四条第一款登记的非营利民间团体中参与学生上下学交通指导活动等学校安全事故预防活动的非营利民间团体（以下称团体），教育部部长及教育监可以对其活动所需预算进行支援。

2. 学校校长应当根据教育部部长的规定，定期听取团体对预防学生安全事故的意见，并在学校运营过程中反映其内容。

3. 学校校长根据本条第二款听取到需要市长、郡守、区厅长或者管辖警察署长协助的意见时，应当向有关机关请求协助。

4. 接到本条第三款规定的请求的有关机关负责人，如无特殊原因，应当予以协助。

第十条之三 （咨询支援等）

1. 教育部部长和教育监应当为学校安全事故的受害学生、教职员工和教育活动参与者及其家属提供稳定心理和适应社会的咨询及心理治疗等必要的支援。

2. 本条第一款规定的支援对象、范围等支援相关必要事项，由总统令规定。

第三章　学校安全事故补偿共济工作

第十一条 （学校安全事故补偿共济事业的开展）

1. 为了对因学校安全事故而生命、身体遭到伤害的学生、教职员工及教育活动参与者进行补偿，教育监组织实施学校安全事故补偿共济（以下称学校安全共济）工作。但对于本法第二条第一款第四项规定的韩国学校，由教育部部长组织实施学校安全共济事业。

2. 学校安全共济的业务年度执行政府的会计年度。

3. 依照本法第十五条规定组建的学校安全共济会，是学校安全共济事业的承办单位。但本法第二条第一款规定的韩国学校，其学校安全共济事业的承办单位是根据本法第二十八条设立的学校安全共济中央会。

第十二条（学校安全共济的加入者）

本法第二条第一款规定的学校校长为学校安全共济的加入者。但《中小学教育法》第六十条第二款规定的外国人学校校长，经本法第十五条规定的学校安全共济会批准，可以加入学校安全共济。

第十三条（学校安全共济的退出）

1. 根据本法第十二条的但书条款加入学校安全共济的外国人学校校长，经本法第十五条规定的学校安全共济会批准，可以退出学校安全共济。

2. 本条第一款规定的退出的效力在取得学校安全共济会退出许可之日所属的营业年度终止时或者该学校关闭时生效。

第十四条（学校安全共济的被共济对象）

1. 有下列情形之一的人员在其相对应的情形下成为学校安全共济的被共济对象。但本法第十二条的但书条款规定的外国人学校在校生及在职教职员工，当所在学校根据该条规定加入学校安全共济时，成为学校安全共济制度的被共济对象。

（1）学生：升入（包括转学转入）参加学校安全共济的学校；（2）教职员工：被聘任或者被调任到参加学校安全共济的学校；（3）教育活动参与者：参与到参加学校安全共济学校的教育活动时。但学校校长明确表示反对而参与教育活动的除外。

2. 本条第一款规定的被共济对象有下列情形之一的，丧失被共济对象的资格。但是，当本法第十三条第二款规定的退出生效时，依照本法第十三条第一款规定退出学校安全共济的在校学生、在职教职员工丧失被共济对象的资格。

（1）被共济对象死亡的；（2）被共济的学生毕业离校（包括自行退学或勒令退学）或转学转出到其他学校的；（3）被共济的教职员工从学校退休或者工作关系转到其他学校或者教育机构等的；（4）教育活动参与者完成教育活动参与的。

第四章　学校安全共济会

第十五条（学校安全共济会的设立等）

1. 为实施学校安全共济，教育监在有关市、道设立学校安全共济会（以下称共济会）。

2. 共济会为法人。

3. 共济会在其主要事务所所在地进行设立登记而成立。

第十六条（名称）

共济会的名称中应当标注教育监管辖的地方政府名称等相关信息。

第十七条（章程）

1. 共济会的章程应当载明以下事项：

（1）设立目的；（2）名称；（3）主要事务所所在地；（4）工作相关事项；（5）理事会相关事项；（6）管理层及员工的任免相关事项；（7）组织架构相关事项；（8）资产与会计相关事项；（9）章程变更相关事项；（10）内部规章制度的制定、修改及废止相关事项；（11）公告事项。

2. 共济会章程应当经教育监批准，章程内容如需变更，也应当履行相同程序。

第十八条（共济会的业务）

1. 共济会开展以下业务：

（1）向共济加入者征收共济费；（2）本法第三十四条规定的共济补助的发放及相关业务；（2）之二．发放《关于校园暴力预防及对策的法律》第十六条第六款规定的校园暴力受害学生的治疗费等费用，行使求偿权及相关业务；（3）学校安全事故预防相关业务；（4）学校安全事故预防及学校安全共济事业的教育与宣传；（5）运营本法第五十八条规定的学校安全共济审查委员会；（6）教育监委托的学校安全共济相关业务；（7）对学校安全事故相关共济加入者或者教职员工的支援业务；（8）此外，开展学校安全事故预防和学校安全共济事业的相关必要业务。

2. 为了实现预防学校安全事故等目的，共济会可以在总统令规定的范围内开展收益性事业。

第十九条（共济会的管理层等）

1. 共济会的管理层由七名以上、十五名以内的理事和两名以内的监事组成，其中包括理事长一名，但委员为非专职。

2. 共济会的理事长代表共济会，总管共济会的业务。

3. 共济会的监事监查共济会的业务和会计。

4. 本条第三款规定的监查结果发现有不正当或不完善的事项时，监事应当向理事会报告，并可以要求教育监进行会计审计或者职务监查。

第二十条（共济会管理层的任命等）

1. 共济会的理事长由教育监从理事中任命。

2. 共济会的理事由教育监从共济加入者推荐人选、被共济对象或者被共济对象的亲权人、监护人、依照其他法律的规定对被共济对象有抚养义务的人员（以下称监护人等）等的代表，以及符合下列情形之一的人员当中任命。

(1) 四级以上的国家公务员［包括属于《国家公务员法》第二条之二规定的高级公务员团（以下称高级公务员团）的公务员及奖学官］或者正在担任或曾经担任地方公务员的人员；（2）具备律师或者注册会计师执业资格的人员；(3) 具备《医疗法》第七十七条规定的专科医生（以下称专科医生）执业资格的人员；(4) 正在或者曾经在《高等教育法》第二条规定的本科院校、工科院校、教育院校、专科院校、放送通信大学、技术院校及其他类型学校（以下称大学）任职副教授以上岗位的人员。

3. 共济会的监事由教育监从符合本条第二款情形之一的人员中任命。

4. 本条第二款规定的共济加入者的推荐等理事任命相关必要事项，由共济会章程规定。

5. 理事长、理事及监事每届任期为三年，但可以连任。

第二十一条（共济会管理层的不适格事由等）

1. 有《国家公务员法》第三十三条第一款所列情形之一的人员，不得出任共济会管理层。

2. 共济会管理层有《国家公务员法》第三十三条第一款所列情形之一的，理当辞职。

3. 共济会的管理层有下列情形之一的，教育监可以解除对其的聘任：

(1) 因身体或者精神残疾，被认为不能执行职务的；(2) 与共济会业务及其相关职务范围内的义务相违背的。

第二十二条（理事会）

1. 在共济会设立由理事长及理事组成的理事会。

2. 理事会审议、决议下列事项：

(1) 旨在支援共济会业务和活动的基本规划等的制定、变更及执行相关事项；(2) 共济会章程和规章制度的制定、修改和废除相关事项；(3) 本法第五十二条规定的"学校安全共济及事故预防基金"的管理与运用相关事项；(4) 其他理事会认为共济会业务开展所需事项。

3. 理事长负责召集理事会，并担任议长。

4. 理事会以在册理事过半数出席、出席理事过半数赞成通过决议。

5. 监事可以出席理事会并发言，发现共济会的会计或者业务执行中存在不正当或者不完善的事项时，可以要求理事长召开理事会。在这种情况下，理事长应当在七日内召开理事会。

6. 除本条第一款至第五款的规定外，理事会的运营等相关必要事项，由共济会章程规定。

第二十三条（共济会员工的任免）

理事长根据共济会章程的规定任免员工。

第二十四条（共济会的财政）

共济会的财政，以本法第五十二条所列"学校安全共济及事故预防基金"的转入金和其他收入充当。

第二十五条（指导和监督）

1. 共济会应当在每一营业年度开始前一个月向教育监提交该营业年度的工作计划和预算表。

2. 共济会应当在营业年度终止之日起三个月内制定该营业年度决算书，并提交给教育监。

3. 教育监可以要求共济会报告其业务开展情况，对其业务或者财产状况进行检查，认为必要时可以采取责令变更章程等必要措施。

第二十六条（禁止使用类似名称）

非本法规定的互助会，不得使用"学校安全共济会"或者与之类似的名称。

第二十七条（《民法》的适用）

除本法外，互助会还适用《民法》中关于财团法人的相关规定。

第五章　学校安全共济中央会

第二十八条（设立学校安全共济中央会）

为了有效开展学校安全事故预防和学校安全共济事业，教育部部长设立学校安全共济中央会（以下称共济中央会）。

第二十九条（共济中央会的工作）

1. 共济中央会开展下列工作：
（1）为了制定学校安全事故预防政策，开展相关调查研究；（2）运营本法第六十二条规定的学校安全共济补偿复审委员会；（3）学校安全共济制度相关调查与研究；（4）学校安全共济津补贴的发放标准等相关调查与研究；（5）本法第二条第一款第四项所列韩国学校的学校安全共济事业；（5）之二．《高等教育法》第二条规定的学校安全事故补偿共济事业；（6）支援共济会开展学校安全事故预防和学校安全共济事业相关其他必要工作。

2. 为了实现预防学校安全事故等目的，共济中央会可以在总统令规定的范围内开展收益性事业。

第三十条（共济中央会的管理层等）

1. 中央委员会的管理层由十九人以内的理事和二人以内的监事组成，其中包括理事长一人，管理层为非常任。

2. 理事长代表共济中央会，总管共济中央会的工作。

3. 监事监查共济中央会的业务和会计。

第三十一条（管理层的选任及任期）

1. 共济中央会的理事长和监事，由教育部部长从总统令规定的"管理层推荐审查委员会"推荐的人员中任命。

2. 除理事长外，共济中央会的理事由教育部部长任命，但理事中应当包括各市、道共济会各自推荐的一人（共十六人）。

3. 本条第一款和第二款规定的共济中央会管理层的推荐相关必要事项，由总统令规定。

4. 理事长、理事和监事每届任期三年，但可以连任。

第三十二条（共济中央会的财政）

1. 共济中央会的财政，由共济会的分担金及其他收入充当。

2. 本条第一款规定的共济会的分担金交纳及其他必要事项，由总统令规定。

第三十三条（准用规定）

本法第十五条第二款、第三款，第十七条，第二十一条至第二十三条，第二十六条和第二十七条的规定准用*于共济中央会。在这种情况下，"共济会"视作"共济中央会"，"学校安全共济会"视作"学校安全共济中央会"，"教育监"视作"教育部部长"。

第六章　共济补助

第三十四条（共济补助的种类）

共济会发放的共济补助，其种类如下：

（1）疗养补助；（2）伤残补助；（3）护理补助；（4）遗属补助；（5）丧葬费。

第三十五条（共济补助数额决定）

1. 共济会依照本法第三十六条至第四十条的规定，按照共济补助的类别决定共济补助的数额。

2. 尽管有本条第一款，对被共济对象因学校安全事故蒙受的损失，共济加入者或者被共济对象应当支付的补偿额或者赔偿额被确定后，其被确定的补偿额或者赔偿额（包括因延迟赔偿所产生费用）视作本法规定的共济津补贴金额，由共济会予以承担。

第三十六条（疗养补助）

1. 被共济对象因学校安全事故受伤或者患病的，向被共济对象或者其监护人等发放疗养补助。

---

* 译者注：比适用要低一个层级，虽不是专门规定，但可以借鉴执行。

2. 疗养补助指的是被共济对象治疗因学校安全事故所受伤害或者疾病所需费用中,根据《国民健康保险法》第四十四条规定应当由被共济对象或者其监护人等负担的金额。但（国民健康）公团根据《国民健康保险法》第五十八条行使求偿权的损失赔偿额,依据法院判决等被确定后,其中应当由学校负责人承担的部分由共济会承担。

3. 本条第二款规定的疗养补助范围如下：
(1) 诊断、检查；(2) 药物和治疗材料；(3) 处置、手术及其他治疗；(4) 康复治疗；(5) 住院；(6) 护理；(7) 护送*；(8) 删除。

4. 尽管有本条第一款至第三款的规定,下列各项费用视作本法规定的疗养补助,由共济会承担。
(1) 因《关于校园暴力预防及对策的法律》第二条第一款所列行为,采取该法第十六条第一款第一项至第三项所列措施所需费用；(2) 假肢、假牙、眼镜、助听器等《残疾人福祉法》第六十五条第一款规定的残疾人辅助器械的处方和购买费用；(3) 疗养中的被共济对象的伤病情况在医学上被认为需要他人护理的,其护理费用。

5. 被共济对象的监护人等进行本条第四款第三项规定的护理的,尽管有该项规定,发放护理所需的附带费用。

6. 本条第一款至第五款规定的疗养补助及附带费用的发放标准等相关必要事项,由总统令规定。

第三十七条（伤残补助）

1. 领取本法第三十六条规定的疗养补助的人员结束疗养后仍有伤残的,将《国家赔偿法》第三条第二款第三项中规定的金额及该法第三条第五项规定的精神抚慰金作为伤残补助发放给被共济对象或者其监护人等。

2. 本条第一款规定的残疾程度的判断标准、残疾补助数额的计算及发放方法等相关必要事项,由总统令规定。

第三十八条（护理补助）

1. 依照本法第三十六条的规定领取疗养补助的人经过治疗后在医学上仍然需要长期或者随时护理的,向实际接受护理的被共济对象或其监护人等发放护理补助。

2. 本条第一款规定的护理补贴的发放标准等相关必要事项,由总统令规定。

第三十九条（遗属补助）

1. 被共济对象因学校安全事故死亡的,将《国家赔偿法》第三条第一款第

---

* 译者注：救护车、救护直升机转运等。

一项规定的金额及该法律第三条第五款规定的抚恤金作为遗属补助发放给被共济对象的继承人，与死亡的被共济对象存在事实婚姻关系的人员也包括在遗属补助的发放对象之内。

（1）删除（2）删除

2. 本条第一款规定的遗属补助的发放标准等相关必要事项，由总统令规定。

第四十条（丧葬费）

1. 被共济对象因学校安全事故死亡的，按照《国家赔偿法》第三条第一款第二项中规定的平均工资标准，将100天的平均工资作为丧葬费发放给承办该葬礼的人。

2. 本条第一款规定的丧葬费的发放标准等相关必要事项，由总统令规定。

第四十条之二（慰问金）

1. 被共济学生在教育活动中因学校安全事故以外的不明原因死亡的，共济会应当发放总统令规定的慰问金。

2. 本条第一款规定的慰劳金，发放给本法第三十九条第一款规定的继承人。

第四十一条（共济补助的申请及发放等）

1. 申请领取本法第三十六条至第四十条规定的共济补助的人员，应当按照教育部令规定的程序和方式，向共济会申请发放共济补助。

2. 共济会接到本条第一款规定的申请，应当在自接到申请共济之日起十四日内决定是否发放共济补助。但根据本法第四十二条规定，因有必要开展调查等正当理由导致在十四日内无法决定是否发放共济补助的，可以再延长十四日。

3. 依照本条第二款的规定延长是否发放共济补助的决定期限的，应当在决定是否发放共济补助的决定期限到期前通知申请者，并说明原因。

4. 共济会决定发放共济补助的，应当及时向申请者发放共济补助。但如果申请者有要求或者共济会认为有必要的，可以在决定的发放日期前提前发放全部或者部分共济补助。

5. 共济会根据本法第四十三条规定，决定不予发放全部或部分共济费时，应当将不予发放的理由及时通知共济加入者和申请者。在这种情况下，共济会应当向申请者告知依照本法第五十七条的规定其有权要求审查的事实和申请审查的程序及期限等内容。

第四十二条（学校安全事故的调查等）

1. 为了决定是否发放共济补助，共济会认为有必要的，可以采取指派所属员工到学校安全事故的发生地上门调查事故经过等或者要求事故相关方提交必要材料等方式进行调查。

2. 为了决定是否发放共济补助，共济会认为有必要的，可以向《国民健康保险法》第四十二条规定的疗养机构（以下称疗养机构）要求查阅相关诊断记录*或者提交必要的资料。

3. 想要依照本条第一款的规定进行调查时，共济会应当提前将调查的目的及内容等通知学校安全事故发生地的管理者、共济加入者、相关被共济对象或者其他事故相关方等，到访发生地的共济会所属职员应当出示身份证件。

4. 学校安全事故发生地的管理者、共济加入者、相关被共济对象、疗养机构或者其他事故相关方等如无正当理由，不得妨碍本条第一款或者第二款规定的调查或者拒绝提交材料。

第四十三条（共济补助的限制）

1. 有下列情形之一的，共济会可以不予发放本法规定的全部或者部分共济补助。但有下列第三项情形的，不予发放共济补助。

（1）被共济对象自残、自杀的。但因学校安全事故导致的自残、自杀，将全额发放共济补助；（2）因学校安全事故受到伤害的被共济对象或者其监护人等，在无正当理由的情况下，不听从疗养机构的指示，明显造成被共济对象的伤病情况或残疾状态恶化或者妨碍疗养机构治疗的；（3）有权领取本法第三十六条至第四十条所列学校安全事故相关共济补助的人员（以下称领取权人），获得依照《机动车伤害赔偿保障法》规定的损害赔偿的。

2. 被共济对象已经存在的伤病或身体残疾等因学校安全事故恶化的，共济会在根据本法第三十五条决定共济补助发放额度时，可以发放除已经存在的伤病或身体残疾等治疗所需费用外的共济补助。

3. 共济会依照本法第三十七条至第三十九条的规定计算伤残补助、护理补贴和遗属补贴时，被共济对象有过错的，可以抵销。

4. 依照本法第十二条的但书条款加入共济会的共济加入者，超出教育部令规定的缴费期限欠缴本法第四十九条规定的共济费，且欠缴是由被共济对象的归责原因所导致的，在其全额缴纳欠缴共济费前，共济会可以不予发放共济补助。

5. 本条第二款及第三款所规定的共济补助发放限制对象及标准等相关必要事项，由总统令规定。

第四十四条（对被共济对象的共济补助要求等）

1. 学校安全事故是因下列情形之一的原因所导致发生的，且共济会已经向领取权人发放共济补助的，共济会有权要求造成学校安全事故的人员或者其监护人等支付与共济会发放给领取权人的共济补助数额相当的金额：

（1）因被共济对象故意或者重大过失导致发生学校安全事故的；（2）因非

---

* 译者注：病例、病案、检查结果等。

被共济对象或者非共济加入者的故意、过失导致发生学校安全事故的。

2. 发生学校安全事故时，共济加入者应当及时通知共济会。

第四十五条（与其他补偿和赔偿的关系）

1. 对学校安全事故造成的伤害，领取权人领取本法规定的共济补助的，在共济补助金额范围内，免除其他法律规定的对学校安全事故造成的伤害有补偿或者赔偿义务的国家、地方政府、共济加入者或者被共济对象的补偿或者赔偿责任。

2. 领取权人依照其他法律获得与本法的共济补助相当的补偿或者赔偿的，在该补偿或者赔偿的范围内，共济会不予发放本法规定的共济补助。

第四十六条（收回不当得利）

1. 共济补助如果因下列情形之一的原因被发放的，共济会应当收回相当于共济补助的金额：

（1）以虚假或者其他不正当手段领取共济补助的；（2）因疗养机构的虚假诊断导致共济补助发放不当的；（3）此外，共济补助发放错误的。

2. 有本条第一款第二项情形的，被共济对象和相关疗养机构应当连带退还与共济补助相当的金额。

第四十七条（领取权的保护）

1. 领取权人领取共济补助的权利，不因被共济对象死亡、从参加学校安全共济的学校毕业、退学等身份关系的变动而消灭。

2. 领取权人领取共济补助的权利不得转让或者被扣留。

第四十八条（费用的贴补）

1. 总统令规定的教职员工和教职员工的业务辅助人员，支出学校安全事故相关费用的，共济会可以贴补该费用。

2. 贴补本条第一款规定的费用的，其支付标准、程序和贴补费用的计算等相关必要事项，由教育部令规定。

第七章 共 济 费

第四十九条（共济费）

1. 共济加入者应当向共济会缴纳共济费。在这种情况下，共济加入者可以依照总统令的规定向被共济对象征收用于缴纳共济费的全部或部分金额。

2. 共济会依照本条第一款规定征收的共济费，计入本法第五十二条规定的学校安全共济及事故预防基金的收入。

3. 教育部部长应当根据总统令的规定，在每个会计年度综合考量此前两个年度的最近三年学校安全事故的发生现状和共济补助发放情况、此前两个年度的共济事业及预防事业等的运营经费及物价上升率等因素，制定并公示共济费的确定标准。

4. 共济会应当根据依照本条第三款的规定公示的共济费计算标准，综合考虑管辖区域内学校安全事故的发生现状和共济补助的发放情况、学校的种类及规模等因素，核定共济费金额并将其通知共济加入者。

5. 共济加入者接到依照本条第四款核定的共济费金额通知后，对通知的共济费金额有异议的，可以按照教育部令规定的程序和方式向共济加入者提出异议。

6. 教育部部长或者教育监可以根据总统令的规定，对不履行本条第一款规定的共济费缴纳义务的共济加入者，采取勒令缴纳共济费等纠正其违规行为的必要措施。

第五十条（共济费的缴纳通知）

1. 共济会应当按教育部令规定的程序和方式，将依照本法第四十九条核定的共济费金额告知共济加入者。

2. 本条第一款规定的共济费通知书应当载明下列事项：

（1）共济费金额；（2）缴纳期限；（3）缴纳地点。

3. 共济费的缴纳期限、缴纳方法、缴纳程序等共济费收取相关必要事项，由教育部令规定。

第五十一条（国家等的共济费担负）

1. 下列被共济对象（第一项及第二项指的是被共济对象为学生的）的共济费由国家或者地方政府负担：

（1）《国民基本生活保障法》第十二条规定的教育补助领取人和其子女被共济对象，以及该法第二十四条规定的被调查核准为准低收入阶层的人员和其子女被共济对象；（2）被共济对象为依照《关于独立有功人员礼遇的法律》第十五条的规定受到教育保护的人员，《关于国家有功人员等礼遇及援助的法律》第二十二条第一款规定的教育支援对象，《关于功勋补偿对象援助的法律》第二十五条第一款规定的教育支援对象，《关于5.18民主运动有功人员礼遇及团体设立的法律》第十二条规定的教育支援对象，以及《关于特殊任务有功人员礼遇及团体设立的法律》第十一条规定的教育支援对象的；（3）本法第二条第五款规定的教育活动参与者。

2. 被共济对象为学生的，国家或地方政府可以在预算范围内承担其共济费。

3. 本法第十八条第一款第二项之二规定的校园暴力受害学生的治疗费等所需经费，由国家或者地方政府承担。

第八章　学校安全共济与事故预防基金

第五十二条（基金的设立及筹集）

1. 为了确保学校安全共济事业和学校安全事故预防事业所需资金、发放共济补助，教育监设立学校安全共济及事故预防基金（以下称基金）。

2. 基金以共济费收入、国家和地方政府的财政补贴、基金的运营收益、公积金、结余资金、借入款、捐款和其他收入为财源进行筹集。

第五十三条（基金的用途）

1. 基金用于下列用途：

（1）发放共济补助；（2）为共济会提供财政支援；（3）借款及利息的清偿；（4）支持学校安全共济制度的调查、研究、宣传以及学校安全事故的预防与教育；（5）发放本法第十八条第一款第二项之二所列校园暴力受害学生治疗费等相关经费；（6）总统令规定的预防学校安全事故和学校安全共济相关其他业务。

2. 本条第一款第五项规定的执行标准、程序和办法等，由教育部令规定。

第五十四条（基金的管理和运用）

1. 基金由共济会管理和运用。

2. 共济会应当按照下列方法管理、运用基金：

（1）向金融机构或者邮政部门办理存款及信托投资；（2）购买投资信托等收益性证券；（3）购买由国家、地方政府或金融机构直接发行或保证履行债务的有价证券；（4）总统令规定的其他有助于基金增殖的业务。

3. 共济会应当按照企业会计的原则对基金进行会计处理。

第五十五条（基金的运用计划）

共济会应当根据教育部部长的规定，制定每个营业年度的基金运用计划，并得到教育监的批准。

第五十六条（盈余、损失额、借款）

1. 基金决算有盈余时计入公积金，决算有亏损时可以使用公积金弥补。

2. 基金运营过程中如果出现暂时性资金不足等情况，教育监可以根据总统令规定的程序和方式，从金融机关等处借款或临时借款。在这种情况下，临时借款必须在相应业务年度内清偿*。

第九章 审查申请和复审申请

第五十七条（提出审查申请）

1. 对共济会的共济补助决定不服的，可以依照本法第五十八条规定向学校安全共济补偿审查委员会提出审查申请。

2. 本条第一款规定的审查申请，应当在知悉共济补助相关决定之日起九十

---

* 译者注：当年借当年还清。

日内提出。但因天灾、地震、战争、事变以及其他不可抗力等非审查申请人责任的原因导致无法提请审查的期间排除在审查提起期限之外。

3. 本条第一款规定的审查申请相关必要事项，由总统令规定。

第五十八条（学校安全共济补偿审查委员会）

1. 在共济会设立学校安全共济补偿审查委员会（以下称审查委员会），审理和决定本法第五十七条规定的审查申请。

2. 审查委员会由九人以上、十五人以内的委员组成，其中包括一名委员长。

3. 审查委员会的委员长由教育监在委员中指定，委员由教育监在下列人员中任命或者委任：

（1）五级以上的国家公务员（包括属于高位公务员团的公务员及奖学官）或者正在担任或曾经担任地方公务员的人员；（2）具备律师执业资格的人员；（3）具备专科医生执业资格的人员；（4）拥有保险定损师等保险业务领域五年以上一线从业经验的人员；（5）在高中以下的各级学校任职，拥有十年以上教龄的人员；（6）在大学任职或者曾经任职过助理教授以上岗位的人员；（7）学生家长代表；（8）此外，教育部令规定的具备相当于上述第一项至第五项资格的人员。

4. 委员会的委员每届任期两年，但可以连任。

5. 审查委员会的运营等相关必要事项，由总统令规定。

第五十九条（对审查申请的审理和决定）

1. 审查委员会应当依照本法第五十七条的规定，自收到审查申请之日起六十日内作出对相关审查申请的决定。但因不得已的原因导致未能在此期间作出决定时，仅限在不超过一个月的范围内延期一次。

2. 为审理审查申请，审查委员会认有必要的时候，可以根据审查申请人的申请或者审查委员会的职权采取下列行为：

（1）要求审查申请人或者关系人到指定地点接受问询或者陈述意见；（2）要求审查申请人或者关系人提交可以作为证据的文件或者其他物品；（3）指派具有专门知识或者经验的人员进行鉴定或者诊断。

第六十条（决定的效力）

审查委员会作出决定，审查申请人未在本法第六十一条第二款规定的期限内提出复审申请或者提起共济补助相关诉讼，抑或撤回已提出的复审申请或者已提起的诉讼时，视作共济会与审查申请人之间达成与相关决定内容一致的协议。

第六十一条（提出复审申请）

1. 对本法第五十九条第一款所列审查申请的决定不服的人员，可以向本法

第六十二条规定的学校安全共济复审委员会提出复审申请。

2. 本条第一款规定的复审申请,应当在审查申请决定书正本送达审查申请人之日起九十日内提出。在这种情况下,因天灾、地上灾难、战争、动乱以及其他不可抗力等非复审申请人责任的原因导致无法提请复审的期间应当排除在复审提起期限之外。

第六十二条（学校安全共济补偿复审委员会）

1. 为审理、裁决本法第六十一条规定的复审申请,在共济中央会下设学校安全共济补偿复审委员会（以下称复审委员会）。

2. 复审委员会由九人以上、十五人以内的委员组成,其中包括一名委员长。

3. 复审委员会委员长由教育部部长在委员中指定,复审委员会委员由教育部部长从下列人员中任命或委任：

（1）三级以上的国家公务员（包括属于高层公务员团的公务员及奖学官）或者正在担任或曾经担任地方公务员的人员；（2）具备律师执业资格的人员；（3）具备专科医生执业资格的人员；（4）拥有保险定损师等保险业务领域十年以上一线从业经验的人员；（5）在高中以下的各级学校任职,有十五年以上教龄的人员；（6）在大学任职或曾经任职过副教授以上岗位的人员；（7）学生家长代表；（8）此外,教育部令规定的具备相当于上述第一项至第五项资格的人员。

4. 委员每届任期两年,但可以连任。

5. 复审委员会的运营等相关必要事项,由总统令规定。

第六十三条（复审申请的审理和裁决）

本法第五十九条的规定也准用于对复审申请的审理、裁决。在这种情况下,"审查委员会"视为"复审委员会","审查申请"视为"复审申请","审查申请人"视为"复审申请人","决定"视为"裁决"。

第六十四条（裁决的效力）

对本法第六十三条规定的复审申请裁决不服的,自复审委员会的裁决书正本送达之日起六十日内未提起共济补助相关诉讼或者撤回相关诉讼的,视作共济会与复审申请人之间达成与相关裁决内容一致的协议。

第十章　附　　则

第六十五条（时效）

1. 共济费的征收以及领取权人领取共济补助的权利,三年不行使的,视作消灭时效完成。

2. 本条第一款规定的消灭时效，除本法规定的事项外，依照《民法》的规定办理。

第六十六条（文件的送达）

《国税基本法》第八条至第十二条的规定，适用于共济费以及本法规定的其他征收款项相关文件的送达。

第六十七条（要求提供资料）

1. 为了学校安全共济事业的运营，共济会可以要求学校校长及疗养机构等提供必要的资料。

2. 根据本条第一款的规定，学校校长及疗养机构接到资料提供请求后，应当诚实履行该协助的请求。

第六十八条（诊断要求）

与共济补助的决定等相关，共济会认为有必要的，可以要求被共济对象到共济会指定的医疗机构进行诊断。

第六十九条（保密）

从事或曾从事下列各条款所列职务的人员，不得泄露其工作中知悉的秘密。

（1）共济会、共济中央会的管理层和员工；（2）审查委员会及复审委员会的委员。

第十一章 罚 则

第七十条（适用罚则时的公务员推定）

共济会及共济中央会的管理层和员工、审查委员会和复审委员会的委员适用《刑法》第一百二十九条至第一百三十二条的规定时，视同公务员。

第七十一条（罚则）

1. 违反本法第六十九条规定的，处以一年以下有期徒刑或者一千万元韩元以下罚款。

2. 以虚假或者其他不正当手段，依照本法第四十一条领取共济补助的，处以两年以下有期徒刑或者二千万韩元以下罚款。

第七十二条（罚款）

1. 对违反本法第二十六条（包括适用本法第三十三条的情况），使用"学校安全共济会"、"学校安全共济中央会"名称或与之类似名称的人员，处以五百万韩元以下罚款。

2. 有下列情形之一的，处五十万元韩元以下罚款：

（1）违反本法第四十二条第四款，妨碍调查或者拒绝提交材料的；（2）未进行本法第四十四条第二款规定的通知或者进行虚假通知的;(3)无正当理由,拒绝本法第六十七条第一款规定的资料提供请求或不按照请求提供资料的。

3. 本条第一款和第二款规定的罚款,根据总统令的规定,由教育监征收。

第七十三条　删除

附　则

本法自公布之日起施行。[1]（省略但书）

---

[1] 译注：本法内容跟国内的互助医疗相类似,共济会或共济中央会是执行机构,以收取的共济费来发放学校安全事故受害者的津补贴费用;共济加入者是学校,被共济对象是学生、教职员工及教育辅助人员和志愿者;共济会费由学校向被共济对象收取并统一缴纳给共济会或共济中央会,学生和志愿者的共济会费由国家或地方承担。

就业后助学金偿还特别法

[第17954号法律，2021年3月23日根据其他法律修订]

第一章 总 则

第一条（目的）

本法旨在通过实施就业后偿还助学贷款，让任何人都可以不受当前经济条件的限制，凭借自己的意志和能力拥有期望的高等教育机会。

第二条（主管）

本法规定的就业后偿还助学贷款及偿还项目由教育部主管。

第三条（定义）

本法中使用的术语，其定义如下：

（1）"就业后偿还助学贷款"是指向大学生发放助学贷款，其本息，在产生收入后，根据收入水平偿还的贷款。（1）之二．"转换贷款"是指《韩国奖学财团设立等相关法律》第六条规定的韩国奖学财团（以下称韩国奖学财团），让获得同法第二条第三项规定的一般偿还助学贷款或同条第四项规定的信用担保（以下称既贷款）的人员，偿还已经获得贷款助学金的助学贷款。（2）"高等教育机构"是指以下各项：①《高等教育法》第二条规定的学校；②《终身教育法》第三十一条第四款规定的专科院校，和同法第三十三条第三项规定的远程大学形式的终身教育设施；③《劳动者职业能力开发法》第二条第五项规定的技术院校。（3）"助学金"是指在高等教育机构接受教育时所需的注册费和住宿费、教材购置费、语言进修费及交通费等的生活费。（4）"大学生"是指作为高等教育机构（包括预定入学或复学的情况）在读的学生（外国人及研究生除外），进修专业学士学位课程、学士学位课程、专业技术硕士学位课程、硕士学位课程或博士学位课程的人员中，总统令规定的人员。（5）"金融公司等"是指《银行法》第二条第一款第二项规定的银行和其他总统令规定的机构。（6）"债务人"是指对就业后偿还的助学贷款承担偿还义务的人员。（7）"偿还基准收入"是指作为债务人承担偿还开始（包括偿还延期后重新开始偿还）义务的基准收入金额。（8）"最低承担义务偿还额"是指债务人的收入金额为偿还基准收

· 305 ·

入以上时，债务人必须偿还的最低限度义务偿还额。（9）"毕业"是指根据校规规定完成教育课程的情况，其具体标准由教育部确定后公告。（10）"长期未偿还者"是指毕业后经过一定时间，偿还额不足贷款本息的一定比例的债务人，具体的不同经过时间的贷款本息偿还比例，由总统令规定。（11）"海外移居"是指根据《海外移居法》第四条移居到海外的情况。（12）"海外留学"是指有6个月以上的时间，在外国的教育机构、研究机构或进修机构学习，或者学问或技术的研究或进修。（13）"源泉扣缴义务人"是指作为《所得税法》第一百二十七条规定的源泉扣缴义务人，向债务人支付第二十四条至第二十六条收入的人员，从该债务人源泉扣缴就业后偿还助学贷款本息，缴纳给国税厅的人员。

第四条（国家的责任）

国家应当尽力确保就业后偿还助学贷款及偿还事业的健全运营。

第五条（权限及业务的委任、委托）

1. 教育部将本法规定的下列各事项的相关权限及业务委任给韩国奖学财团理事长：

（1）就业后偿还助学贷款；（2）主动偿还、海外移居者和海外留学生的偿还与管理。

2. 教育部，将本法规定的下列各事项的相关权限及业务，委托给国税厅厅长。

（1）基于收入的义务性偿还及管理；（2）长期未偿还者相关的偿还及管理。

3. 根据总统令规定，可以将本法规定的教育部的权限及业务的全部或部分，委任或委托给相关行政机构负责人及其他总统令规定的人员。

4. 根据第一款至第三项规定，获得权限及业务委任或委托的机构负责人，为相应事务的顺利处理，可以请求相关行政机构负责人提供所需的行政、财政协助。在这种情况下，相应行政机构负责人，如无特殊原因，应当予以最大协助。

5. 对于负责基于第一款至第四款之规定业务的人员，和相应机构所属管理人员及职员（公务员及其他法律中视为公务员的人员除外），适用《刑法》或其他法律规定的罚则时，视为公务员。

第六条（事业计划书的提交）

根据第五条第一款获得权限及业务委托的韩国奖学财团，应当根据总统令规定，每年度制作委任事项相关的事业计划书及预算书，提交给教育部。变更时亦是如此。

第七条（监督和命令）

1. 根据第五条第一款获得权限及业务委任的韩国奖学财团进行委任相关业务时，教育部可以进行指导、监督，并对其下达所需的命令。

2. 根据第五条第一款获得权限及业务委任的韩国奖学财团做出的处分违法

时，或者为就业后偿还助学贷款及偿还事业的执行，教育部认为必要时，可以取消其处分的全部或部分，或者停止其执行。

第二章 就业后偿还助学贷款

第八条（就业后偿还助学贷款对象）

可以获得就业后偿还助学贷款的人员，是指与教育部或韩国奖学财团董事长签订就业后偿还助学贷款相关协议（以下称协议）的高等教育机构的大学生。

第八条之二（转换贷款对象）

转换贷款对象，是指获得既贷款的人员（包括毕业生），其范围限为2009年12月31日之前获得的既贷款。

第九条（资格条件）

1. 教育部拟对大学生发放就业后偿还助学贷款时，应确定家庭收入等级及是否属于多子女家庭，以及其学分、年龄及个人信用评分等的资格条件，加以公示后，发放贷款。

2. 教育部应确定拟获得转换贷款人员的家庭收入等级及是否属于多子女家庭，以及其学分、成绩名次、年龄及个人信用评分等资格条件和其他所需的详细事项，加以公示后，发放贷款。

第十条（贷款种类及额度）

1. 就业后偿还助学贷款分为注册费贷款和生活费贷款两类执行。

2. 第一款规定的注册费贷款为实际所需额全额。但专业技术硕士学位课程、硕士学位课程及博士学位课程的情况，可以根据教育部规定，另行确定限额。

3. 第一款规定的生活费贷款可以根据教育部规定，另行确定限额。

第十一条（贷款利率）

1. 就业后偿还助学贷款的利率，在每学期贷款开始前，由教育部决定后加以公示。

2. 进行第一款的决定时，教育部应当考虑每年的物价上涨率和实际利率、贷款本息的偿还率及资金筹集利率等。在这种情况下，其利率，不得超过根据《国债法》以5年为偿还期限的国债在每个学期开始之前的3年期间的平均收益率的120%。

第十二条（贷款申请及推荐）

1. 拟获得就业后偿还助学贷款的人员，应当按照总统令规定的方法，向教育部或韩国奖学财团董事长申请。

2. 对于第一款的贷款申请人，教育部或韩国奖学财团董事长，可以请求高等教育机构负责人推荐就业后偿还助学贷款对象。

3. 根据第二项收到推荐请求的高等教育机构负责人，可以考虑大学生的经济条件及成绩等进行推荐。

第十三条（说明义务）

教育部或韩国奖学财团董事长，应当向贷款申请人说明贷款的性质和条件、贷款本息的偿还额计算及偿还方法等的贷款内容和贷款包含的风险及贷款协议签订方法等，以便贷款申请人充分理解，并且应当取得与此相关的确认书。

第十四条（贷款批准）

教育部或韩国奖学财团董事长，对贷款申请人是否充分满足第9条规定的条件进行审议后，批准就业后偿还助学贷款及转换贷款。

第三章 偿还义务

第十五条（债务人的申报义务）

1. 债务人应当每年1次以上诚实申报本人和配偶的住址、职场、房地产等财产状况及金融财产的信息，并确认本人的贷款本息及偿还明细。

2. 债务人产生收入时，应当立即诚实申报收入发生事实、收入种类、年收入及使用者等。

3. 第一款及第二项的申报义务相关所需事项，由总统令规定。

第十六条（偿还义务的产生及豁免）

1. 债务人从贷款之时开始承担对贷款本息的偿还义务。但根据第十八条第二项，将偿还延期至缴纳时。

2. 对贷款本息的偿还义务，在债务人年满65岁（但在专业技术硕士学位课程、硕士学位课程及博士学位课程上获得助学贷款时，为总统令规定的年龄）以上，除国民年金收入之外没有其他收入，且达不到总统令规定的收入认定额时，予以豁免。

3. 在债务人死亡，或者因身心障碍，本人无法偿还贷款本息时，教育部可以根据总统令规定，豁免其全部或部分贷款本息的偿还。

第十六条之二（利息的豁免）

1. 债务人根据《兵役法》按下列各项之一服役时，免除在相应服役期间产生的助学贷款利息：

（1）《兵役法》第十六条规定的现役军人；（2）《兵役法》第二十一条规定的常勤预备役；（3）《兵役法》第二条规定的社会服务要员及团体服务要员。

2. 符合下列情况之一的大学生，豁免在校期间产生的助学贷款利息。

（1）《国民基础生活保障法》第二条第二项规定的领取人；（2）《国民基础生活保障法》第二条第二项规定的低收入群体；（3）属于总统令规定的家庭收入等级的人员；（4）根据第九条，教育部公示的多子女家庭的子女。

第十七条（贷款本息计算）

1. 债务人应当偿还的注册费贷款本息，为注册费贷款余额和把从贷款之时至偿还之时的第十一条规定的贷款利率，于每学期按单利适用于注册费贷款余额的利息合计所得的金额。但根据第十八条第二项，在偿还开始时，为包括第三十条规定的滞纳金和追加金的金额。

2. 根据第十六条第一款但书，关于偿还延期中的贷款本息的计算，适用第一款。

3. 第一款规定的每个学期的期间由教育部确定后加以公示。

4. 债务人应当偿还的生活费贷款本息的计算方法由教育部确定后加以公示。

第十八条（贷款本息的偿还原则）

1. 债务人可以随时偿还贷款的本金和利息。

2. 尽管有第一款，但总统令规定的债务人的年收入金额（以下称年收入金额）超过偿还基准收入时，应当偿还从年收入金额中扣除偿还基准收入后的金额乘以在20%～40%之间考虑债务人的各学位课程的助学贷款期限和贷款金额等，由总统令规定的比率（以下称偿还率）计算得出的金额（以下称义务偿还额，并且算出的金额达不到总统令规定的最低承担义务偿还额时，是指最低承担义务偿还额）。但对于退休收入，应当偿还退休收入金额乘以偿还率计算得出的金额。

3. 尽管有第二项，但债务人拥有《继承税及赠与税法》规定的继承财产价额（不包括同法第十三条第一款各号之金额）或赠与财产价额（不包括同法第四十五条之二之金额及同法第四十七条第二项之金额）时，应当根据总统令规定，偿还在继承税计税标准（相当于债务人的继承份额的计税标准价额）或赠与税计税标准上乘以偿还率计算得出的金额。

4. 适用第二项时，收入的范围为《所得税法》第四条第一款各项收入。但根据同法第十四条第三项，综合收入金额中不包含的金额除外。

5. 偿还基准收入由教育部考虑《国民基础生活保障法》第二条第十一号规定的基准中等收入及物价上涨率，每年进行告示。

6. 为就业后偿还助学贷款制度的健全运用，第二项和第三项的偿还率可以考虑基于助学贷款事业的财政负担及财政前景、贷款本息偿还业绩、平均偿还期限等，在其偿还率的50%的范围内，由总统令调整。

7. 尽管有第二项，但属于下列各项之一的债务人，因《所得税法》第十九条第二项规定的营业收入金额和同法第二十条第二项规定的劳动收入金额，承担第二项规定的偿还义务时，可以根据总统令规定，接受申请延期偿还。但第二项至第四项仅限经济状况困难的情况，其标准在第四款规定的收入的范围内，考虑除《所得税法》第十九条第二项规定的营业收入金额和同法第二十条第二项规定的劳动收入金额之外的收入，由总统令规定。
(1) 大学生； (2) 根据《增值税法》第八条第8项申报停业的人员；(3)《劳动基准法》第二条第一款第一项规定的劳动者中的下岗人员或《国家公务员法》第二条或《地方公务员法》第二条规定的公务员中的退休人员；(4) 根据《男女雇佣平等与工作家庭并重支援相关法律》第十九条、《国家公务员法》第七十一条第二款第四项或《地方公务员法》第六十三条第二款第四项休育儿假的人员。

8. 尽管有第二款，拥有下列各项收入金额的债务人的义务偿还额，可以为从根据第二款算出的义务偿还额中，扣除债务人在相应收入归属年度根据第一款偿还的金额（根据第三十九条第六款返还的金额除外）后的金额。在这种情况下，拟扣除的金额，对于下列各项收入金额，以根据第二款算出的义务偿还金额为限。

(1)《所得税法》第十九条第二项规定的营业收入金额；(2)《所得税法》第二十条第二项规定的劳动收入金额。

9. 义务偿还额的计算及其他偿还相关必要事项，由总统令规定。

第十九条 （对长期未偿还者的特别条例）

1. 教育部可以对长期未偿还者（已婚者的情况包括配偶）的收入及财产等（以下称财产等）进行调查。

2. 第一款的财产等的调查结果显示，以长期未偿还者的财产等为准换算收入得出的金额（以下称收入认定额），超过偿还基准收入乘以总统令规定的一定倍数得出的金额（以下称偿还基准收入认定额）时，应当偿还该超过金额乘以偿还率计算得出的金额（以下称基于收入认定额的义务偿还额）。但澄清从长期未偿还者的财产等中扣除负债后的净财产的收入认定额达不到偿还基准收入认定额的情况例外。

3. 长期未偿还者在1年期间未缴清基于收入认定额的义务偿还额时，教育部可以对未缴纳部分按照国税滞纳处分例，强制征收。

4. 在第三项的情况下，长期未偿还者，应当另外偿还不同于基于收入认定额的义务偿还额的未缴纳部分的未偿还贷款本息余额。但无法偿还本息余额时，可以让长期未偿还者，对其剩余部分，按照本息平均分期偿还方式或本金平均分期偿还方式偿还，并要求提供担保。

5. 对于长期未偿还者中的已婚者，合计夫妻财产计算出收入认定额，对于贷款本息的偿还，适用的第一款至第四款的规定。但偿还义务和强制征收仅由债务人本人承担。

6. 根据第一款至第五款规定，对长期未偿还者的财产等的调查程序进行的过程中，长期未偿还者，按总统令规定的按经过时间划分的贷款本息偿还比率，偿还相应金额以上，不再属于长期未偿还者时，可以将其从财产等的调查对象中排除，或者调查正在进行中时，可以停止调查。

7. 关于第二项的偿还率的调整，适用第十八条第六款。

8. 对长期未偿还者的财产等的调查方法、财产等的评估和收入认定额的换算方法、偿还基准收入认定额、净财产的计算等对长期未偿还者的贷款本息回收相关必要事项，由总统令规定。

第二十条（对海外移居者的特别条例）

1. 拟移居海外的债务人，应当在出境前至少3个月，向教育部申报海外移居计划。

2. 拟移居海外的债务人，应当在出境前至少1个月，偿还贷款本息全额。但债务人无法偿还贷款本息全额时，教育部可以让债务人，对其剩余部分按照本息平均分期偿还方式或本金平均分期偿还方式偿还，并要求提供担保。

3. 对于未进行第一款规定的申报而直接移居海外，或出境1年后仍未回国的长期未偿还者，教育部应当根据规定，在发现移居海外或未入境事实时，立即让其偿还贷款本息全额。但在债务人澄清关于移居海外与事实不符时，可以让其对贷款本息，按照本息平均分期偿还方式或本金平均分期偿还方式偿还，并要求提供担保。

4. 债务人拟移居海外或出于滞留外国超过1年的目的出境时，应当根据总统令规定，提交就业后偿还续费贷款的本息偿还证明。

5. 被教育部定为未偿还贷款本息的海外移居者，或出境后1年后未回国的长期未偿还者的债务人，入境时，教育部可以催促该债务人偿还相对的未偿还贷款本息，并要求其提供住址及住所等必要信息。

6. 教育部可以定期请求外交部长官提供海外移居者（限债务人）相关信息。在这种情况下，外交部长官应当自请求日起10日之内予以提供。

7. 教育部可以请求法务部长官提供债务人的出入境事实相关信息。在这种情况下，法务部长官应当及时予以提供。

8. 教育部可以请求行政安全部长官提供债务人的国外移居申报及在外国民用身份证签发相关信息。在这种情况下，行政安全部长官应当及时予以提供。

9. 其他海外移居者的贷款本息偿还必要事项，由总统令规定。

第二十一条（对海外留学生的特别条例）

1. 拟海外留学的债务人，应当在出境前至少40天，向教育部申报留学计划及本息偿还计划。在这种情况下，教育部可以要求其提供担保。

2. 第一款的债务人，自留学计划时间结束日起至1年后仍未回国时，债务人应当立即偿还贷款本息全额。但留学计划时间结束后，因学业延长等原因海外居住时间被延长时，债务人可以向教育部申报，延期偿还贷款本息。

3. 第一款的债务人，因海外就业等原因产生收入时，债务人应当向教育部申报该事实，并根据教育部令规定的就业后助学金偿还海外收入发生者偿还基准，进行偿还。

4. 对于未进行第一款的申报的海外留学生，适用第二十条第三款至第七款之规定。

5. 其他海外留学生的贷款本息偿还相关内容，由总统令规定。

第二十二条（偿还义务的通知）

教育部可以根据总统令规定，向债务人和源头扣缴义务人通知其偿还义务。

第四章　按收入偿还的方法

第二十三条（综合收入者的贷款本息偿还等）

1. 债务人拥有《所得税法》第七十条规定的上年度综合收入时，教育部应当自《所得税法》第七十条及第七十条之二规定的综合收入基数标准确定申报期限结束之日起，在3个月之内决定义务偿还额。

2. 对债务人存在基于《所得税法》第八十条的计税标准等的决定、变更时，教育部应当自该决定、变更存在之日起，在3个月之内决定义务偿还额或变更第一款规定的决定。

3. 发现第一款及第二款规定的义务偿还额的决定、变更中存在疏漏或错误时，教育部应当立即重新对其变更。

4. 根据第一款至第三款决定、变更义务偿还额时，该义务偿还额，为扣除相当于根据第二十四条第一款及第二十五条已经通知的义务偿还额的金额后，计算得出的金额。

5. 第一款至第三款规定的义务偿还额的决定、变更应当立即告知债务人。在这种情况下，应当指定自告知之日起至30天以内的缴纳期限。

6. 债务人应当根据教育部决定、变更后所做的告知，缴纳义务偿还额。

7. 第一款至第六款规定的义务偿还额的决定、变更及缴纳等相关具体事项，由总统令规定。

第二十四条（劳动收入者的贷款本息偿还等）

1. 对于存在义务偿还额的人员中，产生《所得税法》第一百三十七条规定的上年度劳动收入（包括同法第一百四十四条之二规定的上年度营业收入金额，总统令规定的情况除外。下同）的债务人，根据总统令规定，通知债务人和源头扣缴义务人源头扣缴金额等。

2. 收到第一款之通知的源头扣缴义务人，应当根据总统令规定时，在每月支付劳动收入时，源头扣缴债务人在次月10号之前缴纳义务偿还额。

3. 源头扣缴债务人，已从债务人的劳动收入中抵扣义务偿还额，但未缴纳时，可以认定债务人已缴纳总统令规定的没有归责事由的债务人的义务偿还额。

4. 源头扣缴债务人未根据第二款进行源头扣缴，或者因退休等总统令规定的原因没有源头扣缴人时，债务人应当缴纳义务偿还额。

5. 源头扣缴义务人进行第二款规定的源头扣缴缴纳时，应当根据教育部规定，一并提交还款明细。

6. 源头扣缴义务人未缴纳根据第二款源头扣缴的义务偿还额和第三十条规定的滞纳金时，教育部部长根据国税滞纳处分例，向源头扣缴义务人征收。

7. 根据第一款收到源头扣缴金额等通知的债务人，可以在源头扣缴义务人根据第二款开始对上年度劳动收入进行源头扣缴之前，提前缴纳收到通知的全部源头扣缴金额，或者分2次，每次缴纳源头扣缴金额的二分之一。

8. 根据第一款收到源头扣缴金额等通知的债务人，也可以在源头扣缴义务人根据第二款开始对上年度劳动收入进行源头扣缴以后，缴纳第一款规定的源头扣缴金额中的剩余金额的全部。

9. 第七款及第八款规定的源头扣缴及缴纳等所需的具体事项，由总统令规定。

第二十五条（拥有年金收入的人员的贷款本息偿还等）

拥有《所得税法》第二十条之三规定的上年度年金收入的债务人，应当适用第二十四条，缴纳义务偿还额。

第二十六条（拥有退休收入的人员的贷款本息偿还等）

根据《所得税法》第七十一条，拥有退休收入的债务人，应当在退休收入产生之时，适用第二十四条缴纳义务偿还额。但退休收入金额达不到总统令规定金额的情况例外。

第二十七条（拥有转让收入的人员的贷款本息偿还等）

1. 根据《所得税法》第九十二条的规定，针对债务人存在同法第九十四条第一款第一项所述的转让收入（同法第八十九条规定的免税转让收入除外）计税标准时，教育部应当自《所得税法》第一百一十条规定的转让收入计税标准确定申报期限（债务人根据同法第一百一十条第四款没有转让收入计税标准确定申报义务时，是指同法第一百零五条规定的转让收入计税标准预定申报期限）结束之日起3个月内决定义务偿还额。

2. 教育部，在对债务人根据《所得税法》第一百一十四条存在转让收入计税标准等的决定、变更时，应当自该决定、变更存在之日起，在3个月内决定义务偿还额，或变更第一款规定的决定。

3. 教育部，在发现第一款及第二款规定的偿还额的决定、变更中存在疏漏或错误时，应当立即重新对其进行变更。

4. 第一款至第三款规定的义务偿还额的决定、变更应当立即告知债务人。

在这种情况下，应当指定自告知之日起至 30 天以内的缴纳期限。

5. 债务人应当根据教育部决定、变更后所做的告知，缴纳义务偿还额。

6. 第一款至第五款规定的义务偿还额的决定、变更及缴纳等相关的具体事项，由总统令规定。

第二十八条（拥有继承财产价额或赠与财产价额的人员的贷款本息偿还等）

1. 教育部，在债务人拥有第十八条第三款规定的继承财产价额或赠与财产价额时，应当自《继承税及赠与税法》第六十七条及第六十八条规定的继承税或赠与税计税标准申报期限结束之日起，在 3 个月内决定义务偿还额。

2. 教育部，在对债务人根据《继承税及赠与税法》第七十六条存在计税标准等的决定、变更时，应当自该决定、变更存在之日起，在 3 个月内决定义务偿还额，或变更第一款规定的决定。

3. 教育部在发现第一款及第二款规定的义务偿还额的决定、变更中存在疏漏或错误时，应当立即重新对其进行变更。

4. 第一款至第三款规定的义务偿还额的决定、变更应当立即告知债务人。在这种情况下，应当指定自告知之日起至 30 天以内的缴纳期限。

5. 债务人应当根据教育部决定、更正后所做的告知，缴纳义务偿还额。

6. 第一款至第五款规定的义务偿还额的决定、变更及缴纳等相关的具体事项，由总统令规定。

第五章　滞纳处分

第二十九条（贷款本息等的偿还通知）

1. 在源头扣缴义务人未根据第二十四条第二款及第三款、第二十五条（包括适用第二十四条第三款的情况）及第二十六条（包括适用第二十四条第三款的情况）缴纳该项费用时，教育部根据总统令规定决定、变更应当缴纳的金额后，告知源头扣缴义务人。但在第二十四条第四款的情况下，决定、变更缴纳金额后，告知债务人。

2. 第十九条至第二十一条之规定中所述的长期未偿还者、海外移居者和海外留学者应当缴纳的金额，由教育部依照总统令之规定确定、更正后告知其本人。

3. 教育部，在债务人或源头扣缴义务人未根据第一款、第二款及第二十三条第五款、第二十七条第四款、第二十八条第四款，在告知的缴纳期限之前缴清应当缴纳的金额时，应当在缴纳期限过后 10 天之内向债务人或源头扣缴义务人开具催缴单。在这种情况下，适用《国税征收法》第十条。

第三十条（滞纳金）

1. 教育部，在债务人未在基于第二十三条第五款、第二十七条第四款、第二十八条第四款、第二十九条第一款或第二款规定的告知的缴纳期限之前缴纳时，自该缴纳期限经过之日起，征收未缴贷款本息乘以总统令规定比率计算得出的金额，作为滞纳金。

2. 教育部，在债务人不缴纳未缴贷款本息时，自基于告知的缴纳期限之日起，每经过 1 个月，在第一款规定的滞纳金上加上未缴贷款本息乘以总统令规定比率计算得出的金额进行征收。在这种情况下，滞纳金（包括加算金额）不得超过未缴贷款本息的百分之九。

3. 尽管有第一款及第二款，但发生自然灾害或其他总统令规定的不得已事由时，可以不征收第一款及第二款规定的滞纳金。

4. 第一款及第二款规定的滞纳金相关的所需事项，由总统令规定。

第三十一条（缴纳期限前征收）

关于贷款本息及滞纳金的缴纳期限前征收，适用《国税征收法》第 9 条。

第三十二条（贷款本息等的强制征收）

教育部，在债务人未在基于第二十九条第三项规定的催促缴纳期限之前缴纳贷款本息和第三十条规定的滞纳金时，可以根据国税滞纳处分例，进行征收。

第三十三条（贷款本息等的征收顺序）

1. 对于债务人的总财产，除税收、公共事业费用及拥有其他法律规定的优先偿付权的债权外，贷款本息及滞纳金，应当先于其他债权偿还。但在贷款本息及滞纳金在其他债权之后产生的情况除外。

2. 虽然有第一款的规定，但在贷款本息及滞纳金偿还前，可证明登记或注册出售房屋使用权、质权或抵押权的财产，从其出售价款征收贷款本息及滞纳金时，对依据其出售房屋使用权、质权或抵押权担保的债权例外。在这种情况下，偿还期限是指按照不同收入的偿还方法，《国税基本法》第三十五条第二款规定的法定期限。

第六章　补充性规则

第三十三条之二（通知等的送达方法等）

1. 本法规定的通知、告知及其他文件的送达采用专人送达、邮寄送达或利用信息通信网的送达的方法。

2. 以邮递方式送达本法规定的通知时，对源泉扣缴义务人采用挂号信送达，对债务人采用挂号信或普通邮件送达。

3. 电子送达仅限根据总统令规定应当送达之人申请的情况。

4. 虽然有第三款，但因电子通信网的故障无法进行电子送达的情况下，或其他存在总统令规定事由的情况下，可以采用专人送达或邮递送达的方法。

第三十四条（贷款本息的缴纳）

国税厅厅长根据第五条第二款委托征收的贷款本息及滞纳金等，根据总统令规定，缴纳到《韩国奖学财团设立等相关法律》第二十四条之二规定的助学贷款账户。

第三十五条（异议申请）

1. 对教育部（包括韩国奖学财团董事长、国税厅厅长。以下在此条及第三十七条中相同）办理的就业后偿还助学贷款及偿还处分存在异议的人员，可以根据总统令规定，进行异议申请。

2. 教育部认定，第一款规定的异议申请有理由时，应当立即对其进行纠正。

3. 教育部根据第二款进行纠正，或认定异议申请没有理由时，应当及时将其意思通知申请人。

4. 对就业后偿还助学贷款及偿还处分存在异议的人员，无论是否进行第一款规定的异议申请，均可请求《刑侦审判法》规定的行政审判。

5. 对就业后偿还助学贷款及偿还处分存在异议的人员，无论是否进行第一款规定的异议申请及第四款规定的行政审判，均可提起《行政诉讼法》规定的行政诉讼。

第三十六条（诉讼时效等）

1. 就业后偿还助学贷款债权 10 年期间未行使时，诉讼时效完成。

2. 发生符合下列各项之一的事由时，第一款的诉讼时效中断。

（1）缴纳告知；（2）催促或缴纳催告；（3）交付请求；（4）扣押。

3. 关于第二款中的诉讼时效的中断，除本法中所作规定之外，适用《民法》。

4. 删除

第三十七条（资料要求）

1. 教育部推进就业后偿还助学贷款及偿还事业时，可以要求下列各机构提交债务人本人的家庭关系登记资料及居民登记资料、债务人本人和债务人的父母或配偶的收入相关资料、房地产及金融财产等财产相关资料等所需资料，并且收到请求的机构，如无特殊原因，应当提交相应资料。

（1）法院行政处、行政安全部、国土交通部等相关国家机构；（2）地方政府；（3）高等教育机构；（4）金融公司等（包括银行联合会）；（5）根据《国民健康保险法》设立的过敏健康保险公团；（6）其他总统令规定的机构及团体。

2. 第一款规定的相关国家机构、地方政府、其他公共机构及公共团体免除向教育部提交的资料相关的使用费和手续费。

3. 对于根据第一款获得提供的资料，不得用于助学贷款及偿还事业等目的之外的其他用途，或者提供或泄露给其他人或机构。

4. 根据第一款收到债务人的成绩、名次等资料请求的教育机构，不提供或不实提供时，可以解除第八条规定的协议，并从贷款对象机构中排除。

5. 关于根据第一款提出请求的资料的种类及内容等，由总统令规定。

第三十八条（对金融交易信息等的查询）

1. 教育部（包括国税厅厅长），为计算债务人（包括债务人的配偶）的收入认定额，需要对债务人的金融信息、信用信息及保险信息（以下称金融信息等）进行确认时，可以不适用《金融实名交易及保密相关法律》第四条及《信用信息的利用及保护相关法律》第三十二条，根据总统令规定，通过文件或《国税基本法》第二条第十八号规定的信息通信网（以下称信息通信网，并且金融公司等加入的协会、联合会或中央会管理金融信息等相关的信息通信网的情况包括在内）向金融公司等的负责人要求提供金融信息等的相关资料，并且相应金融公司等的负责人，应当借助信息通信网传送，或者利用磁盘或磁带等电子记录媒介等提交。

2. 根据第一款收到金融信息等的提供请求的金融公司等的负责人，应当向名义人通报金融信息等的提供事实。但名义人同意时，可以不适用《金融实名交易及保密相关法律》第四条之二第一款及《信用信息的利用及保护相关法律》第三十二条第七款，不进行通报。

3. 对于根据第一款获得提交的资料，不得用于第一款的目的之外的其他用途，或者向其他人或机构提供或泄露。

第三十八条之二（税收信息的使用）

1. 国税厅厅长，为了执行根据第五条第二项受到委托的就业后助学金偿还业务，可以使用《国税基本法》第八十一条之十三第一款规定的计税信息。

2. 第一款规定的计税信息不得用于第一款的目的之外的其他用途，或者向其他人或机构提供或泄露。

第三十九条（避免重复支持）

1. 教育部及韩国奖学财团董事长，应当为防止本法规定的就业后助学金偿还事业与其他助学金援助事业重复援助而采取必要的措施。但助学金重复援助的范围及例外处理相关事项，以教育部规定为根据。

2. 教育部及韩国奖学财团，为防止助学金重复援助，可以请求下列各项机构提交或在电子系统（是指韩国奖学财团为防止助学金重复援助而管理、运营的系统）上登记助学金援助现状相关资料，并且收到请求的机构，如无特殊原因，应当遵照请求进行提交或登记。但教育部可以根据助学金援助机构的设立类型及助学金援助目的，免除全部或部分资料提交义务。

（1）行政安全部等相关行政机构；（2）地方政府；（3）公务员年金公团等受国家委托执行助学金援助业务的机构；（4）作为《公益法人的设立、运营相关法律》第二条规定的公益法人，面向学生开展助学金或奖学金相关事业的非营利财团法人中，总统令规定规模以上的法人；（5）《公共机构的运营相关法律》规定的公共机构中，为所属职员或所属职员的子女提供助学金援助的公共机构；（6）《地方公共企业法》规定的地方直营企业、地方公社及地方公团；（7）《高等教育法》第二条规定的大学；（8）其他总统令规定的机构及团体。

3. 根据第二款提交收到请求的资料的机构，应当对教育部及韩国奖学财团免除提交的资料相关的使用费、手续费等。

4. 对于根据第二款获得提交的资料，不得用于助学贷款及偿还事业等目的之外的其他用途，或者向其他人或机构提供或泄露。

5. 第二款各项之资料提交对象机构，为防止助学金重复援助，应当采取提前确认其他机构的助学金援助明细等必要措施，教育部可对不认真支援的机关下达履行命令。

6. 教育部及韩国奖学财团，在获得本法规定的助学贷款及助学金无偿支付的大学生或学生家长，从第二款第一项至第八项之机构所获援助超过助学金范围时，可以获得超过金额的返还，并且对于不返还的人员，可以让其承担返还超过金额（包括助学贷款偿还）义务。

7. 关于根据第二款请求提交的资料的种类及内容和提交义务的免除、第六条规定的超过金额的返还等，由总统令规定。

8. 教育部及韩国奖学财团，为防止助学金重复援助，可以请求商事法人、民事法人、根据特例法设立的法人及外国法人中向所属职员或所属职员的子女提供助学金相关援助的法人，提供助学金援助现状相关的资料提交的协助，并且收到请求的法人，如无特殊原因，应当提供协助。

第四十条（税法等的适用） 关于贷款本息偿还的收缴和征收，除本法及其他法令中所做的规定之外，适用《国税基本法》及同法第二条第二款中定义的税法。

第七章 罚 则

第四十一条（罚则）

对属于下列各项之一的人员，处以3年以下的有期徒刑或1000万韩元以下的罚金：

（1）违反第三十七条第三款，将个人信息挪用或泄露，或者擅自处理或提供给他人利用等用于不正当目的的人员；（2）违反第三十八条第三款，将个人信息挪用或泄露，或者擅自处理或提供给他人利用等用于不正当目的的人员；（3）违反第三十七条之二第二款，将计税信息挪用或泄露，或者擅自处理或提供给他人利用的人员。

第四十二条（罚则）

源泉扣缴义务人，无正当理由，却源泉扣缴超过其义务偿还额的金额，或者未缴纳源泉扣缴的义务偿还额时，处以1年以下的有期徒刑或者相当于超额抵扣或未缴纳的金额的罚金。

第四十三条（罚则）

对于违反第三十九条第四款，将个人信息挪用或泄露，或者擅自处理或提供给他人利用等用于不正当目的的人员，处以500万韩元以下的罚金。

第四十四条（罚款）

1. 对属于下列各项之一的人员，处以500万韩元以下的罚款：

（1）违反第二十四条第二款、第二十五条（是指使用第二十四条第二款的情况）及第二十六条（是指使用第二十四条第二款的情况），未缴纳或未进行源泉扣缴的源泉扣缴义务人；（2）违反第二十四条第四款，未缴纳的债务人；（3）违反第三十九条第二款，未提供或虚假提供资料的人员。

2. 教育部，可以对违反第十五条、第二十条及第二十一条，未进行申报或续交申报的债务人，处以100万韩元以下的罚款。

3. 第一款及第二款规定的罚款，根据总统令规定，由教育部征收。

附　　则

本法自公布之日起施行。（省略但书）

学校设施事业促进法

[第17665号法律，2020年12月22日修订]

第一条（目的）
本法旨在通过简化小学、初中、高中及特殊学校设施的设置、移交和扩充等事业实施的必要程序，规定建筑许可等相关特例，为学校设施事业提供便利，从而为改善学校环境和发展学校教育贡献力量。

第二条（术语的定义）
本法中使用的术语，其定义如下。
(1)"学校设施"指的是符合下列情形之一的设施：①校舍用地、体育场和实习场地；②校舍、体育馆、宿舍及供餐设施；③总统令规定的以学习支援为主要目的的其他设施。(2)"学校设施事业"指的是学校设施的设置、迁移或扩建。

第三条（适用范围）
本法适用学校为小学、初中、高中及特殊学校（以下称学校）。

第四条（学校设施事业实施计划的批准等）
1. 想要实施学校设施事业的人员（国家和社会自治团体除外），应当根据总统令的规定起草包括学校设施事业的实施场所、规模及资金来源等在内的学校设施事业实施计划（以下称计划），并取得《中小学教育法》第四条规定的监督机构（以下称监督厅）的许可。但对已完工并通过本法第十三条第二款规定的竣工验收的学校设施事业，在其实施场所内对学校设施进行建筑、建造、大修或变更用途（以下称建筑等）的，其实施计划无须履行上述程序。

2. 变更本条第一款正文规定的实施计划时，应当取得监督厅的变更许可。但变更总统令规定的轻微事项的，无需履行上述程序。

3. 监督厅根据本条第一款或第二款规定核准实施计划或变更许可，应当根据总统令的规定事先与主管本法第五条各项的行政机关负责人协商。

4. 国家或地方政府要实施学校设施事业，应当制定实施计划，并根据总统令的规定，事先与主管本法第五条各项的行政机关负责人协商。但是，在已完工的学校设施事业场地内进行学校设施等建设的，其实施计划无须履行上述程序。

5. 本条第一款和第四款规定的实施计划中应当包括的事项，由总统令规定。

6. 监督厅根据本条第一款或第二款批准实施计划或变更许可、国家或地方政府根据本条第四款制定实施计划，需要事业实施场地内根据本法第十条征收或使用的土地、建筑物、土地的其他定着物或其所有权以外的权利时，应当听取该土地的所有人等利害关系人的意见；

7. 监督厅根据本条第一款或第二款批准实施计划或变更批准的，应当根据总统令的规定，及时向本条第三款和第四款规定的协商机关和利害关系人分别通报并公示。国家或地方政府完成本条第四款规定的协商后，也应当履行上述程序。

8. 学校设施事业的执行人可以同时申请本条第四款或第二款规定的实施计划许可或变更许可和本法第五条之二第一款规定的学校设施建筑等相关许可。

第五条（与其他法律的关系）

学校设施事业的执行人根据本法第四条第一款或第二款取得实施计划许可或变更许可，或根据同条第四款完成实施计划协商的，视作已完成下列各有关事项的决定、许可、认可、承认、指定、同意、协商、申报或解除：

（1）《关于国土规划与利用的法律》第三十条规定的城市、部队管理规划的决定；（2）《关于国土规划与利用的法律》第五十六条规定的开发行为的许可，该法第八十六条规定的城市、部队规划设施执行人的指定，以及该法第八十八条规定的城市、部队规划设施事业实施计划的制定和认可；（3）《公路法》第三十六条规定的非道路管理厅人员的道路施工许可，该法第六十一条规定的非道路管理厅人员的占道许可，以及该法第一百零七条规定的与道路管理厅就国家项目的协商或承认；（4）《下水道法》第十六条规定的公共下水道工程的施行许可；（5）《自然公园法》第二十三条规定的公园区域行为的许可，以及该法第七十一条第一款规定的国家项目的协商；（6）《农地法》第三十四条第一款规定的农业用地转用＊许可；（7）《山地管理法》第十四条和第十五条规定的山地转用许可和山地转用申报，以及该法第十五条之二规定的山地临时使用许可和申报；《关于山林资源涵养与管理的法律》第三十六条第一款、第四款规定的树木砍伐等的许可、申报；《山林保护法》第九条第一款和第二款第一项、第二项规定的山林保护区（森林遗传资源保护区除外）中行为的许可、申报和该法第十一条第一款第一项规定的山林保护区的解除指定；（8）《防沙事业法》第十四条规定的在防沙地范围内的砍伐等许可，以及该法第二十条规定的防沙地的指定解除；（9）《城市开发法》第九条规定的土地形态变更等的许可；（10）《河流法》第

＊ 译者注：改变农业用地使用用途。

三十三条规定的河流占用许可，以及该法第五十条规定的河流水使用许可。

第五条之二（学校设施的建筑等）

1. 根据本法第四条第一款正文或第二款取得实施计划许可或变更许可的人员实施学校设施的建筑等，应当不适用《建筑法》第十一条及第十四条的规定，根据总统令的规定取得监督厅的施工许可或向监督厅申报。根据本法第四条第一款的但书条款进行学校设施的建筑等的，也应当履行上述程序。

2. 接到本条第一款的申报，监督厅应当研究其内容，符合本法的，受理该申报。

3. 监督厅根据本条第一款核准或根据本条第二款受理申报的，应当将相关事项通报相关特别自治市长、特别自治道知事、市长、郡守、区厅长（区厅长指的是自治区的区厅长，以下称市长、郡守、区厅长）。

4. 国家或地方政府进行学校设施的建筑等，应当不适用《建筑法》第二十九条第一款的规定，将相关事项通报相关市长、郡守、区厅长。

5. 国家、地方政府或监督厅根据本条第三款和第四款向市长、郡守、区厅长通报学校设施的建筑等相关事项后，视作取得根据《建筑法》第十一条或第十四条规定的建筑许可或根据《建筑法》第二十九条第一款完成与市长、郡守、区厅长的协商。

6. 对被视作根据本条第五款取得建筑许可或完成建筑申报或完成协商的学校设施，尽管有《建筑法》第十六条，第十七条，第二十条第一款、第二款，第二十一条第一款，第二十五条，第二十七条，第七十九条及《建筑物管理法》第三十条的规定，监督厅依照其自有规定实施许可等审批。

7. 对根据本条第一款至第三款的规定核准或受理申报的学校设施，监督厅认为有必要调查其是否违反《建筑法》及《建筑物管理法》的，应当责令采取必要的整改措施，并将调查结果通报市长、郡守、区厅长。

第六条（学校设施内行为相关协商）

本法第四条规定的实施计划取得许可（事业执行人为国家或地方政府的，指的是协商。下同）后，各级行政机关在学校设施（包括依照第四条经试行计划批准的学校设施预定场地）内开展或核准下列情形之一的施工或进行其他处置的，应当与该学校的监督厅协商：

（1）道路、给排水管线和河道及其附属物的设置；（2）地基开掘、填埋及其他土地性质的变更。

第七条（公共设施的优先设置）

为确保学校设施事业取得本法第四条规定的实施计划许可后能够顺利实施，道路、给排水管线、总统令规定的其他公共设施的行政主管机关应当在预算范围内优先进行与学校设施事业相关的公共设施施工。

第八条（在土地上的出入等）

1. 为实施学校设施事业，取得本法第四条规定的实施计划许可的人员（以下称事业执行人）可以出入或短时使用他人的土地，并可在必要时变更或拆除树木、土石和其他障碍物。

2. 本条第一款的情形适用《关于国土规划与利用的法律》第一百三十条。

第九条（损失补偿）

1. 因本法第八条规定的行为蒙受损失的，事业执行人应当赔偿其损失。

2. 本条第一款规定的损失补偿，适用《关于国土规划与利用的法律》第一百三十一条。

第十条（征收及使用）

1. 为实施学校设施事业需要事业实施场地内特定土地、建筑物、土地的其他附着物或其所有权以外的权利时，事业执行人可以征收或使用该土地、建筑物、土地的其他附着物或其所有权以外的权利。

2. 关于本条第一款规定的征收或使用，除本法有特别规定的外，适用《关于公益事业用地等取得及补偿的法律》。

3. 根据本条第二款适用《关于公益事业用地等取得及补偿的法律》时，实施计划许可视同根据该法第二十条规定的事业认定，本法第四条第七款规定的告示视同根据该法第二十二条第一款及第二款规定的告示；尽管有该法第二十三条第一款及第二十八条第一款的规定，但裁决申请必须在实施计划核准时规定的学校设施事业的实施期限内进行。

第十一条（实施计划许可的撤销等）

事业执行人（事业执行人为国家或地方政府的除外）有下列情形之一的，监督厅可以撤销依照本法作出的许可或实施计划变更，并责令采取其他必要措施：

（1）以不正当手段取得本法规定的许可的；（2）学校设施事业被认为难以继续实施或可能明显延误的。

第十一条之二（听证）

监督厅根据本法第十一条撤销实施计划许可的，应当进行听证。

第十二条（监督等）

1. 监督厅为实施监督认为有必要时，可以责令事业执行人（事业执行人为国家或地方政府的除外）或根据本法第四条第一款的但书条款进行学校设施的建筑等人员进行必要的报告或提报材料，并可以派遣所属公务员检查学校设施事业相关事项。

2. 根据本条第一款进行检查的公务员应当随身携带证明其权限的信物，并向有关人员出示。

韩国教育法律法规

第十三条（竣工验收等）

1. 事业执行人（事业执行人为国家或地方政府的除外）完成学校设施事业后，应当根据总统令的规定向监督厅申报竣工并接受竣工验收；根据本法第四条第一款的但书条款实施学校设施的建筑等的，完工后应当取得监督厅的使用许可。

2. 监督厅接到本条第一款前半部分的竣工申报后，应当组织开展竣工验收，对于竣工验收合格的学校设施，应当将验收结果分别告知主管本法第五条各相关事项的行政机关负责人及市长、郡守、区厅长，并进行公示。监督厅接到本条第一款后半部分的使用许可申请后，应当发放使用许可书，并分别告知主管本法第五条各相关事项的行政机关负责人及市长、郡守、区厅长。

3. 国家或地方政府完成学校设施事业后，应当将有关事项分别通报主管本法第五条各相关事项的行政机关负责人及市长、郡守、区厅长，并进行公示。但根据本法第四条第一款的但书条款完成学校设施的建筑等的，不进行公示。

4. 监督厅根据本条第二款公示竣工验收结果或发放使用许可并完成相关通报时，视作该学校设施在《建筑法》第二十二条规定的使用验收中验收合格，国家或地方政府根据本条第三款将学校设施事业完工相关事项通报市长、郡守、区厅长的，视作根据《建筑法》第二十九条第三款的但书条款完成通报。

5. 市长、郡守、区厅长接到本条第二款或第三款的通知后，应立即在建筑相关法令规定的建筑物台账或工作物*管理台账上记录相关事项。

第十四条（坟墓等的清理）

1. 必要时，监督厅（国家或地方政府为事业执行人的，指相关事业执行人。本条内下同）为了实施学校设施事业，可以责令学校设施事业实施地点内坟墓、墓碑及其附属设施（以下称坟墓等）的埋葬人、所有人或管理人或其关系人（以下称关系人等）予以迁葬或迁移。

2. 本条第一款规定的坟墓等的关系人等拒不服从迁葬或迁移命令的，监督厅可根据《行政代执行法》的规定代为执行。

3. 本条第一款的情形中，如果存在关系人等无从知晓的坟墓等，监督厅应当就在一定期限内迁葬或迁移坟墓等进行公告，期限内仍不迁葬或迁移坟墓等的，监督厅可以迁葬或迁移。

4. 执行本条第一款的坟墓等的迁葬或迁移命令实施迁葬或迁移的人员，监督厅应当向其支付迁葬或迁移费用。

5. 本条第二款规定的代执行费用和本条第三款规定的迁葬或迁移费用以及

---

* 译者注：在地上或地下人工建造的建筑物等。

本条第四款规定的费用，由事业执行人承担。

6. 事业执行人应当将坟墓等的清理计划纳入实施计划。

第十五条（权限的委任）

本法规定的教育部部长的权限，根据总统令的规定，可以部分委任给教育监。

第十六条　删除

附　　则

本法自公布之日起施行。

关于学校复合设施的设置及运营和管理的法律

[第 17959 号法律，2021 年 3 月 23 日修订]

第一条（目的）

本法规定了学校复合设施的设置及运营和管理相关事项，推动方便学生与地区居民共同使用的学校复合设施的设置活性化，支持学校的教学活动，增加学校设施的利用率，为学校和地区社会的发展贡献力量。

第二条（定义）

本法使用的术语，其含义如下：

(1)"学校"指的是《中小学教育法》第二条规定的学校。(2)"学校复合设施"指的是《学校设施事业促进法》第二条第一款规定的设置在学校里的设施，属于学生和地区居民可以共同使用的下列设施之一。但《关于保护教育环境的法律》第九条规定的设施不包括在内。①《关于国土规划与利用的法律》第二条第六款第三项规定的公共与文化体育设施；②《停车场法》第二条第一款规定的停车场；③为开展《继续教育法》第二条第一款规定的继续教育所设立的继续教育设施；④此外，总统令规定的其他设施。

第三条（国家和地方政府的责任）

1. 为了学校复合设施的顺利设置和运营，国家和地方政府应当制定并实施必要的政策。

2. 国家和地方政府应当为构建学校和地区居民之间良好的合作关系而努力。

3. 国家和地方政府应当采取措施，保护学生不受因学校复合设施的设置可能发生的犯罪、安全事故等的伤害。

4. 为了履行本条第一款和第三款规定的职责，国家和地方政府应该制定行政与财政支援方案，确保必要的人力资源和预算等。

第四条（与其他法律的关系）

有关学校复合设施的设立及运营和管理，先于其他法律适用本法。在这个情况下，本法未及规定的事项准用*《学校设施事业促进法》的规定。

---

* 译者注：比适用要低一个层级，虽不是专门规定，但可以借鉴执行。

第五条 （学校复合设施的设置）

1. 有下列情形之一的，地方政府的负责人可以设置学校复合设施：

（1）拟设置学校复合设施的学校，《中小学教育法》第六条规定的其监督机构的负责人（以下称监督机构负责人）同意其设置学校复合设施的；（2）监督机构的负责人要求设置学校复合设施的。

2. 为了开展教学活动和增进地区社会的福祉，监督机构的负责人认为有必要设置学校复合设施时，可以不适用本条第一款的规定，与地方政府的负责人协商设置学校复合设施。

3. 根据本条第一款和第二款的规定想要设置学校复合设施的，学校复合设施的规划、设计及施工等建设相关事项应当由各设置主体负责实施，但可以由地方政府负责人和监督机构负责人协商后另行确定。

4. 学校复合设施的所有权，可以考虑增建、改建、重新装修等建设方式和财政分担比例等因素，由地方政府负责人和监督机构负责人协商确定，私立学校可以与学校的设立主体协商确定。

5. 学校复合设施的设置等业务开展相关必要程序，除本法规定的情形外，依照《学校设施事业促进法》执行。

6. 此外，学校复合设施的设置相关具体事项，由总统令规定。

第六条 （学校复合设施的运营和管理原则）

1. 学校复合设施应当由依照本法第五条设置学校复合设施的人员进行运营和管理。但考虑到学生或者地区居民的主要使用空间、使用频率及使用时间等，地方政府负责人和监督机构负责人可以另行协商确定运营和管理人员。

2. 为增进学生、学生家长、教职员工和地区居民的福祉，学校复合设施的运营和管理人员应当对学校复合设施进行维护与管理，以保证其安全与舒适性。

3. 学校复合设施的运营和管理人员应当采取措施，避免因设置、运营学校复合设施限制或者侵害学生的教育课程、教职员工的业务等该学校正常的教学活动及学校运营。

4. 为了避免限制或者侵害该学校的教学活动及学校运营，学校复合设施的运营和管理人员可以将学校复合设施的运营和管理相关业务的全部或者部分委托给非营利法人、团体或者本法第九条规定的专门机构。

5. 此外，学校复合设施的运营和管理相关必要事项，由总统令规定。

第七条 （复合设施运营协议会）

1. 为了设置及运营和管理学校复合设施，可以在各学校设立由学生、学生家长、教职员工、地区居民、教育及安全相关专家等组成的学校复合设施运营协议会（以下称运营协议会）。

2. 运营协议会的组成与运营等相关必要事项，可以由相关地方政府的条例规定。

第八条（确保学生的安全）

1. 学校复合设施应当根据《建筑法》第五十三条之二规定的建筑物的预防犯罪标准进行设置，采取将学生与地区居民等学校复合设施使用者之间的路线进行物理分隔等措施，确保学生的安全。

2. 学校复合设施的运营和管理人员，应当根据运营协议会的规定，采取必要的措施以确保学生的安全。

第九条（专门机构）

1. 教育部部长可以根据总统令规定，指定专门机构负责学校复合设施的设置与运营相关的调查和分析、研究和咨询、运营和管理等业务。

2. 教育部部长可以支援专门机构开展本条第一款规定的业务所需的全部或部分费用。

第十条（教育经费补助的特例）

地方政府负责人可以向相关监督机构的负责人（教育部部长除外）提供学校复合设施的设置及运营和管理所需全部或者部分经费补助。

附　　则

本法自 2021 年 3 月 25 日起施行。

关于确保学校用地等的特例法

[第17667号法律，2020年12月22日修订]

第一条（目的）

本法旨在通过规定公立幼儿园、小学、中学及高中学校用地的建设、开发、供应和相关经费负担等相关特例，简化学校用地保障程序，确保当学校用地需求无法满足时，能够在现有学校临近的位置进行扩建。

第二条（术语的定义）

本法使用的术语，其含义如下：

(1)"学校用地"是指公立幼儿园、小学、初中和高中的校舍、体育场地和实习场地，以及其他新建学校设施所必需的土地。(2)"开发"是指依照下列法律之一实施的项目中，筹集开发一百套以上住宅用土地或公共住宅（包括《住宅法》第二条第四款规定的准住宅中总统令规定规模的写字楼，下同）的建设项目。①《建筑法》；②《城市开发法》；③《城市与居住环境治理法》；④《住宅法》；⑤《住宅用地开发促进法》；⑥《关于产业选址与开发的法律》；⑦《公共住宅特别法》；⑧《新行政首都后续对策燕岐、公州地区行政中心复合城市建设特别法》；⑨《关于创新城市建设及发展的特别法》；⑩《关于经济自由区指定及运营的特别法》；⑪《企业城市开发特别法》；⑫《关于道厅迁移城市建设和支援的特别法》；⑬《驻韩美军闲置区域周边地区等支援特别法》；⑭《民间租赁住宅特别法》；⑮《研究开发特区培育特别法》；⑯《关于空置房屋和小户型房屋维修的特例法》；⑰《关于地铁站周边区域开发与利用的法律》；⑱《城市再生活性化及支援特别法》；⑲《关于地区发展与援助的法律》；⑳《亚洲文化中心城市建设特别法》；㉑《地方小城镇培育支援法》；㉒《东、西、南海岸及内陆地区发展特别法》；㉓《关于亲水区利用的特别法》。(3)"学校用地负担金"是指为保障学校用地，或当学校用地需求无法满足时能够在现有学校临近位置进行扩建新校，特别市长、广域市长、特别市、特别自治市长、道知事或者特别自治道知事（以下称市、道知事）对开发项目的实行者征收的经费（以下称负担金）。

第三条 （学校用地的筹集、开发）

1. 300 住户（本法第五条第五款第三项所列开发项目，其开发部分以住户为对象；《城市及居住环境治理法》第二条第二款第三项的再建项目及《关于空置房屋和小型房屋维修的特例法》第二条第一款第三项第三小项的小型房屋建设项目，以现有住户数扣除新建住户数为对象）规模以上开发项目实施者（以下称开发项目实施者），为实施开发项目所制定的开发计划中应当包括学校用地的筹集、开发相关事项。在这种情况下，学校用地的位置和规模等适用《关于国土规划及利用的法律》第四十三条学校设施设置标准等相关规定。

2. 对本条第一款规定的学校设施设置标准未达标的开发项目，特别市、直辖市、特别自治市、道或者特别自治道教育监（以下称教育监）应当要求开发项目实施者考虑该开发项目的规模和地区条件，确保适当规模的学校用地。但如果开发项目实施者认为该地区面积狭小无法确保学校用地的，可以让开发项目实施者在项目用地周边确保学校用地。

3. 开发项目实施者根据本条第一款开发学校用地或根据本条第二款筹备学校用地时，应当听取教育监的意见。在这种情况下，教育监应当根据本法第四条第四款，与承担购买学校用地费用二分之一的市、道知事就费用负担等进行协商。

4. 包括本条第一款规定的学校用地的筹集、开发计划在内的开发项目，获得许可、认可或者批准后，市、道知事或者郡守应当及时根据《关于国土规划与利用的法律》第二十五条规定针对该学校用地制定市、道或郡的管理规划。

5. 本条第二款规定的确保适当规模的学校用地相关必要事项，由总统令规定。

第三条之二 （项目规划批准等的现状通报）

1. 依照本法第二条第二款所列法律之一 30 户以上 300 户以内住宅建设用地的筹集、开发或公共住宅建设项目计划的许可、认可或者批准权人应当将该项目计划的许可、认可或者批准现状按季度通报给有关的教育监。

2. 本条第一款规定的项目计划的许可、认可或批准现状的通报方法及程序等，由总统令规定。

第四条 （学校用地的确保及经费的负担）

1. 开发项目实施者是特别市、广域市、特别自治市、道或者特别自治道（以下称市、道）的，应当确保本法第三条规定的学校用地，并将其作为市、道教育经费特别会计管辖的公有财产。

2. 市、道以外的开发事业施工者将本法第三条规定的学校用地提供给市、道，市、道应当将其用作学校用地，并将其作为市、道教育经费特别会计管辖的公有财产。

3. 本条第一款和第二款规定的学校用地供应价格如下：

（1）下列各开发项目实施者推进开发项目时，学校用地应当无偿（《城市及居住环境治理法》规定的改造治理工作，规模超过二千户的，幼儿园、小学和中学学校用地为购置原价的50%；高中为学校用地筹集成本的70%，规模不足二千户时为筹集原价）：①国家或者地方政府；②《关于公共机构的运营相关法律》第四条规定的公共机构；③《地方工业企业法》第五条规定的地方直营企业；④《地方工业企业法》第四十九条规定的地方公社；⑤《地方工业企业法》第七十六条规定的地方工业园区。（2）除本条第一款的开发项目外，开发项目实施者提供的学校用地供应价格，为《关于鉴定评估和鉴定评估师的法律》第二条第二款鉴定评估的评估价格。

4. 市、道根据本条第一款和第二款确保学校用地所需的经费，由市、道一般会计和本法第五条第四款规定的学校用地负担金特别会计承担1/2，由市、道教育经费特别会计承担1/2。

5. 市、道知事根据本条第四款承担的金额分别从市、道一般会计和本法第五条第四款规定的学校用地负担金特别会计预算中，转到市、道教育经费特别会计。

6. 本条第三款第一项中所谓"学校用地筹集成本"，本法第二条第二款所列相关法律中对用地筹集成本有规定的，指的是其用地筹集成本；对用地筹集成本没有规定的，指的是按照《住宅用地开发促进法》第十八条第三款规定的住宅用地筹集成本的计算方式计算出的价额。

7. 开发项目实施者将学校用地或学校设施无偿提供给市、道教育经费特别会计所管辖的公有财产时，可以将无偿提供所需费用纳入《关于开发收益回收的法律》第十一条第一款规定的开发费用中。

8. 本条第三款第一项各条款规定的开发项目实施者推进开发项目的，可以以低于学校用地筹集成本的价格向要在开发地区内设立或者要迁移私立学校（指的是幼儿园、小学、中学及高中）的《私立学校法》第二条第二款的学校法人提供新增学校设施（包括校舍、体育场及实习场地）所需的土地。

第四条之二（学校设施的特例）

1. 本法第四条第三款第一项各条款规定的开发项目实施者在《首都圈治理规划法》第二条第一款规定的首都圈地区进行无偿供应学校用地的开发项目的，应当设置包括小公园及园林绿地在内的学校设施，并将其作为市、道教育经费特别会计管辖的公有财产无偿供应给市、道教育厅。

2. 根据本条第一款新建学校设施的项目开发实施者应当与教育监协商学校的数量和规模、设置在学校用地上的小公园及造景绿地、建校时间和设立费用等问题。

3. 根据本条第一款新建学校设施的项目开发实施者在相关开发区域可以忽略《关于城市公园及绿地等的法律》第十四条第二款，从该款规定的标准面积中拿出不超过开发项目面积 1% 的面积用作城市公园或绿地。

4. 依照本条第三款缩小城市公园及绿地面积所产生的开发收益，应当作为学校设施的设置费用。

5. 根据本条第一款设置学校设施，其费用高于本条第四款所列开发收益的，通过本条第二款规定，协商确定其差额，由教育监分担。

6. 不属于本条第一款规定的无偿提供学校设施对象的开发项目实施者，设置学校设施并无偿提供的，适用本条第二款至第四款规定。

第五条（负担金的征收）

1. 市、道知事可以向在开发项目地区为建设单独住宅而开发出让土地或出售公共住宅的人员（以下在本条中称公共住宅销售人等）征收负担金。但是，有下列情形之一的，不得征收：

（1）根据《关于公益事业的土地取得及补偿的法律》，出售搬迁用住宅用地或搬迁用住宅的；（2）出售租赁住宅的；（3）《城市开发法》第二条第一款第二项规定的城市开发项目，项目结束后在城市开发区域内的户数没有增加的；（4）《城市及居住环境治理法》第二条第二款第一项规定的居住环境改善项目；（5）《城市及居住环境整备法》第二条第二款第二项至第三项规定的整备项目及《关于空置房屋和小户型房屋维修的特例法》第二条第一款第三项的第二小项和第三小项规定的小户型住宅整备项目，项目结束后在相关整备项目区域及项目实施区域内的户数没有增加的；（6）向《住宅法》第二条第十一款第二项规定的重新装修住宅协会成员销售的。

2. 公共住宅销售人等在出售建设独栋住宅所需的土地或公共住宅时，应当在总统令规定的期限内向市、道知事提交出售供应合同签约人及出售供应合同明细等销售资料。

3. 市、道知事在收到本条第二款规定的销售资料时，应立即向相关公共住宅销售人等发放记载负担金的金额、缴纳期限、缴纳方法、缴纳地点等内容的缴纳通知书。

4. 本条第三款规定的负担金的缴纳期限为自告知之日起三十日。

5. 有下列情形之一的，市、道知事可以免除负担金。但下列第一项、第三项和第四项应当免除负担金。

（1）在教育监意见下，开发项目实施者将本法第三条第三款规定的学校用地捐赠给市、道教育经费特别会计；（2）在最近三年以上学龄人口持续减少，无新增学校需求的地区实施开发工作；（3）《老年人福祉法》第三十二条规定的老年人福利住宅等无入学需求的开发项目；（4）开发项目实施者将学校用地或学校设施无偿提供，作为市、道教育经费特别会计管辖的共有财产的。

6. 除本条第一款至第五款规定的事项外，负担金征收的方法、程序等相关必要事项，由总统令规定。

第五条之二（负担金的计算标准）

1. 本法第五条第一款规定的负担金，如果是公共住宅，就以销售价格为标准征收，如果是建设单独住宅的土地，就以单独住宅用地的出售价格为标准征收。

2. 本条第一款规定的负担金按照下列标准计算：

(1) 公共住宅：各家庭公共住宅销售价×8‰；(2) 建单独住宅的土地：单独住宅土地销售价×14‰。

第五条之三（负担金的强制征收）

1. 负担金的缴纳义务人在缴纳期限内未缴纳负担金时，市、道知事应当在缴纳期限届满后十日内发出催缴通知书。在这种情况下，缴纳期限自催缴通知书发出之日起十日。

2. 缴纳义务人在本条第一款催缴通知书规定的缴纳期限内未缴纳负担金的，市、道知事可以在缴纳期限届满之日起每过一天加收相当于负担金1‰的滞纳金。在这种情况下，滞纳金不得超过负担金的30‰。

3. 如果缴纳义务人接到催缴通知书后，未在指定期限内缴纳负担金和滞纳金，市、道知事可以根据《关于地方行政制裁及附加税征收等的法律》征收。

第五条之四（设立学校用地负担金特别会计）

1. 为筹集确保学校用地等所需经费，妥善管理学校用地负担金，市、道应当设立学校用地负担金特别会计（以下称特别会计）。

2. 特别会计由市、道知事管理和运用。

3. 特别会计的年度收入如下：

(1) 根据本法第五条第一款征收的负担金；(2) 根据本法第五条第三款征收的加算金；(3) 相关市、道的条例规定的其他财源。

4. 特别会计的年度支出如下：

(1) 依照本法第四条第四款为确保学校用地而承担的经费；(2) 本法第六条第二款规定的学校扩建经费；(3) 负担金的错误退还金；(4) 负担金征收所需费用；(5) 为确保学校用地或适当管理负担金，相关市、道条例规定的其他必要事项。

5. 市、道知事应当根据总统令的规定，向行政安全部长官报告特别会计的运用情况，行政安全部长官应当将收到的报告内容通报给教育部部长。

6. 特别会计的设置、运用、管理等相关必要事项，由相应市、道的条例规定。

第六条（市、道负担经费的财源）

1. 为了确保学校用地，市、道可以根据本法第四条第四款用下列财源筹集市、道一般会计负担的经费：

（1）在开发项目实施地区征收的地方税中，由总统令规定的税额；（2）根据《关于开发利润回收的法律》，在开发项目地区征收的开发负担金中，由总统令规定的金额。(3) 删除 (4) 删除

2. 如果不能根据本法第四条第一款和第二款确保学校用地，市、道可以根据本法第五条第四款，由学校用地负担金特别会计承担就近的学校增建所需经费。在这种情况下，学校增建经费应计入学校用地负担金特别会计预算，转到市、道教育经费特别会计。

第七条（国有、公有土地作为学校用地的筹集开发等）

1. 开发项目规划获批时，在其开发项目实行的地区有国有土地或共有土地等一般财产的，国家和地方政府可以将其筹集、开发、确保作为学校用地，或者忽略《国有财产法》第五十五条和《公有财产及物品管理法》第四十条将其让与开发项目实施者。

2. 根据本条第一款确保学校用地或向开发项目实施者出让的国有和公有土地的面积为学校用地所需要的面积，国有和公有土地的分摊比率为开发项目实行地区的国有和公有土地的面积比率。

3. 开发项目实施者根据本法第四条确保或供应学校用地时，如有本条第一款规定的与开发项目有关的国有和公有土地，该国有或公有土地的价格从确保学校用地所需费用或提供的学校用地价格中扣除。在这种情况下，适用《关于公益事业土地等取得和补偿的法律》第六十七条第一款、第七十条、第七十一条，第七十四条至第七十七条，第七十八条第五款至第七款的规定计算土地的价额。

第七条之二（现有学校用地的出让）

开发项目实施者在《首都圈治理规划法》第二条第一款规定的首都圈中依照本法第四条第三款第一项应当无偿供应学校用地的，地方政府可以在其承担费用的范围内将开发项目地区内现有公立学校或者被废弃公立学校的学校用地出让给开发项目实施者。

第八条（放宽学校设施标准适用）

开发项目实施地区的公立幼儿园、小学、初中和高中的设施标准等学校用地标准，可以根据总统令的规定，根据该地区的条件放宽适用。

第八条之二（解除长期未使用的学校用地用途等）

1. 纳入开发项目计划的学校用地长期未被使用，周边地区学生数量也未因此而增加的，开发项目实施者可以根据《关于国土规划及利用的法律》第二十四条规定的城市、部队开发规划的制定权人申请解除学校用地用途。

2. 教育部部长可以制定和发布解除学校用地用途相关业务处理必要的方针。

3. 此外，学校用地用途解除程序等，适用《关于国土规划与利用的法律》。

第九条（权限的委任）

1. 市、道知事可以根据该市、道的条例规定，将本法第五条规定的负担金的征收相关业务委托给市长、郡守、区厅长（指的是自治区的区长）。

2. 教育监可以根据相关教育规章的规定，将本法第三条规定的邻近学校用地的确保相关业务和教育监表明意见的相关业务委任给市、郡、区的教育长。

第十条（工程）

如果开发项目实施者不依照本法第三条规定的开发项目规划确保学校用地，违反开发项目计划的许可、认可或者批准条件，教育监可以要求该开发项目计划的许可、认可或者批准权人停止《建筑法》第七十九条、《城市开发法》第七十五条、《城市与居住环境治理法》第一百一十三条、《住宅法》第九十四条、《住宅用地开发促进法》第二十三条、《关于产业选址与开发的法律》第四十八条、《公共住宅特别法》第五十五条、《关于创新城市建设及发展的特别法》第五十五条、《企业城市开发特别法》第四十七条、《关于道厅迁移城市建设和支援的特别法》第三十八条、《民间租赁住宅特别法》第四十条、《关于空置房屋和小型房屋维修的特例法》第五十四条、《关于地铁站周边区域开发与利用的法律》第三十一条、《关于地区发展与援助的法律》第七十五条、《亚洲文化中心城市建设特别法》第五十条、《东、西、南海岸及内陆地区发展特别法》第三十四条及《关于亲水区利用的特别法》第二十七条所列的工程施工。

第十一条（罚款）

1. 违反本法第五条第二款规定，逾期未提交或者虚假提交销售资料的，处五百万韩元以下罚款。

2. 本条第一款规定的罚款数额，根据总统令的规定，由道知事征收。

附　　则

第一条（施行日期）

本法自公布之日起六个月后施行。

第二条（开发项目相关适用例）

对于本法第二条第二款的修订条款规定的写字楼开发项目，本法第三条、第四条、第四条之二及第五条规定的学校用地的筹集、开发、确保、经费的负担、学校设施相关特例及负担金的征收，自本法施行以后取得许可、认可或者批准的开发项目（含依照项目计划变更成为本法适用对象的情形）开始适用。

学校供餐法

［第17954号法律，2021年3月23日根据其他法律修订］

第一章 总　　则

第一条（目的）

本法旨在规定学校供餐等相关事项，为提高学校供餐质量，促进学生身心健康发展，改善国民饮食生活做出贡献。

第二条（术语的定义）

本法中使用的术语，其含义如下：

（1）"学校供餐"指的是为实现本法第一条的目的，学校负责人向本法第四条所列学校或者班级的学生提供餐食的行为。（2）"学校餐食供应业者"指的是根据本法第十五条的规定与学校负责人签订协议，接受并实施学校供餐相关业务的单位。（3）"供餐相关经费"指的是为提供学校供餐所需的食品费用、供餐运营费以及供餐设施、设备费用。

第三条（国家、地方政府的职责）

1. 为推进优质安全的学校供餐工程，通过开展营养教育培养学生正确的饮食生活管理能力，继承和发展传统饮食文化，国家和地方政府应当提供相关行政、财政支持并制定必要的政策。

2. 特别市、广域市、道、特别自治道的教育监（以下称教育监）应当制定并实施本地区每年的学校供餐相关计划。

第四条（学校供餐的对象）

根据总统令规定，学校供餐向符合下列情形之一的学校或者班级的在校生提供。

1.《幼儿教育法》第二条第二款规定的幼儿园。但总统令规定的规模以下幼儿园除外。

2. 符合《中小学教育法》第二条第一款至第四款规定之一的学校。

3. 为《中小学教育法》第五十二条规定的工读青少年开设特别班或者工读企业的初中或者高中。

4. 《中小学教育法》第六十条之三规定的替代性学校*。

5. 教育监认为有必要的其他学校。

第五条（学校供餐委员会）

1. 教育监可以成立由其主管的学校供餐委员会，审议学校供餐的相关下列事项：

（1）本法第三条第二款规定的学校供餐相关计划；（2）本法第九条规定的供餐相关经费支持；（3）教育监认为必要的学校供餐的运营和支持相关其他事项。

2. 本条第一款规定的学校供餐委员会的组建、运营等相关必要事项，由总统令规定。

3. 特别市市长、广域市市长、道知事、特别自治道知事和市长、郡守、自治区的区长可以成立由其主管的学校供餐支持审议委员会，审议本法第八条第四款规定的学校供餐支持相关重要事项。

4. 特别自治道知事和市长、郡守、自治区的区长可以设立并运营由其主管的学校供餐支持中心，以便提供包括供应优质食材等在内的学校供餐支持。

5. 本条第三款规定的学校供餐支持审议委员会的组建和运营以及本条第四款规定的学校供餐支持中心的设立和运营相关必要事项由相关地方政府条例规定。

第二章 学校供餐的设施、设备标准等

第六条（学校供餐设施、设备）

1. 提供学校供餐的学校应当具备供餐相关必要设施和设备。但两个以上学校相邻相近时可以共用学校供餐相关设施和设备。

2. 本条第一款规定的设施、设备的种类和标准，由总统令规定。

第七条（营养教师的配备等）

1. 具备本法第六条规定的学校供餐相关设施、设备的学校，应当配备《中小学教育法》第二十一条第二款规定的营养教师以及《食品卫生法》第五十三条第一款规定的厨师。但本法第四条第一款规定的幼儿园，其营养教师的配备标准等相关必要事项，由总统令规定。

2. 教育监可以设置由其主管的、具备学校供餐相关专业知识、专门负责学校供餐相关业务的职员。

第八条（经费负担等）

1. 实施学校供餐所需供餐设施设备的费用由相关学校的设立、经营者承担，

---

* 译者注：另行规划教育内容和教育课程，推行新模式教学的新型学校。

但国家或者地方政府可以提供支持。

2. 供餐运营费用原则上由相关学校的设立、经营者承担，但根据总统令的规定可以由监护人（指的是亲权人、保护人以及法律规定对学生有抚养义务的其他人。下同）承担部分供餐运营费用。

3. 学校供餐的食品费用原则上由监护人承担。

4. 为推动在学校供餐使用品质优异的农水产品，提高供餐质量，扩充供餐设施和设备，特别市市长、广域市市长、道知事、特别自治道知事和市长、郡守、自治区的区厅长可以提供食品费用、设施和设备费用等供餐相关经费支持。

第九条　（供餐相关经费支持）

1. 本法第八条中规定的由监护人承担的费用，国家或者地方政府可以提供部分或者全部经费支持。

2. 依照本条第一款规定为监护人所承担费用提供经费支持时，应当优先支持符合下列情形之一的学生。

（1）学生或者其监护人为《国民基本生活保障法》第二条规定的基本生活保障金领取权人[*]或者属于次上位阶层[**]的学生，或者属于《单亲家庭支援法》第五条规定的保护对象的学生。(2)《岛屿、偏远地区教育振兴法》第二条规定的岛屿、偏远地区学校或者总统令规定的相当于上述地区学校的在校学生。(3)《关于提高农渔业人口生活质量和促进农渔村开发的特别法》第三条第四款规定的农渔村学校或者总统令规定的相当于上述地区学校的在校学生。（4）教育监认为必要的其他学生。

第三章　学校供餐的管理与运营

第十条　（食材）

1. 学校供餐应当使用品质优异、安全可靠的食材。

2. 食材的品质管理标准以及食材相关其他必要事项，由总统令规定。

第十一条　（营养管理）

1. 学校供餐应当确保学生发育和健康所需充足营养，食谱应当由有助于帮助学生养成正确饮食生活习惯的食品构成。

2. 学校供餐的营养管理标准，由教育部令规定。

第十二条　（卫生、安全管理）

1. 学校供餐应当严格进行卫生和安全管理，严防在食谱制定、食材采购、检验、保管、清洗、烹饪、运输、分发、供餐器具清洗、消毒等全过程有害物质

---

[*] 译者注：领取基本生活保障金的特困阶层。

[**] 译者注：比特困阶层略高一层的低收入群体。

混入或者污染食品的事故发生。

2. 学校供餐的卫生、安全管理标准，由教育部令规定。

第十三条 （饮食生活指导等）

为了学生培养正确的饮食生活习惯，增进对粮食生产和消费的理解，继承并发展传统饮食文化，学校负责人可以对学生进行饮食生活相关指导，为监护人提供相关信息。

第十四条 （营养咨询等）

为纠正因饮食生活导致的营养不均衡，防病于未病，学校负责人对体重偏低、发育迟缓、贫血、超重和肥胖学生等进行营养咨询和必要指导。

第十五条 （学校供餐的运营方式）

1. 学校负责人直接管理、运营学校供餐，也可以经由《幼儿教育法》第十九条之三规定的幼儿园运营委员会以及《中小学教育法》第三十一条规定的学校运营委员会的审议或者咨询后，将学校供餐相关业务委托给具备一定条件的人员运营。但除受学校供餐条件限制而不可避免对外委托的情形外，食材的挑选、采购和检验等相关业务不得对外委托。

2. 义务教育机构根据本条第一款的规定对外委托学校供餐相关业务时，应当事先征得管辖教育厅的许可。

3. 本条第一款规定的学校供餐相关业务委托的范围、学校餐食供应业者应当具备的要件等业务委托相关其他必要事项，由总统令规定。

第十六条 （品质和安全相关遵守事项）

1. 为确保学校供餐的品质和安全，学校负责人、承担该校学生供餐业务的相关教职员工（以下称学校供餐相关教职员工）和学校餐食供应业者不得使用有下列情形之一的食材：

（1）《关于农水产品原产地标记的法律》第五条第一款规定的虚假标记原产地的食材；（2）《农水产品品质管理法》第56条规定的虚假标记转基因农水产品标记的食材；（3）《畜产法》第40条规定的虚假标注畜产品等级的食材；（4）《农水产管理法》第五条第二款规定的虚假标注标准规格标识、该法第十四条第三款规定的虚假标注品质认证标志、同法第三十四条第三款规定的虚假标注地理标记的食材。

2. 学校负责人、所属学校供餐相关教职员工和学校餐食供应业者应当严格执行下列各项规定：

（1）本法第十条第二款规定的食材品质管理标准、本法第十一条第二款规定的营养管理标准以及本法第十二条第二款规定的卫生、安全管理的规定；（2）其他教育部令规定的学校供餐的品质和安全相关必要事项。

3. 学校餐食中存在可能诱发过敏的食材时，供餐前学校负责人、所属学校供餐相关教职员工和学校餐食供应业者应当在供餐前告知被供餐学生，供餐时应当张贴醒目警示。

4. 可能诱发过敏的食材种类等本条第三款规定的公示和警示标示相关必要事项，由教育部令规定。

第十七条（生产品的直接使用等）

校内作物栽培、动物饲养以及其他生产活动收获的生产品或者出售该生产品所获收益可以绕开其他法律的规定直接用于学校供餐。

第四章 补充规则

第十八条（学校供餐运营评价）

1. 为充实学校供餐的运营、提高供餐质量，教育部部长或者教育监可以对学校供餐的运营情况进行评价。

2. 本条第一款规定的评价办法、标准以及学校供餐运营评价相关其他必要事项，由总统令规定。

第十九条（出入、检查抽测、采样等）

1. 教育部部长或者教育监认为必要时，可以派遣食品卫生或者学校供餐专责公务员出入学校供餐相关设施，检查或者查阅食品、设施、材料或者作业情况，并无偿采集检测所需最少量的食品样本。

2. 根据本条第一款规定，出入、检查抽测、查阅或者采样的公务员应当持有证明其权限的证件或者文件，并向相关人员出示。

3. 本条第一款规定的检查抽测等结果显示被检查对象存在违反本法第十六条第二款第一项和第二项的情形时，教育部部长或者教育监有权责令该学校负责人或者学校餐食供应业者整改。

第二十条（权限的委任）

本法规定的教育部部长或者教育监的权限，可以根据总统令规定，部分委任给教育监或者教育长。

第二十一条（行政处分等的请求）

1. 本法第十九条规定的检查抽测等结果显示依照《食品卫生法》《农产品质量管理法》《畜牧法》《畜产品卫生管理法》取得许可及申报、指定或者认证的人员存在违反上述各相关法令的情形时，教育部部长或者教育监可以要求有关行政机关负责人对其采取行政处分等必要措施。

2. 如无特殊原因，接到本条第一款规定的请求的有关行政机关负责人应当按要求执行，并将措施结果告知教育部部长或相关教育监。

第二十二条（惩戒）

为确保学校供餐的适当运营和安全性，管辖学校负责人或者教职员工中符合下列情形之一的，惩戒表决提请权所有人*有权向相关惩戒案件的管辖惩戒委员会提出惩戒请求。

(1) 因故意或者过失导致发生食物中毒等卫生、安全事故的人员；(2) 发生学校供餐协议中规定的解除协议事由，无正当理由不解除协议的人员；(3) 根据本法第十九条第三款的规定，接到教育部部长或者教育监的整改命令后，无正当理由拒不执行的人员；(4) 被查明存在与学校供餐相关不正之风的人员。

第五章 罚 则

第二十三条（罚则）

1. 对违反本法第十六条第一款第一项和该条第二款规定的学校餐食供应业者，处以七年以下有期徒刑或者一亿韩元以下罚款。

2. 对违反本法第十六条第一款第三项规定的学校餐食供应业者处，以五年以下有期徒刑或者五千万韩元以下罚款。

3. 对有下列情形之一的人员，处以三年以下有期徒刑或者三千万韩元以下罚款：

(1) 违反本法第十六条第一款第四项规定的学校餐食供应业者；(2) 无正当理由拒绝、妨碍、逃避根据本法第十九条第一款规定实施的出入、检查、查阅或回收的人员。

第二十四条（并罚规定）

法人的代表人、法人或者个人的代理人、使用人、其他从业人员存在与该法人或者个人业务相关的违反本法第二十三条规定的行为时，除处罚该行为人外，对该法人或者个人并罚该条规定的罚金。但为防止发生该违反行为，法人或者个人一直未放松对相关业务进行密切关注和监督的，不予并罚。

第二十五条（罚金）

1. 对违反本法第十六条第二款第一项规定，接到本法第十九条第三款规定的整改命令后，无正当理由仍不执行的学校餐食供应业者，处以五百万韩元以下的罚款。

2. 对违反本法第十六条第二款第二项和同条第三款规定，接到本法第十九条第三款规定的整改命令后，无正当理由仍不执行的学校餐食供应业者，处以五百万韩元以下的罚款。

---

* 译者注：有权提请惩戒委员会进行惩戒表决的人员。

3. 本条第一款和第二款规定的罚款，根据总统令的规定，由教育部部长征收。

4. 删除

5. 删除

附　　则

本法自公布之日起施行。

学校保健法

[第17954号法律，2021年3月23日根据其他法律修订]

第一条（目的）
本法旨在规定学校保健管理的必要事项，保护、增进学生和教职员的健康。

第二条（定义）
本法中使用的术语，其定义如下：
(1)"健康检查"是指对身体的发育状况及能力、精神健康状态、生活习惯、疾病的有无等进行调查或检查。(2)"学校"是指《幼儿教育法》第二条第二项、《中小学教育法》第二条及《高等教育法》第二条规定的各学校。(3)"主管机关"是指下列各项分别规定的指导、监督机构。①《幼儿教育法》第七条第一项规定的国立幼儿园及《中小学教育法》第三条第一项规定的国立学校：由教育部主管。②《幼儿教育法》第七条第二项、第三项规定的公立幼儿园、私立幼儿园及《中小学教育法》第三条第二项、第三项规定的公立学校、私立学校：由教育监主管。③《高等教育法》第二条规定的学校：由教育部主管。

第二条之二（国家和地方政府的义务）
国家和地方政府，应当制定、实施保护、增进学生和教职员健康的基本计划，并制定所需政策。

第二条之三（学生健康增进基本计划的制定、实施）
1. 教育部，应当以5年为一个周期，制定、实施增进学生身体及精神健康的基本计划（以下称基本计划）。
2. 基本计划中应当包含下列各项事项：
(1)旨在学生健康增进的基本方向及目标；(2)旨在学生健康增进的主要推进课题及推进方法；(3)其他学生健康增进的必要事项。
3. 教育部，可以请求相关中央行政机构的负责人及其他机构、团体的负责人提供基本计划的制定、实施所需的资料等。在这种情况下，收到资料提供请求的相关中央行政机构的负责人及其他机构、团体的负责人，如无特殊原因，应遵照请求提供资料。

4. 其他基本计划的制定、实施的必要事项，由总统令规定。

第三条（保健设施等）

学校的设立者、运营者，应当根据总统令规定，设置保健室，并配备学校保健所需的设施和器具及用品。

第四条（学校的环境卫生及食品卫生）

1. 学校负责人，应当根据教育部令规定，合理维护、管理学校设施（是指校舍土地、体育场、校舍、体育馆、宿舍及供餐设施、校舍房基地或体育场内设置的讲堂等。下同）的通风、采光、照明、温度、湿度的调节和有害重金属等有害物质的预防及管理，上下水道、洗手间的设置及管理，污染空气、石棉、废弃物、噪音、挥发性有机化合物、细菌、灰尘等的预防及处理等环境卫生和餐具、食品、饮用水的管理等食品卫生。

2. 为根据第一款合理维护、管理学校设施的环境卫生及食品卫生，学校负责人应当根据教育部令规定，进行检查，并将其结果记录、保存及报告。在这种情况下，为检查环境卫生而进行空气质量检查时，如学校运营委员会委员或学生家长要求参观，应当允许。

3. 学校负责人可以根据总统令的规定委托《环境领域测试、检查等相关法律》第十六条规定的检测代理商，或者请求教育监提供专业人员的援助，执行第二款规定的检查相关业务。

4. 在第二款和第三款规定的检查结果，不符合教育部令规定的标准时，学校负责人应当采取完善设施等必要措施，并将其向教育部及教育监报告。

5. 教育部或教育监认定，为合理维护、管理第一款规定的环境卫生和食品卫生而需要时，可以让相关公务员出入学校，进行第二款规定的检查或者确认检查结果的记录等，并且需要改善时，可以提供行政、财政援助。

6. 学校负责人，应当通过学校的互联网网站或教育部运营的公告相关网站，公开第二款及第四款规定的环境卫生及食品卫生检查结果及完善措施。

7. 实施第二款规定的学校设施的环境卫生检查后，确认存在持续产生严重有害物质的可能性时，学校负责人，应当请求管辖教育监，进行特别检查，并且教育监应当对其实施特别检查，并制定、执行对策。

第四条之二（空气质量的维护与管理特别条例）

1. 学校负责人，应当在上、下半年，将第四条第二款规定的空气质量卫生检查，分别进行一次以上。

2. 对于根据第四条第二款及第三款，对校舍内的空气质量进行检测的设备，学校负责人，应当根据总统令规定，每年1次以上定期实施检查。

第四条之三（空气净化设备等的设置）

为管理校舍内的空气质量，学校负责人（《高等教育法》第二条规定的学校除外），应当根据教育部令规定，在各教室设置净化空气的设备及检测雾霾的仪器。

第五条 （大气污染应对手册的制作等）

1. 为有效应对大气污染，教育部，应当与环境部协商，制定、发行基于《大气环境保护法》第七条之二的大气污染度预测结果的应对手册（以下称大气污染应对手册）。

2. 大气污染应对手册中，应当包含各应对阶段传播要领、室外授课相关的检查及措施、用于室内空气质量管理的措施事项等，总统令规定的内容。

3. 学校负责人，应当根据大气污染应对手册，制定学生及教职员的详细行动要领，并对学生及教职员，实施详细行动要领相关的教育。

4. 其他大气污染应对手册的制作、发行、详细行动要领制定的必要事项，由总统令规定。

第六条　删除

第六条之二　删除

第六条之三　删除

第七条 （健康检查等）

1. 学校负责人，应当对学生和教职员，进行健康检查。但对教职员的健康检查，可以以《国民健康保险法》第五十二条规定的健康体检替代。

2. 学校负责人，根据第一款进行检查时，为调查或检查有无疾病等，对于属于下列各项之一的学生，委托《国民健康保险法》第五十二条规定的健康体检实施机构，进行教育部令规定事项相关的健康检查：

（1）《中小学教育法》第二条第一款的学校和与其相当的特殊学校、其他类型学校的1年级及4年级学生。但口腔检查对所有年级实施，其方法和费用等相关事项，根据地区实际情况，由教育监规定；（2）《中小学教育法》第二条第二款、第三项的学校和与其相当的特殊学校、其他类型学校的1年级学生；（3）其他为保护、增进健康而由教育部令规定的学生。

3. 除第二款规定的健康检查外，学校负责人认定，为保护、增进学生的健康而需要时，可以根据教育部令规定，另行对其学生进行检查。

4. 在因自然灾害等不得已的原因，获得管辖教育监或教育长批准的情况下，学校负责人，可以不适用第一款和第二款，根据教育部令，把健康检查延期，或者省略全部或部分健康检查。

5. 根据第二款进行健康检查的体检机构，应当根据教育部令规定，将其检查结果告知相应学生或学生家长和相应学校负责人。

6. 学校负责人实施第二条第一项的精神健康状态检查时，需要时，可以不经学生家长同意直接实施。在这种情况下，学校负责人，应当及时通知相应学生家长检查事实。

7. 第一款和第二款规定的健康检查的时间、方法、检查项目及程序等相关必要事项，由教育部令规定。

第七条之二 （学校健康增进实施计划的制定与实施等）

1. 教育监，应当根据基本计划，于每年考虑地区的条件及特点，制定、实施增进学生的身体及精神健康的学生健康增进实施计划。

2. 第一款规定的计划中，应当包含对第十一条规定的学校负责人的措施，提供行政或财政援助的方案。

3. 学校负责人，应当对第七条规定的健康检查的结果进行评估，并以此为基础制定、实施学生健康增进计划。

4. 学校负责人，为根据第三款对健康检查的结果进行评估，并制定学生精神健康增进计划，可以向第十五条第一款规定的学校医师或学校药剂师咨询。

第七条之三 （健康检查记录）

1. 学校负责人，根据第七条进行健康检查后，应当根据教育部令规定的标准，制作、管理其结果。

2. 学校负责人，根据第一款汇总、管理健康检查结果时，应利用《中小学教育法》第三十条第四款规定的教育信息系统，处理下列资料：
（1）个人信息；（2）身体的发育状况及能力；（3）其他在为实现教育目的而需要的范围内教育部令规定的事项。

3. 学校负责人，在下属学校的学生转学或升学至高中为止的上级学校时，应当把第一款规定的资料，移交给其学校的负责人。

第八条 （禁止入校）

1. 依据第七条规定的健康检查的结果或医生的诊断结果，感染或怀疑感染传染病，或者存在感染可能的学生和教职员工，学校负责人，可以根据总统令规定，禁止其入校。

2. 教育部部长，因传染病发布《灾难及安全管理基本法》第三十八条第二款规定的注意以上级别的危机警报时，可以与疾病管理厅长协商，命令学校负责人，让属于下列各项之一的学生或教职员停止入校：
（1）滞留或途经《检疫法》第二条第七项规定的检疫管理地区，或同条第八项规定的重点检疫管理地区的人员中，存在同条第一项规定的检疫传染病感染隐患的人员；（2）居住在传染病发生地区的人员或出入该地区的人员中，怀疑染上传染病的人员；（3）《传染病的预防及管理相关法律》第四十三条第二款第一项，在自家或设施隔离的人员的亲属或其同住者；（4）其他为学校内传染病的阻断和扩散预防等，认定需要停止入校的人员。

3. 收到第二款规定的命令的学校负责人,应当及时让相应学生或教职员工停止入校。

第八条之二 (为停止入校而进行的个人信息的处理等)

为第八条第二款规定的停止入校而需要时,教育部、相关中央行政机构(包括其下属机构)的负责人、教育监及学校负责人,可以对《个人信息保护法》第二十五条规定的专有识别信息进行处理。在这种情况下,个人信息的保护相关事项,以《个人信息保护法》为根据。

第九条 (学生的保健管理)

为学生的身体发育及体力增进、疾病的治疗和预防、包括饮酒、吸烟和毒品类在内的药物误用、滥用的预防、性教育、精神健康增进等,学校负责人,应当实施保健教育,并采取必要的措施。

第九条之二 (保健教育等)

1. 教育部,应当以《幼儿教育法》第二条第二项规定的幼儿园及《中小学教育法》第二条规定的学校的所有学生为对象,系统实施包括心肺复苏术等应急处置相关教育在内的保健教育。在这种情况下,保健教育的实施时间、图书等其运营的必要事项,由教育部规定。

2. 《幼儿教育法》第二条第二项规定的幼儿园负责人及《中小学教育法》第二条规定的学校负责人,应当根据教育部令规定,每年以教职员为对象,实施心肺复苏术等应急处置相关教育。

3. 《幼儿教育法》第二条第二项规定的幼儿园负责人及《中小学教育法》第二条规定的学校负责人,可以把第二款规定的应急处置相关教育和关联项目的运营等,委托给相关专业机构、团体或专家。

第十条 (预防接种完成情况的检查)

1. 小学和初中的负责人,应当自学生新入学之日起,在90天之内,获得市长、郡守及区长(是指自治区的区长。下同)签发的《传染病的预防及管理相关法律》第二十七条规定的预防接种证明,检查同法第二十四条及第二十五条规定的预防接种是否全部接种后,将其记录到教育信息系统上。

2. 小学和初中的负责人,应当指导在第一款规定的检查结果中发现预防接种未全部接种的新生,接种所需的预防接种,并且需要时,可以请求管辖保健所所长,提供预防接种援助等的协助。

第十一条 (治疗及预防措施等)

1. 对于第七条规定的健康检查的结果显示,染上传染病或存在感染隐患的学生,学校负责人,应当采取疾病的治疗及预防所需的措施。

2. 根据第七条第一款,对学生进行第二条第一项的精神健康状态检查的结果显示需要时,学校负责人,应当为增进学生精神健康,采取下列各项措施:

(1) 对学生、学生家长、教职员进行精神健康增进及理解教育；(2) 对相应学生提供咨询及进行管理；(3) 为相应学生联系专业咨询机构或医疗机构；(4) 其他为增进学生精神健康所需的措施。

3. 教育监可以援助检查费、治疗费等，第二款各项措施所需的费用。

4. 为第一款及第二款的措施需要时，学校负责人，可以请求保健所所长协助，并且保健所所长，如无正当原因，不得拒绝。

第十二条（学生的安全管理）

学校负责人应当采取及时检查及改善学校的设施和设备，对学生进行安全教育，以及其他必要措施，以预防学生安全事故的发生。

第十三条（教职员工的保健管理）

第七条第一款规定的健康检查结果显示需要，或者替代健康检查的体检的结果显示需要时，学校负责人，应当对教职员采取治疗疾病和改善工作条件等所需措施。

第十四条（疾病的预防）

1. 在传染病预防和学校保健方面有需要时，学校负责人可以让学校歇业。

2. 传染病预防和学校保健需要时，主管机构可以命令相应学校采取下列各项措施之一。但属于第二条第三款a项下学校时，教育部可以将其权限委任给教育监：

(1) 班级或学校全体歇业或调整入校授课日；(2) 闭校（包括闭园）。

3. 尽管有第一款及第二款，但因传染病发布《灾难及安全管理基本法》第三十八条第二款规定的注意以上的危机警报，而采取第一款或第二款规定的措施时，学校负责人，应当经主管机构的同意，教育监应当经教育部的同意。

第十四条之二（传染病预防接种的实施）

市长、郡守或区长，根据《传染病的预防及管理相关法律》第二十四条及第二十五条，向学校的学生或教职员，进行传染病的必需或临时预防接种时，可以委托，该学校的学校医师或保健教师（限拥有护士执照的保健教师。下同）作为接种人员，让他们进行接种工作。在这种情况下，对于保健教师，不适用《医疗法》第二十七条第一款。

第十四条之三（传染病预防对策的制定等）

1. 为保护学生和教职员免受传染病伤害，教育部应当制定包含下列各项事项的对策（以下称传染病预防对策）。在这种情况下，应当与行政安全部长官及疾病管理厅厅长协商。

(1) 传染病的预防、管理及后续措施相关的事项；(2) 传染病应对相关手册相关事项；(3) 传染病相关学校的保健、卫生相关事项；(4) 其他与传染病相关，总统令规定的事项。

2. 教育部，根据第一款制定传染病预防对策时，应当告知特别市市长、广域市市长、特别自治市市长、道知事、特别自治道知事、教育监及学校。

3. 教育监，应当以教育部的传染病预防对策为基础，制定符合地区实际情况的传染病预防详细对策。

4. 教育部和疾病管理厅厅长，应当在学校构建用于预防传染病的密切的合作体系，并共享传染病发生现状相关的信息等，总统令规定的信息。

5. 学校负责人在相应学校存在染上或怀疑感染传染病的学生及教职员时，应当立即经教育监向教育部报告。

6. 教育部，进行第四款规定的共享或收到第五项规定的报告时，为防止传染病的扩散，应当迅速公开传染病信息。

7. 第四款至第六款规定的共享、报告及公开的方法和程序，由教育部令规定。

第十四条之四　（传染病应对手册的制作等）

1. 为了使学校有效应对传染病，教育部应当与疾病管理厅厅长协商，制作、发行基于传染病类型的应对手册（以下称传染病应对手册）。

2. 传染病应对手册的制作、发行等必要事项，由总统令规定。

第十五条　（学校的医务人员、药剂师及保健教师）

1. 可以根据总统令规定，在学校设置援助学校和教职员健康管理的《医疗法》第二条第一款规定的医务人员和《药事法》第二条第二项规定的药剂师。

2. 在学校（《高等教育法》第二条各项规定的学校除外。下同此条及第十五条之二）应当设置第九条之二规定的负责保健教育和学生的健康管理的保健教师。但在总统令规定的一定规模以下的学校，可以设置巡回保健教师。

3. 根据第二款设置保健教师时，在总统令规定的一定规模以上的学校，应当设置2名以上的保健教师。

第十五条之二　（应急处置等）

1. 学校负责人，可以提前征得学生家长的同意和向开具处方药的医生咨询，让第十五条第二款规定的保健教师或巡回保健教师（以下在此条中称保健教师等），对因1型糖尿病引起的低血糖休克或过敏性休克导致生命垂危的学生，采取用药行为等应急处置。在这种情况下，对于保健教师等，不适用《医疗法》第二十七条第一款。

2. 对于因保健教师等根据第一款对生命垂危的学生采取应急处置引发的财产损失或死伤，如非故意或重大过失，相应保健教师等不承担民事责任和伤害相关的刑事责任，并且死亡相关的刑事责任可以减轻或免除。

3. 学校负责人，可以为因疾病或障碍而需要特别管理、保护的学生配备辅助人员。在这种情况下，辅助人员的职责、条件等相关事项，由总统令规定。

韩国教育法律法规

第十六条（保健机构的设置等）

可以根据总统令规定，设置学校的保健管理所需的教育监及教育长下属机构和公务员。

第十六条之二（学生健康增进专业机构的设立等）

1. 教育部为增进学生的身心健康，在与教育监协商后，可以设立或指定执行下列各项业务的专业机构（以下称学生健康增进专业机构）。

（1）基本计划制定的援助；（2）韩国国内外学生的身体及精神健康相关的信息、资料的收集、分析、统计制作及刊物发行；（3）学生的身体及精神健康相关的教育资料开发；（4）旨在学生的身体及精神健康的教职员及相关人士、学生父母等相关的教育培训及援助；（5）学生健康增进相关的信息系统的构建、运营；（6）其他为增进学生健康，教育部认定需要的业务。

2. 教育监，为执行下列各项业务，可以在管辖地区设置、运营学生健康增进中心：

（1）学生的身体发育状况及生活习惯、精神健康状态等的实况调查；（2）旨在学生健康增进改善的方案的开发、运营；（3）旨在学生的身体及精神健康增进的咨询；（4）对健康状况脆弱学生的援助；（5）其他为增进学生健康，教育监确定需要的事项。

3. 国家或地方政府，可以在预算范围内，划拨学生健康增进专业机构和学生健康增进中心的设立、运营等所需的经费。

4. 学生健康增进专业机构和学生健康增进中心的设立、指定及运营等必要事项，由总统令规定。

第十七条（学校保健委员会）

1. 为审议第二条之二规定的基本计划及学校保健的重要政策，设置教育监下属市、道学校保健委员会。

2. 市、道学校保健委员会，由拥有学校保健经验的15名以内的委员组成。

3. 市、道学校保健委员会的功能、运营和其他必要事项，由总统令规定。

第十八条（经费补助）

国家或地方政府，为第三条规定的设施和机构及用品的采购、第四条之三规定的空气净化设备及雾霾检测仪器的设置、第七条第一款规定的健康检查所需经费，提供全部或部分补助。

第十八条之二（禁止泄密等）

根据本法，对教职员及学生执行或执行过健康检查相关业务的人员，不得将其职务上得知的秘密，泄露给他人或用于职务目的之外的用途。

第十九条（罚则）

1. 对于违反第十八条之二的，将利用职务上得知的秘密泄露给他人或用于

· 350 ·

职务目的之外用途的人员，处以 3 年以下的有期徒刑或 3000 万韩元以下的罚金。

2. 删除

第二十条　删除

附　　则

本法自公布之日起施行。（省略但书）

关于教育设施等的安全及维护管理等的法律

[第 16678 号法律，2019 年 12 月 3 日制定]

第一章 总 则

第一条（目的）

本法旨在通过规范国家和地方政府教育设施的相关责任和教育设施综合管理及振兴的必要事项，为营造安全、舒适的教育环境和提高教育质量做出贡献。

第二条（定义）

本法中使用的术语，其定义如下：

(1)"教育设施"是指符合下列各情况之一的学校等的相关设施及设备。①《幼儿教育法》第二条第二款规定的幼儿园；②《中小学教育法》第二条规定的学校；③《高等教育法》第二条规定的学校；④《终身教育法》第三十一条第二款及第四款规定的学历、学位得到认可的终身教育设施；⑤根据其他法律设立的各级学校（因国防、治安等原因难以进行信息公示的，总统令规定的学校除外）；⑥其他总统令规定的教育相关设施。(2)"教育设施使用者"是指使用教育设施的学生、教职工及其他使用教育设施的人员。(3)"教育设施负责人"是指关于教育设施，根据相关法令及自治法规，被规定为管理责任人的人员或所有者。(4)"监督机构"是指对教育设施进行指导、监督的中央行政机构、地方政府或者市、道教育厅中总统令规定的机构。(5)"教育设施安全事故"是指因《灾难及安全管理基本法》第三条第一款的灾难或其他原因导致教育设施损坏的事故，或者因教育设施的损坏、缺损引发人员、财产损失的事故。(6)"安全管理"是指为保护人员生命、身体及财产免受教育设施安全事故的伤害，并确保教育设施的安全而实施的所有活动。(7)"维护管理"是指为完善教育设施的功能和保障教育活动的顺利开展，而实施的对设施进行的常规检查和维护，对受损部分进行的修复，以及因时间流失而需要对设施进行的改进、维修和强化等所有活动。(8)"安全检查"是指由经验丰富的技术人员通过肉眼或者检查工具进行检查，调查教育设施内部存在的安全隐患的行为。(9)"精密安全诊断"是指为发现教育设施的物理性、功能性缺陷，对其缺陷采取快速且准确的措施，从而对结构上的安全性和缺陷的原因等进行调查、测定、评估，然后提出维修、加强等方法的行为。

第三条（国家和地方政府的职责）

1. 国家及地方政府应当建立教育设施相关的综合管理标准和援助计划，并为确保教育设施的安全舒适，制定必需的政策。

2. 教育设施负责人应当积极为国家和地方政府实施教育设施安全管理及维护管理相关措施提供协助，努力预防安全事故的发生。

3. 国家和地方政府及教育设施负责人应当努力筹措履行第一款和第二款相关职务时所需财政来源。

第四条（与其他法律的关系）

关于教育设施的安全及维护管理，除《灾难及安全管理基本法》《设施安全及维护管理相关特别法》中的规定外，先于其他法律适用本法。

第二章 教育设施管理计划及安全检查等

第五条（教育设施基本计划的制定等）

1. 教育部应当经第七条规定的教育设施政策委员会审议，每5年制定并实施构建教育设施综合性管理及援助系统的教育设施基本计划（以下称基本计划），并进行公开发布。基本计划变更时亦然。

2. 基本计划应当包含下列各项事项：

（1）中长期教育设施管理计划及政策方向相关事项；（2）对教育设施进行的调查、研究、开发计划相关事项；（3）教育设施管理及援助系统构建相关事项；（4）教育设施资产管理方案相关事项；（5）对教育设施的安全性或者管理状态的评估、检查相关事项；（6）教育设施相关灾难、灾害和安全事故预防及灾后重建等安全管理改善计划相关事项；（7）教育设施的安全管理及维护管理所需的财政来源确保和筹措方案相关事项；（8）构建教育设施综合信息网及促进运营方案相关事项；（9）教育设施建设及安全文化振兴相关事项；（10）其他关于教育设施管理及支援等，总统令规定的事项。

3. 教育部在制定基本计划或者变更重要事项时，应当提前同相关中央行政机构负责人及教育监协商，可以请求相关中央行政机构负责人、地方政府负责人及教育监提交所需资料。接到提供资料请求的人员，如无特殊理由，应当予以配合。

4. 监督机构负责人应当根据基本计划，每年制定并实施辖区内教育设施的安全及维护管理等相关实施计划（以下称实施计划）。

5. 监督机构负责人根据第四款制定或变更实施计划后，应当及时通报教育部。

6. 其他基本计划及实施计划的制定、流程以及结果报告的必要事项，由总统令规定。

第六条（制定实施计划等）

教育设施负责人每年根据实施计划对所辖教育设施的安全及维护管理等进行相关执行计划（以下称执行计划）的制定和实施工作，监督机构负责人有权确认、检查其是否执行。

第七条（教育设施政策委员会）

1. 为对教育设施的综合性管理及援助相关的下列各事项进行审议，设立教育部下属教育设施政策委员会（以下称政策委员会）：

（1）基本计划的制定、实施相关事项；（2）第十条规定的教育设施的安全、维护管理标准相关事项；（3）其他关于教育设施综合管理及支援，委员长认为的其他必要事项。

2. 政策委员会由包括1名委员长在内的20名以下的委员组成，委员长为教育部部长。

3. 委员会委员由教育部从下列各项人员中任命或委托，委员任期为2年，可以连任：

（1）《高等教育法》第二条第一款规定的在大学设施相关领域担任或曾担任副教授以上职位的人员；（2）具有教育设施安全管理相关专业学识且经验丰富的人中总统令规定的人员；（3）总统令规定的相关中央行政机构的副部长级公务员；（4）其他总统令规定的教育机构及专门机构推荐的人员。

4. 为有效审议和运营教育设施综合管理及相关援助事项，政策委员会可以按领域设立分科委员会。

5. 其他政策委员会及分科委员会的组成、运营等相关必要事项，由总统令规定。

第八条（教育设施相关的最低环境标准的设定）

1. 为营造教育设施使用者所需的最低生活环境，教育部可以制定教育设施相关最低环境标准（以下称最低环境标准），在这种情况下，应当进行公告。变更最低环境标准的情况亦然。

2. 教育部在制定最低环境标准时，应当包含教育设施使用者生活所需的学校建筑，设备标准，学校班级冷暖房安装标准，休息、休闲空间等生活活动空间标准。

3. 其他最低环境标准的详细内容及公告流程、方法的必要事项，由总统令规定。

第九条（教育设施管理状况等相关评估及检查）

1. 监督机构负责人可以对所管辖的教育设施管理状况进行评估、检查。

2. 监督机构负责人实施第一款规定的评估、检查时，可以请求地方政府负责人和教育设施负责人提供所需资料或提出意见。在这种情况下，收到请求者，如无特殊原因，应当遵照请求提供资料或提出意见。

3. 监督机构负责人可以根据第一款规定的评估、检查结果，要求教育设施负责人采取纠正或完善等必要措施，对于评估、检查结果优秀的机构，可以采取预算援助、奖励等必要的措施。

4. 其他评估、检查相关详细内容、流程、措施等必要事项，由总统令规定。

第十条（教育设施的安全、维护管理标准等）

1. 教育部应当经政策委员会审议，制定符合下列各项的相关教育设施安全及维护管理等所需标准（以下称安全、维护管理标准），并将其通报给监督机构负责人及教育设施负责人：

（1）教育设施的抗震设计及抗震加固等结构安全相关标准；（2）教育设施火灾安全标准；（3）教育设施的设计、施工及维护管理所需标准；（4）确保教育设施环境及材料等安全性的必要标准；（5）其他关于教育设施安全及维护管理，总统令规定的事项。

2. 教育设施负责人应当严格遵守安全、维护管理标准，让教育设施使用者也严格遵守安全、维护管理标准。

3. 教育设施负责人应当自行检查是否严格遵守安全、维护管理标准，并将检查结果报告给监督机构负责人。

4. 教育设施使用者应当积极协助教育设施负责人根据安全、维护管理标准进行的教育设施的安全、维护管理活动。

5. 其他第一款规定的安全、维护管理标准内容、第三款规定的检查、报告的方法及程序等必要事项，由总统令规定。

第十一条（教育设施安全认证等）

1. 教育设施中总统规定规模以上的教育设施负责人，应当得到教育部的教育安全认证。

2. 教育部应当根据第一款对需要进行教育设施安全认证的教育设施，根据总统令规定进行评估，并且当评估结果显示相关教育设施符合认证标准时，应当进行教育设施安全认证。

3. 符合下列情形之一的，教育部应当撤销教育设施安全认证：

（1）通过虚假或其他不正当方法获得教育设施安全认证时；（2）获得教育设施安全认证的教育设施不符合认证标准时。

4. 其他教育设施安全认证的标准、周期、等级、有效期限、认证流程及费用等必要事项，由总统令规定。

第十二条（安全检查等相关指南）

1. 教育部应当根据总统令规定，制定第十三条规定的安全检查及第十四条规定的精密安全诊断（以下称安全检查等）的实施方法、时期、流程等包含在内的安全检查等相关指南，并通报给监督机构负责人和教育设施负责人。

2. 教育部在制定第一款规定的安全检查等相关指南时，应当同监督机构负责人共同协商。

第十三条（安全检查的实施和结果报告等）

1. 教育设施负责人为更加安全地维护管理教育设施，应当根据第十二条规定的安全检查等相关指南进行连续2次以上的安全检查。

2. 进行安全检查的教育设施负责人，应当制作其检查结果相关报告提交给监督机构负责人，并在教育部令规定的期限中进行保存。

3. 监督机构负责人应当将第二款的安全检查结果报告提交给教育部。

4. 教育设施负责人不能直接进行安全检查时，可以把安全检查委托给根据《设施安全及维护管理相关特别法》第二十八条第一款注册的安全诊断专门机构（以下称安全诊断专门机构）或者根据《建设产业基本法》第九条把行业种类注册为设施物的维护管理的建筑商（以下称维护管理业者）。

5. 实施《设施安全及维护管理相关特别法》第十一条规定的安全检查的教育设施，视为实施本法规定的安全检查。

6. 其他安全检查实施方法、时期、流程、结果提交必要事项，由总统令规定。

第十四条（精密安全诊断的实施、结果报告等）

1. 教育设施负责人认为，第十三条规定的安全检查实施结果对预防教育设施安全事故和确保教育设施的安全性有必要时，可以根据第十二条规定的安全检查等相关指南，委托安全诊断专门机构实施精密安全诊断。

2. 实施完精密检查的教育设施负责人应当制作结果相关报告，提交给监督机构负责人，并根据教育部令规定的期限进行保存。

3. 监督机构负责人应当将第二款规定的安全检查结果报告提交给教育部。

4. 实施《设施安全及维护管理相关特别法》第十二条规定的精密安全检查诊断的教育设施，视为实施本法规定的精密安全诊断。

5. 其他精密安全检查实施的方法、周期、流程、结果上报等必要事项，由总统令规定。

第十五条（实行安全检查等负责人的相关义务）

实行安全检查的人应当根据第十二条规定的安全检查等相关指南严格地履行其业务。

第十六条 （对安全检查等结果的评估）

1. 根据第十三条及第十四条，收到安全检查等结果的相关监督机构负责人，为防止出现不合格的安全检查等，可以对该结果进行评估。

2. 监督机构负责人可以请求教育设施负责人、安全诊断专门机构或维护管理业者提交第一款规定评估所需的资料，收到资料提供请求的人员，如无特殊原因，应当遵照请求提供资料。

3. 第一款的评估实施结果，由于安全诊断专门机构或者维护管理业者故意或失误导致安全状态诊断错误，被评定为安全检查评估不实时，监督机构负责人可以请求国土交通部长官或向相关地方政府负责人采取下列各项措施：
（1）安全诊断专门机构：依照《设施安全及维护管理相关特别法》第三十一条第一款之规定，撤销注册或停止营业；（2）维护管理业者：依照《建设产业基本法》第83条之规定，停止营业或撤销注册。

4. 收到第三款目规定的请求的国土交通部长官或相关地方政府负责人，如无特殊原因，应当根据相关流程采取措施，并将措施结果通报给监督机构负责人。

5. 其他第一款规定的评估对象、方法、流程等相关必要事项，由总统令规定。

第十七条 （根据安全检查等结果采取的措施）

1. 根据安全检查的结果，必要时教育设施负责人应当在根据总统令规定的一定期限内对缺陷部分采取维修、加强、改建等相关措施，并将结果报告给监督机构负责人。

2. 教育设施负责人发现安全检查结果显示教育设施存在重大缺陷等，认定会对教育设施使用者的安全使用造成重大影响，需要进行紧急措施时，可以采取教育设施的使用管制，禁止使用，教育设施使用者紧急逃离等相关措施，同时应当及时向监督机构负责人报告。

3. 监督机构负责人听取教育设施负责人结果报告后，认定会对教育设施使用者安全使用造成重大影响时，应当命令教育设施负责人采取相当于下列各项之一的措施，收到此命令的教育设施负责人应当迅速服从命令采取措施，并将结果报告给监督机构负责人：
（1）对缺陷的维修、加固；（2）确保替代设施；（3）教育设施的使用限制；（4）教育设施的使用禁止；（5）教育设施的拆除。

4. 其他安全检查结果中的措施标准、流程等所需的相关事项，由总统令规定。

第十八条（教育设施安全等级制定等）

1. 教育设施负责人在实施安全检查等时，应当根据《设施安全及维护管理相关特别法》第十六条规定的标准指定相关教育设施的安全等级。

2. 监督机构负责人根据第十六条对安全检查等进行评估的结果认定，需要根据第一款变更教育设施负责人指定的安全等级时，可以对教育设施的安全等级进行变更。需要变更时应当向教育设施负责人进行通报。

第十九条（安全性评估）

1. 下列各项人员应当实施教育设施及教育设施使用者的安全影响相关的评估（以下称安全性评估）：

（1）拟建设总统令规定的一定规模以上的教育设施的人员（没有教育设施使用者的情况下开展的新建、改建及搬迁等除外）；（2）拟在距《教育环境保护相关法律》第二条第四款规定的学校边界直线距离4米的范围内，进行《建设产业基本法》第二条第四款规定的建筑施工的人员；（3）其他处于影响教育设施安全的范围内，拟在总统令规定的范围内进行《建设产业基本法》第二条第四款规定的建筑施工的人。

2. 安全性评估者应当向监督机构负责人及教育设施负责人进行报告，并根据评估结果，采取安全性完善措施等由总统令规定。

3. 收到第二款评估结果的监督机构负责人或教育设施负责人，为防止安全性评估失实，必要时可以委托总统令规定的专门机构对安全性评估结果进行合理性研讨。

4. 监督机构负责人或教育设施负责人应当将第三款的合理性研讨结果和所需的措施通报给相关安全性评估者。此时收到此通报的人，如无正当原因，应当予以协助。

5. 其他安全性评估的对象、方法、流程等相关必要事项，由总统令规定。

第二十条（安全确保要求）

1. 监督机构负责人及教育设施负责人根据第十九条规定的安全性评估结果，认定会对教育设施使用者带来安全隐患危险时，应当请求地方政府负责人等相关项目的许可人采取安全确保等所需措施。

2. 根据第一款收到请求的许可人为确保教育设施使用者的安全，应当及时采取安全措施，并将其措施结果通报给监督机构负责人及教育设施负责人。

第二十一条（纠正命令）

监督机构负责人可以责令下列各项之一的相关负责人限期改正：

（1）违反第十条第二款，且不遵守安全、维护管理标准的教育设施负责人；
（2）违反第十三条第一款和第十四条第一款，且未进行安全检查及精密安全诊断的教育设施负责人；（3）违反第十七条第三款，不听从监督机构负责人命令的教育设施负责人。

第三章 教育设施信息管理与调查

第二十二条（统计的编制及管理）

1. 教育部每年应编制和管理与教育设施的安全和维护相关的统计数据，以有效制定有关教育设施的政策。

2. 为编制、管理第一款规定的数据，教育部可以请求相关公共机构负责人或教育设施相关团体组织提供所需材料及信息。

3. 教育部可以根据总统令规定指定专业性机构，执行第一款规定统计信息的编制、管理相关的全部或部分业务。

4. 关于第一款规定统计的编制、管理，除本法规定外，其他均适用《统计法》。

第二十三条（教育设施综合信息网的构建、运营、公开等）

1. 教育部为对教育设施的安全及维护管理相关信息进行更加系统性的管理，应当构建、运营包含下列各项事项的教育设施综合信息网（以下称综合信息网）：

（1）基本计划、实施计划、执行计划；（2）教育设施的现状及运营信息；（3）教育设施相关安全认证、安全检查、精密安全诊断履历信息；（4）教育设施的维修、加固等相关事项；（5）教育设施安全管理人员现状信息；（6）教育设施安全事故现状信息；（7）教育设施安全管理教育对象及教育培训现状信息；（8）其他教育设施相关的，总统令规定的事项。

2. 综合信息网资料以公开为原则。

3. 教育部为运营综合信息网，可以请求相关中央行政机构负责人、地方政府负责人、教育监以及教育设施负责人等提供构建综合信息网所需资料。收到请求的人员，如无特殊原因，应当遵照请求提供资料。

4. 其他综合信息网的构建、运营等所需的事项，由总统令规定。

第二十四条（教育设施安全事故报告及调查）

1. 教育设施负责人在发生教育设施安全事故或者发现教育设施存在重大缺陷时，应当将此相关事项报告给监督机构负责人，收到报告的监督机构负责人应当将报告事项如实告知教育部。

2. 监督机关负责人认为，为了防止和预防教育设施安全事故的再次发生，可以对教育设施安全事故的原因及经过等进行调查。

3. 为有效执行第二款规定的调查，监督机构负责人可以请求相关中央行政机构负责人、地方政府负责人、教育监或教育设施负责人等提供必需资料。接到提供资料请求的人员,如无特殊理由,应当予以配合。

4. 其他教育设施安全事故的报告及调查的内容、范围、流程等相关事项,由总统令规定。

第四章　教育设施的建设和安全文化的推广

第二十五条(教育设施建设的基本方向)

教育设施的建设应当反映下列事项:

(1)有助于包含学生的情感、创意力的开发及人性的修养在内的全人格成长及发展。(2)不得影响学校的教育课程运营和教学、学习活动。(3)符合第二条第一款①项和②项的学校室内外教育环境,应根据《学校保健法》第四条第一款的规定,建立适当的环境卫生和食品卫生管理体系。

第二十六条(教育设施的设计)

1. 教育部及教育监为提高教育设施设计水平,努力发掘、培养有能力的专家。

2. 教育设施优先采用能激发创造力的空间构造、预防犯罪、无障碍、生态、环保、绿色、交通安全文明、清洁通风等有利于学生安全和健康的设计技法。

3. 在教育设施筹划设计过程中,应当优先考虑学生、教职员、学生家长、街道居民等使用者的参与,使用者参与的程序、方法等具体事项,由教育部令规定。

第二十七条(教育设施安全文化推广)

为构建安全的教育环境,提高教育设施使用者的安全意识,弘扬安全文化,教育部应当推进下列各项工作:

(1)为提高教育设施使用者的安全意识开展教育、宣传;(2)安全优秀的教育设施案例的发掘及奖励;(3)教育设施安全管理相关的调查、分析及研究、开发。

第二十八条(为培养专业人员等开展教育)

1. 教育部可以开展教育活动,以提高教育设施的安全、维护管理相关的专门知识及技术能力,并培养专门人才。

2. 第一款规定的教育的内容等必要事项,由总统令规定。

第五章　教育设施管理援助

第二十九条(对教育设施安全相关机构、团体的支援)

国家及地方政府可以为从事教育设施安全事故导致的灾后重建或教育设施安全事故预防事业的机构、团体所需的预算提供支援。

第三十条（教育设施环境改善基金的设置等）

1. 为改善管辖教育设施的环境，教育监设立教育设施环境改善基金（以下称基金）。

2. 基金由下列各财源组成：

（1）《地方教育自治相关法律》第三十八条规定的教育费专项拨款的出资；（2）从其他基金的转入金；（3）法人、集团以及个人的捐款；（4）基金运营产生的收益；（5）其他市、道条例规定的收益。

3. 教育监应当在每个会计年度的年度支出中列入一定金额作为第二款第一项的出资。

4. 基金的设置、运营相关必要事项，由条例规定。

第三十一条（基金的使用）

基金用于下列各项事业：

（1）教育设施的安全检查、维护维修及扩充事业；（2）第一款之外的事业中旨在改善教育环境的事业；（3）第一款规定的事业中，按照《社会基础设施相关民间投资法》第四条之方式推进的事业；（4）国家、地方政府以及公共机构共同推进的事业中为学生改建教育设施的事业；（5）基金的筹集、运营及管理所需经费的支出；（6）其他条例规定的教育设施的安全检查和维护维修事业。

第三十二条（基金的存放）

为用于下列各项事业，其他基金管理者可以将全部或部分资金存入基金：

（1）按照《社会基础设施相关民间投资法》第四条之方式，国家、地方政府以及公共机构共同推进的事业中改建教育设施的事业；（2）受教育部委托进行的事业。

第三十三条（专门机构的指定）

1. 为有效推进业务，教育部可以指定教育设施领域的机构、团体为专门机构，执行下列各项业务：

（1）第十一条规定的教育设施安全认证相关业务；（2）第二十二条第一款规定的统计的制作、管理相关业务；（3）第二十七条规定的教育设施安全文化振兴相关业务；（4）第二十八条规定的培养专门人才相关业务；（5）其他总统令规定的业务。

2. 根据第一款指定的专门机构（以下称指定专门机构）符合下列情况之一的，教育部可以取消其指定。但符合第一款的情况，应当取消其指定。

（1）通过虚假或其他不正当方法获得指定的情况；（2）不符合第四款的指定标准的情况；（3）其他违反总统令规定事项的情况。

3. 教育部可以为指定专门机构执行第一款之业务所需费用提供全部或部分援助。

4. 第一款规定专门机构的指定标准、指定流程及其他必要事项，由总统令规定。

第三十四条（教育设施共济事业的实施）

1. 为能够迅速有效地修复教育设施安全事故，并补偿教育设施安全事故造成的损失，教育部部长为教育设施安全事故修复等开展共济事业（以下称教育设施共济事业）。

2. 对于教育设施共济事业，不适用《保险法》。

第六章　韩国教育设施安全院

第三十五条（韩国教育设施安全院的设立）

1. 为实施教育设施安全及维护管理和教育设施共济事业，教育部设立韩国教育设施安全院（以下称安全院）。

2. 安全院为法人。

3. 安全院通过在主要办事处所在地办理设立登记而成立。

第三十六条（安全院的工作）

1. 安全院进行下列各项工作：

（1）教育设施共济事业；（2）教育设施的安全检查及精密安全诊断；（3）安全性评估及结果研讨；（4）教育设施安全认证相关业务；（5）教育设施灾难、灾害预防及灾后重建；（6）教育设施安全事故预防；（7）综合信息网的构建、运营及管理；（8）教育设施抗震设计、抗震性能评估及抗震加强相关业务；（9）教育设施实验、实习室安全及维护管理；（10）教育设施安全及维护管理基础建设；（11）教育设施安全文化的传播；（12）教育设施管理实况评估、检查相关业务；（13）教育设施安全及维护管理相关教育、进修及宣传；（14）教育设施安全及维护管理和教育设施共济事业相关调查、研究及技术开发、普及；（15）国家及地方政府等委托的教育设施安全及维护管理相关事业；（16）为实现第三十五条第一款规定的设立目的，公司章程规定的其他事项。

2. 安全院为达成其目的，可以在章程规定的范围内从事收益事业。

第三十七条（安全院的财政）

安全院的运营及事业所需资金用下列各项收入补充：

（1）会员缴纳的会费；（2）基于第三十六条的事业开展的收入；（3）资金的运用收益；（4）其他收入。

第三十八条（章程）

1. 安全院的章程包含下列各项事项：

（1）目的；（2）名称；（3）主要办事处所在地；（4）会员、管理人员及职员相关事项；（5）事业相关事项；（6）总会相关事项；（7）董事会相关事项；

（8）组织相关事项；（9）资产及会计相关事项；（10）章程变更相关事项；（11）其他安全院的运营必要事项。

2. 章程的变更应当经董事会和总会的决议，获得教育部的认可。

第三十九条（总会）

1. 安全院成立总会，由包含董事长在内的及章程规定的会员构成。

2. 总会决定下列各项事项：

（1）章程的变更；（2）董事长及监事的任免；（3）预算及决算；（4）工作计划。

3. 董事长根据章程规定召开总会并担任会议主席。

4. 其他总会运营所需的事项由章程规定。

第四十条（管理人员）

1. 安全院根据章程规定，设置包含董事长在内的9名以上11名以下的董事和1名监事。

2. 第一款规定的非董事长的董事由董事会推荐，教育部任命，董事长和监事经管理人员推荐委员会推荐和董事会及总会决定，由教育部任命。

3. 董事长的任期为3年，监事的任期为2年，但非董事长的董事任期，由章程规定。

4. 属于《国家公务员法》第三十三条各项之一的不适合人员，不能成为安全院的管理人员。

5. 安全院的管理人员符合《国家公务员法》第三十三条各项之一时，应当卸任。

6. 安全院的管理人员符合下列情况之一的，教育部部长可以经董事会和总会决议罢免该管理人员：

（1）因身体或精神障碍无法履行职责时；（2）对与安全院业务相关的工作，作出违反法令或章程的行为，或者疏于履行职务等对职务工作有显著影响时；

7. 第二款规定的管理人员推荐委员会的组成及运营等必要事项，依据章程规定。

第四十一条（董事会）

1. 董事会由包括董事长在内的董事组成。

2. 董事会决议下列各项事项：

（1）章程的制定、修订以及废止；（2）安全院规定的制定、修订以及废止；（3）工作计划；（4）管理人员的任免；（5）预算及决算；（6）向总会提案的事项；（7）其他章程规定的事项。

3. 董事长根据章程规定召开董事会并担任会议主席。

4. 监事可以出席董事会并陈述意见。

5. 其他董事会的构成及运营等必要的具体事项由章程规定。

第四十二条（预算及决算）

1. 安全院的会计年度为自1月1日至12月31日为止。

2. 安全院应当编制下一会计年度的总收入和总支出预算，在下一会计年度开始前至少一个月经董事会和总会决议，提交给教育部。

3. 安全院应当在每个会计年度结束后的3个月之内制作决算书，经董事会和总会决议，提交给教育部。

第四十三条（储备金的积存）

安全院可以根据章程规定，在每年各次决算时编制为保障项目将来执行的储备金，并将其积存。

第四十四条（盈利的处理）

1. 在每个会计年度决算上有净收益时，安全院应当将其积存。

2. 第一款规定的积存金除下列各项情形外不得使用：

（1）弥补损失；（2）第三十六条规定的事业的执行；（3）第四十三条规定储备金的积存。

第四十五条（指导与监督）

1. 安全院的指导与监督需要时，教育部可以根据总统令规定，让安全院对其业务、会计及财产相关事项进行报告，或让下属公务员进行检查。

2. 第一款规定的检查结果显示存在违法或者不当事实时，教育部可以命令其纠正。

第四十六条（适用）

关于安全院，除本法规定外，其他均适用《民法》中社团法人相关规定。

第四十七条（类似名称的使用禁止）

非本法规定的安全院之人不得使用韩国教育设施安全院或与其类似的名称。

第四十八条（公务员的派遣）

安全院的董事长为根据第四十九条第二款执行受委托的业务特别需要而提出请求时，教育部可以派遣其下属公务员到安全院。

第七章 附 则

第四十九条（权限、业务的委任、委托）

1. 本法规定的教育部的权限，可以根据总统令规定部分委任给教育监。

2. 本法规定的教育部的业务，可以根据总统令规定部分委托给指定专门机构或安全院。

3. 本法规定的监督机构负责人的业务，可以根据总统令规定部分委托给指定专门机构或安全院。

第五十条（保密义务）

属于或曾属于下列各项之一的人员，不得泄露其职务上得知的秘密或用于职务目的之外的用途：

（1）从事安全检查等业务的人员；（2）从事综合信息网构建、运营业务的人员；（3）安全院的管理人员及职员。

第五十一条（适用惩罚制度中的公务员议题）

根据第十三条第四款及第十四条第一款，从事受委托业务的机构、团体及法人的管理人员和员工，适用《刑法》第一百二十九条至第一百三十二条的规定时视为公务员。

第八章 罚 则

第五十二条（罚则）

1. 对于符合下列情况之一的人员，处以3年以下的有期徒刑及3000万韩元以下的罚金：

（1）违反第十三条、第十四条及第十五条，未进行安全检查及精密安全诊断或未如实执行，从而导致的教育设施重大破损引发公共危险的人员；（2）不服从第十七条第三款规定的命令，引发公众危险的人员。

2. 对于触犯第一款各项的行为，导致人员死亡或受伤的人，处以5年以下的有期徒刑。

3. 对于违反第五十条，泄露秘密或用于职务之外用途的人，处以1年以下的有期徒刑或1000万以下的罚金。

第五十三条（双罚制）

法人、团体的代表人或法人、团体及个人的代理人、使用人、其他的职员，因其法人、团体或个人的业务工作，作出第五十二条的违法行为时，除对行为者处罚以外，对其法人、团体及个人也会处以相应条文的罚金。但在法人、团体及个人为防止其违反行为，对相应业务一直未放松对相关业务进行密切关注和监督的情况下，不对单位并罚。

第五十四条（罚款）

1. 对于违反第二十一条，不执行监督机构负责人的纠正命令的人员，处以2000万韩元以下的罚款。

2. 对于符合下列情况之一的人员，处以1000万韩元以下的罚款：

（1）无特殊原因而拒绝、妨碍及逃避第九条规定的教育设施管理实况等的评估、检查的人员；（2）违反第十九条第一款，未进行安全性评估的人员；（3）无特殊原因而拒绝、妨碍及逃避第二十四条第二款规定的教育设施安全事故调查的人员。

3. 对于符合下列情况之一的人员，处以500万韩元以下的罚款：

（1）违反第十三条第二款及第十四条第二款，未向监督机构负责人提交结果报告的人员；（2）违反第十六条第二款，无特殊原因而未提交资料的人员；（3）违反第十九条第二款，未报告或虚假报告安全性评估结果的人员；（4）违反第二十四条第一款，未报告或虚假报告教育设施安全事故的人员；（5）违反第四十七条，使用韩国教育设施安全院及类似名称的人员。

4. 第一款至第三款规定的罚款，根据总统令规定，由监督机构负责人征收。

促进废校资产活用特别法

[第16607号法律，2019年11月26日根据其他法律修订]

第一条（目的）
本法旨在推动将废校资产用于教学设施、社会福利设施、增收设施等合理用途，通过扩大福祉机会和增加收入等为社区发展做出应有贡献。

第二条（术语的定义）
本法中使用的术语，其定义如下：
(1)"废校"是指《中小学教育法》第二条规定的学校中，因学生数量减少、学校合并等原因停止运营的公办学校；(2)"废校资产"是指停止运营前直接或间接用于该校教学活动的设施和其他资产中的共有资产；(3)"教学设施"是指以幼儿、青少年、学生及居民等的学习为主要目的，用作自然学习设施、青少年修习设施、图书馆、博物馆、露营场等用途的设施；(4)"社会福利设施"是指《社会福利事业法》第二条规定的用于社会福利事业用途的空间及设施；(5)"文化设施"是指《文化艺术振兴法》第二条第一款第三项规定的设施；(6)"公共体育设施"是指《关于体育设施的设立、使用的法律》第五条至第七条规定的设施；(7)"增收设施"是指《农渔村整备法》第二条第六款或同条第十六款第一项至第三项规定的设施；(8)"归农、归渔、归村"是指由总统令规定的，用于《关于促进与帮扶归农、归渔、归村的法律》第十条第四款第一项或第二项中所规定事业的设施。

第三条（与其他法律的关系）
关于废校资产，先于其他法律适用本法。

第四条（废校资产的盘活计划）
1. 为促进废校资产的有效利用，特别市、广域市、特别自治市、道及特别自治道（以下称市、道）的教育监应当制定包括下列各项内容在内的废校资产活用计划：
(1) 废校资产的状况调查；(2) 废校资产的维护、维修等相关管理计划；(3) 废校资产的出借与出售等活用计划；(4) 其他促进废校资产利用的事项。
2. 市、道教育监制定本条第一款规定的废校资产活用计划时，应当听取有关地方政府的意见。

第五条（出借等的特例）

1. 市、道教育监可以与拟将废校资产用作教学设施，社会福利设施，文化设施，公共体育设施，归农、归渔、归村支持设施的人员或拟用作增收设施的符合下列各项之一的人员签订单一来源协议，规定废校资产的用途和使用期限，向其出借或出售废校资产：

（1）总统令规定的地区居民；（2）位于废校所在市、郡、区（指的是自治区，下同）的，《关于培育和支持农渔业经营体的法律》规定的农业法人或渔业法人；（3）位于废校所在市、郡、区（指的是自治区，下同）的，《农业协同组合法》规定的组合及《水产业协同组合法》规定的组合或渔业协作组织。

2. 根据本条第一款对外出租或出售废校资产，其租金标准、租期、价格评估以及出售程序等相关必要事项由总统令确定。

3. 符合下列情形之一的，市、道教育监在出租时可以根据总统令规定予以减征租金优惠：

（1）国家或地方政府拟将废校资产用作教学设施，社会福利设施，文化设施，公共体育设施，增收设施或归农、归渔、归村支持设施的；（2）团体或私人拟将废校资产用作教学设施，社会福利设施，文化设施，公共体育设施，增收设施或归农、归渔、归村支持设施的；（3）总统令规定的地区居民拟共同将废校资产用作增收设施的；（4）总统令规定的地区居民与《关于培育和支持农渔业经营体的法律》规定的农业法人或渔业法人、《农业协同组合法》规定的组合以及《水产业协同组合法》规定的组合或渔业协作组织，共同将废校资产用作增收设施的。

4. 符合下列情形之一的，市、道教育监无偿向其出租废校资产：

（1）当初捐出全部废校资产的捐赠人（含其继承人和继承人以外的所有继承人）或废校资产的部分所有人拟使用废校资产的；（2）废校资产所在地区，50%以上总统令规定的地区居民拟共同将废校资产用作增收设施及共同使用设施的。

5. 符合下列情形之一的，市、道教育监可以无偿向其出租废校资产：

（1）废校资产荒废五年以上，且连发三次以上招租或出售公告仍没人承租或购买的，符合下列情形之一的人员或单位拟使用该废校资产的：①国家或地方政府；②位于废校所在市、郡、区（指的是自治区，下同），《关于培育和支持农渔业经营主体的法律》规定的农业法人或渔业法人；③位于废校所在市、郡、区（指的是自治区，下同），《农业协同组合法》规定的组合及《水产业协同组合法》规定的组合或渔业协作组织。（2）管理该废校所在地区的地方政府负责人事先与市、道教育监协商，拟将该废校资产用作归农、归渔、归村支持设施的。

第六条（永久性设施的建造）

1. 为有效利用废校资产，必要时市、道教育监可以以事后捐赠或主动拆除为条件，允许承租人在其承租的废校资产上建造永久性设施。

2. 对以事后捐赠为条件建造永久性设施的承租人，市、道教育监可以根据总统令的规定将废校设施向其无偿租赁。

第七条（责令整改等）

1. 根据本法购买或租赁废校资产的人员有下列情形之一的，市、道教育监可以限期责令整改：

（1）购买指定使用用途的废校资产的，购买人超过指定日期仍未将废校资产用于指定用途或虽用于指定用途但却在指定期限内停止用于该用途的。（2）对承租的废校资产疏于管理或违反承租目的使用的。

2. 接到本条第一款规定的整改命令后拒不执行的，市、道教育监可以解除或终止出租或出售协议。

第八条（公有资产审议会）

市、道教育监根据本法第五条对外转让或出售废校资产时，应当咨询《公有资产和物品管理法》第十六条第一款规定的公有资产审议会。

第九条（国有资产的特例）

1. 市、道教育监可以将废校内的国有资产租给拟将其用作教学设施，社会福利设施，文化设施，公共体育设施，增收设施或归农、归渔、归村支持设施的人员，租期不超过十年；以捐赠或租期结束后自动拆除为条件，承租人可以在租赁的废校内的国有资产上建造永久性设施。

2. 本条第一款的租期可以延期。在此情形下，每次租期延长的期限不得超过本条第一款规定的租期。

第十条（用途变更的特例）

租赁位于《水道法》第七条第一款规定的水源地保护区内的废校资产，并将其用作教学设施，社会福利设施或归农、归渔、归村支持设施的人员，总统令有规定的，特别市长、广域市长、特别自治市长、特别自治道知事、市长及郡守（广域市郡守除外）可以忽视《水道法》第七条第六款的许可标准，批准变更其用途。

第十一条（公园规划变更等的特例）

1. 租赁位于《自然公园法》规定的公园区域内的废校资产，并将其活用作教学设施，社会福利设施或归农、归渔、归村支持设施的（仅限除建筑物新建扩建以外的改造和维护等情形）人员，如果提出修改公园规划的申请，公园管理厅可以不经《自然公园法》第十五条规定的公园规划变更程序，修改相关公园规划。

2. 公园管理厅根据本条第一款修改公园规划时，视作同意承租人开展与建筑物改建和维护等相关的、《自然公园法》第二十条规定的公园事业。

第十二条（补贴款的拨付）

1. 国家和地方政府可以在预算范围内向拟租赁或购买废校资产用于教学设施，社会福利设施，文化设施，公共体育设施，增收设施或归农、归渔、归村支持设施的人员提供必要的经费支持。

2. 农林畜产食品部长官及海洋水产部长官可以从《农渔村结构优化特别会计法》规定的农渔村结构优化特别会计的农渔村特别税事业账户中，向租赁废校资产并将其用于或准备用于为农渔村居民谋求福利及增收的设施的承租人，提供废校设施维护、管理及运用所需的经费支持。

附　　则

第一条（施行日期）

本法自公布之日起一年后施行。（省略但书）

第二条至第五条　省略

第六条（本法的其他修订）

1. 《促进废校资产活用特别法》进行以下局部修订：

第十条中"《水道法》第七条第五款"改为"《水道法》第七条第六款"。

2. 省略

学校图书馆振兴法

[第15368号法律，2018年2月21日修订]

第一条（目的）
本法规定了作为学校教育基本设施的学校图书馆的设立、运营、支持等相关事项，通过振兴学校图书馆，充实公立教育，为地区社会继续教育的发展做出贡献。

第二条（术语的定义）
本法中使用的术语，其定义如下：
(1)"学校"是指《中小学教育法》第二条各条款规定的学校；(2)"学校图书馆"是指设在学校内部、以支持学生和教师的学习、教育活动为宗旨的图书馆或图书室；(3)"学校图书馆支援中心（以下称支援中心）"是指特别市、广域市、特别自治市、道、特别自治道教育厅（以下称市、道教育厅）成立的旨在支持学校图书馆有效开展业务的组织；(4)"图书馆教师"是指取得《中小学教育法》第二十一条规定的图书馆教师资格证、负责学校图书馆业务的人员；(5)"实技教师*"是指学习文献信息学或图书馆学，并取得《中小学教育法》第二十一条规定的实技教师资格证，负责学校图书馆业务的人员。(6)"图书管理员"是指具备《图书馆法》第六条第二款规定的资格要件，在学校图书馆工作的人员。

第三条（国家和地方政府的职责）
1. 国家和地方政府应当出台振兴学校图书馆所需的必要政策。
2. 国家和地方政府应当为振兴学校图书馆提供必要的行政和财政支持。

第四条（与其他法律的关系）
学校图书馆相关事项，除其他有关学校图书馆的法律作出特别规定的情形外，优先执行本法规定。

---

* 译者注：韩国的"实技教师"是指教育机构中承担音乐、体育、美术、农业、工业等专业课程的实际技能或技术教学的老师。

第五条（设立）

特别市、广域市、特别自治市、道、特别自治道的教育监应当在学校设立学校图书馆。

第六条（学校图书馆的业务）

1. 学校图书馆根据《图书馆法》第三十八条的规定开展业务。

2. 学校图书馆在不影响本条第一款规定的业务开展的前提下对社区居民开放。

3. 学校图书馆应当综合考虑学校和社区的实际情况，开发并普及面向学生家长、老年人、残疾人和其他社区居民的项目。

4. 学校负责人应当就开展本条第一款至第三款规定的业务，与依照《中小学教育法》第三十一条成立的学校运营委员会（以下称学校运营委员会）进行协商。

第七条（学校图书馆振兴基本规划）

1. 教育部部长应当参照《图书馆法》第十四条规定的图书馆发展综合规划制定并实施旨在推动学校图书馆振兴的学校图书馆振兴基本规划（以下称基本规划）。在这种情况下，教育部部长应当事先与相关中央行政机关负责人进行协商。

2. 基本规划每五年制定一次，包括下列内容：

（1）学校图书馆振兴相关综合规划；（2）学校图书馆的设立以及设施、资料的扩充与整修；（3）学校图书馆振兴相关研究；（4）图书馆教师、实技教师、图书管理员的招募、培养和教育；（5）学校图书馆振兴所需其他必要事项。

3. 基本规划应当根据本法第八条的规定，报请学校图书馆振兴委员会审议。基本规划如需修改也应当履行相同程序。

4. 基本规划的制定与实施相关必要事项，由总统令规定。

第八条（学校图书馆振兴委员会）

1. 设立隶属教育部部长的学校图书馆振兴委员会（以下称振兴委员会），审议学校图书馆相关主要事项。

2. 振兴委员会审议以下各项事项：

（1）对基本规划的制定和实施进行评价；（2）相关中央行政机关和地方政府负责人围绕学校图书馆提出的要求事项；（3）教育监、根据本法第十条成立的学校图书馆运营委员会、专门团体和专家围绕学校图书馆提出的要求事项；（4）学校图书馆的振兴相关其他必要事项。

3. 振兴委员会由9人以上11人以下的委员组成，其中包括委员长1名。

4. 振兴委员会的委员长和委员由教育部部长从拥有丰富学校图书馆业务相关学识和经验的人员以及市民团体（《非营利民间团体支援法》第二条中规定的

非营利民间团体）推荐的人员中任命并委任。

5. 委员每届任期三年。

6. 振兴委员会的运营等相关其他必要事项，由总统令规定。

第九条（市、道的实施计划和学校图书馆发展委员会）

1. 教育监应当根据基本规划要求，制定并实施符合本地区实际情况和特性的实施计划。

2. 为审议本地区学校图书馆相关主要事项，设立隶属教育监的学校图书馆发展委员会（以下称发展委员会）。

3. 发展委员会的组建、运营和业务开展相关必要事项，由总统令规定。

第十条（学校图书馆运营委员会）

1. 学校设立学校图书馆运营委员会，审议下列事项：
（1）学校图书馆运营计划；（2）资料收集、制作、开发等相关预算的测算；（3）资料的注销和报废；（4）学校图书馆的仪式和活动；（5）其他学校图书馆运营相关必要事项。

2. 经学校运营委员会同意，学校负责人可以安排学校运营委员会执行本条第一款规定的学校图书馆运营委员会相关业务。

第十一条（学校图书馆扶持资金等）

1. 特别市、广域市、特别自治市、道、特别自治道应当将学校图书馆振兴所需经费（以下称扶持资金）纳入年度预算，并向市、道教育厅提供支持。

2. 教育监可以在年度预算内编制本级层面承担的与扶持资金相对应的配套资金（以下称配套资金），向学校图书馆提供支持。

3. 扶持资金和配套资金用于下列用途：
（1）学校图书馆的设立及其设施和资料的扩建扩充；（2）支援中心的设立和运营；（3）学校图书馆信息化；（4）学校图书馆专门人力配备；（5）其他学校图书馆支持所需必要经费。

4. 教育监应当根据总统令的规定，向教育部部长报告扶持资金和配套资金的使用计划和经费使用业绩。

第十二条（专责部门设置等）

1. 教育部和市、道教育厅可以设立负责学校图书馆振兴的专责部门。

2. 学校图书馆内设置图书馆教师、实技教师或图书管理员（以下称图书馆教师）。

3. 本条第一款规定的专责部门的组建以及本条第二款规定的图书馆教师等的员额、配备标准、业务范围等，由总统令规定。但图书馆教师等的员额、配备标准和业务范围应当考虑学校规模和图书馆教师等的资格类别加以确定。

第十三条（设施、资料等）

1. 学校图书馆应当具备符合该学校特性和使用者要求的设施和资料。

2. 学校图书馆可以注销或报废没有使用价值或破损的资料，以确保资料的有效利用。

3. 本条第一款规定的学校图书馆设施和资料的标准及本条第二款规定的注销和报废标准及范围等相关必要事项，由总统令规定。

第十四条（构建学校图书馆协作网络等）

1. 为灵活高效利用学校图书馆的信息，教育部部长应当建立与市、道教育厅、根据《韩国教育学术情报院法》成立的韩国教育学术情报院、公共图书馆等各种图书馆以及其他有关机构相互联系的学校图书馆协作网络（以下称协作网络）。

2. 教育监可以在市、道教育厅设立支援中心，为学校图书馆的高效运营和相互协作提供支持。

3. 韩国教育学术情报院院长应当建立并运营信息服务系统，以支持学校图书馆信息的流通和灵活运用。

4. 协作网络的构建、运营，支援中心的设立、运营等相关必要事项，由总统令规定。

第十五条（读书教育等）

1. 教育部部长、教育监、学校负责人应当根据总统令的规定，制定并实施支持学校读书教育和信息利用教育的详细计划。

2. 本条第一款规定的读书教育和信息利用教育，应当根据《中小学教育法》第二十三条的规定纳入学校的教育课程实施计划。

第十六条（业务协助）

1. 教育部部长为制定并实施基本规划，必要时可以向相关中央行政机关、地方政府、公共机构以及其他机构或团体请求协助。

2. 接到本条第一款规定的协助请求的机关或团体，如无特殊原因，应予以协助。

第十七条（金钱等的捐助）

为支持学校图书馆的设立、设施、资料与运营，法人、社会团体和个人可以向学校图书馆提供金钱或其他财产形式的捐助。

第十八条（指导监督）

学校图书馆根据《中小学教育法》接受该学校管辖教育厅的指导和监督。

附　　则

本法自公布之日起六个月后施行。

大学图书馆振兴法

[第15953号法律，2018年12月18日修订]

第一条（目标）

本法规定大学图书馆的设立、运营、支援等事项，旨在通过促进大学图书馆建设，为提高高校教学与科研竞争力做出贡献。

第二条（定义）

1. 本法所使用术语含义如下：

（1）"大学"是指根据《高等教育法》第二条各项学校及其他法律规定设立的、进行大学教育课程及以上的教育机构。（2）"大学图书馆"是指大学里给教师、学生和工作人员提供图书馆服务为主要目的的图书馆。（3）"图书馆员"是指符合《图书馆法》第6条第2款规定的资格条件、在大学图书馆工作的人。

2. 本法所用术语的含义，除第1款规定的术语外，其他应遵照《图书馆法》规定。

第三条（国家和地方政府的职责）

1. 国家和地方政府应当制定必要的措施，促进大学图书馆建设，缩小知识信息差距。

2. 国家和地方政府应当制定行政和财政支持措施，促进大学图书馆的发展。

第四条（大学和大学图书馆的职责）

1. 高校应当积极配合国家促进大学图书馆建设和缩小知识信息差距的政策并为此采取必要措施。

2. 大学图书馆应当尊重《图书馆法》第十二条规定的图书馆信息政策委员会（以下称图书馆委员会）制定、审议和调整的主要事项。

3. 大学图书馆应根据《图书馆法》加强与图书馆的联系，努力促进图书馆的发展。

第五条（与其他法律的关系）

除其他法律对大学图书馆有特别规定外，应按照本法进行规定。

第六条（设立与运营）

1. 大学创立者、运营者应当在大学设立大学图书馆。

2. 大学图书馆运营所需事项应在总统令规定的范围内由校规规定。

第七条（大学图书馆的工作等）

1. 大学图书馆为支持高校教学科研，应当做好下列各项工作：

（1）收集，整理，保存和提供大学教学和研究所需的图书馆资料；（2）为教学和研究活动提供必要的支持；（3）为学生的学习和课堂活动提供必要的支持；（4）对大学的各种知识资源进行收集、数字化和管理；（5）与其他图书馆和有关机构互相合作并提供服务；（6）履行大学图书馆职能所需的其他工作。

2. 大学图书馆可在不妨碍其按照第1款工作的情况下，为所在地区开放设施和资料。

3. 大学图书馆可根据大学和当地实际情况，为地区居民提供教育课程。

第八条（制定高校图书馆振兴总体规划）

1. 为促进大学图书馆建设，教育部部长应每五年制定一次《大学图书馆振兴总体规划》（以下称《总体规划》），并应事先与有关中央行政机关负责人协商。

2. 总体规划应当包括下列各项事项：

（1）促进大学图书馆发展的基本方向和目标；（2）如何促进大学图书馆的发展；（3）为促进大学图书馆发展提供资金；（4）为促进大学图书馆发展构筑基础；（5）改进促进大学图书馆发展的制度和法令；（6）促进大学图书馆发展的其他必要事项。

3. 教育部部长应根据总体规划每年制定和实施《大学图书馆振兴实施计划》（以下称《实施计划》），检查和评估实施计划的推进情况，并在制定下一个总体规划时反映其结果。

4. 为了制定和实行总体规划和实施计划，教育部部长可要求有关中央行政机关负责人和大学校长在必要时提交相关材料，而有关中央行政机关负责人等如无特殊情况，应予以处理。

5. 其他制定、实施和评估总体规划和实施计划等必需事项应遵照总统令规定。

第九条（制定大学图书馆发展规划）

1. 大学校长应当在总体规划基础上，制定符合本校特点的大学图书馆发展规划，并应按照第10条第1款的规定，由大学图书馆管理委员会进行审议。

2. 根据第1款，制订和实施发展规划所需事项应在总统令规定的范围内由校规规定。

第十条（大学图书馆管理委员会）

1. 大学校长应组建并运营大学图书馆管理委员会，审议大学图书馆管理中的主要事项。

2. 根据第1款，大学图书馆管理委员会的组建及运作所需事项应由校规规定。

第十一条（图书馆员等）

1. 大学校长应安排管理大学图书馆所需的图书馆员，必要时可以安排计算机方面的职员等专门职员。

2. 根据第1款，大学校长应努力提高图书馆员和专业人员开展工作的能力，并为此提供教育和培训机会。

3. 根据第1款规定的图书馆员和专业人员的配备标准以及第2款规定的教育和培训所需事项，应在总统令规定的范围由校规规定。

第十二条（设施与图书馆资料）

1. 大学图书馆应当具备适合本校特色与方便使用者的设施和图书馆资料，以支持高校的教学和研究。

2. 根据第1款规定的图书馆设施及图书馆资料的标准，其所需事项应在总统令规定的范围内由校规规定。

第十三条（构筑大学图书馆合作网等）

1. 大学图书馆为完成下列各项工作应与其他大学图书馆进行交流合作：
（1）大学图书馆间联合检索目录的构建；（2）大学图书馆间的互相借阅合作；（3）大学图书馆间电子资源共享；（4）学术资料的共同收集和保存；（5）发展大学图书馆和提高研究竞争力所需的其他工作。

2. 大学图书馆可根据第1款建立大学图书馆合作网，促进大学图书馆之间的交流与合作。

3. 大学图书馆可根据第1款将与其他大学图书馆的交流合作工作委托给有关专业机构等或成立大学图书馆相关协议会等（以下称协议会）进行。

4. 国家可根据第2款规定的大学图书馆合作网的建立和运营以及第3款规定的协议会运营提供所需的行政和财政支援。

第十四条（大学图书馆评价）

1. 教育部部长可与图书馆委员会协商，评估大学图书馆的设施、人员和图书馆资料等运作情况并公布评价结果，以促进大学图书馆的发展，图书馆委员会则可要求提交评价结果。

2. 教育部部长可将第1款的评价结果反映在为大学图书馆提供财政支助上。

3. 根据第1款，评估大学图书馆的标准、程序和方法等必要事项应根据总统令规定。

4. 教育部部长根据第1款可委托有关协会和专业机构等进行评估，并可补助必要的费用。

第十五条 （实际情况调查）

1. 教育部部长可对大学图书馆进行实况调查，以便有效制定和实施总体规划和实施计划或评估大学图书馆。

2. 根据第 1 款，实况调查的范围和方法等必要事项应根据总统令规定。

第十六条 （指导、监督）

大学图书馆应当依照《高等教育法》《私立学校法》及其他法律规定接受相应高校的指导、监督或相应高校监察部门的指导和监督。

附　　则

第一条 （实施日期） 本法自公布之日起六个月后生效。

第二条 （其他法律的修改） 对《图书馆法》部分内容作如下修改：

第三十四条标题以外的部分为第一款，同一条第二款新增如下：

2. 根据第 1 款，关于大学图书馆的工作和运营，应另行制定法律。

删除第三十五条和第三十六条。

附　　则

本法自公布之日起六个月后生效。

韩国学中央研究院培育法

[第 16443 号法律，2019 年 8 月 20 日修订]

第一条（目的）

本法旨在通过对韩国文化的深层研究与教育教学，保护和培育为振兴韩国学而设立的财团法人韩国学中央研究院，为繁荣民族文化事业做出贡献。

第二条（出资）

1. 国家或地方政府可向韩国学中央研究院（以下称研究院）拨付维持其基本设施、设备与运营所需的必要费用。

2. 本条第一款规定的政府出资的拨付、使用与管理等必要事项，由总统令规定。

3. 个人、法人或团体可以以资金或其他财产形式向研究院捐助，以支持其工作。

第三条（国有财产、公有财产的出借等）

1. 研究院设立和培育所需的国有财产或共有财产，国家或地方政府可在《国有财产法》、《公有财产及物品管理法》等相关规定之外，向其无偿出借、转让或令其免费使用并从中获益。

2. 本条第一款有关国有财产、公有财产的无偿出借、转让或免费使用并从中获益的内容、条件及程序等必要事项，由总统令规定。

第四条（研究人员等的选派）

1. 为实现其设立目的，研究院可在特别必要的情况下通过教育部部长向国家、地方政府或教育机构、研究团体请求选派研究人员等。

2. 依据本条第一款，接到人员选派请求的机关或团体的负责人可与研究院协商，向研究院派驻其所属人员。

3. 依据本条第二款被派驻到研究院的人员，在其派遣期间视作在原所属机关工作，不因派遣而受到身份上的不利待遇。

第五条（资料的提供等）

1. 研究院可要求国家、公共团体、教育机构和研究团体提供人文科学和社会科学相关的研究论文、调查报告、研究报告等刊物以及其他资料，被要求机构如无特殊理由应当予以配合。

2. 研究院可向古代典籍等研究所珍稀资料的收藏人要求阅读或复印相关的资料，接到要求的人员如无特殊理由应当予以配合。

3. 本条第一款和第二款的资料提供人如有要求，研究院应当就相关资料支付正常的费用。

4. 根据本条第一款和第二款提供给研究院的资料不得用于研究目的以外的用途。

第六条 （研究生院的设置等）

1. 为培养研究韩国文化精髓的领军人才，研究院可报经教育部部长批准后在研究院内设立研究生院。

2. 根据本条第一款设立的研究生院的入学资格、教师、进修课程和学位授予等事项，依据《高等教育法》及其附属法令执行。在此情形下，"校长"应当视作"研究生院长"。

第七条 （工作计划）

研究院应当拟定每个会计年度的工作计划和预算书并上报教育部部长。工作计划和预算书内容如有变更，变更后仍应当上报教育部部长。

第八条 （决算报告）

研究院应当在翌年三月末前将上一会计年度的收支决算书和年度工作总结上报教育部部长。

第九条 （类似名称的禁用）

非本法规定的研究院，不得使用"韩国学中央研究院"或与之类似的名称。

第十条 （研究院设施等的利用）

1. 在不影响其日常业务的范围内，研究院可以将其设施供国家或公共团体、教育机构、研究团体等用作研究、教育、培训或实习。

2. 根据本条第一款，研究院的设施等另做他用时，根据其他法令的规定可将研究院视作教育培训机构、研究机构或其他研修机构。

第十一条 （罚金）

1. 对违反本法第九条的人员，处以五百万韩元以下的罚款。

2. 本条第一款规定的罚款，根据总统令的规定，由教育部部长征收。

第十二条　删除

附　则

本法自公布之日起六个月后施行。

韩国学术院法

[第 17077 号法律，2020 年 3 月 24 日修订]

第一条（目的）
本法旨在通过设立韩国学术院，厚待并支持在学术发展上立下卓越功勋的科学家，并通过学术研究及其扶持项目，推动学术发展。

第二条（功能）
韩国学术院（以下称学术院）是韩国内外科学家的代表机构，为推动学术发展开展以下业务：
（1）答复针对学术振兴相关政策的咨询、为推动学术振兴建言献策；（2）开展或者扶持学术研究；（3）国内外学术交流，举办学术活动；（4）颁发学术院奖；（5）学术振兴相关的其他事项。

第三条（功能）
1. 学术院由学术院会员（以下称会员）组成。
2. 学术院定员一百五十人。
3. 学术院内设人文、社会科学部和自然科学部，各部内部按专业领域设立专业委员会。
4. 会员根据其专业分组，隶属于一个专业委员会。

第四条（会员资格）
会员由韩国国民中符合下列条件的人员担任：
1. 毕业自《高等教育法》第二条中各学校或者同等水平以上学校，从事学术研究二十年以上，对学术发展立下卓越功勋的人员。
2. 从事学术研究三十年以上，对学术发展立下卓越功勋的人员。

第四条之二（会员的不适格事由）
1. 符合《国家公务员法》第三十三条第一款各条款规定情形之一的人员，不能成为学术院会员。
2. 会员符合或者当选时被发现符合本条第一款的情形时，会员资格自动丧失。
3. 有损会员名誉和品格的人员，会员大会表决后可以取消其会员资格。

第五条（会员的选举产生）

1. 会员由会员或者学术院指定的相关领域学术团体推荐人选，经会员审查委员会审查，并由相应学部会议表决后报经会员大会批准的人员担任。

2. 会员审查委员会的组成等必要事项，由会员大会确定。

第六条（会员的任期等）

1. 会员的任期为终身制。

2. 会员为非专职。

第七条（会员待遇）

1. 国家应当厚待会员，并制定必要措施以活用其学识和经验。

2. 根据总统令规定向会员发放津贴或者年金。

第八条（会长、副会长的选举产生等）

1. 学术院设会长和副会长各一人。

2. 会长和副会长由会员大会选举产生。

3. 会长和副会长每届任期两年，任期届满仅限连任一次。

第九条（会长、副会长的职能）

1. 会长总揽学术院事务，对外代表学术院。

2. 副会长协助会长工作，会长因故无法履行职务时代行其职务。

第十条（各学部的学部长）

1. 本法第三条第三款规定的各学部分别设置一名学部长，在该学部的会员中互选产生。

2. 学部长每届任期一年，任期届满可以连任。

3. 学部长负责处理所属学部事务。

第十一条（专业委员会主任）

1. 本法第三条第三款规定的各专业委员会分别设置一名主任，由该专业委员会的会员互选产生。

2. 专业委员会主任每届任期一年，任期届满可以连任。

3. 专业委员会主任负责处理所属专业委员会的事务。

第十二条（会议）

1. 学术院的会议分为会员大会、学部会议和专业委员会会议三个层级。

2. 会员大会是学术院的最高议事决策机构，会长认为有必要召开或者三分之一以上会员提请召开时由会长负责召集。

3. 必要时，学部会议和专业委员会会议由本法第十条的学部长或者本法第十一条的专业委员会主任召集。

4. 学术院会议以过半数会员出席和过半数出席会员赞成通过决议。

第十二条之二（名誉会员）

1. 为增进与他国的学术交流与合作，可以选任学术业绩突出的外国人为学术院名誉会员。

2. 名誉会员的人数、资格、任期、选任方法和津贴等相关必要事项，由总统令规定。

第十三条（支持学术活动）

根据学术院的建议，国家可以向一心钻研学问的科学家或者学术团体颁发奖金、补助金或者功劳酬金。

第十四条（奖项颁发）

学术院向科研成绩突出、功勋卓越的人员颁发科学院奖。

第十五条（加入国际学术组织）

学术院可以加入国际学术组织。

第十六条（经费承担）

实施本法所需必要经费由国家承担。

第十七条（支持）

教育部部长应当支持学术院的活动。

第十八条（秘书处）

1. 学术院内设秘书处。

2. 秘书处的组织架构和定员，由总统令规定。

第十九条（运营细则）

学术院的运营相关具体事项，由会员大会确定。

第二十条（禁止使用类似名称）

非本法规定的学术院，不得使用"韩国学术院"或者与之类似的名称。

第二十一条（罚金）

1. 对违反本法第二十条，使用"韩国学术院"或者与之类似名称的人员，处以五百万韩元以下的罚款。

2. 本条第一款规定的罚款，由教育部部长征收。

附　　则

本法自公布之日起六个月后施行。

韩国教育学术情报院法

[第 17954 号法律，2021 年 3 月 23 日根据其他法律修订]

第一条（目的）

本法旨在通过设立韩国教育学术情报院，制作、调查、收集教育与学术研究所需的资料，构建并运营教育信息提供机制，为提高教育与学术研究的质量水平、推动国家教育事业的发展贡献力量。

第二条（术语的定义）

本法中的"教育信息提供机制"指的是由韩国教育学术情报院（以下称教育情报院）构建并运营的，收集、加工、存储国内外各种教育与学术相关信息并提供给有需求者的体制。

第三条（法律人格）

教育情报院为法人单位。

第四条（设立）

1. 教育情报院在其主要事务所所在地办理设立登记。
2. 本条第一款规定的设立登记事项如下：
（1）设立目的；（2）名称；（3）主要办公场所或者营业场所；（4）管理层的姓名与住址；（5）公示方法。
3. 设立登记以外的登记相关事项，适用《民法》中的财团法人登记相关规定。

第五条（章程）

1. 教育情报院章程应当包括下列内容：
（1）设立目的；（2）名称；（3）主要事务所的所在地；（4）理事会相关事项；（5）管理层与职员相关事项；（6）内部组织相关事项；（7）业务与业务开展相关事项（8）资产与会计相关事项；（9）基金相关事项；（10）章程变更相关事项；（11）公示相关事项。
2. 教育情报院变更章程时，应当征得教育部部长的批准。

第六条（业务）

教育情报院开展以下业务：

（1）制作、调查、收集及管理教育及学术研究所需信息资料，并开展相关信息资料运用研究；（2）构建及管理、运营教育信息提供机制；（3）教育及学术信息的开发、流通所需信息的系统化及标准化；（4）利用多媒体对教育信息、资料进行研究、开发、发掘和普及；（5）支持各级学校的图书馆电算化与电子图书馆建设；（6）支持各级学校的教学及教育行政的信息化；（7）远程教学、研修和相关支持；（8）教育与学术信息相关国际交流与合作。

第七条（管理层等）

1. 教育情报院的管理层由包括院长在内的 11 名以内理事和 1 名监事组成。

2. 院长每届任期三年，理事与监事每届任期两年，任期届满可以分别以一年为单位连任。

3. 理事分为常任理事和非常任理事，但常任理事的名额不得超过包括院长在内理事名额的二分之一。

4. 管理层的选任与职能等相关必要事项，由章程规定。

5. 监事负责监查教育情报院的业务和会计。

第八条（管理层的不适格事由）

有下列情形之一的，不得担任教育情报院管理层：

（1）非韩国国民；（2）符合《国家公务员法》第三十三条各条款规定的不适格事由之一的人员。

第九条（理事会）

1. 教育情报院设置理事会，审议并表决教育情报院的重要事项。

2. 理事会由包括理事长在内的理事组成。

3. 理事长负责召集理事会并担任议长。

4. 监事可以出席理事会并陈述意见。

5. 本条第一款至第四款规定事项以外的理事会相关必要事项，由章程规定。

第十条（院长）

1. 院长对外代表教育情报院，负责全部业务。

2. 院长由教育部部长从根据《有关公共机构运营的法律》第二十九条设立从教育情报院的管理层推荐委员会推荐的人选中任命，管理层推荐委员会的组成等程序，由章程规定。

第十一条（地区教育情报中心）

1. 教育情报院可以在必要场所设立地区教育情报中心，开展本法第六条规定的业务。

2. 地区教育情报中心的设立、运营所需事项，由总统令规定。

第十二条（员工的任免）

根据章程规定，教育情报院的员工由院长任免。

第十三条 （运营经费）

教育情报院用以下经费维持日常运营：

（1）政府资助与补贴；（2）地方政府教育经费特别会计的补助金；（3）教育信息提供机制运营产生的使用费、手续费和收益金；（4）其他收益。

第十四条 （使用费和手续费等）

1. 教育情报院可以按照教育部部长制定的收费标准向"教育信息提供机制"使用者以及接受"教育信息提供机制"提供的信息服务的人员收取使用费。

2. 教育情报院可以就本法第六条规定的业务收取手续费或者其他费用。

第十五条 （业务年度）

教育情报院的业务年度执行政府的会计年度。

第十六条 （业务计划书等的提报）

1. 院长应当根据"总统令"的有关规定，拟定每个业务年度的工作计划和预算书并上报教育部部长。工作计划和预算书内容如有变更，变更后也应当履行相同程序。

2. 院长应当在每个会计年度结束后的 2 个月内，向教育部部长提交每个会计年度的工作总结和经过注册会计师或者会计事务所审计及理事会表决的决算书，并征得批准。

第十七条 （要求派遣人员）

1. 为实现其设立目的、提高专业性，教育情报院可以在特别必要的时候，通过教育部部长向国家机关、地方政府、教育机构、研究机构或者公共团体（以下称公共机构等）请求派遣人员。

2. 根据本条第一款接到人员选派请求的公共机构等的负责人，可以将其所属职员派遣到教育情报院。

3. 根据本条第二款被派驻到教育情报院的人员，不因派遣而受到人事、报酬等身份上的不利影响。

第十八条 （要求提供资料等）

1. 教育情报院可以要求公共机构提供开展业务所需的刊物或资料。

2. 本条第一款规定的刊物或者资料提供人如有要求，教育情报院应当就该刊物或者资料支付相应的费用。

3. 根据本条第一款向教育情报院提供的刊物或者资料，不得用于教育情报院业务目的以外的用途。

第十九条 （检查与责令整改等）

1. 必要时，教育部部长可以指派所属公务员检查教育情报院的业务与会计相关事项，或者要求教育情报院提交必要的资料。

2. 有下列情形之一的，教育部部长可以责令院长整改或者采取其他必要措施：

（1）教育信息和资料的内容违反相关法令的；（2）本条第一款所列检查中发现违法或者不正当事项的。

第二十条 （保密义务）

教育情报院的工作人员或者曾经在教育情报院任职的人员不得泄露在工作中知悉的秘密。

第二十一条 （禁止使用类似名称）

非本法规定的教育情报院，不得使用"韩国教育学术情报院"或者与之类似的名称。

第二十二条 （适用罚则时的公务员推定）

教育情报院的工作人员适用《刑法》第一百二十九条至一百三十二条的规定时，视同公务员。

第二十三条 （《民法》的适用）

除本法和《关于公共机关运营的法律》的规定外，教育情报院还适用《民法》中财团法人相关规定。

第二十四条 （罚则）

对违反本法第二十条的泄密人员，处以二年以下有期徒刑或者二千万韩元以下罚款。

第二十五条 （罚金）

1. 对违反本法第二十一条使用类似名称的人员，处以500万韩元以下罚款。
2. 根据总统令的规定，本条第一款规定的罚款由教育部部长征收。

附　　则

本法自公布之日起施行。（省略但书）

韩国研究财团法

［第 18079 号法律，2021 年 4 月 20 日修订］

第一条（目的）
本法旨在通过设立韩国研究财团，更加公平高效地支持学术及研究开发活动和相关人才的培养及使用等。

第二条（法人）
1. 韩国研究财团（以下称财团）为法人。
2. 财团在其活动和运营上具有独立性和自主性。

第三条（设立）
1. 财团在其主要事务所所在地办理设立登记而成立。
2. 本条第一款规定的设立登记相关必要事项，由总统令规定。

第三条之二（下属机构）
财团可以根据章程的规定设立下属机构。

第四条（章程）
1. 财团章程应当包括下列内容：
（1）设立目的；（2）名称；（3）主要办公场所或营业场所的所在地；（3）之二．下属机构相关事项；（4）业务相关事项；（5）理事会相关事项；（6）管理层与职员相关事项；（7）资产与会计相关事项；（8）基金相关事项；（9）公示相关事项；（10）章程变更相关事项；（11）财团解散相关事项。
2. 财团变更章程时，应当征得科学技术信息通信部长官的批准。
3. 科学技术信息通信部长官批准本条第二款规定的章程变更时，应当事先与教育部部长协商。

第五条（业务）
1. 财团开展下列业务：
（1）支持学术及研究开发活动；（2）支持学术及研究开发人才的培养和使用；（3）支持促进学术及研究开发活动的国际合作；（4）支持开展本条第一款至第三款业务所需资料及信息的调查、收集、分析、评价、管理、运用和政策开发；（5）支持学术及研究开发相关机构、团体的研究与运营；（6）支持韩国内外学术及研究开发相关机构、团体间的交流合作；（7）学术及研究开发相关其他必要事项。

2. 为实现本法第一条规定的立法目的，征得教育部部长与科学技术信息通信部长官的批准，财团可以在本条第一款所列业务之外开展必要的营利性业务。

第六条（管理层）

1. 财团的管理层由 15 名理事和 1 名监事组成，其中包括理事长 1 名。

2. 管理层根据《关于公共机关运营的法律》及财团章程的规定任免。

3. 在册理事的三分之二以上应当从《韩国学术院法》规定的韩国学术院、《关于振兴基础研究、支持技术开发的法律》第九条规定的韩国科学技术翰林院等学术及研究开发相关机构、团体推荐的候选人中选任。

4. 理事长每届任期三年，理事与监事每届任期两年，任期届满可以分别以一年为单位连任。

5. 除理事长和监事外，其他管理层为非专职（兼职）。

6. 本条第三款规定的学术及研究开发相关机构、团体的选定及程序等相关必要事项，由总统令规定。

第七条（管理层的不适格事由）

1. 有《国家公务员法》第三十三条各条款所列情形之一的，不得出任财团管理层；

2. 有下列情形之一的，财团管理层理当辞职：

（1）符合《国家公务员法》第六十九条第一款的；（2）任命时被发现符合本条第一款情形的。

3. 依照本条第二款规定辞去现职的人员，其在辞职前参与的行为仍然具备效力。

4. 科学技术信息通信部长官或者财团在对本条第一款规定的管理层失格行为进行确认时，在不可以避免的情况下，可以根据总统令的规定，处理包括《个人信息保护法》第二十四条规定的固有识别信息在内的资料。

第八条（管理层的职责）

1. 理事长代表财团，总揽财团业务，指挥并监督所属员工。

2. 监事负责监查财团的资产及会计和业务开展情况，并向教育部部长、科学技术信息通信部长官及理事会报告监查结果。

第九条（理事会）

1. 财团设置理事会，审议和表决财团的重要事项。

2. 理事会由包括理事长在内的理事组成。

3. 理事会由理事长召集并担任议长，理事长因故不能履行议长职务时，根据章程的规定由其他理事代行其职务。

4. 理事会的会议在理事长认为有必要或者三分之一以上在册理事要求召开时召开。

5. 理事会在过半数在册理事出席时开始审议，过半数在册理事赞成时通过决议。

6. 监事可以出席理事会并陈述意见。

第十条（职员的任命）

财团的职员，根据章程规定，由理事长任命。

第十一条（出资）

1. 政府可以在预算范围内向财团拨款，用于资助财团的设立、设施维护、运营及业务开展所需的经费。

2. 本条第一款规定的政府出资，可以从《科学技术基本法》第二十二条规定的科学技术振兴基金中支付。

3. 本条第一款规定的政府出资的拨付、使用与管理等相关必要事项，由总统令规定。

第十二条（国有和公有资产的无偿出借等）

1. 为了财团的设立、运营以及业务开展，国家或者地方政府必要时可以不适用《国有财产法》《公有财产及物品管理法》的规定，向财团无偿出借或者令其免费使用国有财产或者公有财产并从中受益。

2. 本条第一款规定的出借、使用并从中获益的内容、条件以及程序等相关必要事项，由总统令规定。

第十三条（业务年度）

财团的业务年度执行政府的会计年度。

第十四条（工作计划等的提报）

财团应当根据总统令的规定，拟定每个业务年度的工作计划和预算书，并提交教育部和科学技术信息通信部长官。工作计划和预算书变更时，也应当履行相同程序。

第十五条（各领域专家的研究工作管理）

1. 为有效管理学术和研究开发支持事务，维护事务管理的专业性和公正性，财团应当运行由学术和研究开发各领域专家（以下称研究事业管理专家）制定的研究事业管理制度（以下称研究事业管理制度）。

2. 为运营研究事业管理制度，财团应当经理事会决议，制定并运营包括下列事项的研究事业管理制度运营规定。想要变更运营规定时，也应当履行相同程序。

（1）研究事业管理专家的职能、权限和责任；（2）研究事业管理专家的资格要件与录用办法；（3）研究事业管理专家的任期、服务与待遇；（4）业务开展过程中研究事业管理专家的自主性、独立性和中立性保障；（5）对研究事业管理专家的评价；（6）教育部部长、科学技术信息通信部长官或者理事长认为必要的其他事项。

3. 为了研究事业管理专家公正开展研究事业评价，应当设立外部评价委员会，对评价人员的选定过程、评价过程和研究事业的效率性进行评价。

4. 外部评价委员会委员根据总统令的规定，由教育部部长或者科学技术信息通信部长官任命、委任或者免职、解除委任，外部评价委员会运营相关具体事项，由总统令规定。

第十六条（决算书的提报）

1. 财团应当出具每个业务年度的年度收支决算书，接受执注册会计师或者会计事务所的审计，并于次年二月底前将审计结果提交科学技术信息通信部长官，获得批准后方可确定决算。

2. 科学技术信息通信部长官批准本条第一款规定的决算书时，应当事先与教育部部长协商。

第十七条（检查等）

1. 教育部部长和科学技术信息通信部长官可以指派各自所属公务员检查财团的业务、会计及资产情况，或者要求财团提交必要的资料。

2. 本条第一款规定的检查发现违法或者不正当事项时，教育部部长和科学技术信息通信部长官可以责令财团整改或者采取其他必要措施。

第十八条（保密义务）

财团工作人员或者曾经在财团任职的人员不得泄露或者盗用其工作上知悉的秘密。

第十九条（《民法》的适用）

除本法和《关于公共机关运营的法律》的规定外，财团还适用《民法》中关于财团法人的相关规定。

第二十条（禁止使用同一名称）

非本法规定的财团，不得使用"韩国研究财团"这一名称。

第二十一条（适用罚则时的公务员推定）

财团工作人员适用《刑法》第一百二十九条至一百三十二条规定的罚则时，视同公务员。

第二十二条（罚则）

对违反本法第十八条泄露或者盗用机密的人员，处以三年以下有期徒刑或者三千万韩元以下罚款。

第二十三条（罚金）

1. 对违反本法第二十条规定使用"韩国研究财团"名称的人员，处以五百万韩元以下罚款。

2. 本条第一款的罚款，根据总统令的规定，由科学技术信息通信部长官征收。

附　　则

本法自公布之日起六个月后施行。

关于设立与运营东北亚历史财团的法律

[第17954号法律，2021年3月23日根据其他法律修订]

第一条（目的）

本法旨在通过设立东北亚历史财团，围绕东北亚历史问题和独岛[1]相关事项开展长期性、综合性研究分析和系统性、战略性政策开发，考证正确历史，为东北亚地区的和平与繁荣打下基础。

第二条（法人）

东北亚历史财团（以下称财团）为法人。

第三条（设立）

1. 财团在其主要事务所所在地办理设立登记而成立。

2. 本条第一款规定的设立登记事项如下：

（1）设立目的；（2）名称；（3）主要事务所所在地；（4）业务相关事项；（5）管理层相关事项；（6）公示方法。

第四条（章程）

1. 财团的章程应当包括下列内容：

（1）设立目的；（2）名称；（3）主要事务所的所在地；（4）附属研究机构的设置和运营相关事项；（5）业务与业务开展相关事项；（6）管理层与员工相关事项；（7）理事会相关事项；（8）财产与会计相关事项；（9）公示相关事项；（10）章程变更相关事项；（11）内部规章制度的制定、修改或者废除相关事项。

2. 财团变更章程时，必须事先征得教育部部长批准。

第五条（业务）

1. 为实现本法第一条的设立目的，财团开展以下业务：

（1）东北亚历史考证相关调查和研究；（2）独岛相关事项的相关调查和研究；（3）制定东北亚历史与独岛相关战略和政策策略，向政府提供政策咨询；（4）东北亚历史和独岛相关的宣传、教育、出版与普及推广；（5）开展东海、独岛标注相关系统性错误的纠错活动。

---

［1］ 独岛，指韩国和日本争议的岛屿，日称"竹岛"。

2. 为实现本法第一条中的设立目的，在事先征得教育部部长批准的前提下，财团可以在本条第一款列出的业务外开展必要的营利性活动。

第六条 （有关研究机构的协助等）

1. 为实现本法第一条中的设立目的，财团应当努力与韩国学中央研究院、国家编纂委员会和各高校研究机构共享研究成果等信息。

2. 为实现本法第一条中的设立目的，财团可以联合本条第一款的相关研究机构一同开展合作项目。

3. 教育部部长可以为财团开展信息共享和合作项目提供必要的行政和财政支持。

第七条 （管理层）

1. 财团设二十人以内的理事和一名监事，其中包括一名院长。

2. 除理事长和章程中规定的专职理事外，其他领导层人员为非专职。

3. 理事长由教育部部长提请，经国务总理，由总统任命。

4. 除总统令中有规定的职权岗理事外，其他理事由教育部部长根据理事长的推荐与外交部长官协商任命。

5. 监事由教育部部长任命。

6. 理事长和理事每届任期三年，监事每届任期两年，任期届满仅限连任一次。但职权岗理事的任期为其在职期间。

第八条 （管理层和员工的不适格事由）

符合下列情形之一的人员不得出任财团管理层和员工：

（1）非韩国国民；（2）符合《国家公务员法》第三十三条中任一不适格事由的人员。

第九条 （管理层的职能）

1. 院长代表财团，总揽财团业务，指挥监督所属员工。

2. 专职理事根据章程规定分管财团业务，理事长因故不能履行职务时，由章程中规定的专职理事代行其职务。

3. 监事监查财团的业务和会计。

第十条 （管理层和员工的兼职限制）

1. 非专职理事以外的财团管理层和员工，在其本职工作外不得从事以盈利为目的的业务。

2. 未经理事长允许，非专职理事以外的财团管理层和员工不得兼任其他职务。

第十一条 （理事会）

1. 财团内设理事会，审议并表决财团业务相关重要各事项。

2. 理事会由包括委员长在内的理事组成。

3. 理事长负责召集理事会，并担任理事会议长。

4. 理事会会议以过半数在册理事出席开始审议，以过半数出席理事赞成通过决议。

5. 监事可以出席理事会并陈述意见。

第十二条　（员工的任免）

根据章程规定，财团的员工由院长任免。

第十三条　（运营经费）

财团使用下列经费维持日常运营：

（1）本法第十四条规定的国家出资与补贴；（2）其他收益。

第十四条　（拨款等）

1. 政府可以在预算范围内为财团设立与运营所需经费拨付资金或者提供补贴。

2. 本条第一款拨款等的交付、使用等相关必要事项由总统令确定。

第十五条　（国有和公有财产的无偿出借等）

为设立与运营财团，必要时国家或者地方政府可以忽略《国有财产法》《公有财产及物品管理法》，向财团无偿出借或者令其免费使用国有或者公有财产并从中受益。

第十六条　（营业年度）

财团的营业年度执行政府的会计年度。

第十七条　（工作计划等的提报）

1. 财团应当根据总统令的规定，向教育部部长提交下列材料并获得其批准：

（1）各营业年度的工作计划和预算表；（2）各营业年度的工作业绩以及经教育部部长指定的注册会计师审计后的各业务年度收支决算报告。

2. 本条第一款第一项的工作计划变更重要内容需要重新获得批准时，应当事先向教育部部长提报有助于明确变更内容和原因的工作计划和预算表。

第十八条　（公务员等的派遣）

1. 为实现其设立目的，财团可以在特别必要的情况下通过教育部部长向有关部门或者研究机构请求派遣公务员、管理层、职员或者研究人员等。

2. 接到本条第一款派遣要求的有关部门或者公共机关的负责人可以与财团协商，将所属职员派遣到财团。

3. 依据本条第二款被派驻到财团的人员，不因派遣而受到人事、报酬等身份上的不利待遇。

第十九条　（要求提供资料等）

1. 财团可以通过教育部部长向有关部门请求提供开展业务所需的资料。

2. 有关部门负责人可以要求理事长提供必要的资料。

3. 本条第一款提供给财团的资料不得用于财团研究目的以外的其他用途。

第二十条（东北亚历史问题等的报告）

对影响东北亚历史问题和独岛相关国家政策的事件，理事长可以通过教育部部长和外交部长官向总统报告。

第二十一条（指导和监督等）

1. 教育部部长指导和监督财团。但财团业务中与外交部主管业务相关的，与外交部长官进行协商。

2. 教育部部长根据本法第五条的规定，对业务开展情况进行指导和监督时，必要时可以与相关部门负责人进行协商。

3. 教育部部长可以要求财团汇报业务、会计和资产相关必要事项，或者指派所属公务员检查财团的文件和物品。

4. 依据本条第三款规定的汇报或者检查结果，教育部部长认为有必要时，可以要求财团整改或者采取其他必要措施。

第二十二条（保密义务）

财团的管理层和员工，根据本法第十八条派驻财团的人员或者曾担任管理层或者在财团任职的人员，不得泄露其工作中知悉的秘密，或者将其用于职务以外的其他用途。

第二十三条（《民法》的适用）

除本法规定外，财团还适用《民法》中关于财团法人的相关规定。

第二十四条（适用罚则时的公务员推定）

财团管理层和员工（含根据本法第十八条规定派驻财团的公共机关管理层、员工、科研人员）适用《刑法》第一百二十九条至一百三十二条规定时，视同公务员。

第二十五条（罚则）

对违反本法第二十二条规定的人员，处以两年以下有期徒刑或者二千万韩元以下罚款。

第二十六条（罚金）

1. 对拒绝、妨碍或者逃避本法第二十一条第三款规定检查的人员以及提供虚假材料的人员，处以一百万韩元以下的罚金。

2. 本条第一款规定的罚款，根据总统令的规定，由教育部部长征收。

3. 删除

4. 删除

5. 删除

附　　则

本法自公布之日起施行。（省略但书）

关于史料收集与编纂和韩国史普及等的法律

［第 17955 号法律，2021 年 3 月 23 日修订］

第一章　总　　则

第一条（目的）

本法旨在通过研究我国历史（以下称韩国史），调查、收集、保存、编纂构建韩国史研究体系所需要的各种史料，并在此基础上推动韩国史的研究、编纂、研修和普及，以推动韩国史研究的深入和系统发展，为提高国民的历史认识做出贡献。

第二条（术语的定义）

本法中使用的术语，其定义如下：

(1)"史料"是指作为历史研究资料的记录（含文书、图书、照片、金石文字、书画、视听资料、口述采录物及电子记录物等，下同）；(2)"史料调查"是指确认相应史料是否存在、物理形态、保存状态、收藏场所、目录等；(3)"史料收集"是指复制、购买或者通过接受出借、捐赠、委托收藏经查证属实的史料；(4)"编纂"是指编辑出版史料及韩国史研究成果，并将其加工成利用信息通信网络的服务等电子形式提供；(5)"韩国史研修"是指为了学习韩国史和开发历史认识能力，以专家、教师、公务员等为对象实施的研修；(6)"韩国史信息化"是指以电子形式收集、加工、制作、提供史料和韩国史相关内容。

第三条（与其他法律的关系）

关于史料的调查、收集、保存、编纂和韩国史的研究、编纂、研修、普及，除其他法律有特别规定的外，执行本法规定。

第二章　国史编纂委员会

第四条（设立国史编纂委员会）

为推动韩国史研究深入和系统发展，设立隶属教育部部长的国史编纂委员会（以下称委员会）。

第五条（业务）

委员会负责下列各项业务：

（1）制定并实施国内外史料调查、收集、保存相关长期计划及年度计划；（2）制定并实施韩国史研究、编纂、研修、普及相关长期计划和年度计划；（3）培养韩国史研修及史料管理专业人才；（4）制定并实施韩国史信息化相关长期计划及年度计划；（5）韩国史及史料相关机构间的合作与协调；（6）向国家重要史料所有人或管理人提出查阅、复制请求以及国家重要史料的保存、管理、编纂等；（7）除此之外的史料调查、收集、保存、编纂以及韩国史研究、编纂、研修、普及等。

第六条（委员会组成）

1. 委员会由十五人以上二十人以内的委员组成。其中委员长一人，常任委员二人。

2. 委员长由总统任命，但由政务职担任，常任委员由《国家公务员法》第二条之二规定的高层公务员团的所属公务员担任。

3. 委员根据委员长推荐，由教育部部长委任，委员的资格等委员委任相关必要事项由总统令规定。

4. 委员每届任期三年，可以连任。

第七条（委员会会议）

1. 委员会会议由包括委员长在内的全体委员组成，委员长担任议长。

2. 委员会会议由委员长负责召集，由在册委员过半数出席方可进行审议，出席委员过半数赞成表决通过。

第八条（委员长职务）

1. 委员长代表委员会，全面负责委员会业务，指挥监督所属职员。

2. 委员长因故不能履行职务时，由委员长提名的常任委员代行其职务。

第九条（委员的不适格事由）

1. 符合下列情形之一的，不得兼任委员：

（1）非韩国国民；（2）有《国家公务员法》第三十三条第一款规定情形之一的；（3）政党党员；（4）在依照《公职选举法》进行的选举中登记为候选人的。

2. 有本条第一款规定情形之一时，理当辞去委员职务。

第十条（委员会的运营）

1. 为承担委员会的日常工作，可以任命必要的公务员。

2. 在史料的收集、编纂等需要专家参与的情况下，委员长可以根据总统令的规定委任相关领域的专家担任史料研究委员。

3. 为调查、收集史料，必要时委员长可以根据总统令的规定在国内外分地区或机构委任史料调查委员。

4. 委员会运营相关其他必要事项，由总统令规定。

第十一条（公正执业）

1. 依照本法从事韩国史研究、调查等工作的人员应当公正、中立开展工作。

2. 从事委员会业务的人员不得将其业务开展过程中知悉的文件等内容用于韩国史研究的学术目的以外的用途。

第三章 史料的调查、收集、保存等

第十二条（史料的调查）

1. 为把握史料的现状，委员会应当组织开展全国性或以地区为单位的史料调查及国外史料调查。

2. 为开展本条第一款的史料调查，必要时委员会可以要求国家机关、地方政府、团体或者个人提供收藏的史料目录，相应机关负责人、团体或者个人应当予以协助。

第十三条（史料的查阅、复制）

委员会可以要求查阅、复制由国家机关、地方政府、团体或者个人保存、管理的韩国史相关史料，除法律有特别规定的情形外，相应机关负责人、团体或者个人应当予以协助。

第十四条（史料的受托、保存）

1. 为了永久安全的保存，国家机关、地方政府、团体或个人向委员会请求委托、保存各自保管的史料的，经委员会审查后可以接受其委托和保存。

2. 根据本条第一款提供史料者如有要求，委员会应当向相关团体或者个人支付必要的费用。

3. 本条第一款和第二款规定的受托、保存的审查方法、程序和补偿相关事项，由总统令规定。

第十五条 删除

第四章 韩国史的研究、编纂与普及

第十六条（研究编纂）

1. 为推动韩国史研究的深化和系统发展，委员会应当研究重要史料及韩国史，并编纂相关研究成果。

2. 委员会应当研究或编纂下列事项：
（1）各时代基本史料；（2）各主题基本史料；（3）国家政策需要的史料；（4）韩国史相关研究成果。

第十七条（韩国史研修）

1. 为韩国史研修，委员会可以实施下列事项：

（1）利用大众媒体普及推广韩国史；（2）韩国史研修课程的筹设、教材开发、授课、专业人才培养；（3）运营旨在振兴韩国史的研修机构；（4）组织在大学及专业教育机构开展韩国史研修。

2. 本条第一款规定的韩国史研修课程、授课、研究机构的组织运营等相关必要事项，由总统令规定。

第十八条（韩国史能力的鉴定）

1. 为了扩大韩国史的关注度，培养对韩国史的知识、思考能力和解决问题的能力，委员会可以组织开展韩国史能力鉴定。

2. 本条第一款规定的韩国史能力鉴定的方法、程序、内容、对象相关必要事项，由总统令规定。

第十九条（促进韩国史信息化）

1. 委员会应当制定并实施韩国史信息化基本规划和年度计划，帮助国民轻松地学习和运用韩国史。

2. 为推动韩国史信息化，委员会运营历史领域综合信息中心。

3. 删除

4. 本条第一款和第二款规定的促进韩国史信息化相关必要事项，由总统令规定。

第五章　补充规则

第二十条（权限的委任、委托）

1. 教育部部长可以根据总统令将本法规定的部分权限委任给向地方政府负责人（含教育监）。

2. 教育部部长可以根据总统令将本法规定的部分业务委托给韩国史相关研究机构、团体等。

附　　则

本法自公布之日起施行。

韩国古典文献翻译院法

[第 17954 号法律，2021 年 3 月 23 日根据其他法律修订]

第一条（目的）

本法旨在通过设立韩国古典文献翻译院，收集、整理、翻译古典文献，为筑牢韩国学研究基础及继承和发展韩国传统文化贡献力量。

第二条（术语的定义）

本法中的"古典文献"指的是 1909 年以前用汉字或者韩语等文字书写的、具有学术研究价值的文书、图书和其他记录物。

第三条（法律人格）

韩国古典文献翻译院（以下称翻译院）为法人。

第四条（设立）

1. 翻译院在其主要事务所所在地办理设立登记而成立。

2. 本条第一款规定的设立登记事项如下：

（1）设立目的；（2）名称；（3）主要事务所所在地；（4）管理层的姓名与住址；（5）公示方法。

第五条（章程）

1. 翻译院的章程应当包括下列内容：

（1）设立目的；（2）名称；（3）主要事务所的所在地；（4）业务与业务开展相关事项；（5）内部组织相关事项；（6）理事会运营相关事项；（7）管理层与职员相关事项；（8）资产与会计相关事项；（9）章程变更相关事项；（10）解散相关事项；（11）公示相关事项。

2. 翻译院变更章程时，应当征得教育部部长批准。

第六条（业务）

翻译院主要开展以下业务：

（1）古典文献的收集、整理与研究；（2）古典文献的编纂、翻译和推广；（3）培养古典文献整理、翻译人才；（4）古典文献相关对私业务；（5）古典文献相关国内外交流与合作；（6）章程规定的上述第一项至第五项业务的配套业务。

第七条（管理层的选任等）

1. 翻译院设不超过十五名的理事以及不超过二名的监事，其中包括院长一名。

2. 院长由理事会选任，但须经教育部部长批准。

3. 理事与监事选任相关必要事项，由章程规定。

4. 除院长外，管理层为非专职。

5. 理事，包括院长，每届任期三年，监事每届任期两年，任期届满可以连任。

第八条（管理层的职能）

1. 院长代表翻译院，总揽翻译院业务，指挥并监督所属职员。

2. 理事出席理事会，审议和决定翻译院业务相关重大事项。

3. 监事负责监查翻译院的业务和会计相关事项。

第九条（理事会）

1. 翻译院设置理事会，以审议和决定下列事项：

（1）工作计划与预决算；（2）变更章程；（3）管理层的选出及选任；（4）财产的取得、管理与处置；（5）捐款的管理、运营与使用；（6）章程规定的理事会权限内的事项；（7）理事长或者院长提请审议的其他翻译院运营中的重大事项。

2. 理事会由包括院长在内的理事组成。

3. 理事长从理事中互选产生，负责召集理事会并担任议长。但三分之一以上在册理事要求召开理事会时，理事长应当及时召集理事会。

4. 章程中如无特别规定，理事会以半数以上在册理事出席和半数以上出席理事赞成通过决议。

5. 监事可以出席理事会并陈述意见。

6. 理事会运营相关其他必要事项，由章程规定。

第十条（办公机构及员工）

1. 翻译院可以根据章程规定安排办公机构及员工，处理翻译院日常业务。

2. 根据章程规定，翻译院的员工由院长任免。

第十一条（古典文献翻译委员会）

1. 翻译院设置古典文献翻译委员会（以下称委员会），开展本法第六条规定的业务，审议翻译对象选定与排序相关事项。

2. 委员会议长由翻译院院长担任，委员由以下人员出任：

（1）古典文献收集、整理或者翻译业务相关机构举荐的人员；（2）古典文言研究团体举荐的人员；（3）教育部部长从教育部所属公务员中提名的人员。

3. 委员会的组成及运行相关必要事项，由总统令规定。

第十二条（运营经费）

翻译院靠下列经费维持日常运营：

（1）国家拨款与补贴；（2）捐款；（3）其他收益金。

第十三条（拨款或者补贴）

1. 国家可以在预算范围内为翻译院业务与运营所需经费拨付资金或者提供补贴。

2. 翻译院应当根据总统令的规定，在每个业务年度4月30日前向教育部部长提报下一年度政府资助预算申请书。

第十四条（国有财产的无偿出借等）

为了翻译院的设立与运营，国家认为必要时，可以不适用《国有财产法》，向翻译院转让、无偿出借或者令其免费使用国有财产并从中受益。

第十五条（业务协助等）

1. 为了古典文献的整理、翻译、研究等事业，翻译院可以向收藏所需资料的国家及地方政府和个人、法人或者团体请求查阅、复印、出借该资料等。在这种情况下，被请求人如无特殊理由应当予以协助。

2. 翻译院根据本条第一款提出查阅、复印相关资料等要求时，应当向国家和地方政府以外的人员或者单位支付正当的代价。

第十六条（要求派遣人员等）

1. 为实现其设立目的、提高专业性，翻译院可以在特别必要的情况下，通过教育部部长向国家机关、地方政府、教育机构、研究机构（以下本条内简称国家机关等）请求派遣人员。

2. 依据本条第一款，接到人员选派请求的国家机关等的负责人可以将所属人员派遣到翻译院。

3. 依据本条第二款被派驻到翻译院的人员，派驻期间视同在原所属单位工作，不因为派遣而受到人事、报酬等身份上的不利待遇。

第十七条（会计年度）

翻译院的会计年度执行政府的会计年度。

第十八条（工作计划等的提报）

翻译院应当制定每个会计年度的工作计划和预算书，并于相应会计年度开始前提交教育部部长核准。批准后的工作计划和预算书的主要内容如需变更，也应当履行相同程序。

第十九条（决算报告）

翻译院应当在下一会计年度3月31日前将每个会计年度的年度收支决算书和该年度工作总结提交教育部部长。

第二十条（保密义务）

翻译院的管理层和员工或者曾经在翻译院任职的人员不得泄露其工作上知悉的秘密，或者用于职务以外的其他用途。

第二十一条（禁止使用类似名称）

非本法规定的翻译院，不得使用"韩国古典文献翻译院"或者与之类似的名称。

第二十二条（适用罚则时的公务员推定）

翻译院的管理层和员工适用《刑法》第一百二十九条至一百三十二条规定的罚则时，视同公务员。

第二十三条（《民法》的适用）

除本法规定外，翻译院还适用《民法》中财团法人相关规定。

第二十四条（罚则）

对违反本法第二十条的人员，处以一年以下有期徒刑或者二千万韩元以下罚款。

第二十五条（罚金）

1. 对违反本法第二十一条的人员，处以五百万韩元以下罚金。
2. 根据总统令的规定，本条第一款规定的罚款由教育部部长征收。
3. 删除
4. 删除
5. 删除

附　　则

本法自公布之日起施行。（省略但书）

韩国私学振兴财团法

[第17084号法律，2020年3月24日修订]

第一条（目的）
本法旨在通过设立韩国私学振兴财团，支持私学机构改善教育环境，为振兴私学教育贡献力量。

第一条之二（术语的定义）
本法中的"私学机构"指的是符合下列各条款的学校、法人或者继续教育设施。

（1）《私立学校法》第二条规定的私立学校以及设立、运营私立学校的学校法人。（2）根据《继续教育法》第三十三条第三款，获得教育部部长批准的远程大学形态的继续教育设施以及设立、运营上述继续教育设施的法人。（3）根据《继续教育法》第三十一条，由法人设立、运营的学历认定学校形态的继续教育设施以及设立、运营上述继续教育设施的法人。

第二条（法人）
韩国私学振兴财团（以下称财团）为法人。

第三条（设立）
财团在其主要事务所所在地办理设立登记而成立。

第四条（章程）
1. 财团的章程应当包括下列内容：
（1）设立目的；（2）名称；（3）主要事务所的所在地；（4）业务相关事项（5）理事会相关事项；（6）管理层与职员相关事项；（7）组织架构相关事项；（8）基金相关事项；（9）资产与会计相关事项；（10）章程变更相关事项；（11）公示相关事项。
2. 财团变更章程时，应当征得教育部部长批准。

第五条（禁止使用类似名称）
非本法规定的财团，不得使用"韩国私学振兴财团"或者与之类似的名称。

第六条（业务）
1. 财团主要开展下列业务：
（1）基金的筹集、运营与管理；（2）私学机构改善经营相关的研修与调查、研究业务；（2）之二，学校经营咨询与经营咨询支援业务；（3）管理和处置受委托管理和处置的私学机构财产；（3）之二．为推动依照《私立学校法》第三十四条第二款或第四十七条被解散的学校法人的清算程序有效进行的相关行政和财政支持业务；（3）之三，根据《私立学校法》第四十八条之二规定解散的学校法人以及废弃、关停学校，其档案的移交与管理相关业务；（4）教育部部长委托的业务；（5）依据其他法律规定，财团可以开展的业务；（6）与私学振兴和经营改善相关的其他必要业务。

2. 本条第一款业务运营所需事项，由总统令规定。

第七条（管理层等）

1. 财团的管理层由包括理事长在内的七名以上、九名以内的理事和两名以内的监事组成。

2. 本条第一款规定的理事（理事长除外）和监事经理事会推荐，由教育部部长任命；理事长由理事长推荐委员会推荐，经理事会审议和表决后，由教育部部长任命。

3. 本条第一款的理事应当包含两名以上学校法人的管理层。

4. 本条第二款的理事长推荐委员会的组建适用《关于公共机构运营的法律》第二十九条，与理事长推荐委员会的运营相关的其他事项，由财团章程规定。

第八条（管理层的任期等）

1. 财团管理层每届任期三年，任期届满可以连任。

2. 除理事长外，其他管理层为非专职。

第九条（管理层的职责）

1. 理事长总揽财团业务，对外代表财团。

2. 删除

3. 监事负责监查财团的会计和业务。

第十条（不适格事由）

符合下列各项中任一情形的人员不得出任财团管理层：

（1）非韩国国民；（2）有《国家公务员法》第三十三条各条款所列不适格事由之一的人员。

第十一条（理事会）

1. 财团设理事会，审议和表决财团业务相关重要事项。

2. 理事会由理事长和理事组成。

3. 理事长召集理事会并担任议长。

4. 除财团章程有特别规定外，理事会以过半数在册理事赞成通过决议。

5. 监事可以出席理事会并陈述意见。

第十二条 （非专职管理层的报酬限制）

管理层中非专职理事和监事不领取报酬。但其理事会业务相关花费可以实报实销。

第十三条 （员工的任免）

财团的员工，根据章程规定，由理事长任免。

第十四条 （适用罚则时的公务员推定）

财团管理层和员工适用《刑法》或者其他法律的罚则时，视同公务员。

第十五条 （管理层和员工的兼职限制）

理事长与财团员工不得兼任私学机构的理事或者员工，不得在本职工作外从事以盈利为目的的业务。

第十六条 （国有和公有财产的出借或者使用、受益）

1. 为了财团的设立、运营以及业务开展，必要时国家或者地方政府可以不适用《国有财产法》《公有财产及物品管理法》，向财团无偿出借或者令其免费使用国有或者公有财产并从中受益。

2. 财团为开展本法第十九条之二第一款规定的业务，必要时国家或者地方政府可以不适用《国有财产法》及《公有财产及物品管理法》，不经招标或者竞争直接以定向协议的方式向财团无偿出借或者令其免费使用国有财产或者公有财产并从中受益。在这种情况下，出借与使用、受益许可的期限可以设定在三十年以内。

3. 本条第二款规定的出借与使用、受益许可期限可以在期限范围内仅进行一次展期。

4. 本条第一款和第二款规定的出借、使用、受益的内容、条件以及程序等相关必要事项，由总统令规定。

第十七条 （私学振兴基金的设立）

1. 财团设立私学振兴基金（以下称基金），以筹集财团开展业务所需资金。

2. 基金分私学支持账户和清算支持账户。

第十八条 （基金的组成）

1. 私学支持账户由下列各项财源组成：

（1）政府拨款；（2）其他基金的转入金；（3）本法第二十六条规定的借款；（4）法人单位、社会团体或者个人的捐款；（5）根据本法第二十七条发行债券所产生的资金；（6）基金运营所产生的资金和收益。

2. 清算支持账户由下列各项财源组成：

（1）政府拨款；（2）《私立学校法》第三十五条第四款规定的剩余财产；（3）其他基金的转入金；（4）本法第二十六条规定的借款；（5）法人单位、社会团体或者个人的捐款；（6）基金运营所产生的资金和收益。

3. 自1989年3月31日起，政府应当每年在预算内编列一定金额资金用作本条第一款第一项和第二项中的拨款。

第十九条（基金的使用）

1. 私学支持账户资金用于下列各项事业：
（1）为私学机构改造、维护、扩充财产（仅限土地和建筑物）和教学设备、器材提供必要的资金融资；（2）为私学机构改善教学环境和教育内容提供本条第一款以外的必要资金融资；（3）私学机构结构优化相关业务；（3）之2，删除；（4）本法第一条中的资产扩充项目中适用《社会基础设施民间投资法》第四条中列出的方式并加以推进的事业；（4）之2，作为与国家或者地方政府、公共机构共同推动的项目中旨在为私学机构学生设立、运营宿舍的项目；（5）基金筹集、运营和管理所需的必要经费支出；（6）私学机构改善教学环境和教育内容相关其他必要业务。

2. 清算支持账户资金用于为作为本法第六条第一款第三项之二规定的支持对象的学校法人的清算提供必要的资金融资。

第十九条之二（基金的托管）

其他基金的管理人可以将其全部或者部分资金交由私学振兴基金托管，以便用于下列各项事业：

1. 适用《社会基础设施民间投资法》第四条中所列方式，作为与国家或者地方政府、公共机构共同推动的项目中旨在为私学机构学生设立、运营宿舍的项目。

2. 教育部部长委托的业务。

第十九条之三（学生宿舍电费减免）

《电力事业法》规定的电力运营企业，可以对本法第十九条之二第一款的学生宿舍给予电费减免。

第十九条之四 删除

第二十条（基金的运营与管理）

1. 基金由财团运营并管理。

2. 基金运营、管理相关必要事项，由总统令规定。

第二十一条（基金的融资）

1. 基金为本法第十九条第一款所列事业提供资金融资时无须担保。

2. 基金资金的融资对象、条件、方式和偿还等相关事项，由总统令规定。

第二十二条（会计年度）

财团的会计年度执行政府的会计年度。

第二十三条（工作计划等的提报）

财团应当在每个会计年度开始前拟定工作计划和年度收支预算书，并提交教育部部长。工作计划和预算书内容如需变更，也应当履行相同程序。

第二十四条（决算等的报告）

财团应当在每个会计年度开始两个月内出具上一会计年度决算报告和工作总结，并与监事的审计意见一道向教育部部长报告。

第二十五条（结余资金的处理）

每一会计年度决算时账面如有结余，财团可以用来弥补亏损，弥补亏损后仍有结余的可以作为基金累积。

第二十六条（借款）

1. 为筹集基金，财团可以长期借款或者短期借款。

2. 本条第一款的短期借款应当在相应业务年度内归还，资金不足无法偿还时可以续借，但续借额度仅限该短期借款金额。

3. 财团依照本条第一款和第二款拆借资金时，应当向教育部部长报告有关事项。

第二十七条（私学振兴债券的发行）

1. 为筹集基金，财团可以发行私学振兴债券（以下称债券）。

2. 删除

3. 政府可以为财团发行债券还本付息提供保证。

4. 财团根据本条第一款发行债券时，应当向教育部部长报告有关事项。

第二十八条（利息差额的填补）

因借款等产生的应当付利息与因融资产生的应收利息之间的利息差，由国库填补。

第二十九条（拨款）

1. 政府可以在预算范围内向财团拨付财团的设立、设施维护、日常运营以及业务开展相关必要经费。

2. 本条第一款规定的财政拨款的拨付、使用与管理等相关必要事项，执行总统令有关规定。

第三十条（监督）

教育部部长可以监督财团业务，责令开展监督所需的监查。

第三十一条（适用）

除本法以外，财团还适用《民法》中关于财团法人的相关规定。

第三十二条（罚金）

1. 对违反本法第五条，违规使用韩国私学振兴财团或者与之类似名称的人员，处以五百万韩元以下罚款。

2. 本条第一款规定的罚款，由教育部部长征收。

附　则

第一条（施行日期）

本法自公布之日起三个月后施行。

第二条（国有和公有资产出借等相关适用例）

本法第十六条的修订规定也适用于本法施行前韩国私学振兴财团（含财团设立的特殊目的法人）为开展本法第十九条之二第一款的业务而无偿借用或者使用、获得受益许可的国有财产或者公有财产。

关于设立韩国奖学财团的法律

[第17670号法律,2020年12月22日修订]

第一章 总 则

第一条 (目的)

本法旨在设立韩国奖学财团,并通过该财团有效地管理对大学生学费的支援制度,以便使任何人,无论其经济条件如何,都可以根据其意志和能力获得接受高等教育的机会。

第二条 (术语的定义)

本法中使用的术语,其含义如下:

(1)"学费支援"指的是下列情形之一:①根据本法发放学费贷款、提供信用担保、无偿支付学费等的大学生完成学业所需的费用,管理上述款项偿还相关的必要事项;②中央行政机关或者地方政府将向《中小学教育法》第二条所列学校的在校生无偿支付学业奖励金等的业务委托给韩国奖学财团时,根据有关工作规定支付学业奖学金等,并管理与之相关的必要事项。(2)"就业后偿还学费贷款"指的是向大学生发放学费贷款,待相关大学生因就业等产生收入后,按照收入水平还本付息的贷款。(3)"一般偿还学费贷款"指的是向大学生发放学费贷款,在约定的宽限期内只需支付利息,待还款期到后分期还本付息的贷款。(3)之二. 删除。(3)之三."转换贷款"指的是韩国奖学财团向获得本条第三款规定的"一般偿还学费贷款"或者本条第四款规定的"信用担保"(以下称既贷贷款)的人员提供用来偿还已贷得的学费的贷款。(4)"信用担保"指的是以本法第二十五条规定的"学费贷款信用担保账户"的承担为条件,为大学生因从金融公司等处获得学费贷款而发生的债务提供担保的行为。(4)之二."追偿债权"指的是韩国奖学财团将根据本条第四款规定的信用担保而产生的担保债务履行[*]给金融公司等,使主债务消失时,可以要求主债务者偿还所担保债务的权利[**]。

---

[*] 译者注:财团履行对大学生学费贷款的连带偿还义务。

[**] 译者注:申请学费贷款的大学生为主债务人、为学生提供贷款担保的奖学财团为连带债务人,金融公司执行以财团资金连带偿还学费贷款后,财团向大学生追偿相关学费贷款的权利。

(5)"大学生"指的是在高等教育机构就读（包括即将入学或者即将复学情况）的学生（包括研究生）。(6)"高等教育机构"指的是下列学校或者设施等：①《高等教育法》第二条规定的学校；②《继续教育法》第三十一条第四款规定的专门大学和该法第三十三条规定的远程大学形式的继续教育设施；③《国民终身职业能力开发法》第二条第五款规定的技能大学；④国外的大学（包括研究生院）。(7)"金融公司等"指的是《银行法》第二条第一款第二项规定的银行等由总统令规定的机关。

第三条之一（学费支援的对象）

1. 学费支援的对象仅限大学生。但是，支援本法第二条第一款第二项规定学费的情况除外。

2. 虽然有本条第一款的正文内容，以本法第二十五条规定的"学费贷款信用担保账户"为担保，从金融公司等处获得学费贷款的大学生，仅限本法第二条第六款第一项至第三项规定的高等教育机构的在校学生。

第三条之二（转换贷款的对象）

转换贷款的对象为已经获得既贷贷款的人员（包括毕业生），其范围限定为2009年12月31日前获得的既贷贷款。

第四条（学费支援的范围）

大学生学费支援的范围为注册费、食宿费、教材购买费、语言研修费以及交通费等生活费。但是，本法第二条第一款第二项规定的学费支援范围是中央行政机关负责人规定的学业奖励金等。

第五条（国家责任）

为了实现本法第一条确定的目标，国家应当制定并实施扩充财源等旨在增加学费支援的必要措施。

第二章 韩国奖学财团

第一节 通 则

第六条（韩国奖学财团的设立）

1. 为了有效地进行学费支援，设立韩国奖学财团（以下称财团）。
2. 财团为法人。

第七条（设立登记）

财团在其主要事务所所在地办理设立登记而成立。

第八条（章程）

1. 财团的章程应当载明下列事项：
(1) 设立目的；(2) 名称；(3) 主要事务所所在地；(4) 业务相关事项；

（5）理事会相关事项；（6）高层管理人员和工作人员相关事项；（7）财产和会计相关事项；（8）公告有关事项；（9）章程变更相关事项。

2. 财团变更章程时，应当征得教育部部长批准。

第二节　管理人员

第九条（管理人员）

1. 财团的高层管理人员由十五名以内的理事和一名监事组成，其中包括理事长。

2. 理事长经教育部部长从根据《关于公共机构运营的法律》第二十九条在财团内设立的"高层管理人员推荐委员会"推荐的多人中提出申请，由总统任命。

3. 理事长以外人员的任命执行《关于公共机构运营的法律》及章程的规定。

4. 理事长每届任期三年，理事和监事每届任期两年，但可以分别以一年为单位连任。

5. 除理事长、三名以内的理事和一名监事外，其余高层管理人员均为非专职，不支付报酬。但是，其与财团业务相关的花费可以实报实销。

第十条（高层管理人员的职务）

1. 理事长代表财团，总揽财团业务，指挥和监督所属职员。

2. 常任理事按照章程规定，负责财团的事务；理事长因故不能履行其职务时，由章程规定的常任理事代行其职务。

3. 监事监查财团的财产、会计和业务开展情况，并将调查结果报告教育部部长和理事会。

第十条之二（代理人的选任）

理事长可以从理事或者职员中选任代理人，授权其处理财团业务相关的诉讼或者诉讼以外的事务。

第十一条（高层管理人员和工作的不适格事由）

1. 有《国家公务员法》第三十三条所列不适格事由之一的，不得担任财团的高层管理人员或者工作人员；

2. 财团的高层管理人员和工作人员有《国家公务员法》第三十三条所列不适格事由之一的，理当辞职。

第十二条（理事会）

1. 财团设理事会，审议并决定"学费支援制度"等财团的重要事项。

2. 理事会由包括理事长在内的理事组成。

3. 理事长负责召集理事会，并担任议长；理事长因故不能履行议长职务时，由章程规定的常任理事代行其职务。

4. 理事长认为有必要或者三分之一以上的在册理事向理事长要求召开的，应召开理事会。

5. 理事会以过半数在册理事出席开始审议，以过半数在册理事赞成通过决议。

6. 监事可以出席理事会并陈述意见。

第十三条（工作人员的任命）

根据章程规定，财团的工作人员由理事长任命。

第十四条（《民法》的适用）

除本法和《关于公共机构运营的法律》的规定外，财团还适用《民法》中关于财团法人的相关规定。

第三节　财团业务

第十五条（营业年度）

财团的营业年度执行政府的会计年度。

第十六条（业务）

1. 为了实现设立的目的，财团开展以下业务工作：
（1）学费支援及其效益分析；（2）开发学费支援项目；（3）提供学费支援相关的咨询及信息；（4）调查和分析高等教育机构的注册费*及学费支援统计现况；（4）之二．提供高等教育机构注册费及学费支援所需的相关资料；（5）管理中央行政机关、地方政府、公共机构、法人或者个人等委托的学费支援项目；（6）开发及运营人才培养援助项目；（7）设置并运营宿舍等学生福利设施；（8）为大学生勤工奖学项目的管理及相关合作项目的运营提供支持；（9）此外，其他旨在实现财团设立目的的学费支援等相关业务。

2. 为了实现设立目的，经教育部部长批准，财团可以在本条第一款规定的项目外开展收益性事业。

第十七条（赞助金）

1. 政府可以每年编制预算，资助用于财团的设施、运营及业务开展所需的经费。

2. 本条第一款规定的资助款项的拨付、使用及管理相关事项，由总统令规定。

第十八条（发行债券）

1. 为筹集学费支援的财源，经理事会表决，并报经教育部部长批准，财团可以发行债券。

---

* 译者注：入学学费。

2. 教育部部长想要批准发行本条第一款规定的债券，应当事先与企划财政部长官进行协商。

3. 删除

4. 删除

5. 政府可以为财团所发行债券本息的偿还提供担保。

6. 财团所发行的债券视作《关于资本市场和金融投资业的法律》第四条第三款规定的特殊债证券。

7. 除本条第一款、第二款、第五款和第六款规定的事项外，债券发行相关必要事项，由总统令规定。

第十九条（国有、公有财产的无偿出借等）

1. 为了财团的设立、运营及业务开展，必要时国家或者地方政府可以不适用《国有财产法》或者《公有财产及物品管理法》的规定，向财团无偿出借或者令其免费使用国有财产或者公有财产，并从中获益。

2. 本条第一款规定的出借和使用、收益的内容、条件和程序的相关必要事项，由总统令规定。

第十九条之二（对大学生宿舍的电费减免）

《电力事业法》规定的电力运营企业可以减免本法第十六条第一款第七项规定的提供给大学生宿舍的电费。

第二十条（募集和接受捐款）

1. 为了开展本法第十六条第一款所列各项事业，财团可以募集和接受法人、团体或者个人等捐助的款物。

2. 财团根据本条第一款募集和接受的捐款捐物应当另立账户进行管理。

第二十一条（提交工作计划等）

财团应当根据总统令的规定，分别拟定每个营业年度的工作计划及预算书，并上报教育部部长。变更工作计划或者预算书时也应当履行相同程序。

第二十二条（决算的确定）

财团应当根据所管理的账户制定每个营业年度的年度收支决算报告，经注册会计师或者会计师事务所的审计，于翌年二月底前上报教育部部长，待得到批准后方可确定决算。

第二十三条（结余和结损的处理）

1. 在每一个营业年度的决算中，财团所管理的账户如果产生收益，应当全额累积作为公积金。

2. 在每一个营业年度的决算中，如果出现亏损，财团可以用本条第一款的公积金进行弥补，不足时可以由政府弥补。

第二十三条之二 （闲置资金的使用）

财团管理的账户上有闲置资金时，可以通过下列方法使用：
（1）向金融公司等办理存款；（2）购买国债、地方债及政府保证支付的债券；（3）此外，总统令规定的其他闲置资金使用方法。

第二十四条 （会计的分类处理）

财团应当按照所管理的账户分类处理会计*。

第四节 学费贷款账户

第二十四条之二 （学费贷款账户的设置）

为了"就业后偿还学费贷款"和"一般偿还学费贷款"的发放和回收，在财团设置学费贷款账户（以下称贷款账户）。

第二十四条之三 （贷款账户的资金筹集）

1. 贷款账户的资金由下列财源组成：
（1）本法第十八条所列债券的出售价款；（2）政府及其他人的捐款；（3）政府或者《关于公共机构运营的法律》规定的公共机构资助的其所持有的股份及其他资金；（4）从政府管理和运营的基金中获得的转入金；（5）贷款账户的回收款项、利息收入及运营收益；（6）法人、团体或者个人等资助或者捐赠的财产；（7）从高等教育机构及金融公司等获得的借款；（8）《关于资本市场和金融投资业的法律》第四条第三款规定的企业票据证券的出售价款；（9）其他收入。

2. 政府可以在每个会计年度的预算范围内，拿出一定金额资助贷款账户。

3. 财团想要发行本条第一款第八项规定的企业票据证券时，应当经过理事会表决，并报请教育部部长批准后方可进行。

第二十四条之四 （贷款账户的用途）

1. 贷款账户上的资金用于以下用途：
（1）就业后偿还学费贷款；（2）一般偿还学费贷款；（3）贷款账户的开立、资金使用和管理经费；（4）本法第二十四条之三第一款第八项所列出售价款以及该款第四项及第七项所列借款的还本付息；（5）支援"一般偿还学费贷款"及"就业后偿还学费贷款"的贷款利息；（6）此外，总统令规定的旨在实现设立贷款账户目的的其他必要事项。

2. 本条第一款第五项规定的"一般偿还学费贷款"的利息援助对象，仅限《国民基础生活保障法》第七条第一款第一项或者第三项规定的生活补助金或者医疗补助金的领取对象等总统令规定的人员。

---

* 译者注：不同账户分别记账。

第二十四条之五　删除

第二十四条之六　删除

第二十四条之七　删除

第二十四条之八　删除

第二十四条之九　删除

第二十四条之十（偿还）

1. 贷款账户"一般偿还学费贷款"的借款人因灾害或者疾病或者总统令规定的其他原因无法偿还学费贷款时，财团可以延长其还款期限。

2. 贷款账户"一般偿还学费贷款"的借款人因死亡或者因身体或者心理残疾无法偿还学费贷款时，财团可以根据总统令的规定免除其全部或者部分学费贷款。

3. 从贷款账户获得"一般偿还学费贷款"或者以学费贷款信用担保账户的信用担保向金融公司等进行学费贷款的人员，按照《兵役法》以下列方式之一服役的，财团免除其相关服役期内发生的学费贷款利息：

（1）《兵役法》第十六条规定的现役士兵；（2）《兵役法》第二十一条规定的专职预备役；（3）《兵役法》第二条规定的社会服务人员和替代服役人员。

4. "一般偿还学费贷款"的债权十年不行使时，其追诉时效消失。

5. 从贷款账户获得"一般偿还学费贷款"的人员未在偿还期限内偿还贷款本息的，自该还款期限到期之日的第二天开始直至其缴纳贷款本息之日止，财团可以在年利率不超过12％的范围内对其未清偿的贷款本息征收逾期赔偿金。但是，债务人因长期拖欠贷款本息等原因丧失期限利益的，可以对其贷款本息全额征收逾期赔偿金。

6. 丧失期限利益的债务人清偿全部或者部分贷款本息的，财团可以全部或者部分减免其逾期赔偿金。

7. "就业后偿还学费贷款"的偿还事宜另法约定。

第二十四条之十一（贷款账户的调整）

1. 本法规定的"就业后偿还学费贷款"的发放规模和还款计划应当适时调整，以保持贷款账户的长期平衡。

2. 教育部部长可以根据总统令的规定，每三年计算一次贷款账户的收支，并制定"就业后偿还学费贷款"及偿还业务整体运营相关的计划，该计划应当包括贷款账户的财政展望和调整贷款本息的偿还计划、规定各高等教育机构的贷款额度以及贷款账户的资金使用计划等内容。

第五节　学费贷款信用担保账户

第二十五条（学费贷款信用担保账户的设立）

在财团设立学费贷款信用担保账户（以下称担保账户），为大学生从金融公司等处申请学费贷款提供信用担保。

第二十六条（担保账户资金的筹集）

1. 担保账户以下列资金为财源：

（1）政府及其他人的资助款项；（2）保证金收入；（3）行使追偿债权所获得的收入；（4）担保账户的资金运营收益；（5）从政府管理和运营基金取得的借款；（6）此外，总统令规定的旨在筹集担保账户资金的其他资金。

2. 政府可以在每个会计年度的预算范围内，拿出一定金额资助担保账户。

3. 对财团提供信用担保的贷款，金融公司等可以在每年不超过千分之三的范围内，向担保账户资助根据总统令规定的比率折算的金额。

第二十七条（担保账户资金的用途）

担保账户资金用于下列用途：

（1）担保债务的履行；（2）偿还借款本息；（3）担保账户的开立、资金运营及管理经费；（4）为提高担保账户健全性等的研究；（5）此外，总统令规定的为实现担保账户设立目的的其他必要事项。

第二十八条（担保的限额）

1. 财团以担保账户承担为条件所能担保总额的限额，由总统令在不超过本法第二十六条第一款第一项的资金和结转利润之和二十倍的范围内规定。

2. 财团以担保账户承担为条件能够为同一大学生提供担保的最高金额，由教育部部长决定，并通过因特网主页等途径进行公告。

第二十九条（担保关系的成立）

1. 财团决定提供信用担保时，应当将相关事实分别告知接受信用担保的大学生及其债权人。

2. 接受信用担保的大学生与其债权人之间主要债权债务关系成立时，担保关系方可成立。

3. 接到本条第一款规定的通知之日起六十日内，主要债权债务关系未成立的，相关担保关系不成立。

第三十条（债权人的义务）

依照本法第二十九条第一款收到通知的债权人，有下列情形之一的，应当及时告知财团：

（1）主要债权债务关系成立的；（2）主要债务全部或者部分清偿的；（3）债务人不履行债务的；（4）债务人丧失期限利益的；（5）此外，发生可能影响担保债务其他事由的。

第三十一条（保证金等）

1. 考虑到担保账户的资金运用情况等因素，财团可以根据总统令的规定，在不超过信用担保金额5%的范围内收取保证金。

2. 被担保人在期限内不履行债务，且不解除担保债务履行责任的，财团可以根据总统令的规定，对其担保债务中的未履行部分，在不超过年利率25‰的范围内收取追加保证金。

第三十二条（担保债务的履行）

1. 发生总统令规定的不能履行债务的原因时，被担保人的债权人可以要求财团履行其担保债务*。

2. 财团根据本条第一款收到债权人的履行请求时，应立即履行主债务和总统令规定的从属债务。

第三十三条（行使追偿债权等）

1. 财团履行担保债务时，其债权人应当将财团行使追偿债权所需的全部文件报送财团，并积极协助财团行使追偿债权。

2. 财团履行担保债务并向主债务人行使追偿债权的，主债务人有下列情形之一的，财团可以延期向主债务人**行使追偿债权：

（1）主债务人的财产充抵行使追偿债权的费用后不可能剩余的；（2）如果推迟行使追偿债权，将来主债务人的偿债能力可能增加的；（3）其他总统令规定的为收回追偿债权的必要情形。

3. 作为所获得的追偿债权的事后管理，财团可以采取下列措施：

（1）为了保障追偿债权而又没有其他替代手段时：取得担保物；（2）依照法律程序或者其他任何方法行使追偿债权没有任何实际利益的：补偿债权偿还。

4. 追偿债权十年不行使的，追诉时效消失。

5. 为了偿还全部或者部分追偿债权，财团可以进行转贷贷款。

第三十四条（追偿债务免除等）

1. 主债务人因死亡或者身心残疾不能清偿学费贷款的，财团可以免除其部分或者全部还款义务。

2. 以担保账户为担保，从金融公司等处获得学费贷款的大学生，依照《兵役法》被征集或者召集，或者因志愿入伍导致难以偿还学费的，可以延期缴纳贷款利息。

第三十五条（损害赔偿金）

1. 财团履行担保债务的，自财团履行担保债务之日起至主债务人清偿之日为止，财团可以在年利率不超过20%的范围内，就财团履行金额部分向主债务人收取损害金。

---

* 译者注：承担连带偿还责任。

** 译者注：获得学费贷款的学生和父母或者配偶。

2. 对约定一次性清偿或者分期清偿追偿债务的债务人，财团可以全部或者部分减免其损害金。

第六节　奖学金支援账户

第三十六条（奖学金支援账户的设立）

在财团设立奖学金支援账户（以下称奖学金账户），以便无偿支付学习成绩优异或者经济困难大学生的学费（包括本法第二条第一款第二项的学费支援）。

第三十七条（奖学金账户资金的筹集）

1. 奖学金账户资金由下列财源组成：

（1）政府或者其他人的资助；（2）政府或者《关于公共机构运营的法律》规定的公共机构资助的其所持有的股份及其他资金；（3）从《公共资金管理基金法》规定的公共资金管理基金收到的预收款；（4）中央行政机关负责人和地方政府负责人等规定用途并委托给财团的学费支援相关项目费用；（5）法人、团体或者个人资助或者捐赠的财产；（6）本法第十八条所列债券的出售价款；（7）奖学金账户的运营收益；（8）其他收入。

2. 政府可以在每个会计年度预算范围内，拿出一定金额的资金用于资助奖学金账户。

第三十八条（奖学金账户的用途等）

1. 奖学金账户资金用于以下用途：

（1）无偿支付学费；（2）奖学金账户的开立、资金运作和管理的经费；（3）偿还本法第三十七条第一款第三项、第六项、第八项规定的资金的本息；（4）开展开发奖学金支援项目等旨在培育奖学金账户的研究；（5）此外，总统令规定的为实现设立奖学金账户的目的所必需的其他事项。

2. 删除

第三章　删除

第一节　删除

第二节　删除

第三十九条　删除

第四十条　删除

第四十一条　删除

第四十二条　删除

第四十三条　删除

第三节　删除

第四十四条　删除

第四十五条　删除

第四十六条　删除

第四十七条　删除

第四十八条　删除

第四十九条　删除

第四章　补充规则

第四十九条之二（对未成年人的特例）

尽管有《民法》第五条的规定，未成年大学生获得学费贷款（包括本法第十六条第一款第五项规定的学费支援）的，无须经过法定代理人的同意。在这种情况下，财团认为有必要的，可以将贷款事实告知其法定代理人。

第四十九条之三（学费支援制度审议委员会）

1. 设立教育部部长主管的学费支援制度审议委员会（以下称审议委员会），审议学费支援制度相关重要事项。

2. 审议委员会审议以下事项：

（1）学费支援制度的基本方针相关事项；（2）个人及高等教育机构贷款限额标准相关事项；（3）贷款利率水平的适当性相关事项；（4）贷款清偿相关事项；（5）贷款账户及担保账户的管理与运营相关重要事项；（6）根据家庭收入情况及个人信用评分等减免学费贷款利息相关事项；（7）此外，委员长提请会议审议的学费支援制度其他相关重要事项。

3. 审议委员会由十五名以内的委员组成，其中包括委员长一人。

4. 审议委员会的委员长由教育部次官*担任。

5. 审议委员会的委员由教育部部长从下列人员中任命或者委任：

（1）教育部部长从所属高层公务员团的公务员里提名的一人；（2）企划财政部长官从所属高层公务员团的公务员里推荐的一人；（3）国税厅厅长从所属高层公务员团的公务员里推荐的一人；（4）金融委员会委员长从所属高层公务员团的公务员中推荐的一人；（5）财团理事长从其所属工作人员中推荐的一人；（6）《韩国大学教育协议会法》规定的韩国大学教育协议会会长推荐的一人；（7）《韩国专门大学教育协议会法》规定的韩国专门大学教育协议会会长推荐的一人；（8）此外，学生支援相关知识和经验丰富的人员。

---

* 译者注：副部长。

6. 除本条第一款至第五款规定的事项外，审议委员会的组成、运营等相关必要事项，由总统令规定。

第四十九条之四（优先学费支援）

1. 领取《国民基本生活保障法》第七条第一款第一项或者第三项规定的生活或者医疗津补贴的人员、生育或者收养三孩以上家庭的所有子女等人员中，由总统令规定的大学生，财团可以优先向其提供学费支援。

2. 为了支援本条第一款规定的学费，财团应当向总统令规定的低收入层学生等提供有关学费支援的资格、申请方法及程序等相关信息。

3. 本条第二款规定的信息提供相关必要事项，由总统令规定。

第四十九条之五（推荐学费支援对象）

1. 财团可以要求高等教育机构的负责人推荐学费支援的对象。

2. 接到本条第一款所列要求的高等教育机构负责人，应当综合考虑大学生的经济条件、成绩等因素进行推荐。

3. 依照本条第二款推荐大学生的高等教育机构负责人，应当指导被推荐大学生诚实履行学费贷款的本息偿还义务。

4. 本条第一款规定的学费支援对象推荐的标准、对象等相关必要事项，由教育部部长规定。

第四十九条之六（指导与监督）

教育部部长可以指导并监督财团的学费支援业务，并下达改善学费支援业务所需的命令。

第四十九条之七（出入和检查等）

1. 教育部部长可以指派所属公务员出入财团，检查其业务、会计和资产状况，或者要求其提交必要的资料。

2. 本条第一款规定的检查结果，如果发现违法或者不正当的事项，教育部部长可以责令财团纠正或者采取其他必要措施。

第四十九条之八（出售追偿债权）

为了有效回收和管理追偿债权及丧失期限利益的"一般偿还学费贷款"的债权（以下称追偿债权等），必要时经理事会表决，财团可以向《关于设立韩国资产管理国营企业等的法律》规定的韩国资产管理国营企业（包括韩国资产管理国营企业出资的法人）出售追偿债权等。

第五十条（申请学费支援）

1. 想要申请学费支援（包括本法第十六条第一款第五项规定的学费支援）的人员，应当向教育部部长或者财团申请学费支援。但是，教育部部长规定的以支援入学学费为目的的学费无偿支付项目对外提供学费支援时，可以由校方向教育部部长或者财团申请学费支援。

2. 教育部部长或者财团接到根据本条第一项正文内容提出的申请，应当要求学费受援对象和其父母或者配偶以书面形式同意提交下列各项资料或者信息。

（1）从韩国法院行政处处长处获取家庭关系登记事项相关资料或者信息；（2）从韩国行政安全部长官、市长、郡守、区厅长处获取居民登记事项相关资料或者信息；（3）从韩国国税厅厅长处获取国税相关资料或者信息；（4）从韩国国土交通部长官处获取地籍台账及建筑物台账*相关资料或者信息；（5）从市长、郡守、区厅长处获取地税、车船税相关资料或者信息；（6）从韩国国土交通部长官处获取车辆信息等相关资料或者信息；（7）从韩国农林畜产食品部长官处获取农业直接补贴相关资料或者信息；（8）从韩国国民健康保险公团理事长处获取的月收入额等与健康保险费缴费相关的资料或信息；（9）从韩国兵务厅厅长处获取部队服役相关电子信息资料；（10）从高等教育机构处获取学习成绩等相关电子信息资料；（11）从韩国保健福祉部长官处获取《国民基本生活保障法》第二条第二款规定的基本生活保障领取人相关资料或者信息；（12）《关于金融实名交易和保密的法律》第二条第二项规定的金融资产和该条第三项规定的金融交易内容的资料或者信息中，有关存款平均余额和总统令规定的其他资料或者信息（以下称金融信息）；（13）《关于信用信息的利用与保护的法律》第二条第一款规定的信用信息中，有关债务金额及总统令规定的其他资料或者信息（以下称信用信息）；（14）投保《保险业法》第四条第一款规定的保险所缴纳的保费，以及总统令规定的保险相关其他资料或者信息（以下称保险信息）。

3. 本条第一款规定的学费支援的申请方法、程序以及本条第二款规定的同意的方法、程序等相关必要事项，由总统令规定。

第五十条之二 （提交资料要求）

1. 教育部部长及财团可以要求有关机构或者团体提交相关信息，以确认下列事项：

（1）正在接受或者想要接受学费支援的人员和其父母、兄弟姐妹、配偶及子女的家庭关系：法院行政处处长的关于家庭关系登记事项的电子信息资料；（2）正在接受或者想要接受学费支援的人员和其父母或者配偶的家庭住址及居民登记是否被注销等：行政安全部长官、市长、郡首、区厅长的关于居民登记事项的电子信息资料；（3）正在接受或者想要接受学费支援的人员和其父母或者配偶的收入信息：国税厅厅长的国税相关电子信息资料；（4）正在接受或者想要接受学费支援的人员和其父母或者配偶的财产信息：国土交通部长官的地籍台账及建筑物台账相关电子信息资料；（5）正在接受或者想要接受学费支援的人

---

* 译者注：申请人家庭所有的土地和地产信息。

员和其父母或者配偶的财产信息：市长、郡守、区厅长的地税、车船税相关电子信息资料；（6）正在接受或者想要接受学费支援的人员和其父母或者配偶的汽车保有情况：国土交通部长官的车辆信息等相关电子信息资料；（7）正在接受或者想要接受学费支援的人员和其父母或者配偶的收入信息：农林畜产食品部长官的农业直接补贴相关电子信息资料；（8）正在接受或者想要接受学费支援的人员和其父母或者配偶的收入信息：国民健康保险公团理事长的月工资额等健康保险费信息相关电子信息资料；（9）接受学费支援的人是否正在按照《兵役法》服兵役：兵务厅厅长的部队服役相关电子信息资料；（10）正在接受或者想要接受学费支援的人员的学业信息：高等教育机构的高等教育机构持有的学业成绩等相关学业信息资料；《中小学教育法》第二条规定的学校，学校持有的学业成绩等相关学业信息资料；（11）正在接受或者想要接受学费支援的人员和其父母或者配偶的社会福利受惠经历：保健福利部长官的《国民基本生活保障法》第二条第二款规定的（社会基本生活保障金）领取人相关电子信息资料；（12）正在接受或者想要接受学费支援的人员和其父母或者配偶的金融财产信息：《关于金融实名交易及保密的法律》第二条第一款规定的金融公司等的金融信息相关电子信息资料；（13）正在接受或者想要接受学费支援的人员和其父母或者配偶的信用信息：《关于信用信息利用与保护的法律》第二条第六款规定的信用信息集中机构的信用信息相关电子信息资料；（14）正在接受或者想要接受学费支援的人员和其父母或者配偶的保险信息：保险公司掌握的参加《保险法》第四条第一款规定的保险所缴纳的保险费相关电子信息资料；（15）此外，为了核实学费支援所需的收入、财产情况等，在必要的范围内由总统令规定的资料。

2. 为了构建学费支援体制，教育部部长及财团可以要求总统令规定的非营利奖学法人提交有关法人的设立目的、业务内容及业绩等资料。

3. 根据本条第一款及第二款被要求提交信息的机构或者团体，如无特殊原因，应当给予协助。

4. 依照本条第一款及第二款获得的信息，教育部部长及财团应当根据《个人信息保护法》加以保护。

5. 为了确认本条第一款规定的资料，教育部部长及财团可以关联利用《社会保障基本法》第三十七条规定的社会保障信息系统及《中小学教育法》第三十条规定的教育信息系统。

6. 根据本条第一款的规定提交被要求提交的资料的机构，对向教育部部长及财团提交的资料免收使用费、手续费等。

7. 为了支持高等教育机构的学费支援项目，教育部部长及财团可以向相关高等教育机构提供相关大学生的收入信息，接到相关信息的高等教育机构应当依照《个人信息保护法》的规定，保护其收到的收入信息。

第五十条之三（要求及提交金融信息等）

1. 尽管有《关于金融实名交易及保密的法律》第四条第一款和《关于信用信息利用与保护的法律》第三十二条第二款的规定，教育部部长及财团为了评估正在接受或者想要接受学费支援的人员和其父母或者配偶的财产情况，可以用正在接受或者想要接受学费支援的人员和其父母或者配偶，根据本法第五十条第二款提交的书面同意书的电子版，要求金融公司等（指的是《关于金融实名交易及保密的法律》第二条第一款规定的金融公司等和《关于信用信息利用与保护的法律》第二条第六款规定的信用信息集中机构，下同）的负责人提交相关信息。

2. 尽管有《关于金融实名交易及保密的法律》第四条第一款和《关于信用信息利用与保护的法律》第三十二条第一款及第三款的规定，接到本条第一款要求提交金融信息等的要求的金融机构等的负责人，应当提交名义人*的金融信息等。

3. 根据本条第二款提交金融信息等的金融公司等的负责人，应当将对外提交金融信息等的事实通报给名义人。但是经名义人同意的，尽管有《关于金融实名交易及保密的法律》第四条之二第一款和《关于信用信息利用与保护的法律》第三十二条第七款的规定，可以不通知。

4. 本条第一款和第二款所述的金融信息等的提供及提供请求，应当通过《关于信息通信网利用促进和信息保护等的法律》第二条第一款规定的信息通信网进行。但是，在信息通信网故障等不可避免的情况下，可以不通过信息通信网。

5. 从事或者曾经从事本条第一款及第二款规定的工作的人员和根据本法第五十一条接受或者曾经接受权限的委任或者委托的人员，在工作中取得的金融信息不得用于本法规定目的以外的其他用途，也不得提供或者泄露给他人或者机构。

6. 关于本条第一款、第二款及第四款所述的金融信息等的提供和提供请求的必要事项，由总统令规定。

第五十条之四（资料要求及询问）

为确认其是否有资格领取学费援助，教育部部长及财团可以要求领取或者想要领取学费援助的人员提交必要的文件或者资料，并可以询问必要的事项。

第五十条之五（防止重复援助）

1. 教育部部长和财团可以采取必要措施，防止根据本法的学费贷款和学费

---

* 译者注：正在接受或者想要接受学费支援的人员和其父母或者配偶。

无偿支付以及与学费相关其他援助被重复提供。但是，学费重复援助的标准及例外的处理相关事项，依照教育部部长的规定执行。

2. 为了防止学费重复援助，教育部部长及财团可以要求下列机构提交学费支援现状相关资料或者将相关资料录入电算系统（指的是为了防止学费重复援助由财团管理并运营的系统），被要求机构如无特殊原因应予以配合。但是，教育部部长可以根据学费援助机构的设立类别及学费支援目的等总统令规定的标准及程序，免除其全部或者部分资料提交义务。

（1）韩国行政安全部等有关行政机关；（2）地方政府；（3）根据《公务员年金法》设立的公务员年金公团*等受国家委托开展学费相关援助业务的机构；（4）作为《关于公益法人的设立和运营的法律》第二条规定的公益法人从事学费或者奖学金相关业务的非营利财团法人中，总统令规定的规模以上的法人；（5）《关于公共机构运营的法律》第四条规定的公共机构中，向其所属职员或者所属职员的子女提供学费支援的公共机构；（6）《地方公共企业法》规定的地方直营企业、地方国营企业及地方工业园区；（7）《高等教育法》第二条规定的大学，以及该法第二十九条规定的研究生院（包括该法第三十条规定的研究生院大学）；（8）此外，由总统令规定的机构或者团体。

3. 根据本条第二款提交被要求提交的资料的机构，对向教育部部长及财团提交的资料免收使用费、手续费等。

4. 依照本条第二款收到的资料，不得用于学费贷款或者学费无偿支付以外的其他目的，也不得提供或者泄露给他人或者机构。

5. 根据本条第二款可以要求提交的资料，其种类、内容等由总统令规定。

6. 为了防止重复支援学费，本条第二款各项的资料提交对象机构应当采取事先确认其他机构的学费支援明细等必要措施，对疏于核实上述信息的机构，教育部部长可以责令其严格把关。

7. 根据本法获得学费贷款及学费无偿支付的大学生、研究生或者学生家长自本条第二款第一项至第八项所列机构处获得超出学费范围的支援的，教育部部长及财团可以根据总统令的规定追回超出学费的金额。如拒不返还，可以赋予其返还超额部分（包括偿还学费贷款）的义务。

8. 为了防止重复支援学费，对商事法人、民事法人、根据特例法设立的法人以及外国法人中向其所属职员或者所属职员的子女提供学费支援的法人，教育部部长及财团可以要求其协助提交学费支援现况相关资料，被请求法人如无特殊原因应予以配合。

---

* 译者注：公务员年金公团是国家为处理公务员年金而设立的特殊法人。

第五十条之六（人才培养及学生福利设施支援对象选定等）

1. 根据本法第十六条第一款第六项及第七项选定开展援助项目支援对象时，财团可以综合考虑提交申请的大学生及其父母或者配偶的经济条件等。

2. 为了选定本条第一款规定的支援对象，考虑经济条件等时，有关优先支援、推荐、申请、要求提交资料等规定，适用本法第四十九条之四、第四十九条之五、第五十条及第五十条之二至第五十条之四的规定。

第五十一条（业务的委托）

1. 教育部部长可以委任或者委托保健福利部长官或者地方政府的负责人办理下列业务：

（1）本法第五十条之二第一款规定的要求提交资料以及本法第五十条之三规定的要求提交金融信息相关业务；（2）计算大学生家庭的收入认定额相关业务；（3）本法第四十九条之四第二款规定的学费支援信息提交相关业务。

2. 财团可以根据总统令的规定，将部分对大学生的学费支援业务委托给金融公司等、《关于设立韩国资产管理国营企业的法律》规定的韩国资产管理国营企业，或者《关于信用信息的使用及保护的法律》规定的信用信息公司（以下本条内称信用信息公司）。但是，信用信息公司可以接受委托的业务仅限于根据《关于信用信息的使用及保护的法律》获得许可的业务。

3. 依照本条第一款接受业务委托的受托方可以代替财团进行与该业务相关的诉讼或者诉讼以外的一切行为。但是，受托方为信用信息公司的，只能进行诉讼以外的行为。

第五十二条（禁止使用同一名称）

非本法规定的财团，不得使用"韩国奖学财团"的名称。

第五十三条（民间捐赠者礼遇）

1. 财团用自法人、团体或者个人处接受的赞助和捐款等无偿支付学费时，可以根据赞助者和捐赠者的意愿，以相关赞助者和捐赠者的名义支付。

2. 根据本条第一款，可以以赞助者和捐赠者的名义无偿支付的学费相关必要事项，由总统令规定。

第五十四条（颁发奖项等）

1. 教育部部长可以为学费援助做出显著贡献的人员颁发奖项。

2. 财团可以在每年取得学费贷款的大学生中，选择学业成绩优异或者对社会贡献显著的大学生，免除或者代付其学费贷款余额的全部或者部分本息。

3. 本条第二款规定的选定标准、程序以及免除、代付的范围等相关必要事项，由章程规定。

第五十五条（适用罚则时的公务员推定）

财团的高层管理人员和工作人员适用《刑法》第一百二十九条至第一百三十二条规定的罚则时，视同公务员。

第五章 罚　　则

第五十五条之二（罚则）

1. 违反本法第五十条第三款规定，将金融信息等用于本法规定目的以外的其他用途、提供或者泄露给他人或者机构的，处五年以下有期徒刑或者五千万韩元以下罚款。

2. 违反本法第五十条之五第四款，将提交的资料用于其他目的、提供或者泄露给他人或者机构的，处一年以下有期徒刑或者一千万韩元以下罚款。

第五十六条（罚款）

1. 有下列情形之一的，处以五百万元韩元以下罚款：

（1）违反本法第五十条之五第二款，拒绝提交或者虚假提交材料的；（2）违反本法第五十二条，使用与财团相同名称的。

2. 本条第一款规定的罚款，根据总统令的规定，由教育部部长征收。

附　　则

本法自公布之日起六个月后施行。

地方教育财政拨款法

[第18638号法律，2021年12月28日修订]

第一条（目的）

本法旨在通过由国家向地方政府拨付设立、运营教育机构及教育行政机关（包括其所属机构，下同）所需的全部或部分财源，实现教育的均衡发展。

第二条（术语的定义）

本法中使用的术语，其定义如下：

（1）"基准财政需求额"是指根据本法第六条计算得出的运营地方教育及地方教育行政的财政需求金额；（2）"基准财政收入额"是指本法第七条规定的金额，是教育、科学、技术、体育以及其他学问和才艺（以下称教育、学艺）相关的所有财政收入；（3）"测算单位"是指将地方教育按行政部门设定，测算其各个部门数量的单位；（4）"单位费用"是指为了测算标准财政需要额，测算各单位的单位金额。

第三条（拨款的种类和财源）

1. 国家为实现本法第一条的目的向地方政府的拨款（以下称拨款），分为普通拨款和特别拨款。

2. 拨款的财源为下列各项金额的合计金额：

（1）本年度国内税（目的税及综合房地产税、对香烟征收的个别消费税总额的45%以及根据其他法律作为专用账户财源使用税目的相应金额除外）总额的2079/10000；（2）本年度《教育税法》规定的教育税年度收入额中，扣除《幼儿教育支援专用账户法》第五条第一款规定的金额后的金额。

3. 普通拨款的财源为本条第二款第二项下金额加上本条第二款第一项下金额的97%的合计金额；特别拨款的财源为本条第二款第一项下金额的3%。

4. 地方教育财政上有不得已之需要时，根据国家预算的规定，除第一款和第二款的拨款外，国家可以另行增额拨付。

第四条（拨付率的补正）

1. 因义务教育机构教师人数增减等不可避免的因素导致地方教育财政所需人工成本出现较大差异时，国家应当考虑到国内税增加带来的拨款增加等因素，适当修正本法第三条第二款第一项中规定的拨付率。

2. 根据本条第一款需要修订拨付率的，其拨付方法等相关事项，由总统令规定。

第五条 （普通拨款的拨付）

1. 对基准财政收入额达不到基准财政需求额的地方政府，教育部部长以不足的金额为限，按普通拨款总额发放。

2. 教育部部长根据本条第一款拟拨付普通拨款时，应当将拨付决定通知相关特别市、广域市、特别自治市、道及特别自治道（以下称市、道）的教育监。在这种情况下，教育部部长应当编制普通拨款的测算基础、各地方政府的拨付明细以及相关资料，并发送给各市、道的教育监。

第五条之二 （特别拨款的拨付）

1. 教育部部长按照下列类别拨付特别拨款：

（1）依据《地方财政法》第五十八条，在全国范围内开展国家级教育相关项目需要另行制定财政支援计划等有特殊财政需要时，或者需要对地方教育行政及地方教育财政运营业绩突出的地方政府进行财政支持时：特别拨款财源的60%；（2）以标准财政需要额的测算方法无法确定特殊地区教育问题的财政需要时：特别拨款财源的30%；（3）普通拨款测算日期后发生的灾害所造成的特别财政需要，或者财政收入减少，抑或有旨在预防灾害的特别财政需要时：特别拨款财源的10%。

2. 发生本条第一款第二项或者第三项的事由时，市、道教育监提出特别拨款申请，教育部部长对其内容进行审查后予以拨付。但是，发生本条第一款第一项的事由，或者教育部部长认为有必要时，即便市、道教育监没有申请，教育部部长也可以制定一定的标准，拨付特别拨款。

3. 本条第一款规定的特别拨款，其使用可以附加条件或者限制用途。

4. 市、道教育监想要改变本条第三款规定的条件或用途使用特别拨款时，必须事先征得教育部部长的批准。

5. 市、道教育监违反本条第三款规定的条件或用途使用特别拨款或者2年以上未使用该特别拨款的，教育部部长可以责令其全额返还或者从下次拨付的特别拨款扣减相应的金额。

6. 本条第一款第一项规定的优秀地方政府的选定标准及选定方法和特别拨款的拨付时间等程序相关事项，由总统令规定。

第六条 （标准财政需要金额）

1. 标准财政需要额是将每个测量项目的测量单位的数值乘以其单位费用所得金额的总和。

2. 测算项目和测算单位由总统令规定，单位费用在总统令规定的标准以内，考虑物价变动等因素由教育部令规定。

第七条（标准财政收入金额）

1. 标准财政收入额为本法第十一条规定的一般账户转入金等地方政府教育费专用账户的预期收入额。

2. 本条第一款规定的预期收入额，以地方税为财源的，根据《地方税基本法》第二条第一款第六项规定的标准税率测算其金额；测算得出的金额与实际决算金额之间的差额，在测算下个会计年度的基准财政收入额时进行决算；其余的预期收入额测算方法，由总统令规定。

第八条（拨款的调整等）

1. 因计算数据错误或虚假信息而发生不当拨款时，教育部部长从下期拨付拨款扣除该市、道理应获得拨款额的超出部分。

2. 地方政府违反法令，支出过多的经费，或者疏于征缴理应确保的收入，教育部部长可以责令减少该地方政府的拨款，或者责令其返还部分已经拨付的拨款。在这种情况下，减额或者责令返还的拨款金额，不得超过该地方政府违反法令超额支出或者因疏于征收而无法征缴的金额。

第九条（列入预算）

1. 国家应当将每个会计年度本法规定的拨款列入国家预算。

2. 根据追加更正预算，国内税或者教育税发生增减的，拨款也应当相应增减。但是，国内税或者教育税减少的情况下，考虑到地方教育财政条件等因素，补助金可能会调整至下一财政年度。

3. 因国内税及教育税的预算额与决算额之间的差额导致产生的拨款差额，最迟应在下一财政年度的国家预算中决算。

第十条（行政区域变更等相关措施）

当市、道发生撤销、新增、分拆、合并或者管辖区域发生变更时，教育部部长应当根据总统令的规定，相应调整并拨付相关市、道的拨款。

第十一条（地方政府的负担）

1. 市、道的教育、学艺所需的经费，由相关地方政府的教育费专用账户承担；义务教育相关经费从教育费专用账户经费中拨付以及由本条第二款规定的一般账户转入金支付；义务教育以外的教育相关经费从教育费专用账户经费中拨付以及由本条第二款规定一般账户转入金、学费、入学费等支付。

2. 为改善公立学校的设立、运营及教育环境，市、道应当将下列金额分别编入每个会计年度的一般账户预算，划转教育费专用账户；预算更正时若有增减也当如此：

（1）《地方税法》第一百五十一条规定的相当于地方教育税的金额；（2）香烟消费税的45%（只限于市，道除外）；（3）首尔特别市，为特别市税总额

（《地方税基本法》第八条第一款第一项规定的普通税中单位及个人居民税，该法同条同款第二项所规定税目的税及该法第九条规定的特别市财产税；根据《地方税法》第七十一条第三款第三项第一小项，相当于特别市应留存的地方消费税金额除外）的10%；广域市及京畿道，为广域市税或者道税总额（《地方税基本法》第八条第二款第二项所规定税目的税，根据《地方税法》第七十一条第三款第三项第一小项，相当于广域市及京畿道应留存的地方消费税金额除外）的5%；其他道和特别自治道，为道税或者特别自治道税总额（《地方税基本法》第八条第二款第二项所规定税目的税，根据《地方税法》第七十一条第三款第三项第一税目，相当于其他道和特别自治道应留存的地方消费税金额除外）的36‰。

3. 特别市长、广域市长、特别自治市长、道知事及特别自治道知事（以下称市、道知事）应当在下个月最后一天之前向相关市、道的教育监通报本条第二款各项所列税目的月度征收明细。

4. 市、道应当在下个月最后一天之前从本条第二款各项所列税目的月度征收额中，将依据本条第二款应当划转教育费专用账户金额的90%以上划拨至教育费专用账户，应当划转金额和实际划转金额之间的差额应当每季度结算，并在当前季度的翌月最后一天（第四季度时，为该季度的最后一天）划转至教育费专用账户。

5. 因预算额与决算额之间的差额而产生的划转资金的差额，至迟应当计入下个会计年度的预算中进行汇算清缴。

6. 市、道教育监编制从本条第二款至第五款的一般账户转入金的年度总支出预算时，应当事先与相关市、道知事进行协商。

7. 市、道教育委员会想要削减根据本条第六款编制的年度总支出预算时，应当事先与相关教育监及市、道知事进行协商。

8. 市、道及市、郡、自治区根据总统令的规定，可以对辖区内高中以下各级学校的教育经费进行补助。

9. 为了振兴辖区内的教育、学艺，除了本条第二款和第八款之外，市、道及市、郡、自治区也可以将其他经费划转教育费专用账户。

10. 市、道知事应当在每年2月28日之前向教育部部长提报本条第二款至第五款规定的各会计年度、每月教育费专用账户的划转结果，教育部部长应当在每年3月31日之前向国会管辖常务委员会进行报告。

第十二条（普通拨款的报告）

教育部部长应在每年3月31日之前向国会常务委员会报告普通拨款的分配标准、分配内容、分配金额以及其他运营普通拨款所需的主要事项。

第十三条（对拨款额等提出异议）

1. 市、道教育监根据本法第五条第二款收到普通拨款的拨付通知后，如果对相关地方政府的拨款额计算基础等有异议，自收到通知之日起 30 日内可以向教育部部长提出异议申请。

2. 教育部部长应在接到本条第一项规定的异议申请之日起 30 天内，对异议申请内容进行审查，并将审查结果告知相关地方政府的教育监。

第十四条（高中等免费教育经费承担相关特例）

1. 国家应当按照本法第三条第四款的规定，增加拨付《中小学教育法》第十条之二规定的高中等免费教育所需经费，增加拨付的比例应相当于上述高中等免费教育所需经费的 475‰。

2. 市、道及市、郡、区应当根据总统令的规定，将《中小学教育法》第十条之二规定的高中等免费教育所需经费划转至教育费专用账户，划转的比例应相当于上述高中等免费教育所需经费的 50‰。

附　　则

第十五条　本法自公布之日起施行。

幼儿教育支援特别会计法

[第 16675 号法律，2019 年 12 月 3 日修订]

第一条（目的）

本法旨在通过设立幼儿教育支援特别会计并规定其运营的相关事项，稳步推进综合教育与保育过程的一体化教育和保育课程事项。

第二条（特别会计的运用与管理）

幼儿教育支援特别会计（以下称特别会计）由教育部部长运营、管理。

第三条（年度收入）

特别会计中的年度收入如下：

（1）本法第五条规定的一般会计转入；（2）其他特别会计和基金转入；（3）本法第六条规定的借款；（4）其他收入。

第四条（年度支出）

特别会计将以下各项支出列为年度支出：

（1）地方政府拨付的为支持《幼儿教育法》规定的幼儿园及《婴幼儿保育法》规定的托儿所向入学前三年幼儿提供一体化教育、保育课程所需费用的扶持资金；（2）本法第六条规定的借款还本付息；（3）此外，特别会计运营所需的经费。

第五条（一般会计转入）

1. 政府将《教育税法》规定的教育税中确定为该会计年度预算的金额，由一般会计转入特别会计。

2. 为本法第四条的业务，除本条第一款的转账外，将预算中规定的款项由一般会计转入特别会计。

第六条（借款）

1. 特别会计年度支出财源不足时，可在经国会表决通过的金额范围内，以特别会计账户用于长期借款。

2. 特别会计在其资金暂时不足时，可以由专户承担临时借款。

3. 本条第二款规定的临时借款的本息应当在相应会计年度内清偿。

第七条 （对地方政府的支持等）

1. 特别市、广域市、特别自治市、道、特别自治道（以下称市、道）执行相应会计年度预算，教育部部长将其转入市、道的教育费特别会计，由市、道教育监编制、执行。

2. 市、道教育监应当诚实履行特别会计的目标事业，不得将根据本条第一款支援的预算资金挪作他用。

3. 市、道教育监编制本条第一款规定的支援金决算书，并在下一会计年度4月30日前向教育部部长报告。

第八条 （年度支出预算的结转）

特别会计的年度支出预算中相应会计年度内的未支出部分，可以不适用《国家财政法》第四十八条，结转下一会计年度使用。

第九条 （盈余处理）

特别会计的结算盈余转入下一会计年度的年度收入。

第十条 （储备金）

特别会计可以将储备金列入年度支出预算，弥补无法预测的预算外支出或超预算支出。

附　　则

本法自公布之日起施行。

关于地方大学和地区均衡人才培育的法律

[第 17956 号法律，2021 年 3 月 23 日修订]

第一章　总　　则

第一条（目的）

本法规定了培育和支持地方大学和地区均衡人才的相关事项，其目的是为了强化地方大学的竞争力，促进地区间的均衡发展。

第二条（术语的定义）

本法使用的术语，其含义如下：

（1）"地方大学"是指《韩国首都圈整备计划法》第二条第一款规定位于首都圈（以下称首都圈）以外地区的，《高等教育法》第二条所规定的学校（远程大学及各类学校除外）；（2）"地区均衡人才"（以下称地区人才）是指地方大学的学生或者毕业于地方大学的人；（3）"高等教育创新特化地区"是指通过限制特例支持地方大学创新而建立的地区，依照本法第二十二条获得指定的地区。

第三条（国家和地方政府等的职责）

1. 为支持培育地方大学和地区人才，国家和地方政府（指的是韩国首都圈地区以外的地方政府）应当制定并实施必要的综合性措施。

2. 国家和地方政府应当制定财政支持方案，确保必要的预算，履行本条第一款规定的职责。

3. 国家和地方政府应当制定并实施旨在扩大地方人才就业机会的支援对策，努力创造促进地方人才就业的社会、经济环境。

4. 公共机构和企业应当积极协助国家和地方政府采取措施，促进地方人才就业。

第四条（与其他法律的关系）

地方高等学校和地区人才的培育，先于其他法律适用本法。

第二章　地方大学和地区均衡人才培育支援基本规划等

第五条（制定地方大学和地区均衡人才培育支援基本规划）

1. 为培育和发展地方大学和地区人才，教育部部长应当每五年制定一次地方大学和地区均衡人才培育支援基本规划（以下称基本规划）。

2. 基本规划应当包括下列事项：

（1）支持地方大学及地区人才培育的政策目标及基本方向相关事项；（2）地方大学和地区人才培育支持措施课题及中长期推进计划相关事项；（3）地方大学及地方人才培育支援事业的财源确保相关事项；（4）地方大学和地方人才培育的行政、财政支援方案相关事项；（5）支持地方大学和地方人才培育的制度改善相关事项；（6）地方大学特色化相关事项；（7）促进地区人才录用相关事项；（8）地方大学和地方人才培育其他相关必要事项。

3. 基本规划经本法第八条规定的地方大学及地区均衡人才培育支援委员会审议后确定。变更基本规划的情况依然。但如果变更总统令规定的轻微事项，则不必如此。

4. 教育部部长应将确定的基本规划通报给有关中央行政机关负责人以及本法第三条第一款规定的广域市长、特别自治市长、道知事、特别自治道知事（以下称市、道知事）。

5. 为制定基本规划，教育部部长可以组织实施地方大学及地区人才培育支援相关状况调查，制定基本规划的程序、状况调查的方法和内容等相关必要事项，由总统令规定。

第六条（年度实施计划的制定与实施）

1. 有关中央行政机关负责人及市、道知事应当根据基本规划，制定并实施年度培育各领域地方大学及地区均衡人才的实施计划（以下称实施计划）。

2. 有关中央行政机关负责人及市、道知事应当按照总统令的规定，每年将本条第一款规定的下年实施计划及上年实施计划的推进业绩提交给教育部部长，教育部部长对其综合、调整，并接受本法第八条规定的地方大学及地区均衡人才培育支援委员会的审议。

3. 教育部部长应当将本条第二款的审议结果通报给有关中央行政机关负责人及市、道知事。

4. 为制定基本规划，开展本法第五条第五款规定的状况调查及第二款规定的推进业绩的综合、调整，教育部部长可以要求有关中央行政机关负责人及地方政府负责人等有关机关、团体的负责人提供必要的资料，接到资料提供请求的有关机关、团体的负责人如无特殊原因，应当予以配合。

5. 实施计划的制定和实施等相关必要事项，由总统令规定。

第七条（与其他规划的关系）

制定本法第五条规定的基本规划和第六条规定的实施计划时，应当与《国家均衡发展特别法》第四条规定的国家均衡发展规划、其他法律规定的地区人力资源开发和支援计划挂钩。

第三章 地方大学及区域均衡人才培育支援委员会

第八条（设立地方大学及地区均衡人才培育支援委员会）

1. 设立隶属于教育部部长的地方大学及地区均衡人才培育支援委员会（以下称委员会），审议地方大学及地区均衡人才培育支持相关重要事项。

2. 委员会审议和协调下列事项：

（1）本法第五条第一款规定的基本规划的制定和推进相关事项；（2）本法第六条第一款和第二款规定的实施计划的制定及推进业绩的检查相关事项；（3）本法第十二条和第十三条规定的地区人才录用情况分析及评估相关事项；（4）本法第十七条规定的特殊地方大学的指定相关事项；（5）地方大学和地方人才相关政策的分析和评估相关事项；（6）地方大学及地方人才培育支援项目的协调与合作相关事项；（7）高等教育创新特区的指定、变更、解除指定及特区计划的确定、变更等相关事项；（8）委员长提交会议讨论的地方大学和地方人才培育支援的其他重要事项。

第八条之二（高等教育创新特区指定管理分科委员会）

1. 在委员会设立高等教育创新特区指定管理分科委员会（以下称特区分科委员会），用以审议、表决本法第八条第二款第七项规定的高等教育创新特区的指定、变更、解除指定及特区规划的确定、变更等事项。在这种情况下，特区分科委员会的审议，视为委员会的审议。

2. 特化地区分科委员会由十人以上十五人以内的委员组成，其中委员长一人。

3. 特化地区分科委员会委员长为教育部部长。

4. 特化地区分科委员会的组成和运营等其他相关必要事项，由总统令规定。

第九条（委员会的组成和运营）

1. 委员会由二十人以内的委员组成，其中委员长一人。

2. 委员长为教育部部长，委员为下列人员：

（1）企划财政部次官、科学技术信息通信部次官、行政安全部次官、中小风险企业部次官、由总统令规定的其他有关行政机关的次官级公务员；（2）委员长委任的广域地方政府的负责人；（3）委员长从对地方大学和地区人才培育政策专业知识和经验丰富的人士中委任的人。

3. 业务开展有需要的，委员会可以要求有关中央行政机关、地方政府、公共机构的负责人提交相关资料或提出意见。在这种情况下，被要求的有关机关负责人如果没有特殊原因，应予以协助。

4. 委员会的组成、运营等其他相关必要事项，由总统令规定。

第四章　对地方大学的支援等

第十条（扩大教师参与）

中央行政机关负责人应当使所属的各委员会中地方大学教师的参与率超过总统令规定的比率。但中央行政机关负责人认为有不可避免的原因时除外。

第十一条（海外交流研修的机会均等）

1. 国家和地方政府支援的学生海外交流研修项目，应当保障地方大学学生均等的参与机会。

2. 为培育地方高等学校学生的能力，国家和地方政府应当努力制定并实施海外交流和研修计划。

第十二条（扩大地方人才的公务员录用机会）

1. 国家应当制定并实施计划，在新录用国家工作人员中以确保录用一定比例以上的地方人才。

2. 地方政府应当制定并实施计划，以确保在新聘用的地方公务员中，相应地方政府管辖区域的地区人才能占一定比例以上。

3. 依照本条第一项和第二项选拔地区人才的，其适用对象的考试、选拔比率、选拔方法等，由《国家公务员法》第六条规定的中央人事主管机关负责人或地方政府负责人规定。

4. 行政安全部长官及人事革新处长应当向国会报告本条第一款及第二款规定的实施计划及其结果。

第十三条（扩大公共机构等的招聘）

1.《关于公共机构运营的法律》规定的公共机构和常设劳动者人数超过三百人的企业（以下本条内称企业）应当努力确保新招聘人员的一定比率以上为地区人才。

2. 对委员会对本法第八条第二款第三项的审议结果显示聘用地区人才业绩不佳的公共机构和企业，国家和地方政府可以公开其聘用业绩，并要求其扩大聘用地区人才。

3. 在下列情况下，国家和地方政府可以根据总统令的规定，向公共机构和企业提供必要的支援：

（1）录用总统令规定比例以上的地区人才的；（2）为扩大地区人才录用而制定并实施特别录用制度的；（3）开展地区人才现场实习和实习录用支援项目的。

第十四条（大学等地区人才优待录用）

大学及政府资助研究机构的负责人，在录用所属教授或者研究员等时，可以优待录用地区人才。

第十五条（扩大大学入学机会）

1. 地方大学负责人可以以《高等教育法》第三十四条规定的特别录取方式选拔相应地区的高中（《中小学教育法》第二条规定的高中。以下本条内均为此义）或地方大学毕业人员（包括应届毕业生，以下本条内均为此义）。

2. 为选拔地方优秀人才，地方大学的负责人应当根据总统令的规定，使医学、韩医学、牙医学、药学及护理等学院的入学新生中，全部满足下列各项条件的人员占到全体入学新生的一定比例以上。在这种情况下，地方大学校长应当努力在该地区的市、郡、区之间进行均衡的选拔。

（1）毕业于非首都圈地区的中学；（2）毕业于该地方大学所在地区的高中（含应届毕业生）；（3）本条第一款及第二款所列学校的在校期间内，居住在该学校所在地区。

3. 为了选拔优秀人才，地方大学负责人应当根据总统令的规定，使法学专业研究生院、医学专业研究生院、牙医学专业研究生院及韩医学专业研究生院入学新生中，毕业于相关地区的地方大学的人数占到全体入学新生的一定比例以上。

4. 地方大学负责人根据本条第二款和第三款选拔学生（法学专业研究生院除外）时，应当在总统令规定的范围内选拔下列人员：

（1）《国民基础生活保障法》第二条第二款规定的领取权人；（2）《国民基础生活保障法》第二条第十款规定的低收入群体；（3）《单亲家庭支援法》第五条及第五条之二规定的支援对象；（4）总统令指定的其他低收入阶层等。

5. 国家和地方政府可以根据总统令的规定，对根据本条第二款或第三款规定的选拔成绩优秀的地方大学提供行政和财政支援。

6. 相关地区的范围，比例及其他相关必要事项，在总统令规定的范围内，由校规规定。

第十六条（国家等的支援）

1. 为改善地方大学的教研条件，国家和地方政府可以为确保教师及教育和研究设备设施提供必要的支援。

2. 为振兴地方大学的学术或学问研究和教育研究，国家和地方政府可以提供实验实习费、研究经费、奖学金等必要的支援。

3. 国家及地方政府可以对地区人才落户该地区提供必要的支援。

第十七条（特色化地方大学的指定等）

1. 为培育《国家均衡发展特别法》第十一条第一款规定的地方特色产业及

跨区域产业合作圈所需人才，教育部部长可以经委员会审议，将符合总统令规定标准的地方大学指定为特色化地方大学。

2. 教育部部长可以为根据本条第一款获得指定的地方特色大学发展其特色领域提供必要的行政和财政支援。

3. 根据本条第一款获得指定的地方特色大学有下列情形之一的，教育部部长应取消指定，并立即通知相关大学的负责人：

（1）不符合本条第一款规定的指定条件的；（2）以虚假或不正当手段被指定为特色化地方大学的；（3）将资助的资金用于非资助用途的。

4. 被取消特色化地方大学指定的大学，其负责人可以向教育部部长提出异议申请。

5. 特色化地方大学的指定和取消指定，异议申请的标准、程序和支援内容等相关必要事项，由总统令规定。

第十八条（地方大学的责任）

1. 为了培育地区发展所需的优秀人才，地方大学应当制定并实施发展规划及特色化计划。

2. 地方大学应当为培育优秀、有创意的人才营造教育、研究环境，并制定和实施能够将学费负担降至最低的奖学、福利政策。

3. 为了扩大地方人才的就业，地方大学应努力促进与企业及研究机构等的产学研合作。

4. 地方大学应当为地区居民提供继续学习的平台和支持继续教育。

第十九条（地方及地区均衡人才培育支援协议会）

1. 为协商、协调地方大学及地区人才的培育、发展相关重要事项，地方政府可以设立由高校、企业及研究机构参与的地方大学和地区均衡人才培育支援协议会（以下称协议会）。

2. 协议会的组织、运营等相关必要事项，由相应的广域市、特别自治市、道和特别自治道的条例规定。

第五章　地区均衡人才雇佣影响评估

第二十条（政策等地区均衡人才雇佣影响评价的实施）

1. 中央行政机关负责人和市、道知事应当在制定和实施其管辖的政策或修订法律时，进行地区均衡人才雇佣影响评估，以分析和评估相关政策或法律对当地人才就业的影响，并尽量将评估结果体现到政策或法令中。

2. 中央行政机关负责人及市、道知事应当根据总统令的规定，制作根据本条第一款实施的地区均衡人才雇佣影响评价的评价报告，提交给教育部部长和雇佣劳动部长官。

3. 雇佣劳动部长官可以将对提交的评价报告的研究意见通报中央行政机关负责人及市、道知事。

4. 中央行政机关负责人及市、道知事根据本条第一款，在政策或法令中反映地区均衡人才雇佣影响评价结果时，应将结果提交给教育部部长和雇佣劳动部长官。

5. 地区均衡人才雇佣影响评价的对象、方法等相关必要事项，由总统令规定。

第六章　高等教育创新特化地区

第二十一条（大学和地区的协作）

1. 为构建《国家均衡发展特别法》第九条之二规定的地方创新体系，强化地方大学的创新力量，国家和地方政府可以为培育地方政府和地方大学的协作体系提供必要的行政和财政上的支援。

2. 为有效支援本条第一款规定的合作体系，教育部部长可以在各地区指定综合执行相关业务的专责机构，并以捐款支付有关机构开展相关业务所需的费用。

3. 为审议、表决本条第一款规定的各地区协作体系运行相关重要事项，设立隶属于本条第二款规定的专责机构的，由相关地区的地方政府、高等教育机构、公共机构及企业负责人等组成的委员会（以下称地区协作委员会）。

4. 地区协作委员会的委员长（以下称地区协作委员会委员长）由管辖该地区的地方政府负责人担任。但除地方政府负责人外，高等教育机构负责人等总统令规定的人员也可以担任共同委员长。

5. 本条第二款规定的专责机构的指定和运营、第三款及第四款规定的地区协作委员会组成和运营等相关必要事项，由总统令规定。

第二十二条（高等教育创新特化地区的指定等）

1. 教育部部长可以根据地区协作委员会负责人的申请（协作委员会负责人为两人以上时应当共同申请），可以指定能够推动地方大学的学科改编和改善教育课程等高等教育创新的特化地区（以下称特化地区）。

2. 地区协作委员会负责人申请指定特化地区时，应当制定包含下列内容的高等教育革新特化地区计划（以下称特化地区计划），并提交教育部部长：

（1）特化地区指定的必要性及预期效果；（2）特化地区发展的基本方向；（3）为改革特化地区的高等教育所必需的限制特例和适用范围；（4）适用特化地区内规章制度特例的高等教育机关；（5）总统令规定的特化地区发展其他相关事项。

3. 地区协作委员会负责人（有共同委员长的，指的是地方政府负责人。以下本款及第六款均如此）在申请指定特化地区之前，应根据总统令的规定，公告特化地区计划，并听取居民的意见。

4. 根据地区协作委员会负责人的申请指定特化地区时，教育部部长与有关中央行政机关负责人协商后，经特化地区分科委员会的审议和议决，确定特化地区计划，指定特化地区。

5. 有关中央行政机关负责人接到根据本条第四款所列有关指定特化地区的协商要求后，应当在三十天内回复教育部部长。

6. 教育部部长根据本条第四款指定特化地区时，应根据总统令的规定，在官方媒体上公布其内容，并向管辖地区协作委员会负责人发送相关文件的复印件。收到有关文件的管辖地区协作委员会负责人应当允许公众查阅有关文件。

7. 此外，指定特化地区所需事项由总统令规定。

第二十三条（高等教育革新特化地区指定的效果等）

1. 被指定为特化地区的地区，按照特化地区计划规定的内容，适用规章制度特例等。

2. 特化地区计划规定的限制特例适用期限为四年以内，但仅限于一次，在二年以内的范围内可以延长。

3. 根据本条第一款适用限制特例的特化地区内的高等教育机构，仅限管辖该地区的本法第二十一条第二款规定的专责机构。

第二十四条（高等教育革新特化地区的变更、解除指定等）

1. 教育部部长可以直接或根据管辖地区协作委员会负责人的申请，变更特化地区计划和特化地区的指定。在这种情况下，教育部部长要想直接变更"特化地区计划"及"特化地区指定"，除变更总统令规定的轻微事项外，应当与管辖地区协作委员会负责人进行协商。

2. 对本条第一款规定的特化地区计划和特化地区的指定进行变更的，适用本法第二十二条第一款至第五款。但如果变更总统令规定的轻微事项，可以直接进行，无须与有关中央行政机关负责人协商或报经特化地区分科委员会审议。

3. 有下列情形之一时，教育部部长可以直接或根据管辖地区协作委员会的申请（地区协作委员会的负责人为二人以上时，应当共同申请）解除对特化地区的指定：

（1）达不到或者预计不能达到特化地区的指定目的；（2）监管特例在特化地区导致严重副作用；（3）总统令规定的其他事由。

4. 教育部部长根据本条第三款解除特区的指定时，应当与有关中央行政机关负责人及管辖地区协作委员会负责人协商（与管辖地区协作委员会负责人的协商仅限教育部部长直接解除对特化地区指定时），并经特区分科委员会审议和表决。

5. 教育部部长根据本条第一款或第三款变更特化地区计划或解除特化地区指定时，应当在官方媒体上公示，并立即通知管辖地区协作委员会的负责人。

6. 根据本条第三款解除特化地区指定的，停止适用该特化地区的监管特例。但如果因停止适用"监管特例"而很难适用有关监管的法令或没有实际利益等总统令规定的情况下，经特化地区分科委员会的审议和议决，教育部部长可以继续适用相关监管特例。

7. 特化地区计划、特化地区的变更及解除指定相关其他必要事项，由总统令规定。

附　　则

第一条（施行日期）
本法自公布之日起六个月后施行。

第二条（关于地方大学选拔地方人才的适用例）
本法第十五条第二款至第四款的修订规定，自 2023 学年高考录取开始适用。但本法第十五条第二款对选拔对象的修订规定，从 2022 学年升入初中的人开始适用。

关于地方教育自治的法律

[第17954号法律，2021年3月23日根据其他法律修订]

第一章 总　　则

第一条（目的）
本法旨在通过规定管理地方政府教育、科学、技术、体育及其他文艺相关事务机构的设置及其组织及运营等相关事项，搞活教育自主性及专业性和地方教育的特殊性，从而为地方教育的发展做出贡献。

第二条（教育、文艺事务的主管）
地方政府的教育、科学、技术、体育及其他文艺（以下称教育、文艺）相关事务，为特别市、广域市及道（以下称市、道）的事务。

第三条（与《地方自治法》的关系）
关于地方政府的主管教育、文艺相关事务的机构的设置及其组织和运营等，除本法规定事项外，在不违背其性质的范围内，适用《地方自治法》的相关规定。在这种情况下，"地方政府负责人"或"市、道知事"视为"教育监"，"地方政府的事务"视为"地方政府的教育、文艺相关事务"，"自主事务"视为"教育、文艺相关自治事务"，"行政安全部长官""主管部门部长"及"中央行政机构负责人"视为"教育部"。

第二章　删除

第四条至第十七条　删除

第三章　教　育　监

第一节　地位和权限等

第十八条（教育监）
1. 在市、道，设置教育监，作为市、道的教育、文艺相关事务的执行机构。
2. 对于因教育、文艺相关的管辖事务引起的诉讼或财产登记等，由教育监代表相应市、道。

第十九条 （国家行政事务的委托）

国家行政事务中委托市、道执行的事务——教育、文艺相关事务，委托给教育监办理。但法令中另有规定的情况例外。

第二十条 （主管事务）

教育监主管教育、文艺相关下列各项事项的相关事务：

（1）条例草案的拟定及提交相关事项；（2）预算的编制及提交相关事项；（3）决算书的拟定及提交相关事项；（4）教育规章的制定相关事项；（5）学校、其他教育机构的设置、搬迁及关闭相关事项；（6）教育课程的运营相关事项；（7）科学、技术教育的振兴相关事项；（8）终身教育、其他教育、文艺振兴相关事项；（9）学校体育、保健及学校环境净化相关事项；（10）学生走读区域相关事项；（11）教育、文艺的设施、设备及教具相关事项；（12）财产的取得、处分相关事项；（13）专项税款、使用费、手续费、分摊款及入会费相关事项；（14）举债、借款或预算之外的义务承担相关事项；（15）基金的设置、运用相关事项；（16）所属国家公务员及地方公务员的人事管理相关事项；（17）其他相关市、道的教育、文艺相关事项和委托事项。

第二十一条 （教育监的任期）

教育监的任期为每届4年，并且教育监连续任期不得超过3届。

第二十二条 （教育监的选举）

关于教育监的选举，在第六章另行规定。

第二十三条 （兼任职务的限制）

1. 教育监，不得兼任属于下列各项之一的职务：

（1）国会议员、地方议会议员；（2）《国家公务员法》第二条规定的国家公务员、《地方公务员法》第二条规定的地方公务员及基于《私立学校法》第二条规定的私立学校的教员；（3）私立学校经营者或设置、经营私立学校的法人的管理人员、职员。

2. 教育监当选前，担任第一款禁止兼任的职务时，应当在任期开始日的前一天，卸任该职务。

第二十四条 （教育监候选人的资格）

1. 拟成为教育监候选人的人员，应当为相应市、道知事的拥有被选举权的人员中，自候选人登记申请开始日起过去1年期间，不是政党党员的人员。

2. 拟成为教育监候选人的人员，应当为以候选人登记申请开始日为准，拥有下列各项经验之一达3年以上，或所拥有的下列各项经验的合计经验达3年以上的人员。

（1）教育经验。在《幼儿教育法》第二条第二项规定的幼儿园、《中小学教育法》第二条及《高等教育法》第二条规定的学校（包括被认定为与此学历同等的教育机构或终身教育设施中依据其他法律设置的教育机构或终身教育设施），担任教员的经验；（2）教育行政经验。在国家或地方政府的教育机构，作为国家公务员或地方公务员从事教育、文艺相关事务的经验和担任《教育公务员法》第二条第一款第二项或第三项规定的教育公务员的经验。

第二十四条之二（教育监的罢免）

1. 居民拥有罢免教育监的权利。

2. 对教育监的居民罢免投票事务，由第四十四条规定的选举管理委员会管理。

3. 关于居民对教育监的罢免，除本法规定事项之外，在不违背其性质的范围内，适用《居民罢免相关法律》的市、道知事相关规定。但在本法拟适用《公职选举法》时，与《居民罢免相关法律》适用的《公职选举法》的相应规定不同的情况，视为引用本法适用的《公职选举法》的相应规定。

第二十四条之三（教育监的卸任）

教育监，在符合下列各项情形之一时，从其职务卸任：

（1）教育监就任第二十三条第一款规定的不得兼任的职务时；（2）失去被选举权时（包括因除地方政府的区域变更或者地方政府消失或合并的情况之外的其他原因，教育监把居民登记迁移至其地方政府的区域之外而失去被选举权时）；（3）成为政党党员时；（4）根据第三条适用的《地方自治法》第一百一十条，丧失教育监的职务时。

第二十五条（教育规章的制定）

1. 教育监，可以在法令或条例的范围内，就属于其权限的事务，制定教育规章。

2. 教育监，应当按照总统令规定的程序和方式公布教育规章，并且教育规章，如无特别规定，自公布之日起经过20天后生效。

第二十六条（事务的委任、委托等）

1. 教育监，可以依据条例或教育规章的规定，把属于其权限的事务的部分，委任给辅助机构、所属教育机构或下级教育行政机构。

2. 教育监，可以依据教育规章的规定，经与相应地方政府的负责人协商，把属于其权限的部分事务，委任给区、办事处或邑、面、洞（是指特别市、广域市及市的洞，三者皆为韩国基层行政单位，分别相当于中国的"镇、乡、社区"，下同此条）的负责人。在这种情况下，教育监可以就相应事务的执行，对区、办事处或邑、面、洞的负责人进行指挥、监督。

3. 教育监，可以依据条例或教育规章的规定，把属于其权限的事务中的调查、监查、鉴定、管理等不与居民的权利、义务直接相关的事务，委托给法人、团体或其机构或个人。

447

4. 教育监，拟依据第一款至第三款的规定，再次委任或委托受委任或受委托的部分事务时，应当获得事先委任或委托相应事务的机构的负责人的批准。

第二十七条（职员的任用等）

教育监指挥、监督所属公务员并依据法令和条例、教育规章的规定，处理其录用、教育培训、服务、惩戒等相关事项。

第二十八条（对市、道议会等的决议的复议和申诉）

1. 教育监，认为教育、文艺相关的市、道议会的决议违反法令或明显妨碍公共利益时，可以自收到该决议事项之日起，在20天之内附上理由要求复议。教育监收到教育部提出的复议要求时，应当要求市、道议会复议。

2. 根据第一款规定提出复议要求时，收到复议要求的市、道议会付诸复议，并且市、道议会，在职员过半数出席和市道议会出席议员的三分之二以上通过，作出与之前同样的决议时，该决议事项得以确定。

3. 根据第二款规定，认为重新决议的事项违反法令时，教育监，可以自重新决议之日起，在20天之内向大法院申诉。

4. 教育部，认为重新决议的事项违反法令，但相应教育监未申诉时，可以指示相应教育监申诉或者亲自申诉。

5. 基于第四款规定的申诉指示，应自超过第三款规定的期限之日起，在7天之内作出，并且相应教育监，应自收到申诉指示之日起，在7天之内进行申诉。

6. 教育部，可以自超过第五款规定的期限之日起，在7天之内亲自进行申诉。

7. 根据第三款及第四款的规定，向大法院申诉已经再次表决过的事项时，进行申诉的教育部或教育监，可以申请该决议的执行停止。

第二十九条（教育监的先决处理）

1. 教育监，对于管辖事务中需要市、道议会决议的事项，在符合下列情形之一时，可以进行先决处理：

(1) 市、道议会未成立时（是指因市、道议会议员被拘留等原因，未达到基于《地方自治法》第七十三条规定的决议法定人数时）；(2) 属于保护学生的安全和教育机构等的财产的紧急必要事项，没有足够的时间召集市、道议会，或者市、道议会表决迟滞而未作出表决时。

2. 基于第一款规定的先决处理应及时向市、道议会报告，获得批准。

3. 未能从市、道议会获得第二款规定的批准时，该先决处理自当时起失效。

4. 教育监应当及时公告第二款及第三款相关事项。

第二十九条之二（议案的提交等）

1. 教育监，拟向市、道议会提交教育、文艺相关议案中属于下列各项之一的议案时，应提前与市、道知事协商。

（1）居民的财政负担或义务税赋相关的条例案；（2）地方政府的一般会计的关联事项。

2. 关于其他教育、文艺相关的议案和请求等的提交、审查、处理，适用《地方自治法》。在这种情况下，"地区自治团体的负责人"视为"教育监"。

第二十九条之三（市、道议会的教育、文艺相关事务的支援）

1. 为处理市、道议会的教育、文艺相关的事务，根据条例规定，在市、道议会的办事处，设置支援组织和办公职员。

2. 根据第一款设置的办公职员，视为地方公务员。

3. 根据第一款设置的办公职员，根据市、道议会议长的推荐，由教育监任命。

第二节　辅助机构及下属教育机构

第三十条（辅助机构）

1. 教育监下设视为国家公务员的副教育监1名（人口800万人以上且学生150万人以上的市、道为2名），根据总统令规定，视为属于基于《国家公务员法》第二条之二规定的高级公务员团的普通公务员或学监。

2. 副教育监，通过教育部的提请，经国务总理，由总统从相应市道的教育监推荐的人员中任命。

3. 副教育监辅佐教育监处理事务。

4. 根据第一款规定，设置2名副教育监时，其事务分管相关事项，由总统令规定。在这种情况下，可以让其中1名负责特定地区的事务。

5. 教育监下设辅助机构，其设置、运营等相关必要事项，在总统令规定的范围内，由条例规定。

6. 在基于第五款规定的辅助机构的设置、运营上，教育监应当力求合理，并与其他市、道保持平衡。

第三十一条（教育监的权限代理与职务代理）

关于教育监的权限代理、职务代理，适用《地方自治法》第一百二十四条规定。在这种情况下，"副知事、副市长、副郡守、副区长"视为"副教育监"，"地方政府的规章"视为"教育规章"。

第三十二条（教育机构的设置）

教育监，在其管辖事务的范围内需要时，可以根据总统令或条例规定，设置教育机构。

第三十三条（公务员的配置）

1. 在第三十条第五款的辅助机构、第三十二条的教育机构及第三十四条的下级教育行政机构，利用由基于第三十八条规定的相应市、道的教育费专项拨款承担的经费，设地方公务员，其名额根据法令规定的标准，由条例规定。

2. 第三十条第五款的辅助机构、第三十二条的教育机构及第三十四条的下级教育行政机构，可以不适用第一款及《地方政府设置的国家公务员的名额相关法律》，根据总统令规定，设置国家公务员。

第三节　下级教育行政机构

第三十四条（下级教育行政机构的设置等）

1. 为分管市、道的教育、文艺相关事务，设置教育支援厅，作为以1个或2个以上的市、郡及自治区为管辖区域的下级教育行政机构。

2. 教育支援厅的管辖区域和名称，由总统令规定。

3. 在教育支援厅设教育长，视为学监，其任用相关必要事项，由总统令规定。

4. 教育支援厅的组织和运营等相关必要事项，由总统令规定。

第三十五条（教育长的分管事务）

教育长受委任分管市、道的教育、文艺相关事务中的下列各项事务：

（1）公、私立幼儿园，小学，中学，高级公民学校及与其相当的其他类型学校的运营、管理相关的指导、监督。（2）其他条例规定的事务。

第四章　教育财政

第三十六条（教育和文艺相关经费）

教育和文艺相关经费，通过下列各项财源进行补贴：

（1）教育相关的专项税款、手续费及使用费；（2）地方教育财政拨款；（3）来自相应地方政府的一般会计的转入金；（4）基于幼儿教育支援专项拨款的转入金；（5）第1项至第4项之外的收入中属于教育、文艺的收入。

第三十七条（义务教育经费等）

1. 从事义务教育的教员的薪酬和其他义务教育相关经费，根据《地方教育财政拨款法》的规定，由国家及地方政府承担。

2. 基于第一款规定的义务教育之外的教育的相关经费，根据《地方教育财政拨款法》的规定由国家、地方政府及学生家长等承担。

第三十八条（教育费专项拨款）

为把市、道的教育、文艺相关的经费分开经营管理，在相应地方政府设置教育费专项拨款。

第三十九条（教育费的补助）

1. 国家在预算范围内为市、道的教育费提供补助。
2. 国家的教育费补助相关事务由教育部主管。

第四十条（专项税款的征收）

1. 基于第三十六条规定的专项税款，在存在特殊财政需求时，根据条例规定征收。
2. 基于第一款规定的专项税款的征收，不得超过专项税款所需经费的总额。

第五章 地方教育协商会

第四十一条（地方教育行政协商会的设置）

1. 为有效处理地方政府的教育、文艺相关事务，设置地方教育行政协商会。
2. 基于第一款规定的地方教育行政协商会的构成、运营相关必要事项，经教育监和市、道知事协商，由条例规定。

第四十二条（教育监协议体）

1. 教育监为增进相互间的交流和合作，协商共同问题，可以设立全国性协议体。
2. 设立基于第一款规定的协议体时，相应协议体的代表应及时向教育部申报。
3. 基于第一款规定的协议体，可以就直接影响地方教育自治的法令等，经教育部向政府提出意见，并且教育部应当将提出的意见，向相关中央行政机构的负责人通报。
4. 教育部对根据第三款提出的意见进行讨论后，认为其不合理时，应当明示判定的理由及内容，并向协议体通报；当认为其合理时，则应当积极提供协助，使其内容能反映到相关法令中。
5. 相关中央行政机构的负责人，应当自收到通报之日起在2个月之内，对根据第三款收到通报的内容的合理性进行研讨，并将其结果向教育部通报，并且教育部应当及时将收到通报的研讨结果向协议体通报。
6. 第一款规定的协议体认定，与地方教育自治相关的法律需要制定、修订或废除时，可以采用书面形式，向国会提出意见。
7. 对于第一款规定的协议体，国家可以为其运营等所需的财政提供支援。
8. 基于第一款规定的协议体的设立申报和运营之外的其他必要事项，由总统令规定。

第六章　教育监选举

第四十三条（选出）
教育监通常由居民、平等、直接、不记名投票选举选出。

第四十四条（选区选举管理）
1. 执行教育监选举相关事务中的选区选举事务的选举管理委员会（以下称选区选举管理委员会）为《选举管理委员会法》规定的市、道选举管理委员会。
2. 关于教育监选举的选区选举管理等，适用《公职选举法》第十三条第二款至第六款的规定。

第四十五条（选区）
教育监以市、道为单位选出。

第四十六条（禁止政党参与选举的行为等）
1. 政党不得向教育监选举推荐候选人。
2. 政党的代表、干部（是指根据《政党法》第十二条至第十四条规定登记的代表、干部）及带薪办公职员，不得作出支持、反对特定候选人（包括拟成为候选人的人员。下同此条）等为对选举造成影响而干预选举的行为（以下称选举干预行为），并且其他党员，不得以可以查明或推测出所属政党之名称的方法，作出选举干预行为。
3. 候选人，不得宣扬（包括表明党员经历）支持、反对特定政党，或者获得特定政党的支持、推荐。

第四十七条（公务员等的参选）
1. 属于《公职选举法》第五十三条第一款各项之一的人员中，拟成为候选人的人员，应当在选举日之前至少90天（第四十九条第一款适用的《公职选举法》第三十五条第四款的补选等的情况中所指候选人登记申请前），卸任其职务。但教育监选举中，相应地方政府的教育监在职参选的情况外。
2. 在适用第一款的情况下，其所属机构、团体的负责人或所属委员会受理辞职信时，视为卸任其职务。

第四十八条（选票上的候选人排名顺序等）
1. 在投票用纸上应标示候选人的姓名，并且候选人的姓名从左到右罗列，用韩文记载。但存在韩文标示姓名相同的候选人时，在括号内同时记载汉字。
2. 选区选举管理委员会，在候选人登记完毕后，让候选人或其代理人到现场，通过抽签决定候选人在投票用纸上的刊登顺序，开始抽签之前，候选人或其代理人未到现场时，相应选区选举管理委员会的委员长或其提名的人员代替相应候选人进行抽签。
3. 第二款规定的投票用纸上的候选人刊登顺序，根据中央选举管理委员会规则的规定，以依次轮换的循环排列方式决定，以便候选人在投票用纸上的刊登顺序能按各自治区、市、郡议会议员地区选区（济州特别自治道是指济州特别自治道议会议员地区选区，世宗特别自治市是指世宗特别自治市议会议员地区选区）公平分配。

4. 超过候选人登记期限后，即使候选人辞职、死亡或登记无效时，投票用纸上也会原样保留相应候选人的姓名。

5. 投票用纸上应印刷序列号。

第四十九条（《公职选举法》的适用）

1. 关于教育监选举，除本法规定事项外，还适用《公职选举法》第三条至第八条、第八条之二至第八条之四、第八条之六、第九条、第十条、第十条之二、第十条之三、第十一条、第十二条、第十四条、第十五条、第十七条至第十九条、第三十条至第四十六条、第四十八条至第五十条、第五十二条、第五十四条至第五十七条、第五十八条至第六十条、第六十条之二至第六十条之四、第六十一条、第六十二条至第七十四条、第七十九条至第八十二条、第八十二条之二、第八十二条之四至第八十二条之七、第八十五条、第八十六条（第二款第二项但书、第三项及第六款但书除外）、第八十七条至第一百零八条、第一百零八条之二、第一百零九条至第一百二十二条、第一百二十二条之二、第一百三十五条（第一款但书除外）、第一百三十五条之二、第一百四十六条、第一百四十六条之二、第一百四十七条至第一百四十九条、第一百四十九条之二、第一百五十一条至第一百五十九条、第一百六十一条至第一百六十六条、第一百六十六条之二、第一百六十七条至第一百八十六条、第一百九十一条至第二百零六条、第二百一十一条至第二百一十七条、第二百一十九条至第二百六十二条、第二百六十二条之二、第二百六十二条之三、第二百六十三条至第二百六十五条、第二百六十五条之二、第二百六十六条至第二百七十条、第二百七十条之二、第二百七十一条、第二百七十一条之二、第二百七十二条、第二百七十二条之二、第二百七十二条之三、第二百七十三条至第二百七十七条、第二百七十七条之二、第二百七十八条、第二百七十九条中的市、道知事及市、道知事选举相关的规定。在这种情况下，政党推荐候选人和无党派候选人适用的规定不同时，适用无党派候选人相关规定。

2. 关于教育监选举，适用《公职选举法》的罚则（包括罚款。下同此条）时，《公职选举法》罚则之外的规定中，本法中未适用的规定相关的罚则不适用。

3. 根据第一款，适用《公职选举法》时，依照下列规定：

（1）《公职选举法》第四十九条第四款第五项中的"证明文件"，视为"证明文件及《关于地方教育自治的法律》第二十四条第二款规定的经历相关的证明文件";(2)违反《公职选举法》第五十二条第一款第五项中的"发现登记违反第五十三条第一款至第三款或第五款时",视为"发现登记违反《关于地方教育自治的法律》第四十七条第一款时";(3)《公职选举法》第六十条第一款第四项但书中的"可以成为政党党员的公务员(国会议员和地方议会议员等的政务职公务员除外)",视为"可以成为政党党员的公务员(政务职公务员、国会议员的辅佐官、秘书官、秘书、国会交涉团体的政策研究委员除外)";(4)《公职选举法》第六十条之二第二款第二项、第三款前段及第四款第1号之二中的"证明文件",均视为"证明文件及《关于地方教育自治的法律》第二十四条第二款规定的经历相关的证明文件";(5)《公职选举法》第六十条之二第四款第二项中的《第五十三条第一款至第三款或第五款》,视为"《关于地方教育自治的法律》第四十七条第一款";(6)《公职选举法》第六十一条第五款的"公共卫生营业场所",视为"公共卫生营业场所、国会议员及地方议会议员的办事处和《政治资金法》规定的国会议员支援会的办事处";(7)《公职选举法》第六十五条第九款的"根据第一百五十条(投票用纸上政党和候选人的顺序等)规定,投票用纸上印刷的候选人的号码顺序",视为"《关于地方教育自治的法律》第四十八条规定的候选人在投票用纸上的记录顺序";(8)《公职选举法》第八十六条第一款各项等部分中的"公务员(国会议员及其辅佐官、秘书官、秘书及地方议会议员除外)",视为"公务员";(9)适用《公职选举法》第一百十一条第一款时,国会议员或地方议会议员,在教育监选举的选举期间,不得通过职务上的行为、以其他任何名目在网络上刊登议政活动报告的方法等,报告议政活动;(10)《公职选举法》第一百一十二条第二款第二项i条正文中的"奖状(额外奖励除外。下同此目)",视为"奖状(额外奖励除外,包括在各级学校的毕业典礼等面向学生的活动中授予额外奖励的行为。下同此目)";(11)适用《公职选举法》第十四章的相关规定时,在同法第二百零二条第一款规定的区域,同时实施教育监选举和《公职选举法》规定的公职选举时,把其教育监选举和公职选举视为同时选举;(12)《公职选举法》第十一条第二款、第三款、第一百三十五条之二第二款、第四款、第二百六十二条之二第一款、第二百六十四条、第二百六十六条第一款、第二百六十七条第二款、第二百六十八条第一款正文、第二百七十二条第一款、第五款前段、第七款前段、第二百七十三条第一款之"罪"或"罪行"中,均包含"《关于地方教育自治的法律》第五十九条规定的罪行",并且《公职选举法》第二百六十条第一款的"第二百五十九条",视为"第二百五十九条、《关于地方教育自治的法律》第五十九条";(13)《公职选举法》第十八条第二款、第二百六十九条正文、第二百七十条、第二百七十条之二第一款的"选举法"中,包含"触犯《关于地方教育自治的法律》第五十九条规定的罪行的人员";(14)《公职选举法》第二百七十一条第一款前段、第二百七十一条之二第一款、第二百七十二条之二第五款、第二百七十二条之三第一款、第二款、第四款的"本法"中，包含"《关于地方教育自治的法律》的教育监选举相关规定"。

第五十条　（《政治资金法》的适用）

关于教育监选举，适用《政治资金法》的市、道知事选举适用的规定。

第五十条之二　（教育监职务接管委员会的设置）

1. 根据本法，为辅佐当选教育监的人员，负责教育监职务的接管相关业务，可以在相应市道教育厅，设置教育监职务接管委员会（下文在该条中称接管委员会）。

2. 接管委员会，可以在教育监任期开始日之后最多存续30天。

3. 接管委员会执行下列各项业务：
（1）掌握相应市道的教育、学问艺术相关事务的现状；（2）为设定相应市道的教育基调做的准备；（3）其他教育监职务接管的必要事项。

4. 接管委员会，由1名委员长、1名副委员长及10名以内的委员组成。

5. 教育监，任命或委托教育监当选人推荐的人员，担任第四款规定的委员长、副委员长及委员。

6. 其他接管委员会的组织和运营等必要事项，根据总统令规定，由相应地方政府的条例规定。

7. 对于接管委员会的委员长、副委员长、委员和曾经在其职位的人员中，不是公务员的人员，因与接管委员会的业务相关而适用《刑罚》或其他法律规定的罚则时，视为公务员。

第七章　删除

第五十一条至第五十八条　删除

第八章　罚　　则

第五十九条（罚则）

对违反第四十六条的人员，处以2年以下的有期徒刑或2000万韩元以下的罚金。

附　　则

本法自公布之日起施行。（省略但书）

韩国大学[1]教育协议会法

[第 15968 号法律，2018 年 12 月 18 日修订]

第一条（目的）
本法旨在通过设立并培育壮大韩国大学教育协议会，提高大学运营的自主性和公共性，推动大学间的协作，谋求大学教育的健全发展。

第二条（设立）
1. 为实现本法第一条中的设立目的，大学（包含师范大学和教育大学，不含综合类大学下设的专科学院，下同）负责人设立韩国大学教育协议会（以下称协议会）。
2. 协议会为法人。
3. 协议会成立后，大学的负责人理应成为其会员。

第三条（职能）
1. 协议会具备下列职能：
（1）大学教育制度及运营相关研究开发；（2）大学学生选拔制度相关研究开发；（3）大学财政支持政策与组成方案；（4）大学教学课程、授课方法的研究开发与推广；（5）大学的考核评估；（6）大学教职工的研修；（7）完成教育部部长委托的工作；（8）其他关于大学间协作业务的实施。
2. 协议会可就大学教育相关重要事项向教育部部长提供咨询或提出建议。

第四条（章程）
协议会的章程应当包括下列内容：
（1）设立目的；（2）名称；（3）主要事务所的所在地；（4）管理层与职员相关事项；（5）会员大会和理事会相关事项；（6）业务相关事项；（7）内部组织相关事项；（8）资产与会计相关事项；（9）会费相关事项；（10）会员对协议会决定事项提出异议与异议裁定相关事项；（11）章程变更相关事项。

第五条（会员大会）
1. 协议会设立会员大会，会员大会由会员组成。

---

〔1〕 译注：本法中的大学相当于国内的本科院校等综合类大学。

2. 会员大会是协议会的最高议事决策机构。

第六条（管理层）

1. 协议会的管理层由会长一人、副会长三人、理事十人以上、三十人以下以及监事二人组成。

2. 管理层由会员大会选举产生，须报请教育部部长批准。但任期内会长、副会长以外的管理层出现空缺时，由理事会选举产生补缺管理层人员。

3. 管理层人员每届任期两年。但补缺管理层的任期为前任的剩余任期。

4. 会长代表协议会，总揽协议会业务；副会长协助会长，会长因故无法履行职务时，由副会长代行其职务。

5. 监事负责监查协议会的会计以及会计相关业务。

第七条（理事会）

1. 协议会设理事会，理事会由会长、副会长和理事组成。

2. 理事会根据本法以及本法有关命令和章程的规定审议并表决协议会重要事项。

3. 监事可以出席理事会并发言。

第八条（秘书长）

1. 协议会设置秘书长，负责处理会员大会与理事会授权事务和协议会日常业务。

2. 事务总长由理事会选举产生，报请教育部部长同意后由会长任命。

3. 事务总长兼任理事。

第九条（经费补贴等）

1. 国家可在预算范围内补贴协议会运营所需必要经费。

2. 个人、法人或团体可以向协议会捐赠金钱或其他财产，以支持其设施和运营。

3. 本条第二款向协议会捐赠的金钱或其他财产，根据《税务特例限制法》的规定适用收入计算特例。

第十条（国有财产、公有财产的出借）

1. 为培育壮大协议会，必要时国家或地方政府可以不适用《国有财产法》《公有财产及物品管理法》的规定，向其无偿出借或令其免费使用国有财产或公有财产。

2. 本条第一款规定的有关国有财产、公有财产的无偿出借与使用的内容、条件及程序等必要事项，由总统令规定。

第十一条（教职工的派遣）

为实现本法第一条中的设立目的，协议会可在特别必要的情况下要求教育机构派遣教职工。

第十二条 （资料提供）

1. 协议会可要求国家、公共机构和研究机构等提供由其发行的刊物或资料中与协议会运营相关的刊物或资料。

2. 本条第一款规定的刊物或资料提供人如有要求，协议会应当为相关刊物或资料支付相应的代价。

3. 根据本条第一款提供给协议会的刊物或资料不得用于研究目的以外的其他用途。

第十三条 （会计年度）

协议会的会计年度执行政府的会计年度。

第十四条 （工作计划等）

协议会每个会计年度都应当制定工作计划和预算书，并应在该会计年度开始的二十天之前上报教育部部长。

第十五条 （决算报告）

财团应当出具每个会计年度的收支决算书，并随附相应会计年度的工作总结报告在下一会计年度开始后两个月内上报教育部部长。

第十六条 （决定事项的遵守义务）

会员应当遵守协议会会员大会或理事会的决定事项。

第十七条 （业务委托）

1. 教育部部长可以根据总统令相关规定，将大学行政与教务运营相关部分分管业务委托给协议会处理。

2. 根据本条第一款进行业务委托时，应当支付开展相关业务所需的必要经费。

第十八条 删除

第十九条 （禁止使用类似名称）

非本法规定的协议会，不得使用"韩国大学教育协议会"或与之类似名称。

第二十条 （《民法》的适用）

除本法规定外，协议会还适用《民法》中财团法人相关规定。

第二十一条 （罚金）

1. 对违反本法第十九条，违规使用"韩国大学教育协议会"或与之类似名称的人员，处以五百万韩元以下罚款。

2. 本条第一款规定的罚款由教育部部长征收。

第二十二条 删除

附　则

本法自公布六个月过后之日起施行。

韩国专科大学教育协议会法

[第 16342 号法律，2019 年 4 月 23 日修订]

第一条（目的）

本法旨在通过设立并培育壮大韩国专科大学教育协议会，提高专科大学运营的自主性和公共性，推动专科大学间的合作，谋求专科大学教育事业的健全发展。

第二条（设立）

1. 专科大学的负责人为实现本法第一条的设立目的，设立韩国专科大学教育协议会（以下称协议会）。

2. 协议会为法人。

3. 协议会成立后，专科大学负责人自然成为其会员。

第三条（职能）

1. 协议会具备下列职能：

（1）专科大学的教育制度及运营相关研究开发；（2）专科大学的学生选拔制度相关研究开发；（3）专科大学的财政支持政策与构成方案；（4）专科大学的教学课程、授课方法的研究开发与推广；（5）专科大学的评价与教务运营相关研究开发；（6）专科大学教职工的国内外研修；（7）促进产学协同的方案研究开发与支持政策探索；（8）适合专科大学教育的教材开发与各种资料的发行和推广；（9）完成教育部部长委托的工作；（10）专科大学相互协作相关其他重要业务。

2. 协议会可以就专科大学教育相关重要事项向教育部部长提出咨询或提出建议。

第四条（章程）

协议会章程应当包括下列各项内容：

（1）设立目的；（2）名称；（3）主要事务所的所在地；（4）管理层与职员相关事项；（5）会员大会和理事会相关事项；（6）业务相关事项；（7）组织架构相关事项；（8）资产与会计相关事项；（9）会费相关事项；（10）会员对协议会决定事项提出异议与异议裁定相关事项；（11）章程变更相关事项。

第五条（会员大会）

1. 协议会设会员大会，会员大会由会员组成。
2. 会员大会是协议会的最高议事决策机构。

第六条（管理层）

1. 协议会的管理层由 25 人以上、30 人以下的理事以及 2 名监事组成，其中会长 1 名，副会长 10 名以内。
2. 管理层由会员大会选举产生，须报经教育部部长批准。但任期内会长、副会长以外的管理层出现空缺时，由理事会选举产生补缺管理层人员。
3. 管理层人员每届任期两年。但补缺管理层的任期为前任管理层的剩余任期。
4. 会长代表协议会，总揽协议会业务；副会长协助会长，会长因故无法履行职务时，由副会长代行其职务。
5. 监事负责监查协议会的会计以及会计相关业务。

第七条（理事会）

1. 协议会设立理事会，理事会由会长、副会长和理事组成。
2. 理事会根据本法以及本法有关命令和章程的规定审议并表决协议会重要事项。
3. 监事可以出席理事会并发言。

第八条（事务总长）

1. 协议会设置事务总长，处理会员大会与理事会授权事务和协议会的日常业务工作。
2. 事务总长由理事会选举产生，报经教育部部长同意后由会长任命。事务总长监督所辖职员，在会长或者理事会委任的范围内总揽协议会业务。

第九条（经费补贴等）

1. 国家可以在预算范围内补贴协议会运营所需必要经费。
2. 为支持协议会的设施和运营，个人、法人或者团体可以向其捐赠资金或者其他财产。

第十条（国有和公有财产的出借）

1. 为培育壮大协议会，必要时国家或者地方政府可以不管《国有财产法》《公有财产及物品管理法》，向协议会无偿出借或者令其免费使用国有财产或者公有财产。
2. 本条第一款规定的国有财产、公有财产的无偿出借、使用的内容、条件及程序等相关必要事项，由总统令规定。

第十一条（教职工的派遣）

为实现本法第一条中的设立目的，在特别必要的情况下，协议会可以要求教育机构派遣教职工。

第十二条 （资料提供）

1. 协议会可以要求国家、公共机构和研究机构等提供由其发行的刊物或者资料中与协议会运营相关的刊物或者资料。

2. 本条第一款的刊物或者资料提供人如有要求，协议会应当为相关刊物或者资料支付相应的代价。

3. 根据本条第一款提供给协议会的刊物或者资料不得用于研究目的以外的其他用途。

第十三条 （会计年度）

协议会的会计年度执行政府的会计年度。

第十四条 （工作计划等）

协议会每个会计年度都应当制定工作计划和预算书，并应于该会计年度开始的二十日之前上报教育部部长。

第十五条 （决算报告）

协议会应当出具每个会计年度的收支决算书，并随附相应会计年度的业务工作总结报告，在下一会计年度开始后二个月内上报教育部部长。

第十六条 （决定事项的遵守义务）

会员应当遵守协议会会员大会或者理事会决定的事项。

第十七条 （业务委托）

1. 教育部部长可以根据总统令相关规定，将专门大学的行政与教务运营相关部分的分管业务委托给协议会办理。

2. 根据本条第一款进行业务委托时，应当支付开展该业务所需的经费。

第十八条　删除

第十九条 （禁止使用类似名称）

非本法规定的协议会，不得使用"韩国专门大学教育协议会"或者与之类似名称。

第二十条 （《民法》的适用）

除本法规定外，协议会还适用《民法》中的财团法人相关规定。

第二十一条 （罚金）

1. 对违反本法第十九条，违规使用"韩国专门大学教育协议会"或者与之类似名称的人员，处以五百万韩元以下罚款。

2. 本条第一款规定的罚款由教育部部长征收。

附　　则

本法自公布之日起六个月后施行。

国立大学附属医院设置法

[第 15951 号法律，2018 年 12 月 18 日修订]

第一条（目的）
本法旨在通过设立国立大学附属医院（首尔大学附属医院除外），开展《高等教育法》规定的医学等相关教学、研究和诊疗，为推动医学发展和提高国民健康水平贡献力量。

第二条（法律人格）
国立大学附属医院（以下称大学医院）为法人。

第三条（设立）
1. 大学医院在其主要事务所所在地办理设立登记而成立。
2. 本条第一款规定的设立登记及其他登记所需必要事项，由总统令规定。

第四条（章程）
1. 大学医院章程应当包括以下内容：
（1）设立目的；（2）名称；（3）主要事务所的所在地；（4）业务相关事项；（5）医学和药学等教学、研究相关事项；（6）理事会运营相关事项；（7）组织架构相关事项；（8）管理层与员工相关事项；（9）资产与会计相关事项；（10）章程变更相关事项；（11）公示相关事项；（12）解散相关事项。
2. 大学医院章程变更时，应当征得教育部部长批准。

第五条（设立）
1. 大学医院由开设医学专业（开设药学专业或制药专业也包含在内，以下称医学系）的国立大学（以下称相关大学）分别设立。
2. 必要时，大学医院可以根据章程的规定开设分院。

第六条（大学医院的名称）
大学医院的名称由相关大学名称后加"附属医院"字样组成。

第七条（禁止使用类似名称）
非本法规定的大学医院，不得使用本法第六条规定的"大学医院"或与之类似的名称。

第八条 （业务）

大学医院主要开展下列业务：

（1）医学系学生的临床教学；（2）见习医生进修与医务人员培训；（3）医学系相关研究；（4）临床研究；（5）诊疗业务；（6）《关于公共卫生医疗的法律》第二条第二款规定的公共卫生医疗业务；（7）旨在提高国民卫生水平的其他必要业务。

第九条 （公共卫生医疗机构的职责）

1. 大学医院应当忠实履行《关于公共卫生医疗的法律》第七条中规定的公共卫生医疗机构的义务。

2. 大学医院应当努力为国民提供优质公共卫生医疗服务，提高国民卫生水平。

第十条 （管理层）

1. 大学医院设置十一名理事和一名监事，其中包括一名理事长。

2. 理事长由相关大学校长担任，理事由符合下列条件的人员（以下称职权岗理事）以及经理事会推荐并由教育部部长任命的人员担任。在此情形下，除职权岗理事外的其余理事中应当包括一名以上拥有丰富的医院运营知识和经验的外部人员。

（1）该大学医院的负责人；（2）相关大学医学院院长；（3）相关大学口腔病医院院长（仅限该校开设有附属口腔病医院的情形）；（4）企划财政部长官、教育部部长以及保健福祉部长官从各自所辖三级以上公务员或高层公务员团所属普通公务员中各提名一人；（5）管辖相关大学医院所在地的特别市、广域市、道或特别自治道副市长或副知事。

3. 监事经理事会推荐，由教育部部长任命。

4. 符合《国家公务员法》第三十三条中规定的任一不适格事由的人员不得担任职权岗理事以外的理事、监事或大学医院院长。

5. 职权岗理事以外的理事、监事或大学医院院长发生《国家公务员法》第三十三条中规定的任一不适格事由时理当辞职。

第十一条 （管理层的任期）

职权岗理事以外的理事和监事每届任期三年，任期届满可以连任。

第十二条 （管理层的职责）

1. 理事长负责召集理事会，并担任理事会议长。

2. 理事长因故无法履行职务时，理事长职权代行相关事项依照章程规定执行。

3. 理事出席理事会并审议议案。

4. 监事监查大学医院的会计和业务。

第十三条 （理事会）

1. 大学医院内设理事会，审议并表决以下事项：

（1）组织架构相关事项；（2）工作计划和预决算相关事项；（3）财产的取得和处置相关事项；（4）章程变更相关事项；（5）《关于公共卫生医疗的法律》第八条规定的公共卫生医疗规划的制定和实施结果相关事项；（6）章程规定的其他重要事项。

2. 理事会由理事长和理事组成。

3. 理事会以成员过半数赞成通过表决。

4. 监事可以出席理事会并陈述意见。

第十四条 （大学医院院长）

1. 大学医院设院长一名。

2. 院长总揽大学医院业务，对外代表大学医院。

3. 院长经理事会推荐，由教育部部长任命。

4. 院长每届任期三年，任期届满仅限连任一次。

5. 院长因故无法履行职务时，其职权代行相关事项依照章程规定执行。

6. 除下列任一情形外，不得在院长任期内违背其本人意愿将其免职：

（1）违反本法或违反依照本法下达的命令或制定的章程时；（2）会计造假或因故意或重大过失严重影响大学医院运营时；（3）因身体或心理原因难以履行或不能履行职务时。

7. 根据本条第六款第一项至第三项的规定罢免院长时，应当经三分之二以上理事会成员赞成而通过决议后，由理事会提出免职建议。

第十五条 （员工等的任免）

大学医院内设必要的医务人员和院务人员，医务人员和院务人员的任免依照章程规定执行。

第十六条 （临床教授要员）

1. 大学医院内设临床教授要员，以开展本法第八条所列各项事业。

2. 本条第一款规定的临床教授要员的职务名称和任职资格适用《高等教育法》第十六条相关规定。

3. 根据《高等教育法》第三条任用国立大学教授担任本条第一款的临床教授要员时，相关人员作为临床教授要员的任职经历视同其作为相关大学教师任职经历。

4. 临床教授要员的任用期限、任用程序和报酬相关事项，由章程规定。

第十七条 （兼职）

1. 大学医院开展本法第八条所列各项业务有必要时，在相关大学任职的教师可以不适用《国家公务员法》第六十四条的规定，兼任大学医院的职务。

2. 本条第一款规定的教师兼职，由院长提出申请，报经相关大学校长批准。

3. 根据本条第一款兼任大学医院职务的相关大学教师的职务、薪酬等相关事项，由总统令规定。

第十八条（国有财产的无偿转让等）

1. 为设立和运营大学医院，必要时政府可以向大学医院无偿转让、出借或令其免费使用国有财产并从中受益。

2. 本条第一款规定的国有资产的无偿转让、出借、使用、受益的内容、条件以及程序等相关必要事项，由总统令规定。

第十九条（资助或补贴）

1. 必要时，政府可以出资为大学医院构建、购置基本设施和设备。

2. 大学医院进行医学系教学与研究所需经费由政府在预算范围内予以补贴。

3. 大学医院的运营费用、设备设施购置费用、偿还借款本息所需费用由大学医院收益承担。但大学医院收益不足以承担上述费用时政府可以予以补贴。

4. 本条第一款和第二款规定的拨款和补贴的拨付、使用和管理等相关必要事项，由总统令规定。

5. 个人、法人或社会团体可以向大学医院捐赠金钱或其他财产以支持大学医院事业发展。

第二十条（营业年度）

大学医院的营业年度执行政府的会计年度。

第二十一条（工作计划等的汇报）

院长应当根据总统令的规定，拟定每一营业年度工作计划和预算报告，并上报教育部部长。工作计划和预算报告如需变更，也应当履行相同程序。

第二十二条（决算报告的提报）

1. 院长应当撰写每一业务年的收支决算报告，接受《注册会计师法》第二十三条规定的会计法人的会计审计后，经理事会审议并通过决议后，在下一会计年度开始后两个月内上报教育部部长。

2. 本条第一款的决算报告应当附具下列材料：

（1）财务报表及其附件；（2）本条第一款规定的会计法人的审计报告；（3）总统令中规定的其他有助于明晰决算内容的材料。

第二十三条（监督）

教育部部长指导、监督大学医院的业务，可以要求大学医院报告业务、会计和财产等相关必要事项或提报必要的材料。

第二十四条（《民法》的适用）

除本法外，大学医院还适用《民法》中关于财团法人的相关规定。

第二十五条（罚金）
1. 对违反本法第七条的人员，处以五百万韩元以下的罚款。
2. 本条第一款规定的罚款，根据总统令规定，由教育部部长征收。

附　　则

本法自公布之日起六个月后施行。

首尔大学附属医院设置法

［第 15955 号法律，2018 年 12 月 18 日修订］

第一条（目的）

本法旨在通过设立首尔大学附属医院（相关大学附属医院除外），开展《高等教育法》规定的医学、护理学和药学等相关教学、研究及诊疗，为推动医学发展和提高国民健康水平贡献力量。

第二条（法人）

首尔大学附属医院（以下称大学医院）为法人。

第三条（设立）

1. 大学医院在其主要事务所所在地办理设立登记而成立。
2. 本条第一款规定的设立登记以及登记所需其他必要事项，由总统令规定。
3. 必要时，大学医院可以根据章程规定开设分院。

第四条（章程）

1. 大学医院章程应当包括以下内容：

（1）设立目的；（2）名称；（3）主要事务所的所在地；（4）业务相关事项；（5）医学、护理学和药学等教学、研究相关事项；（6）理事会运营相关事项；（7）管理层与员工相关事项；（8）组织架构相关事项；（9）资产与会计相关事项；（10）章程变更相关事项；（11）公示相关事项；（12）解散的相关事项。

2. 大学医院章程变更时，应当征得教育部部长批准。

第五条（禁止使用类似名称）

非本法规定的大学医院，不得使用"首尔大学附属医院"或与之类似的名称。

第六条（业务）

大学医院主要开展以下业务：

（1）国立大学法人首尔大学（以下称首尔大学）医学系学生的临床教学；（2）见习医生进修与医务人员培训；（3）医学系相关研究；（4）临床研究；（5）诊疗业务；（6）《关于公共卫生医疗的法律》第二条第二款的公共卫生医疗

业务；(7) 旨在提高国民卫生水平的其他必要业务。

第七条（公共卫生医疗机构的职责）

1. 大学医院应当忠实履行《关于公共卫生医疗的法律》第七条规定的公共卫生医疗机构的义务。

2. 大学医院应当努力为国民提供优质的公共卫生医疗服务，提高国民卫生水平。

第八条（管理层）

1. 大学医院设置包括理事长在内的九名理事和一名监事。

2. 理事长由首尔大学校长担任，理事由符合下列条件的人员（以下称职权岗理事）以及经理事会推荐并由教育部部长任命的人员担任。在此情形下，除职权岗理事外的其余理事中应当包括一名以上拥有丰富的医院运营知识和经验的外部人员。

（1）企划财政部次官、教育部次官和保健福祉部次官；(2) 大学医院院长、首尔大学医学院院长和首尔大学大学医院院长。

3. 职权岗理事以外的理事和监事每届任期三年，任期届满可以连任。

4. 监事经理事会推荐，由教育部部长任命。

5. 监事负责监查大学医院的会计和业务。

6. 符合《国家公务员法》第三十三条中规定的任一不适格事由的人员不得担任职权岗理事以外的理事、监事或大学医院院长。

7. 职权岗理事以外的理事、监事或大学医院院长发生《国家公务员法》第三十三条中规定的任一不适格事由时理当辞职。

第九条（理事会）

1. 大学医院内设理事会。

2. 理事会审议下列事项：

（1）章程变更相关事项；(2) 组织架构相关事项；(3) 工作计划和预决算相关事项；(4) 财产的取得和处置相关事项；(5)《关于公共卫生医疗的法律》第八条规定的公共卫生医疗规划的制定和实施结果相关事项；(6) 其他重要事项。

3. 理事会由理事长和理事组成。

4. 理事会的运营相关必要事项，由总统令规定。

第十条（大学医院院长）

1. 大学医院设大学医院院长（以下称院长）一名。

2. 院长总揽大学医院业务，对外代表大学医院。

3. 院长经理事会推荐，由教育部部长提请总统任命。

4. 院长每届任期三年，任期届满仅限连任一次。

5. 院长因故不能履行职务时，依照总统令规定的人员排序顺次代行其职务。

6. 除符合下列任一情形外，不得在院长任期内违背其本人意愿将其免职：

（1）违反本法或违反依照本法下达的命令或制定的章程时；（2）会计造假或因故意或重大过失严重影响大学医院运营时；（3）因身体或心理原因难以履行或不能履行职务时。

7. 根据本条第六款第一项至第三项的规定罢免院长时，应当经三分之二以上理事会成员赞成而通过决议后，由理事会提出免职建议。

第十一条（员工等的任免）

1. 大学医院内设必要的医务人员和院务人员。

2. 医务人员和院务人员的任免依照章程规定执行。

第十一条之二（临床教授要员）

1. 大学医院内设临床教授要员，以开展本法第六条所列各项事业。

2. 本条第一款规定的临床教授要员的职务名称和任职资格适用《高等教育法》第十六条相关规定。

3. 根据《高等教育法》第三条任用首尔大学教授担任本条第一款的临床教授要员时，相关人员作为临床教授要员的任职经历视同其作为首尔大学教师任职经历。

4. 临床教授要员的任用期限、任用程序和报酬相关事项由章程确定。

第十二条（兼职）

1. 大学医院开展本法第六条所列各项业务如有需要时，在首尔大学任职的教师可以兼任大学医院的职务。

2. 本条第一款规定的教师兼职，由院长提出申请，报经首尔大学校长批准。

3. 根据本条第一款兼任大学医院职务的首尔大学教师的职务、薪酬等相关事项，由总统令规定。

第十三条（国有财产的无偿转让等）

为设立和运营大学医院，必要时政府可以向大学医院无偿转让或出借国有财物（含物品，下同）。

第十四条（资助或补贴）

1. 必要时，政府可以出资为大学医院购置基本设施和设备。

2. 大学医院进行医学系教学与研究所需经费由政府在预算范围内予以补贴。

3. 大学医院的运营费用、设备设施购置费用、偿还借款本息所需费用由大学医院收益承担。但大学医院收益不足以承担上述费用时，政府可以予以补贴。

第十五条（营业年度）

大学医院的营业年度执行政府的会计年度。

第十六条（会计管理）

院长根据章程规定管理大学医院的会计。

第十七条（工作计划等的汇报）

院长应当根据总统令的规定，拟定每一营业年度工作计划和预算报告，并向教育部部长汇报。工作计划和预算报告如需变更，也应当履行相同的程序。

第十八条（决算报告的提报）

院长应当撰写每一业务年度的收支决算报告，并在次年二月底前上报教育部部长。

第十九条（监督）

教育部部长监督大学医院，可以要求其报告必要事项或提报相关材料。

第二十条（《民法》的适用）

除本法外，大学医院还适用《民法》中关于财团法人的相关规定。

第二十一条（罚金）

1. 对违反本法第五条的人员，处以五百万韩元以下的罚款。
2. 本条第一款规定的罚款，根据总统令规定，由教育部部长征收。

附　　则

本法自公布之日起六个月后施行。

首尔大学口腔病医院设置法

[第15956号法律，2018年12月18日修订]

第一条（目的）
本法旨在通过设立首尔大学口腔病医院，开展牙医学教育、研究和诊疗，从而为推动牙医学发展，提高国民口腔卫生水平贡献力量。

第二条（法人）
首尔大学口腔病医院（以下称口腔病医院）为法人。

第三条（设立）
1. 口腔病医院在其主要事务所所在地办理设立登记。
2. 必要时，口腔病医院可以根据章程规定开设分院。
3. 本条第一款规定的设立登记及其他登记所需必要事项，由总统令规定。

第四条（章程）
1. 口腔病医院章程应当包括下列内容：
（1）设立目的；（2）名称；（3）主要事务所的所在地；（4）业务相关事项；（5）理事会相关事项；（6）牙医学教学、研究相关事项；（7）管理层与员工相关事项；（8）组织架构相关事项；（9）资产与会计相关事项；（10）章程变更相关事项；（11）公示相关事项；（12）解散相关事项。
2. 口腔病医院章程变更时，应当征得教育部部长批准。

第五条（禁止使用类似名称）
非本法规定的口腔病医院，不得使用"首尔大学口腔病医院"或与之类似的名称。

第六条（业务）
口腔病医院主要开展下列业务：
（1）国立大学法人首尔大学（以下称首尔大学）牙医学系学生的临床教学；（2）见习医生进修与医务人员培训；（3）牙医学系相关研究；（4）临床研究；（5）诊疗业务；（6）《关于公共卫生医疗的法律》第二条第二款规定的公共卫生医疗业务；（7）旨在提高国民口腔卫生水平的其他必要业务。

第七条（公共卫生医疗机构的职责）

1. 口腔病医院应当诚实履行《关于公共卫生医疗的法律》第七条规定的公共卫生医疗机构的义务。

2. 口腔病医院应当努力为国民提供优质公共卫生医疗服务，提高国民卫生水平。

第八条（管理层）

1. 口腔病医院设置包括理事长在内的九名理事和一名监事。

2. 理事长由首尔大学校长担任，理事由符合下列条件的人员（以下称职权岗理事）且经理事会推荐并由教育部部长任命的人员担任。在这种情况下，除职权岗理事外的其余理事中应当包括一名以上拥有丰富的医院运营知识和经验的外部人员。

（1）企划财政部次官、教育部次官和保健福祉部次官；（2）口腔病医院院长、首尔大学口腔医学院院长和首尔大学医院院长。

3. 除职权岗理事外的理事和监事每届任期三年，任期届满可以连任。

4. 监事经理事会推荐、由教育部部长任命，负责监查口腔病医院的会计和业务。

5. 符合《国家公务员法》第三十三条各条款所列不适格事由之一的人员，不得担任职权岗理事以外的理事、监事或口腔病医院院长。

6. 职权岗理事以外的理事、监事或口腔病医院院长有《国家公务员法》第三十三条各条款所列不适格事由之一时理应辞职。

第九条（理事会）

1. 口腔病医院内设理事会。

2. 理事会审议以下事项：

（1）章程变更相关事项；（2）组织架构相关事项；（3）工作计划和预决算相关事项；（4）财产的取得和处置相关事项；（5）根据《关于公共卫生医疗的法律》第八条公共卫生医疗规划的制定和实施结果相关事项；（6）章程规定的其他重要事项。

3. 理事会由理事长和理事组成。

4. 理事会的运营相关必要事项，由总统令规定。

第十条（口腔病医院院长）

1. 口腔病医院设院长一名。

2. 院长总揽口腔病医院业务，代表口腔病医院。

3. 院长经理事会推荐，由总统根据教育部部长提请任命。

4. 院长每届任期三年，任期届满仅限连任一次。

5. 院长因故不能履行职务时，按照总统令中规定的人员排序顺次代行其职务。

6. 除非有下列情形之一，否则不得在院长任期内违背其本人意愿将其免职：

（1）违反本法或违反依照本法下达的命令或制定的章程时；（2）会计造假或因故意或重大过失严重影响口腔病医院运营时；（3）因身体或心理原因难以履行或不能履行职务时。

7. 根据本条第六款第一项至第三项的规定罢免院长时，应当经三分之二以上理事会成员赞成而通过决议后，由理事会提出免职建议。

第十一条 （员工等的任免）

1. 口腔病医院内设必要的医务人员和院务人员。

2. 医务人员和院务人员的任免，依照章程规定执行。

第十二条 （临床教授要员）

1. 口腔病医院内设临床教授要员，以开展本法第六条各条款所列事业。

2. 本条第一款规定的临床教授要员的职务名称和任职资格适用《高等教育法》第十六条相关规定。

3. 根据《高等教育法》第三条，任用首尔大学教授担任本条第一款规定的临床教授要员时，相关人员作为临床教授要员的任职经历，视同其作为首尔大学教师任职。

4. 临床教授要员的任用期限、任用程序和报酬等相关事项，由章程规定。

第十三条 （兼职）

1. 口腔病医院为开展本法第六条各条款所列业务，必要时在首尔大学任职的教师可以兼任口腔病医院的职务。

2. 本条第一款规定的教师兼职，由口腔病医院院长申请，由首尔大学校长批准。

3. 根据本条第一款兼任口腔病医院职务的首尔大学教师的职务、薪酬等相关事项，由总统令规定。

第十四条 （国有财产的无偿转让等）

必要时，政府为设立和运营口腔病医院可以向口腔病医院无偿转让或出借国有财产（含物品，下同）。

第十五条 （拨款或补贴）

1. 政府可以出资为口腔病医院构建、购置基本设施和设备。

2. 口腔病医院进行牙医学系教学与研究所需经费由政府在预算范围内予以补贴。

3. 口腔病医院运营费用、设施设备购置费用、偿还借款本息所需费用由口腔病医院收益承担。但口腔病医院收益不足以承担上述费用时政府可以予以补贴。

第十六条（营业年度）

口腔病医院的营业年度执行政府的会计年度。

第十七条（会计管理）

院长根据章程规定管理口腔病医院的会计。

第十八条（工作计划等的汇报）

院长应当根据总统令的规定，拟定每一营业年度的工作计划和预算报告，并截至每个营业年度开始二十天前向教育部部长报告。工作计划和预算报告如有变更，也应当履行相同程序。

第十九条（决算报告的提交）

院长应当撰写每一业务年度的收支决算报告，并在次年2月底前提交教育部部长。

第二十条（监督）

教育部部长监督口腔病医院，可以要求院长提价必要事项相关报告或材料。

第二十一条（《民法》的适用）

除本法外，口腔病医院还适用《民法》中财团法人相关规定。

第二十二条（罚金）

1. 对违反本法第5条的人员，处以五百万韩元以下的罚款。
2. 本条第一款规定的罚款，根据总统令的规定，由教育部部长征收。

附　　则

本法自公布之日起六个月后施行。

关于韩国放送通信大学设立和运营的法律

［第17888号法律，2021年1月12日制定］

第一条（目的）
本法旨在为保障国民的学习权和振兴国家的终身教育事业，依照《教育基本法》规定了韩国放送通信大学的设立和运营等事项。

第二条（设立）
1. 成立隶属韩国教育部的韩国放送通信大学（以下称放送通信大学）。
2. 放送通信大学的所在地由总统令规定。

第三条（放送通信大学的责任等）
1. 放送通信大学负责人应当制定本校中长期发展规划，并切实履行，以保障国民的学习权，振兴国家终身教育。
2. 国家和地方政府可以为放送通信大学履行本条第一款规定的职能提供必要的支持。

第四条（与其他法律的关系）
1. 放送通信大学相关事项，先于其他法律适用本法。
2. 放送通信大学的设立、组织及运营，除本法有规定的外，依照《高等教育法》《教育公务员法》《国立大学会计设置和财政运营相关法律》等高等教育有关法令的规定办理。

第五条（校长）
1. 放送通信大学设校长。
2. 校长负责教务工作，监督教职工，指导学生，代表放送通信大学。

第六条（副校长）
1. 为协助放送通信大学校长职务，可在放送通信大学教授中设副校长。
2. 校长因故不能履行职务时，由副校长代行其职务。
3. 为有效推进大学的业务，副校长可以接受校长对教务等部分权限的委任，执行其职务。

第七条（教职工等）
1. 放送通信大学可以设立《高等教育法》第十四条第二款及第三款规定的

教师、职员及助教（以下称教职工），以及该法第十七条规定规定的兼职教师等。

2. 放送通信大学教职工的任命和定员相关事项，由总统令规定。

第八条（校规）

1. 校长可以在法令的范围内制定或修改学校规则（以下称校规）。

2. 校规的记载事项、制定及修改程序等所需事项，由总统令规定。

第九条（授课等）

1. 放送通信大学的授课方式分为利用广播、信息通信媒体的远程教学、到校集中授课以及现场实习授课等。

2. 此外，教学课程、成绩及学位等教务运营所需事项，由校规规定。

第十条（学院等）

1. 可以在放送通信大学设立运营学位课程的学院以及学院下设的学科、学部等。

2. 根据《高等教育法》第二十九条之二第二款，放送通信大学可以设立特殊研究生院（以下称研究生院）。

3. 本条第一款及第二款规定的学院、研究生院以及学科、学部分别设负责人，学院和研究生院负责人由教授或副教授、学科、学部负责人由教授、副教授或助教兼任。

4. 学院、研究生院负责人受校长、院系、学部负责人受学院或研究生院负责人委派，总揽相应学院、研究生院以及学科、学部的教务事务，监督所属教职工，指导学生。

5. 此外，学院、研究生院以及学科、学部等的组织和运营所需事项，由校规规定。

第十一条（附属设施等）

1. 为达到设立放送通信大学的目的，校长可以设置支援设施、研究设施、附属设施及其他必要的设施。

2. 附属设施等的组织和运营所需事项，由总统令规定。

第十二条（下属组织）

放送通信大学下属组织的组成和运营等相关事项，由总统令规定。

第十三条（合作学校）

为顺利开展放送通信大学的教学活动，可以根据校规的规定在国内外设立合作学校。

第十四条（有关机关等的协助）

国家机关、地方政府以及公共机构（《公共机构运营法》第四条规定的公共机构）负责人应当在不影响业务的范围内，为相应机构在职放送通信大学学生到校集中授课提供协助。

第十五条　（类似名称的禁用）

非依照本法规定的放送通信大学不得使用韩国放送通信大学或类似的名称和标记。

第十六条　（罚款）

1. 违反本法第十五条者，处五百万韩元以下罚款。
2. 本条第一款规定的罚款由教育部部长征收。

附　　则

第一条　（施行日期）

本法自公布之日起六个月后施行。

第二条　（对韩国放送通信大学的溯及措施）

本法施行当时根据《高等教育法》第二条以及《韩国放送通信大学设置令》设置的"原韩国放送通信大学"视同"本法规定的韩国放送通信大学"。

第三条　（对在校生和毕业生的溯及措施）

本法施行当时韩国放送通信大学的在校生和毕业生视同本法规定的韩国放送通信大学的在校生和毕业生。

第四条　（对教职工等的溯及措施）

1. 本法施行当时韩国放送通信大学在职中的校长、教师、职员以及助教视同本法规定的韩国放送通信大学的校长、教师、职员以及助教。
2. 本法施行当时韩国放送通信大学校长，在《教育公务员法》第二十八条第一款规定的剩余任期内，视同被任命为本法规定的韩国放送通信大学校长。

第五条　（权利和义务的继承）

本法实施当时韩国放送通信大学的全部权利和义务，由本法规定的韩国放送通信大学继承。

关于设立和运营国立大学法人首尔大学的法律

[第 17954 号法律，2021 年 3 月 23 日根据其他法律修订]

第一章 总 则

第一条（目的）

本法旨在通过设立国立大学法人首尔大学，规定其运营等相关事项，增强大学的自主性和社会责任，壮大教学与科研力量。

第二条（与其他法律的关系）

1. 与其他法律相比，国立大学法人首尔大学相关事项优先适用本法。

2. 除本法规定外，有关国立大学法人首尔大学的设立、组织架构及运营，还适用《高等教育法》。

3. 根据本法第三十三条设立的国立大学法人首尔大学附属中小学校，其设立和运营除执行本法规定外，还适用《中小学教育法》。

第三条（法律人格等）

1. 国立大学法人首尔大学为法人。

2. 国立大学法人首尔大学在其主要事务所所在地办理设立登记而成立。

3. 国立大学法人首尔大学的设立登记以及登记相关其他必要事项，由总统令规定。

第四条（章程）

1. 国立大学法人首尔大学的章程应当包括以下内容：

（1）设立目的；（2）名称；（3）主要事务所的所在地；（4）业务及执行相关事项；（5）资产及会计相关事项；（6）教学及研究相关事项；（7）管理层与员工相关事项；（8）理事会运营相关事项；（9）评议委员会、教务委员会及财经委员会相关事项；（10）国立大学法人首尔大学与相关法人、组合及机构等的关系；（11）校规制定及变更相关事项；（12）公告方法相关事项；（13）解散与合并相关事项；（14）本法规定的章程中应当规定的事项；（15）学校运营相关其他主要事项。

2. 国立大学法人首尔大学变更章程时，应当在理事会上获得三分之二以上在册理事的赞成,并得到教育部部长批准。

第二章　组织架构

第五条（管理层）

国立大学法人首尔大学设七人以上、十五人以下的理事和两名监事,其中包括一名理事长。在这种情况下,根据本法第十三条第一款的规定,教育部部长推荐的一名监事为专职。

第六条（校长）

1. 国立大学法人首尔大学设校长,作为学校负责人。

2. 校长代表国立大学法人首尔大学,总揽其业务。

3. 校长每届任期四年。

4. 校长的职责等相关必要事项,由章程规定。

第七条（校长的选举产生）

1. 校长由理事会从校长推荐委员会推荐的候选人中选举产生,由总统根据教育部部长推荐提请任命。

2. 校长推荐委员会由理事会推荐人员、国立大学法人首尔大学教职员工及校外人士等三十人以内组成,校长推荐委员会的组成及运营相关具体事项,由章程规定。

第八条（副校长等）

1. 国立大学法人首尔大学设两名以上副校长,协助校长处理学校运营相关事务。

2. 副校长由校长选任。

3. 副校长每届任期两年。

4. 副校长职责等相关必要事项,由章程规定。

5. 副校长以外的校长辅助机构、辅佐机构的设立等相关必要事项,由章程规定。

第九条（理事）

1. 理事由下列人员组成,其中应当包含二分之一以上校外人士（指的是不属于国立大学法人首尔大学的人员,下同）：

（1）校长；（2）副校长中,由章程规定的两名；（3）企划财政部长官指定的一名次官；（4）教育部部长指定的一名次官；（5）本法第十六条规定的评议委员会推荐的人士一名；（6）具备大学运营所需知识和眼光的其他人士。

2. 本条第一款第五项和第六项规定的理事由理事会选任,并取得教育部部长的任职许可。

3. 理事每届任期两年。

4. 除本条第一款至第三款规定外的理事的组成相关必要事项，由章程规定。

第十条（理事会）

1. 国立大学法人首尔大学设理事会，审议并表决本法第十二条所列各项内容。

2. 理事会由理事长和理事组成。

3. 理事长从理事会中互选产生，理事长选任相关必要事项，由章程规定。

4. 理事长负责召集理事会，并担任议长。

5. 理事长因缺位等无法履行职权的，其他理事根据章程规定代行理事长职权。

6. 与监事职责相关的，必要时监事可以出席理事会并陈述意见。

7. 理事会以在册理事过半数出席、出席理事过半数赞成才能通过决议，但本法和章程有其他规定的除外。

8. 对与自身有特别利害关系的议案，理事长和理事不能行使表决权。

9. 根据本条第八款不能行使表决权的理事数量不计入在册理事人数之内。

第十一条（理事会的召集）

1. 理事长认为必要时可以召集理事会。

2. 校长或三分之一以上在册理事要求召开、监事根据本法第十三条第五款要求召开的，理事长应当自提请召集之日起二十天内召开理事会。

3. 本条第一款和第二款规定的事项以外的理事会召集相关必要事项，由章程规定。

第十二条（理事会的职能）

理事会审议并表决下列事项：

（1）校长选任相关事项；（2）管理层的选任及解聘相关事项；（3）预决算相关事项；（4）章程规定的重要财产的取得、处置和管理相关事项；（5）章程规定的主要组织的设立与废止相关事项；（6）大学中长期运营及发展规划相关事项；（7）章程变更相关事项；（8）章程规定的主要规章的制定、修改及废除相关事项；（9）大学发展基金的组建和后援相关事项；（10）根据本法或章程需要理事会表决的事项；（11）理事会认为必要的其他事项。

第十三条（监事）

1. 监事中一人由教育部部长推荐、另一人由本法第十六条规定的评议委员会推荐，分别由理事会选任，并取得教育部部长的任职许可。在这种情况下，评议委员会应当推荐具备《注册会计师法》规定的注册会计师资格的人员担任监事。

2. 监事每届任期三年，任期届满不能连任。

3. 监事负责下列事务：

（1）审计国立大学法人首尔大学的财产情况和会计；（2）监查理事会业务和运营相关事项；（3）章程规定的其他监事职责。

4. 本条第三款规定的监查结果发现违法或不正当事项，监事应当报告理事会和教育部部长。

5. 为进行本条第四款规定的报告，监事可以要求召开理事会。

6. 监事的业务开展办法及程序等相关必要事项，由章程规定。

第十四条（不适格理由等）

1. 符合《国家公务员法》第三十三条中规定的不适格理由之一的人员，不得担任国立大学法人首尔大学的管理层。

2. 国立大学法人首尔大学的管理层（校长除外），发生明显严重影响学校经营的会计舞弊、贪污、收受贿赂等丑闻或总统令规定的其他理由时，教育部部长可以撤销本法第九条第二款和第十三条第一款前半部分规定的管理层任职许可。

第十五条（教职员工等）

1. 国立大学法人首尔大学设《高等教育法》第十四条第二款和第三款规定的教师、员工及助教（以下称教职员工）以及该法第十七条规定的兼职教师。

2. 根据章程规定，国立大学法人首尔大学的教职员工由校长任免。

3. 国立大学法人首尔大学教职员工的资格、任免、服务，以及身份保障、社会保障及惩戒相关本法未规定事项，适用《私立学校法》。

第十五条之二（营利业务与禁止兼职的特例）

1. 尽管有根据本法第十五条第三款及《私立学校法》第五十五条第一款适用的《国家公务员法》第六十四条，本法第十五条中规定的教师中《高等教育法》第十四条第二款规定的教授、副教授及助理教授，在不影响教导学生和研究学问的范围内，事先征得校长许可，可以兼任商业、工业、金融业以及其他以营利为目的的私营企业的社外理事（指的是《关于资本市场和金融投资业的法律》第九条第三款规定的未担任该公司常务的理事。以下本条内均为同一含义）。

2. 根据本条第一款兼任社外理事的教授、副教授及助理教授，当年应根据《商法》第三百八十八条，在翌年一月三十一日之前向校长报告自该私营企业取得的全部报酬。

3. 本条第一款规定的许可的具体标准、方法、程序以及第二款规定的报告方式、程序等，由总统令规定。

第十五条之三（男女平等任用计划的制定等）

1. 为实现两性平等，国立大学法人首尔大学在任用教师时，应当制定并实施必要的政策。

2. 国立大学法人首尔大学应当努力使教师中的特定性别不超过四分之三。

在这种情况下，教师性别结构相关年度目标比率由校规规定。

3. 校长在任用大学教师时，为了实施不偏向特定性别的、明确每三年各系列任用目标比例的任用计划等积极措施，应当与教育部部长协商制定必要的计划后施行。在这种情况下，应每年向教育部部长提交其推进业绩。

4. 教育部部长应当每年评估并公布本条第三款规定的计划和推进业绩，并将该评估结果与行政或财政支持挂钩。

5. 本条第三款规定的系列划分和计划制定，以及本条第四款的评估方法、程序等相关必要事项，由总统令规定。

第十六条 （评议委员会）

1. 在国立大学法人首尔大学设立评议委员会，审议以下事项：

（1）大学中长期运营与发展规划相关事项；（2）本法第九条第一款第五项及第十三条第一款前半部分规定的管理层推荐相关事项；（3）章程规定的教学、研究和教职员工福利相关事项；（4）此外，校长、理事长、评议委员会议长或四分之一以上在册评议委员认为重要的学校运营相关其他事项。

2. 评议委员会由五十名以内的国立大学法人首尔大学教职员工组成，其组成相关具体事项，由章程规定。

3. 评议委员会设议长和副议长各一人，在评议委员中互选产生。

4. 评议委员每届任期两年。

5. 评议委员会应当将审议结果传达给校长，校长应将需要理事会表决的事项或认为重要的事项提交理事会。

6. 本条第一款至第五款规定事项以外的评议委员会的组成、运营及审议相关必要事项，由章程规定。

第十七条 （教务委员会）

1. 在国立大学法人首尔大学设立教务委员会，审议教学和研究相关下列事项：

（1）本法第三十二条规定的大学年度运营计划中教学及研究相关事项；（2）学生入学和毕业相关事项；（3）教师人事管理相关事项；（4）教学评估和研究相关事项；（5）教学课程、成绩及学位等教务管理相关事项；（6）校长或理事会提请审议的教学及研究相关其他事项。

2. 教务委员会由校长和二十五人以上、三十五人以下的国立大学法人首尔大学教师组成，其组成相关具体事项，由章程规定。

3. 教务委员会设委员长，委员长由校长兼任。

4. 教务委员会委员每届任期两年。

5. 教务委员会应当将审议结果传达给校长，校长应当将需要理事会表决的事项或认为重要的事项提交理事会。

6. 本条第一款至第五款规定事项以外的教务委员会的组成、运营及审议相关必要事项，由章程规定。

第十八条（财经委员会）

1. 在国立大学法人首尔大学设立财经委员会，审议下列财务经营相关事项：
（1）本法第三十二条规定的大学年度运营计划中财务经营相关事项；（2）预决算相关事项；（3）大学注册费和授课费等学生经济负担相关事项；（4）章程规定的主要事业的投资计划相关事项；（5）章程规定的收益事业相关事项；（6）债务承担行为相关事项；（7）伴随财政支出的规定，其制定及修改相关事项；（8）会计规章制度的制定及修改相关事项；（9）管理层和教职员工薪酬和退休津贴支付标准相关事项；（10）校长或理事会提请审议的大学财务经营相关其他事项。

2. 财经委员会由包括国立大学法人首尔大学的教职员工和校外人士在内的二十五人以上、三十五人以下的人员组成。但其中校外人士应超过三分之一。

3. 在财经委员会设委员长，委员长在财经委员中互选产生。

4. 财经委员会委员每届任期两年。

5. 财经委员会的审议结果应传达给校长，校长应将需要理事会表决的事项或认为重要的事项提交理事会。

6. 本条第一款至第五款规定事项以外的财经委员会的组成、运营及审议相关必要事项，由章程规定。

第十九条（法人会计等）

1. 设立法人会计，处理国立大学法人首尔大学的会计业务，其设立等相关必要事项，由章程规定。

2. 国立大学法人首尔大学的会计年度为自当年三月一日起到翌年二月的最后一天止。

第二十条（资本金等）

1. 国立大学法人首尔大学的资本金，由本法第二十二条规定的自国家或地方政府无偿受让的财产在内的资产评估额，以及国立大学法人首尔大学发行债券或长期借款所发生的负债评估额决定。资本金的计算方式、财产和负债的评估方法、资本金增减资等相关必要事项，由章程规定。

2. 国立大学法人首尔大学自国家或地方政府无偿受让的财产，根据总统令规定分为直接用于教学和研究目的的财产和其他财产，应当根据章程的规定分类进行管理。

第二十一条（财产的管理和保护）

1. 国立大学法人首尔大学的财产中，总统令规定用于教学和研究目的的，其出售、赠与、交换或变更用途或用于提供担保，必须征得教育部部长的批准。

但是，总统令规定的金额、面积、规模等轻微事项，应当向教育部部长申报。

2. 国立大学法人首尔大学的财产中，总统令规定直接用于大学教学和研究的，不得出售、赠与或用于提供担保。

3. 收取《高等教育法》第十一条第一款规定的学费和其他费用的权利，或者国立大学法人首尔大学针对其管理学费和其他费用的账户的存款债权，不得被扣留。

第二十二条（国有财产、公有财产的无偿转让）

1. 除国家设立国立大学法人首尔大学当时的首尔大学（以下称原首尔大学）管理的《文化遗产保护法》规定的文化遗产以外的国有财产和物品，被认为是国立大学法人首尔大学运营所需的，可以不适用《国有财产法》及《物品管理法》的规定，将相关财产和物品无偿转让给国立大学法人首尔大学。在这种情况下，教育部部长应当就该笔财产是否是国立大学法人首尔大学运营所需听取国立大学法人首尔大学校长的意见，并事先与企划财政部长官进行协商。

2. 地方政府可以不适用《公有财产及物品管理法》，将原首尔大学管理中的公有财产及物品无偿转让给国立大学法人首尔大学。

3. 为了运营国立大学法人首尔大学，必要时国家可以不适用《国有财产法》及《物品管理法》，无偿向国立大学法人首尔大学转让、出借或令其免费使用国有财产及物品。在这种情况下，教育部部长应当事先与企划财政部长官进行协商。

4. 为了运营国立大学法人首尔大学，必要时地方政府可以不适用《公有财产及物品管理法》，无偿向国立大学法人首尔大学出借或令其使用公有财产及物品。

5. 本条第三款或第四款规定的转让、出借或使用许可的程序相关必要事项，由总统令规定。

第二十三条（土地等的征收与使用）

1. 为了确保国立大学法人首尔大学的学校用地，必要时国家或地方政府可以征收或使用土地等。

2. 根据本条第一项征收或使用土地等时，应当依照《关于公立事业用地等取得与补偿的法律》执行。

第二十四条（个人财产的让与或捐助）

1. 根据章程规定，国立大学法人首尔大学可以自国家或地方政府以外的人员处受让财产或接受其他捐助。

2. 处置根据本条第一款取得的财产时，应当尊重捐助人意愿或执行与其签订的协议，对财产处置未作特别约定或意愿无法确认的，执行理事会的决定。

第二十五条（长期借款及发行学校债券）

1. 为了大学的运营，必要时国立大学法人首尔大学可以根据总统令规定，报经理事会表决通过并征得教育部部长许可，举借长期借款或发行学校债券。

2. 教育部部长批准长期借款或发行学校债券，应当事先与企划财政部长官协商。

第二十六条（预算及决算等）

1. 校长应当根据总统令的规定，向教育部部长提交年度收支预算。

2. 校长应当在理事会作出决议后二十天内，向教育部部长提交决算书，其中还应当包括会计法人审计通过的每个会计年度的财务报表。

3. 校长应当根据总统令的规定公示法人会计的预算及决算内容。

第二十七条（盈余资金的处置）

国立大学法人首尔大学每个会计年度的盈余资金优先用于偿还负债，剩余资金转入下一会计年度或另立账户管理，但应当用于学校运营。

第二十八条（营利性事业等）

1. 国立大学法人首尔大学可以在不影响教学、研究活动的范围内开展营利性事业。

2. 本条第一款规定的营利性事业，其收益应当用于学校经营。

3. 本条第一款规定的营利性事业，其运营相关必要事项，由章程规定。

第四章　扶持和培育等

第二十九条（国家及地方政府的财政扶持）

1. 为提高国立大学法人首尔大学的教学质量，强化国际竞争力，国家应当向国立大学法人首尔大学提供稳定的财政支持。

2. 为充当推动国立大学法人首尔大学及其中长期教学与研究等发展以及支付学生奖学金所需资金，国家及地方政府可以通过法律和条例为作为独立法人设立的基金设定各种税收和附加优惠。

第三十条（国家及地方政府的扶持方法等）

1. 为了国立大学法人首尔大学稳定的财政运营，国家应当每年资助其人工费、经常性经费、设施扩充费及教学、研究发展扶持资金等。

2. 国家根据国立大学法人首尔大学成立时原首尔大学的预算、高等教育预算规模及其增加率等，计算每年的资助数额。

3. 地方政府可以资助或补贴国立大学法人首尔大学推动的与其主管业务相关的项目。

4. 本条第一款规定的资助交付及使用相关必要事项，由总统令规定。

第三十一条（国立大学的社会责任及国家的支持）

1. 国立大学法人首尔大学应当以四年为单位制定、公布基础学科等必要领域的支持培育规划，并制定、实施每年的实施计划。

2. 为实施本条第一款规定的年度实施计划，国家应当在预算范围内给予财政扶持等必要支持。

3. 国立大学法人首尔大学应当制定并实施有助于打造培养优秀创造性人才的教学与研究环境，最大限度减少学费负担的奖学、福利措施。

4. 国家应当奖励国立大学法人首尔大学为扩充与国立大学法人首尔大学学生经济负担无关的自身财源所作出的的努力。

第三十二条（大学运营计划的制定、评估与国家的支持）

1. 校长应当以四年为单位，与教育部部长协商设定大学运营成果目标，并在每个会计年度开始前制定并公布反映大学运营成果目标的大学年度运营计划。

2. 教育部部长应当每年评估并公布本条第一款规定的大学年度运营计划的运营成果，并将该运营结果与行政或财政支持挂钩。

3. 教育部部长可以设立专业独立机构负责本条第二款的评估，或将该评估委托给其他机构。

第五章　国立大学法人首尔大学附属学校

第三十三条（附属学校等）

1. 国立大学法人首尔大学可以根据章程规定，附属设立、运营《中小学教育法》第二条各项规定的学校。

2. 在国立大学法人首尔大学设立前，国家设立、运营的原首尔大学师范系单科大学附属中小学校视作本条第一项规定的附属学校。

3. 国家应当不适用《国有财产法》及《物品管理法》，向国立大学法人首尔大学无偿转让本条第二款附属学校的国有财产及物品。

第三十三条之二（学费等）

不管本法第十八条作何规定，国立大学法人首尔大学根据第三十三条第一款和第二款附设和运营的学校（以下称附属学校），其依据《中小学教育法》第二条第三项收取的高中学费和其他费用相关事项适用《中小学教育法》第十条第二款的规定。

第三十三条之三（教职员工的任免）

1. 附属学校设《中小学教育法》第十九条第一款和第二款规定的教师及职工。

2. 本条第一款规定的教师及员工由校长任免。

3. 本条第一款规定的教师及员工的资格、任免、服务，身份保障及惩戒相关本法未规定的事项，适用《私立学校法》。在这种情况下，"管辖厅"视作"教育部部长"。

第三十三条之四（法人会计与附属学校会计的统筹运营）

附属学校不设《中小学教育法》第三十条之二规定的学校会计，而是跟本法第十九条规定的法人会计合并运营。在这种情况下，应当区分并标示附属学校部分。

第三十三条之五（受让财产及物品的资本金计算等）

1. 国立大学法人首尔大学根据本法第三十三条第三款受让的资产及物品，其资本金计算与管理、保护等适用本法第二十条和第二十一条。

2. 附属学校的人工费及经常性经费等的扶持资金适用本法第三十条。在这种情况下，"国立大学法人首尔大学"视作"附属学校"。

第六章　补充规则

第三十四条（类似名称的禁用）

非国立大学法人首尔大学，不得使用"国立大学法人首尔大学"的名称和徽记或与之相似的名称和徽记。

第三十五条（适用罚则时的公务员推定）

国立大学法人首尔大学的管理层和教职员工适用《刑法》第一百二十九条至一百三十二条规定的罚则时，视同公务员。

第三十六条（《民法》的适用）

除本法外，国立大学法人首尔大学还适用《民法》中关于财团法人的相关规定。

第七章　罚　　则

第三十七条（罚金）

1. 违反本法第五条的，对其处以五百万韩元以下罚款。

2. 本条第一款的罚款由教育部部长征收。

附　　则

本法自公布之日起施行。（省略但书）

关于设立和运营国立大学法人仁川大学的法律

[第17954号法律，2021年3月23日根据其他法律修订]

第一条（目的）

本法旨在通过设立国立大学法人仁川大学，规定其运营等相关事项，增强大学的自主性和社会责任，壮大教学与科研力量，将国立大学法人仁川大学培育成具备国际竞争力的重点大学。

第二条（与其他法律的关系）

1. 与其他法律相比，国立大学法人仁川大学相关事项优先适用本法。

2. 除本法规定外，有关国立大学法人仁川大学的设立、组织架构及运营，还适用《高等教育法》。

第三条（法律人格等）

国立大学法人仁川大学为法人。

第四条（设立登记）

1. 国立大学法人仁川大学在其主要事务所所在地办理设立登记而成立。

2. 国立大学法人仁川大学的设立登记以及登记相关其他必要事项，由总统令规定。

第五条（章程）

1. 国立大学法人仁川大学的章程应当包括以下内容：

（1）设立目的；（2）名称；（3）主要事务所的所在地；（4）业务及执行相关事项；（5）资产及会计相关事项；（6）教学及研究相关事项；（7）管理层与员工相关事项；（8）理事会运营相关事项；（9）评议委员会、教学研究委员会及财务经营委员会相关事项；（10）章程变更相关事项；（11）校规制定及变更相关事项；（12）公告方法相关事项；（13）解散与合并相关事项；（14）本法规定的章程中应当规定的事项；（15）学校运营相关其他主要事项。

2. 国立大学法人仁川大学变更章程时，应当在理事会上经过三分之二以上在册理事的赞成表决，并征得教育部部长批准。

第六条（教职员工等）

1. 国立大学法人仁川大学设《高等教育法》第十四条第二款和第三款规定

的教师、员工和助教（以下称教职员工）以及该法第十七条规定的兼职教师。

2. 根据章程规定，国立大学法人仁川大学的教职员工由校长任免。

3. 国立大学法人仁川大学教职员工的资格、任免、服务，以及身份保障、社会保障及惩戒相关本法未规定事项，适用《私立学校法》。

第六条之二 （男女平等任用计划的制定等）

1. 为实现两性平等，国立大学法人仁川大学在任用教师时，应当制定并实施必要的政策。

2. 国立大学法人仁川大学应当努力使教师中的特定性别不超过四分之三。在这种情况下，教师性别结构相关年度目标比率由校规规定。

3. 校长在任用大学教师时，为了实施不偏向特定性别的、明确每三年各系列任用目标比例的任用计划等积极措施，应当与教育部部长协商制定必要的计划后施行。在这种情况下，应当每年向教育部部长提交其推进业绩。

4. 教育部部长应当每年评估并公布本条第三款规定的计划和推进业绩，并将该评估结果与行政或财政支持挂钩。

5. 本条第三款规定的系列划分和计划制定，以及本条第四款的评估方法、程序等相关必要事项，由总统令规定。

第六条之三 （营利业务与禁止兼职的特例）

1. 尽管有根据本法第十五条第三款及《私立学校法》第五十五条第一款适用的《国家公务员法》第六十四条，本法第十五条中规定的教师，《高等教育法》第十四条第二款规定的教授、副教授及助理教授，在不影响教导学生和研究学问的范围内，事先征得校长许可，可以兼任商业、工业、金融业以及其他以营利为目的的私营企业的社外理事（指的是《关于资本市场和金融投资业的法律》第九条第三款规定的未担任该公司常务的理事。以下本条内均为同一含义）。

2. 根据本条第一款兼任社外理事的教授、副教授及助理教授，当年应根据《商法》第三百八十八条，在翌年一月三十一日之前向校长报告自该私营企业取得的全部报酬。

3. 本条第一款规定的许可的具体标准、方法、程序以及第二款规定的报告方式、程序等，由总统令规定。

第七条 （管理人员）

1. 国立大学法人仁川大学设包括一名理事长在内的九名理事和两名监事。

2. 本条第一款规定的监事中一人为专职。

第八条 （校长等）

1. 国立大学法人仁川大学设校长，作为学校负责人。

2. 校长代表国立大学法人仁川大学，总揽其业务。

3. 校长由理事会从校长推荐委员会推荐的候选人中选举产生,由总统根据教育部部长提请任命。

4. 校长推荐委员会由包括理事会推荐人员在内的十五人以内组成,校长推荐委员会的组成及运营相关具体事项由章程规定。

5. 校长每届任期四年,任期届满可以连任。

6. 校长职责及其他必要事项由章程规定。

第九条（副校长等）

1. 国立大学法人仁川大学设一名以上副校长,协助校长处理学校运营相关事务。

2. 副校长由校长选任。

3. 副校长每届任期两年。

4. 副校长的职责等相关必要事项由章程规定。

5. 副校长以外的校长辅助机构、辅佐机构的设立等相关必要事项由章程规定。

第十条（理事）

1. 理事由下列人员组成,其中应当包含二分之一以上校外人士（指的是不属于国立大学法人仁川大学的人员,下同）。

（1）校长；（2）副校长中由章程规定的一名；（3）教育部部长推荐的一人；（4）企划财政部长官推荐的一人；（5）管辖国立大学法人仁川大学主要事务所所在地的广域自治团体负责人推荐的一人；（6）国立大学法人仁川大学同学总会会长推荐的一人；（7）具备大学运营所需知识和眼光的其他人士。

2. 本条第一款第六项至第八项规定的理事由理事会选任,但必须取得教育部部长的任职许可。

3. 理事每届任期两年。

4. 除本条第一款至第三款规定以外的理事的组成相关其他必要事项,由章程规定。

第十一条（理事会）

1. 国立大学法人仁川大学设理事会,审议并表决本法第十二条各项内容。

2. 理事会由包括理事长在内的理事组成。

3. 理事长根据章程规定从理事中互选产生。

4. 理事长认为必要时可以召集理事会。但校长或三分之一以上在册理事要求召开、监事根据本法第十三条第四款要求召开的,理事长应当召集理事会。

5. 与监事职务相关的,必要时监事可以出席理事会并发表意见。

6. 对与自身有特别利害关系的议案,理事长和理事不能行使表决权。

7. 除章程有特殊规定外,理事会以在册理事过半数出席、出席理事过半数赞成通过决议。根据本条第六款不能行使表决权的理事数量不计入在册理事人数之内。

8. 理事长因缺位等无法履行职权的，根据章程的规定代行其职权。

9. 理事会相关其他必要事项由章程规定。

第十二条（理事会的职能）

理事会审议并表决下列事项：

（1）校长选任相关事项；（2）管理人员选任及解聘相关事项；（3）预决算相关事项；（4）章程规定的重要财产的取得、处置和管理相关事项；（5）章程规定的主要组织的设立与废止相关事项；（6）大学中长期运营及发展规划相关事项；（7）章程变更相关事项；（8）章程规定的规章制度的制定、修改及废除相关事项；（9）大学发展基金的组建和后援相关事项；（10）根据本法或章程需要理事会议决的事项；（11）理事会认为必要的其他事项。

第十三条（监事）

1. 监事中一人由教育部部长推荐、另一人由本法第十五条规定的评议委员会推荐，分别由理事会选任，并取得教育部部长的任职许可。在这种情况下，评议委员会应当推荐具备《注册会计师法》规定的注册会计师资格的人员担任监事。

2. 监事负责下列事务：

（1）审计国立大学法人仁川大学的财产情况和会计；（2）监查理事会业务和运营相关事项；（3）章程规定的其他监事职责。

3. 本条第二款规定的监查结果发现违法或不正当事项，监事应当报告理事会和教育部部长。

4. 为进行本条第四款规定的报告，监事可以要求召开理事会。

5. 监事每届任期三年，任期届满不能连任。

6. 监事的业务开展方法及程序等相关必要事项由章程规定。

第十四条（不适格理由等）

1. 符合《国家公务员法》第三十三条中规定的不适格理由之一的人员，不得担任国立大学法人仁川大学的管理人员。

2. 国立大学法人仁川大学的管理人员（校长除外），发生明显严重影响学校经营的会计舞弊、贪污、收受贿赂等丑闻或总统令规定的其他理由时，教育部部长可以撤销本法第十条第二款和第十三条第一款前半部分规定的管理人员任职许可。

第十五条（评议委员会）

1. 在国立大学法人仁川大学设立评议委员会，审议以下事项：

（1）大学中长期运营与发展规划相关事项；（2）本法第十条第一款第七项

及第十三条第一款前半部分规定的管理人员推荐相关事项；（3）章程规定的教学·研究和教职员工福利相关事项；（4）此外，校长、理事长、评议委员会议长或四分之一以上在册评议委员认为重要的学校运营相关其他事项。

2. 评议委员会由三十名以内的国立大学法人仁川大学教职员工组成，其组成相关具体事项由章程规定。

3. 评议委员会设议长和副议长各一人，在评议委员中互选产生。

4. 评议委员每届任期两年。

5. 评议委员会应当将审议结果传达给校长，校长应将需要理事会表决的事项或认为重要的事项提交理事会。

6. 本条第一款至第五款规定事项以外的评议委员会的组成、运营及审议相关必要事项，由章程规定。

第十六条（教学研究委员会）

1. 在国立大学法人仁川大学设立教学研究委员会，审议教学和研究相关下列事项：

（1）学生入学和毕业相关事项；（2）教师人事管理相关事项；（3）教学评估和研究相关事项；（4）教学课程、成绩及学位等教务管理相关事项；（5）本法第三十条规定的大学年度运营计划中教学和研究相关事项；（6）校长或理事会提请审议的教学和研究相关其他事项。

2. 教学研究委员会由校长和十五人以上、二十人以下的国立大学法人仁川大学教师组成，其组成相关具体事项由章程规定。

3. 教学研究委员会设委员长，委员长由校长兼任。

4. 教学研究委员会委员每届任期两年。

5. 教学研究委员会应当将审议结果传达给校长，校长应当将需要理事会表决的事项或认为重要的事项提交理事会。

6. 本条第一款至第五款规定事项以外的教学研究委员会的组成、运营及审议相关必要事项，由章程规定。

第十七条（财务经营委员会）

1. 在国立大学法人仁川大学设立财务经营委员会，审议下列财务经营相关事项：

（1）预决算相关事项；（2）大学注册费和授课费等学生经济负担相关事项；（3）本法第三十条规定的大学年度运营计划中财务经营相关事项；（4）章程规定的主要事业的投资计划和收益事业相关事项；（5）债务承担行为相关事项；（6）伴随财政支出的规定，其制定及修改相关事项；（7）会计规章制度的制定及修改相关事项；（8）管理人员和教职员工薪酬和退休津贴支付标准相关事项；

（9）校长或理事会提请审议的大学财务经营相关其他事项。

2. 财务经营委员会由包括国立大学法人仁川大学的教职员工和校外人士在内的十五人以上、二十人以下的人员组成。但其中校外人士应超过三分之一。

3. 在财务经营委员会设委员长，委员长在财务经营委员会委员中互选产生。

4. 财务经营委员会委员每届任期两年。

5. 财务经营委员会的审议结果应传达给校长，校长应将需要理事会表决的事项或认为重要的事项提交理事会。

6. 本条第一款至第五款规定事项以外的财务经营委员会的组成、运营及审议相关必要事项，由章程规定。

第十八条（法人会计的设立等）

1. 设立法人会计，处理国立大学法人仁川大学的会计业务，其设立等相关必要事项由章程规定。

2. 国立大学法人仁川大学的会计年度为自当年三月一日起到翌年二月的最后一天止。

第十九条（资本金等）

1. 国立大学法人仁川大学的资本金为根据本法第二十一条的规定自地方政府无偿受让的财产的评估额和增资等所产生的变动加减后的金额。

2. 本条第一款规定的财产的评估金额以无偿受让时的时价为准，评估金额计算相关必要事项由教育部部长规定。

3. 国立大学法人仁川大学处置本条第一款规定的财产（含提供担保和交换）时，应当事先征得教育部部长许可。但处置无偿受让自地方政府的财产时，应当与相关地方政府负责人协商。

第二十条（赞助金等）

1. 为了充抵国立大学法人仁川大学的设立/运营所需经费，国家可以不适用其他法律规定，在预算范围内总额支付赞助金。但必要时可以支付补助金等转入金。

2. 管辖国立大学法人仁川大学主要事务所所在地的广域自治团体支付赞助金或补助金，支持国立大学法人仁川大学的设立/运营及发展。

第二十一条（公有财产的无偿转让等）

1. 地方政府可以不适用《公有财产及物品管理法》及《物品管理法》等其他法律的规定，将国立大学法人仁川大学设立当时大学管理的公有财产和物品无偿转让给国立大学法人仁川大学。在这种情况下，教育部部长应当与行政安全部长官事先进行协商。

2.《文化遗产保护法》规定的国有文化遗产不适用本条第一款。

3. 为了运营国立大学法人仁川大学，必要时地方政府可以不适用《物品管理法》《公有财产及物品管理法》及《地方财政法》等其他法令的规定，无偿向国立大学法人仁川大学出借或令其使用公有财产及物品并从中受益。

4. 本条第三款规定的出借或使用·受益许可的条件和程序相关必要事项，由总统令规定。

第二十二条（个人财产的让与或捐助）

1. 根据章程规定，国立大学法人仁川大学可以自国家或地方政府以外的人员处受让财产或接受其他捐助。

2. 处置根据本条第一款取得的财产时，应当尊重捐助人意愿或执行与其签订的协议，对财产处置未作特别约定或意愿无法确认的，执行理事会的决定。

第二十三条（土地等的征收与使用）

国立大学法人仁川大学有学校用地购置需求时，国家或地方政府可以根据《关于公立事业用地等取得与补偿的法律》的规定征收或使用土地等。

第二十四条（长期借款及发行学校债券）

1. 为了大学的运营，必要时国立大学法人仁川大学可以根据总统令规定，报经理事会表决通过，并征得教育部部长许可，举借长期借款或发行学校债券。但总统令规定的轻微事项，应当向教育部部长申报。

2. 教育部部长根据本条第一款的正文批准长期借款或发行学校债券，应当事先与企划财政部长官协商。

第二十五条（预算及决算等）

1. 校长应当根据总统令的规定，向教育部部长提交预算。

2. 校长应当在理事会作出决议后二十天内，将包括会计法人审计通过的每个会计年度财务报表在内的决算书提交教育部部长。

3. 校长应当根据总统令的规定公示法人会计的预算及决算明细。

第二十六条（盈余资金的处置）

国立大学法人仁川大学每个会计年度的结余资金优先用于偿还负债，剩余资金用于补足结转损失，余额转入下一会计年度或另立账户管理，但应当用于学校运营。

第二十七条（收益事业等）

1. 国立大学法人仁川大学可以在不影响教学·研究活动的范围内开展收益事业。

2. 本条第一款规定的收益应当用于学校经营，收益使用相关必要事项由章程规定。

第二十八条 （国家及地方政府的财政扶持等）

1. 为了将国立大学法人仁川大学培育成具备国际竞争力的核心大学，发挥国立大学法人的先导作用，国家应当向国立大学法人仁川大学提供行政和财政支持。

2. 为了国立大学法人仁川大学稳定的财政运营，国家应当每年资助其人工费、经常性经费、设施扩充费及教学·研究发展扶持资金等。

3. 国家根据国立大学法人仁川大学成立时原仁川大学的预算规模、高等教育预算规模及其增加率等，计算每年的资助数额。

4. 根据本法第十条第一款理事举荐机关及其下属机构的负责人，可以向国立大学法人仁川大学提供用于贴补设施费用、支付奖学金、构建产学合作体制等的财政支持。

第二十九条 （国立大学的社会责任及国家的支持）

1. 国立大学法人仁川大学应当以四年为单位制定、公布基础学科等必要领域的支持培育规划，并制定、实施每年的实施计划。

2. 为实施本条第一款规定的年度实施计划，国家应当在预算范围内给予财政扶持等必要支持。

3. 国立大学法人仁川大学应当制定并实施有助于打造培养优秀创造性人才的教学与研究环境，最大限度地减少学费负担的奖学·福利措施。

第三十条 （大学运营计划的制定、评估与国家的支持）

1. 校长应当以四年为单位，与教育部部长协商设定大学运营成果目标，并在每个会计年度开始前制定并公布反映大学运营成果目标的大学年度运营计划。

2. 教育部部长应当每年评估并公布本条第一款规定的大学年度运营计划的运营成果，并将该运营结果与行政或财政支持挂钩。

3. 教育部部长可以设立专业独立机构负责本条第二款的评估，或将该评估委托给其他机构。

第三十一条 （附属学校等）

国立大学法人仁川大学可以根据章程规定，附属设立·运营《初·中等教育法》第二条各项规定的学校。

第三十二条 （《民法》的适用）

除本法外，国立大学法人仁川大学还适用《民法》中关于财团法人的相关规定。

第三十三条 （相似名称的禁用）

国立大学法人仁川大学以外的人员和单位不得使用"国立大学法人仁川大学"的名称和徽记或与之相似的名称和徽记。

第三十四条（罚金）

1. 非国立大学法人仁川大学违反本法第三十三条，违规使用"国立大学法人仁川大学"的名称和徽记或与之相似的名称和徽记的，处以五百万韩元以下罚款。

2. 本条第一款规定的罚款由教育部部长征收。

附　　则

（《关于部分修订教育委员会主管的 34 部法律以规范法律术语的法律》）

本法自公布之日起施行。（省略但书）

关于国立大学会计设置和财政运营的法律

[第17953号法律，2021年3月23日修订]

第一章 总 则

第一条（目的）

本法旨在通过提高国立大学财政运营的自主性和有效性，确立国立大学的公共性和社会责任感，进而为学问发展和人才培养及国家均衡发展做出贡献。

第二条（适用范围）

1. 本法适用于《高等教育法》第二条各条款所列学校中由国家设立、经营的学校（附属学校除外，以下称国立大学）。

2. 除其他法律由特殊规定外，本法在不违背其性质的范围内，适用于由地方政府根据《高等教育法》第三条设立、经营的，相当于根据《高等教育法》第二条各条款规定学校的公立大学（附属学校除外，以下称公立大学）。在这种情况下，"国立大学"视作"公立大学"，"国家"视作"地方政府"。

第三条（与其他法律的关系）

有关国立大学的会计设置与财务运行等，先于其他法律适用本法。

第四条（国家及地方政府的扶持）

1. 国家应当为国立大学提升国立大学教学与研究质量，更换老旧设施及实验、实习器材等教学环境，改善事业稳定，提供必要的财政支持。

2. 国家应当考虑之前各国立大学的预算、高等教育预算规模及增加率等，以综合支援人工费、经常性经费、设施扩充费用等国立大学运营所需要的经费。

3. 国家应当每年努力扩大根据本条第二款对国立大学提供扶持经费的总额。

4. 地方政府推进的事业与国立大学相关的，必要时该地方政府可以对国立大学进行财政支持。

第五条（国立大学的义务）

1. 国立大学负责人应当健全高效地运营该大学的财政，并确保年度支出不超过年度收入。

2. 国立大学负责人应当制定并诚实履行该大学的中长期发展规划和财政运

用计划。

第六条（财政运营等的标准）

国立大学财政及会计运营所需要的具体标准，由教育部令规定。

第七条（财政、会计规定）

1. 国立大学负责人在法令范围内制定财政及会计运营相关规定（以下称财政、会计规定）。

2. 国立大学负责人制定或修改财政、会计规定时，应当根据教育部令规定的程序，对拟制定或修改的财政、会计规定事先公告和事后公布。

第二章　财政委员会

第八条（财政委员会的设立与运营）

1. 国立大学设立财政委员会，审议并表决财政及会计运营相关的主要事项。

2. 财政委员会的委员由职能委员和普通委员组成，人数为十一人以上、十五人以下，委员的人员数量由财政会计条例确定。在这种情况下，普通委员人数应当超过半数。

3. 财政委员会的职能委员由财政会计条例确定，普通委员由国立大学负责人从以下人员中通过财政会计条例确定的推荐程序任命或委任。在这种情况下，普通委员应当包括两名下列第一项中规定的教师、职工和在校学生，该大学负责人不得担任普通委员。

（1）该大学在职教师、职工及在校生；（2）为该大学发展做出贡献的人员；（3）其他具有管理学校所需的专业知识和经验的人员。

4. 财政委员会委员长由普通委员互选产生。

5. 财政会员会审议并表决下列事项。但下列第三项的事项中，《高等教育法》第十一条第二款规定的学费以该条第三款规定的学费审议委员会代替财政委员会进行审议。

（1）本法第五条第二款规定的中长期财政运营规划相关事项；（2）本法第十一条第一款规定的大学会计的预决算相关事项；（3）本法第十一条第三款第一项至第四项规定的入学金及授课费等（以下称授课费等）相关事项；（4）本法第二十八条规定的教学、研究费用等支付相关事项；（5）主要事业投资计划相关事项；（6）制定与修改相关财政、会计规定的事项；（7）国立大学负责人提请审议的财政及会计运营相关其他主要事项。

6. 国立大学负责人应当严格执行对本条第五款第二项作出的审议、表决结果，并应最大限度地尊重对本条第五款其余事项作出的审议、表决结果。

7. 财政委员会组成及运营等相关其他必要事项，由教育部令规定。

第九条（会议纪要的撰写与公开）

1. 财政委员会应当撰写会议记录，记录以下事项：

（1）会议开始、休会及散会的时间；（2）议案；（3）所议事项；（4）出席委员和教职员工的姓名；（5）投票结果；（6）委员长认为必要的其他事项。

2. 出席委员应当在会议纪要上亲笔签名，会议纪要为两页以上时须骑缝签名，签名应当清晰规整可辨别。但财政委员会可以由出席委员互选出三名委员作为代表，在会议纪要上骑缝签名或加盖骑缝章。

3. 会议纪要应当对外公开。但经财政委员会表决同意，教育部令规定的事项可以不对外公开。

4. 公开期限、程序等会议纪要公开相关其他必要事项，由教育部令规定。

第十条（不适格事由）

1. 有《国家公务员法》第三十三条中规定的不适格事由之一的人员不得担任财政委员会委员。

2. 财政委员会委员发生《国家公务员法》第三十三条中规定的不适格事由之一时，理当辞去现职。

第三章　大学会计

第十一条（大学会计）

1. 为了确保国立大学的财政稳定，提高大学财政运营的自主性和有效性，在各国立大学设立大学会计，统筹运营本法第四条规定的国家及地方政府的扶持资金和大学自营收入。

2. 大学会计的年度国家及地方政府扶持资金收入如下：

（1）自国家一般会计与特别会计的转入金；（2）自地方政府的转入金。

3. 大学会计的年度自营收入如下：

（1）根据《高等教育法》开设并运营的教育课程、公开讲座、企业委培、专业深化课程、计时制注册等，据此产生的学员或注册生的入学金（学费）、课时费以及缴纳的其他费用；（2）《终身教育法》第二条第二款规定的终身教育机构注册生的课时费；（3）拟入学或注册该大学的学生所缴纳的报考费用；（4）研究生院的论文审查费；（5）手续费、使用费以及无用物品出售所得；（6）结转资金；（7）自其他会计账户的转入金；（8）利息收入；（9）无形资产及图书销售收入；（10）根据本法第二十六条第三款划归的国有财产处分收益；（11）其他收入。

4. 国立大学教学、研究、服务活动及大学运营与设施设置等所需的全部经费，为该大学会计的年度支出。

5. 大学会计的会计年度从当年三月一日开始，到次年二月最后一日结束。

6. 国立大学负责人应当为教育部令规定的大学会计、《关于开办、运营公益法人的法律》规定的发展基金会计、《关于振兴产业教育及促进产学研合作的法律》规定的产学协力团会计制作综合财务报表。

第十二条（大学会计的运营原则）

国立大学负责人管理大学会计时，应当努力遵守下列事项：

（1）确保财政运行健康；（2）最大限度降低学生及学生家长的负担；（3）强化教学与研究力量；（4）保证不受收入或地域等的歧视，保障平等接受教育的权利。

第十三条（收入记入年度收入后使用）

国立大学的一切收入，应当记入年度收入后使用。但招标保证金、合同保证金等保证金、保管金以及教育部令规定的杂费除外。

第十四条（预算的编制和表决）

1. 国立大学负责人应当编制每个会计年度的年度收支预算，并在会计年度开始四十日前上报本法第八条规定的财政委员会。

2. 财政委员会应当在会计年度开始十日前审议并表决年度收支预算。

3. 未征得国立大学负责人事先同意，财政委员会不得增加年度支出预算的开支或增设新的年度支出项目。

4. 国立大学负责人向财政委员会提报年度收支预算后，因不得已原因修改部分内容时，可以制定并再次提交年度收支预算修正案。

第十五条（预备金）

1. 国立大学负责人可以将大学会计预算总额百分之一以内的金额编制为预备金，以用作不可预见的预算外或超预算支出。

2. 预备金的开支，应当在下一会计年度经财政委员会批准。

第十六条（持续费）

1. 对需耗时数年才能完成的工程建设项目、制造及研究开发项目，国立大学负责人可以一次性确定此项目的经费总额和年度开支，事先经财政委员会批准，然后在此范围内延续多年支出。

2. 本条第一款所列项目支出年限，为该会计年度起五年内。但国立大学负责人认为有必要的，经财政委员会决议，可以延长支出年限。

第十七条（追加更正预算）

已经生效的预算如需变更，国立大学负责人应当编制新的更正预算，并报财政委员会批准。

第十八条（预算不成立时的预算执行）

新会计年度开始前财政委员会未通过预算时，国立大学负责人在预算通过前可以按照上年度预算执行下列经费。在这种情况下，该年度预算通过后，已执行经费视作依据通过后的预算执行。

（1）教师、讲师、助教及职工等的报酬；（2）国家支持经费；（3）直接用于教学和研究的经费；（4）学校设施维护和管理费；（5）法令及合同上有支付义务的经费；（6）预算已获批准的事业经费。

第十九条（禁止预算目的外使用）

国立大学负责人不得在年度支出预算规定的目的以外使用经费。

第二十条（年度支出预算的结转）

1. 每一会计年度的年度支出预算不得结转下年使用。

2. 虽有本条第一款规定，但有下列情形之一的经费金额，可以结转到下一会计年度使用。在这种情况下，结转金额不能用于其他用途，下列第一项的经费金额不能再次结转。

（1）支出原因事由在当年内实施，但因不可避免的原因未能在当年结束前完成支付的经费以及未实施支出原因事由的附属经费；（2）经财政委员会核准后指定为下一年度的开支。

3. 国立大学负责人根据本条第二款结转预算的，结转的金额作为下一年度的结转预算。

第二十一条（决算）

1. 国立大学负责人应当在每一会计年度编制决算书，并在该会计年度结束后两个月内，报送财政委员会批准。

2. 编制年度收支决算时，其项目应当与年度收支预算的项目保持一致，并载明其内容。

第二十二条（财务报告的编制及提交）

1. 国立大学负责人应当根据教育部令的规定，采用复式记账方式对交易的发生事实和经济效益进行财务处理，并编制财务报告，在会计年度结束两个月内提交财政委员会。

2. 国立大学负责人根据本条第一款提交财务报告时，应当附上《注册会计师法》规定的注册会计师（含会计法人）编制的会计审计报告。

第二十三条（决算盈余的处理）

大学会计结算盈余列入下一会计年度的年度收入。

第二十四条（预决算的公开等）

1. 国立大学负责人应当在确定年度收支预算及决算后一个月内，将有关预算、决算详情及本法第二十二条第一款规定的财务报告在大学的报纸和网站上公开。

2. 国立大学负责人应当将年度收支预决算书以及本法第二十二条第一款规定的财务报告，经财政委员会决议后提交教育部部长。但根据《高等教育法》第五十九条第三款设立运营权限被委托给有关中央行政机关负责人的各种国立学校，其负责人应当将上述材料提交有关中央行政机关负责人。

第四章 财政和会计的运营等

第二十五条（会计间转入、转出）

1. 为推动特殊目的事业、营利性事业或资金的有效利用，国立大学负责人可以在不影响各会计目的执行的范围内，在根据《关于开办、运营公益法人的法律》设立的发展基金会计、《关于振兴产业教育及促进产学研合作的法律》规定的产学协力团会计之间转入、转出并使用部分资金。但大学会计的资金不能转用于其他会计。

2. 本条第一款规定的会计间转入转出的许可范围，由教育部令规定。

第二十六条（财产管理）

1. 以大学会计资金取得的设施、土地及物品视作国有财产。

2. 本条第一款规定的国有财产用途废止时，教育部部长可以根据《国有财产法》第四十条第二款第四项接受企划财政部长官的指定，对其管理或处置。

3. 处置本条第二款规定的国有财产所产生的收益金，教育部部长可以不适用《国库资金管理法》第七条及《国有财产法》第二十六条之三第四款第二项，根据与企划财政部长官的协商内容，全部或部分划入本法第十一条规定的大学会计年度收入中。

第二十七条（授课费等）

1. 国立大学负责人确定授课费标准等时，应当充分考虑该大学所提供教育课程的水平、学生及家长负担、授课费等对物价及国民经济生活造成的影响等因素。

2. 国立大学负责人确定授课费标准等时，应当事先制定授课费等的具体使用计划，并提报财政委员会。

第二十八条（教学、研究经费等的支付）

1. 国立大学负责人可以用大学会计资金向所属教职员工支付教学、研究及学生指导等费用。

2. 本条第一款规定的费用支付相关基本事项，由教育部令规定，国立大学负责人可以在教育部令规定范围内通过财政、会计规定确定详细事项。

第二十九条（大学会计人员的录用）

1. 为大学运营，必要时国立大学负责人可以录用国家公务员以外的以大学会计的自营收入承担经费的人员（以下称大学会计人员）。

2. 大学会计人员的任用、薪酬及服务等相关必要事项由国立大学负责人确定。

附　　则

本法自公布之日起施行。

国立大学口腔病医院设置法

[第 17954 号法律，2021 年 3 月 23 日根据其他法律修订]

第一条（目的）
本法旨在通过设立国立大学口腔病医院，开展口腔医学教育研究和诊疗，从而为推动牙医学发展，提高国民口腔卫生水平贡献力量。

第二条（法人）
国立大学口腔病医院（首尔大学附属口腔病医院除外，以下称口腔病医院）为法人。

第三条（设立）
1. 口腔病医院在开设牙医学科专业的国立大学（以下称国立大学）分别设立。
2. 口腔病医院在其主要事务所所在地办理设立登记而成立。
3. 必要时，口腔病医院可以根据章程规定开设分院。
4. 口腔医院的下属机构以及本条第二款规定的设立登记和登记相关其他必要事项，由总统令规定。

第四条（章程）
1. 口腔病医院章程应当包括以下内容：
（1）设立目的；（2）名称；（3）主要事务所所在地；（4）业务相关事项；（5）牙医学教学、研究相关事项；（6）理事会相关事项；（7）管理层与员工相关事项；（8）组织架构相关事项；（9）资产与会计相关事项；（10）章程变更相关事项；（11）公示相关事项；（12）解散相关事项。
2. 口腔病医院章程变更时，应当获得教育部部长批准。

第五条（口腔病医院的名称）
口腔病医院名称由相关大学名称后加"附属口腔病医院"字样组成。

第六条（禁止使用类似名称）
非本法规定的口腔病医院，不得使用本法第五条规定的"口腔病医院"或者与之类似的名称。

第七条（业务）

口腔病医院开展下列业务：

（1）国立大学牙医学系学生的临床教学；（2）见习医生进修与医务人员培训；（3）牙医学系相关研究；（4）临床研究；（5）诊疗业务；（6）《关于公共卫生医疗的法律》第二条第二款规定的公共卫生医疗业务；（7）旨在提高国民口腔卫生水平的其他必要业务。

第八条（公共卫生医疗机构的职责）

1. 口腔病医院应当诚实履行《关于公共卫生医疗的法律》第七条规定的公共卫生医疗机构的义务。

2. 口腔病医院应当为国民提供优质公共卫生医疗服务，提高国民卫生水平。

第九条（管理层）

1. 口腔病医院设置包括理事长在内的十一名理事和一名监事。

2. 理事长由相关国立大学校长担任，理事由相关口腔病医院院长（以下称院长）、相关大学口腔医学院院长（含口腔医学专科学院校长）、大学医院院长、企划财政部长官、教育部部长以及保健福祉部长官从各自所辖三级以上公务员或者高层公务员团所属普通公务员中各提名一人，管辖相关口腔病医院所在地的特别市、广域市、道或者特别自治道副市长或者副知事（以下称职权岗理事），以及经理事会推荐、教育部部长任命的人员担任，职权岗理事以外的其余理事中应当包括一名以上拥有丰富的医院运营知识和经验的外部人员。

3. 监事经理事会推荐、由教育部部长任命。

4. 职权岗理事以外的理事、监事或者院长有《国家公务员法》第三十三条中规定的不适格事由之一时理当辞职。

5. 职权岗理事以外的理事和监事每届任期三年，任期届满可以连任。

第十条（管理层的职责）

1. 理事长负责召集理事会，并担任理事会议长。

2. 理事长因故无法履行职务时，理事长职权代行相关事项依照章程规定执行。

3. 理事出席理事会并审议议案。

4. 监事监查口腔病医院的会计和业务。

第十一条（理事会）

1. 口腔病医院内设理事会。

2. 理事会审议并表决下列事项：

（1）章程变更相关事项；（2）组织架构相关事项；（3）工作计划和预决算相关事项；（4）财产的取得和处置相关事项；（5）《关于公共卫生医疗的法律》第八条规定的公共卫生医疗规划的制定和实施结果相关事项；（6）章程规定的

其他重要事项。

3. 理事会由理事长和理事组成。

4. 理事会以成员过半数赞成通过决议。

5. 监事可以出席理事会并陈述意见。

6. 理事会的运营相关必要事项,由总统令规定。

第十二条 (口腔病医院院长)

1. 口腔病医院设院长一名。

2. 院长总揽口腔病医院业务,对外代表口腔病医院。

3. 院长经理事会推荐、由教育部部长任命。在这种情况下,理事会应当推荐具备总统令规定的资格条件的人员。

4. 院长每届任期三年,任期届满仅限连任一次。

5. 院长因故无法履行职务时,其职权代行相关事项依照章程规定执行。

6. 除下列情形之一外,不得在院长任期内违背其本人意愿将其免职:

(1) 违反本法或者违反依照本法下达的命令或者制定的章程时;(2) 会计造假或者因故意或者重大过失严重影响口腔病医院运营时;(3) 因身体或者心理原因难以履行或者不能履行职务时。

7. 根据本条第六款第一项至第三项的规定罢免院长时,应当经三分之二以上理事会成员赞成而通过决议后,由理事会提出免职建议。

第十三条 (员工的任免)

1. 口腔病医院内设必要的医务人员和院务人员。

2. 医务人员和院务人员的任免依照章程规定执行。

第十四条 (临床教授)

1. 口腔病医院内设临床教授要员,以开展本法第七条所列各项事业。

2. 本条第一款规定的临床教授要员的职务名称和任职资格适用《高等教育法》第十六条相关规定。

3. 根据《高等教育法》第三条任用国立大学教授担任本条第一款的临床教授要员时,相关人员作为临床教授要员的任职经历视同其作为相关大学教师的任职经历。

4. 本条第一款规定的临床教授要员的任用期限、任用程序和报酬相关事项,由章程规定。

第十五条 (兼职)

1. 口腔病医院开展本法第七条所列各项业务,必要时在相关大学任职的教育公务员可以不适用《国家公务员法》第六十四条的规定,兼任口腔病医院的职务。

2. 本条第一款规定的教育公务员兼职,由院长提出申请,报经相关大学校长批准。

3. 根据本条第一款兼任口腔病医院职务的相关大学教育公务员的职务、薪酬等相关事项，由总统令规定。

第十六条（国有财产的无偿转让等）

为设立和运营口腔病医院，必要时政府可以不适用《国有财产法》的规定，向口腔病医院无偿转让或者出借国有财产（含物品，下同）。

第十七条（出资等）

1. 政府可以出资为口腔病医院构建、购置基本设施和设备。

2. 口腔病医院进行牙医学系教学与研究所需经费由政府在预算范围内予以补贴。口腔病医院的运营费用、设施设备购置费用、偿还借款本息所需费用由口腔病医院收益承担。但口腔病医院收益不足以承担上述费用时政府可以予以补贴。

3. 个人、法人或者社会团体可以向口腔病医院捐赠金钱或者其他财产以支持口腔病医院的事业发展。

4. 本条第一款和第二款规定的拨款和补贴的拨付、使用和管理等相关必要事项，由总统令规定。

第十八条（营业年度）

口腔病医院的营业年度执行政府的会计年度。

第十九条（会计管理）

院长根据章程规定管理口腔病医院的会计。

第二十条（工作计划等的汇报）

院长应当根据总统令的规定，拟定每一营业年度的工作计划和预算报告，并在该营业年度开始的二十天之前向教育部部长汇报。工作计划和预算报告如需变更，也应当履行相同程序。

第二十一条（决算报告的提报）

1. 院长应当撰写每一业务年的收支决算报告，接受《注册会计师法》第二十三条规定的会计法人的会计审计后，经理事会审议并表决通过后，在下一会计年度开始后两个月内提交教育部部长。

2. 本条第一款的决算报告应当附具下列材料：
（1）财务报表及其附件；（2）本条第一款规定的会计法人的审计报告；（3）总统令中规定的其他有助于明晰决算内容的材料。

第二十二条（监督）

教育部部长监督口腔病医院，可以要求汇报必要事项或者提报相关材料。

第二十三条（《民法》的适用）

除本法外，口腔病医院还适用《民法》中关于财团法人的相关规定。

第二十四条（罚金）

1. 对违反本法第六条的人员，处以五百万韩元以下罚款。
2. 本条第一款规定的罚款，根据总统令的规定，由教育部部长征收。

附　　则

本法自公布之日起施行。（省略但书）

关于法学专门研究生院设置和运营的法律

[第 17954 号法律，2021 年 3 月 23 日修订]

第一章 总 则

第一条 （目的）

本法旨在通过规定法学专门研究生院的设置、运营及教育等相关事项，培养优秀的法律人士。

第二条 （教育理念）

法学专门研究生院的教育理念在于，培养素养丰富、对人类及社会认识深刻、具有向往自由平等正义的价值观，且具备健全的职业伦理观和专业、高效地解决错综复杂法律问题的知识和能力的法律人士，以提供符合国民多样期待和要求的优质法律服务。

第三条 （国家等的责任）

1. 国家、《高等教育法》第二条第一款规定的大学（包括同法第三十条规定的研究生院大学。以下称大学）、其他与法律人士的培养相关的机构或团体，应当为培养符合第二条所述的教育理念宗旨要求的法律人士而相互协作。

2. 国家应采取必要措施，为培养法律人士，制定财政支援方案。

第四条 （设置主体）

大学的设立和经营者（国立大学是指国家，公立大学是指地方政府，私立大学是指学校法人。下同）可以设置和运营以培养法律人士所需的专业法律理论及实务相关的教育及研究为主要目的的法学专门研究生院。

第五条 （设置许可等）

1. 拟设置法学专门研究生院大学的创始人、经营者应当具备基于第十六条至第二十条规定的教员（《高等教育法》第十四条第二款规定的讲师除外。下同）、设施及教育课程等法学专门研究生院的设置标准。

2. 公立或私立大学的创始人、经营者拟设置法学专门研究生院时，应当获得教育部部长的许可。获得许可的法学专门研究生院在关停或者要变更被许可事项中总统令规定的重要事项时亦应如此。

3. 教育部部长拟作出第二款规定的设置许可及撤销、变更许可时，应当提前经过第十条规定的法学教育委员会（以下称法学教育委员会）的审议。

4. 国家拟设置法学专门研究生院时，应当经过法学教育委员会的审议。撤销法学专门研究生院或变更总统令规定的重要事项时亦是如此。

5. 第二款规定的设置许可及撤销、变更许可等的程序相关的必要事项，由总统令规定。

第六条（设立许可标准）

1. 教育部部长在受理第五条第二款规定的法学专门研究生院设置许可相关申请时，可以考虑旨在达成第二条规定的教育理念的教育目标及教育课程的合理性和是否充分符合设置标准等，进行许可审批。

2. 第一款设置许可相关的所需详细标准，由教育部部长规定。

第七条（法学专门研究生院的入学名额）

1. 教育部部长考虑国民法律服务的顺利提供及法律人士的供求状况等各种情况，确定法学专门研究生院的总入学名额。在这种情况下，教育部部长应当提前向国会下属常任委员会报告总入学名额。

2. 根据第一款，教育部部长确定法学专门研究生院的总入学名额时，应当与法院行政处处长、法务部长官协商。在这种情况下，《律师法》第七十八条规定的大韩律师协会负责人（以下称大韩律师协会会长）、根据《民法》第三十二条及《公益法人的创立、运营相关法律》第四条获得法务部长官许可而创立的社团法人韩国法学教授会负责人（以下称韩国法学教授会会长）等，可以向教育部部长建言献策。

3. 法学专门研究生院的单独入学名额，综合考虑包括各法学专门研究生院的教员、设施及财政在内的教育条件和第一款规定的总入学名额等，由教育部部长在总统令规定的范围内确定。

第八条（学士学位课程的撤销）

1. 设置法学专门研究生院的大学，不能设置法学相关的学士学位课程。

2. 设置法学专门研究生院的大学，在相应法学专门研究生院开院之前设有法学相关的学士学位课程时，从相应法学专门研究生院学生首次入学的学年度开始，不得允许法学相关学士学位课程的学生入学。

3. 尽管有第一款的规定，设置法学专门研究生院的大学，应当在需要的范围内，为法学专门研究生院开院之前入学该大学的法学相关学士学位课程的学生保留学士学位课程。

第九条（与其他法律的关系）

1. 对于法学专门研究生院，本法有规定时，先于其他法律适用本法。

2. 对于法学专门研究生院，本法中无特别规定的事项，适用《高等教育法》

等大学相关的教育关系法。

第二章　法学教育委员会

第十条（法学教育委员会的设立及职能）

为审议法学专门研究生院相关的下列各事项，设置教育部部长下属法学教育委员会：

（1）法学专门研究生院的设置许可相关事项（包括在国立大学设置的法学专门研究生院的设置相关事项）；（2）法学专门研究生院的撤销及变更许可相关事项（包括在国立大学设置的法学专门研究生院的撤销及变更相关事项）；（3）单独法学专门研究生院的名额相关事项；（4）法学专门研究生院设置许可的详细标准相关事项；（5）其他关于法律人士的培养及法学专门研究生院的法学教育，教育部部长在会议上提交的事项。

第十一条（法学教育委员会的组成）

1. 法学教育委员会由包括1名委员长在内的13名委员组成。
2. 委员长由教育部部长从第三款的委员中任命。
3. 委员由教育部部长从下列人员中委任：

（1）法学教授或副教授4名；（2）法院行政处处长推荐的具有10年以上工作经验的法官1名；（3）法务部长官推荐的具有10年以上工作经验的检察官1名；（4）韩国律师协会会长推荐的具有10年以上工作经验的律师2名；（5）从事教育行政工作10年以上的公务员1名；（6）学识渊博、德高望重的人士4名（正在担任法学专业助理教授职位以上的人员及具有律师资格的人员除外）。

第十二条（法学教育委员会委员的任期）

1. 委员长及委员的任期为2年，可以连任。
2. 委员在任期中失去第十一条第三款第一款至第五款规定的职务或资格时，同时也失去委员身份。

第十三条（法学教育委员会委员的排除理由）

委员符合下列情形之一时，不能参与相应审议：

（1）本人或其配偶在审议对象大学或设置、经营大学的学校法人任职的情况。（2）本人或其配偶与属于下列各项之一的人员存在《民法》第七百七十七条的亲属关系的情况：①审议对象大学的负责人；②审议对象大学的法学系、法学院或法学专门研究生院的教员；③审议对象大学的学校法人的高管。

第十四条（对相关机构的协助请求）

法学教育委员会在审议第十条各事项时，如情况需要，可以听取大学相关人士、相关公务员或专家的意见，或者请求大学或相关机构提交资料或意见。

第十五条 （事实调查等）

1. 法学教育委员会的委员长为审议第十条各项事项，需要开展事实调查时，可以任命调查委员。

2. 法学教育委员会为第一款的审议需要时，可以在委员或调查委员中组建现场调查团实施现场调查。

3. 法学教育委员会的运营、调查委员的任命及现场调查团的组成等相关的必要事项，由总统令规定。

第三章　法学专门研究生院的设立标准及运营

第十六条 （教员等）

1. 法学专门研究生院应当依照每1名教员15名以内学生的比例确定教员人数，保证将编制年度的学生名额按总统令规定的学生人数完成。

2. 根据第一款规定，法学专门研究生院可以在应当确保的教员人数的五分之一的范围内，根据总统令的规定，计算出总统令规定的兼任教员人数，包含到教员人数之内。

3. 根据第一款规定，法学专门研究生院应当确保的教员（第二款规定的兼任教员等除外）人数不满20人时，以20人为限。

4. 法学专门研究生院应当确保，根据第一款及第三款应当确保的教员人数的五分之一以上为具有律师或外国律师资格，且具有5年以上相关领域的实际工作经验的教员（以下在此款称实务经验教员）。在这种情况下，人数相当于教员五分之一以上的实务经验教员不能通过第二款规定的兼任教员等来确保。

第十七条 （物质标准）

1. 法学专门研究生院为了进行充实的教育，应该具备总统令规定的设施。

2. 设置法学专门研究生院的大学应当确保法学专门研究生院运营所需的财政资金，并制定奖学金制度等对学生的经济支援方案。

第十八条 （学位课程及学习年限）

1. 在法学专门研究生院设置硕士学位课程，并且可以根据校规规定设置博士学位课程。

2. 第一款规定的硕士学位课程的学习年限为3年以上。

3. 对进修第一款规定的学位课程的人，授予总统令规定的相应学位。

4. 在法学专门研究生院可以设置不授学位的研究课程。

5. 法学专门研究生院设置的博士学位课程及第四款规定的不授学位的研究课程的名额或入学者，不包括在第七条、第十条第三款、第二十六条及第三十九条第一款规定的名额或入学者之内。

第十九条（学分）

1. 修完法学专门研究生院硕士学位课程所需的学分要在总统令规定的学分以上，并且在校规中明确界定。

2. 在本法规定的其他法学专门研究生院或法学专门研究生院相应的外国大学的学位课程中获得的学分，可以在总统令规定的范围内，根据校规规定，认定为相应法学专门研究生院的学分。

3. 对于经认定获得法学相关学士学位以上的学位，在相应法学专门研究生院掌握所需的法学知识的人员，法学专门研究生院可以在总统令规定的范围内，根据校规规定，认定为获得相应法学专门研究生院的学分。

第二十条（教育课程）

1. 法学专门研究生院应当开设培养符合第二条的教育理念和宗旨的法律人士所需的教学科目，运营系统的教育课程。

2. 法学专门研究生院应当开设的教学科目等相关的必要事项，由总统令规定。

第二十一条（对设立标准的制定和变更意见的收集）

教育部部长拟制定、变更教员、设施、教育课程等与法学专门研究生院的设置相关的重要标准时，应当听取法院行政处处长、法务部长官、大韩律师协会会长及韩国法学教授会会长等的意见。

第二十二条（入学资格）

可以入学法学专门研究生院的人为拥有学士学位，或根据法令认定具有同等水平以上学历的人（以下称获得学士学位的人）

第二十三条（学生选拔）

1. 法学专门研究生院从具有第二十二条规定的入学资格的人中，按普通招生或特别招生选拔学生。

2. 法学专门研究生院应当将申请者在学士学位课程中的成绩、成为法律人士的资质相关适应性测验考试（以下称适应性测验）结果及外语能力作为入学招生资料，另外可以将社会活动及志愿服务活动相关经历等作为入学招生资料。在这种情况下，不得实施法学相关知识评估考试，并将其结果用作入学招生资料。

3. 为入学者的公平选拔，法学专门研究生院应当制定包含总统令规定内容的入学招生计划，公开发布并实施。

4. 第一款规定的普通录取及特别录取等相关的必要事项，由总统令规定。

第二十四条（适应性测验的实施）

1. 适应性测验由教育部部长实施。但教育部部长可以指定具备实施适应性测验所需的组织及人力的机构实施适应性测验。

2. 在根据第一款指定的机构符合下列情形之一时,教育部部长可以取消其指定。但如果属于下面第一项的,要取消指定。

(1) 以虚假或其他不正当方法获得指定的情况;(2) 无正当原因而不执行适应性测验的实施业务的情况;(3) 不具备适应性测验的实施所需的组织和人力的情况。

3. 教育部部长可以命令指定机构提交适应性测验的实施相关的报告或资料。

4. 拟报考适应性测验的人应当缴纳教育部部长规定的报考手续费。

5. 指定机构的指定标准及程序、适应性测验报考手续费的缴纳方法、其他适应性测验的实施相关的必要事项,由总统令规定。

第二十五条（插班）

1. 法学专门研究生院的学生可以根据校规规定在其他法学专门研究生院插班。

2. 根据第一款插班的学生在之前的法学专门研究生院获得的学分,可以根据校规规定认定为插班的法学专门研究生院的学分。

第二十六条（学生组成的多样性）

1. 法学专门研究生院应当努力让具有多种知识和经验的人员入学。

2. 法学专门研究生院应当让入学者中在法学之外领域获得学士学位的人员所占比例达到入学者的三分之一以上。

3. 法学专门研究生院应当让入学者中在设置相应法学专门研究生院的大学之外的大学获得学士学位的人员所占比例达到入学者的三分之一以上。

第四章　对法学专门研究生院的评估

第二十七条（法学专门研究生院评估委员会的评估）

设置法学专门研究生院的大学应当根据总统令规定,接受第二十八条规定法学专门研究生院评估委员会（以下称评估委员会）的评估。

第二十八条（评估委员会的设立和职能）

为执行法学专门研究生院的教育评估相关的下列各项业务,设置《律师法》第七十八条规定的大韩律师协会下属法学专门研究生院评估委员会:

(1) 对法学专门研究生院的教育、组织、运营及设施等（以下称教育等）进行评估;(2) 开发用于合理评估的评估方法和制定评估标准。

第二十九条（评估委员会的组成）

1. 评估委员会由包括1名委员长在内的11名委员组成。

2. 委员长由大韩律师协会会长从第三款规定的委员中任命。

3. 委员由大韩律师协会会长从符合下列各项的人员中委任:

(1) 教育部部长推荐法学教授或副教授4名;(2) 法院行政处处长推荐的

具有 10 年以上工作经验的法官 1 名；（3）法务部长官推荐的具有 10 年以上工作经验的检察官 1 名；（4）拥有 10 年以上经验的律师 1 名；（5）从事教育行政工作 10 年以上的公务员 1 名；（6）学识渊博、德高望重的人员 3 名（正在担任教授法学的助理教授以上职位的人及具有律师资格的人除外）。

第三十条 （评估委员会委员的任期）

1. 委员长及委员的任期为 2 年，可以连任。

2. 委员在其任期中免去第二十九条第三款第一项至第五项规定的职务或资格时，同时也免去委员身份。

第三十一条 （评估委员会委员的回避原因）

委员符合下列情形之一时，不能参与相应评估：

（1）本人或其配偶在评估对象设置法学专门研究生院的大学或设置、经营大学的学校担任法人的情况。（2）本人或其配偶与符合下列各项之一的人员存在《民法》第七百七十七条所规定的亲属关系的情况：①是评估对象设置法学专门研究生院大学的负责人；②是评估对象法学专门研究生院的教员；③是设置评估对象法学专门研究生院的大学学校的法人高管。

第三十二条 （自我评估）

设置法学专门研究生院的大学应当根据总统令规定，对相应法学专门研究生院的教育等实施自我评估，向评估委员会提交其结果，并公开发布。

第三十三条 （评估标准）

1. 评估委员会对教育等进行评估时，应当对设置标准的遵守与否、入学者选拔的公正性、教育课程的合理性及毕业生的社会参与现状等进行综合评估。

2. 评估委员会应当经教育部部长的批准，规定教育等的评估所需的标准。

第三十四条 （事实调查等）

1. 评估委员会的委员长可以为教育等的评估所需的事实调查任命调查委员。

2. 为教育等的评估需要时，评估委员会可以在委员或调查委员中组建现场调查团实施现场调查。

3. 现场调查团的组成等相关的必要事项，由总统令规定。

第三十五条 （评估结果的通知等）

1. 评估委员会进行教育等的评估时，应当将其结果通知相应大学并提交给教育部部长。在这种情况下，评估委员会应当公开发布评估结果。

2. 评估委员会在评估实施的过程中应当给予相应大学进行意见陈述的机会。

第三十六条 （评估委员会的运行等）

1. 为辅助评估委员会的事务，在评估委员会设置所需的机构。

2. 评估委员会的委员长认定执行业务需要时，可请求国家机构或相关机构、团体派遣下属的公务员或高管和职员。

3. 评估委员会为执行其功能需要时，可以听取法学专门研究生院的相关人士或相关公务员、专家的意见或请求法学专门研究生院及相关机构提交资料或意见。

4. 评估委员会的运营所需的经费可以由国库提供支持。

5. 其他评估委员会的运营等相关的必要事项，由总统令规定。

第三十七条（对评估委员会的提料提交的要求等）

1. 教育部部长根据第三十五条的规定收到评估委员会的所提交的评估结果后，若认定对评估结果进行研判需要时，可以要求评估委员会提交评估相关的资料。

2. 符合下列情形之一时，教育部部长可以要求对评估委员会的评估结果进行重新评估：

（1）评估委员会委员或调查委员在与法学专门研究生院评估的相关事项中，触犯《刑法》第一百二十七条、第一百二十九条至第一百三十二条规定的罪行时；（2）存在第三十一条规定的回避原因的委员参与评估时。

3. 教育部部长提出重新评估要求时，评估委员会如无特殊原因，应当在3个月之内进行重新评估。

4. 教育部部长提出重新评估要求后，评估委员会无正当原因而将其推迟3个月以上时，教育部部长可以让法学教育委员会对相应法学专门研究生院实施重新评估。

第五章　补充性规则

第三十八条（整改命令）

设置法学专门研究生院的大学或相应法学专门研究生院违反第五条第二款及第四款、第七条第三款、第八条、第十六条、第十七条、第十八条第一款至第三款、第十九条、第二十条、第二十二条、第二十三条、第二十五条、第二十七条及第三十二条时，教育部部长可以向设置法学专门研究生院的大学的创始人、经营者或大学的负责人下达限期整改命令。

第三十九条（缩减措施等）

收到第三十八条规定的整改命令的人员，无正当原因而未在指定期限内履行命令，导致正常的学校事务运营困难时，教育部部长可采取以下处理措施：

（1）缩减相应法学专门研究生院的学生名额；（2）停止相应法学专门研究生院的招生。

第四十条（许可取消）

法学专门研究生院符合下列情形之一，学校事务无法正常运营时，教育部部长可以取消对相应法学专门研究生院的许可：

（1）因大学负责人或创始人、经营者的故意或重大过失，发生相当于第三十八条规定的整改命令原因的情况；（2）大学负责人或创始人、经营者违反本法或大学相关教育关系法令规定的教育部部长的命令3次以上的情况；（3）除假期之外，连续3个月以上未授课的情况。

第四十一条（关闭命令）

1. 对于未获得第5条规定的法学专门研究生院的设置许可而使用法学专门研究生院的名称，并在事实上以法学专门研究生院的形式运营设施的人员，教育部部长可以命令其关闭该设施。

2. 对于根据第四十条取消许可后仍继续以法学专门研究生院的形式运营的人员，教育部部长可以命令其关闭该设施。

第四十二条（许可取消后的学生保护）

1. 根据第四十条许可被取消的法学专门研究生院的在读生可以插班到其他法学专门研究生院。在这种情况下，允许插班的法学专门研究生院可以将在被取消许可的法学专门研究生院获得的全部或部分学分认定为相应法学专门研究生院的学分。

2. 根据第一款插班的学生的人数，不包含在第七条、第十条第三款、第二十六条及第三十九条第一款规定的名额或入学者中。

3. 根据第四十条被取消许可的，应当自取消之日起在3个月内，将对在读生和法学专门研究生院提供的设施、财源的处理情况向教育部部长报告。

第四十三条（听证）

教育部部长拟根据第四十条及第四十一条第一款下达法学专门研究生院或设施等的许可取消或关闭命令时，应当实施听证。

第四十四条（罚则适用上的公务员议案）

适用刑法第一百二十七条、第一百二十九条至第一百三十二条规定的罚则时，法学教育委员会和评估委员会的委员、调查委员、评估委员会的职员中非公务员的人员视为公务员。

第六章 罚　　则

第四十五条（罚则）

对于符合下列情形之一的人员，处以3年以下的有期徒刑或3000万韩元以下的罚金：

（1）未获得第五条第二款前段规定的设置许可而使用法学专门研究生院的名称招生的人员；（2）违反第五条第二款后段，未获得撤销许可或变更许可而撤销法学专门研究生院或变更总统令规定的重要事项的人员；（3）以虚假或其他不正当方法获得第五条第二款规定的设置许可、撤销许可或变更许可的人员；

(4) 违反第四十一条规定的关闭命令的人员。

第四十六条（罚则）

对于符合下列情形之一的人员，处以 1 年以下的有期徒刑或 1000 万韩元以下的罚金：

(1) 违反第十八条第三款，授予学位的人员；(2) 允许不属于第二十二条的入学的人员；(3) 虚假制作第三十二条规定的自我评估结果，公开发布的人员；(4) 违反第三十八条规定的整改命令的人员。

附　　则

本法自公布之日起实施。（省略但书）

教育公务员法

[第18455号法律，2021年9月24日修订]

第一章 总 则

第一条（目的）

本法旨在针对通过教育服务于全体国民的教育公务员职务和责任的特殊性，就其资格、任用、报酬、研修及身份保障等适用于教育公务员的《国家公务员法》及《地方公务员法》的特例进行规定。

第二条（术语的定义）

1. 本法所称"教育公务员"，指的是符合下列情形之一的人员：

（1）在教育机构工作的教师及助教；（2）在教育行政机关工作的奖学官及奖学士；（3）在教育机构、教育行政机关或教育研究机构工作的教育研究官及教育研究士。

2. 本法所称"教育专业职员"，指的是本条第一款第二项和第三项规定的教育公务员。

3. 本法所称"教育机构"，指的是符合下列情形之一的国立、公立学校或者机关：

（1）《幼儿教育法》第二条第二款规定的幼儿园，《中小学教育法》第二条和《高等教育法》第二条规定的学校；（2）本法第三十九条第一款规定的研修机构；（3）依照教育相关法令或条例设立的学生训练机构等教育研修机构。

4. 本法所称"教育行政机关"，指的是国家教育委员会、教育部及其所属机关和特别市、广域市、特别自治市、道或特别自治道（以下称市、道）的教育主管机关。

5. 本法所称"教育研究机构"，指的是为对教育进行专门调查研究而设立的国立或者公立机构。

6. 本法所称"聘用"，指的是新录用、晋升、晋级、调职、转任、兼职、派遣、降任（降级任用）、休职、解职（解除职务）、停职、复职、免职、解除任用及罢免。

7. 本法所称"职位"，指的是可以赋予一名教育公务员的职务和责任。

8. 本法所称"调职"，指的是对教育公务员的种类和资格进行不同的任用。

9. 本法所称"转任"，指的是在同一职位和资格上，将教育公务员聘用到不同的工作单位或岗位。

10. 本法所称"降任"，指的是从同类职务中聘任低于同类职务的职位。

11. 本法所称"复职"，指的是将休职、解职或者停职中的教育公务员恢复职位。

第二章　教育公务员人事委员会

第三条（人事委员会的设立）

1. 在教育部设立教育公务员人事委员会（以下称人事委员会），回应教育部有关教育公务员（在公立大学工作的教育公务员及教育监所属的教育专业职员除外。本条及本法第四条中下同）人事安排重要事项的咨询。

2. 人事委员会由7名委员组成，其中包括1名委员长。

3. 委员长由教育部副部长担任，委员由教育部部长在具有7年以上教育经历或者教育行政经历、对人事行政有丰富见解的人士中推荐，由总统委任。

4. 人事委员会运营相关必要事项，由总统令规定。

第四条（人事委员会的职能）

下列事项，教育部应当报请人事委员会审议：

（1）决定有关教育公务员人事行政方针和标准及制定基本规划的相关事项；（2）有关制定、修改或者废止教育公务员人事相关法令的事项；（3）此外，教育公务员人事相关的其他重要事项。

第五条（大学人事委员会）

1. 为审议下列事项，在《高等教育法》第二条规定的各类学校（以下称大学，但是，本法第十一条之五第三款至第五款、第二十四条、第二十四条之二、第二十四条之三及第二十五条至第二十七条除外）设立人事委员会（以下称大学人事委员会）。

（1）副校长、研究生院院长及学院院长的任职动议；（2）教授、副教授及助教的聘用动议；（3）此外，大学教员人事相关的其他重要事项。

2. 大学人事委员会的组成、职能及运营相关必要事项，由总统令规定，女性应占委员的一定比率以上。

第三章　资　格

第六条（教员的资格）

教员应当具备《幼儿教育法》第二十二条第二款和《中小学教育法》第二

十一条第二款规定资格的人。

第六条之二　（首席教师的资格）

首席教师应当是具备《幼儿教育法》第二十二条第三款和《中小学教育法》第二十一条第三款规定资格的人。

第七条　（校长、校监等的资格）

校长、校监、园长、园监应当是具备《幼儿教育法》第二十二条第一款及《中小学教育法》第二十一条第一款规定的资格的人。

第八条　（教授等的资格）

教授，副教授，助理教授和助教应当是具备《高等教育法》第十六条所规定资格的人。

第九条　（教育专业职员的资格）

教育专业职员应当是具备本法附表一所规定资格标准的人。

第四章　任　　用

第十条　（任用的原则）

1. 教育公务员的任用应当依据其资格、再教育成绩、工作成绩和其他实践证明的能力。

2. 教育公务员的任用，应当保障全体具备教师资格并希望被任用的人，都能依据能力均等获得任用的机会。

第十条之二　（外籍教师）

为开展教育和研究，大学可以聘任外国人为教师。

第十条之三　（聘用的限制）

1. 本法规定的教师（包括本法第三十二条规定的期间制教师）、《私立学校法》规定的私立学校教师（包括《私立学校法》第五十四条第四款规定的期间制教师）、《幼儿教育法》第二十三条规定的讲师等，或者担任《中小学教育法》第二十二条规定的产学兼任教师等在职期间，因下列情形之一的行为被免职、辞退或被判监禁以上刑罚的人员（包括被判缓刑，缓刑期结束的人员）不得被新聘用或者特别录用为《幼儿教育法》第二十二条规定的幼儿园、《中小学教育法》第二条规定的学校（以下称高中以下各级学校）教师。但是，根据本法第五十条第一款，教育公务员惩戒委员会考虑到相关教师的反省程度等，决议其可以履行教师职务的情况除外。

（1）删除（2）收受财物的行为；（3）泄露考题及伪造成绩等与学生成绩相关的违法行为；（4）对学生的身体暴力行为。

2. 本条第一款的但书条款规定的教育公务员惩戒委员会的决议，应当有三分之二以上在册委员出席，并有半数以上出席委员赞成方可通过。

第十条之四（失格事由）

下列人员不得被任用为教育公务员：

（1）有《国家公务员法》第三十三条各项情形之一的人；（2）对未成年人有下列情形之一的，被罢免、解聘、被判处刑罚或者治疗监护，被确定判刑或者治疗监护的人（包括被判处缓刑，缓刑期结束的人员）：①《性暴力犯罪处罚等相关特例法》第二条规定的性暴力犯罪行为；②根据《儿童、青少年性保护相关法律》第二条第二款规定的对儿童、青少年实施的性犯罪行为。（3）因为对成人实施《性暴力犯罪的处罚等相关特例法》第二条规定的性暴力行为而被免职、辞退或被判处100万韩元以上罚款及以上的刑罚或者治疗监护，并且这些处罚已在执行中的人（包括被判处缓刑，缓刑期结束的人员）。

第十条之五（罚款刑的分开宣判）

尽管有《刑法》第三十八条的规定，对教育公务员判处下列罪名之一和与其他罪名数罪并罚的罚金刑，应当将刑罚和罚金刑分开宣判：

（1）《国家公务员法》第三十三条第六款第二项或者第六款第三项规定的犯罪；（2）本法第十条之四第三款规定的犯罪。

第十一条（教师的新录用等）

1. 新聘教师实行公开招录。在这种情况下，对符合附表二条件的人员，任用权人（有权聘用的人，下同）可以在首轮考试成绩满分的10%以内的范围内给予加分。

2. 为顺利补充空缺及学校运营，必要时任用权人可以提前确定工作预定地区或工作预定学校，通过公开招录方式实施招录考试。在这种情况下，对通过该考试被录用的教师在总统令规定的范围内，任用权人可以在10年范围内限制其调职到其他地区或其他学校。

3. 根据本条第一款和第二款实施公开招录时，国立学校的校长可以将教师招录委托给相关学校所在的市、道教育监实施。

4. 根据本条第一款和第二款实施公开招录时，履行所担当职务所需的年龄、其他必要的资格条件、公开招录的程序、方法及评价要素等公开招录相关必要事项，由总统令规定。

第十一条之二（对不当行为人的措施）

1. 本法第十一条规定的教师公开招录考试中，有不正当行为的，应当立即停止其考试或者宣告其成绩无效，并且自处分之日起五年内，剥夺其参加本法规定的招录考试的资格。

2. 任用权人及教育监等组织实施公开招录考试机关的负责人作出本条第一款规定的处分时，应当立即将处分决定连同理由告知被处分人，并向教育部和其他地方教育行政机关报告或通报被处分人的信息及处分的理由。

3. 不正当行为人是公务员的，实施公开招录考试的机关负责人应当向管辖惩戒委员会要求作出惩戒决议，或者要求该公务员所属机关的负责人进行惩戒。

第十一条之三（大学教师的新录用等）

1. 新录用大学教师时，不应偏重于在特定大学取得学士学位的人，其具体录用比率等由总统令规定。

2. 新录用大学教师时，应当任命或者委任审查委员，并经过客观、公正的审查。

3. 本条第二款规定的审查委员的任命、委任方法，审查阶段，审查方法及其他审查相关必要事项，由总统令规定。

第十一条之四（合同制任用等）

1. 大学教师可以根据总统令的规定，规定工作时间、工资、工作条件、业绩及成果等协议条件后进行聘任。

2. 依照本条第一款获聘的教师，其任用权人应当在该教师聘期届满前4个月以文件形式通知该教师聘期届满的事实，并可以提请续聘审议。

3. 依照本条第二款收到通知的教师，应当自收到通知之日起15日内，向任用权人申请续聘审议。

4. 接到本条第三款规定的续聘审议申请的任用权人，应当经大学人事委员会的续聘审议，决定是否续聘该教师，并在聘期届满前2个月以文件形式通知该教师。在这种情况下，决定不再聘用该教师的，通知中应当明确写明不再续聘以及不予续聘的理由。

5. 大学人事委员会依照本条第四款对该教师的续聘进行审议时，对下列事项应当以校规规定的客观事由为依据进行评价。在审议过程中，应当给予该教师15天以上的时间，在指定日期到大学人事委员会陈述意见或者书面提出意见的机会。

（1）关于学生教育的事项；（2）关于学问研究的事项；（3）关于学生指导的事项；（4）《关于振兴产业教育及促进产学研合作的法律》第二条第六款规定的产学研合作相关事项。

6. 大学人事委员会审议续聘教师时，应当采取必要的措施，针对《高等教育法》第十五条规定的相关教师的任务，使该教师的评价等本条第五款所列各项实绩和成果，适当地反映出来。

7. 被拒绝续聘的教师如果对拒绝续聘处分不服，可以在获知处分之日起30日内，向《提高教师地位及保护教育活动相关特别法》第七条规定的教师诉求审查委员会提出审查请求。

第十一条之五（制定男女平等聘用计划等）

1. 大学教师聘用中，国家和地方政府应当制定并实施为实现男女平等所必需的政策。

2. 为制定本条第一款规定的政策，教育部和地方政府的负责人可以在聘用大学教员时实施有关男女平等的状况调查，状况调查的方法和内容等相关必要事项，由总统令规定。

3. 国家应当努力保持国家设立、经营的全体大学（《高等教育法》第二条第一款至第三款及第五款规定的学校。本条第四款和第五款下同）教师中特定性别不得超过四分之三。在这种情况下，教师性别组成相关各年度目标比率，由总统令规定。

4. 地方政府应当努力使该地方政府设立、经营的全体大学教师中特定性别不超过四分之三。在这种情况下，教师性别组成相关各年度目标比率，由该地方政府的条例来规定。

5. 为了确保任用大学教师时不偏重某一特定性别，实施每3年提交一次系列区分任用目标比例的任用计划等积极措施，大学的校长应当与教育部部长（地方政府设立、运营的大学，应当与相关地方政府的负责人协商，以下本条款内相同）协商制定并实施所需的计划。在这种情况下，大学的校长应当每年向教育部部长报告推进情况。

6. 国家和地方政府应当每年评估并公布本条第五款规定的计划及其推进业绩，并根据评价结果提供行政和财政支援。

7. 为了制定本条第一款规定的政策和开展本条第二款规定的状况调查以及实施本条第六款规定的评价，教育部部长和地方政府的负责人可以要求有关中央行政机关的负责人及大学的校长等有关机构、团体的负责人提供所需资料，接到资料提供请求的有关机构、团体的负责人，如无特殊原因，应当予以配合。

8. 本条第五款规定的系列区分和计划的制定，以及本条第六款规定的评价的方法、程序等相关必要事项，由总统令规定。

第十二条（特别录用）

1. 有下列情形之一的，可以根据总统令的规定进行特别录用：

（1）由于本法第四十四条第一款第一项的原因休职期限届满后退职，或由于《国家公务员法》第七十条第一款第三项或者《地方公务员法》第六十二条第一款第一项的原因退职的公务员，自退职之日起2年内被任用为相当于在职职位的教育公务员的；或者在职教育公务员，为成为一般职国家公务员或者地方公务员而退职的人员，被任用为相当于在职职位的教育公务员的；（2）任用有3年以上预定聘用职务相应研究经历或工作经历的人的；（3）聘用通过竞争性考试难以补充缺额的岛屿、边远地区等特殊地区工作人员和负责特殊科目的人员的；（4）具有教育经历、教育行政经历或者教育研究经历的公务员，不适合通过竞争性考试聘用的；（5）聘用在私立学校工作的教师担任教育公务员的。

2. 因《国家公务员法》第七十条第一款第三项或《地方公务员法》第六十二条第一款第一项的事由被免职的人员，可根据总统令的规定优先特别录用。

第十三条 （晋升）

教育公务员的晋升任用，按照在同一类职务的下一级职级的人员中，根据总统令的规定，综合考量其任职经历、再教育成绩、工作业绩，以及其他能够得到实证的能力等要素进行。

第十四条 （晋升候选人名单）

1. 教育公务员的任用权人或任用提请权人（有权提请任用的人，下同）应当根据本法第十三条及总统令的规定，按照顺序制定具备各资格的晋升候选人名单。

2. 教育公务员晋升任用或者提请晋升任用时，空缺岗位的晋升候选人名单顺序应当在空缺岗位拟晋升任用人员的三倍以内的人员中确定。但是，具备总统令规定的特殊资格的人，在晋升任用或提请晋升任用时不适用本条规定。

第十五条 （优秀教育公务员等的特别晋升）

1. 教育公务员有下列情形之一，取得更高级资格证或具备资格标准的，虽有本法第十三条和第十四条的规定，可以特别晋升任用。但是，有下列第四项或者第五项的情形，即使未取得更高级资格证或者不具备资格标准也可以申请特别晋升任用。

（1）作为教育者应当具备的人品和出众的创意能力，以清廉透彻的奉献精神努力工作，在教育风气更新上堪为其他教育公务员楷模的人；（2）教授、指导及研究等履职能力卓越，对教育发展做出巨大贡献的人；（3）根据《国家公务员法》第五十三条或者《地方公务员法》第七十八条所提提案被采纳、实施，在行政管理发展上做出诸如减少预算等显著成绩的人；（4）在职期间有显著业绩的人，根据《国家公务员法》第七十四条之二或者《地方公务员法》第六十六条之二名誉退休时；（5）在职期间有显著功绩的人因公务殉职时。

2. 本条第一款规定的特别晋升的条件和其他相关必要事项，由总统令规定。

第十六条 （体检）

新录用的教育公务员，应当进行体检；不得聘用、也不得申请聘用体检未达标的人员。在这种情况下，体检相关必要事项，由总统令规定。

第十七条 （任职等管理的原则）

1. 除法令另有规定外，任用权人和任用提请权人应当给予所属教育公务员与其资格相应的职位。

2. 任用所属教育公务员担任职务时，应当考虑该教育公务员的资格、专业领域、再教育经历、工作经历及禀赋等因素，在适当的职位上任用。

3. 对教师的惩戒事由符合本法第五十二条规定的情形之一等总统令规定的

处分事由的，在对相关教师作出惩戒处分后 5 年以上 10 年以下的范围内等总统令规定的期间内，高中以下各级学校校长不得安排该教师担任负责班级的教师（以下称班级担当教师）。

4. 高中以下各级学校校长应当就在本条第三款规定的期间内，是否安排该教师担任班级担当教师等本法第二条第六款规定的聘用相关事项，上报教育部部长或管辖教育监。

第十八条（兼任）

1. 职位和职务内容类似，不影响所任职务履行的，教育公务员和一般公务员、教育公务员和其他特定职务公务员，或者教育公务员和总统令规定的相关教育机构、研究机构或其他相关机构、团体的任员和职员可以相互兼职。在这种情况下，兼职相关必要事项，由总统令规定。

2. 根据本条第一款想要兼任教育公务员的，应当是具备本法第九条或《中小学教育法》第二十一条第一款、第二款及《高等教育法》第十六条规定的资格标准或取得相关资格证的人。

第十九条（禁止兼职）

本法第二条第三款第一项规定的学校监管部门在职人员，不得兼任大学校长或副校长、研究生院院长、学院院长、教务处处长、学生处处长（或教务学生处处长）、教务科科长、学生科科长、校长、副校长、院长或园监等职位。

第十九条之二（禁止营利业务和兼职相关的特例）

1.《高等教育法》第十四条第二款规定的教授、副教授及助理教授，在不影响学生教育、指导和学问研究的范围内，经所属学校的校长许可，可以兼任商业、工业、金融业以及其他以营利为目的的私营企业的社外理事（指的是《资本市场和金融投资业相关法律》第九条第三款规定的不负责相关公司日常事务的理事。本条内下同）。

2. 根据本条第一款兼任社外理事的教授、副教授及助理教授，应当在翌年 1 月 31 日前将当年根据《商法》第三百八十八条从相关私营企业获得的全部报酬上报所属学校校长。

3. 本条第一款规定的许可的具体标准、方法、程序以及本条第二款规定的报告方法、程序等，由总统令规定。

第二十条（人事交流）

在专科院校和高中工作的教育公务员，可以互相转任或者调任。

第二十一条（转职等的限制）

1. 教育公务员的任用权人或者任用提请权人，除下列情形外，不得在其所属教育公务员被任用之日起一年内，对他进行任用其他岗位或者变更工作地点的人事安排：

（1）机构改组，职务制度修改、废止或者定员变更时；（2）因该教育公务员晋升或降任的；（3）此外，总统令规定的其他特别原因。

2. 虽有本条第一款的规定，根据本法第二十九条之三被任用的公开招聘的校长、院长，除受到惩戒处分等难以履行校长、院长职务等符合总统令规定的重大事由外，教育公务员的任用权人或任用提请权人不得在其任期内进行任用其他岗位或者变更工作地点的人事安排。

第二十二条（对教育研修机构等的教师配备）

为了实施教育或教育相关专门调查、研究时，教育部部长或教育监认为特别必要时，可以在教育研究机构和本法第二条第三款第三项规定的教育研修机构配备教师。

第二十二条之二（对教育行政机关的巡视教师配备）

1. 为了妥善安排教师、顺利运营教育课程，教育监认为特别需要在两个以上临近学校配备负责学生教育的巡视教师的，可以在市、道教育行政机关配备巡视教师。

2. 根据本条第一款被分配到市、道教育行政机关的教师，在所属机关负责人指定的学校负责教育，并接受该学校校长的指导和监督。

第二十三条（人事档案）

1. 教育机构、教育行政机关或者教育研究机构的负责人应当制作、维护和保管所属教育公务员的人事档案。

2. 本条第一款规定的人事档案的制作、维护、保管相关必要事项，由教育部令规定。

第二十三条之二（人事管理电子化）

1. 为提高教育公务员人事管理的科学化水平，教育部可以建立并运营人事管理系统，对教育公务员的人事档案建立数据库进行管理，并以电子方式处理人事相关业务。

2. 本条第一款规定的人事管理系统的构建、运营等相关必要事项，由总统令规定。

第二十四条（大学校长的任用）

1. 大学（指的是《高等教育法》第二条各项所列学校，公立大学除外。本条、第二十四条之二、第二十四条之三，及第二十五条至第二十七条，下同）的校长，经相关大学推荐，由教育部部长提请总统任用。但是，任用新成立大学的校长或因大学校长的名称［专科大学校长（韩国称学长）和综合大学校长（韩国称总长）的区别］发生变更时，原任职学长的人员担任相关大学总长，原任职总长的人员担任相关大学学长的，由教育部部长提请总统任用。

2. 设立大学校长任用推荐委员会（以下称推荐委员会），承担本条第一款正文规定的大学校长的任用推荐。

3. 推荐委员会应当按照该大学的相关规定，按照下列方法之一选定大学的校长候选人：

（1）由推荐委员会选定；（2）以相关大学教师、职员及学生协商一致的方式和程序进行选定。

4. 推荐委员会的组成、运营等相关必要事项，由总统令规定，委员中应有一定比例以上的女性。

5. 虽有本条第一款规定，在大学校长任期结束后的3个月内，相关大学不推荐大学校长候选人的，由教育部部长提请总统任用。

6. 教育部部长根据本条第一款和第五款提请任用大学校长时，应当向人事委员会进行咨询。

7. 大学教师在职期间被聘任为该大学校长且完成本法第二十八条第一款任期的，不管本法第二十五条如何规定，在结束大学校长任期的第二天，视为被重新任用为其大学校长任职前的教师。

第二十四条之二（选举活动的限制）

1. 任何人不得出于使自己或特定人当选或不当选为大学校长候选人的目的，作出下列行为之一：

（1）从大学校长候选人选举日前180天直至选举当天，向选民（包括选民名册制作前有资格入选选民名册的人）提供或暗示提供或承诺提供金钱、物品、宴请接待或其他财产上利益或者公私职位的行为；（2）在大学校长候选人选举中，以不让想要成为候选人的人成为候选人或让候选人辞职为目的的本条第一款规定的行为；（3）接受或者承诺提供，或者要求提供或者介绍提供本条第一款或者第二款规定的利益或者职位的行为。

2. 任何人不得就大学校长候选人选举事宜开展登门拜访活动，或者将选民聚集到特定场所的行为。

3. 任何人不得就大学校长候选人选举发表演讲、张贴宣传海报以及其他公然披露虚假事实，或者公开披露具体事实以诽谤候选人的行为。

4. 大学校长候选人选举过程中，任何人不得有下列行为以外的行为：

（1）张贴宣传海报；（2）分发选举公报；（3）发放小型印刷品；（4）举行联合演讲或公开讨论会；（5）利用电话和电脑通信呼吁支持。

第二十四条之三（为推荐大学校长候选人而委托选举事务）

1. 推荐大学校长候选人时，根据本法第二十四条第三款第二项，以相关大学教师、职工和学生协商一致的方式和程序采用直选方式选定的，相关大学应当委托管辖其所在地的《选举管理委员会法》规定的区、市、郡选举管理委员会

（以下称区、市、郡选举管理委员会）进行选举管理。

2. 根据本条第一款，区、市、郡选举管理委员会受托管理大学校长候选人推荐选举时，如要根据《关于公共团体等委托选举的法律》第七十九条（试行规则）将有关候选人登记、选举期间、选举活动、选举费用、投票、开票等必要事项定为中央选举管理委员会规则的，中央选举管理委员会应当提前与教育部部长进行协商。在这种情况下，教育部部长应当听取各大学的意见。

3. 根据本条第一款，区、市、郡选举管理委员会受托管理大学校长候选人推荐选举的，对违反本法行为的调查等适用《关于公共团体等委托选举的法律》第七十三条（对违反行为的调查等）。

4. 大学校长候选人推荐相关选举管理费用，可以由该大学负担。

第二十五条（教授等的任用）

1. 教授、副教授由大学校长提请，经教育部通过后由总统任用；助理教授由大学校长推荐，教育部任用。

2. 大学校长提请任用本条第一款的教育公务员时，应当经该大学人事委员会同意。但是，未能组成大学人事委员会的新建大学，在成立大学人事委员会之前应当经筹建该大学时的人事委员会同意。

3. 本条第一款规定的教育公务员的调任，经有关大学人事委员会同意，由大学校长提请，由教育部调任。

第二十六条（助教的任用）

1. 助教由大学校长任用。

2. 删除

第二十七条（副校长、研究生院院长、单科学院院长的任职）

1. 副校长从教授中，研究生院院长、单科学院院长从教授或副教授中，由大学校长提请，教育部任命。

2. 大学校长提请按照本条第一款任命教育公务员时，应当经相关大学人事委员会同意。

第二十八条（大学校长等的任期）

大学校长、副校长、研究生院院长、单科学院院长的任期如下。但是，依照本法第二十四条第一款的但书条款或者本法第五十五条第一款的但书条款被任用人的任期，不适用本条第一项的规定，为该大学校长的剩余任期。

（1）大学校长：4年；（2）副校长、研究生院院长、单科学院院长：2年。

第二十九条（奖学官等的任用）

1. 在教育部及其所属机关工作的奖学官及教育研究官，经教育部部长提请，由总统任用。

2. 根据本条第一款，由总统任用的教育专业职员的调任由教育部负责。

第二十九条之二（校长等的任用）

1. 校长、院长由教育部部长推荐，由总统任用。

2. 校长、院长每届任期四年。

3. 校长、院长仅限连任一次。但根据本法第二十九条第三款，担任校长、院长的在职次数不包括在内。

4. 对结束校长、院长首次任期的人，即使本法第四十七条规定的距离退休年龄不足4年的，如无特殊失格事由，任用权人或任用提请权人可以根据本条第三款续聘或提请续聘为校长、院长。

5. 校长、院长的任期在学期中结束的，任期结束之日在3月到8月之间时以8月31日，9月到翌年2月之间时以翌年2月的最后一天为任期结束之日。

6. 在本法第四十七条规定的退休前结束任期的校长、院长，希望担任教师的（仅限拥有教师资格证的人），可以考虑其授课能力及健康状况聘用为教师。

7. 根据本条第六款聘用的教师，应当根据总统令的规定作为元老教师给予优待。

8. 根据本法第二十九条第三款被任用的公开招聘校长、院长以外的校长、院长可以在任期内被调任，校长、院长的调任由教育部负责。

9. 本条第四款规定的校长、院长的续聘和本条第六款规定的教师任用相关详细事项，由教育部规定。

第二十九条之三（公开招募校长的任用等）

1. 高中以下各级学校的校长可以经学校运营委员会或经幼儿园运营委员会审议，请求任用提请权人从下列区分中通过公开招募选拔的人担任校长或者园长：

（1）校长。取得《中小学教育法》第二十一条第一款规定的校长资格证的人。（2）园长。取得《幼儿教育法》第二十二条第一款规定的园长资格证的人。

2. 尽管有本条第一款，但《中小学教育法》第六十一条规定的学校校长必须经过学校运营委员会的审议，可以要求任用提请权人从在相关学校教育课程的教育机构、国家机关等有3年以上从业经历的人，或者有在《中小学教育法》第二条的学校担任专职教师15年以上工作经历（包括本法第二条第一款第二项及第三项规定的教育专业职员的工作经历）的教育公务员或私立学校教师中，通过公开招募选拔任用为校长。在这种情况下，各类型学校公开招募校长的资格标准及适用范围等相关必要事项，由总统令规定。

3. 尽管有本条第一款和第二款，任用提请权人为改善教育制度等而指定的高中以下各级学校的校长，应当向任用提请权人请求任用通过公开招募选拔的人担任校长、园长。

4. 根据本条第一款至第三款的规定，接到请求的任用提请权人向任用权人提请任用提出任用请求的人担任相关学校的校长、园长。但是，如果有违反校长、园长任用相关法令等特殊原因，则不适用本条规定。

5. 依照本条第一款至第三款规定聘任的校长、园长（以下称公开招募校长、园长），任期四年，不限制公开招募校长、园长在职的次数。

6. 公开招募校长、园长任期结束时，被任用为公开招募校长、园长当时是教育公务员的人将恢复被任用为公开招募校长、园长之前的职位。但是，在被任用之前担任校长、园长职务的人，不得重新担任校长、园长职务。

7. 任用提请权人可以对公开招聘的校长、园长进行履职、业绩等的评价，并将其结果作为研修等人事相关资料。

8. 除本条第一款至第七款规定的事项外，公开招募校长、园长的公开招募方法、任用、评价等相关必要事项，由总统令规定。

第二十九条之四（首席教师的任用等）

1. 首席教师由教育部任用。

2. 首席教师从首次被聘用开始，每4年要接受一次反映总统令规定的业绩评价及研修业绩等的复审，如果不符合审查标准，可以根据总统令规定，限制其作为首席教师的职务及津贴等。

3. 首席教师根据总统令的规定，可以在减轻授课负担，支付津贴等方面给予优待。

4. 首席教师在任期内不能获得校长、园长或者校监、园监资格。

5. 首席教师的运营等相关其他必要事项，由总统令规定。

第三十条（校监、教师、奖学士等的任用）

下列教育公务员由教育部任用：

（1）本法第二十四条、第二十五条、第二十六条、第二十九条之二、第二十九条之三和第五十五条规定的人员以外的教师；（2）在教育部及其所属机关工作的奖学士和教育研究士。

第三十一条（外聘教师）

1. 大学可以从在国家机关、研究机构、公共团体或者企业等工作或者居住在外国的本国人或者外国人中，聘任具备《高等教育法》第十六条规定的资格的人担任教师。但是，为教授特殊课程而聘任的教师，可以不适用《高等教育法》第十六条。

2. 高中以下各级学校的校长，如果想从具有教师资格证的人员中聘任本校特别需要的教师，可以请求任用权人任用外聘教师。

3. 依照本条第二款，接到任用请求的任用权人可以从要求任用的人员当中任用该学校的外聘教师。

4. 外聘教师的任用、报酬、工作等相关必要事项，由总统令规定。

第三十二条（期间制教师）

1. 有下列情形之一的，高中以下各级学校教师的任用权人可以在预算范围内，限定聘用期限录用具有教师资格证的人员担任教师：

（1）教师因本法第四十四条第一款规定各项原因之一休职，不可避免地需要补充任课教师的；（2）教师因派遣、研修、停职、解除职位等总统令规定的原因而离岗，需要补充任课教师的；（3）需要教师临时负责特定课程的；（4）需要利用曾担任教育公务员的人的知识或经验的；（5）需要教师负责幼儿园放学后课程的。

2. 依照本条第一款任用的教师（以下称期间制教师）在正规教师聘任中不具备任何优先权，除依照上述第四项聘用的人员外，不得担任负有重大责任的监督工作职位。

3. 对期间制教师，本法第四十三条第二款、第三款，第四十三条之二，第四十四条至第四十七条和第四十九条至第五十一条；《国家公务员法》第十六条，第七十条，第七十三条，第七十三条之二至第七十三条之四，第七十五条，第七十六条，第七十八条，第七十八条之二，第七十九条，第八十条，第八十二条，第八十三第一款、第二款和第八十三条之二不适用，聘期结束后理当退职。

4. 期间制教师的聘用，适用本法第十条之三第一款和第十条之四。

第三十二条之二（奖学金发放及义务服务）

1. 为确保稳定师资力量，教育监可以向教育大学（师范大学，下同）校长推荐满足市、道条例规定标准的人作为教育大学入学或插班的对象。

2. 教育监可以向获得本条第一款规定的推荐到教育大学入学或者插班的人发放奖学金。

3. 根据本条第二款获得奖学金的人，从教育大学毕业后4年内报考相关管辖区域实施的教师公开招录并合格的，教育监可以在其获得奖学金期间2倍的范围内，要求其在教育监规定的地区按照市、道条例规定的时限进行服务的义务。

4. 根据本条第二款，正在接受或者曾经接受奖学金的人有下列情形之一的，教育监可以根据市、道条例责令其本人或连带担保人返还全部或者部分奖学金；拒绝返还的，可以按照欠缴地方税的处分模式加以征收。但是，在义务服务期间因公染病而退职等有市、道条例规定的不可避免的事由时，则不适用。

（1）被学校勒令退学或者主动退学或插班入学其他学校的；（2）符合公务员录用不适格理由的；（3）在校期间拒绝领取奖学金的；（4）本条第三款规定的期间内不参加公开招考或者不履行服务义务的。

第三十三条（任用权的委任等）

1. 根据总统令的规定，总统可以将其任用权的一部分委任给教育部部长，教育部部长可以将其任用权的一部分委任给教育机构、教育行政机关或教育研究机构的负责人。

2. 根据《中小学教育法》第六十二条第二款及《高等教育法》第五十九条第三款，学校将其设立及运营相关权限委托给有关中央行政机关的负责人的，有关学校所属教师的任用遵守本条第一款规定的任用权的委任标准，可以根据总统令的规定，另行规定任用权人。

第五章 报　酬

第三十四条（报酬确定的原则）

1. 对教育公务员的报酬应当给予优待。

2. 教育公务员的报酬根据其资格、经历、职务的难易程度及责任程度，由总统令规定。

第三十五条（报酬相关规定）

本法第三十四条第二款的总统令中，除《国家公务员法》第四十七条及《地方公务员法》第四十五条规定的事项外，还应当规定下列事项：
（1）以总统令形式规定的学校教师或专业教师的特别津贴相关事项；
（2）期间制教师的报酬相关事项；（3）研究津贴相关事项；（4）教职津贴相关事项。

第三十六条（名誉退休）

1. 教育公务员工作20年以上的，在退休年龄前主动退休的，可以在预算范围内发放名誉退休津贴。

2. 第一款规定的教育公务员中，校长、院长在任期结束前主动退休的，其退休年龄视为本法第四十七条规定的年龄。

3. 本条第一款规定的名誉退休津贴的发放对象范围，支付金额及支付程序和其他相关必要事项，由总统令规定。

第六章 研　修

第三十七条（研修的机会均等）

应当均等地赋予教育公务员在研修机构接受再教育或者研修的机会。

第三十八条（培训和教材费）

1. 为了履行其职责，教育公务员应当持续不断地进行研究和提升素养。

2. 国家或地方政府应为制定并实施教育公务员研修及其所需相关设施，以及鼓励研修方面的计划而努力，并可以根据总统令的规定支付研修所需的教材费。

3. 国家或地方政府提供本条第二款规定的研修及其所需设施等情况下，应当根据《禁止歧视残疾人及权利救济等相关法律》第十四条，为残疾人教育公务员的进修活动提供正当便利。

4. 对依照本条第二款支付教材费的地方政府，国家可以在预算范围内补助全部或者部分费用。

第三十九条（研修机构的设立）

1. 设立研修机构承担对教育公务员的再教育和研修。

2. 本条第一款研修机构的设立及运营相关必要事项，由总统令规定。

第四十条（特别研修）

1. 国家和地方政府可以制定特别研修计划，让教育公务员到国内外的教育机构或研究机构接受一定时间的研修。

2. 国家或地方政府可以在预算范围内，根据本条第一款支付特别研修经费。

3. 教育部部长应当根据本条第一款指导、监督接受特别研修的教育公务员诚实履行研修目的，与之相关的必要事项，由总统令规定。

4. 根据第一款，接受特别研修的教育公务员在6年的范围内，根据总统令的规定，可以赋予一定期间的服务义务。

5. 根据本条第一款正在接受或曾接受过特别研修的教育公务员，有下列情形之一的，教育部部长可以责令其本人或连带担保人返还全部或者部分特别研修经费；拒绝返还的，可以根据该特别研修经费的来源，按照欠缴国税或者地方税的处分模式加以征收。在这种情况下，返还相关必要事项，由总统令规定。

（1）不履行本条第三款规定的指导、监督相关指示事项的；（2）不履行本条第四款规定的服务义务的。

第四十一条（研修机构及工作场所外的研修）

经所属机关批准，在不影响教学的情况下，教师可以在研修机构或者工作场所之外的设施或者场所研修。

第四十二条（研修绩效和工作成绩的考核）

1. 教育机构、教育行政机关和教育研究机构负责人应当定期或者随时对其所属教育公务员的再教育和研修绩效和工作成绩进行考核，并反映到人事管理中。

2. 本条第一款的再教育及研修绩效和工作成绩评定相关必要事项，由总统令规定。

第七章　身份保障、惩戒、诉求

第四十三条（教师权利的尊重和身份保障）

1. 教师的教学权利应当受到尊重，教师不得受到影响其专业地位和身份的不当干涉。

2. 教育公务员未经判刑、惩戒处分或者依照本法规定的原因，不得违背本人意愿被强制降职任用、休职或免职。

3. 教育公务员不得因劝告而被辞职。

第四十三条之二（理当退职）

1. 教育公务员有本法第十条第四款规定的失格事由的，理当退职。但是，《国家公务员法》第三十三条第五款仅适用于触犯《刑法》第一百二十九条至第一百三十二条以及与职务相关的《刑法》第三百五十五条和第三百五十六条规定罪行，被判处监禁以上刑罚缓期执行的情况。

2. 教育公务员中，教授、副教授及助理教授作为公务员在职期间，与职务相关触犯《刑法》第三百四十七条或者第三百五十一条（仅限第三百四十七条的惯犯）中规定罪行的，被宣判300万韩元以上的罚金刑，且刑罚被确定的，理当退职。

第四十四条（休职）

1. 教育公务员因下列原因之一要求休职的，任用权人可以责令休职。但是，下列第一项到第四项以及第十一项的情形，应当不管本人意愿如何责令其停职；第七项、第七项之二、第七项之三的情形，如果本人愿意，应当责令停职。

（1）因身体或精神上的障碍需要长期疗养时；（2）为履行《兵役法》规定的兵役义务而被征集或者召集的；（3）因自然灾害、战争、事变或者其他事由，生死不明或去向不明的；（4）此外，为履行法律义务而脱离职务的；（5）以取得学位为目的到海外留学或在外国进行1年以上研究或研修的；（6）临时受雇于国际组织、外国机构、国内外的大学、研究机构、其他国家机关、在外教育机构（指的是《关于旅外国民教育支援等的法律》第二条第二款规定的驻外教育机构）或总统令规定的民间团体的；（7）抚养8周岁以下或小学2年级以下子女有需求的或女教育公务员怀孕或生育的；（7）之二．收养未满19周岁儿童（第七项规定的育儿休假对象的儿童除外）的；（7）之三．因不孕不育需要长期治疗的；（8）在教育部部长或教育监指定的研究机构或教育机构研修的；（9）为护理因事故或疾病等需要长期疗养的祖父母、父母（包括配偶的父母）、配偶、子女或孙子女所必需的。但是，为了照顾祖父母或孙子女而可以休职的情况，只有在除本人以外没有其他人可以照顾等总统令规定条件的情况下才可以；（10）配偶到国外工作或者有本条第五项情形的；（11）根据《教师劳动组合设立及运营等的相关法律》第五条专职从事劳动组合（相当于国内的工会）工作的；（12）根据《公务员年金法》第二十五条，在职10年以上的教师为了个人发展而进行学习、研究等。

2. 删除

3. 大学在职中的教育公务员被任用为教育公务员以外的公务员，想要休职的话，任用权人可以责令休职。在这种情况下，休职期间为该公务员的在任期间。

4. 任免权人不得以根据本条第一款第七项及第七项之二规定的休职为理由，给予其人事上的不利待遇，该休职期间包含在其工作年限内。

5. 本条第一款的休职制度运营相关必要事项，由总统令规定。

第四十四条之二（解除职务）

1. 对有下列情形之一的人，任用权人可以不授予职位：

（1）履职能力不足或工作成绩极差的人；（2）被要求作出免职、解聘、降级或停职等惩戒决议的人；（3）因刑事案件被起诉的人（被请求简易程序处分命令的人除外）；（4）因财物违法、性犯罪等下列各项违法行为，接受或正在接受监查院及检察院、警察局等调查机关调查的人，违法情节重大，明显难以预期正常履职的人；①《国家公务员法》第七十八条之二第一款各项行为；②《关于性暴力犯罪处罚等的特例法》第二条规定的性暴力犯罪行为；③《关于介绍性交易等行为处罚的法律》第四条规定的禁止行为；④《关于儿童、青少年性保护的法律》第二条第二款规定的对儿童、青少年实施的性犯罪行为；⑤《儿童福利法》第十七条规定的禁止行为；⑥严重损害教育公务员的品格，认为不适合保留其职位的行为。

2. 未按照本条第一款授予职位的，如果相关事由灭失后，任用权人应当及时授予其职位。

3. 对根据本条第一款第一项被解除职位的人，任用权人在三个月的范围内责令其待命。

4. 任用权人或者任用提请权人应当依照本条第三款采取必要的措施，对接到待命命令的人实施恢复能力、提高工作成绩的教育训练或者给予特别研究课题等必要措施。

5. 对教育公务员，当本条第一款第一项的解职事由和同款第二项至第四项的解职事由合并时，应当给予同款第二项至第四项的解职处分。

第四十五条（休职期间等）

1. 休职期间如下：

（1）因本法第四十四条第一款第一项和第七款第三项的原因休职的，其休职期限为1年以内，不得已时可以延长1年；但是，因《公务员灾害补偿法》规定的因公负伤或者疾病的原因休职的，休职期间为3年以内。（2）因本法第四十四条第一款第二项和第四项的原因休职的，其休职期间至其服务期满为止。（3）因本法第四十四条第一款第三项的原因休职的，其休职期间为3个月以内。（4）因本法第四十四条第一款第五项的原因休职的，其休职期间为3年以内。但是，如果想要取得学位的话，休职期间可以在3年的范围内延长。（5）因本法第四十四条第一款第六项的原因休职的,其休职期间为其雇佣期间。(6)因本法第四十四条第一款第七项的原因休职的,其休职期间为 1 名子女 3 年以内,可以分期休假。(6)之二.因本法第四十四条第一款第七项之二的原因休职的,其休职期间为 1 名收养子女 6 个月以内。(7)因本法第四十四条第一款第八项的原因休职的,其休职期间为 3 年以内。(8)因本法第四十四条第一款第九项的原因休职的,其休职期间为 1 年以内,在职期间内总休职期间不得超过 3 年。(9)因本法第四十四条第一款第十项的原因休职的,休职期间为 3 年以内,可以在 3 年的范围内延长。但是,总休职期间不得超过配偶在国外工作、海外留学、研究或研修期间。(10)因本法第四十四条第一款第十一项的原因休职的,其休职期间为从事专职工作的期间。(11)因本法第四十四条第一款第十二项的原因休职的,其休职期间为 1 年以内,在职期间内限休职一次。

2. 对在大学工作的教师,本条第一款规定的休职期间不得超过其任用期间的剩余时间。但是,本法第四十四条第一款第二项、第四项至第七项、第七项之二和第八项至第十项以及本条第二款和第三款规定的休职除外。

3. 根据本条第一款第六项或第九项休职 2 年以上的教师,要想复职,必须按照总统令的规定接受研修。

第四十六条（降级任用者的优先晋升任用限制）

《国家公务员法》第七十三条之四第二款或者《地方公务员法》第六十五条之四第二款适用于教育公务员时,对经本人同意以降级任用为条件调入任用权人或者任用提请权人不同的机关的人员,不得优先晋升任用。

第四十七条（退休）

1. 教育公务员的退休年龄为 62 岁。但是,《高等教育法》第十四条规定的作为教师的教育公务员的退休年龄为 65 岁。

2. 教育公务员（包括有任期的教育公务员）到达退休年龄的日期是 3 月到 8 月之间的,在 8 月 31 日退休;是 9 月到第二年 2 月之间的,在第二年 2 月的最后一天退休。

第四十八条（教师的不被逮捕特权）

除现行犯罪外,未经所属学校校长同意,不得在校园内逮捕教师。

第四十九条（诉求处理）

1. 任何教育公务员（在公立大学工作的教育公务员除外,本条内下同）都可以就人事、组织、待遇等各种任职条件和其他个人问题申请人事咨询或诉求请求,并不以此受到不利处分或待遇。

2. 依照第一款接到请求的任用权人或任用提请权人（包括任用推荐权人,下同）应当将相关请求交由本条第三款规定的诉求审查委员会会议审查或让所属公务员与其进行沟通,并根据其结果,努力化解其诉求等进行公正处理。

3. 为了审查教育公务员的诉求，在教育部设教育公务员中央诉求审查委员会，以任用权人或者任用推荐权人为单位审理教育公务员普通诉求，教育公务员中央申诉审查委员的职能由《关于提高教师地位及保护教育活动的特别法》规定的教师诉求审查委员会负责。

4. 教育公务员中央诉求审查委员会审查下列事项：

（1）经过教育公务员普通诉求审查委员会审查的再审申请；（2）副教授以上的大学教师和根据本法第二十九条第一款及第二十九条之二第二款由总统任用的奖学士、教育研究官及校长、院长的诉求；（3）根据本法第五十八条，教育监任用的奖学官和教育研究官中，在教育行政机关工作的相当于课长级以上职位的人、教育研修机构负责人、教育研究机构负责人、教师研修机构负责人的诉求。

5. 教育公务员普通诉求审查委员会审查下列事项：

（1）助理教授以下的大学教师的诉求；（2）根据本法第三十条，由教育部部长任用的教育公务员的诉求；（3）教育监根据本法第五十八条聘用的教育专业职员（符合本条第四款第三项规定的人除外）的诉求。

6. 尽管有本条第五款，同一款规定的教育公务员的诉求与两个以上不同任用权人的机关相关时，应当交由教育公务员中央诉求审查委员会审查，认为由原所属机关的教育公务员普通诉求审查委员会对诉求进行审查不妥的，可以交由上一级机关的教育公务员普通诉求审查委员会审查。

7. 任用权人或任用提请权人经审查认为有必要时，可以向处分厅或相关机关的负责人请求改正，而被请求的处分厅或相关机关的负责人如无特殊原因，应当予以改正并通报处理结果。但是，因不得已的原因而不能改正的，应当通报相关原因。

8. 教育公务员诉求审查委员会的组成、权限、审查程序和其他相关必要事项，由总统令规定。

第五十条（惩戒委员会的设置）

1. 为了对教育公务员的惩戒处分以及决议本法第十条之三第一款各项外的部分但书条款规定的教师招录相关事项，在总统令规定的教育机构、教育行政机关、地方政府及教育研究机构设立教育公务员惩戒委员会（以下称惩戒委员会）。

2. 惩戒委员会的类别、组成、权限、审议程序、惩戒委员会委员的排除或回避等相关事项以及惩戒对象的陈述权等相关必要事项，由总统令规定。

3. 不给被惩戒人陈述意见机会的惩戒决议无效。

第五十一条（惩戒决议的要求）

1. 教育机构、教育行政机关、地方政府或者教育研究机构的负责人，认为其所属教育公务员符合《国家公务员法》第七十八条第一款的惩戒事由和《地方公务员法》第六十九条第一款的惩戒事由的,应当立即向管辖该惩戒案件的惩戒委员会要求作出惩戒决议。但是,管辖该惩戒事件的惩戒委员会设在上级机关的,应当向上级机关的负责人申请惩戒决议。

2. 本条第一款的情况下,对惩戒决议要求权人本人相关的惩戒事件,由上一级监督厅的负责人提出惩戒决议要求。

第五十二条 (关于惩戒事由时效的特例)

有下列情形之一的,对教育公务员的惩戒事由可以不适用《国家公务员法》第八十三条之二第一款,在惩戒事由发生之日起10年内要求作出惩戒决议:

(1)《关于性暴力犯罪处罚等的特例法》第二条规定的性暴力犯罪行为;(2)《儿童、青少年性保护相关法律》第二条第二款规定的针对儿童、青少年实施的性犯罪行为;(3)《关于介绍性交易等行为处罚的法律》第二条第一款第一项规定的性交易行为;(4)《国家人权委员会法》第二条第三款第四项规定的性猥亵行为;(5)《学术振兴法》第十五条第一款规定的研究舞弊行为及《国家研究开发革新法》第三十一条第一款规定的国家研究开发事业相关舞弊行为。

第五十三条 (与《国家公务员法》的关系)

1.《国家公务员法》第十六条第一款适用于教育公务员(在公立大学工作的教育公务员除外,本条内下同)的教师时,该款的"诉求审查委员会"视为"教师诉求审查委员会"。

2.《国家公务员法》第四十三条第一款适用于教育公务员的,该款正文中的"第七十一条第一款第一项、第三项、第五项、第六项,第七十一条第二款或者第七十三条之二"视作"《教育公务员法》第四十四条第一款第一项、第二项、第四项至第七项、第七项之三、第八项至第十二项,同条第二款或者第三款",该项但书条款的"第七十一条第二款第四项"视作"《教育公务员法》第四十四条第一款第七项"。

3.《国家公务员法》第七十条第一款第三项中的职务制度的修改或者废除和该法第七十三条之四第一款的职务制度的变更,可以看作包括《中小学教育法》第二条及《高等教育法》第二条的学校(公立大学除外)的学校、学科或学部的关停。

4.《国家公务员法》第三十二条之四适用于教育公务员时,该条第一款的"国家机关负责人"视为"任用权人或者任用提请权人"。

5.《国家公务员法》第六条、第十七条、第十九条之二、第二十一条、第二十二条、第二十二条之二、第二十三条、第二十四条、第二十八条之二、第二十八条之三、第三十一条、第三十一条之二、第三十二条、第三十二条之二、第三十四条、第三十六条、第三十六条之二第一款第一项、第三十七条至第三十九条、第四十条之二，第四十一条、第四十二条第二款以及第五十条不适用于教育公务员，该法第七十六条不适用于教师（公立大学的教师除外）。

第八章　公立大学的教育公务员

第五十四条（地方教育公务员人事委员会）

1. 在地方政府设立地方教育公务员人事委员会，方便地方政府的负责人咨询在公立大学工作的教育公务员（以下称公立大学教育公务员）的人事相关的重要事项。

2. 本条第一款规定的地方教育公务员人事委员会（以下称地方教育公务员人事委员会）由包括1名委员长在内的7名委员组成，委员长由相关地方政府的副团体长担任。在这种情况下，地方政府有2名以上副团体长的指的是由总统令规定的副团体长。

3. 委员由地方政府从具有7年以上教育经历、教育行政经历或者行政经历，对人事行政有丰富经验的人员中任命或者委任。

4. 对下列事项，地方政府的负责人应当报经地方教育公务员人事委员会审议：

（1）公立大学教育公务员人事行政方针标准的决定及基本规划的制定相关事项；（2）公立大学教育公务员人事相关条例及规则的制定、修改或废除相关事项；（3）公立大学教育公务员人事安排相关其他重要事项。

5. 地方教育公务员人事委员会的组成及运营相关必要事项，由总统令规定。

第五十五条（公立大学校长等的任用）

1. 公立大学校长根据总统令的规定，由相关公立大学推荐，经咨询地方教育公务员人事委员会，由地方政府的负责人任用。但是，任用新成立的公立大学校长，或因公立大学校长名称的变更*，在其任期内任用在职学长的人员出任相关公立大学的总长，或者任用在职总长的人员出任该公立大学的学长，经咨询地方教育公务员人事委员会，由地方政府的负责人任用。

2. 教授、副教授、助理教授经公立大学校长推荐，由地方政府的负责人任用，助教由公立大学校长任用。

3. 根据本条第二款，如要提请任用教授、副教授及助理教授的，应当征得相关大学人事委员会的同意，没能组建大学人事委员会的新增立的公立大学，在该大学人事委员会完成组建前，应当征得地方教育公务员人事委员会的同意。

4. 副校长从教授中，研究生院院长和专科大学校长从教授或副教授中，经

---

* 译者注：专科大学的"学长"和综合大学的"总长"之间的变更。

大学人事委员会同意，由公立大学校长任命。

5. 地方政府的负责人可以根据条例的规定，将本条第二款规定的权限部分委任给公立大学的校长。

6. 公立大学校长的任用，适用本法第二十四条第七款。在这种情况下，"大学"视为"公立大学"，"第二十五条"视为"第五十五条第二款和第三款"。

第五十六条（公立大学教育公务员的诉求处理）

1. 任何公立大学教育公务员都可以就人事、组织、待遇等各种任职条件和其他个人问题申请人事咨询或诉求审查，并不得因此受到不利处分或待遇。

2. 依照第一款接到请求的任用权人或任用提请权人，应当将相关请求交由本条第三款规定的诉求审查委员会会议审查，或让所属公务员与其进行商谈，并根据其结果，为化解诉求等公正处理而努力。

3. 为了审查公立大学教育公务员的诉求，在地方政府设公立大学教育公务员诉求审查委员会（以下称公立大学诉求审查委员会），在公立大学设公立大学教育公务员诉求审查委员会，公立大学教育公务员诉求审查委员会的职能由地方教育公务员人事委员会掌管。

4. 公立大学诉求委员会对经过公立大学普通诉求委员会审查的再审申请和副教授以上的公立大学教育公务员的诉求进行审查。

5. 公立大学普通诉求委员会负责审查助教以下公立大学教育公务员的诉求。

6. 尽管有本条第五款，该款规定的公立大学教育公务员的诉求与两个以上不同任用权人的机关相关，或者认为由原所属机关的公立大学普通诉求审查委员会对诉求进行审查不妥的，可以交由公立大学诉求委员会审查。

7. 任用权人或任用提请权人经审查认为有必要时，可以向处分厅或相关机关的负责人请求改正，而被请求的处分厅或相关机关的负责人如无特殊原因，应当予以改正并通报处理结果。但是，因不得已的原因而不能改正的，应当通报相关原因。

8. 公立大学诉求委员会的组成、权限及审查程序和其他相关必要事项，由条例规定。

第五十七条（与《地方公务员法》的关系）

1. 《地方公务员法》第二十条之二适用于身为公立大学教育公务员的教师时，该条中的"审查委员会"视为"教师诉求审查委员会"。

2. 《地方公务员法》第四十一条第一款适用于公立大学教育公务员时，该款正文中的"第六十三条第一款第一项、第二项、第四项、第五项，第六十三条第二款或第六十五条之二"视为"《教育公务员法》第四十四条第一款第一项、第二项、第四项至第七项和第七项之三、第八项至第十一项或该条第二款和第三款",该款但书规定中的"第六十三条第二款第四项"视为"《教育公务员法》第四十四条第一款第七项"。

3. 《地方公务员法》第六十二条第一款第一项第二小项中职务制度的修改或废除,以及该法第六十五条之四第一款职务制度的变更,可以看作包括公立大学的学校、学科或学部的关停。

4. 《地方公务员法》第六条、第七条至第九条,第九条之二,第十条、第十条之二、第十条之三、第十一条、第二十二条、第二十二条之二、第二十三条、第二十四条、第二十九条之二至第二十九条之五、第三十条、第三十条之二、第三十二条、第三十四条、第三十四条之二、第三十五条至第三十七条、第三十九条、第三十九条之二、第四十条及第七十四条不适用于公立大学教育公务员,该法第六十七条第二款至第七款的规定不适用于身为公立大学教育公务员的教师。

第九章 教育监所属教育专业职员

第五十八条（教育监所属教育专业职员的任用）
教育监所属的教育专业职员由教育监任用。

第五十九条（地方教育专业职员人事委员会）

1. 设立隶属教育监的地方教育专业职员人事委员会,以便教育监就教育专业职员人事相关重要事项进行咨询。

2. 本条第一款规定的地方教育专业职员人事委员会由包括1名委员长在内的7名委员组成,委员长由副教育监担任。市、道有两名副教育监的,由总统令规定的副教育监担任委员长。

3. 委员由教育监从具有7年以上教育经历或教育行政经历,对人事行政有丰富见解的人员中任命或委任。

4. 本条第一款规定的地方教育专业职员人事委员会的审议事项等,适用本法第五十四条第四款和第五款。在这种情况下,"公立大学教育公务员"视为"教育监所属的教育专业职员","地方教育公务员人事委员会"视为"地方教育专职职员人事委员会"。

第六十条（教育监所属教育专业职员的特别录用及调职等）

1. 教育监所属教育专业职员和《幼儿教育法》及《中小学教育法》规定的国立、公立学校教师之间,可以经过本法第十二条第一款第四项规定的特别录用程序相互调职。

2. 教育部及其所属机关的教育专业职员与教育监所属的教育专业职员之间,尽管有《地方公务员法》第三十条第二款的规定,可以根据教育公务员的种类及交流人员等进行人事交流。

第六十一条（与《地方公务员法》的关系）

1.《地方公务员法》第二十条之二适用于教育监所属教育专业职员时，"审查委员会"视为"教师诉求审查委员会"。

2.《地方公务员法》第四十一条第一款适用于教育监所属教育专业职员时，该款正文中的"第六十三条第一款第一项、第二项、第四项、第五项、第六十三条第二款或者第六十五条之二"视为"《教育公务员法》第四十四条第一款第一项、第二项、第四项至第七项和第七项之三、第八项至第十一项或该条第二款和第三款"，该款但书条款的"第六十三条第二款第四项"视为"《教育公务员法》第四十四条第一款第七项"。

3.《地方公务员法》第七条至第九条、第九条之二、第十条、第十条之二、第十条之三、第十一条、第二十二条、第二十二条之二、第二十三条、第二十四条、第二十九条之二、第二十九条之四、第二十九条之五、第三十条、第三十二条、第三十四条、第三十四条之二、第三十五条至第三十七条、第三十九条、第三十九条之二、第六十七条第二款至第七款及第七十四条不适用于教育监所属的教育专业职员。

第十章 罚 则

第六十二条（罚则）

1. 违反本法第二十四条第二款的，处 2 年以下有期徒刑或者 2000 万韩元以下罚款。

2. 违反本法第二十四条第二款或者第四款的，处 1 年以下有期徒刑或者 1000 万韩元以下罚款。

3. 违反根据本法第二十四条之三第三款适用的《关于公共团体等委托选举的法律》第七十三条第三款，妨碍出入或拒绝资料提供请求的或者提供虚假资料的，处 1 年以下有期徒刑或 1000 万韩元以下罚款。

4. 违反本法第二十四条之二第三款的，处 500 万元以上 3 千万元以下罚款。但是，事实上只涉及公共利益的，则不予处罚。

5. 本条第一款至第四款规定的犯罪的公诉时效为相应选举日之后的 6 个月。但是，犯人逃逸的，公诉时效期间为 3 年。

第六十三条（罚款）

1. 无正当理由拒不执行根据本法第二十四条之三第三款适用的《关于公共团体等委托选举的法律》第七十三条第四款规定出席要求的，处 100 万韩元以下罚款。

2. 本条第一款规定的罚款由区、市、郡选举管理委员会开具并征收。

附　　则

第一条（施行日期）

本法自公布之日起三个月后施行。但是，本法第四十三条之二的修订规定自公布之日起六个月后施行。

第二条（关于理当退职的适用例）

本法第四十三条之二第二款的修订规定，自本法施行以后发生的犯罪行为，符合该款修订规定的理当退职事由时适用。

韩国教职工共济会法

[第 18189 号法律，2021 年 5 月 18 日根据其他法律修订]

第一条（目的）
本法旨在通过设立韩国教职工共济会，帮助正在或者曾经在教育机构、教育行政机关或者教育研究机构任职的教育公务员、教师以及教务人员等教育组成人员及其所属法人单位建立高效的共济制度，为教育组成人员营造安定的生活环境，增进其福利和福祉，为教育发展贡献力量。

第二条（法人）
韩国教职工共济会（以下称共济会）为法人。

第三条（事务所）
1. 共济会的主要事务所设在首尔特别市。
2. 必要时，共济会可以根据章程规定设立支部。

第四条（章程）
1. 共济会章程应当包括下列内容：
（1）设立目的；（2）名称；（3）事务所；（4）会员资格、入会及退会相关事项；（5）会员的权利和义务；（6）分担金缴纳与报酬相关事项；（7）内部组织；（8）管理层与职员相关事项；（9）代议员大会和运营委员会相关事项；（10）各项事业相关事项；（11）业务及业务开展相关事项；（12）会计相关事项；（13）其他必要事项。
2. 共济会章程变更须经代议员会议表决通过，并报请教育部部长批准。

第五条（登记）
共济会在其主要事务所所在地办理设立登记后成立。

第六条（禁止使用类似名称）
非本法规定的共济会，不得使用"韩国教职工共济会"或者与之类似的名称。

第七条（会员）
1. 共济会会员分为一般会员、特别会员和法人会员三种。
2. 会员有根据章程规定缴纳分担金的义务和从共济会获得报酬或者其他利

益与服务的权利。

第七条之二（会员资格）

1. 符合以下情形之一的人员可以成为普通会员。但《高等教育法》第十四条第二款规定的讲师除外。

（1）《教育公务员法》第二条第一款规定的教育公务员；（2）《私立学校法》第二条第一款规定的私立学校教师；（3）删除（4）《关于设立、运营国立大学法人首尔大学的法律》第十五条第一款规定的国立大学法人首尔大学教师；（5）《关于设立、运营国立大学法人仁川大学的法律》第六条规定的国立大学法人仁川大学教师。

2. 共济会认为必要时，可以根据章程规定吸纳符合以下情形之一的人员为一般会员：

（1）《教育公务员法》第二条第三款至第五款规定的在教育机构、教育行政机构或者教育研究机构任职的教育公务员以外的公务员，以及该机构聘用的非公务员员工中签订无期限劳动合同的人员（含根据《关于期间制与短期劳动者保护的法律》第四条第二款视同签订无期限劳动合同劳动者的人员）；（2）《私立学校法》第七十条之二规定的私立学校教务人员；（3）共济会的管理层和职员；（4）根据《国立大学医院设立法》《国立大学口腔病医院设立法》《首尔大学医院设立法》《首尔大学口腔病医院设立法》所设立医院的管理层和员工；（5）《终身教育法》第三十一条第二款规定的学校形态的终身教育设施，或者该法第三十三条第三款规定的远程大学形式终身教育设施的教师和教务人员；（6）删除（7）《关于设立、运营国立大学法人首尔大学的法律》第十五条第一款规定的国立大学法人首尔大学的职员和助教；（8）根据《关于设立、运营以及培育壮大政府赞助研究机构等的法律》第八条设立的韩国教育课程评价院、韩国职业能力研究院和韩国教育开发院的管理层人员；（9）根据《关于设立、运营东北亚历史财团的法律》设立的东北亚历史财团，根据《终身教育法》设立的终身教育振兴院，根据《韩国教育学术情报院法》设立的韩国教育学术情报院，根据《韩国大学教育协议会法》设立的韩国大学教育协议会，根据《韩国私学振兴财团法》设立的韩国私学振兴财团以及根据《韩国专门大学教育协议会法》设立的韩国专门大学教育协议会的管理层人员；（10）《关于设立、运营国立大学法人仁川大学的法律》第六条规定的国立大学法人仁川大学的职员；（11）《关于振兴产业教育、促进产学研合作的法律》第二十五条规定的产学协力团的研究员与职员中签订无期限劳动合同的人员（含根据《关于期间制与短期劳动者保护的法律》第四条第二款视同签订无期限劳动合同劳动者的人员）；（12）代议员会议表决认为有必要吸纳为一般会员的其他人员。

3. 作为本条第一款所列情形之一或者本条第二款所列情形之一在职后退休

的人员可以根据章程规定成为特别会员。

4. 共济会认为有必要时可以根据章程规定吸纳符合下列情形之一的法人单位为法人会员：

（1）《私立学校法》第二条第二款规定的学校法人；（2）设立、运营《终身教育法》第三十一条第二款规定的学校形态的终身教育设施或者该法第三十三条第三款规定的远程大学形态的终身教育设施的法人单位；（3）其他符合本条第一款和第二款情形之一的人员所属的教育机构、教育行政机构和教育研究机构中，经代议员会表决认定有必要吸纳为会员的法人单位。

第八条 （代议员会议）

1. 共济会设代议员会议，作为共济会的最高议事决策机构。
2. 代议员会由根据章程选举产生的代议员组成。
3. 定期代议员会每年召开一次，由理事长根据章程规定召集。
4. 临时代议员会由理事长在认为必要时召集。但三分之一以上的代议员要求召开时，理事长应当在两周内召集代议员会。

第九条 （代议员会决议事项）

下列事项应当提请代议员会表决：

（1）变更章程；（2）审议工作基本计划和预算；（3）工作报告、决算报告以及理事长或者运营委员会认为有必要提请代议员会审议的事项。

第十条 （运营委员会）

1. 共济会设运营委员会。
2. 运营委员会由下列委员组成：

（1）理事长一名；（2）教育部部长提名的人员三名；（3）由代议员会从代议员中提名的人员三名。

3. 运营委员会审议并表决下列事项：

（1）选举产生共济会管理层； （2）制定、修改或者废止规章、制度；（3）业务开展相关详细计划；（4）提请代议员会审议的议案；（5）代议员会授权的事项；（6）其他与业务开展有关的重要事项。

第十一条 （业务内容）

1. 为实现本法第一条中的设立目的，共济会根据章程规定开展以下业务：

（1）为会员发放报酬；（2）为会员筹办各种福利和福祉；（3）为基金筹集资金。

2. 为实现设立目的，共济会可以在必要范围内开展营利性业务。

第十一条之二 （要求提供资料）

为切实做好会员报酬工作，推动业务顺利开展，共济会可以要求国家机关、地方政府以及其他公共机构提供必要资料。

第十二条（资本金）

共济会的资本金由会员分担金和政府补贴资金构成。

第十三条（补贴资金的拨付）

为保护并培育壮大共济会，教育部部长对共济会以会员分担金运营的业务所产生的资金缺口给予补贴。

第十四条（管理层）

共济会的管理层由一名理事长、四名以内的理事以及二名以内监事组成。

第十五条（管理层的选举产生）

1. 理事长由运营委员会选举产生，须报请教育部部长批准。

2. 理事由理事长任免，任命时须征得运营委员会同意并报请教育部部长批准。

3. 监事由运营委员会选举产生，须报请教育部部长批准。

第十六条（管理层的职务）

1. 理事长代表共济会，总揽共济会的运营和事务。

2. 理事根据章程规定分担处理共济会业务；理事长因故无法履行职务时，由理事代行其职务。

3. 监事负责监查共济会的会计和工作开展情况。

第十七条（管理层的任期）

管理层每届任期三年，任期结束的管理层在继任者被任命前仍然履行职务。

第十八条（员工的任免）

共济会员工由理事长任免。

第十九条（代表权的限制）

理事长或者相关理事的行为有损共济会、理事长和理事的利益时，理事长或者相关理事不代表共济会。

第二十条（会计年度）

共济会的会计年度执行政府的会计年度。

第二十一条（预算）

共济会应当编制每个业务年度的总收入和总支出预算，并在该业务年度开始一个月前经代议员会表决通过后报请教育部部长批准。

第二十二条（决算）

共济会应当在每个业务年度结束后三个月内决算并出具决算报告，决算报告经代议员会表决通过后上报教育部部长。

第二十三条（准备金的累积）

根据章程规定，共济会应当在每个结算期为不同种类的共济事业编入准备金，以充抵将来支付的报酬，并对此另行进行会计处理。

第二十四条（收益的处理）

1. 共济会在每个业务年度决算中有纯收益盈余时，应当予以积存。

2. 本条第一款规定的储备金不得用于弥补损失和开展本法第十一条第一款第二项工作以外的其他用途。

第二十四条之二（消亡时效）

会员获得报酬的权利与要求返还分担金的权利，自事由发生五年内不行使的，随着时效结束而消亡。但保险性质的报酬适用《商法》第六百六十二条规定。

第二十五条（《民法》的适用）

除本法规定外，共济会还适用《民法》中财团法人相关规定。

第二十五条之二（敏感信息和固有识别信息的处理）

1. 共济会（含根据本法第四条和第十一条接受共济会业务委托的机构）为开展以下业务无法避免时，经当事人同意，可以根据《个人信息保护法》第二十三条处理健康相关信息，根据该法第二十四条处理固有识别信息。

（1）会员分担金相关事务；（2）会员（含会员遗属）报酬相关事务；（3）会员租赁相关事务；（4）会员各种福利、福祉相关事务；（5）基金筹集相关事务。

2. 处理包括本条第一款所列信息在内的资料时，共济会应当根据《个人信息保护法》的规定对相关信息予以保护。

第二十六条（罚金）

1. 对违反本法第六条，违规使用"韩国教职工共济会"或者与之类似名称的人员处以五百万韩元以下罚款。

2. 本条第一款规定的罚款由教育部部长征收。

附　　则

第一条（施行日期）

本法自公布之日起施行。

第二条　省略

第三条（对本法的其他修订）

1.2. 省略

3. 对《教职工共济会法》进行部分修订如下：

将第七条之二第二款第八项中"韩国职业能力开发院"修改为"韩国职业能力研究院"。

第四条　省略

私立学校教职员工年金法

[第17954号法律，2021年3月23日根据其他法律修订]

第一章 总 则

第一条（目的）

本法旨在通过为私立学校教员及行政人员的离职、死亡及与工作相关的疾病、伤害和残障，确立合适的薪酬制度，为教职员工及其遗属经济生活稳定和福利提高做出贡献。

第二条（定义）

1. 本法中使用的术语，其定义如下：

（1）"教职员工"是指根据《私立学校法》第五十四条其任命相关事项向教育厅报告的教员和根据《私立学校法》第七十条之二任命的行政人员；但临时任命的人员、附条件任命的人员及不领取报酬的人员除外。（2）"遗属"是指教职员工或曾为教职员工的人员死亡当时扶养的，属于下列情况之一的人员：①配偶（限在职当时存在婚姻关系的人员，并且包括事实上存在婚姻关系的人员）；②子女（离职日以后出生或领养的子女除外，离职当时的胎儿视为在职中出生的子女。下同）；③父母（离职日以后被收养的父母除外）；④孙子女（离职以后出生或领养的孙子女除外，离职当时的胎儿视为在职中出生的孙子女。下同）；⑤祖父母（离职以后被收养的祖父母除外）。（3）"离职"是指免职、辞职及其他除死亡之外的所有解职。但教职员工的身份消除之日或次日重新被任命为教职员工，并且未领取本法规定的离职薪酬及离职津贴的情况例外。（4）"标准月收入额"是指作为负担金及工资计算标准的收入，是指在一定期间内取得的收入中除去不征税收入后的年收入总额的12个月的平均金额。在这种情况下，收入及非应税收入的范围、基准月收入额的决定方法以及适应期间等相关事项，由总统令规定。（5）"平均基准月收入额"是指考虑公务员报酬增长等因素，将在职期间（根据第三十一条第三款及第四款，在职期间中存在排除期间时，把相应期间包含在在职期间内。下同。）内每年的基准月收入额，根据总统令规定，换算成薪酬事由发生之日（因离职发生薪酬事由或者离职后发生薪酬事由时,是指离职之日的前一天。下同。)的现值后合计的金额,除以在职时间所得的金额。但根据第四十二条第一款适用的《公务员年金法》第四十三条第一款及第二款规定的离职年金、提前离职年金及同法第五十四条第一款规定的离职遗属年金(曾为教职员工的人领取离职年金或提前离职年金一段时间后死亡,让其遗属领取离职遗属年金的情况除外)计算的基础——平均基准月收入额,是指考虑公务员报酬增长等,把薪酬事由发生当时的平均基准月收入额,根据总统令规定,将年金支付开始时的现值换算成的金额。(6)"学校经营机构"是指设置、经营第三条规定的私立学校的学校法人或私立学校经营者。(7)"承担费"是指国家承担费、个人承担费、法人承担费及灾害补偿承担费合计的金额。(8)"个人承担费"是指薪酬中支出的费用中教职员工负担的金额。(9)"国家承担费"是指薪酬中支出的费用中国家负担的金额。(10)"法人承担费"是指薪酬中支出的费用中学校经营机构负担的金额。(11)"灾害补偿承担费"是指为补充根据第四十二条第一款适用的《公务员灾害补偿法》第八条规定的薪酬中,根据第四十八条之二第三款从灾害补偿薪酬储备金中支付的薪酬中支出的费用,而由学校机构根据本法另行承担的金额。

2. 第一款第二项①规定的子女限为,未满 19 岁和处于总统令规定程度的残障(是指根据第四十二条第一款适用的《公务员灾害补偿法》第三条第一款第七项规定的残障。下同)状态的 19 岁以上的人。

3. 第一款第二项④规定的孙子女为没有父亲或者父亲处于总统令规定程度残障状态时,符合下列各项之一的人员:

(1)未满 19 岁的人;(2)19 岁以上的人中处于总统令规定程度的残障状态的人员。

4. 支付本法规定的薪酬时,为教职员工的人或曾为教职员工的人死亡当时的胎儿视为已经出生。

第三条(适用范围)

1. 本法适用于在下列各项规定的学校机构工作的教职员工:

(1)《私立学校法》第三条规定的私立学校及设立和经营其学校的经营机构;(2)《中小学教育法》第二条的特殊学校中的私立学校及设立与经营其学校的经营机构;(3)不属于第一项和第二项的私立学校及学校经营机构中,教育部特别指定的私立学校和设立与经营其学校的经营机构。

2. 尽管有第一款规定,但本法对符合下列各项之一的人员不适用:

(1)适用《公务员年金法》的公务员。(2)适用《军人年金法》的军人。(3)2017 年 1 月 1 日以后新任用(第二条第一款第三项但书规定的情况除外)为教职员工时,任用当时超出以下各项规定的离职年龄的教职员工。①教员:根据《教育公务员法》第四十七条第一款，对教育公务员适用的离职年龄；②行政人员：根据《国家公务员法》第七十四条第一款，对普通职公务员适用的离职年龄。

第二章　私立学校教职员工年金公团

第四条　（创办）

为管理以下各项业务，创办私立学校教职员工年金公团（以下称公团）：

（1）承担费征收；（2）各种薪酬的决定及支付；（3）资产的运用；（4）实施教职工福利项目；（5）其他年金相关业务。

第五条　（法律人格）

1. 公团为法人。

2. 公团通过在主要办事处的所在地创办登记而成立。

第六条　（办事处）

公团可以根据章程规定设置主要办事处和在需要的地方设置分支。

第七条　（章程）

1. 公团的章程中应当包含下列各项事项：

（1）目的；（2）名称；（3）办事处的所在地；（4）组织相关事项；（5）资产和会计相关事项；（6）高管和职员相关事项；（7）理事会相关事项；（8）事业相关事项；（9）章程的变更相关事项；（10）公告方法相关事项。

2. 公团拟变更章程时应当经教育部批准。

第八条　（登记）

1. 公团的登记相关事项，由总统令规定。

2. 公团是需要登记的，有关事项的登记不得妨碍第三者。

第九条　（解散）

关于公团的解散，由法律另行规定。

第十条　（高管）

1. 公团中的高管设1名理事长、2名以内的常任理事、6名以内的非常任理事及1名监事。在这种情况下，非常任理事中设直接上任的非常任理事——隶属教育部的高层公务员团的普通公务员或学监1名，除直接上任的非常任理事之外的非常任理事中应当包括代表教职员工的人员和代表学校经营机构负责人的人员。

2. 高管的任免相关事项根据《公共机构的运营相关事项》第26条之规定。

第十一条（高管的任期）

1. 理事长的任期为 3 年，常任理事、非常任理事及监事的任期为 2 年，直接上任的非常任理事的任期为其在职期间。

2. 管理人员可以以 1 年为单位连任。

第十二条（高管的职务）

1. 理事长代表公团总揽业务。

2. 常任理事根据章程规定，分管公团的业务，并在理事长因不得已的原因无法履行其业务时，按照章程规定的顺序代理其职务。

3. 理事出席理事会，审议提案并参与决议。

4. 监事监查公团的业务和会计。

第十二条之二（代理人的选任）

理事长可以根据章程规定，从职员中选任能够能胜任公团业务相关的所有司法或非司法行为权限的代理人。

第十三条（不合格事由）

1. 符合《国家公务员法》第三十三条各种不合格情况之一的人员不得担任公团的高管。

2. 发现高管为符合第一款或者任命当时为符合的人员时，该高管应卸任。

第十四条（理事会）

1. 为审议、决议公团的重要事项，在公团设置理事会。

2. 理事会由理事长和常任理事和非常任理事组成。

3. 理事会的会议按理事长或三分之一以上的在册理事要求召集，并由理事长主持该会议。

4. 理事会以组成成员过半数出席开始会议，以在册理事过半数赞成通过决议。

5. 监事可以出席理事会陈述意见。

第十五条（罚则适用时的公务员议题）

公团的高管和职员适用《刑法》第一百二十九条至一百三十二条时，视为公务员。

第十六条（高管和员工的兼任限制）

1. 公团的高管（非常任理事除外。此条下同）和职员不得从事其职务之外的营利目的的业务。

2. 理事长、常任理事及监事不得兼任未经《公共机构的运营相关法律》第二十六条规定的任命权人（以下称任命权人）的许可的其他职务，并且职员不得兼任未经公团理事长许可的其他职务。

第十七条（报酬的限制）

对非常任理事可以不支付报酬，只进行实际费用补偿。

第十八条（职员的任命）

公团的职员由理事长任免。

第十九条（公团的权限等）

1. 公团为合理支付本法规定的薪酬，认为需要时，可以要求薪酬领取相关人员履行下列各项，或者让下属职员检查账簿、文件或其他必要物品。

（1）薪酬相关报告；（2）出示账簿、文件、其他物品；（3）出席一定场合，陈述或说明意见。

2. 根据第一款进行检查的公团职员，应当向关系人出示表明其权限的凭证。

3. 根据本法拥有领取各种薪酬的权利人或医疗机构，无正当原因却不服从第一款规定的要求及检查时，可以停止对拥有领取薪酬权利人或医疗机构支付薪酬，直至其服从要求及检查。

4. 公团为确认下列各项事项，可以请求相应机构或团体提供相应资料。在这种情况下，接到资料提供请求的机构或团体，如无特殊原因，应当予以配合。

（1）用于确认年金领取人住址及家庭关系等的范围：请求市长、郡守、区长提交居民登记表副本、抄本及家庭关系证明；（2）用于确认教职员工及年金领取人的应税收入的范围：请求国税厅厅长提交劳动收入资料及营业收入资料；（3）用于确认教职员工及年金领取人的月收入额的范围：请求国民健康保险公团理事长提交月报酬额资料；（4）用于确认教职员工有无职务上的疾病、负伤及残障的范围：请求国民健康保险公团理事长提交健康保险疗养薪酬资料；（4）之二. 用于教职员工及曾为教职员工的人的疗养薪酬、残障薪酬及灾害遗属薪酬的支付审查的范围：请求医疗机构提交相应诊疗相关的资料；（5）用于确认年金领取人死亡与否的范围：请求国民健康保险公团理事长提交体检结果资料；（6）用于确认教职员工或曾为教职员工的人员的住址、年金领取人的死亡、居民登记注销、国外移居与否等的范围：请求行政安全部长官提交居民登记事项相关的电子信息资料；（7）用于确认年金领取人的再婚或亲属关系结束与否的范围：请求法院行政处长提交家庭关系登记事项相关的电子信息资料；（8）教职员工及曾为教职员工的人员，是否因在职期间的原因被处以监禁以上徒刑，或者由于因在职期间的原因会被判处监禁以上徒刑的犯罪行为，正在接受调查或刑事审判的范围：请求警察厅厅长提交犯罪经历资料及调查经历资料，请求管辖检察厅的检察长或支厅长提交判决书副本；（9）根据本法，为合理计算并支付薪酬，需要确认事实关系的资料中，适用第一项至第八项的总统令规定的资料。

5. 公团应当根据《个人信息保护法》，保护根据第四款获得的资料。

6. 免除公团对根据第四款获取的资料的使用费、手续费等。

第二十条（业务的委托）

1. 公团认定需要时，可以将个人承担费、法人承担费、灾害补偿承担费及其他收益金的收取相关业务和薪酬及其他支出金的支付、为教职员工保健福利事业开展的业务，委托给邮政机构、地方政府、金融机构或《公共机构的运营相关法律》第五条规定的公营企业、其他人。

2. 第一款规定的业务委托的必要事项，由总统令规定。

第二十一条 删除

第二十二条（会计年度）

公团的会计年度以政府的会计年度为根据。

第二十三条（公团的收入和支出）

1. 公团的收入和支出为基于下列各项区分的项目金额进行：
（1）收入。①承担费；②来自私立学校教职员工年金基金的转入金及移入准备金；③其他收入金。（2）支出。①本法规定的补助金、公积金、返还金；②其他用于公团运营的经费。

2. 来自第一款的私立学校教职员工年金基金的转入金，在相当于上年度基金运用收益金的金额的范围内，由公团理事长确定。

第二十四条（预算）

1. 理事长应当编制每个会计年度的预算，在会计年度开始之前提交给教育部批准。

2. 根据第一款提交的预算应当以预算总则、估算财务状况表、估算损益表、资金计划书为内容，并随附阐明其内容所需的补充文件。

第二十五条（决算）

理事长应当在每个会计年度结束后的 2 个月之内制作相应年度的决算书（是指财务状况表、损益表及盈余分配表）和其附属明细表，提交给教育部。

第二十六条 删除

第二十七条（盈余的处理）

公团在每个会计年度结算上存在盈余时，先填补损失额，并且剩余部分应当作为私立学校教职员工年金基金的收入。

第二十八条（对公团的监督）

教育部监督公团的业务，并且可以为监督采取必要的措施。

第二十九条（高管的免职）

高管符合下列情况之一的，任命权人可以将该高管免职：
（1）违反本法或本法规定的命令或章程时；（2）因身心残障而难以执行业务时。

第三十条（报告和检查）

教育部认定需要时，可以命令公团提交报告，或者让下属公务员检查公团的业务状况或账簿、文件或其他必要物品。

第三十条之二 (《民法》的适用)

关于公团，除本法中所作规定之外，适用《民法》中财团法人相关规定。

第三章 在职期间

第三十一条 (在职期间的计算)

1. 计算本法规定的薪酬时，教职员工的在职期间，按被任用为教职员工之日所属月份至离职之日的前一日或死亡之日所属月份的年月数计算。在这种情况下，把月数换算成年时，每1个月按十二分之一年计算。

2. 被任用为教职员工前的下列各项服役期间，可以根据本人意愿包括在第一款的在职期间内：

(1)《兵役法》规定的现役兵或未申请而被任用的副士官服役期间（包括因防卫召集、常务预备役召集、补充役召集或代替役召集而服役的期间内总统令规定的服役期间）；(2) 1979年1月1日至1992年5月31日期间，符合下列法律之一的担任公众保健医师的期间。①原《用于国民保健医疗的特别措施法》（是指1980年12月31日按法律第3355号被废止前的）；②原《用于农渔村保健医疗的特别措施法》（是指1991年12月14日按法律第4430号全部修订前的）；③原《用于农渔村保健医疗的特别措施法》（是指1993年12月31日按法律第4685号部分修订前的）。

3. 尽管有第一款的规定，但下列各款规定的期间不包括在第一款的期间内：

(1) 教员。超过第三条第二款第三项①规定的离职年龄后在职的期间。(2) 行政人员。超过第三条第二款第三项②规定的离职年龄后在内的期间。

4. 关于第三款规定的离职年龄的计算，教员和行政人员分别适用《教育公务员法》第四十七条第二款和《国家公务员法》第七十四条第四款。

5. 下列各项期间，在支付根据第四十二条第一款适用的《公务员年金法》第二十八条第四项规定的离职津贴（以下称离职津贴）时，不合计或包含到第一款的在职期间中：

(1) 第二款规定的服役期间；(2) 根据第三十二条第一款合计的在职期间；(3) 根据法律第3684号私立学校教员年金法中修订法律附则第二项第一款、法律第7536号私立学校教职员工年金法部分修订法律附则第三款及法律第7889号私立学校教职员工年金法部分修订法律附则第二款，包含的追溯合计在职期间。

6. 支付离职津贴，要计算在职期间时，除下列各项原因休假之外的休假期间、解职期间、停职期间及由于降职而不能从事职务的期间，分别减去其期间的二分之一：

(1) 因职务上的疾病或负伤的休假；(2) 为完成《兵役法》规定的服役休

假；（3）被国际机构、外国机构、在外国民教育机构、韩国国内外大学或国内外研究机构临时雇用的休假；（4）《私立学校法》第五十九条第一款第十一项或《劳动组合及劳动关系调整法》第二十四条第一款规定的休假；（5）因《私立学校法》第五十九条第一款第七项及第七十条之二规定的子女养育或女性教职员工怀孕或生育的休假；（6）其他为履行法律规定义务的休假。

第三十一条之二（任用前服役期限的计算方法）
根据第三十一条第二款，拟包含在服役期间之内的人员，应当向公团提交服役期间计算的申请书。

第三十二条（在职期间的合计）
1. 离职的教职员工、公务员或军人（不适用本法和《公务员年金法》或《军人年金法》的人员除外）被任用为教职员工，并申请合计在职期间时，根据总统令规定，可以把以前的相应年金法规定的在职期间或服役期间合计到第三十一条的在职期间上。

2. 拟根据第一款合计在职时间的人员，获得公团对该合计的认定时，应当将在离职当时领取的离职金额或退役金额［指根据《公务员年金法》第六十五条（包括本法第四十二条第一款适用的情况）或《军人年金法》第三十八条薪酬受限时，在没有这种限制的情况下本应获得的福利金额］再加上总统令规定的利息后返还给公团。但获得在职期间合计认定的教职员工，为离职年金、提前离职年金或退役年金的领取权人时，不返还年金薪酬。

3. 公团可以根据总统令规定，分期收缴根据第二款应当返还的薪酬和利息（以下称返还金）。在这种情况下，加算总统令规定的利息。

4. 获得在职期间合计认定的人员，申请把认定合计的在职期间全部或部分排除合计，或者滞纳返还金超过6个月时，公团可以把从申请排除的期间或者批准合计的在职期间中，扣除相当于已缴返还金的在职期间后的期间，从合计中排除。

第四章　薪酬

第三十三条（薪酬）
对于教职员工的离职、死亡、残障（出于职务原因的情况除外），支付《公务员年金法》第二十八条规定的薪酬，对于教职员工出于职务原因的负伤、疾病、残障、死亡，支付《公务员灾害补偿法》第八条规定的薪酬。

第三十三条之二（护理薪酬等的支付）
1. 领取第三十三条规定薪酬的人员，在经过《公务员灾害补偿法》第二十二条第二款规定的疗养期间后，在医学方面仍需要经常或随时护理时，支付护理薪酬，并为因身体上的残障需要辅助器械的人员，提供辅助器械或辅助器械补贴。

2. 第一款规定的护理薪酬等的支付基准、程序及方法等相关必要事项，由总统令规定。

第三十三条之三 （再疗养）

1. 领取第三十三条规定的薪酬的人被治愈后，在曾经成为疗养原因的职务上的负伤或疾病复发，或者状态比治愈当时恶化，医学意见认为，为治愈需要积极治疗时，可以接受第三十三条及《公务员灾害补偿法》第二十二条第一款规定的疗养（以下称再疗养）。

2. 《公务员灾害赔偿法》第二十八条规定的残障年金的领取权人，接受再疗养时，从再疗养决定之日所属月份的次月至再疗养结束之日所属月份，停止残障年金的支付。

3. 再疗养的条件及程序等的必要事项，由总统令规定。

第三十四条 （薪酬的决定）

1. 各种薪酬都是接受权利拥有者的申请后由公团决定。但决定总统令规定种类的薪酬时，应当经过私立学校教职员工年金薪酬审议会（以下称薪酬审议会）的审议。

2. 拥有薪酬领取权利的人员，申请第一款规定的薪酬中下列各项薪酬时，应当获得该教职员工曾经所属学校经营机构的负责人（在学校工作的教职员工的情况，为学校负责人）的确认：

（1）《公务员灾害补偿法》第八条第一项规定的疗养薪酬；（2）《公务员灾害补偿法》第八条第三项规定的残障薪酬；（3）《公务员灾害补偿法》第八条第五项规定的殉职遗属薪酬。

3. 第一款但书规定的薪酬审议会的组织和运营相关事项，由总统令规定。

第三十五条 （薪酬额计算的基础）

1. 下列各项薪酬的计算，以薪酬事由发生之日所属月份的基准月收入额为基础。在这种情况下，基准月收入额不能超过《公务员年金法》第三十条第一款及《公务员灾害补偿法》第十条第一款规定的公务员基准月收入额中总统令规定的金额。

（1）根据第四十二条第一款适用的《公务员灾害补偿法》第四十三条第二款规定的死亡慰问金；（2）根据第四十二条第一款适用的《公务员年金法》第二十八条规定的薪酬（《公务员年金法》第四十三条第一款、第二款规定的离职年金、提前离职年金及同法第五十四条第一款规定的离职遗属年金除外）；（3）根据第四十二条第一款适用的《公务员灾害补偿法》第二十八条规定的残障薪酬及同法第三十五条、第三十六条规定的残障遗属年金、殉职遗属年金。

2. 尽管有第一款，但根据第四十二条第一款，适用的《公务员灾害补偿法》

第三十六条规定的遗属年金及同法第四十三条第二款规定的死亡慰问金，把同法第十条第二款规定的金额定为各相应教职员工的基准月收入额。

3. 根据第四十二条第一款，适用的《公务员年金法》第四十三条第一款、第一款规定的离职年金、提前离职年金及同法第五十四条第一款规定的离职遗属年金的计算，以下列各项金额为基础。在这种情况下，基准月收入额不能超过根据《公务员年金法》第三十条第二款第二项后段计算出的金额。

（1）考虑公务员报酬增长率等，根据总统令规定，把根据下列各项计算出的金额合计后除以3所得的金额换算成年金支付开始之时的现值金额。①按照对比离职前3年的离职前年度的全国消费者物价变动率，换算离职前3年的全体公务员的基准月收入额平均额的金额；②按照对比离职前2年的离职前年度的全国消费者物价变动率，换算离职前2年的全体公务员的基准月收入额平均额的金额；③离职前年度全体公务员的基准月收入额平均额。（2）平均基准月收入额。

4. 下列各项薪酬的计算，以根据《公务员年金法》第三十条第三款及《公务员灾害赔偿法》第十条第三款计算出的全体公务员的基准月收入额的平均额为基础：

（1）根据第四十二条第一款适用的《公务员灾害补偿法》第三十七条规定的殉职遗属补偿金；（2）根据第四十二条第一款适用的《公务员灾害补偿法》第四十二条规定的灾难补助金；（3）根据第四十二条第一款适用的《公务员灾害补偿法》第四十三条第一款规定的死亡慰问金。

第三十六条（遗属的优先顺位）

领取薪酬的遗属的顺序，以继承顺序为根据。

第三十七条（同顺位者间的比较）

遗属中有2名以上的同顺位者时，在他们之间平均分配薪酬。支付方法，由总统令规定。

第三十八条（无遗属情况的薪酬支付的特别条例）

1. 教职员工或曾为教职员工的人员死亡时，如无领取薪酬的遗属，应向其直系亲属支付总统令规定的限度内金额。在这种情况下，当没有直系亲属时，公团可以听取相关学校经营机构负责人的意见后将其用于死者。

2. 关于对第一款规定的直系亲属的薪酬支付，适用第三十六条和第三十七条。

第三十九条（薪酬的回收）

公团在向领取人（包括继承人）支付属于下列各项之一的薪酬时，应当回收其薪酬额。在这种情况下，第一项或第二项的情况，在薪酬额上加上总统令规定的利息及回收费用后征收，第三项或第四项的情况，应当缴纳回收金的人员未在期限内缴纳时，加上总统令规定的利息后征收。

（1）以虚假或其他不正当方法领取薪酬的情况；（2）根据本法拥有领取各种薪酬的权利人，根据第三十四条第一款申请薪酬时，对薪酬限制事由，向公团进行与事实不符的申报（包括未申报的情况），或者对支付薪酬以后发生的薪酬限制事由或领取权丧失事由，向公团进行与事实不符的申报，导致薪酬错误支付的情况；（3）领取薪酬后其薪酬事由因追溯而消灭的情况；（4）其他错误支付薪酬的情况。

第三十九条之二（未缴款的扣缴支付）

1. 教职员工或曾为教职员工的人员，离职或死亡之前，存在下列各项未缴款或其他对公团的债务时，从离职薪酬、离职遗属薪酬、灾害遗属薪酬或离职津贴的金额中扣缴支付。但因学校机构负责人的归责事由未缴纳的情况例外。

（1）第三十二条第三款规定的返还金的本息；（2）第三十九条规定的回收金的本息；（3）根据第四十二条第一款适用的《公务员年金法》第五十条规定的支付停止金额的核算相关的差额；（4）第四十五条及第五十一条规定的个人承担费及其滞纳金；（5）根据第五十三条之三第二款第三项出借的资金的本息，和根据第六十条之三国家委托公团执行事业的本息；（6）对公团的其他债务。

2. 拟领取年金薪酬的人员，存在第一款规定的债务（第一项除外）时，先从年金薪酬之外的离职薪酬、离职遗属薪酬、灾害遗属薪酬或离职津贴中扣缴支付，存在剩余债务时，扣缴不超过相应年金月额的二分之一。

3. 教职员工及曾为教职员工的人员，提出薪酬请求时，存在第一款的未缴款及债务额时，应当获得该教职员工曾经所属学校经营机构的负责人（在学校工作的教职员工的情况，为学校负责人）的确认。

第四十条（权利的保护）

1. 领取薪酬的权利，若非下列各项情况，不得转让或扣押或者供作担保：

（1）将领取年金薪酬的权利提供给总统令规定的金融机构作担保的情况及根据《国税征收法》进行滞纳处分的情况；（2）把领取薪酬的权利供作对公团债务担保的情况。

2. 向领取权人支付的薪酬中低于《民事执行法》第一百九十五条第三项规定的金额以下的薪酬不能扣押。

第四十一条（与其他法令规定的薪酬的协调）

1. 根据其他法令，领取由学校经营机构负担的，与本法规定的薪酬同类薪酬的人员，从本法规定的薪酬中扣除相当于该薪酬的金额后支付。在这种情况下，公团应当将扣除的金额支付给学校经营机构。

2. 因第三方的行为发生本法规定的薪酬事由时，在公团对该薪酬事由已经支付的薪酬额（残障年金及非职务残障年金的情况，按相当于残障一次性给付金及5年的非职务残障年金的金额计算得出的金额）的范围内，领取权人获得对第三方拥有的损害赔偿请求权。但第三方属于下列各项之一时，可以经薪酬审议会的审议，不行使损害赔偿请求权的全部或部分：

（1）相应教职员工或曾为教职员工人员的配偶；（2）相应教职员工或曾为教职员工人员的直系亲属；（3）正在执行职务的教职员工。

3. 在第二款的情况下，领取权人已经因相同原因从第三方获得损害赔偿时，不支付该赔偿额范围内的薪酬。

第四十二条　（《公务员年金法》及《公务员灾害补偿法》的适用）

1. 第三十三条规定的薪酬的种类、薪酬的事由、薪酬额及薪酬的限制等相关事项分别适用《公务员年金法》第二十八条、第三十四条至第三十六条、第四十条、第四十一条、第四十三条至第五十二条、第五十四条至第六十五条及《公务员损害补偿法》第八条、第十三条至第十五条、第十九条、第二十条、第二十二条、第二十四条至第三十三条、第三十五条至第三十七条、第四十条至第四十五条中的相应规定（危险职务殉职遗属年金及危险职务殉职遗属补偿金相关规定除外）。在这种情况下，"公务员"分别视为"教职员工（《公务员灾害补偿法》第四十二条第一款的灾难补助金的计算和基于同法第四十三条第三款的配偶、父母、配偶的父母、子女的死亡慰问金的计算，《公务员年金法》第五十条第一款第二项规定的年金支付停止对象的情况除外。）"，"公务上"分别视为"职务上"，"非公务上"分别视为"非职务上"，"殉职公务员"分别视为"因职务原因死亡教职员工"，"殉职"分别视为"职务上"，"公团"及"人事革新处处长"分别视为"公团"，"《私立学校教职员工年金法》"视为"《公务员年金法》"，"私立学校教职员工"视为"公务员"，《公务员年金法》第三十四条第一款但书中的"第二十五条"视为本法"第三十一条"，《公务员年金法》第四十条第二款及第三款和同法第四十三条第三款的"第二十六条"视为本法"第三十二条"，《公务员年金法》第五十二条第五款的"第三十一条和第三十二条"视为本法"第三十六条和第三十七条"，"捐献款"分别视为"个人承担费"。

2. 计算根据第一款适用的《公务员年金法》第四十三条、第五十一条、第五十四条、第五十五条、第五十八条及第六十二条的相应规定中的薪酬事由、在职期间、工龄及抵扣工龄时，相当于超过基于第三十一条第三款各项区分的超过退休年龄的在职时间不计算其中。

3. 第二款规定的离职年龄的计算方法，以第三十一条第四款为根据。

4. 根据第一款之规定适用的《公务员年金法》第四十三条第一款第二项规定的离职年龄或工作上限年龄，以总统令规定为根据。

5. 删除

第五章　费用负担

第四十三条（费用负担的原则）

薪酬或除此之外，运用该法所需的费用应使其费用的预期额和个人承担费、国家承担费、法人承担费、灾害补偿承担费及其预定运用收益的合计额在将来保持平衡。在这种情况下，薪酬支出的费用应当至少每5年重新计算一次。

第四十四条（个人承担费）

1. 个人承担费由教职员工从被任命之日所属月份，负担至离职之日的前一日或死亡之日所属月份。

2. 教职员工在离职之月重新被任用为教职员工时，应当在再任用后重新负担该月的个人承担费。但在获得第三十二条规定的在职期间合计时，不负担再任用之月（1号被再任用的情况的月份除外）的个人承担费。

3. 尽管有第一款和第二款，但个人承担费缴纳期间超过36年或超过第三条第二款第三项各条的区分规定离职年龄仍在职的人员不缴纳个人承担费。在这种情况下，离职年龄的计算方法以第三十一条第四款为根据。

4. 第一款的个人承担费为相当于基准月收入额的一万分之九百的金额。在这种情况下，基准月收入额不能超过根据《公务员年金法》第六十七条第二款后段计算出的金额。

第四十五条（个人承担费的缴纳）

1. 个人承担费应当由相应学校机构负责人从每月的报酬中征收，自报酬支付日起在3日之内缴纳给公团。

2. 教职员工在因无法领取全部报酬的原因而未能获得报酬的月份，应当自报酬支付日起在2天之内把个人承担费缴纳给相应学校机构负责人。但教职员工休假时，应当根据教职员工的选择，以下列各项之一的方法缴纳：

（1）休假期间内每月继续缴纳该月份相应的个人承担费。（2）复职之日所属月份的次月起补缴休假期间每个月的个人承担费。在这种情况下，每月补缴的个人承担费以缴纳月份相应的个人承担费为基准进行计算。（3）复职后一次性缴纳未缴纳期间相应的个人承担费。在这种情况下，一次性缴纳的个人承担费以缴纳月份相应的个人承担费为基准计算。

3. 学校机构负责人根据第二款收到个人承担费时，应当及时缴纳给公团。

第四十六条（国家承担费）

1. 国家承担费为下列各项金额的合计额：

（1）根据第四十四条第四款由教员负担的个人承担费的合计额中，总统令规定的金额；（2）与根据第四十八条之三由教职员工缴纳的追溯个人承担费合计额相同的金额；（3）离职津贴支付上支出的费用中根据第四十七条第三款但书负担的金额。

2. 国家应当向公团缴纳第一款的承担费。

3. 多交或少交国家承担费时，缴纳下一期的国家承担费时进行增减调整。

4. 缴纳下一期国家承担费，未根据第三款对多交或少交的国家承担费进行核算时（包括相应会计年度内未向公团缴纳全额的情况），应当按以其金额为本金，根据总统令规定加上利息后的金额核算。但对于离职津贴支付上支出的费用相关的国家承担费，至相应会计年度末，国家缴纳的金额比实际支出的费用少或多时，应当根据总统令规定于次年 1 月 31 日之前进行核算，并且次年 1 月 31 日之前未进行核算时，应当根据总统令规定按加上利息后的金额核算。

第四十七条 （法人承担费）

1. 法人承担费由学校经营机构负担。但学校经营机构无法负担其学校所需的全部或部分法人承担费时，可以由学校负担其短缺额。

2. 《私立学校法》第四条第三款第一项规定的学校经营机构根据第一款但书，让学校负担法人承担费的短缺额时，应当获得教育部的批准。在这种情况下，教育部可以在收到学校经营机构提交的财政条件改善计划后，考虑财政状况，限期批准。

3. 第一款的法人承担费为，相应学校教员负担的个人承担费的合计额中总统令规定的金额及与其学校机构的行政人员负担的个人承担费合计额相同的金额上加上教职员工离职津贴支付上支出的费用的金额。但离职津贴支付上支出的费用可以由公团负担一部分，由国家负担除公团负担的费用之外的剩余费用的部分或全部。

4. 第三款规定的离职津贴的支付上支出的费用的负担范围等相关必要事项，由总统令规定。

5. 学校经营机构应当在每年学校机构的预算中计入第三款规定的法人承担费。在这种情况下，学校所需的法人承担费应当从学校经营机构的业务预算转出到学校会计。但根据第一款让学校负担的金额例外。

第四十七条之二 （责任准备金的积累）

为稳定私立学校教职员工年金财政，国家应当在预算范围内在私立学校教职员工年金基金中积存责任准备金。

第四十八条 （法人承担费的缴纳）

法人承担费应当由学校机构负责人于每月与个人承担费一起缴纳给公团。

第四十八条之二 （灾害补偿承担费）

1. 灾害补偿承担费为教职员工的个人承担费合计额的万分之 181 以上至万分之 545 以下的范围内总统令规定的金额。在这种情况下，关于其负担及缴纳，适用第四十七条第一款、第二款及第五款和第四十八条。

2. 公团应当把根据第一款缴纳的灾害补偿承担费积存为灾害补偿薪酬准备金。

3. 根据第二款积存的灾害补偿薪酬准备金中支付的薪酬,为根据第四十二条第一款适用的《公务员灾害赔偿法》第八条规定的疗养薪酬、残障薪酬、护理薪酬、灾害遗属薪酬(危险职务殉职遗属年金及危险职务殉职遗属补偿金除外)及补助薪酬。

4. 灾害补偿薪酬准备金应当与公团的其他财产分开进行会计处理,并且其管理、运营的必要事项,由总统令规定。

第四十八条之三(服务期间的承担金)

根据第三十一条第二款服役时间包含在在职时间内时,相应教职员工应当自公团对其计入期间批准计入之日所属月份的次月起,每月向公团补缴与相应月份的个人承担费相同金额的追溯个人承担费。在这种情况下,相应教职员工拟一次性缴纳其追溯个人承担费时,可以以拟缴纳之月的个人承担费为基准,计算剩余追溯个人承担费,一次性缴纳,并且在缴纳过程中离职或死亡时,可以以离职之日前一日或死亡当时的基准月收入额为基准,计算剩余追溯个人承担费,从相应离职薪酬、离职遗属薪酬、灾害遗属薪酬或离职津贴中扣缴。

第四十九条(调离时的承担金)

教职员工调离到适用本法的其他学校机构时,调离之日所属月份的个人承担费及法人承担费应当由调离前的学校机构的负责人缴纳。

第五十条(错缴的核算)

错误缴纳个人承担费和法人承担费时,分别在下次缴纳承担费时进行增减核算。

第五十一条(滞纳金)

至确定之日未缴纳个人承担费、法人承担费或灾害补偿承担费时,公团根据总统令规定征收滞纳金。

第五十二条(强制征收)

1. 若不缴纳承担费或第三十九条规定的回收金,公团可以限期催促。

2. 公团根据第一款进行催促时应当签发催缴单。

3. 根据第一款受到催促的人到期未缴纳承担费或回收金时,公团可以经教育部的批准,根据国税滞纳处分案例直接进行滞纳处分。

4. 公团根据第一款征收承担费或回收薪酬额时,存在符合下列各项之一的情况时,可以进行纳税亏损处理。但在第一项和第三项的情况下,进行纳税亏损处理后发现可以扣押的财产时,应当及时中止该处理并根据滞纳处分案例进行征收。

(1)滞纳处分结束,补充滞纳额的分配金额比该滞纳额少的情况;(2)对相应权利的消灭时效完成的情况；（3）根据总统令规定，认定没有征收可行性的情况。

5. 进行第三款规定的滞纳处分的公团的高管和职员视为公务员。

6. 进行第三款规定的滞纳处分时，公团拥有债权的偿还顺位仅次于租税。

第五十二条之二 （养老金转账）

1. 《公务员年金法》或《军人年金法》规定的离职年金、退役年金或提前离职年金领取人被任用为教职员工，获得第三十二条第一款规定的在职期间合计后离职或死亡时，公务员年金公团或国防部长官应当将相当于该离职之人员或其遗属（包括根据第三十八条可以领取薪酬的人）根据《公务员年金法》或《军人年金法》可以领取的离职年金、退役年金、提前离职年金或离职遗属年金（包括根据第三十八条可以领取的金额和离职遗属年金附加费及离职遗属年金特别附加费）的金额转账到公团。在这种情况下，关于转账金额的计算方法及转账期限等，由总统令规定。

2. 基于根据第四十二条第一款适用的《公务员年金法》第四十一条第四款至第六款之规定，未支付本法规定的薪酬时，未支付的金额应转账至相应年度灾害赔偿承担费账户。在这种情况下，在职中因职务而死亡或者因职业病和因职负伤而死亡的教职员工的遗属，为根据第四十二条第一款适用的《公务员年金法》第五十四条第一款规定的离职遗属年金的领取人时，视为领取一次性的离职遗属年金，并将其计为拟转账的金额。

第五十三条 （审查的请求）

1. 对薪酬相关决定、个人承担费的征收、其他本法规定的处分或薪酬有异议的人，可以根据总统令规定，请求私立学校教职员工年金薪酬重审委员会进行审查。

2. 第一款的审查请求，应当自处分作出之日起在180天之内，自得知其事实之日起90天之内提出。但证明其期间内因正当原因无法进行审查请求的情况例外。

3. 第一款规定的私立学校教职员工年金薪酬重审委员会在公团设置，其组织和运营及其他必要事项，由总统令规定。

第六章 私立学校教职员工年金基金

第五十三条之二 （私立学校教职员工年金基金的设置与筹集）

1. 设置作为用于补充本法规定的薪酬的责任准备金的私立学校教职员工年金基金（以下称基金）。

2. 基金通过计入公团预算的公积金和决算上的盈余及基金运用收益金筹集。

· 565 ·

第五十三条之三 （基金的管理和使用）

1. 基金由公团[1]来管理、使用。

2. 基金按下列各项方式管理：

（1）对总统令规定的金融机构的储蓄及信托；（2）总统令规定的有价证券的交易；（3）对教职员工及年金领取人的资金的借贷；（4）基金增值和用于教职员工的保健福利的财产的获取及处置；（5）其他总统令规定的基金增值事业或用于福利增进的事业。

3. 公团不得借贷第二款第二项规定的有价证券。

4. 公团对于基金的运用相关的重要事项，应当根据章程规定并获得教育部的批准。

第五十三条之四 （私立学校教职员工年金运营委员会）

1. 为审议私立学校教职员工年金相关的以下事项，在公团创办私立学校教职员工年金运营委员会（以下称运营委员会）：

（1）私立学校教职员工年金制度相关事项；（2）私立学校教职员工财政计算相关事项；（3）基金运用计划及结算相关事项；（4）借助基金的私立学校教职员工保健福利事业相关事项；（5）公团理事长认为私立学校教职员工年金运营上的其他事项。

2. 运营委员会由包括委员长在内的15名以上20名以下的委员组成。

3. 运营委员会的委员长为公团理事长，委员从下列各项人员中任命或委托：

（1）基金相关中央行政机构下属公务员；（2）与私立学校教职员工年金业务相关的公团的高管；（3）教职员工团体推荐的私立学校教职员工；（4）私立学校创办人、经营者；（5）离职年金领取人员；（6）《非盈利民间团体支援法》第二条规定的非盈利民间团体下属人员；（7）私立学校教职员工年金相关学识和经验丰富的人员。

4. 运营委员会的组织和运营的必要事项，由总统令规定。

第五十三条之五 （从基金的借入及移入补充）

1. 每个会计年度的薪酬所需资金不足时，公团可以暂时从基金借入。

2. 第一款的暂时借入金应当在相应会计年度内偿还。

3. 可以每个会计年度的薪酬支出超过收入时，公团可以从基金移入补充。

第五十三条之六 （会计处理的原则）

基金应当根据企业会计的原则进行会计处理。

---

[1]"公团"是指为国家级事业、项目而设立的特殊法人。

第五十三条之七 （国家的援助）

因法律或制度原因，无法用基金补充本法规定的薪酬时，国家可以援助其短缺额。

第七章　补充性规则

第五十四条 （时效）

1. 领取本法规定的薪酬的权利，自其薪酬事由发生之日起，疗养薪酬、护理薪酬、补助薪酬在 3 年期间不行使，离职薪酬、离职遗属薪酬、非职务残障薪酬、离职津贴、残障薪酬、灾害遗属薪酬在 5 年期间不行使时，会因时效而消灭。

2. 在根据第一款，领取离职薪酬、离职遗属薪酬、非职务残障薪酬、离职津贴、残障薪酬、灾害遗属薪酬的权利因时效而消灭时，征收承担费的权利也消灭。

3. 获得错缴承担费的返还或征收的权利及回收薪酬的权利，自其事由发生之日起在 5 年期间不行使时，会因时效而消灭。

4. 承担费或其他本法规定的回收金等的缴纳告知及催促、薪酬的支付请求或错缴的承担费等的返还请求具有中断消灭时效的效力。

5. 根据第四款被中断的消灭时效从按照缴纳告知或催促所定的缴纳期限过期时开始重新进行。

第五十五条 （生效期限）

计算本法规定的薪酬或审查请求、申报等相关期间时，邮寄其文件的情况，邮寄所需天数从其期间中排除。

第五十六条 （尾数的处理）

征收承担费和支付薪酬时，尾数的处理以《国库金管理法》为根据。

第五十七条 （学校经营机构负责人的确认）

1. 学校经营机构负责人应当调查确认本法规定的薪酬事由的发生、个人承担费的缴纳、在职期间的计算所需的履历事项和其他为教职员工或曾为教职员工的人的身份相关事项。

2. 学校经营机构负责人为执行第一款规定的确认事务而需要时，可以要求为教职员工或曾为教职员工的人、其他相关人员提交资料或陈述意见。

第五十八条 （学校机构负责人的责任）

学校机构负责人执行其职务时，因故意或重大过失而未征收个人承担费，或者未缴纳法人承担费或灾害补偿承担费，对公团造成损失时，应当赔偿其损失。因故意或过失而未进行本法或总统令规定的申报或报告，或者虚假申报或报告，对公团造成损失时亦是如此。

第五十九条（战时和灾害特别条例）

因战时或事变，薪酬上支出的费用超过相应年度的个人承担费、国家承担费、法人承担费、灾害补偿承担费及运用收益金时，公团可以经教育部的批准，暂时推迟薪酬发放时间。

第六十条（国家补助）

国家可以补助公团运营所需的全部或部分经费。

第六十条之二（主管机构的业务协助）

《私立学校法》第四条规定的主管机构许可学校创办、关闭或取消许可时，或者许可学校经营机构的创办、解散或取消许可时，应当及时向公告团通告其事实。

第六十条之三（国家事务的委托等）

1. 国家可以委托公团来管理教职员工福利增进所需事业中总统令规定的事业。

2. 第一款规定的委托事业上支出的费用由国家负担。

3. 第一款规定的委托事业的管理方法经与相关机构协商，通过教育部令作出规定。

第六十条之四（适用范围的特别条例）

1. 对于根据法律设置、运营高等学校课程以下的学校或研究生院的研究机构（以下称研究机构）中，教育部指定的教育机构的教授要员、研究要员及教职员工（适用《公务员年金法》或《军人年金法》的公务员后军人除外），不管本法第三条如何规定，皆适用本法。在这种情况下，教授人员、研究人员及教职员工视为第二项第一款第一项规定的教职员工（以下在本条中称教职员工），研究机构视为第二条第一款第六项规定的学校经营机构（以下在本条中称学校经营机构）。

2. 对于《终身教育法》第三十一条规定的学校形式的终身教育设施或同法第三十三条规定的远程大学形式的终身教育设施中，教育部指定的终身教育设施的教员及行政人员，不管本法第三条如何规定，皆适用本法。在这种情况下，教员及行政人员视为教职员工，设置、运营学校形式的终身教育设施的人或设置远程大学形式的终身教育设施的法人视为学校经营机构。

3. 根据本法创办的公团的职员，不管本法第三条如何规定，皆适用本法。在这种情况下，公团的职员视为第二条第一款第一项规定的行政人员，公团视为学校经营机构。

4. 与第一款至第三款的规定相关的下列各项事项由教育部规定：

（1）第一款规定的教授要员、研究要员及教职员工的范围；（2）第二款规定的终身教育设施的教员及行政人员的范围；（3）第三款规定的公团的职员的范围。

5. 对于国家作为法人设立的国立大学的教员、职员及助教中不适用《公务员年金法》的教员、职员及助教，不管本法第三条如何规定，皆适用本法。在这种情况下，教员、职员及助教视为第二条第一款第一项规定的教职员工，国家作为法人设立的国立大学视为同款第六项规定的学校经营机构。

6. 对于国家作为法人设置的首尔大学医院及首尔大学牙科医院的临床教授要员、职员（包括被派遣到受国家或地方政府委托运营的医院工作的情况），不管本法第三条如何规定，皆适用本法。在这种情况下，临床教授要员、职员视为第二条第一款第一项规定的教职员工，首尔大学医院及首尔大学牙科医院视为同款第六项规定的学校经营机构。

7. 对于国家作为法人设置的国立大学医院及国立大学牙科医院的临床教授要员、职员（包括被派遣到受国家或地方政府委托运营的医院工作的情况），不管本法第三条如何规定，皆适用本法。在这种情况下，临床教授要员、职员视为第二条第一款第一项规定的教职员工，国立大学医院及国立大学牙科医院视为同款第六项规定的学校经营机构。

第六十一条　删除

第八章　罚　　则

第六十二条（罚款）

1. 公团的高管和职员逃避、妨碍或拒绝或者虚假报告第三十条规定的检查时，处以100万韩元以下的罚款。

2. 对于违反第十九条第一款，未报告或虚假报告的人员，或者妨碍或逃避检查的人员，处以30万韩元以下的罚款。

3. 第一款及第二款规定的罚款，由教育部征收。

附　　则

本法自公布之日起施行。但下列各项事项自该区分规定之日起实施。

1. 第十三条中法律第17658号私立学校教职员工年金法部分修订法律第五十三条之三第四款的修订部分。

2. 省略

关于提高教师地位和保护教学活动的特别法

［第17952号法律，2021年3月23日修订］

第一条（目的）

本法旨在改善对教师的礼节和待遇，加强对身份保障和教学活动的保护，提高教师地位，促进教育工作发展。

第二条（对教师的礼遇）

1. 国家、地方政府和其他公共团体应当努力创造条件，使教师受到全社会的尊敬，并以高度的自豪感和使命感投身教学活动。

2. 国家、地方政府和其他公共团体应当特别关注教师对学生的教育和指导，使其权威得到尊重。

3. 国家、地方政府和其他公共团体在其主办的活动等方面，应当给予教师优待。

4. 除本条第一款至第三款规定的事项外，教师礼遇相关其他必要事项，由总统令规定。

第三条（教师报酬优待）

1. 国家和地方政府应当对教师报酬给予特别优待。

2. 《私立学校法》第二条规定的学校法人和私立学校经营者应当将其设置、经营的学校教师的报酬维持在国立学校教师的报酬水平。

第四条（教师的不被逮捕特权）

除现行罪犯外，未经所属学校校长同意，不得在校园内对教师实施抓捕。

第五条（保护教师远离学校安全事故）

1. 设立和运营学校安全共济会，保护老师和学生不受各级学校教育设施的设置、管理和教学活动中发生的事故伤害，使教师能够稳定地履行其职务。

2. 对学校安全共济会另行法律规定。

第六条（教师的身份保障等）

1. 教师不受刑罚的宣判、处分或者法律规定事由的影响，不得违反教师意愿被停职、降职任用或者免职。

2. 教师不受其就学校运营相关腐败行为和与之相当的行为和不正之风事实

等向有关行政机关或者调查机构举报或告发行为所导致的无正当理由惩罚措施等任何身份上的不利对待或者工作条件上的歧视。

第七条（设立教师诉求审查委员会）

1. 教育部设立教师诉求审查委员会（以下称审查委员会），审查各级学校教师对处分和其他违反其意愿的不利处分（包括《教育公务员法》第十一条第四款及《私立学校法》第五十三条之二第六款规定的对教师的拒绝续聘的处分）进行的申诉。

2. 审查委员会由九人以上十二人以内的委员组成，其中包括一名委员长，以委员长和总统令规定的任意委员为常务委员。

3. 根据本条第二款组成的审查委员会，教师或者教师的人数不得超过全体委员的二分之一。

4. 审查委员会的组织等相关必要事项，由总统令规定。

第八条（委员的资格和任命）

1. 审查委员会的委员（包括委员长）由教育部部长从符合下列情形之一的人员中提请总统任命：

（1）在法官、检察官或者律师职务上在职或者曾经在职五年以上的；（2）从教或者曾经从教十年以上的教师；（3）教育行政机关的三级以上公务员和高位公务员团*所属普通公务员，或者曾为三级以上公务员和高位公务员团所属普通公务员；（4）设立、经营私立学校的法人的管理层或者私立学校经营者；（5）根据《教育基本法》第十五条第一款，由中央组织的教师团体的推荐人员；（6）在大学法学副教授以上岗位在职或者曾经在职的。

2. 审查委员会委员每届任期三年，仅限连任一次。

3. 审查委员会委员长和常任委员不能兼任总统令规定的其他职务。

4. 删除

第八条之二（委员的不适格原因等）

1. 有下列情形之一的，不得出任审查委员会的非公务员委员：

（1）有《国家公务员法》所列情形之一的人员；（2）《政党法》规定的政党的党员；（3）在依照《公职选举法》进行的选举中登记为候选人的人员。

2. 非公务员委员有本条第一款所列情形之一的，理当辞职。

第八条之三（委员的身份保障）

审查委员会委员，非因长期心神微弱**不能履行职务，不得违背本人意愿被免职。

---

* 译者注：高位公务员团，是韩国为管理国家高位公务员而成立的特别机构。

** 译者注：因心理或精神障碍短时丧失辨别事物或决策能力的状态。

第八条之四 （罚则适用时的公务员推定）

审查委员会非公务员委员适用《刑法》第一百二十七条和第一百二十九条至第一百三十二条的规定时，视同公务员。

第九条 （诉求审查的请求等）

1. 教师对处分及其他违反其意愿的不利处分不服的，可以自获知有处分之日起三十日内，向审查委员会提交诉求审查的请求。在这种情况下，审查请求人可以聘请律师担任其代理人。

2. 违反本人意愿作出罢免、解聘、免职处分时，在审查委员会对该处分作出最终决定前，不得另行补充发布接替人员。但在本条第一款期限内未提出诉求审查请求的，可以在申诉期满后补充发布接替人员。

第十条 （诉求审查决定等）

1. 审查委员会应当自收到诉求审查请求之日起六十日内作出决定。但如果审查委员会认为不可避免的，可以延长三十天。

2. 审核委员会按照下列分类作出决定：

（1）审查请求不合法的，驳回其请求；（2）认为审查请求无理无据的，驳回其请求；（3）认为请求撤销或者变更处分的审查请求有理有据的，撤销或者变更处分，或者责令处分人撤销或者变更处分；（4）认为请求确认处分是否有效或者存在的审查请求有理有据的，确认相关处分是否有效或者存在；（5）对违法或者不当拒绝处分或者不作为，认为请求履行义务的审查请求有理有据的，责令及时按照请求进行处分。

3. 处分权人应当在收到审查委员会决定书之日起三十日内，按照本条第一款决定的宗旨采取措施（以下称救济措施），并将措施结果提交审查委员会。

4. 对本条第一款规定的评审委员会的决定，教师、《私立学校法》第二条规定的学校法人或者私立学校经营者等当事人（公共团体除外）在决定书送达之日起三十日内，可以按照《行政诉讼法》的规定提起诉讼。

5. 在本条第四款规定的期限内不提起行政诉讼的，该决定生效。

6. 诉求审查的请求、审查和决定等审查程序相关必要事项，由总统令规定。

第十条之二 （决定的效力）

处分权人也受审查委员会的决定效力约束。在这种情况下，不因提起本法第十条第四款规定的行政诉讼而停止效力。

第十条之三 （救济命令）

处分权人在相当长的时间内仍未采取救济措施的，教育部部长、教育监或有关中央行政机关的负责人应当规定其履行期限，并以书面形式责令其采取救济措施。

第十条之四 （履行强制金）

1. 处分权人不履行本法第十条之三规定的救济命令（以下本条内称救济命令）的，教育部部长，教育监或者有关中央行政机关的负责人应当向处分权人征收二千万韩元以下的履行强制金。

2. 依照本条第一款征收履行强制金的，应当以载明履行强制金的数额、征收理由、缴纳期限、征收机关、提出异议办法和提出机关等的文件为准。

3. 本条第一款规定的履行强制金金额的计算标准、已征收履行强制金的返还程序以及其他必要事项，由总统令规定。

4. 以首次下达救济命令之日为准，教育部部长、教育监或有关中央行政机关的负责人可以每年在两次范围内反复征收本条第一款规定的履行强制金，直到救济命令被履行为止。在这种情况下，履行强制金征收不得超过二年。

5. 接到救济命令的处分权人履行救济命令时，教育部部长、教育监或有关中央行政机关的负责人不再征收新的履行强制金，但在履行救济命令前，应当征收已经处以的履行强制金。

6. 履行强制金缴纳义务人未在缴付期限之前缴纳履行强制金的，教育部部长，督学或者有关中央行政机关的负责人应当限期催缴，如果在指定期限内仍不缴纳本条第一款的履行强制金，可以按照国税强制征收的例子进行征收。

第十条之五 （委员的回避）

1. 审查委员会的委员有下列情形之一的，在审查、决定诉求案件时应当被排除在外：

（1）委员或者其配偶或者曾是其配偶的人员成为该诉求案件当事人的；（2）委员与该诉求案件当事人或者当事人的代理人有亲属关系或者曾有过亲属关系的；（3）委员就该诉求案件作证或者评定或者鉴定的；（4）委员作为当事人的代理人参与或曾经参与该诉求案件的；（5）委员参与处分该诉求审查请求对象的。

2. 审查委员会的委员可能影响审查、决定公正的，当事人可以向审查委员会委员提出回避申请。在这种情况下，审查委员会应当作出决定，判断是否接受回避申请。

3. 依照本条第二款被申请回避的委员不得参与审查委员会对回避申请的表决。

4. 符合本条第一款或者第二款事由的情况下，审查委员会委员可以自请回避该诉求案件的审查和决定。

第十一条 （为提高教师地位的交涉和协商）

1. 为了增强教师专业性，提高教师地位，《教育基本法》第十五条第一款规定的教师团体可以与特别市、广域市、特别自治市、道及特别自治道（以下称市、道）的教育监或教育部部长进行交涉、协商。

2. 市、道教育监（以下称教育监）或教育部部长应当忠实地响应本条第一款规定的交涉和协商，并为落实协商达成的事项而努力。

第十二条（交涉、协商事项）

本法第十一条第一款规定的交涉、协商的对象是改善教师待遇、工作条件、福利待遇和专业性延伸相关事项。但教育课程和教育机构以及教育行政机关的管理和运营相关事项不能成为交涉、协商的对象。

第十三条（教师地位提高审议会的设置）

1. 为审议当事人在本法第十一条第一款规定的交涉、协商过程中与交涉、协商事项相关的审议请求，在教育部和市、道分别设立教师地位提高审议会，但教育部审议会由七名以内，市、道审议会由五名以内的委员组成。但除委员长外，二分之一的委员由教师团体的推荐人选出任。

2. 教师地位提高审议会的运营和委员的资格及选任相关必要事项，由总统令规定。

第十四条（教师教学活动的保护）

1. 国家，地方政府和其他公共团体应当积极协助教师搞好教学活动。

2. 为了保护教师的教学活动，国家和地方政府应当制定并实施下列各项措施：

（1）本法第十五条第一款规定的教学活动侵犯行为相关调查、管理和教师的保护措施；（2）与教学活动有关纠纷的调解及教师法律咨询；（3）对教师的投诉等的调查与管理；（4）被认为保护教师教学活动相关其他必要事项。

3. 本条第二款所规定政策的具体内容及政策的制定、实施相关必要事项，由总统令规定。

第十四条之二（法律援助团的组成及运营）

1. 《关于校园暴力预防及对策的法律》第二条第一款规定的校园暴力或者教学活动相关纠纷发生时，为了向涉事教师提供法律咨询，本法第十五条第三款规定的管辖厅可以组建并运营包括律师等法律专家在内的法律援助团。

2. 本条第一款规定的法律援助团的组成和运营相关必要事项，由教育部令或者市、道的教育规则规定。

第十四条之三（特别休假）

因本法第十五条第一款规定的教学活动侵害行为而受到伤害的教师可以按照教育部部长的规定享受特别休假。

第十五条（对侵害教学活动行为采取的措施）

1. 本条第三款规定的管辖厅和《幼儿教育法》规定的幼儿园及《中小学教育法》规定的学校（以下称高中以下学校）负责人发现其所在学校的学生或其

监护人等对正在开展教学活动的教师实施下列情形之一的行为（以下称教学活动侵害行为）时，应当立即采取修复教师因侵害行为所受伤害和恢复教权的必要措施（以下称保护措施）：

（1）《刑法》第二编第二十五章（伤害与暴力罪）、第三十章（胁迫罪）、第三十三章（侵犯名誉罪）或者第四十二章（损坏罪）规定的犯罪行为；（2）《关于性暴力犯罪的处罚等的特例法》第二条第一款规定的性暴力犯罪行为；（3）《关于促进利用信息通信网及信息保护等的法律》第四十四条之七第一款规定的非法信息流通行为；（4）教育部部长规定并告示的其他行为，包括不当干涉或限制教学活动的行为。

2. 保护措施的种类如下：

（1）心理咨询与建议；（2）治疗和疗养；（3）治愈和恢复教权相关其他必要措施。

3. 根据本条第一款采取保护措施的高中以下学校的负责人应当立即根据下列分类规定的指导、监督机关（以下称管辖厅）报告教学活动侵害行为的内容和保护措施实施结果，属于总统令规定的重大事项，教育监应当立即向教育部部长报告：

（1）国立高中以下各级学校：教育部部长；（2）公立、私立高中以下各级学校：教育监。

4. 因教学活动侵害行为受到伤害的老师提出请求的，接到本条第三款规定的报告的管辖厅认为侵犯教学活动的行为符合有关法律的刑事处罚规定的，应当向管辖侦查机关举报。

5. 实施教学活动侵犯行为的学生的监护人（是指亲权人、监护人及其他依照法律对该学生有抚养义务的人，下同）等应当负担对侵犯教学活动行为受害教师实施保护措施所需的费用。但为了迅速治疗受害教师，如果因教学活动侵害行为而受害的教师或高中以下各级学校的校长愿意，管辖厅可以先行负担并行使求偿权。

6. 本条第五款规定的保护措施费用负担及求偿权的范围、程序等相关必要事项，由总统令规定。

第十六条（禁止谎报和隐瞒教学活动侵害行为等）

1. 高中以下各级学校的负责人在进行本法第十五条第三款规定的报告时，不得谎报或隐瞒教学活动侵害行为的内容。

2. 根据本法第十五条第三款接收到的报告材料，管辖厅不得将其用作对该学校或该学校的负责人业务评价等的负面材料。

第十六条之二（状况调查）

1. 为了加强对教师教学活动的保护，管辖厅可以根据总统令的规定，对侵犯教学活动的行为、保护措施以及本法第十八条规定的措施等进行状况调查。

2. 为了实施本条第一款规定的状况调查，必要时辖区厅可以要求相关学校的负责人、有关机构或者团体等提交相关材料。

3. 本条第一款规定的状况调查的内容、范围及程序等相关必要事项，由总统令规定。

第十六条之三（教学活动侵害行为的预防教育）

1. 高中以下各级学校的负责人应当每年对教职工、学生及其监护人进行一次以上预防教学活动侵害行为相关教育。

2. 高中以下各级学校的负责人可以将本条第一款规定的教育项目的组织和运营等委托给专业团体或者专家。

3. 高中以下各级学校的负责人应当将本条第一款规定的教育项目的组成及运营计划公布在学校网站上，以方便教职工、学生及其监护人确认，并应当努力以其他多种方式通知学生家长。

4. 教学活动侵害行为预防教育的实施等相关必要事项，由总统令规定。

第十七条（教师治愈援助中心的指定等）

1. 为援助教师治愈因教学活动侵害行为所蒙受的精神损失，管辖厅可以将具备专业人才及设施等总统令规定条件的机构或团体指定为教师治愈援助中心。

2. 管辖厅可以在预算范围内支援本条第一款列出的教师治愈援助中心的全部或部分费用。

第十八条（对侵犯教学活动的学生采取措施等）

1. 高中以下各级学校的校长，其所属学生实施侵犯教学活动行为的，可以对该学生采取下列措施之一。但退学处分不适用于义务教育阶段学生。

（1）学校服务；（2）社会服务；（3）接受校内外专家的特别教育或心理治疗；（4）停课；（5）换班；（6）转学；（7）退学处分。

2. 高中以下各级学校的校长在采取本条第一款第六项措施之前，应当让该学生依照《校园暴力预防及对策相关法律》第十七条第三款，到教育监指定的机构接受特别教育或心理治疗。

3. 对接受本条第一款第一项、第二项、第四项、第五项的处分措施的学生，高中以下各级学校的校长可以要求其到教育监指定的机构接受特别教育或心理治疗。

4. 管辖厅应当让相关学生的家长也参与本条第一款第一项至第三项规定的特别教育或心理治疗。

5. 高中以下各级学校的校长在采取本条第一款所列措施之一时，应当经过给予该学生或者监护人陈述意见的机会等适当的程序。

6. 高中以下各级学校的校长采取本条第一款所列措施之一时，应当经本法

第十九条第二款所列学校教权保护委员会审议。

7. 侵犯教学活动的学生接受本条第一款第一项至第三项所列措施或者根据本条第二款及第三款接受特别教育及心理治疗的，学校的负责人认可时，与此相关的缺席可以计入出勤。

8. 对本条第一款第六项及第七项所列措施有异议的学生或其监护人，应当自接受该措施之日起十五日内或知道有该措施之日起十日内可以向《中小学教育法》第十八条之三所列市、道学生惩戒调解委员会请求复审。在这种情况下，复审请求、审查程序、决定通报等适用本法第十八条之二第二款至第四款的规定。

9. 各措施的适用标准及程序等相关其他必要事项，由总统令规定。

第十八条之二（教师工作环境情况调查）

1. 为掌握《海岛、偏远地区教育振兴法》第二条规定的海岛、偏远地区教师工作环境的实际情况，管辖厅应当每三年实施一次实际情况调查。

2. 本条第一款规定的状况调查的内容、方法及程序等相关必要事项，由总统令规定。

第十九条（教权保护委员会的设立和运营）

1. 在市、道教育厅设立教权保护委员会（以下称市、道保护委员会），审议下列高中以下各级学校教师教学活动保护相关事项：

（1）保护教师教学活动的措施的制定。（2）调解下列与教师教学活动有关的纠纷：①调解学校教权保护委员会未能调解的纠纷；②调解未设立学校教权保护委员会的幼儿园的教师教学活动相关纠纷。（3）为保护教权，教育监认为需要市、道保护委员会审议的其他事项。

2. 在除幼儿园外的高中以下各级学校设立教权保护委员会（以下称学校教师权利保护委员会），审议下列保护教师教学活动相关事项，幼儿园负责人认为必要时，在幼儿园设立教权保护委员。

（1）制定教学活动侵害标准及预防对策；（2）本法第十八条第一项规定的对侵犯教学活动学生的措施；（3）调解与教师教学活动有关的纠纷；（4）其他校规规定的事项。

3. 市、道保护委员会和学校教权保护委员会的设立、运营相关必要事项，由总统令规定。

第二十条（权限的委任）

本法规定的教育部部长的权限，根据总统令的规定，可以部分委任给教育监及所属机关负责人。

第二十一条（罚则）

不履行根据本法第十条第五款规定的或者提起行政诉讼被判决的诉求审查决

定的，处一年以下有期徒刑或者一千万韩元以下罚款。

第二十二条（罚款）

1. 没有正当理由，未参加第十八条第四款规定的特别教育或心理治疗的监护人，处三百万韩元以下罚款。

2. 本条第一款规定的罚款，根据总统令的规定，由管辖厅征收。

附　　则

第一条（施行日期）

本法自公布之日起六个月后施行。

第二条（决定的效力等适用例）

本法第十条第三款至第五款，第十条之二至第十条之四及第二十一条的修订规定，自本法施行后教师诉求审查委员会作出决定起适用。

期间任用制大学教师落选者救济特别法

[第 16331 号法律，2019 年 4 月 23 日根据其他法律修订]

第一条（目的）

本法旨在通过向国立、公立和私立大学的期间任用制大学教师续聘中落选的教师提供续聘复审的机会，以保护不正当续聘中落聘大学教师的权益，并对其实施救助。

第二条（术语的含义）

本法中使用的术语，其含义如下：

（1）"大学教师期间任用制"是指对大学教师定期任免的制度，指的是根据《教育公务员法》（第 2774 号法律）以及《私立学校法》（第 2775 号法律）在 1975 年 7 月 23 日以后引入的制度；（2）"续聘落选"是指截至《私立学校法》（第 7352 号法律）和《教育公务员法》（第 7353 号法律）施行之日的前一天，根据大学教师期间任用制聘用的教师中被任用权人或任免权人以任用期结束（包括在被解聘、罢免或免职后对此进行争辩的诉讼过程中任用期结束，诉讼结果对诉求无益的情形以及在被解聘、罢免或免职后在对校方上述决定进行争辩的诉讼过程中胜诉，仍被以任用期结束不予续聘的情形）、续聘审查标准未达标等理由不予续聘的情形；（3）"续聘复审"是指本法第三条规定中的教师诉求审查特别委员会按照本法第七条规定中的审查标准，审查针对续聘落选教师的续聘落选决定是否合规的行为。

第三条（教师诉求审查特别委员会的设置等）

1. 在根据《为提高教师地位的特别法》成立的教师诉求委员会中设立教师诉求审查特别委员会（以下称委员会），承担针对续聘落选教师的续聘复审和诉讼等相关业务。

2. 委员会开展下列业务：

（1）针对续聘落选教师的续聘复审。（2）对续聘复审决定不服的当事人提起的诉讼业务。（3）审议和决定开展续聘复审业务所需其他必要事项的。

3. 委员会由五人以上、九人以下的委员组成，其中包括一名委员长，委员长由教师诉求审查委员会委员长兼任，委员中的两名由教师诉求审查委员会常任

韩国教育法律法规

委员担任。

4. 委员会委员从符合以下情形之一的人员中由教育部部长提请总统任命：

（1）担任或曾担任法官、检察官或律师五年以上的人员；（2）在大学担任或曾担任助教以上职务十年以上的人员；（3）教育行政机关现任或往任三级以上的公务员；（4）开设或经营私立大学的法人单位的管理层或私立大学的经营者。

5. 委员会以续聘复审工作结束为存续期间，委员以该期间为任期。

6. 委员会为开展工作认为有必要时，可以请求国家机关或地方政府派遣公务员。

7. 委员会为开展工作认为有必要时，可以请求有关机关提供必要的资料等。

8. 委员会的组建及运营相关必要事项，由总统令规定。

第四条（特别续聘复审等）

续聘落选教师即便通过教师诉求审查委员会复审、法院诉讼等方式，已经就续聘落选决定的适当性进行了争辩，也可以依照本法规定提出续聘复审请求。

第五条（退休、死亡人员的续聘复审要求）

1. 续聘落选教师中达到或超过大学教师退休年龄标准的教师可以提出续聘复审请求。

2. 续聘落选教师死亡时，该教师的继承人可以提出续聘复审请求。

第六条（续聘复审申请期限）

续聘落选教师可以自本法实施之日起六个月以内向委员会提出续聘复审请求。

第七条（审查标准）

委员会对续聘落选教师进行的续聘复审中，将审查该续聘落选决定是否根据学员教育相关事项、学问研究相关事项、学员指导相关事项、续聘相关校规或规定中规定的事项等客观正当理由作出的作为审查标准。

第八条（续聘复审的决定）

1. 委员会应当自接到续聘复审请求之日起一百八十天内判定续聘落选是否适当。但因续聘落选相关资料丢失、学校法人解散等原因导致缺乏判定续聘落选是否适当的依据等情形下，经委员会表决同意，可以延长三十天。

2. 续聘复审的请求、审查和决定等复审程序相关的必要事项，由总统令规定。

第九条（续聘、复审决定的效力）

1. 删除

2. 续聘落选时的任用主体发生变更时，续聘、复审决定对整体继承上述原聘任主体的聘任主体仍然具备约束效力。

附　　则

第一条（施行日期）
本法自公布之日起施行。
第二条　省略
第三条（本法的其他修订）
《期间任用制大学教师落选者救济特别法》进行以下修订：
第十条第一款"第四款"修改为"第八条第三款"。

退休教师终身教育活动支援法

[第11212号法律，2012年1月26日，根据其他法律修订]

第一条（目标）

本法旨在设立退休教师组织"韩国教育三乐会"，以支持正确引导青少年、教育家长和援助学校教育等终身教育志愿者活动，从而为促进国家发展和社会公共利益做出贡献。

第二条（法人资格等）

1. 韩国教育三乐会（以下称三乐会）为法人。

2. 三乐会起草章程，获得教育部部长批准并注册成立。

3. 除本法有关规定外，三乐会适用《民法》中关于社团法人的规定。

第三条（公司章程）

三乐会章程规定事项如下：

（1）目标；（2）名称；（3）办公地点；（4）业务事项；（5）会员权利、义务事项；（6）总会和董事会相关事项；（7）行政机关及其职责分工；（8）资产、会费、审计事项；（9）公司章程变更事项；（10）执行董事及员工事宜；（11）与三乐会经营有关的其他事项。

第四条（会员资格）

三乐会会员的资格如下：

（1）正式会员：国立、公立、私立学校的教师（不包括《高等教育法》第14条第2款规定的教师）和退休教育专业人员；（2）顾问成员：受委托就三乐会的运营接受指导或提供建议的人；（3）名誉会员：为三乐会的发展做出巨大贡献的人；（4）特别成员：受委托支持三乐会运营的教育机构和组织。

第五条（组织等）

1. 三乐会设有总部、支部、支会，总部设在首尔广域市，支部设在首尔广域市、广域市、省、特别自治区，支会设在市、郡、区。

2. 三乐会不得从事任何政治活动。

第六条（业务）

为实现第一条的目的，三乐会将开展以下事务：

（1）终身教育活动；（2）对学生教育活动的支持和指导；（3）品格教育与

辅导活动；（4）教育政策监测活动；（5）与各级教育机构的合作；（6）表彰模范教育工作者，鼓励发现教育价值；（7）提升市民文化的义工活动；（8）为三乐会目的而需要的其他业务。

第七条（会员大会）

1. 三乐会设置由会长、副会长、秘书长、理事等代表组成的会员大会。
2. 第一款中所述的代表的选举、名额及任期等事项，由章程规定。
3. 会员大会负责决定公司章程规定的重要事项。

第八条（会员大会的召集）

1. 会员大会由会长每年召集一次。
2. 临时会员大会在会长认为必要或超过三分之一的代表要求召集时，由会长召集。
3. 会长收到代表提出的本条第二款所述的会议召集请求后，必须在15日内召集会议。

第九条（决策法定人数）

会员大会由登记代表过半数出席，出席代表过半数同意决定。

第十条（会员大会决议的特殊情况）

1. 虽有第九条的规定，但会员大会应当以过半数登记代表出席、三分之二以上出席代表同意，就下列事项作出决议。
（1）公司章程的变更；（2）总部人员选举；（3）预算、决算、经营计划等事项。
2. 属于第一款任何一项的事项，由教育部部长通过股东大会决议批准。

第十一条（会员大会记录）

1. 应当编制会员大会记录。
2. 会议记录必须写明议事的进展总结和结果，并由主席和会员大会选举产生的会议记录的5名或以上签字人签名并盖章。

第十二条（董事会）

1. 在三乐会设立董事会。
2. 董事会决定公司章程规定的事项和股东大会授权的事项。
3. 董事会由会长、副会长和董事组成。
4. 董事会经多数成员同意后决定。
5. 秘书长可列席董事会会议并发言。
6. 当会长认为因自然灾害或其他紧急情况很难召开会员大会时，可以由董事会代为行使会员大会的权限。在该种情况下，董事会决定的事项必须经下一次召开的会员大会批准。

第十三条（总部人员）

1. 三乐会总部人员构成：
（1）会长1名；（2）副会长3名以上5名以下；（3）秘书长1名；（4）董

事 15 名以上 30 名以下；(5) 审计员 2 名。

2. 会长、副会长、董事、审计员由会员大会选举产生，秘书长由会长从董事中任命。

3. 会长代表三乐会，监督三乐会事务，并担任会员大会和董事会主席。

4. 副会长协助会长工作，会长因不得已原因不能履行职务时，副会长按会长事先指定的顺序代为行事。

5. 秘书长根据会长的命令处理三乐委员会的事务，对其所属员工进行指导和监督。

6. 审计员对三乐会的会计和会计相关事务进行审计。

第十四条（支部和支会的人员）

三乐会支部和支会的人员应按照章程的规定选举或任命。

第十五条（办公部门等）

1. 三乐会可以设有开展总部、支部、支会业务所需的办公部门和人员。

2. 第一款规定的办公室部门和工作人员的配额、报酬等必要事项，由章程规定。

第十六条（财务）

1. 三乐会的财务由会费和其他收入承担。

2. 国家和地方政府在认为三乐会运营有必要的情况下，可以在预算范围内提供补贴。

第十七条（监督）

根据第十六条第二款支付补助金时，教育部部长和教育总监可以命令提交有关文件或采取其他必要措施。

附　　则

第一条（施行之日） 1. 本法自公布之日起施行。

2. 省略

第二条至第五条　省略

第六条（其他法律的修订） 从①到㉖省略

㉘中对退休教师继续教育活动支援法作部分修改。

第二条第二款、第十条第二款及第十七条中的"教育科学技术部部长"分别改为"教育部部长"。

㉙到㉑省略

第七条　省略

培训机构的创办和运营及课外教学相关的法律

[法律第17954号，2021年3月23日，其他法律修订]

第一条（目的）
本法旨在通过规定培训机构创办和运营相关的事项及课外教学相关事项，促进培训机构的健康发展，为振兴终身教育事业做出贡献。

第二条（定义）
本法中使用的术语，其定义如下：

(1)"培训机构"是指私人向总统令规定的数量以上的学习者或不特定多少的学习者，按照30天以上的教学课程（包括因教学课程重复而使教学天数达到30天以上的情况。下同）教授（包括进行上级学校升学所需的咨询等指导的情况和利用信息通信技术等远程教学的情况。下同）知识、技术（包括技能。下同）、技艺，或者供作30天以上的学习场所的设施。但属于下列各项之一的设施除外。①《幼儿教育法》、《中小学教育法》、《高等教育法》以及其他法令规定的学校；②图书馆、博物馆及科学馆；③营业机构等的设施中用于下属职员培训的设施；④根据《终身教育法》，许可、注册、申报或报告的终身教育设施；⑤《公民终身职业能力开发法》规定的职业能力开发训练设施，或其他根据终身教育相关的其他法律设置的设施；⑥《道路交通法》规定的汽车驾驶学校；⑦在《住宅法》第二条第三款规定的公共住宅中居住的人员，共同管理的设施中，通过同法第四十三条规定的住户代表会议的决议，不以营利为目的，为住户教育而设置或使用的设施。(2)"培训场所"是指进行第四款规定的课外教学的设施中，不是培训机构及第一款各条之设施的设施。(3)"私人课外教学者"是指在下列各项设施收取教学费等，进行课外教学的人员。①作为学习者的居住地或教学者的居住地的《建筑法》第二条第二款规定的独立住宅或公共住宅；②第一项⑦规定的设施。(4)"课外教学"是指向小学、中学、高中或与其相当的学校的学生，或者为学校入学或学历认证进行相关审核的备考生教授知识、技术、技艺的行为。但属于下列各项之一的行为除外。①在第一款①项至⑥项的设施中，根据其设置目的进行教学的行为；②亲属在同一注册区域内进行的教学行为；③属于总统令规定的志愿服务活动的教学行为。(5)"学习者"是指以下所列之人员。①在培训机构或培训场所接受教学的人员；②利用供 30 天以上学习场所设施的人员；③接受私人课外教学者教学的人员。(6)"教学费等"是指学习者，作为教学或利用学习场所的代价，向以下所列人员缴纳的听课费、利用费或教学费等（以下称教学费）和其他追加缴纳的所有经费（以下称其他经费）。①创办、运营培训机构的人员（以下称培训机构创办人、运营者）；②创办、运营培训场所的人员（以下称教学者）；③私人课外教学者。

第二条之二（培训机构的种类）

1. 培训机构的种类如下列各项：

(1) 学校课外教学培训机构：教授《中小学教育法》第二十三条规定的学校教育课程，或者面向下列各目的人员教学的培训机构。①《幼儿教育法》第二条第一款规定的幼儿；②属于《残疾人等相关特殊教育法》第十五条第一款各项之一的身有残疾的人员；③《中小学教育法》第二条规定的学校的学生。但，为在以职业教育为目的的职业技术领域的培训机构就业而学习的情况除外。

(2) 终身职业教育培训机构：第一款规定的培训机构之外的，以终身教育或职业教育为目的的培训机构。

2. 第一款规定的培训机构的各种教学课程的分类，由总统令规定。

第三条（教师的课外教学限制）

根据《中小学教育法》第二条、《高等教育法》第二条、其他法律创办的学校的所属教员（《高等教育法》第十四条第二款规定的讲师除外），不得进行课外教学。

第四条（培训机构创办人和运营者的责任）

1. 培训机构创办人、运营者，应当以自律和创新运营培训机构，并致力于为学习者提供便利、通过征收适当的教学费等减轻负担及提供平等的教育机会等，尽到作为终身教育负责人的责任。

2. 学习者和私人课外教学者进行课外教学时，应当致力于为学习者提供便利、通过征收适当的教学费等减轻负担及提供平等的教育机会等，尽到作为负责教学之人的责任。

3. 培训机构创办人、运营者及教学者，应当根据特别市、广域市、特别自治市、道及特别自治道（以下称市、道）条例的规定，采取以应对因培训机构、培训场所的运营相关而导致的培训机构、培训场所的学员发生的生命、身体上的损害进行赔偿为内容的保险或共济事业等必要的安全措施。

第五条（教育环境净化等）

1. 培训机构创办人、运营者或教学者，应当维持、管理培训机构或培训场所的教育环境和卫生设施的清洁。

2. 创办、运营学校课外教学培训机构的人员或教学者，不得与可能有损教育环境的营业场所（以下称有害营业场所），在同一建筑物内创办、运营学校课外教学培训机构或培训场所。

3. 与学校课外教学培训机构或培训场所在同一建筑物内设置有害营业场所时，负责其营业相关的许可、批准事宜的行政机构的负责人，应当提前与管辖教育监协商。

4. 第二款及第三款规定的有害营业场所的种类，是指相当于《学校保健法》第六条第一款各项规定之一的行为或配备设施的营业场所（台球厅、漫画店及从事《游戏产业振兴相关法律》第二条第七项规定的网络电脑游戏设施提供业的营业场所除外）

5. 对于总面积达 1650 平方米以上的建筑物，不适用第二款及第三款，但下列各项情况除外。
（1）培训机构位于距有害营业场所水平距离 20 米以内的同一楼层的情况；
（2）培训机构位于距有害营业场所水平距离 6 米以内的上一楼层或下一楼层的情况。

第五条之二（传染病预防相关措施）
培训机构创办人、运营者，可以根据教育部令规定，对医生的诊断结果怀疑感染或染上传染病，或者存在感染隐患的学习者及讲师，采取从培训机构隔离等必要措施。

第六条（培训机构创办和运营注册）
1. 拟创办、运营培训机构的人员，应当配备第八条规定的设施和设备，根据总统令规定，把创办者的个人信息、教学课程、讲师名单、教学费等、设施、设备等，填写到培训机构创办、运营注册申请书上，向教育监注册。拟变更注册事项中的教学课程、讲师名单、教学费等及其他总统令规定的事项时，亦是如此。

2. 配备住宿设施的学校课外教学培训机构的注册，仅在总统令规定的范围内，考虑管辖地区的教育条件和学员的安全及住宿设施的必要性，符合市、道条例规定标准的情况下方可注册。

3. 教育监，应当根据总统令，向第一款规定的注册者签发注册证明。

4. 培训机构创办人、运营者，应当在培训机构，告示根据第三款获得签发的注册证明。

5. 培训机构创办人、运营者，在遗失根据第三款获得发放的注册证明或者该登记证明无法使用时，应当根据教育部令规定，向教育监申请重新签发。

6. 符合下列各项情形之一时，教育监可以拒绝第一款规定的注册：
（1）从受到第十七条第一款规定的注册撤销处分之日起 1 年以内，拟在相应场所注册创办、运营教授相同教学课程的培训机构；（2）在第十七条第一款规定的教学停止处分的停止期间内，拟在相应场所注册创办、运营教授相同教学课程的培训机构。

第七条（有条件的注册）

1. 教育监受理第六条规定的培训机构创办、运营的注册时，可以在总统令规定期限内配备第八条规定的设施和设备为条件，受理培训机构创办和运营的注册。

2. 根据第一款进行注册的人员，无正当理由，却未在其期限内配备设施和设备时，教育监应当撤销注册。

第八条（设施标准）

培训机构应当按各教学课程，根据市、道条例规定的各单位设施标准，配置并维持教学和学习所需的设施和设备。但培训机构的消防设施以消防相关法规为依据。

第九条（不适格事由等）

1. 属于下列各项之一的人员，不得进行第六条规定的培训机构创办、运营的注册：

（1）被成年监护人和被限定监护人；（2）被宣告破产的人员中未恢复权利的人员；（3）被判处监禁以上徒刑，且执行结束或确定不被执行后未满3年的人员或者处于缓刑期的人员；（4）违反本法被判处罚金后未满1年的人员；（5）根据法院判决资格被终止或失去资格的人员；（6）自根据第十七条第一款，培训机构注册撤销之日起未满1年的人员（法人的情况包括其代表）；（6）之二．根据第十七条第一款，受到教学停止处分后未满停止期限的人员（法人的情况包括其代表）；（7）作为法人，其管理人员中存在属于第一项至第六项、第六项之二的人员的情况。

2. 培训机构、运营者发生第一款各项事由时，其注册失去效力。但以下各项情况除外：

（1）第一款第四项的情况；（2）第一款第七项的情况中，相应法人自该事由发生之日起在3个月内，更换选任相应管理人员的情况。

第十条（歇业及关闭培训机构等的申报）

1. 培训机构创办人、运营者，拟将其培训机构歇业1个月以上，或关闭培训机构时，应当根据教育部令规定，及时向教育监申报。

2. 培训机构创办人、运营者，根据《增值税法》第八条，向管辖税务署长申报停业，或管辖税务署长撤销其营业注册时，教育监可以依职权撤销注册事项。

3. 为进行第二款的职权撤销而有需要时，教育监可以请求管辖税务署长，提供培训机构创办人、运营者停业与否的相关信息。在这种情况下，收到请求的管辖税务署长，应当根据《电子政府法》第三十六条第一款，提供培训机构、运营者停业与否的相关信息。

第十一条　删除

第十二条　（教学课程）

培训机构的教学课程，由培训机构创办者、运营者，按学习者的需要和适用性确定。

第十三条　（讲师等）

1. 培训机构负责教学的讲师，应当为具备总统令规定资格的人员。

2. 培训机构创办人、运营者，应当根据教育部令规定告示讲师的年龄、学历、专业科目及资历等相关个人信息。

3. 删除

第十三条之二　（外国人讲师的聘用）

培训机构创办人、运营者，拟聘用外国人讲师（是指非韩国公民的人员中在培训机构负责教学的讲师。下同），让其负责外语教学时，应当对从想成为讲师的人员提交的下列各项文件，进行审核后再聘用。但对于根据《出入境管理法》第十八条，取得可以从事就业活动居留资格的人员中，取得口语指导居留资格的人员可以不提交第一款的犯罪记录证明书。

（1）犯罪记录证明书；（2）健康诊断书（1个月以内开具，包含大麻及药物检查结果）；（3）学历证明；（4）其他总统令规定的文件。

第十四条　（培训场所创立和运营申报等）

1. 拟创办、运营培训场所的人员，应当根据总统令规定，把申报者及教学者的个人信息、培训场所的名称及位置、教学科目、教学费等，填写到培训场所创办、运营申请书上，向教育监申报。拟变更注册事项中，教学者的个人信息、培训场所的名称及位置、教学科目、教学费等及其他总统令规定的事项时，亦是如此。

2. 教育监应当自收到第一款规定的申报或变更申报之日起，在8天之内通知申报人是否受理申报。

3. 教育监未在第二款规定的期限内，通知申报人是否受理申报或是否延长信访处理相关法令规定的处理期限时，视为在该期限（在根据信访处理相关法令，处理期限延长或再次延长的情况下，是指相应处理时间）到期之日的次日受理申报。

4. 教育监在受理第一款规定的申报时，应当根据教育部令规定签发申报证明。

5. 培训者应根据第四款的证明，将发放的申报证明书张贴在培训所。

6. 教学者遗失根据第四款签发的申报证明，或者该申报证明无法使用时，应当根据教育部令规定向教育监申请重新签发。

7. 培训场所1名教学者在一个场所只能教授1门课程。

8. 教学者的资格、培训场所的场所、设施、设备、学习者的数量、其他需要的事项，由总统令规定。

9. 教学者拟关闭培训场所或歇业1个月以上时，应当根据教育部令规定及时向教育监申报。

10. 根据第十七条第二款受到培训场所撤销处分的人员自收到其处分之日起1年以内，或者受到教学停止处分的人员在该停止期限未到期的情况下，不得根据教育部令规定申报同类培训场所。

11. 在教学者根据《增值税法》第八条，向管辖税务署长申报停业或管辖税务署长撤销营业注册的情况下，教育监可以依职权撤销申报事项。

12. 为进行第十一款的职权撤销而有需要时，教育监可以请求管辖税务署长，提供教学者停业与否的相关信息。在这种情况下，收到请求的管辖税务署长，应当根据《电子政府法》第三十六条第一款，提供培训场所停业与否的相关信息。

第十四条之二（私人课外教学者申报等）

1. 拟进行私人课外教学的人员，应当根据总统令规定，向住所所在地管辖教育监，申报教学者的个人信息、教学科目、教学场所及教学费等。拟变更申报事项中总统令规定的事项时，亦是如此。但根据《高等教育法》第二条或个别法律创办的大学（包括研究生院）及与其相当的学校的在册学生（休学学生除外）例外。

2. 教育监应当自收到第一款规定的申报或变更申报之日起，在5天之内通知申报人是否受理申报。

3. 教育监未在第二款规定的期限内，通知申报人是否受理申报或是否延长信访处理相关法令规定的处理期限时，视为在该期限（在根据信访处理相关法令，处理期限延长或再次延长的情况下，是指相应处理时间）到期之日的次日受理申报。

4. 教育监在受理第一款规定的私人课外教学申报时，应当根据教育部令规定，签发申报证明。

5. 教学场所为私人课外教学者的居住地时，私人课外教学者应当在教学场所告示申报证明；教学场所为学习者的居住地时，学习者或其学生家长要求时，应当出示申报证明。

6. 私人课外教学者遗失根据第四款签发的申报证明，或者该申报证明无法使用时，应当根据教育部令规定，向教育监申请重新签发。

7. 私人课外教学者不进行课外教学时，应当将该事实通报教育监。

8. 教育监受理第一款规定的申报或变更申报时（包括根据第三款视为受理申报的情况），私人课外教学场所非该教育监管辖地区时，应当向管辖教学场所的教育监通报该事实。

9. 收到第十七条第三款规定的课外教学停止命令的人员，在该停止期限未到期的情况下，不得进行课外教学。

10. 私人课外教学者在其居住地进行课外教学时，应当根据教育部令规定，在教学场所外部贴上告知此地为进行私人课外教学的场所的标记。

11. 私人课外教学者的教学场所为其居住地时，只能申报 1 名私人课外教学者。但是同一注册标准地内的亲属的情况，可以追加申报。

第十五条（学费等）

1. 教育机构创办人、运营者、教学者或私人课外教学者，可以向学习者收取教学费等，并且收取教学费等时，应当开具教育部令规定的收据。

2. 培训机构创办人、运营者、教学者或私人课外教学者，考虑教学内容和教学实践等确定教学费，其他费用费按实际费用确定。

3. 培训机构创办人、运营者、教学者或私人课外教学者，应当根据市、道教育规章的规定，在学习者容易看到的场所，告示第一款规定的教学费等和其返还相关事项，并且在以招收学习者为目的，通过印刷品、网络等进行广告宣传时，应当标示教学费、注册证明或申报证明内容中总统令规定的事项。这种情况下，学习者或学生家长有要求时，应当根据教育部令规定，书面告知告示或标示的教学费等的内容。

4. 培训机构创办人、运营者、教学者或私人课外教学者，不得虚假标示、告示、告知教学费等，或者征收超过标示、告示、告知教学费等或向教育监注册、申报的教育费等的金额。

5. 删除

6. 教育监认定，根据第二款确定的学校课外教学培训机构、培训场所或私人课外教学者的教学费等过多时，可以根据总统令规定，责令调整教学费等。

第十五条之二（培训机构及培训场所的名称标示）

1. 培训机构的名称，在专有名称下面附带标示"培训机构"。

2. 培训场所的名称，在专有名称下面附带标示教学科目和"培训场所"。

第十五条之三（账簿和文件的备置）

培训机构创办人、运营者、教学者及私人课外教学者，应当根据教育部令规定，备置、管理培训机构等的运营及教学相关的账簿或文件。

第十五条之四（对培训机构创办人和运营者等的培训）

为提高培训机构创办人、运营者、讲师及教学者应当具备的作为社会教育负责人的资质而需要时，教育监可以根据总统令规定，制定、实施培训相关计划。

在这种情况下，对于外国人讲师，为帮助其适应韩国文化，提高其作为社会教育负责人的资质，应当在入境后实施一次以上的培训。

第十五条之五 （信息的公开）

1. 为保障公民的知情权并提高培训机构和培训场所运营的透明性，教育监应当按各培训机构种类、各教学课程、各地区教育厅或各市（包括《用于济州特别自治道设置及国际自由城市建造的特别法》第十条第二款规定的行政市）、郡、区，对向教育监注册或申报的教学费等进行分类，在市、道教育厅网站首页等上公开。

2. 第一款规定的信息公开的范围，包括培训机构或培训场所的名称、位置、教学课程、教学科目、名额、教学期间、教学实践及教学费等相关事项由总统令规定。

第十六条 （指导和监督等）

1. 为培训机构的健康发展和确保培训场所及私人课外教学者进行的课外教学的健全性，教育监应当给予适当的指导和监督。

2. 教育监考虑对学校的授课和学生的健康等的影响，可以在市、道条例规定的范围内，确定学校课外教学培训机构、培训场所或私人课外教学者的教学实践。在这种情况下，教育监应当听取学生家长及相关团体等意见。

3. 教育监认定需要时，对于培训机构创办人、运营者及教学者，可以让其报告设施、设备、教学费等、教学相关的事项和《道路交通法》第五十三条、第五十三条之三及第五十三条之五遵守与否相关的事项或各种统计资料，或者让相关公务员出入相应单位对其设施、设备、账簿及其他文件进行检查，并且可以下达设施、设备的改善命令或其他必要的命令。

4. 教育监认定需要时，可以确认（审查）私人课外教学者的教学费等各种申报事项或者采取其他所需措施。

5. 根据第三款出入和检查的相关公务员，应当持有表示其权限的证明并向相关人员出示。

6. 为了对未注册、未申报的教学、教学费等超额征收、其他违反本法的事项相关的申报进行受理及处理，教育监可在其所属机构设立和运营非法民办教育举报中心，并且可以根据总统令规定，对举报此类违规事项的人员支付奖励金。

第十七条 （行政处分）

1. 培训机构发生下列情况之一时，教育监可以撤销其注册，或者确定1年以内的期限，命令停止全部或部分教学课程的教学。但属于第一项时，应当撤销其注册。

（1）以虚假或其他不正当方法，进行第六条规定的注册情况；（2）配备住宿设施的学校课外教学培训机构，未达到第六条第二款规定标准的情况；

(3）未达到第八条规定的设施标准的情况；（4）无正当原因，却自开业预定日起超过 2 个月仍未开业的情况；（5）无正当原因，却连续 2 个月以上歇业的情况；（6）关于注册事项，未进行变更登记而变更的，以不正当方法运营培训机构的情况；（7）违反第十五条第四款征收教学费等的情况；（8）违反第十五条第六款规定的教学费等的调整命令的情况；（8）之二．违反第十五条之二第一款，进行名称标示的情况；（9）招收学习者时进行夸大或虚假宣传的情况；（10）其他违反本法或本法规定的命令的情况；（11）违反《道路交通法》第五十三条第三款，儿童校车（包括未进行同法第五十二条规定的申报情况）未同时搭载保护人的情况下，因儿童校车行驶过程中发生的交通事故导致搭乘（包括上下车）该儿童校车的幼儿死亡或身体上受到教育部令规定的重大伤害的情况；（12）确认对学习者作出《儿童福利法》第三条第七项规定的儿童虐待行为的情况。但培训机构创办人、运营者，为防止儿童虐待行为，恰当防范，密切监督，毫不懈怠的情况下除外。

2. 教育监在培训场所发生下列各项情形之一时，可以命令该培训场所关闭或者确定 6 个月以内的期限，命令停止教学。但属于第一项时，应当命令该培训场所关闭。

（1）以虚假或其他不正当方法，进行第十四条第一款规定的申报的情况；（2）关于申报事项，未进行变更申报而变更等，以不正当方法运营培训场所的情况；（3）违反第十五条第四款，征收教学费等的情况；（4）违反第十五条第六款规定的教学费等的调整命令的情况；（4）之 2. 违反第十五条之二第二款，进行名称标示的情况；（5）其他违反本法或本法规定的命令的情况；（6）确认对学习者作出《儿童福利法》第三条第七项规定的儿童虐待行为的情况。但教学者为防止儿童虐待行为，恰当防范，密切监督，毫不懈怠的情况下除外。

3. 教育监在私人课外教学者发生下列各项情形之一时，可以确定 1 年以内的期限，命令停止课外教学。但属于第一项时，应当命令停止课外教学。

（1）以虚假或其他不正当方法，进行第十四条之二第一款规定的申报的情况；（2）关于申报事项，未进行变更申报而变更等，以不正当方法进行课外教学的情况；（3）违反第十五条第四款，征收教学费等的情况；（4）违反第十五条第六款规定的教学费等的调整命令的情况；（5）其他违反本法或本法规定的命令的情况；（6）对学习者作出《儿童福利法》第三条第七项规定的儿童虐待行为的情况。

4. 第一款至第三款规定的行政处分的标准和其他必要事项，由条例规定。

第十八条（退返学费等）

1. 培训机构创办人、运营者、教学者及私人课外教学者，在学习者无法继续上课时，或因培训机构的注册撤销、培训场所废除等无法继续教学时，应当采取返还从学习者收取的教学费等保护学习者所需的措施。

2. 第一款规定的教学费等的返还事由、返还金额、其他必要事项，由总统令规定。

第十九条（对培训机构的关闭等）

1. 在发生下列各项情形之一时，教育监可以关闭培训机构或培训场所，或者让其停止教学等：

（1）未进行第六条第一款或第十四条第一款规定的注册或申报，而创办、运营培训机构或培训场所的情况；（2）根据第十条第二款或第十四条第十一款，教育监依职权注销注册事项或申报事项的情况；（3）根据第十七条受到停职教学处分的培训机构创办人、运营者或教学者，继续教学或提供学习场所的情况；（4）根据第十七条培训机构受到注册撤销处分或培训场所受到关闭处分的情况。

2. 为第一款规定的培训机构或培训场所的关闭或教学等的停止，教育监可以让相关公务员采取下列各项措施：

（1）清除相应培训机构或培训场所的招牌或其他标志物，或者设置用于限制学习者出入的设施物；（2）粘贴告示，告知是相应培训机构或培训场所未进行注册或申报的设施或受到第十七条规定的行政处分的设施。

3. 第一款规定的措施，应当在为达到其目的所需的最小范围内实施。

4. 实施第一款规定的措施的相关公务员，应当持有标明其权限的证明并向相关人员出示。

第二十条（听证）

教育监拟作出属于下列各项处分时，应当进行听证：

（1）第十七条第一款规定的培训机构的注册撤销；（2）第十七条第二款规定的培训场所的废除命令。

第二十一条（权限的委任和委托）

1. 本法规定的教育监的权限可以根据总统令规定部分委任给教育长。

2. 删除

3. 教育监可以根据总统令规定，将对第十五条之四规定的培训机构创办人、运营者、讲师及教学者实施培训计划的部分相关业务，委托给培训机构及培训场所相关机构或法人。

第二十二条（罚则）

1. 对于属于下列各项之一的人员，处以1年以下的有期徒刑或1000万韩元以下的罚金：

（1）未进行第六条规定的注册而创办、运营培训机构的人员；（2）以虚假或其他不正当方法，进行第六条规定的注册的人员；（3）未进行第十四条第一款规定的申报而创办、运营培训场所，或者以虚假或其他不正当方法，申报并创办、运营培训场所的人员；（4）未进行第十四条之二第一款规定的申报，或者以虚假或其他不正当方法申报并进行课外教学的人员。

2. 对于违反第三条进行课外教学的人员，处以1年以下的监禁或1000万韩元以下的罚金。

3. 对于拒绝、妨碍或回避第十九条第二款各项规定的招牌或其他标志物的清除或设施物的设置，或者不允许张贴告示并清除毁坏的人员，处以200万韩元以下的罚金。

第二十三条（罚款）

1. 对于属于下列情况之一的人员，处以300万韩元以下的罚款：

（1）未采取第四条第三款规定的安全措施的人员；（1）之2. 违反的第六条第四款，未告示注册证明的人员；（2）未进行第十条第一款或第十四条第九款规定申报的人员；（3）未告示第十三条第二款规定的讲师年龄、学历、专业科目及阅历等相关个人信息的人员；（3）之二．未进行第十三条之二规定的审核而聘用外国人讲师的人员；（4）违反第十四条第五款或第十四条之二第五款，未告示或出示申报证明的人员；（5）自第十四条第六款或第十四条之二第六款的事由发生之日起，在1个月之内未申请重新签发申报证明的人员。（6）删除；（6）之二．未开具第十五条第一款规定收据的人员；（6）之三．未粘贴第十四条之二第十款规定标记的人员；（7）违反第十五条第三款，未标示、告示、告知教学费等和其返还相关事项，或者违反同条第十五款，虚假标示、告示、告知教学费等的人员；（7）之二．违反第十五条第四款，征收教学费等的人员；（7）之三．违反第十五条第六款规定的教学费等的调整命令的人员；（7）之四．违反第十五条之三，备置和管理账簿或文件的人员；（8）未进行第十六条第三款规定的报告或进行虚假报告的人员；（9）拒绝、妨碍或回避第十六条第三款规定的相关公务员出入、检查的人员；（10）未返还第十八条规定的教学费等的人员。

2. 第一款规定的罚款，根据总统令规定，由教育监征收。

3~5. 删除

第二十四条（适用的排除）

根据第二条第一款，对于进行远程教学的培训机构，不适用第四条第三款、第五条、第七条、第八条及第十六条第二款。

附　　则

本法自公布之日起施行。（省略但书）

关于教育国际化特区指定、运营及培育的特别法

[第 17954 号法律，2021 年 3 月 23 日根据其他法律修订]

第一条（目的）

本法旨在通过指定并运营教育国际化特区，培养国际化专业人才，增强国家的国际竞争力，促进地区间均衡发展。

第二条（术语的定义）

本法所称"教育国际化特区"，指的是为推动外语教学和国际化教育活性化而建立的、根据本法第四条指定的区域。

第三条（与其他法律的关系）

除其他法律有特别规定的外，有关教育国际化特区（以下称特区），先于其他法律适用本法。

第四条（特区的指定等）

1. 管辖特别市长、广域市长、特别自治市长、道知事或特别自治道知事（以下称市、道知事）和教育监根据本条第二款共同提请时，经本法第七条规定的教育国际化特区委员会审议，可以指定特区。

2. 市、道知事和教育监可以共同要求教育部部长指定特区。但对象区域如果跨两个以上特别市、广域市、特别自治市、道或特别自治道（以下称市、道）时，应当由各相关市、道知事和教育监共同提出指定申请。

3. 教育部部长根据本条第一款指定特区时，应当根据总统令的规定在官报上公布该内容，并及时通知管辖市、道知事。

4. 接到本条第三款规定的通知的市、道知事，应当让其内容供对公众阅览十四天以上。

5. 特区的指定条件如下：

（1）具备搞活外语教学和国际化教育的优良条件；（2）形成对强化中小学外语教学及地区社会国际竞争力的需求；（3）对教育国际化基础建设贡献度高于其他市、道；（4）除此之外，具备被公认为特区建设所需的条件。

6. 本条第一款规定的指定程序和本条第五款规定的指定条件等相关必要事

项，由总统令规定。

第五条（特区的指定解除等）

1. 教育部部长认为很难实现本法第六条第一款规定的特区培育综合规划时，经本条第七款规定的教育国际化特区委员会审议通过后，可以解除对特区的指定。在这种情况下，教育部部长应当听取被指定为特区的管辖特别市长、广域市长、特别自治市长、道知事或特别自治道知事（以下称管辖市、道知事）的意见。

2. 本条第一款规定的指定解除的具体条件和指定解除程序等相关必要事项，由总统令规定。

第六条（特区培育综合规划的制定）

1. 教育部部长应当每五年制定并推进特区培育相关特区培育综合规划（以下称综合规划）。

2. 特区培育综合规划应当包括以下内容：

（1）特区培育的基本方向；（2）特区内各级学校及其他教学机构的教学活动管理及一体化支援体系建设方案；（3）特区内各级学校及其他教学机构的专业人才培养；（4）特区内各级学校及其他教学机构间的交流与合作活性化；（5）特区运营成果的普及推广；（6）特区培育相关投资扩大及资金筹集方案；（7）特区内实施的道路、用水等基础设施建设，教育设施用地的筹措*；（8）总统令规定的旨在推动特区培育的其他事项。

3. 教育部部长制定特区培育综合规划时，应当与各相关中央行政机关负责人及特区市、道知事协商，并经本法第七条的教育国际化特区委员会审议确定。变更特区培育综合规划中总统令规定的重要事项时，也应当履行本流程。

4. 教育部部长应当将向各根据本条第三款确定或变更的特区培育综合规划通报各相关中央行政机关负责人及特区市、道知事。

5. 教育部部长为制定特区培育综合规划，可以实施特区培育相关状况调查。

6. 为实施本条第五款规定的状况调查，教育部部长可以要求各相关中央行政机关负责人、特区市、道知事及相关机构、团体负责人提供必要的资料。在这种情况下，被请求人如无特殊原因，应予以配合。

7. 相关中央行政机关负责人应当根据特区培育综合规划制定本部门的支持计划，如无正当理由，应当协助教育部部长提出的支持计划实施请求。

8. 特区培育综合计划的制定、实施和状况调查的方法等相关必要事项，由总统令规定。

---

* 译者注：通过划拨、竞拍等方式取得土地。

第七条 （教育国际化特区委员会）

1. 在教育部设立教育国际化特区委员会，审议下列特区培育相关事项：

（1）特区的基本政策与制度；（2）特区的指定、解除指定及变更；（3）特区培育综合规划的制定及变更；（4）根据特区培育综合规划制定的相关部门支持计划；（5）协调相关中央行政机关负责人及特区市、道知事特区相关意见；（6）委任本法第十七条规定的监察专员；（7）总统令规定的特区指定、运营及培育相关其他事项。

2. 教育国家化特区委员会由二十名以内的委员（职权岗委员和七名以上的委任委员）组成，其中包括委员长和副委员长各一名。

3. 委员长由教育部部长担任，副委员长由本条第四款规定的委任委员互选产生。

4. 职权岗委员从相关中央行政机关次官级*公务员中由总统令规定的人员出任，委任委员由委员长从教育界、教育相关团体、教育国际化专家及拥有可以对特区发展和运营做出贡献的丰富知识和经验的人员中任命。

5. 可以在教育部设立事务局，协助教育国际化特区委员会的日常事务性工作。

6. 教育国际化特区委员会及事务局的组成、运营等相关必要事项，由总统令规定。

第八条 （年度实施计划）

1. 特区市、道知事应当根据特区培育综合计划，制定并实施每年的实施计划（以下称年度实施计划）。

2. 特区市、道知事在制定年度实施计划时，应当事先听取特区管辖地方政府（以下称特区地方政府）的教育行政机关及特区内各级学校、教师、家长团体的意见。

3. 年度实施计划须经教育部部长批准。在批准的年度实施计划中，变更总统令规定的重要事项时也应当履行相同程序。

4. 特区市、道知事制定年度实施计划或变更已批准的年度实施计划时，必须经过本法第九条规定的实施计划审议委员会的审议。

5. 特区市、道知事应当每年撰写年度推进业绩报告，并提交给教育部部长；教育部部长要对提交的报告书进行评价，特区市、道知事制定下一年度的年度实施计划时要体现该评估结果。

6. 年度实施计划的制定和本条第五款规定的报告书的提交等相关必要事项，

---

* 译者注：副部级。

由总统令规定。

第九条（实施计划审议委员会）

1. 设立特区市、道知事主管的实施计划审议委员会，审议下列年度实施计划相关事项：

（1）年度实施计划的详细内容；（2）听取居民对特区培育综合规划及年度实施计划的意见，推动居民参与；（3）条例规定的特区创建事业相关其他事项。

2. 实施计划审议委员会由十五名以内的理事组成，其中包括委员长及副委员长各一名。

3. 实施计划审议委员会的委员长由特区市、道知事担任，委员由特区市、道知事从符合下列情形之一的人员中任命或委任：

（1）拥有五年以上教师、教育专家工作经历的人员；（2）拥有五年以上教育行政专家工作经历的人员；（3）拥有丰富教育国际化学识和经验的学生家长；（4）其他拥有教育国际化学识和经验的人员。

4. 实施计划审议委员的组织架构、运营等相关必要事项由条例规定。

第十条（中小学运营特例）

特区内的小学、初中及高中（以下称中小学）经特区指定地区的管辖教育监（以下称特区教育监）的指定，可以运营不适用《中小学教育法》第二十三条及第二十九条规定的学校。

第十一条（构建教育国家化基础）

为搞活特区内的国际化教育，特区地方政府可以开展下列工作，国家可以给予支持：

（1）以国际化教育为目标，设立适用《初、中等教育法》第六十一条规定的特例的学校。（2）打造外语村（指的是为体验各语种多彩的国家文化，提高外语能力，配备各种教育设施和配套设施的外语生活区）。（3）在外语村阶段性推动下列外语商业化事业：①公共机构的外语服务；②打造近邻生活设施及文化、福利、集会设施等外语使用环境；③促进外语商业化相关其他必要事项。（4）国际交流设施的设立及制定。（5）构建教育国际化相关其他必要事项。

第十二条（强化中小学的外语教育）

为强化中小学的外语教育，特区教育监应当开展以下工作，国家可以对其进行支援：

（1）开发并运营旨在提高外语能力的项目；（2）在小学建设并运营外语体验学习设施；（3）强化外语教师培养及再教育课程；（4）强化中小学外语教育相关其他必要事项。

第十三条（强化大学的国际竞争力）

1. 为活跃大学教育的国际化交流与合作，强化大学教育的国际竞争力，特区内的大学可以制定并实施基础打造计划。

2. 为推动本条第一款规定的计划，特区内的大学可以开展以下工作：（1）与国外大学共同开设双学位制和教育课程，扩大学分交流；（2）扩大与国外大学的学生及教授交流；（3）扩大外国学生招引；（4）吸引海外优秀大学的教育项目；（5）强化大学国际竞争力相关其他必要事项。

3. 国家或特区地方政府可以向开展本条第二款项目的大学提供行政和财政支持。

4. 特区内的大学开展外国学生招引活动时，国家可以提供奖学金、宿舍及就业扶持等必要支持。

第十四条（强化地区社会的国际竞争力）

为增强特区内地区社会的国际竞争力，特区市、道知事及教育监可以开展以下工作：（1）为地区居民体验及交流多彩外国文化打造各语言圈文化体验村；（2）为推动地区居民的外语体验学习，设立并运营《继续教育法》第二条第二款规定的继续教育机构；（3）总统令规定的其他事项。

第十五条（外国人学校的设立及运营支援）

为改善外国人的受教育环境，国家及特区地方政府可以为特区内《中小学教育法》第六十条之二规定的外国人学校土地购置、设施建造或学校运营提供必要的资金支持。

第十六条（外国人接诊医院的指定及运营）

1. 为了向外国人提供便利的医疗服务，保健福祉部长官及特区市、道知事可以在特区内指定外国人接诊医院。

2. 本条第一款规定的外国人接诊医院的指定、运营等相关必要事项，由总统令规定。

第十七条（监察专员的设置）

1. 设置监察专员，以帮助解决特区内外国人的生活困扰事项。

2. 本条第一款规定的监察专员，从拥有改善丰富外国人生活条件相关学识和经验的人员中，经教育国际化特区委员会审议，由教育部部长委任。

3. 监察专员的运营等相关必要事项，由总统令规定。

第十八条（特区市、道知事的资助等）

为创建特区，特区市、道知事可以向相关公共团体等提供资助。

第十九条（国家或地方政府所有的国有、共有财产无偿出借等）

1. 为推动特区培育综合规划事业，必要时国家可以不适用《国有财产法》，允许其无偿使用或租赁国有财产。

2. 根据本条第一款允许无偿使用或租赁国有财产时，其期限执行《国有财产法》第三十五条第一款或第四十六条第一款的规定。

3. 本条第二款使用许可期限或出借期限结束的国有资产，可以在不超过原使用许可期限或出借期限的范围内，对原使用许可或租赁协议进行展期。

4. 为推动特区培育综合规划事业，必要时特区地方政府可以不适用《公有财产及物品管理法》，允许其无偿使用或租赁公有财产及物品。

5. 为推动特区培育综合规划事业，必要时国家可以不适用《物品管理法》，向其转让、无偿出借或令其免费使用该物品，并通过该物品获取收益。

6. 本条第一款、第四款及第五款规定的出让、出租、使用及受益许可的条件及程序等相关事项，由总统令规定。

第二十条（对国会的报告）

教育部部长应当在每年定期国会召开前，向国会提交特区的指定、运营与培育相关报告。

第二十一条（权限的委任）

本法规定的教育部部长的权限，可以根据总统令的规定，部分委任给特区市、道知事及特区教育监。

第二十二条（社会关怀对象教育等）

对低收入群体、残疾人等社会关怀对象，国家及特区地方政府应当保障其平等受教育机会，并根据总统令的规定制定并实施必要的措施，使他们能够发挥自身潜能和力量，履行作为社会成员的作用和责任。

附　　则

本法自公布之日起施行。（省略但书）

经济自由区及济州国际自由城市外国教育机构设立与运营相关特别法

[第17954号法律，2021年3月23日根据其他法律修订]

第一条（目的）

本法旨在通过规定设立在《关于经济自由区指定与运营的特别法》第二十二条规定的经济自由区的外国教育机构以及设立在《关于设立济州特别自治道及打造国际自由城市的特别法》第二百二十条规定的济州特别自治道的外国教育机构设立与运营相关必要事项，提高居住在经济自由区与济州特别自治道外国人的教育条件。

第二条（术语的定义）

本法中使用的术语，其定义如下：

（1）"外国学校法人"是指根据外国法令在国外设立并运营幼儿、初等、中等、高等教育机构的国家、地方政府或不以盈利为目的的法人；（2）"外国教育机构"是指设立在《关于经济自由区指定与运营的特别法》第二十二条规定的经济自由区的外国教育机构以及设立在《关于设立济州特别自治道及打造国际自由城市的特别法》第二百二十条规定的济州特别自治道的外国教育机构。

第三条（与其他法律的关系）

依据本法设立的外国教育机构，除本法另有规定外，不适用《幼儿教育法》《中小学教育法》《高等教育法》以及《私立学校法》。

第四条（设立资格）

能够设立外国教育机构的，仅限外国学校法人。

第五条（外国教育机构的设立许可）

1. 拟设立外国教育机构的外国学校法人，应当具备设施、设备等总统令规定的设立标准，并经下列第一项规定的推荐权人推荐，经下列第二项规定的许可权人许可。

（1）推荐权人划分如下：①拟设立在经济自由区的外国教育机构：《关于经济自由区指定与运营的特别法》第二十七条之二规定的行政机构负责人；②拟设立在济州特别自治道的外国教育机构：济州特别自治市。（2）许可权人划分如下：①相当于《幼儿教育法》第二条第二款规定的幼儿园或《中小学教育法》第二条规定的学校的外国教育机构：管辖该外国教育机构拟设立地区的教育监（以下称教育监）；②与《高等教育法》第二条规定的学校相当的外国教育机构：教育部部长。

2. 外国学校法人根据本条第一款申请外国教育机构设立许可时，应当向本条第一款第二项规定的该外国教育机构的许可权人，提报注明拟设立外国教育机构的名称、设立目的、教务运营计划等总统令规定事项的申请书及其他材料。

3. 本条第一款规定的许可可以附加许可条件。

4. 外国教育机构负责人想要变更设立许可事项中名称、设立目的、校舍、学校用地以及总统令规定的其他重要事项时，应当事先征得许可权人批准。

5. 外国教育机构的设立许可程序外，其他设立相关必要事项，由总统令规定。

第六条（设立登记等）

1. 对取得设立许可的外国教育机构，外国学校法人应当自取得设立许可之日起三周内，办理等同于《民法》第五十条规定的法人分事务所设立登记的登记。在这种情况下，登记事项中的"理事"视作"外国学校法人的代表人"。

2. 本条第一款的登记应当包括以下内容：

（1）外国学校法人所在国的设立相关法律依据；（2）在韩国代表该外国学校法人的外国教育机构负责人的姓名和住址。

3. 《民法》第五十一条、第五十二条、第五十二条之二、第五十三条和第五十四条的规定，适用本条第一款的登记。在这种情况下，相关法律条文中的"理事"视作"外国教育机构负责人"，"法人"视作"外国教育机构"。

4. 根据本条第三款并适用《民法》第五十二条进行登记变更的，登记事项的变更发生在国外时，应当及时将该理由通知许可权人，登记期限从通知到达之日起计算。

第七条（外国学校法人的权利能力等）

外国学校法人的权利能力和违法行为能力适用《民法》第三十四条及第三十五条的规定。

第八条（外国教育机构的成立等）

1. 外国教育机构根据本法第六条进行设立登记后成立。

2. 本条第一款的情况下，外国教育机构负责人代表外国学校法人。

第八条之二（教职员工）

外国教育机构的教职员工任用适用《教育公务员法》第十条之四以及《私立学校法》第五十七条及第七十条之三。

第九条（指导与监督）

1. 许可权人指导并监督外国教育机构。

2. 为指导、监督外国教育机构，必要时许可权人可以根据总统令的规定，要求外国教育机构负责人提报相关材料。

第十条（学生定员）

1. 外国教育机构的学生定员，除教师及医务人员、药剂师、医疗技师等总统令规定的人才培养相关定员外，由外国教育机构负责人规定。但能够进入相当于高中以下各级学校的外国教育机关的本国人数量，在总统令规定的比例范围内，由外国教育机构负责人确定。

2. 在经济自由区内根据《中小学教育法》第六十条之二设立的外国人学校，允许接纳入学的本国人数量执行总统令的规定。

第十一条（学力认定）

1. 《中小学教育法》规定的小学、初中或高中相应的外国教育机构运营总统令规定的教学课程的，教育监可以将该外国教育机构指定为学力认定教育机构。

2. 从相当于《高等教育法》第二条规定的大学或专科院校毕业的人员，视作其具备与从韩国的学校毕业的人员同等的学力。

3. 本条第一款规定的指定相关必要事项，由总统令规定。

第十二条（外国教育机构的会计处理）

外国教育机构的会计业务依照教育部部长规定的会计标准等处理。

第十三条（国有和公有财产的租赁及出售）

对向依照本法设立外国教育机构的外国学校法人租赁及出售国有和公有财产等，适用《外国人投资促进法》第十三条的外国人投资支援相关规定。在这种情况下，相关法律条文中的"外国人投资企业等"视作"外国学校法人"。

第十四条（财政支持等）

国家或地方政府根据《关于经济自由区指定与运营的特别法》对外国教育机构进行支持时，根据总统令的规定，接到外国教育机构的申请后方可提供支持。

第十五条（支持相关措施）

1. 国家及地方政府可以根据本法第十三条或第十四条对受援外国学校法人或外国教育机构实施以下行为：

（1）事先征得外国学校法人或外国教育机构同意，参与有关外国教育机构运营相关议事决策机构。但外国学校法人设立并运营的、由国家或地方政府支援部分或全部学校用地及设施的外国教育机构（以下称公共型外国教育机构），无须事先征得相关法人或机构同意即可参与决策；（2）与支持相关，必要时听取该外国学校法人或外国教育机构就其业务或会计情况的报告;(3)认定该外国学校法人或外国教育机构的预算使用与资助目的不符时,采取建议修改预算相关措施。

2. 有下列情形之一的,国家或地方政府可以停止本法第十三条或第十四条规定的支援:

(1)支援成绩不佳,认为不宜继续支持的;(2)外国学校法人或外国教育机构不听从本条第一款第三项规定的建议的。

第十六条 (外国教育机构的关闭许可)

外国学校法人或外国教育机构负责人关闭外国教育机构,应当取得许可权人的许可。

第十七条 (整改命令等)

1. 外国教育机构有下列情形之一的,许可权人可以限期责令整改:

(1)违反本法第五条第一款规定的设立标准的;(2)不履行本法第五条第三款规定的许可条件的;(3)违反本法第十条规定核定名额的;(4)除假期外,连续三个月以上未继续授课的;(5)《关于振兴产业教育及促进产学研合作的法律》第二条第二款第三项规定的外国教育机构,违反产学研合作相关法令或命令的;(6)此外,违反本法或依据本法作出的命令的。

2. 外国教育机构有下列情形之一的,许可权人可以根据总统令的规定,采取撤销根据本法第五条第一款作出的设立许可、关闭学科或责令停止招生等必要措施:

(1)接到本条第一款规定的整改命令,无正当理由未在规定期限内执行的;(2)本条第一款所列各项内容无法整改的。

3. 未取得本法第五条第一款规定的设立许可,却使用外国教育机构的名称或进行招生,从而使设施成为事实上的外国教育机构的人员,许可权人可以责令其关闭该设施。

第十八条 (外国教育机构设立许可的变更或撤销)

1. 有下列情形之一的,许可权人可以撤销根据本法第五条第一款作出的设立许可:

(1)以虚假或其他不正当手段取得本法第五条第一款规定的设立许可或同条第四款规定的变更许可的;(2)外国教育机构超过预定开办日期一年以上未开办的。

2. 有下列情形之一的,许可权人可以撤销或变更根据本法第五条第一款作出的设立许可:

(1)《关于经济自由区指定与运营的特别法》或《关于设立济州特别自治道及打造国际自由城市的特别法》被废除或经济自由区的指定被撤销的;(2)设

立、运营外国教育机构的外国学校法人终止或解散的。

3. 本条第二款第二项的情形发生时，外国教育机构负责人应当在七日内将该事实报告给许可权人。

第十九条（听证）

许可权人根据本法第十七条第二款或第十八条的规定撤销设立许可、关闭学科或责令停止招生时，应当举行听证。

第二十条（外国教育机构的清算）

1. 外国教育机构根据本法第十六条、第十七条第二款或第十八条的规定被关闭或被撤销设立许可的，应当对该外国教育机构全部会计财产进行清算。在这种情况下，设立和运营该外国教育机构的外国学校法人应当清偿因该外国教育机构全部财产不能清偿的债务。

2.《民法》第八十一条至第八十五条、第八十七条至九十二条、第九十四条及第九十五条的规定，适用于本条第一款规定的清算。在这种情况下，将"理事"视作"外国教育机构负责人"，"法人"视作"外国教育机构"，"监事"视作"许可权人"。

3. 外国教育机构根据本条第一款进行清算时，其资产、资本金、公积金以及其他结余资金，应当优先用于清偿韩国国民或在韩国境内有住所或居所的外国人的债务。

4. 根据本条第一款清算的外国教育机构，未经依据本法的清算程序，其财产不得转移至该外国学校法人的其他会计。

第二十一条　删除

第二十二条（罚则）

有下列情形之一的，处以三年以下有期徒刑或三千万韩元以下罚款：（1）未取得本法第五条第一款规定的设立许可，使用外国教育机构的名称，或进行招生将设施实际以外国教育机构形态运营的人员；（2）违反本法第五条第四款，未取得变更许可的人员；（3）以虚假或其他不正当手段取得本法第五条第一款规定的设立许可或同条第四款规定的变更许可的人员；（4）违反本法第十六条，未经许可关闭外国教育机构的；（5）未根据本法第二十条第四款规定履行清算程序，将外国教育机构财产转移至该外国学校法人其他账户的。

第二十三条（罚则）

对违反本法第十七条第一款规定的整改命令的外国教育机构负责人，处以一年以下有期徒刑或一千万韩元以下罚款。

第二十四条（罚金）

1. 对不履行本法规定的登记义务的外国教育机构负责人，处以五百万韩元以下罚金。

2. 本条第一款规定的罚金，根据总统令的规定，由许可权人征收。

3. 对本条第二款规定的罚金处分不服的人员，可以自接到处罚通知起六十日内向教育部部长提出异议。

4. 接到本条第二款规定的罚金处分通知的人员，根据本条第三款提出异议时，教育部部长应当及时向管辖法院通报这一事实，管辖法院接到通报后依据《非讼案件程序法》对罚金进行审判。

附　　则

本法自公布之日起施行。（省略但书）

关于联合国教科文组织活动的法律

[第14839号法律，2017年7月26日根据其他法律修订]

第一章 总 则

第一条（目的）

为实现《联合国宪章》以及《联合国教育、科学及文化组织法》和《世界人权宣言》所追求的崇高精神，推动韩国政府及国民积极参与联合国教育、科学及文化组织活动，规定支持该组织活动的必要事项，特制定本法。

第二条（术语的定义）

本法所称"联合国教育、科学及文化组织活动"指的是为实现联合国教育、科学及文化组织（以下称联合国教科文组织）的成立目的而进行的下列各项活动：

（1）教育、科学、文化等相关领域国际合作的增进与信息和人员交流；（2）支持教育、科学、文化等相关领域的研究和事业；（3）为实现联合国教科文组织成立目的的其他活动。

第二章 联合国教科文组织活动

第三条（联合国教科文组织活动的目的）

韩国境内的联合国教科文组织活动，其目的是通过加强教育、科学、文化等相关领域的国际交流与合作，增进不同国家、不同文化间的相互理解和友谊，推动新的多样的文化和知识广泛传播，促进世界持久和平和增进人类福祉。

第四条（旨在推动联合国教科文组织活动的国际合作）

韩国境内的联合国教科文组织活动应当通过下列国际组织、外国政府与机构和团体的合作进行：

（1）联合国教科文组织；（2）联合国及联合国各专门机构；（3）联合国教科文组织会员国（以下称会员国）政府和各会员国根据《联合国教科文组织宪章》第七条设立的国家委员会；（4）根据韩国与联合国教科文组织间的协定设立的机构和团体；（5）与联合国教科文组织活动相关的其他国际组织和团体以

及会员国的机构和团体。

第五条（国家和地方政府的联合国教科文组织活动）

为实现本法第三条联合国教科文组织的活动目标，国家和地方政府应当自行开展联合国教科文组织活动或者积极支持与本法第四条各条款所列国际组织等的合作事业。在这个情况下，应当与本法第七条规定的联合国教科文组织韩国委员会保持紧密合作。

第六条（国民的联合国教科文组织活动）

1. 为实现联合国教科文组织理念和目标，国民可自行参与或者积极推动联合国教科文组织活动。在这种情况下，应当与本法第七条规定的的联合国教科文组织韩国委员会保持紧密协作。

2. 对国民的联合国教科文组织活动，国家和地方政府认为有必要时应当在预算范围内给予财政支持。

第三章　联合国教科文组织韩国委员会

第七条（联合国教科文组织韩国委员会的设置）

1. 根据《联合国教科文组织宪章》第七条，为促进韩国境内的联合国教科文组织活动，确保联合国教科文组织与韩国政府、教育科学文化等相关领域专门机构和团体间的联系与合作顺畅进行，成立联合国教科文组织韩国委员会（以下称委员会）。

2. 委员会的设置与运营相关事务，由韩国教育部部长掌管。

第八条（职能与作用）

委员会承担下列各项职能：

（1）推动国家及地方政府、联合国教科文组织活动相关领域的机构和团体和个人参与联合国教科文组织活动；（2）调查并审议与制定联合国教科文组织活动相关的政府政策、签订国际公约等相关必要事项，以及对相关中央行政机关负责人的建议和咨询；（3）起草拟提交联合国教科文组织大会的议案，审议驻联合国教科文组织大会代表选派人选，并向相关中央行政机关的负责人提出建议；（4）审议联合国教科文组织大会等联合国教科文组织活动相关国际会议的决定事项在韩国国内履行的相关事项，并就该履行方案向相关中央行政机关负责人提出建议；（5）与联合国教科文组织活动相关的国内外机构、团体合作，开展并协调与联合国教科文组织有关的工作和活动；（6）管理和运营联合国教科文组织会馆，以及开展联合国教科文组织活动所需的财源筹集活动；（7）其他促进联合国教科文组织活动的必要工作。

第九条（外交政策相关业务的协商等）

与政府外交政策相关的业务，委员会应当与外交部长官协商，外交部长官应当为委员会处理对外事务提供必要的信息、意见及便利。

第十条（委员会的构成等）

1. 委员会 60 名以内的委员组成，其中包括委员长 1 名、副委员长 5 名以及秘书长 1 名。

2. 委员会的委员长（以下称委员长）由教育部部长担任，副委员长由下列各类人员担任：

（1）教育部次官；（2）科学技术信息通信部次官；（3）外交部长官指定的外交部次官 1 名；（4）文化体育观光部次官；（5）委员会委员（以下称委员）中根据本法第十五条在委员会大会（以下称大会）中当选的人员 1 名。

3. 委员长、本条第二款第一项至第四项规定的副委员长、秘书长以外的委员符合下列情形之一的，可以经本法第十八条规定的执行委员会（以下称执委会）审议，由教育部部长从委员会推荐人选中委任。但下列第三项的人员不必经执委会审议和委员会推荐。

（1）与联合国教科文组织活动相关的机构、团体中选任的 20 人以内的代表；（2）与联合国教科文组织活动相关的 20 人以内的专家；（3）国会议长提名的 6 人以内的国会议员；（4）中央行政机关负责人推荐的与联合国教科文组织活动相关的公务员中的 4 人；（5）地方政府负责人推荐的与联合国教科文组织活动相关的公务员中的 4 人。

4. 本条第三款规定的委员委任相关必要事项，由本法第二十四条规定的委员会的运营规则（以下称运营规则）规定。

5. 秘书长以外的委员为非专职委员。

第十一条（委员长等的任务）

1. 委员长全权负责委员会事务，代表委员会。

2. 委员会副委员长（以下称副委员长）协助委员长，委员长因故不能履行职务时，由委员长提名的副委员长代行其职务。

第十二条（委员长的任期等）

1. 根据本法第十条第三款委任的委员，其每届任期为三年，任期届满可连任一届。

2. 根据本法第十条第三款委任的委员在任期内辞职或者根据本法第十三条被解除委任时，教育部部长应及时委任后任委员，新委任委员的任期为前任委员的剩余任期。

第十三条（委员的无资格理由等）

1. 有《国家公务员法》第三十三条各条款所列情形之一的人员不得担任委员；

2. 任期内委员符合本条第一款的规定，或者本法第十条第三款第一项、第三项至第五项规定的委员辞去委员职务时，理当视作被解除委任；

3. 委员有下列情形之一的，经执委会审议，由教育部部长解除对其的委任：

（1）因身心障碍不能履行职务的；（2）存在职务不正当行为或者其他明显损害委员声誉的行为。

第十四条（监事）

1. 委员会设监事2名，审计委员会的业务和会计。

2. 监事不得兼任委员。

3. 监事经执委会审议，由大会选任。

4. 监事每届任期二年，任期届满可以连任。

5. 有《国家公务员法》第三十三条各条款所列情形之一的人员不得担任监事。监事任期内发生符合《国家公务员法》第三十三条各条款所列情形之一的理当视作被免职。

6. 监事符合本法第十三条第三款所列情形之一的，经执委会审议，大会可以解除其职务。

7. 监事根据本条第五款至第六款被解除职务时，大会应当在三个月内根据本条第三款选任新监事。新选任监事的任期为原监事的剩余任期。

8. 监事为非专职。

9. 监事应当每年向大会提交关于委员会业务和会计的审计报告。

10. 审计的方法、时间、程序等必要事项，由运营规则规定。

第十五条（大会）

1. 在委员会设大会，审议和表决委员会的重大事项。

2. 大会由全体委员组成。

3. 大会分为定期大会和临时大会，定期大会每年召开一次，由委员长根据运营规则的规定召集，临时大会当委员长认为有必要或者10名以上委员要求召开时由委员长召集。

第十六条（大会的职能）

大会审议和表决下列事项：

（1）委员会预算和工作计划；（2）委员会决算和工作业绩；（3）根据本法第十条第二款第五项的规定选举副委员长以及根据本法第十八条第二款第二项的规定选举执委会委员；（4）监事的选任和罢免；（5）运营规则相关事宜；（6）委员长、大会或者执委会提请大会审议、表决的事项；（7）本法规定的大会权限内的其他事项。

第十七条（大会的运营等）

1. 委员长任大会议长，委员长因故不能履行职务时，由委员长提名的副委员长代行议长职务。

2. 大会以在册委员过半数出席和出席委员过半数赞成通过决议。

3. 大会的运营相关其他事项，由运营规则规定。

第十八条（执委会）

1. 在委员会内设执委会，协助大会审议，审议并表决大会委任事项和议决事项的执行等相关事项。

2. 执委会由下列各委员（以下称执行委员）组成：

（1）委员长、副委员长和秘书长；（2）大会从根据本法第十条第三款第一项至第二项委任的委员中选出的委员10人；（3）委员长从根据本法第十条第三款第四项委任的委员中提名的委员2人。

3. 本条第二款第二项规定的委员依据本法第十三条被解除委任时，大会应当在三个月内选出后任执行委员。

4. 委员长和副委员长分别担任执委会的委员长和副委员长。

5. 执委会的会议分为定期会议和临时会议，定期会议每三个月召开一次，临时会议当执委会委员长认为有必要或者5名以上执委会委员要求召开时由执委会委员长召集。

6. 本法第十七条也适用于执委会的运营等事宜，在这种情况下，本法第十七条中的"大会"分别视作"执委会"。

第十九条（执委会的职能）

执委会审议下列事项：

（1）拟定提交大会的议案；（2）制定大会决议事项的实施计划并监督实施；（3）大会委任的事项；（4）监事的选任和罢免相关事项；（5）委员的委任和解除委任相关事项；（6）委员长的推荐相关事项；（7）其他根据本法属于其权限的事项。

第二十条（分科委员会等）

1. 为高效开展委员会活动，经大会表决，可在委员会内设立由委员组成的分科委员会和由专家组成的专门委员会。

2. 本条第一款规定的分科委员会和专门委员会的设立、组成及运营等相关必要事项，由运营规则规定。

第二十一条（实际费用的支付）

根据运营规则的规定，在预算范围内支付委员、监事以及本法第二十条专门委员会委员履行职务所产生的经费等实际费用。

第二十二条（秘书处）

1. 在委员会内设置秘书处，处理委员会日常事务。

2. 秘书处设秘书长1人及必要的工作人员。

3. 秘书长经执委会推荐，由委员长任命，其任命相关必要事项由运营规则规定。

4. 秘书长全权负责秘书处事务，接受委员长的指挥和监督。

5. 委员长每届任期四年，任期届满可以连任一届。

6. 秘书处工作人员的任命、秘书长和秘书处工作人员报酬等必要事项，由运营规则规定。

第二十三条 （汇报）

秘书长应当向教育部部长报告下列事项：

（1）委员会的预算和决算；（2）本法第十四条第九款相关审计结果。

第二十四条 （运营规则）

经大会表决，委员长可就委员会运营相关必要事项制定运营规则。

第四章　联合国教科文组织亚太国际理解教育院

第二十五条 （联合国教科文组织亚洲、太平洋国际理解教育院的设立）

1. 为增进亚太地区的国际理解，设立联合国教科文组织亚洲、太平洋理解教育院（以下称亚太教育院）。

2. 亚太教育院为法人。

3. 亚太教育院在其主要事务所所在地办理设立登记。

4. 亚太教育院开展下列各项工作：

（1）强化开展国际理解教育所需的国家和区域性力量；（2）推动国际理解教育中亚太地区与其他地区间的国际交流合作；（3）研究开发国际理解教育相关教育课程；（4）组织筹备国际理解教育相关培训会和研讨会；（5）制作并推广国际理解教育相关教育资料和其他出版物；（6）其他增进亚太地区内国际理解教育的必要工作。

5. 亚太教育院内根据章程规定设置管理人员和职员。

6. 亚太教育院在征得教育部部长批准的前提下可以对章程进行修改。

第二十六条 （经费支持）

国家在预算范围内支援亚太教育院的运营和工作经费。

第二十七条 （《民法》的适用）

除本法规定的事项外，亚太教育院还适用《民法》中有关财团法人的规定。

《高等教育法施行令》第13条第2项 国外高校运营国内高校教育课程准则修订

2021年12月

[主要修订内容]

目录	类别	主要修订内容
II-1-1. 可提供、运营教育课程的高校	新增 (p.4)	可提供教育课程的高校中加入"远程大学"
	修订 (p.4)	（现有）未解除行政处罚事由的大学、政府财政补贴受限的大学不能提供教育课程 →（修订）删除有关内容
II-2-2. 授课方式	新增 (p.4)	运营远程授课时，须遵守《关于普通大学远程授课管理的训令（21.2.）》 （为执行该训令，删除"远程授课开设比例不得超过20%的内容"等）
II-2-3. 国内高校教师授课	修订 (p.7)	（现有）专任教师授课不低于每学期开设科目的四分之一 →（修订）包括《高等教育法》规定中'讲师'的授课不低于四分之一
	新增 (p.7)	国内高校教师直接承担课程包括"远程授课"
II-3-2. 可参与该教育课程的学生范围	新增 (p.8)	韩国学生在满足一定条件的基础上可以入学
II-3-4. 学费等	修订 (p.9)	（现有）学费等→（修订）修改为登录金等

续表

目录	类别	主要修订内容
Ⅲ-1, 2, 3 认证标准及程序等	新增（p.10）	明确认证标准、认证程序、认证审查委员会构成等
Ⅲ-6. 违反事项处罚措施等	新增（p.12）	将"未根据该准则批准而擅自实施国外高校运营国内高校教育课程"这一情况包含在处罚对象中

Ⅰ. 推进背景及经过

□ **推进背景**

○ 旨在支持高校不囿于分校、校园等基础设施，通过在国外直接运营教育课程的方式进军海外

《高等教育法施行令》第13条第2项规定，委任教育部部长制定国外高校运营国内高校教育课程所需的教育课程内容及运营准则等具体事项

□ **推进经过**

○ 2016年12月，制定《大学教务制度改善方案*》，为国内高校进军海外奠定基础，促进国内高校输出教育项目等

* 发布引进国外高校运营国内高校教育课程（特许权）制度等

○ 2018年5月，通过修订《高等教育法施行令》，为国外高校运营国内高校教育课程提供依据

※ 新增高等教育法施行令第13条第2项（国外高校运营国内高校教育课程）

○ 2018年10月，制定《国外高校运营国内高校教育课程准则》

○ 2019年3月—4月，国外高校运营国内高校教育课程认证申请

○ 2019年8月，国外高校运营国内高校教育课程认证通过（3所大学）

※（通过认证高校）仁荷大学－乌兹别克斯坦，富川大学－乌兹别克斯坦，东亚大学－越南

○ 2019年8月，颁布《大学改革支持方案》，提升国外高校运营国内高校教育课程积极性，内容包括降低认证标准方向*等

*（主要内容）确保各领域师资队伍，扩大申请学生的类别等，推进改善规章制度

○ 2019年10月，修订《国外高校运营国内高校教育课程准则》

※（主要修订内容）制定过渡条款，对于在运营准则出台之前已经在运营的教育课程在满足教学质量条件下，可对其进行补充认证。

Ⅱ. 国外高校运营国内高校教育课程概要

◇ 国外高校运营国内高校教育课程制度的定义

·（定义）旨在为国内高校进军海外奠定基础，促进教育项目向海外输出，国内高校可委托国外高校运营国内高校教育课程，授予国内高校学位，又称为"特许权"制度。

类别	双学位（twinning）	特许权（franchise）	合作学校（alliance/network）
概念	国内高校与国外高校签署协议，各自承担、运营已设计并签署合作协议的联合教育课程	国内高校委托国外高校运营国内高校的所有教育课程，授予国内高校学位的制度	国内高校与国外高校签署协议，成立新的学校
学生是否出国	是	否	否
授课地点	前半期国外高校授课，后半期国内高校授课（1+3，2+2，3+1等）	在国外高校运营	在国外高校运营
学位	联合学位、双学位	国内高校学位	新成立大学的学位 联合学位、双学位

[基本原则]

❖ 在保障高校教育课程自主运营的同时，加强管理，防止草率进军海外高校而降低国内教育质量等副作用的产生，积极引导高校提供高质量的国内高校教育课程模式。

❖ 作为运营教育课程的前提，学位课程类别、学期制度管理、每学分对应的课时数、课时总天数等教务制度，以高等教育法规为根本，依据该法规进行制定。

《高等教育法施行令》第 13 条第 2 项国外高校运营国内高校教育课程准则修订 ‖

> ❖ 关于本法规中未制定的事项，根据提供教育课程的国内高校和运营教育课程的国外高校共同签署的协议及教学规定实行。
> ❖ 该准则仅适用于《高等教育法》第二十一条第二款及该法施行令第十三条第二款规定的"国外高校运营国内高校教育课程"之情况，不适用于该法第二十一条第一款附项以及该法施行令第十三条规定的"国内高校和国外高校联合运营教育课程"。

1 教育课程提供的主体等

①可提供、运营教育课程的高校

〇（可提供教育课程的国内高校）限于根据《高等教育法》第十一条之二第二款规定的通过高等教育机构评估认证的高校

－ 未申请高等教育机构评估认证的大学、暂缓认证的大学、不予认证的大学、研究生院大学不得向国外高校提供教育课程

> ❖ （远程教育大学）《高等教育法》第二条第五项所列远程教育大学为高等教育机构评估认证大学，或者根据《高等教育法》第十一条之二的第 3 款规定为未指定评估认证机构的，可以「远程教育大学认证、力量诊断」结果替代
> ⇒ 在远程教育大学认证、力量诊断结果 A～D 等级中，仅允许 B 级以上大学
> ❖ （师范院校）《高等教育法》第二条第三项所列师范院校由于不是高等教育机构评估认证对象，可以"教师培养机构力量诊断"结果替代
> ⇒ 在教师培养机构力量诊断 A～E 等级中，仅允许 B 级以上大学

〇（可运营教育课程的国外高校）根据高等教育法施行令第十三条之二第一款附项规定，必须是已取得相应国家评估认定的机构，或是取得相应国家承认的认证机构颁发的评估认证的国外高校。

②学位课程

〇（国内高校学位课程）可向国外高校提供（专科）学士、硕士、博士等所有学位课程

※ 各类高校可提供的学位课程种类须遵守高等教育法施行令第十三条之二第一款各项内容。

〇（国外高校学位课程）运营国内高校教育课程的国外高校必须拥有与国内高校相同的学位课程*才能向其提供、运营教育课程

＊ 只有在专科学士学位之间，学士学位之间，学士、硕士学位之间，硕士学位之间，硕、博士学位之间，博士学位之间等相同的学位课程之间才能提供、

· 617 ·

韩国教育法律法规

运营。

－研究生院：一般、专门、特殊研究生院的教育目的和教学课程特性各异，国内研究生院不能向不同种类的国外研究生院提供教育课程。

③教育课程提供领域

○（可提供教育课程的领域）需综合考虑提供教育课程的国内高校的教育理念及教学目标、教育条件等因素，且该高校校长认为有必要提供教育课程并许可其进行时方可执行。

○（不可提供教育课程的领域）在专业领域由于招生名额受限，以下部分专业不得提供教育课程。

－（[1]师资培养相关专业）为维护人力资源供需平衡，考虑到该专业系教育部部长指定的招生名额受限专业，通过提供、运营相关专业教育课程，可授予国内高校颁发的学位，但

⇒ 教师资格证考试适用于《教师资格鉴定令》等其他规定，因此不能取得教师资格证。

－（[2]保健、医护人员培养相关专业）为稳定保健、医疗领域人才供需数量，考虑到该专业系教育部部长指定的招生名额受限专业以及该专业注重的专业性等教育课程的特殊性，

⇒ 不得向国外高校提供教育课程

❖（保健、医护人员培养领域）（保健、医护人员培养领域）《医疗法》第二条规定的医生、牙科医生、韩医师、助产员、护士，《药剂师法》第二条规定的药剂师及韩药剂师，《兽医师法》第二条规定的兽医，《医疗技师等相关法规》第二条规定的医疗技师（临床病理师、放射科医师、物理治疗师、操作理疗师、牙科技工师、牙科卫生师）

※《高等教育法》施行令第二十八条第三款第二项各条目

❖（其他保健、医疗人员培养领域）《医疗技师等相关法规》第一条之二规定的配镜师，《急救相关法规》第36条规定的急救人员

※ 在高等教育法规里虽不作为招生名额受限学科，但自2004年"高校学生招生名额调整计划"实行以后，以上学科系保健福利部调整招生名额条款协商的对象，故将其列入保健医疗人员培养领域按保健、医护人员培养相关条款进行管理，故该领域不得向国外高校提供教育课程

❖ 但不具备上述保健医疗人员相关考试应试资格的、与保健医疗人员培养无关的学科可提供教育课程及运营管理

※ 涉及学位获得及资格证获得的相关专业（学系）在其后的教育课程提供可行性资格审查中有可能受限

《高等教育法施行令》第13条第2项国外高校运营国内高校教育课程准则修订 ‖

2 教育课程的设置

①课程设置等

○（课程设置）在国外高校运行的教育课程，包括专业、公选课等各个教科所要求的必修学分必须同国内高校所要求的一致

※（例）某国内高校相关专业毕业前学分要求条件为专业必修修满 30 学分以上、公共必修课修满 20 学分以上，与其相关的国外高校需做同样要求

- 各个类别的教学科目安排根据教育课程开展需要，可根据国内外合作高校间的具体协议进行不同构成

○（每学分对应的课时数）每学分对应的课时数，根据各科目教育课程的特性制定，但每学分对应的课时数每学期至少不得低于 15 小时

- 各个科目要求的课时数应高于同一科目在国内高校开设时所要求的总时数

②授课方式

○（授课方式）授课可根据协议以及教学规定，进行白天授课、夜间授课、广播电视授课（以下称"远程授课"）、假期授课等多种方式进行。

○（远程授课）如采用远程授课，须遵守《一般大学远程授课训令*》

* （主要内容）远程授课所需教学制度等规定事项、授课评价、设立远程授课管理委员会、设置远程教育支持中心、拥有一定的设施及设备等

- 国外高校在采用远程授课时须具备能够进行远程授课的设备、人力等。

○（授课语言）授课过程中所使用的语言可为签订协议的国外高校所在国家的母语、韩国语、英语等多样语言，同时为了促进课程顺利进行，翻译可以作为课程运行的辅助手段。

③国内高校教师授课

○（专任教师等的授课比例）教育课程上各学年每个学期开设的所有专业科目总学分的 1/4 以上课程必须由相应国内高校（以下称"国内高校"）专任教师和讲师亲自授课

- 远程授课也属于亲自授课

○（师资安排）在教育课程中，专业必修科目必须由国内高校专任教师和讲师直接授课

- 但考虑到专业特性，专业必修科目的学分超过取得该学位所要求的总学分的 1/4 分数时，超过的学分所对应的专业必修科目的教学工作可安排非国内高校专任教师和讲师授课。

[专任教师认定范围]
❖ 《高校教师资格准则等相关规定》，《教育公务员法（国立和公立高校教师）》或《私立学校法（私立高校教师）》规定被录用为教授、副教授、助教授，且同时符合以下条件者
- ①录用后上岗时间1年以上②在录用的该校校内属于全日制教师③依据《公务员退休金法§3》或《私立高校教职员退休金法§2》规定加入退休金制度保障行列，依据《国民健康保险法§6》加入健康保险④依据《公务员薪酬规定》及《公务员津贴等相关规定》取得专任教师水平的薪酬、津贴者

❖ 基金教授*
* 根据大学基金教授运行条例与专任教师拥有相同待遇的教授
- 满足上述①②④的条件，且第③项依据《国民退休金法》加入退休金制度保障行列，依据《国民健康保险法§6》加入健康保险

❖ 产学合作重点教授
* 作为企业资深工作者，依靠产学合作背景，积极引导和促进学生的教育、研究、创业、就业支援工作，以其产学合作的成果进行资格评价的教师
- （国立和公立高校）根据国立和公立高校产学合作重点教授相关规定，与该校专任教师具有相同待遇的教授，满足上述基金教授条件的
- （私立高校）满足教育部产学合作重点教授详细认定准则条件的、被高校录用为专任教师的教员

3 教学管理

①学期的构成及授课天数

○（学期的构成）学期运行及管理以每学年2学期及以上的形式进行，根据教育课程运行管理的需要，每个年级可根据各自情况实行不同规定

※ 作为高校教学制度改革方案主要内容的多学期制、弹性学期制、集中修分制等内容也可根据协议进行制定

○（课程天数）所提供的教育课程，整体课程天数每学年不低于30周
- 各个科目的课程天数应制定在整体课程总天数以内，以不妨碍学生修完每个学分所要求的课时数为前提，根据科目特性，该项内容可不按国内高校的执行方式来运行

※ 可充分利用集中修分制度，但其前提是：充分考虑相应科目的课程属性及学生的特征，保证优质的教学质量

② 可参与该教育课程的学生范围

○（外国留学生参与原则）本项目是为了积极应对国外高校对国内高等教育

的需求而推进的，为了防止国内学生通过迂回入学、造假入学等不良情况的发生，将国内学生排除在可参与该项目的学生范围之外

— 外国人的认定范围①父母双方均是外国人的外国学生②在国外修完我国小学、中学相对应的教育课程的外国人

※ 高等教育法施行令第29条第2项第6号及第7号

○（韩国学生有条件入学）为保障在国外居住韩国学生的学习权利等，对于拥有提供教育课程的国内高校在外国民新生特别招生资格的韩国学生可录取招生名额的5%以内。

③学分认证及学位授予

○（学分认证）国外高校的学生通过修完国内高校所提供的教育课程、取得的所有学分可得到提供该教育课程的国内高校的承认

※高等教育法第23条及同一法案施行令第15条第1项第1号第2条目

— 正在参与相应教育课程的学生如希望到国内高校学习，未修完的部分学分可直接到提供该教育课程的国内高校修读

○（学位授予）修完要求的所有教育课程、满足协议及校规等规定的学位授予必要条件时，国内高校可授予该生学位

— 学位授予相关的具体事项根据协议及校规实施

❖ 因该学位是国内高校对修完其所提供的教育课程的学生授予的学位，不建议在授予国内高校学位以外，以联合学位、双学位等形式授予运营国内高校教育课程的国外高校的学位

④学费等

○ 学费（包括入学金）等提供及运营教育课程所产生的各种收益的核算和分配，原则上根据国内外高校间的协议内容进行处理

— 根据实际教育课程运行管理所需，学费等内容可不按照国内高校的执行准则来制定

⑤教育课程运营协议

○ 本准则制定的事项以外，教育课程的提供及运营所需的具体事项，原则上根据国内高校和国外高校间的协议及校规进行制定

❖ 国外高校运营国内高校教育课程协议中须包含的内容
①协议的主体双方及协议主体的法律地位②协议的目的及期限③招生相关事项④教学安排相关事项⑤出勤制度等教务相关事项⑥成绩等学生评估相关事项⑦学位授予相关事项⑧学费及会计管理相关事项⑨授课场所等教育设施相关事项⑩其他教育课程的提供和运营所需的事项

Ⅲ. 认证标准及程序等

①认证标准

〇 对基本条件（消极条件和积极条件）进行提前审查后，对教育课程提供的必要性进行正式审查。

〇 综合考虑审查结果，同意获得"适合"判定结果的学校提供教育课程

类别	审查项目	主要审查内容
审核基本条件（教育部）	否定条件	①是否为高等教育机构评估等未认证大学 ※ 国外高校是否通过该国政府等的认证 ②是否有教育课程提供受限专业等
	肯定条件	③国内外高校之间学位课程是否一致 ④专业－公共课等各类型的教育课程设置是否合理 ⑤国内高校专任教师授课比例 ⑥远程授课是否合理 ⑦参与教育课程的学生范围等 ⑧学位授予等
正式审查（认证审查委员会）※书面材料如需要可面审		▶ 确认基本条件审核结果 ▶ 审核需要重点确认的内容 ＜需重点确认内容＞ ①提供、运营教育课程的必要性及可持续性 （当地国家有关专业领域的人才需求现状及展望等） ②提供、运营教育课程计划的合理性以及国内高校的教育力量（与国外高校的交流经验） ③师资安排计划的合理性以及可行性等 （是否新招聘教师，在职教师同意与否等） ④国外高校交流领域的教育条件（教师、教育设施等）合理性 ⑤教育课程运营产生的学费、收益分配计划及学位种类等
审查结果		▶ 综合考虑基本条件及须重点确认的必要内容

②认证程序

○（大学）国外高校计划运营国内高校教育课程的大学校长在认证申请期限内向教育部部长提交协议书草案（包括支撑材料等）及申请书等

○（教育部）设立认证审查委员会，综合审核材料等

－如必要，对于不符合高等教育有关法令以及本准则的内容，可要求国内高校校长在规定的时间内对有关内容进行修改或补充

－如不修改、补充，则不予以认证，仅限获得最终认证资格的高校运营学位课程

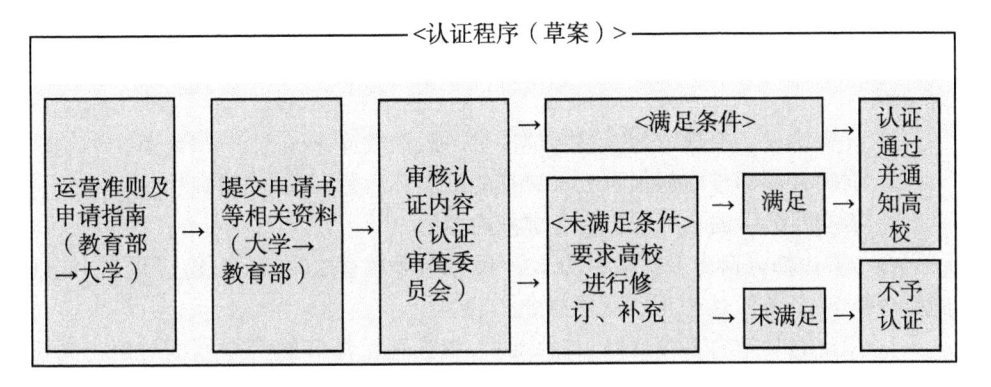

<认证程序（草案）>

运营准则及申请指南（教育部→大学）→ 提交申请书等相关资料（大学→教育部）→ 审核认证内容（认证审查委员会）→ <满足条件> → 认证通过并通知高校

<未满足条件>要求高校进行修订、补充 → 满足 / 未满足 → 不予认证

③认证审查委员会

○（职能）设置、召开由民间专家参与的国外高校运营国内高校教育课程认证审查委员会，提高认证的专业性和公正性

○（人员组成）包括委员长在内，共有6人左右组成，内部委员由教育部大学教务制度科长1人、外部委员有学界专家5人等组成

－内部委员（1人）：负责业务的科长（无表决权）

－外部委员（5人）：由高校行政及国外高校运营国内高校领域专业知识和经验丰富的学界专家组成

④认证有效期

○ 如获得教育部部长的同意，自同意后最多可提供、运营教育课程5年

○ 认证有效期到期时如计划继续提供和运营教育课程，须提交"再认证"申请

⑤自评及报告

○（自评）向国外高校提供教育课程的国内高校校长，需每学期派该业务相关负责人赴国外高校进行管理情况检查

－周期性检查国外高校是否按照高等教育法等相关法律、是否按照国内高

校教育课程的运营准则进行运营等

〇（自评结果报告）如违反法规，应立即向教育部汇报事件原委、处理措施等

- 如无违反法规，每 2 年撰写一份自评报告提交教育部，并将此报告上传至本校校园网及高校信息公示网

⑥违反事项处罚措施等

〇（处罚对象）国内高校或国外高校在提供、运营教育课程过程中如有以下行为，将对其采取处罚措施

- 违法高等教育相关法规或本准则的

※ 包括未根据本准则在未获得认证的情况下国外高校擅自运营国内高校教育课程

- 无视协议、校规内容，不合理提供、运营教育课程的
- 向教育部部长虚假报告教育课程的提供、运营有关情况的
- 提交及公示的自评报告含有虚假内容的

〇（下达修订命令及行政处分等）根据高等教育法第 60 条第 1 项及同法规施行令第 71 条 2 下达修正、变更命令

- 规定的时间内不履行修正命令时，根据违反情节的严重程度对国内高校采取勒令停止招生、缩减招生名额等行政处分

〇（教育课程提供受限等）根据违反情节的严重程度，除行政处分以外，将 5 年内限制其提供教育课程，相关人员将受到严重惩处

⑦过渡条款

〇 在本运营准则筹划之前（2019 年 8 月 31 日之前）国外高校接受来自国内高校的教育课程运营时，如满足以下条件，根据《高等教育法》第二十一条第二项，可视为运营。

（1）在开设的所有专业课程学分的四分之一以上由国内高校专任教师亲自授课的；

（2）2019 年 9 月 1 日之后运营的教育课程通过认证的。

Ⅳ. 今后计划

□ 修订和介绍《国外高校运营国内高校教育课程准则》：2021 年 12 月第 4 周

□ 受理大学认证申请：2021 年 12 月第 4 周至 2022 年 1 月中旬

□ 大学认证内容通报：2022 年 1 月